Illuminate
Publishing

CBAC

Cymdeithaseg
ar gyfer U2

Janis Griffiths

John McIntosh

CBAC Cymdeithaseg ar gyfer U2

Addasiad Cymraeg o WJEC/Eduqas Sociology for A2 & Year 2 a gyhoeddwyd yn 2016 gan Illuminate Publishing Ltd, P.O. Box 1160, Cheltenham, Swydd Gaerloyw, GL50 9RW

Ariennir yn Rhannol gan **Lywodraeth Cymru**

Part Funded by **Welsh Government**

Archebion: Ewch i www.illuminatepublishing.com neu anfonwch e-bost at sales@illuminatepublishing.com

Cyhoeddwyd dan nawdd Cynllun Adnoddau Addysgu a Dysgu CBAC

Data Catalogio drwy Gyhoeddi'r Llyfrgell Brydeinig

Mae cofnod catalog ar gyfer y llyfr hwn ar gael gan y Llyfrgell Brydeinig

ISBN 978-1-911208-08-2

Argraffwyd gan: Printondemand-Worldwide.com, Peterborough

12.17

Polisi'r cyhoeddwr yw defnyddio papurau sy'n gynhyrchion naturiol, adnewyddadwy ac ailgylchadwy o goed a dyfwyd mewn coedwigoedd cynaliadwy. Disgwylir i'r prosesau torri coed a chynhyrchu papur gydymffurfio â rheoliadau amgylcheddol y wlad y mae'r cynnyrch yn tarddu ohoni.

Gwnaed pob ymdrech i gysylltu â deiliaid hawlfraint y deunydd a atgynyrchwyd yn y llyfr hwn. Os cânt eu hysbysu, bydd y cyhoeddwr yn falch o gywiro unrhyw wallau neu hepgoriadau ar y cyfle cyntaf.

Mae CBAC yn cymeradwyo'r deunydd hwn sy'n cynnig cefnogaeth o ansawdd uchel ar gyfer cyflwyno cymwysterau CBAC. Er bod y deunydd wedi bod drwy broses sicrhau ansawdd CBAC, mae'r cyhoeddwr yn dal yn llwyr gyfrifol am y cynnwys.

Dyluniad a gosodiad: John Dickinson

Cydnabyddiaeth:

Atgynhyrchir y cwestiynau arholiad ar dudalennau 274–289 y llyfr o'r Deunydd Asesu Enghreifftiol a gyhoeddwyd gan CBAC ac fe gyfeirir atynt drwyddi draw. Nid yw'r atebion na'r sylwadau cysylltiedig yn waith myfyrwyr nac arholwyr, ond maen nhw wedi'u hysgrifennu gan yr awduron, ac oherwydd hynny maen nhw'n adlewyrchu eu barn nhw yn unig, ac nid ydynt wedi cael eu cynhyrchu na'u cymeradwyo gan y bwrdd arholi.

Hawlfraint testun/ffynhonnell:

Hoffai'r cyhoeddwr ddiolch i'r canlynol am ganiatâd i atgynhyrchu deunyddiau hawlfraint yn y llyfr hwn:

t190, 'Outrage as charity bosses pocket six-figure salaries from generous donations', Daily Express, 8 Mehefin 2015, Daily Express/N&S Syndication; t263, graff 'Rhagfarn hiliol dros amser', darluniwyd gan NatCen.

Rhoddwyd caniatâd i ailddefnyddio holl wybodaeth © hawlfraint y Goron o dan delerau Trwydded Agored y Llywodraeth:

t60, graff 'Incymau cyfartalog, trethi a budd-daliadau yn ôl grwpiau cwintel POB cartref mewn £, 2011/12', y SYG, rhan o *The Effects of Taxes and Benefits on Household Income*, Cyhoeddiad 2011–12, 10 Gorffennaf 2013; t63, graff 'Cyflawniad yng Nghyfnod Allweddol 4 yn ôl nifer y disgyblion sy'n gymwys i gael prydau ysgol am ddim', Adran Addysg, data cyflawniad Cyfnod Allweddol 4 (2013/14); t63, tabl 'Dosbarthiadau dadansoddol Dosbarthiad Economaidd Gymdeithasol Ystadegau Gwladol', *SOC2010*, Cyfrol 3; t63, graff 'Blynyddoedd o ddisgwyliad oes iach ac iechyd gwael yn ôl lefel amddifadedd', Pwyllgor Iechyd y Tŷ Cyffredin, *Health Inequalities*, Trydydd Adroddiad am Sesiwn 2008-09, Cyfrol 1, HC 286–I [Gan gynnwys HC 422-i hyd at vii, Sesiwn 2007-08], Tudalen 17, *The Stationery Office Limited*; t67, graff 'Canran y rhai sy'n gadael yr ysgol sy'n cyflawni pum lefel O neu fwy A–C (neu'n Llwyddo) neu bum TGAU A*–C yn ôl rhywedd (1962–2006)', yr Adran Addysg; t71, graff 'Cyfraddau tlodi yn ôl grŵp ethnig', Cartrefi islaw'r incwm cyfartalog, Mehefin 2013, yr Adran Gwaith a Phensiynau; t77, graff 'Amcangyfrifon o nifer y bobl ym mhoblogaeth Prydain sy'n 100 oed neu'n hŷn', y Swyddfa Ystadegau Gwladol, rhan o *Population Estimates of the Very Elderly*, Cyhoeddiad 2010; t95, graff 'Canran y diffynyddion a gafodd eu dedfrydu am droseddau ditiadwy ym mhob llys, yn ôl rhywedd a'r math o drosedd, 2011', *Statistics on Women and the Criminal Justice System 2011*, cyhoeddiad gan y Weinyddiaeth Gyfiawnder o dan Adran 95 Deddf Cyfiawnder Troseddol 1991, tudalen 60; t98, graff 'Canran y

troseddwyr a gafodd eu dedfrydu i'r ddalfa yn syth am droseddau ditiadwy yn ôl grŵp ethnig', *Statistics on Race and the Criminal Justice System 2011*; t101, graff 'Nifer y troseddau ditiadwy i bob 1,000 yn ôl oedran', Ystadegau troseddol, data ar gyfer 2009, Cymru a Lloegr, y Weinyddiaeth Gyfiawnder; t102, siart cylch 'Troseddau gan bobl ifanc a brofwyd, 2012–13', Ystadegau Cyfiawnder Ieuenctid 2012/13, Bwrdd Cyfiawnder Ieuenctid Cymru a Lloegr, *Ministry of Justice Statistics Bulletin*, cyhoeddwyd 30 Ionawr 2014.

Cydnabyddiaeth ffotograffau:

Clawr: hxdyl/Shutterstock

Cyflwyniad: tt8–9 Aleks.k/Shutterstock

Dulliau ymchwil: t10 Kjetil Kolbjornsrud/Shutterstock; t12 Rawpixel.com/Shutterstock; t15 A and N photography/Shutterstock; t17 Boris15/Shutterstock; t19 TACstock/Shutterstock; t22 Nicky Rhodes/Shutterstock; t24 Konstantin Yolshin/Shutterstock; t25 PAWB; t27 astarot/Shutterstock; t29 arka38/Shutterstock; t33 wavebreakmedia/Shutterstock; t37 Studio 52/Shutterstock

Damcaniaethu: t40 Elena Schweitzer/Shutterstock; t43, ch, *Geiriadur Cymraeg Gomer*; t43, d, Pictorial Press Ltd/Alamy Stock Photo; t44 Andresr/Shutterstock; t46, b, Enrique Ramos/Shutterstock; t46, g, Everett Historical/Shutterstock; t49, ch, solarseven1/Shutterstock; t49, d, Keystone Pictures USA/Alamy Stock Photo; t50 Thomas Soellner/Shutterstock; t52, b, Bruce Rolff/Shutterstock; t52, g, Granger, NYC/Alamy Stock Photo; t55, b, wavebreakmedia/Shutterstock; t55, g, meunierd/Shutterstock; t57 Petinov Sergey Mihilovich/Shutterstock

Anghydraddoldeb cymdeithasol: t58 Lisa S./Shutterstock; t62 Pete Spiro/Shutterstock.com; t66 Elena Dijour/Shutterstock; t70 Yuriy Rudyy/Shutterstock; t74 Iakov Filimonov/Shutterstock;

Trosedd a gwyredd: t80, ch, Anneka/Shutterstock; t80, cch, Elnur/Shutterstock; t80, cd, Odua Images/Shutterstock; t80, d, karlstury/Shutterstock; t82 way out west photography/Alamy Stock Photo; t83, ch, Patrick Foto/Shutterstock; t83, d, Stokkete/Shutterstock; t88, b, ChameleonsEye/Shutterstock; t88, g, Cylonphoto/Shutterstock; t91, ch, 1000 Words/Shutterstock; t91, d, Claudio Divizia/Shutterstock; t105 mangostock/Shutterstock; t107 Lucian Milasan/Shutterstock; t108 Helga Esteb/Shutterstock; t109 ver0nicka/Shutterstock; t113, ch, arindambanerjee/Shutterstock; t113, d, arindambanerjee/Shutterstock; t116, ch, rivansyam/Shutterstock; t116, d, Africa Studio/Shutterstock; t120 photo-nuke/Shutterstock; t121, b, Monkey Business Images/Shutterstock; t121, g, ostill/Shutterstock; t123 Natasa Adzic/Shutterstock; t125 Kzenon/Shutterstock; t128 1000 Words/Shutterstock; t130 Nomad_Soul/Shutterstock; t133 cunaplus/Shutterstock; t134 Africa Studio/Shutterstock; t135, ch, jordache/Shutterstock; t135, d, Naypong/Shutterstock; t136, b, Vitalii Nesterchuk/Shutterstock; t136, g, Maatman/Shutterstock; t140 Anatoly Tiplyashin/Shutterstock; t142 Uncleroo/Shutterstock

Cymdeithaseg fyd-eang: t146 Lucian Coman/Shutterstock; t148 Popperfoto/Getty Images; t149 Penny Tweedie/Alamy Stock Photo; t150, b, Dmitry Melnikov/Shutterstock; t150, g, keantian/Shutterstock; t151 siwasasil/Shutterstock; t154, ch, Travel Stock/Shutterstock; t154, d, Cameron Watson/Shutterstock; t155, b, Oksana Kuzmina/Shutterstock; t155, g, Stephen Bures/Shutterstock; t156 Featureflash Photo Agency/Shutterstock; t157, b, Sheikh Rajibul Islam / Alamy Stock Photo; t157, g, demidoff/Shutterstock; t160 Oleg Znamenskiy/Shutterstock; t165 gnomeandi/Shutterstock; t167 SNEHIT/Shutterstock; t168 Aleksandar Todorovic/Shutterstock; t169 dmitry_islentev/Shutterstock; t171 Sadik Gulec/Shutterstock; t173 epa european pressphoto agency b.v./Alamy Stock Photo; t175 Joseph Sohm/Shutterstock; t178 JeremyRichards/Shutterstock; t179 Ammit Jack/Shutterstock; t182, ch, TonyV3112/Shutterstock; t182, d, Thinglass/Shutterstock; t182, gch, PunyaFamily/Shutterstock; t182, gd, sakkarin sapu/Shutterstock; t183 Rawpixel.com/Shutterstock; t186 MAHATHIR MOHD YASIN/Shutterstock; t189 BoBaa22/Shutterstock; t192 Romolo Tavani/Shutterstock; t193, ch, Dirk Ercken/Shutterstock; t193, d, Maike Hildebrandt/Shutterstock; t195, ch, Byelikova Oksana/Shutterstock; t195, d, Natalia Davidovich/Shutterstock; t197 rkl_foto/Shutterstock; t199 Chris Warham/Shutterstock; t203, b, © geogphotos/Alamy Stock Photo; t203, g, nuvolanevicata/Shutterstock; t205 Sadik Gulec/Shutterstock; t206 Noppasin/Shutterstock; t207 Atosan/Shutterstock; t207, b, Valentyn Volkov/Shutterstock; t207, g, omphoto/Shutterstock; t209, ch, iurii/Shutterstock; t209, d, lolloj/Shutterstock

Damcaniaethau anghydraddoldeb cymdeithasol: t212 Kraphix/Shutterstock; t216 duchy/Shutterstock; t217, b, Val Thoermer/Shutterstock; t217, g, Tim_Booth/Shutterstock; t219 Bolkins/Shutterstock; t220 Photographee.eu/Shutterstock; t222 Tom Wang/Shutterstock; t223 /Shutterstock; t224 Billion Photos/Shutterstock; t225 Eric Olin Wright; t227, ch, Rawpixel.com/Shutterstock; t227, c, pcruciatti/Shutterstock; t227, d, jorisvo/Shutterstock; t228, b, Firma V/Shutterstock; t228, g, Lano Lan/Shutterstock; t229 Shutterstock; t231 Ollyy/Shutterstock; t234, b, Featureflash Photo Agency/Shutterstock; t234, g, S_L/Shutterstock; t236 InnaFelker/Shutterstock; t238, b, Radu Bercan/Shutterstock; t238, d, Mikael Damkier/Shutterstock; t240 catwalker/Shutterstock; t241 StockLite/Shutterstock; t244, ch, DFree/Shutterstock; t244, d, Featureflash Photo Agency/Shutterstock; t245 Helga Esteb/Shutterstock; t248, ch, Ollyy/Shutterstock; t248, d, DJTaylor/Shutterstock; t253, b, Everett Historical/Shutterstock; t253, g, Pigprox/Shutterstock; t258 Kzenon/Shutterstock; t259 Padmayogini/Shutterstock; t261 Featureflash Photo Agency/Shutterstock.com.

b = brig, c = canol, g = gwaelod, ch = chwith, d = de

Cynnwys

Cyflwyniad   4

Dulliau ymchwil
1 Paratoi ar gyfer ymchwil   10
2 Mynd i'r afael â materion yn ymwneud ag
   ymchwil meintiol   15
3 Mynd i'r afael â materion yn ymwneud ag
   ymchwil ansoddol   19
4 Mwy nag un dull   24
5 Materion samplu   27
6 Cynnal ymchwil meintiol   29
7 Cynnal ymchwil ansoddol   33
8 Cynllunio ymchwil   37

Damcaniaethu
1 Tarddiad damcaniaethu cymdeithasegol   40
2 Emile Durkheim   43
3 Karl Marx   46
4 Max Weber   49
5 George Herbert Mead   52
6 Simone de Beauvoir   55

Anghydraddoldeb cymdeithasol
1 Diffinio anghydraddoldeb   58
2 Anghydraddoldeb dosbarth cymdeithasol   62
3 Anghydraddoldeb rhywedd   66
4 Anghydraddoldeb ethnig   70
5 Anghydraddoldeb oedran: ieuenctid   74
6 Anghydraddoldeb oedran: yr henoed   77

Trosedd a gwyredd
1 Diffinio trosedd a gwyredd   80
2 Trosedd a'r cyfryngau   83
3 Tystiolaeth ystadegol a throsedd   86
4 Patrymau trosedd: dosbarth cymdeithasol   91
5 Patrymau trosedd: rhywedd   95
6 Patrymau trosedd: ethnigrwydd   98
7 Patrymau trosedd: oedran   101
8 Polisïau cyhoeddus a throsedd   105
9 Damcaniaethau swyddogaethol am drosedd   109
10 Damcaniaethau Marcsaidd am drosedd   113
11 Damcaniaethau neo-Farcsaidd am drosedd   116
12 Damcaniaethau rhyngweithiadol am drosedd   120
13 Damcaniaethau realaeth y chwith am drosedd   125
14 Damcaniaethau realaeth y dde am drosedd   130
15 Ôl-foderniaeth a throsedd   134
16 Ffeministiaeth, trosedd ac erledigaeth   138
17 Damcaniaethau isddiwylliannol am drosedd   142

Cymdeithaseg fyd-eang
1 Tarddiad anghydraddoldeb yn y byd   146
2 Patrymau anghydraddoldeb byd-eang o ran iechyd   150
3 Patrymau anghydraddoldeb byd-eang o ran addysg   154
4 Patrymau anghydraddoldeb byd-eang o ran
   cyflogaeth   157
5 Patrymau anghydraddoldeb o ran tlodi a chyfoeth   160

6 Poblogaeth a threfoli   164
7 Ymyleiddio cymunedau tlawd   168
8 Dadleuon am gymorth tramor   171
9 Dyled a dibyniaeth   175
10 Rhywedd ac anghydraddoldeb   178
11 Globaleiddio   182
12 Masnach y byd a globaleiddio   186
13 Sefydliadau anllywodraethol a materion datblygu   189
14 Cynaliadwyedd   192
15 Damcaniaethau moderneiddio   195
16 Damcaniaethau dibyniaeth   199
17 Marcsaeth a chymdeithaseg fyd-eang   203
18 Neo-Farcsaeth a chymdeithaseg fyd-eang   206
19 Damcaniaeth systemau byd-eang   209

Damcaniaethau anghydraddoldeb cymdeithasol
1 Damcaniaethu ac anghydraddoldeb   212
2 Damcaniaethau swyddogaethol am
   anghydraddoldeb   216
3 Damcaniaethau Marcsaidd am
   anghydraddoldeb   219
4 Damcaniaethau neo-Farcsaidd am
   anghydraddoldeb   223
5 Damcaniaethau Weberaidd am
   anghydraddoldeb   227
6 Damcaniaethau ffeministaidd ac anghydraddoldeb
   rhywedd   231
7 Damcaniaethau ôl-fodernaidd am
   anghydraddoldeb   236
8 Damcaniaethau'r Dde Newydd am
   anghydraddoldeb   240
9 Damcaniaethau i esbonio anghydraddoldebau
   oedran   244
10 Damcaniaethau i esbonio anghydraddoldebau
   dosbarth cymdeithasol   248
11 Damcaniaethau i esbonio anghydraddoldebau
   rhywedd   253
12 Damcaniaethau i esbonio hiliaeth ac
   anghydraddoldebau hiliol   258

Arholiadau
1 Yr arholiad Cymdeithaseg   264
2 Fformat yr arholiad   271
3 Dulliau (cymhwysol) o ymchwilio cymdeithasegol   273
4 Anghydraddoldeb   276
5 Pynciau dewisol   279

Atebion   282

Geirfa   289

Darllen pellach   294

Mynegai   295

Cyflwyniad

Sut i ddefnyddio'r llyfr hwn

Llongyfarchiadau ar gwblhau eich blwyddyn gyntaf o astudio Cymdeithaseg. Ymlaen nawr at Safon Uwch! Gobeithio y bydd eich ail flwyddyn yr un mor gyffrous a llwyddiannus.

Mae'n bosibl bod y llyfr hwn wedi'i drefnu mewn ffordd debyg i'r llyfr roeddech chi'n ei ddefnyddio ar gyfer UG. Bydd rhai gwahaniaethau wrth i bwyslais asesu arholiadau newid, a byddwch chi'n cael eich profi ar amrywiaeth o sgiliau ychydig yn wahanol. Yn ystod ail flwyddyn eich cwrs, bydd mwy o bwyslais ar ysgrifennu traethodau estynedig. Byddwch chi'n gyfarwydd â chynllun y pynciau a chewch chi ddim trafferth ei ddilyn. Fodd bynnag, rydyn ni wedi newid y drefn yn y llyfr o'r drefn yn yr arholiad i osgoi ailadrodd yr un syniadau allweddol, ac i gynnwys pynciau mewn modd sy'n eich arwain yn ddiogel drwy'r hyn mae angen i chi ei wybod a'i ddeall.

Mae nifer o bynciau gorfodol y mae'n rhaid i fyfyrwyr eu hastudio. Mae llai o opsiynau, ond rydyn ni wedi penderfynu ysgrifennu am y ddau opsiwn mwyaf poblogaidd ar gyfer yr arholiad terfynol. Gweler isod.

Bydd y pynciau yn y llyfr hwn yn cyd-fynd â'r adrannau yn y papur arholiad, ond fyddan nhw ddim yn yr un drefn o reidrwydd ag y maen nhw yno. Mae damcaniaethu'n bwysig iawn ym maes Cymdeithaseg, felly rydyn ni wedi ysgrifennu adrannau procio'r cof i'ch atgoffa o'r hyn roeddech chi'n ei astudio ym mlwyddyn gyntaf y cwrs, ac i annog dealltwriaeth ddyfnach o bwyntiau pwysig pob damcaniaeth. Gan y bydd cwestiynau gorfodol am Anghydraddoldeb Cymdeithasol, roedden ni'n teimlo ei bod yn gwneud synnwyr edrych ar broblemau sy'n ymwneud ag anghydraddoldeb, cyn eu cymhwyso at yr opsiynau y byddwch chi'n eu hastudio.

Mae cynnwys y llyfr wedi'i drefnu fel hyn:

1. Dulliau ymholi cymdeithasegol (Dulliau ymchwil)
2. Tarddiad damcaniaethu cymdeithasegol (nid yw hyn yn cael ei brofi'n uniongyrchol, ond mae'n hanfodol er mwyn deall y pynciau allweddol)
3. Tystiolaeth o anghydraddoldeb cymdeithasol
4. Opsiwn: Trosedd a gwyredd
5. Opsiwn: Cymdeithaseg fyd-eang
6. Damcaniaethau anghydraddoldeb cymdeithasol (mae'n bwnc gorfodol ar gyfer Uned 4 CBAC)
7. Arweiniad arholiad. (Mae hwn yn cynnig esboniad manwl o'r hyn y gallech ei ddisgwyl ym mhapurau CBAC, yn ein barn ni.)

Cynnwys arholiad U2

I gael cynnwys llawn manyleb CBAC, ewch i www.cbac.co.uk.

◉ Roedd yr UG yn gam tuag at gymhwyster Safon Uwch llawn (ond yn werth 40% ohono yn unig), felly bydd syniadau a gafodd eu cyflwyno yn ystod y cwrs UG yn cael eu datblygu ymhellach yn y papur Safon Uwch llawn, a bydd angen i chi fynd yn ôl atyn nhw.

◉ Mae'r cymhwyster Safon Uwch yn fwy heriol ac mae U2 yn werth 60% o'r cymhwyster Safon Uwch llawn.

Ar gyfer Uned 3, gallwch chi ddewis rhwng pedwar opsiwn, ond dim ond y ddau mwyaf poblogaidd sy'n cael eu trafod yn y llyfr hwn:

◉ Trosedd a gwyredd
◉ Cymdeithaseg fyd-eang

Ar gyfer Uned 4, bydd angen i chi drafod dulliau cymhwysol o ymchwilio cymdeithasegol, ond byddwch chi'n adeiladu ar eich gwaith UG. Byddwch chi wedyn yn astudio anghydraddoldeb, ac yn edrych ar sut mae anghydraddoldeb yn cael ei esbonio. Er nad yw anghydraddoldeb yn bwnc dewisol, bydd gennych ddewis o ba gwestiwn i'w ateb.

U2 Uned 3: Grym a Rheolaeth
Arholiad ysgrifenedig: 2 awr
25% o'r cymhwyster — 70 marc

Mae'r cwestiynau yn yr adran hon ar y thema grym.
Mae dewis o bedwar opsiwn:
- **trosedd a gwyredd**
- iechyd ac anabledd
- gwleidyddiaeth
- **cymdeithaseg fyd-eang**

Mae pob opsiwn yn cynnwys cwestiynau gorfodol a dewis un o ddau gwestiwn traethawd.

U2 Uned 4: Anghydraddoldeb Cymdeithasol a Dulliau Cymhwysol o Ymchwilio Cymdeithasegol
Arholiad ysgrifenedig: 2 awr 15 munud
35% o'r cymhwyster — 100 marc

Adran A Dulliau Cymhwysol o Ymchwilio Cymdeithasegol – 40 marc
Un cwestiwn gorfodol, a fydd yn gofyn i ddysgwyr gynllunio, cyfiawnhau a gwerthuso darn o ymchwil cymdeithasegol.

Adran B Anghydraddoldeb Cymdeithasol – 60 marc
Bydd y cwestiynau yn yr adran hon ar thema gwahaniaethu cymdeithasol a haenu cymdeithasol. Bydd y rhain yn cynnwys cwestiwn gorfodol a dewis un o ddau gwestiwn traethawd.

Cynllun y llyfr hwn

Bydd y wybodaeth a'r testunau yn y llyfr yn adlewyrchu'r mathau o gwestiynau a allai ymddangos yn yr arholiadau. Erbyn hyn, dylech chi fod wedi datblygu'r arferion a'r sgiliau ar gyfer dysgu'n annibynnol a thrafod. Nid yw dibynnu ar lyfr testun yn unig byth yn ddigon, oherwydd ym maes cymdeithaseg mae llawer o safbwyntiau y gallwch chi eu mabwysiadu; felly, dysgwch fod angen edrych ar fwy nag un ffynhonnell.

Nodweddion

Ochr yn ochr â'r wybodaeth allweddol ar gyfer pob pwnc, mae nifer o nodweddion a fydd yn eich helpu i feddwl yn gymdeithasegol ac i'ch paratoi at yr arholiad.

Nodau: amcan eglur ar gyfer y pwnc, wedi'i seilio ar fanyleb yr arholiad, ynghyd â darn yn crynhoi pam mae'r amcan mor bwysig i lwyddo mewn Cymdeithaseg Safon Uwch.

Nodau

⊙ **Deall bod dulliau positifaidd**

Gwneud i chi feddwl: symbyliad neu ffynhonnell benodol sy'n agor pob pwnc ac yn cynnig cyfeiriad neu fan cychwyn i wneud i chi feddwl.

Gwneud i chi feddwl

Geirfa: geiriau, termau a chysyniadau pwysig wedi'u hamlygu ar y dudalen ac wedi'u diffinio mewn rhestr termau yng nghefn y llyfr.

Geirfa

Mynediad
Cyn gallu casglu unrhyw wybodaeth, mae angen i'r ymchwilydd allu mynd at y rhai

Ffaith ddiddorol: bydd y ffaith ar ymyl y dudalen yn esbonio neu'n ehangu ar bwyntiau allweddol sydd yn y testun, ond gyda rhagor o fanylion neu esboniadau.

FFAITH DDIDDOROL

Gwiriwch eich dysgu eich hun: mae'r gweithgareddau syml hyn yn ymddangos ar ddiwedd pob pwnc, a dylen nhw eich helpu i wneud yn siŵr eich bod wedi deall prif gynnwys y pwnc. Gallwch chi ailadrodd y gweithgareddau hyn unwaith eto wrth adolygu.

Gwiriwch eich dysgu eich hun

Ymestyn a herio: mae'r gweithgareddau hyn wedi'u cynllunio i brofi eich gallu, felly mae'n bosibl y byddan nhw'n cynnig testun i'w ddarllen neu syniad ymchwil i chi. Dylech chi roi cynnig ar rai ohonyn nhw, ond peidiwch â disgwyl iddyn nhw fod yn hawdd; maen nhw yno i ymestyn eich dysgu.

YMESTYN A HERIO

Dysgu gweithredol: mae'r rhain yn amrywiaeth o weithgareddau, trafodaethau a thasgau. Rhowch gynnig ar gynifer ag y gallwch chi (yn annibynnol, mewn grwpiau bach neu fel dosbarth cyfan) oherwydd byddan nhw'n eich helpu i brosesu'r hyn rydych wedi'i ddarllen.

Dysgu gweithredol

Dysgu annibynnol: mae dysgu'n annibynnol yn sgil hanfodol mewn unrhyw bwnc wrth astudio ar gyfer Safon Uwch, felly cewch syniadau ar gyfer darllen, gwylio YouTube, neu edrych ar wefannau perthnasol i ehangu eich darllen.

Dysgu annibynnol

Gwella sgiliau: dyma'r sylwadau cyffredinol am y pynciau a'r arholiadau a allai eich helpu i lwyddo'n annibynnol.

Gwella sgiliau

Dyfyniadau: mae'r rhain yn cael eu defnyddio'n sail i drafodaeth, a'u bwriad yw gwneud i chi feddwl ychydig yn galetach am y pynciau.

Mae'r data ond mor ddefnyddiol â'r cyd-destun y cawson nhw eu casglu a'u cyflwyno ynddo.
Josh Pigford

Ymchwil: ar gyfer UG, roedd cwestiwn sampl ar ddiwedd pob pwnc. Oherwydd bod ymchwil a thystiolaeth ymchwil yn chwarae rhan mor arwyddocaol wrth astudio ar gyfer Safon Uwch, rydyn ni wedi cynnig nodwedd wahanol. Bydd darn perthnasol o ymchwil yn cael ei ddilyn gan gwestiynau am ddulliau ymchwil a chwestiwn ymarfer yn gofyn i chi gymhwyso (AA2) yr ymchwil hwnnw i destun penodol. Mae hon yn ffordd o ymarfer y sgiliau sydd eu hangen ar gyfer ysgrifennu estynedig.

Ymchwil

Ysgrifennu estynedig: nodwedd sy'n digwydd ar ddiwedd pob pwnc sy'n debyg i'r math o gwestiwn arholiad y gallech chi ddod ar ei draws. Hefyd, mae rhywfaint o arweiniad ar y ffordd orau o'i ateb a'r math o bwyntiau i'w cadw mewn cof.

Ysgrifennu estynedig

Prin yw'r atebion syml ym maes cymdeithaseg, felly er ei bod yn debyg na fyddwch chi'n gwneud pob un o'r gweithgareddau rydyn ni wedi'u darparu, yr amlaf y byddwch chi'n rhoi cynnig arnyn nhw, y mwyaf y byddwch chi'n deall y dadleuon ac yn gallu eu hesbonio a'u gwerthuso yn y ffordd glir a syml y mae'r broses arholi yn ei disgwyl.

Termau allweddol

Erbyn hyn, dylech chi fod wedi dod i arfer â'r syniad bod cymdeithaseg yn iaith gwbl newydd, a dylech chi fod yn gyfarwydd â llawer o'r termau allweddol, gan ddangos dealltwriaeth wrth eu defnyddio yn eich gwaith ysgrifennu. Ar y cyfan, mae'r termau allweddol ar gyfer Safon Uwch yn gysylltiedig â materion yn ymwneud â grym ac anghydraddoldeb, gan mai dyna themâu'r broses arholi. Dydych chi ddim mor debygol o gael cwestiynau'n gofyn i chi esbonio termau, ond mae disgwyl i chi allu eu defnyddio'n gywir yn eich gwaith ysgrifennu.

Sgiliau

Mae'r pwyslais ar gyfer Cymdeithaseg Safon Uwch ar amcanion asesu cymhwyso (AA2) a gwerthuso (AA3). Mae hyn yn golygu na fydd disgrifio'r hyn rydych chi'n ei wybod yn ddigon; bydd angen i chi gymhwyso eich gwybodaeth a'ch tystiolaeth at ddamcaniaethau er mwyn eu dadansoddi a'u gwerthuso. Felly, dylech chi fod yn cymharu a chyferbynnu damcaniaethau pan fydd hynny'n bosibl i nodi elfennau tebyg ac elfennau gwahanol rhyngddynt. Pan fydd gennych chi dystiolaeth, cymhwyswch hi at y damcaniaethau i weld a yw'r ddamcaniaeth yn ddigonol i esbonio'r dystiolaeth. Mewn ysgrifennu estynedig, ceisiwch osgoi disgrifio damcaniaethau fel y cyfryw, ond defnyddiwch nhw a gwerthuswch nhw'n gyson oherwydd gallen nhw fod yn berthnasol i gwestiynau penodol y bydd cymdeithasegwyr, a'r arholwyr, yn eu gofyn.

Bod yn fyfyriwr da

Os nad ydych chi wedi dechrau'n barod, dyma'r adeg i ddod yn gymdeithasegydd gweithredol drwy ddarllen yn ehangach. Dyma pam:

⊙ Mae sgiliau ysgrifennu da yn hanfodol yn y rhan fwyaf o swyddi proffesiynol; mae darllen yn cynnig model o'r hyn y bydd byd gwaith yn ei ddisgwyl.
⊙ Bydd eich sgiliau iaith yn gwella.
⊙ Bydd gennych wybodaeth ac enghreifftiau y gallwch eu cymhwyso at y cwestiynau.

Pob lwc gyda'ch cwrs!

Asesu ar gyfer arholiad Cymdeithaseg CBAC

Mae'r adran arholiadau ar ddiwedd y llyfr hwn yn rhoi mwy o sylw i asesu. Fodd bynnag, cyn i chi ddechrau astudio, bydd angen sicrhau eich bod yn deall y sgiliau allweddol sy'n cael eu profi. Mae'r rhain yn cynnwys

- **Amcan Asesu 1 (AA1):** disgrifio beth rydych chi'n ei wybod
- **AA2 :** cymhwyso eich gwybodaeth
- **AA3 :** dadansoddi/gwerthuso'r wybodaeth hon.

Manyleb arholiad

Rhaid i ddysgwyr allu:

AA1

Dangos gwybodaeth a dealltwriaeth o'r canlynol:

- damcaniaethau, cysyniadau a thystiolaeth gymdeithasegol
- dulliau ymchwil cymdeithasegol.

AA2

Cymhwyso damcaniaethau, cysyniadau a thystiolaeth gymdeithasegol a dulliau ymchwil at amrywiaeth o faterion.

AA3

Dadansoddi a gwerthuso damcaniaethau, cysyniadau a thystiolaeth gymdeithasegol a dulliau ymchwil er mwyn:

- cyflwyno dadleuon
- llunio barn
- dod i gasgliadau.

Mae pob cynllun marcio'n cynnig marciau ar gyfer y sgiliau gwahanol ac mae marcwyr yn cael eu hyfforddi i chwilio amdanyn nhw ac i'w hadnabod. Ar gyfer Safon Uwch, byddwch chi'n gweld bod y cynlluniau marcio ac asesu'n rhoi mwy o bwyslais ar AA2 ac AA3. Peidiwch â gwneud y camgymeriad o feddwl bod AA1 bellach yn llai pwysig. Os rhywbeth, mae'n bwysicach, oherwydd nad ydych chi'n gallu cymhwyso eich gwybodaeth oni bai eich bod yn dangos bod gennych rywfaint o wybodaeth. Ni allwch werthuso damcaniaethau heb gyfeirio at dystiolaeth.

Er mwyn eich helpu i ddeall yr hyn sydd ei angen, mae'n bosibl esbonio'r amcanion asesu fel hyn:

Amcan asesu 1

AA1 (Gwybodaeth a dealltwriaeth) Mae'r amcan asesu hwn yn asesu eich gallu i ysgrifennu am ddamcaniaethau, cysyniadau a thystiolaeth gymdeithasegol, ynghyd â dulliau ymchwil cymdeithasegol, i ddangos eich bod yn deall y wybodaeth hon. Defnyddiwch y manylion yn y llyfr i ateb y cwestiynau posibl, a gallwch chi ddatblygu eich dealltwriaeth gyda'r gweithgareddau estyn.

Amcan asesu 2

AA2 (Cymhwyso gwybodaeth) Mae'r amcan hwn yn asesu eich gallu i gymhwyso eich gwybodaeth gymdeithasegol. Mae'r AA hwn yn gofyn i chi ddangos eich bod yn gallu dewis tystiolaeth briodol i gefnogi eich syniadau a'u cymhwyso at y gymdeithas gyfoes. Pan fydd syniadau'n cael eu cyflwyno i chi yn y llyfr, ystyriwch sut gallwch chi eu cymhwyso nhw at y byd go iawn o'ch cwmpas chi.

Amcan asesu 3

AA3 (Dadansoddi a gwerthuso) Mae'r amcan hwn yn asesu eich gallu i lunio barn am y cysyniadau a'r astudiaethau rydych chi wedi dysgu amdanyn nhw. Nodwch gryfderau a gwendidau syniad neu ddadl ac ystyriwch a yw'n ddefnyddiol neu beidio. Felly, dylech chi edrych ar ganlyniadau ymchwil a damcaniaethau a phenderfynu a ydych chi o'r farn eu bod nhw'n ddefnyddiol i'ch helpu i ddeall y byd cyfoes.

Beth yw 'amcan asesu'?

Am hwn y bydd yr arholwyr sy'n darllen eich atebion yn chwilio. Maen nhw'n edrych am dystiolaeth ar eich papur y gallwch chi wneud y pethau hyn yn gyflym! Nid dim ond asesu faint o gymdeithaseg rydych chi'n ei wybod mae cwestiynau arholiad; maen nhw'n brawf o'r sgiliau sy'n gysylltiedig â'r wybodaeth hon.

Sgiliau ymarferol

Caiff sgiliau cymdeithasegol eu hasesu drwy eich gallu i ysgrifennu atebion estynedig i gwestiynau. Felly bydd angen i chi ymarfer ysgrifennu'n dda ac yn gyflym.

Syniadau sy'n cael eu defnyddio yn ystod cwrs Cymdeithaseg Safon Uwch

Dwy thema gwaith eleni yw:

1. Dulliau ymchwil
2. Grym ac anghydraddoldeb.

Byddwch chi eisoes wedi dod ar draws y termau hyn ac wedi'u defnyddio, ond i brocio'r cof, rydyn ni'n amlygu'r iaith y gallai fod disgwyl i chi ei defnyddio eleni. Os nad ydych chi wedi gwneud hynny'n barod, mae'n bosibl y bydd defnyddio llyfr nodiadau neu gardiau mynegai ar gyfer cofnodi cysyniadau a syniadau newydd yn eich helpu i ddefnyddio'r iaith a ddisgwylir yn hyderus.

Trefn gymdeithasol

Roedd gan y cymdeithasegwyr cynnar ddiddordeb mewn trefn gymdeithasol oherwydd eu bod am ddeall sut mae'r gymdeithas yn ei dal ei hun at ei gilydd. Roedd diddordeb ganddyn nhw yn y ffordd y mae unigolion, pob un â'i anghenion unigol, yn cydweithredu i gyflawni ac i greu cymdeithas. Mae cymdeithasegwyr modern yn tueddu i fod â mwy o ddiddordeb yn sut mae pobl yn rhyngweithio a'i gilydd.

Strwythur cymdeithasol

Mae hyn yn cyfeirio at y sefydliadau cymdeithasol sy'n helpu pobl i fyw gyda'i gilydd, e.e. teuluoedd neu grefyddau.

Rheolaeth gymdeithasol

Mae hyn yn ymwneud â'r rheolau ysgrifenedig ac anysgrifenedig rydyn ni i gyd yn eu dilyn i sicrhau bod ein cymdeithas ni'n rhedeg yn esmwyth. Er enghraifft, mae deddfau ysgrifenedig ynglŷn â'r ffordd rydyn ni'n gyrru sy'n gwneud ein ffyrdd yn fwy diogel. Fodd bynnag, mae llawer o fenywod yn teimlo dan bwysau cymdeithasol i reoli'r hyn maen nhw'n ei fwyta oherwydd bod disgwyliadau cymdeithasol ynglŷn â'r maint a'r siâp y dylai menywod fod.

Gwerthoedd cymdeithasol

Dyma'r credoau sylfaenol rydyn ni i gyd yn eu rhannu er mwyn gweithio gyda'n gilydd fel grwpiau cymdeithasol. Y rhain sy'n gosod y safonau ar gyfer ymddygiad mewn cymdeithas, ac felly maen nhw'n rhan bwysig o reolaeth gymdeithasol.

Gweithredu cymdeithasol

Mae hwn yn ymddygiad sydd â chymhelliad; er enghraifft, unrhyw beth rydyn ni'n ei wneud y mae meddwl neu reswm y tu ôl iddo. Mae gan gymdeithasegwyr ddiddordeb mewn gweithredu cymdeithasol oherwydd eu bod am ddeall y rhesymau sydd gan bobl dros y ffordd y maen nhw'n gweithredu.

Diwylliant

Dim ond yng nghyd-destun ffordd o fyw'r grŵp o bobl rydyn ni'n perthyn iddo y mae nifer o'n gweithredoedd yn gwneud synnwyr. Mae diwylliant yn cynnwys cyfres o syniadau, credoau ac ymddygiadau cymdeithasol disgwyliedig sydd gan grŵp cymdeithasol.

Cymdeithasoli

Rydyn ni'n dysgu perthyn i ddiwylliant o'r eiliad y cawn ni ein geni. Cymdeithasoli yw'r enw ar y broses hon o ddysgu rheolau ein diwylliant. Mae cymdeithasoli'n broses sy'n parhau drwy gydol ein hoes wrth i ni ddysgu rheolau a ffyrdd o ymddwyn newydd.

Hunaniaeth gymdeithasol

Mae'r syniad hwn yn awgrymu ein bod ni'n dysgu pwy ydyn ni, ein hymddygiadau disgwyliedig a sut rydyn ni'n meddwl amdanon ni ein hunain gan y bobl o'n cwmpas ni. Mae menywod yn datblygu hunaniaeth gymdeithasol fel menywod oherwydd bod eraill yn disgwyl i fenywod ymddwyn mewn ffordd benodol.

Grym cymdeithasol

Mae'r gymdeithas yn sefydliad cymhleth ac mae gan rai pobl yn y gymdeithas fwy o allu na'i gilydd i ddylanwadu ar sut mae pobl yn meddwl ac yn ymddwyn. Grym cymdeithasol yw'r enw ar y gallu hwn i ddylanwadu ar ymddygiad pobl eraill.

Gwahaniaethu cymdeithasol

Dyma pryd bydd grwpiau cymdeithasol cyfan fel gwrywod a benywod, pobl hŷn neu bobl sydd ag anabledd yn cael eu trin yn wahanol ar sail eu hunaniaeth gymdeithasol. Mae'n bosibl bod ganddyn nhw lai neu fwy o rym i ddylanwadu ar gymdeithas.

Haenu cymdeithasol

Ffurf eithafol ar wahaniaethu yw hyn. Honnir ein bod, mewn gwirionedd, yn rhoi mwy o werth ar rai grwpiau cymdeithasol nag ar eraill. Mae pobl sy'n perthyn i'r grwpiau â mwy o werth yn cael eu hystyried ar frig cymdeithas ond mae eraill yn cael eu hystyried yn llai pwysig, rywsut. Mae'r bobl sy'n perthyn i haenau uchaf cymdeithas yn cael bywydau gwell a mwy o gyfleoedd na'r rhai sydd ar y gwaelod.

Consensws

Mae rhai cymdeithasegwyr, fel swyddogaethwyr, yn meddwl bod cymdeithas yn aros gyda'i gilydd oherwydd ein bod ni i gyd yn cytuno ar reolau a threfniadau'r gymdeithas rydyn ni'n perthyn iddi. Maen nhw'n honni ein bod yn rhannu gwerthoedd cymdeithasol.

Gwrthdaro

Mae rhai cymdeithasegwyr eraill, fel Marcswyr a ffeministiaid, yn dweud bod cymdeithas wedi'i gwahaniaethu'n fawr a bod gwahanol grwpiau o bobl yn cystadlu â'i gilydd am rym cymdeithasol.

Mae hyn yn arwain at wrthdaro oherwydd bod y bobl ar frig cymdeithas yn gallu rheoli'r rhai sydd â llai o rym cymdeithasol oherwydd mai nhw sy'n gosod y rheolau i bawb arall eu dilyn.

Newid cymdeithasol

Nid yw cymdeithasau'n aros yr un peth dros gyfnod o amser. Mae llawer o resymau pam maen nhw'n newid ac felly rhan bwysig o waith y cymdeithasegydd yw nodi newidiadau a'r rhesymau dros y newidiadau. Mae llawer o bobl yn gweld newid cymdeithasol yn rhywbeth cadarnhaol neu'n gyflwr cymdeithas sy'n normal, ond mae eraill yn cymryd agwedd negyddol at newid.

Polisi cymdeithasol

Yn aml, mae pobl am reoli newid cymdeithasol, a hynny'n aml er mwyn gwella cymdeithas. Maen nhw'n gwneud hyn ar sail yr hyn y maen nhw'n ei dybio y dylai cymdeithas dda fod. Felly, bydd eu gwerthoedd yn dylanwadu ar eu syniadau. Pan fydd grym gan bleidiau gwleidyddol, yna bydd ganddyn nhw ganllawiau neu egwyddorion y byddan nhw'n eu rhoi ar waith wrth wneud newidiadau i'r gymdeithas. Mae'r canllawiau hyn yn dod yn bolisïau cymdeithasol.

Nodau

- ◉ Deall sut mae dulliau ar gyfer ymholi cymdeithasol wedi datblygu gydag amser yn broses ofalus y mae pawb yn ei deall yn dda ac yn un y mae'n bosibl ei defnyddio i astudio unrhyw ffenomenau cymdeithasol

Nid un ffordd o wneud ymchwil sydd, a gall cynlluniau ymchwil amrywio, ond mae'r prosesau sy'n cael eu defnyddio ar gyfer pob math o ymchwil mewn gwirionedd yn dal i fod yn eithaf tebyg. Bydd gan y bobl sy'n gwyro oddi ar y broses y cytunwyd arni resymau da iawn a bydd cymdeithasegwyr eraill yn ymwybodol o'r rhesymau hyn wrth ddisgrifio'r broses ymchwil yn eu llyfrau. Mae cryfder ac ansawdd y dystiolaeth sy'n cael ei chynhyrchu gan ddarn o ymchwil yn dibynnu llawer ar y ffordd y mae'r ymchwil wedi cael ei gynllunio. Mae Cymdeithaseg Safon Uwch yn canolbwyntio ar y broses gynllunio a'r rhesymu y tu ôl i'r prosesau ymchwil y mae cymdeithasegwyr yn eu defnyddio.

Pwnc 1: Paratoi ar gyfer ymchwil

Gwneud i chi feddwl

Os ydych chi'n tybio bod y dyn yn y llun yn ymddwyn mewn ffordd sy'n gwneud perffaith synnwyr iddo ef, er bod ei ymddygiad i'w weld yn rhyfedd i bobl eraill, sut byddech chi'n dechrau deall yr hyn mae'n ei wneud neu pam mae'n ei wneud e? Trafodwch eich syniadau gyda phobl eraill. Pa mor debyg yw eich atebion ar gyfer datrys y broblem?

Pam defnyddio prosesau cynllunio ymchwil gwyddonol/systematig?

Mae'r broses ar gyfer ymchwil sydd wedi datblygu yn niwylliant y Gorllewin yn gyffredin i bob disgyblaeth. Dyma ffocws yr holl addysgu, bron, rydych wedi'i dderbyn yn eich addysg hyd yn hyn. Mae ymagwedd ac arddull pob disgyblaeth ychydig yn wahanol, ond os ydych chi'n astudio seicoleg, daearyddiaeth neu hanes yn benodol, yna byddwch chi'n gweld bod yr hyn rydych chi'n ei ddysgu mewn dosbarthiadau dulliau ymchwil yn gorgyffwrdd â'r hyn rydych chi'n ei ddysgu mewn cymdeithaseg. Mae'r broses wedi datblygu gydag amser, ac mae pobl yn dal i ddadlau am faterion yn ymwneud â dulliau ymchwil.

Mae proses benodol yn datblygu am y rhesymau canlynol:

- ◉ Os yw'r broses yn gyffredin i bob agwedd ar feddwl, yna mae'n bosibl gwerthuso ansawdd y dystiolaeth sy'n cael ei chynhyrchu.
- ◉ Mae'n bosibl osgoi neu leihau tuedd a barn bersonol.
- ◉ Gall casgliadau gael eu mesur ar sail eu dilysrwydd a'u dibynadwyedd.

Ansawdd y dystiolaeth

Mae ansawdd tystiolaeth sy'n cael ei chynhyrchu gan unrhyw broses ymchwil fel arfer yn cael ei fesur yn ôl pa mor ddilys neu ddibynadwy ydyw.

Dilysrwydd

Dyma'r graddau y mae'r canfyddiadau'n adlewyrchu realiti'r byd o'n cwmpas ni. Mewn gwirionedd, mae'n golygu ydy'r ymchwil yn dweud y gwir?' Er enghraifft, os yw ymchwilydd yn gofyn i rieni am brofiadau eu plant, ydy eu safbwyntiau nhw'n cynrychioli'n deg sut mae'r plant hynny wir yn gweld y byd?

Dibynadwyedd

Dyma'r graddau y mae'n bosibl ailadrodd yr ymchwil, a pharhau i gael canlyniadau eithaf tebyg, gan ategu'r data sydd wedi cael eu casglu, felly. Er enghraifft, os yw ymchwilydd yn ailadrodd darn o ymchwil ar sut brofiad yw bod yn dlawd, gan ddefnyddio ffyrdd gwahanol o fesur bob tro, byddai'n amhosibl ailadrodd yr ymchwil, ac ni fyddai'n bosibl dweud bod y canlyniadau'n ddibynadwy nac yn ailadroddadwy.

Beth yw'r broses ymchwil?

Bydd disgwyl i chi ddangos tystiolaeth eich bod yn gallu:

- Cynllunio darn o ymchwil
- Nodi problemau posibl gyda chynllun ymchwil
- Ystyried mater yn ymwneud â chynllun ymchwil yn seiliedig ar eitem symbylu.

Er mwyn darparu tystiolaeth o'ch gallu o dan amodau arholiad, mae angen i chi fod yn ymwybodol iawn o'r broses ymchwil a deall sut mae'n cael ei defnyddio.

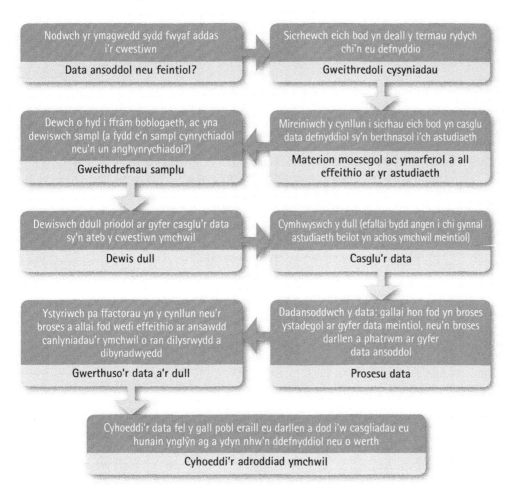

Dewis eich testun a'ch nodau ysgrifennu

Cyn dechrau ymchwilio, mae angen i ymchwilwyr fod yn glir iawn ynglŷn â'r hyn maen nhw am ei wybod. Er enghraifft, os ydyn nhw'n casglu gwybodaeth am sut mae pobl yn ymddwyn, yna mae data meintiol yn briodol. Os yw'r ymchwil yn ymwneud ag emosiynau ac agweddau, mae dulliau ansoddol yn fwy defnyddiol.

Gall testunau ymchwil gael eu dewis er mwyn:

- Profi damcaniaeth
- Edrych ar bolisi cymdeithasol (e.e. mae llawer o astudiaethau i iechyd a chydraddoldeb yn ystyried sut mae polisïau'r llywodraeth yn effeithio ar bobl)
- Disgrifio ymddygiadau neu newidiadau cymdeithasol (mae'r cyfrifiad yn casglu data poblogaeth)
- Esbonio patrymau a thueddiadau yn y gymdeithas gyfoes (e.e. yn yr 1860au, roedd Durkheim am brofi'r hyn roedd e'n ei gredu, sef ei fod yn bosibl astudio'r gymdeithas yn wyddonol. Er mwyn gwneud hyn, penderfynodd ymchwilio i weld a oedd diwylliant cymdeithas, gan gynnwys crefydd, yn dylanwadu ar gyfraddau hunanladdiad mewn gwledydd gwahanol).

Gweithredoli

Dyma'r broses o ddiffinio'r cysyniadau a'r termau allweddol yn y maes ymchwil i sicrhau y bydd pawb sy'n darllen yr astudiaeth yn deall ei chynnwys. Mae hyn yn bwysig iawn ym maes

Gwella sgiliau

Pan fyddwch chi'n dechrau llunio eich astudiaeth eich hun, mae'n debyg y bydd angen i chi ddweud beth gallech chi, 'fel myfyriwr Safon Uwch' ei wneud. Mae hyn yn golygu y dylai eich dewis o gynllun ymchwil fod yn syml a chynnwys cyfiawnhad a gwerthusiadau. Yn ymarferol, mae'r rhan fwyaf o ymchwilwyr yn defnyddio dulliau cymysg erbyn hyn neu maen nhw'n defnyddio **triongli** i'w helpu i ddadansoddi data, neu i edrych ar ochrau gwahanol problem.

Proses cynllunio ymchwil

Dysgu annibynnol

Mae gan y rhan fwyaf o waith wedi'i gyhoeddi adran fer, naill ai ar ddechrau'r adroddiad neu fel atodiad, gan fod mater cynllunio ymchwil mor bwysig. Edrychwch ar yr astudiaeth gan Clarke et al. ar wefan Sefydliad Joseph Rowntree lle gallwch weld y cynllun ymchwil hyd yn oed cyn i chi ddarllen canfyddiadau'r ymchwil.

https://www.jrf.org.uk/report/how-do-landlords-address-poverty

Swyddogaeth ymchwil meintiol yw darganfod y patrymau yn ymddygiad a meddwl pobl, ond pwyslais ymchwil ansoddol yw pam mae pobl yn meddwl fel y maen nhw. Trafodwch effaith yr ymagweddau hyn ar y ffurf yr ymchwil.

cymdeithaseg, lle mae mesurau gwahanol yn aml yn cael eu defnyddio i ddisgrifio rhywbeth. Er enghraifft, yn 1899, mewn astudiaeth o dlodi yn Efrog, defnyddiodd Joseph Rowntree ddiffiniad o dlodi wedi'i seilio ar y swm lleiaf o arian roedd ei angen ar berson i oroesi, yn ei farn e; cafodd pobl yr oedd eu hincwm yn rhy isel i ddarparu'r hanfodion sylfaenol eu diffinio'n dlawd. Os ydyn ni'n diffinio tlodi mor gaeth â hyn heddiw, ychydig iawn o bobl sy'n dlawd ym Mhrydain fodern. Yn wahanol i hyn, diffiniodd Townsend dlodi yn 1979 yn nhermau gallu pobl i fforddio'r hyn roedd y rhan fwyaf o bobl yn ei ystyried yn hanfodol ar gyfer safon byw arferol. Mae'r diffiniad hwn yn cynnwys llawer mwy o bobl ac yn fwy realistig. Fodd bynnag, diffiniad y llywodraeth o dlodi yw ennill llai na 60 y cant o'r incwm cyfartalog, ac ystyriwyd (2012) a ddylai'r diffiniad gael ei newid er mwyn cynnwys chwalfa deuluol. Wrth reswm, er bod llawer o bobl ym Mhrydain heb ddigon o arian i fyw bywydau cyfforddus, bydd y diffiniad sy'n cael ei ddefnyddio'n effeithio ar ganfyddiadau'r ymchwil terfynol. Mewn geiriau eraill, mae'r ffordd rydych chi'n diffinio rhywbeth (e.e. tlodi) yn effeithio ar faint ohono rydych chi'n dod ar ei draws.

Dewis dull

Mae hon yn broses fanwl iawn gan fod pob dull y mae'n bosibl ei ddefnyddio yn briodol ar gyfer mathau gwahanol o astudiaeth. Dyma rai ffactorau a allai gael eu hystyried wrth ddewis dull ymchwil:

- **Cost astudiaeth:** mae hyn yn cynnwys materion yn ymwneud â chyllid ac amser ymchwilwyr. Mae'r Cyfrifiad yn defnyddio holiaduron am ei fod wedi'i gynllunio ar gyfer poblogaeth gyfan y DU. Ni fyddai'n ymarferol cyfweld â phob unigolyn ym Mhrydain, ar sail cost yn unig.
- **Pwrpas yr ymchwil:** fel arfer, mae holiaduron yn cael eu hystyried yn ddull gwan o astudio emosiynau, ond yn ddull pwerus o gasglu niferoedd.
- **Yr hyn rydyn ni'n ei wybod am y testun yn barod:**
  - Fel arfer rydyn ni'n galw ymchwil i destunau sy'n hollol newydd yn ymchwil archwiliadol.
  - Mae'r broses o ddarganfod mwy am batrymau a thueddiadau'n cael ei alw'n ymchwil disgrifiadol.
  - Mae'r broses o geisio deall mwy am destun yn cael ei alw'n ymchwil esboniadol.
- **Faint o amser sydd ar gael:** er enghraifft, mae angen ymrwymiad mawr o ran amser yn achos ymchwil hydredol ond gall holiadur gael ei gwblhau'n gyflym iawn.
- **Addasrwydd y dull i'r cyfranogwyr:** mae'n bosibl y bydd gan bobl fel plant neu bobl sydd ag anawsterau dysgu lawer i'w gyfrannu at yr ymchwil ond byddan nhw'n methu darllen holiadur, felly bydd angen dull arall. Byddai arsylwi ar blant yn gudd yn annerbyniol neu'n cael ei reoli'n gaeth iawn am resymau moesegol gan fod plant yn agored i niwed, a gallai'r ymchwilydd fod yn agored i gyhuddiadau.
- **Materion moesegol:** bydd pob darn o ymchwil yn mynd gerbron pwyllgor moeseg a bydd yn cael ei wrthod yn gyflym os oes unrhyw amheuaeth nad yw'n foesegol gadarn.
- **Safbwynt damcaniaethol yr ymchwilydd:** er enghraifft, bydd positifwyr yn dewis dulliau gwyddonol, ond bydd ethnograffwyr a ffeministiaid yn tueddu i ymwrthod â'r rhain a ffafrio dulliau eraill.

Felly, mae'r dull sy'n cael ei ddewis yn dibynnu'n fawr iawn ar gyd-destun yr ymchwil. Mae'n bwysig cofio nad oes y fath beth â dull ymchwil da neu ddrwg; y prif bwynt yw y dylai'r dull sy'n cael ei ddefnyddio fod yn briodol i nod neu amgylchiadau eraill yr ymchwil.

Ymgymryd â'r ymchwil

Mae proses yr ymchwil yn dibynnu'n llwyr ar y cyd-destun, felly mae'n bosibl na fydd ymchwil sy'n briodol i oedolion yn briodol i blant. Dyma'r rhan o'r broses gynllunio lle mae'r ymchwil ei hun yn cael ei gynnal, a bydd yn cael ei drafod yn fanylach wrth i chi weithio drwy'r pwnc hwn.

Materion moesegol

Gan fod materion moesegol mor bwysig, dylech chi fynd yn ôl at eich nodiadau UG i sicrhau eich bod yn deall y materion allweddol yn llawn. Y dyddiau hyn, bydd ymchwil yn mynd gerbron pwyllgor moeseg, dau neu dri o bosibl, felly mae'n llai tebygol y byddwn ni'n dod ar draws ymchwil anfoesegol mewn cymdeithaseg fodern. Fodd bynnag, mae ymchwil Andrew Wakefield, a gyhoeddodd bapur yn 1998 yn honni mai brechiadau oedd yn achosi awtistiaeth, yn enghraifft ddiweddar ym maes ymchwil meddygol sydd â goblygiadau cymdeithasol. Cafodd hyn effaith fawr ar bobl – roedd llawer ohonyn nhw'n gwrthod brechu eu plant rhag clefydau sy'n gallu bod yn angheuol. Yr hyn a oedd yn llai hysbys i'r cyhoedd ar y pryd oedd bod Wakefield wedi ffugio canlyniadau, a hefyd wedi derbyn arian i feirniadu brechiadau cyn dechrau ar ei ymchwil. O ganlyniad i'w honiadau, mae Cymdeithas Feddygol Prydain yn dweud bod plant wedi marw ac wedi dioddef anabledd a achoswyd gan glefydau y gallen nhw fod wedi cael eu brechu yn eu herbyn. Mae llawer o bobl yn dal i gefnogi Wakefield er ei fod wedi cael ei geryddu; o ganlyniad, yn 2013, bu epidemig o'r frech goch yn Abertawe a bu farw dyn 25 oed.

Gweithdrefnau samplu

Unwaith eto, byddwch chi wedi astudio samplu ar gyfer y cwrs UG ac mae nawr yn amser da i fynd yn ôl at y nodiadau hynny. Mae gweithdrefnau samplu'n bwysig iawn i unrhyw ddarn o ymchwil ac yn enwedig ym maes cymdeithaseg. Mae'r materion allweddol yn ymwneud â chynrychioldeb a chyffredinoladwyedd.

⊙ Mae cynrychioldeb yn cyfeirio at y graddau y mae grŵp o fewn y boblogaeth darged yn adlewyrchu nodweddion yr holl grŵp.
⊙ Mae cyffredinoladwyedd yn cyfeirio at y graddau y gall canfyddiadau ymchwil i grŵp bach gael eu defnyddio ar gyfer grŵp mwy o lawer.

Gall ymchwil meintiol lwyddo neu fethu ar gwestiwn cynrychioldeb a chyffredinoladwyedd, oherwydd os nad yw canfyddiadau ymchwil i boblogaeth ar raddfa fawr yn gynrychiadol, bydd y canlyniadau'n dangos tuedd. O ganlyniad, mae ymchwil fel **Arolwg Troseddu Cymru a Lloegr** yn defnyddio samplau mawr iawn.

Nid yn aml y mae ymchwil ethnograffig ac ansoddol yn gynrychiadol nac yn gyffredinoladwy, ond nid yw hyn yn cael ei ystyried yn wendid na hyd yn oed yn angenrheidiol er mwyn i'w ganfyddiadau fod yn ddefnyddiol. Mae samplau'n fach iawn. Yn aml, mae'r ymchwil yn archwiliadol, ac oherwydd bod angen llawer o amser i'w gynnal hefyd, mae'r ddealltwriaeth fanwl sy'n dod yn ei sgil yn gwneud iawn am yr hyn mae'n ei golli o ran samplu. Bydd ymchwilwyr yn chwilio'n fwriadol am bobl sy'n siaradus ac â digon o wybodaeth.

Dadansoddi canlyniadau

Bydd ymchwil ansoddol yn cael ei ddadansoddi drwy wrando ar recordiadau o gyfweliadau, a thrwy ddarllen nodiadau o'r astudiaeth i adnabod themâu. Yn aml, bydd ymchwilwyr yn dewis dyfyniadau sy'n cynrychioli teimladau nifer mawr o'r sampl. Bydd y data'n cael eu cyflwyno ar ffurf ysgrifenedig.

Mae'n fwy tebygol y bydd ymchwil meintiol yn cael ei brosesu drwy ddadansoddiad ystadegol. Mae'n bosibl gwneud llawer o'r gwaith drwy ddefnyddio rhaglenni cyfrifiadurol uwch. Bydd y data'n cael eu cyflwyno ar ffurf graffiau a thablau.

Ysgrifennu estynedig

Esboniwch bwysigrwydd cynllun ymchwil da wrth astudio cymdeithaseg

Arweiniad: Mae'r pwyslais yn y cwestiwn hwn ar wybodaeth a dealltwriaeth ac ar gymhwyso. Nid oes fawr o angen asesu neu werthuso, ac os ydych chi'n gwneud hynny, fe allech chi golli golwg ar yr hyn sy'n ofynnol. Dangoswch ddealltwriaeth dda o'r broses ymchwil, cyfeiriwch at astudiaethau a defnyddiwch iaith gwerthuso fel 'dilysrwydd' a 'dibynadwyedd'. Er enghraifft, mewn paragraff ar foeseg, gallwch chi ddewis edrych ar astudiaeth anfoesegol a dweud pam nad yw'n bosibl defnyddio'r canlyniadau i wneud sylw ar y gymdeithas fodern. Felly bydd astudiaeth sydd wedi rhoi sylw i foeseg wrth gael ei chynllunio yn fwy defnyddiol o ran darparu tystiolaeth ddiogel.

Ysgrifennwch tua 750 gair.

Gwella sgiliau

Mae nawr yn amser da iawn i fynd yn ôl at y nodiadau a'r trafodaethau yn eich llyfrau UG i'ch atgoffa eich hun o ddulliau ymchwil.

> Mae'r data ond mor ddefnyddiol â'r cyd-destun y cawson nhw eu casglu a'u cyflwyno ynddo.
>
> **Josh Pigford**

FFAITH DDIDDOROL

Roedd rhaglenwyr cyfrifiaduron cynnar yn defnyddio'r term RIRO (*rubbish in, rubbish out*) i ddisgrifio sefyllfa lle roedd data gwallus yn cael eu cynhyrchu gan gyfrifiadur. Gallwn gymhwyso'r un syniad i ymholiad cymdeithasegol lle bydd cynllun ymchwil gwallus yn cynhyrchu canfyddiadau gwallus.

Ymchwil

Defnyddiodd Collins et al. (1997) **astudiaeth hydredol**, a dilyn sampl mawr o bobl hŷn rhwng 1986 a 1992 i ddarganfod yr hyn roedd ei angen ar bobl fod yn hapus yn eu henaint. Cafwyd y sampl o ardal Llundain ac roedd yn cynnwys 1,500 o bobl. Cafodd pawb dros 85 oed yn Hackney eu cyfweld, a chafodd hapsamplau o bobl rhwng 65 a 84 oed o Braintree a Hackney eu cyfweld. Roedd y rhai a oedd wedi goroesi'r cam cyfweld yn cael cyfweliad dilynol.

a) Esboniwch ystyr y term **astudiaeth hydredol**.

b) Rhowch **ddau** reswm pam roedd yr ymchwilwyr yn defnyddio dau grŵp sampl gwahanol ar gyfer yr ymchwil.

c) Fel myfyriwr Cymdeithaseg Safon Uwch, rydych chi wedi cael cais i gynllunio project ymchwil i gasglu data ar gredoau crefyddol ymhlith sampl o bobl yn eich coleg neu eich ysgol.

    i. Disgrifiwch bob cam o'ch cynllun ymchwil, gan gyfiawnhau'r rhesymau dros eich dewis ar bob cam.

    ii. Trafodwch broblemau a all godi ac effaith y problemau hyn ar ansawdd y data sy'n cael eu casglu.

Gwiriwch eich dysgu eich hun

Penderfynwch a oes gan y projectau ymchwil canlynol broblemau'n ymwneud â dibynadwyedd neu ddilysrwydd a rhowch reswm:

a) Cynhaliodd Rosenthal a Jacobson astudiaeth o blant mewn ysgol yn California a dywedon nhw fod disgwyliadau'r athrawon yn effeithio ar gynnydd y plant.	
b) Honnodd y seicolegydd Simon Baron-Cohen fod menywod yn addas ar gyfer perthnasoedd cymdeithasol a bod dynion yn addas ar gyfer arwain. Roedd yn seilio ei ganfyddiadau ar fabanod blwydd oed ac i ba raddau roedden nhw'n dewis edrych ar wrthrychau symudol neu wynebau.	
c) Edrychodd Basil Bernstein ar ganlyniadau profion deallusrwydd. Gwelodd fod plant dosbarth canol yn cael yr un sgôr am brofion llafar a phrofion dieiriau. Roedd plant dosbarth gweithiol yn sgorio'n waeth mewn profion llafar. Defnyddiodd y dystiolaeth hon i ddweud bod athrawon yn defnyddio iaith mewn ffordd wahanol i'r ffordd mae plant dosbarth gweithiol yn defnyddio iaith.	
ch) Cynhaliodd Paul Willis astudiaeth o 12 bachgen mewn ysgol uwchradd fodern yn yr 1970au. Honnodd eu bod yn datblygu diwylliant gwrth-ysgol fel ffordd o wrthsefyll **cyfalafiaeth**.	

Pwnc 2: Mynd i'r afael â materion yn ymwneud ag ymchwil meintiol

Gwneud i chi feddwl

Beth yw nodweddion gwyddor? Rhestrwch yr holl bethau rydych chi'n credu sy'n gyffredin i bob gwyddor. Wedyn ystyriwch a yw nodweddion gwyddorau yn berthnasol hefyd i gymdeithaseg a dulliau cymdeithasegol. Mae llawer o gymdeithasegwyr yn credu y dylai cymdeithaseg fod yn wyddor; sut bydden nhw ar eu hennill pe bai cymdeithaseg yn cael ei hystyried yn wyddor?

Pam defnyddio prosesau cynllunio ymchwil gwyddonol?

Daeth positifiaeth i fod pan ddatblygodd gwyddoniaeth gyntaf yn ffordd o ddeall y byd. Mae rhai'n credu mai'r unig ffordd o ennill gwybodaeth yw drwy'r hyn y mae'n bosibl ei weld a'i fesur. Mae'n ymwrthod â ffurfiau eraill ar 'wybodaeth', fel greddf, ffydd neu grefydd, gan gredu mai ofergoelion yw'r dulliau hynny o ddeall. Nod ymchwil positifaidd yw bod yn wrthrychol.

Synnwyr cyffredin yn erbyn gwrthrychedd

- ◉ Ystyrir mai synnwyr cyffredin yw'r gallu i ddod i gasgliadau y bydd y rhan fwyaf o bobl yn eu rhannu. Y broblem gyda synnwyr cyffredin yw bod pobl wedi profi dros y blynyddoedd ei fod yn anghywir neu'n cael ei yrru gan ffactorau cymdeithasol; er enghraifft, yn yr 1970au roedd credu bod gan ddynion allu deallusol uwch yn cael ei ystyried yn synnwyr cyffredin, ond nid dyna mae pobl yn ei gredu erbyn hyn.
- ◉ Mae gwrthrychedd yn cyfeirio at ddiffyg emosiwn. Mae bod yn wrthrychol yn golygu eich bod yn ddiduedd, eich bod wedi ystyried y ddadl o bob cyfeiriad ac yn gweld pethau fel y maen nhw mewn gwirionedd, heb adael i farn na chredoau cymdeithasol effeithio arnoch. Felly, mae'n bosibl dangos yn wrthrychol fod merched yn gwneud ychydig yn well na bechgyn ar gyfartaledd mewn arholiadau TGAU.
- ◉ Tuedd yw pan fydd safbwynt a oedd yn bodoli'n barod yn effeithio ar sut mae astudiaeth yn cael ei llunio neu sut mae ei chanlyniadau'n cael eu dehongli. Er enghraifft, mae'n bosibl y byddai ffeminist radical yn dadlau bod canlyniadau arholiad yn dangos bod merched yn fwy deallus na bechgyn a'u bod wedi cael eu gormesu gan ddynion yn y gorffennol. Ydy hyn yn ffaith? Mae'n bosibl ei fod yn ddehongliad o'r canlyniadau sy'n dangos tuedd. Dydyn ni ddim yn gwybod, ond pe bai ffeminist radical yn cynnal astudiaeth ymchwil, a allen ni wir fod yn hyderus bod y canlyniadau'n wrthrychol?

Am yr union resymau hyn, mae angen i gymdeithasegwyr ddeall pwysigrwydd ac arwyddocâd y broses ymchwil. Wrth wneud, gallan nhw lunio barn am ansawdd yr ymchwil sydd wedi'i gynnal a gweld a yw'n bosibl cyfiawnhau'r casgliadau drwy'r prosesau a gafodd eu defnyddio i gasglu'r data. Gallai ymchwil â thuedd ategu rhagfarn a oedd yn bodoli'n barod a methu bod yn ddilys. Mewn gwirionedd, mae'n debyg nad oes modd profi sut mae deallusrwydd gwrywod a benywod yn cymharu, ond yn fwy perthnasol fyth, pam mae angen gwybod beth bynnag?

Nodau

- ◉ Deall bod dulliau positifaidd o ymholi cymdeithasegol yn dibynnu ar ddulliau gwyddonol. Er bod hyn yn gwella dibynadwyedd, deall hefyd ei bod yn bosibl y bydd yr ymchwil yn dangos diffyg dealltwriaeth fanwl o ymddygiad dynol os nad yw wedi'i gynllunio'n dda

Seiliodd cymdeithasegwyr positifaidd eu syniadau a'u hymagweddau ar waith Durkheim a honnodd y dylai cymdeithaseg fod yn wyddor systematig ar gyfer astudio ymddygiad dynol. Mae'r ymagwedd hon at gymdeithaseg ac ymchwil cymdeithasol yn dal i fod yn bwysig iawn oherwydd ei bod yn cynhyrchu gwybodaeth ddibynadwy a gwrthrychol am ymddygiad dynol. Mae polisïau cymdeithasol yn seiliedig ar dystiolaeth sy'n cael ei chasglu gan gymdeithaseg wyddonol. Mae'r dystiolaeth honno yn cael ei dadansoddi'n ystadegol ac mae'n bosibl ei gwerthuso drwy ddangos dealltwriaeth o ddulliau gwyddonol. Mae'n ddull pwerus iawn o gasglu gwybodaeth am batrymau a thueddiadau newid cymdeithasol. Unig wendid y dull yw ei fod yn ddisgrifiadol yn hytrach nag yn esboniadol.

Gwella sgiliau

Darllenwch eich nodiadau ar Durkheim a phositifiaeth eto i'ch atgoffa eich hun o nodau ymchwil positifaidd.

Dysgwch fwy am y gwaith ar *The Affluent Worker* ac astudiaethau dilynol drwy chwilio ar lein. Gwnewch nodiadau ar gryfderau a gwendidau'r astudiaeth.

Sylwch

Nid yw dweud bod dulliau meintiol yn rhad ac yn hawdd yn dangos dealltwriaeth ddigon manwl o ymchwil damcaniaethol. Ni fyddai unrhyw ymchwilydd go iawn yn ei gyfyngu ei hun i'r hyn sy'n gyfleus; y cwestiwn ymchwil sy'n gyrru'r cynllun.

Dysgu gweithredol

Lluniwch bosteri adolygu ar gyfer cryfderau a gwendidau ymchwil meintiol, ond ychwanegwch syniadau o'ch darllen a'ch adolygu personol eich hun yn ogystal â deunydd yn y llyfr hwn.

Beth yw proses ymchwil meintiol?

Dewis eich testun a'ch nodau ysgrifennu

Nid yw casglu data ymchwil heb ryw fath o gwestiwn ymchwil clir mewn golwg yn wyddonol. Fel arfer byddai hwnnw'n osodiad a allai gael ei brofi (rhagdybiaeth) neu'n ddamcaniaeth. (Am y rheswm hwn, byddai modd dadlau nad yw'r Cyfrifiad yn wyddor bur gan fod gwybodaeth yn cael ei chasglu, ond nid yw'r ymchwil yn llywio ein dealltwriaeth o ddamcaniaeth nac yn profi syniad.) Os ydych chi'n edrych ar ymchwil sydd wedi'i gyhoeddi, fel arfer fe welwch fod set glir o amcanion yn cael eu nodi, fel arfer un neu ddau. Dyma sy'n rhoi ffocws i'r ymchwil.

Astudiaeth ddefnyddiol

Yn yr 1930au ac yn hwyrach, oherwydd diwydiannu, y gred oedd bod gweithwyr yn mynd yn fwy tebyg i'r dosbarth canol. Arweiniodd ymchwil a gafodd ei gynnal yn yr 1960au at gyfres o dri llyfr gan John Goldthorpe a'i gydweithwyr, sef astudiaeth *The Affluent Worker*. Roedd y tîm ymchwil yn defnyddio tystiolaeth o ymchwil i weithwyr ceir yn Luton, ac i raddau helaeth fe danseilion nhw'r ddamcaniaeth.

Gweithredoli

Mae'r traddodiad ymchwil positifaidd yn tueddu i roi gwerth rhifiadol i bethau. Nid yw'n hawdd mesur syniadau haniaethol fel agweddau tuag at yfed alcohol, ond nid yw'n anodd gofyn faint o alcohol mae unigolyn yn ei yfed bob wythnos. Felly, mae'n bosibl bod rhywbeth y mae modd ei fesur yn hawdd yn cynrychioli syniad mwy cymhleth, er y bydd gonestrwydd yr ymatebwyr ynglŷn â faint maen nhw'n ei yfed yn effeithio ar ddilysrwydd unrhyw ganfyddiadau.

Astudiaeth ddefnyddiol

Dadleuodd Douglas yn 1964 ei bod yn bosibl defnyddio presenoldeb rhieni mewn nosweithiau rhieni i fesur lefel diddordeb rhieni yn addysg eu plant. Oherwydd eu bod yn mynychu llai o nosweithiau rhieni, dadleuodd nad oedd gan rieni dosbarth gweithiol ddiddordeb mewn addysg.

Dewis dull

Mae dulliau meintiol yn tueddu i gael eu defnyddio oherwydd eu bod yn casglu data ffeithiol. Felly, dyma fydd y dulliau allweddol:

- Holiaduron
- Cyfweliadau strwythuredig
- Arsylwi anghyfranogol (os yw'r data sy'n cael eu casglu'n cyfeirio at ymddygiad y mae'n bosibl ei feintioli neu ei fesur).

Dyma gryfderau dulliau meintiol:

- Maen nhw'n ddulliau dibynadwy a manwl ar gyfer mesur ymddygiad cymdeithasol.
- Mae'r rhain yn ddulliau y mae'n bosibl eu hailddefnyddio ac y gall ymchwilwyr eraill eu gwirio.
- Maen nhw'n rhoi cyfle i gynnig safbwynt am achos ac effaith.
- Mae'n bosibl defnyddio samplau mawr gan fod modd defnyddio cyfrifiaduron ar gyfer casglu a choladu gwybodaeth, sy'n golygu bod yr astudiaeth yn gynrychiadol ac yn gyffredinoladwy.
- Maen nhw'n cynnig y cyfle i ddefnyddio dulliau soffistigedig iawn ar gyfer dadansoddi data wrth ddadansoddi canlyniadau.

Mae gwendidau dulliau meintiol yn cynnwys y canlynol:

- Mae'n anodd iawn sicrhau nad yw ffactorau cymdeithasol yn dylanwadu ar ganfyddiadau'r ymchwil: er enghraifft, tuedd y cyfwelydd neu pan fydd pobl yn rhoi'r atebion maen nhw'n meddwl mae pobl eraill yn eu disgwyl ganddyn nhw.
- Weithiau nid oes dyfnder i'r ymchwil; mae'n bosibl ei fod yn disgrifio'r hyn mae pobl yn ei wneud ond yn methu esbonio pam maen nhw'n gwneud hynny.
- Mae'n bosibl bod data ffeithiol gan bobl ond eu bod yn dangos tuedd wrth eu dehongli: er enghraifft, wrth ddehongli bod cysylltiad rhwng cyfraddau ysgariad uwch a mwy o anhapusrwydd mewn priodasau a hefyd newidiadau i ddeddfau ysgaru.
- Yn aml, mae data empirig yn llai gwrthrychol nag y mae pobl yn ei honni oherwydd eu bod yn aml yn profi thesis neu syniad, ac oherwydd hynny yn mynd ati i ddod o hyd i dystiolaeth i gefnogi'r syniad hwnnw.

Astudiaeth ddefnyddiol

Yn 2013, cyflwynodd Ian Brunton-Smith adroddiad ar astudiaeth hydredol o garcharorion a gafodd ei chynnal i ddysgu am batrymau aildroseddu. Cafodd cyfweliadau eu defnyddio i gasglu data ffeithiol ac i nodi ffactorau risg penodol ar gyfer aildroseddu.

Materion moesegol

Yn aml, mae pobl yn dadlau bod dulliau meintiol yn llai tebygol o fod yn anfoesegol na dulliau ansoddol. Nid yw hyn yn wir; rhaid i gwestiynau mewn holiaduron gael eu gwirio rhag ofn eu bod nhw'n peri tramgwydd neu eu bod yn ymwthiol. Mae'n bosibl hefyd bod nodau'r ymchwil ei hun yn anfoesegol; er enghraifft, mae'n bosibl y bydd materion a fydd yn cael eu hastudio yn sensitif iawn i ymatebwyr, felly dim ond y rhai sydd wedi profi'n broffesiynol eu bod nhw'n gymwys a ddylai drafod astudiaethau'n ymwneud â thestunau fel anhwylderau bwyta, anabledd, hil, rhywiaeth a rhywioldeb.

Astudiaeth ddefnyddiol

Mae Arolwg Troseddu Cymru a Lloegr yn defnyddio cyfrifiaduron i ofyn cwestiynau am drais domestig, ar sail y ffaith y gallai bywyd ymatebwr fod mewn perygl pe bai'n cwyno am drais domestig yn y cartref a'r camdriniwr yn ei glywed. Mae hyn yn ychwanegu at ddilysrwydd yr ymchwil oherwydd bod pobl yn fwy tebygol o ddweud y gwir pan nad yw'r cynllun ymchwil yn eu rhoi mewn perygl.

Gweithdrefnau samplu

Mae'r prif broblemau ar gyfer ymchwil empirig a phositifaidd yn ymwneud â chynrychioldeb a chyffredinoladwyedd. Ni fydd yr ymchwil yn ddilys oni bai bod ei broses samplu'n gwneud ymdrech i fynd i'r afael â'r ddau fater hyn. (Cewch ragor o wybodaeth ym Mhwnc 5 yr adran hon, ac fe ddylech chi adolygu eich gwaith Safon UG hefyd.) Nod sampl cynrychiadol mawr yw cael gwared ar duedd anfwriadol. Felly, bydd mathau o samplu tebygolrwydd yn cael eu defnyddio:

- ◉ Hapsamplu: lle mae gan bob cyfranogwr yr un cyfle cyfartal i gymryd rhan.
- ◉ Samplu haenedig: lle mae is-samplu cyfranogwyr o rannau gwahanol o'r boblogaeth gyfan yn digwydd.
- ◉ Samplu cwotâu: mae cyfranogwyr yn cael eu dewis ar sail nodweddion sy'n hysbys ymlaen llaw.
- ◉ Samplu systematig: mae enwau'n cael eu cymryd o restri.

Astudiaeth ddefnyddiol

Yn 1936, anfonodd *The Literary Digest* yn UDA 10 miliwn o holiaduron allan yn gofyn beth oedd bwriadau pleidleiswyr, a chafodd 2 filiwn eu dychwelyd. O'r canlyniadau hyn, rhagfynegon nhw mai Alfred Landon fyddai'n ennill yr etholiad y flwyddyn honno; fodd bynnag, Franklin D Roosevelt a gafodd ei ethol. Y rheswm dros y camgymeriad oedd tuedd anfwriadol yn y sampl. Roedd y sampl yn seiliedig ar danysgrifwyr y cylchgrawn a rhestri o bobl a oedd yn berchen ar ffôn – nid oedd y sampl yn cynrychioli'r etholwyr. Pobl gyfoethog oedd yn prynu *The Literary Digest* ac yn berchen ar ffonau, ond pobl dlawd oedd yn cefnogi Roosevelt, ac roedd mwy o bobl dlawd nag o bobl gyfoethog yn America ar y pryd.

Daeth Franklin D Roosevelt yn un o arlywyddion mwyaf poblogaidd UDA ac arweiniodd UDA i'r Ail Ryfel Byd. Mae'n enwog am ei Fargen Newydd, sef polisi o roi cymorth i bobl dlawd drwy fuddsoddi a chefnogi.

YMESTYN a HERIO

Er mwyn darllen ymchwil meintiol Brunton-Smith, edrychwch ar: https://www.gov.uk/government/uploads/system/uploads/attachment_data/file/261620/re-offending-release-waves-1-3-spcr-findings.pdf

Gwnewch nodiadau i ateb y canlynol: Pa ffynonellau data a gafodd eu defnyddio yn yr astudiaeth hon? Pa bynciau penodol a gafodd eu trafod? Pa faterion moesegol oedd yn wynebu'r ymchwilydd?

Sylwch

Byddwn yn ymdrin â samplu yn fanylach yn hwyrach yn y llyfr hwn (hefyd cafodd ei esbonio'n fanwl yn eich llyfr UG) ac mae enghreifftiau o wahanol ddulliau samplu'n cael eu trafod.

Dysgu gweithredol

Mewn grwpiau, awgrymwch resymau pam mae llunwyr polisi'r llywodraeth yn ffafrio ymchwil empirig.

Dysgu gweithredol

Mewn grwpiau, awgrymwch resymau pam mae'n well gan lawer o ymchwilwyr unigol ddefnyddio dulliau ansoddol.

Ysgrifennu estynedig

Esboniwch gryfderau a gwendidau ymchwil meintiol wrth astudio cymdeithaseg

Arweiniad: Mae'r pwyslais yn y cwestiwn hwn ar wybodaeth a dealltwriaeth ac ar gymhwyso. Esboniwch yn fyr pam mae ymchwilwyr yn defnyddio dulliau meintiol, a diffiniwch nhw fel ei bod yn gwbl eglur eich bod yn gwybod am yr hyn rydych chi'n sôn amdano. Bydd angen i chi ddangos cydbwysedd yn eich ateb, felly ystyriwch ddau neu dri o gryfderau a dau neu dri o wendidau. Ceisiwch osgoi bod yn or-syml, a chyfeiriwch at enghreifftiau lle mae hynny'n bosibl. Defnyddiwch y termau allweddol dibynadwyedd a dilysrwydd yn gywir, ond peidiwch â'u defnyddio yn yr un frawddeg gan eu bod nhw'n gysyniadau hollol wahanol ac allwch chi ddim dangos dealltwriaeth na chymhwysiad penodol os defnyddiwch chi nhw yn yr un frawddeg.

Ysgrifennwch tua 750 gair.

Dibynadwyedd a dilysrwydd mewn ymchwil meintiol

Mae dibynadwyedd a dilysrwydd yn gysyniadau sydd ar wahân ond hefyd yn gorgyffwrdd. Weithiau, mae rhai'n dadlau nad yw ymchwil meintiol mor ddilys gan mai data ystadegol yn unig mae'n eu casglu. Fodd bynnag, nid yw hyn yn wir.

⊙ Os yw'r ymchwilydd yn chwilio am wybodaeth rifiadol yn unig, mae dulliau meintiol yn llawer mwy dilys na dulliau ansoddol. Gallwch benderfynu a yw astudiaeth yn ddilys os yw'r dull yn mynd i'r afael â nod yr astudiaeth. Os nad ydyw, nid yw'n ddilys. Nid oedd ymchwil *The Literary Digest* i fwriadau pleidleiswyr yn 1936 yn ddilys; roedd yn ceisio rhagfynegi bwriadau pleidleiswyr a methodd wneud.

⊙ Os na all ymchwilydd arall ailadrodd yr astudiaeth yn annibynnol, neu os yw'r canfyddiadau'n berthnasol i un lle ac i un amser yn unig, yna nid yw'r ymchwil yn ddibynadwy. Nid yw ymchwil Laud Humphreys i ryw ymlith dynion hoyw, *Tearoom Trade* (1970), yn ddibynadwy oherwydd byddai ei ailadrodd yn anfoesegol.

Ymchwil

Defnyddiodd Kanji a Schober (2013) ddata a gafodd eu casglu gan UK Millennium Cohort Survey, sydd â sampl mawr iawn, i ddarganfod a oedd cyplau â phlant ifanc yn fwy neu'n llai tebygol o ddod â'u perthynas i ben os y fam oedd y prif enillydd neu os oedd y fam yn ennill yr un cyflog â'r tad. Roedd angen iddyn nhw ystyried newidiadau mewn enillion, a'r galw ar amser, i leihau'r risg o **duedd**. Gwelon nhw nad oedd y ffaith bod menywod yn ennill cyflog uchel o reidrwydd yn ffactor risg o ran chwalu perthynas, er bod cael plant, mewn llawer o achosion, yn lleihau potensial menywod i ennill ac yn arwain at y gwryw yn dod yn brif enillydd.

a) Esboniwch ystyr y term **tuedd**.

b) Rhowch un rheswm pam roedd angen data â grŵp samplu mawr ar yr ymchwilwyr.

c) Fel myfyriwr Cymdeithaseg Safon Uwch, rydych chi wedi cael cais i lunio project ymchwil i gasglu gwybodaeth feintiol am lwfansau ac enillion ymhlith sampl o bobl ifanc yn eich ysgol neu eich coleg.

   i. Disgrifiwch bob cam o'ch cynllun ymchwil, gan gyfiawnhau'r rhesymau dros eich dewis ar bob cam.

   ii. Trafodwch broblemau a all godi ac effaith y problemau hyn ar ansawdd y data sy'n cael eu casglu.

Gwiriwch eich dysgu eich hun

Cysylltwch y termau â'u hystyron.

a) Astudiaeth sy'n adlewyrchu barn a safbwyntiau'r ymchwilydd neu'r tîm ymchwil.

b) Ymchwil sy'n seiliedig ar egwyddorion gwyddonol.

c) Ymchwil sy'n seiliedig ar yr hyn y mae'n bosibl ei weld, arsylwi arno, a'i fesur yn unig.

ch) Gosodiad y mae modd ei brofi, neu ddamcaniaeth, sy'n sail i'r astudiaeth ac sy'n berthnasol i amcanion y gwaith.

d) Proses samplu sy'n ceisio sicrhau bod tuedd anfwriadol yn cael ei ddileu.

dd) Proses samplu lle mae gan bob aelod o'r boblogaeth darged yr un siawns o gael ei ddewis i fod yn ymatebwr.

Cwestiwn ymchwil

Sampl tebygolrwydd

Hapsampl

Positifaidd

Empirig

Â thuedd

Pwnc 3: Mynd i'r afael â materion yn ymwneud ag ymchwil ansoddol

Gwneud i chi feddwl

Pe baech chi am ddeall rhai o brofiadau bywyd y fenyw hon, beth fyddai'r ffordd orau o ddysgu amdani? Pa broblemau y gallech chi eu hwynebu oherwydd eich oedran, eich ethnigrwydd neu eich rhyw? Sut byddech chi'n mynd ati i wneud eich astudiaeth?

Pam defnyddio prosesau cynllunio ymchwil ansoddol?

Seiloidd cymdeithasegwyr ansoddol eu syniadau a'u hymagweddau ar waith Weber, a oedd yn honni, oherwydd nad yw pobl yn debyg i wrthrychau a'u bod yn gallu rhoi ystyr i'w gweithredodd, y dylai cymdeithaseg adlewyrchu sut mae pobl yn meddwl ac yn creu ystyr. O ganlyniad i hyn, mae cymdeithasegwyr wedi dyfeisio nifer o ymagweddau at ymchwil sy'n seiliedig ar y cysyniad hwn.

Er mwyn deall ymddygiad dynol yn llawn, mae ymchwil ansoddol yn tybio y dylai ymchwilwyr, i raddau gwahanol, ymgolli ym mywydau'r bobl sy'n cael eu hastudio. Mae'r ymagwedd hon at gymdeithaseg ac ymchwil cymdeithasol yn bwysig iawn, oherwydd gall gynhyrchu data dilys sy'n gyfoethog ac yn llawn dealltwriaeth fanwl. Dyma fanteision eraill yr ymagwedd hon:

- Mae'n broses ryngweithiadol lle mae'r ymchwilydd yn profi bywyd o bersbectif yr unigolyn sy'n cael ei astudio, neu'n gofyn i'r ymatebwr ei ddysgu am fywyd o'r persbectif hwnnw. Mae'r ymchwilydd yn dod i ddeall y sefyllfa'n fanwl.
- Nid oes yr un dull penodol; mae'n gallu bod yn hyblyg iawn. Felly, gall ymchwil ansoddol fod mor syml â defnyddio **arolwg** o agweddau, neu mor gymhleth ag **ymchwil gweithredol** lle gall ymatebwyr a chyfranogwyr gymryd rhan yn y gwaith o lunio'r project eu hunain. Nhw fydd yn awgrymu cwestiynau, yn nodi testunau, ac yn gwerthuso ansawdd y canfyddiadau.
- Mae ffeministiaid yn benodol wedi defnyddio dulliau ymchwil ansoddol oherwydd eu hymrwymiad i newid cymdeithasol democrataidd. Maen nhw'n ystyried ymchwil yn broses codi ymwybyddiaeth lle mae'n bosibl cyflwyno safbwyntiau amgen i fenywod am eu safle cymdeithasol, sy'n wahanol i safbwyntiau'r gymdeithas *malestream*.
- Mae'n bosibl na fydd dulliau gwyddonol yn ddigonol ar gyfer cwestiynau ymchwil y mae angen eu hesbonio. Er enghraifft, nid yw gwybod faint o bobl sy'n ysgaru yn dweud dim am pam maen nhw wedi ysgaru a'r hyn mae ysgaru'n ei olygu i gymdeithas.

Fodd bynnag, mae dilysrwydd ymchwil ansoddol yn dibynnu'n fawr ar wrthrychedd a gonestrwydd yr ymchwilydd a'r broses ymchwil. Unig wendid y dull hwn yw nad yw'n dangos trylwyredd dadansoddiad gwyddonol. Hefyd mae angen ymrwymiad mawr o ran amser gan yr ymchwilydd.

Mae Verstehen yn gysyniad a gafodd ei ddatblygu'n wreiddiol gan Max Weber. Gair Almaeneg ydyw sy'n golygu 'deall mewn dyfnder'. O'r syniad hwn y datblygodd cymdeithasegwyr y cysyniad o astudiaeth ansoddol.

Gwella sgiliau

Mae'r rhan fwyaf o ymchwilwyr proffesiynol wedi defnyddio cynlluniau dulliau cymysg sy'n cynnwys triongli neu blwraliaeth fethodolegol. Mae hyn yn gwella dibynadwyedd a dilysrwydd y canfyddiadau. Cadwch bethau'n syml iawn ar gyfer eich cynllun ymchwil. Dangoswch eich bod yn deall y broses sylfaenol a pheidiwch â gwneud eich cynllun mor gymhleth fel na allwch ei gyfiawnhau na chanfod problemau gydag ef.

> *Os nad yw'n iawn, peidiwch â'i wneud; os nad yw'n wir, peidiwch â'i ddweud.*
>
> **Marcus Aurelius**

Astudiaeth ddefnyddiol

Dyfeisiodd Peter Townsend (1979) ddiffiniad newydd o dlodi yn seiliedig ar fynediad at anghenion sylfaenol. Doedd e ddim yn meddwl bod diffiniadau'r llywodraeth o dlodi'n ystyrlon. Roedd diffiniadau'r llywodraeth yn canolbwyntio ar arian, ond roedd Townsend yn edrych ar amddifadedd oherwydd bod costau byw'n amrywio o gwmpas y wlad. Roedd yn mesur tlodi drwy ddefnyddio chwe deg dangosydd, gan gynnwys mynediad at ddeiet da, tai, addysg, mwynderau a dillad. Mae'r rhan fwyaf o sylwebyddion yn cytuno bod hyn yn realistig ond yn anodd ei weithredu mewn ymchwil.

Goddrychedd mewn ymchwil

Bydd ymchwilwyr ansoddol yn dadlau bod pob darn o ymchwil yn **oddrychol** (*subjective*). Maen nhw'n dweud bod ymchwilwyr gwyddonol yn dewis testun i'w astudio y mae ganddyn nhw ddiddordeb personol ynddo. O ganlyniad, ni all yr ymchwil fod yn wrthrychol gan fod barn a chred flaenorol wedi effeithio ar bob cam o broses y cynllun ymchwil. Os yw hyn yn wir, mae gwrthrychedd fel nod dan fygythiad beth bynnag. Mae'n well cydnabod bod gwrthrychedd yn amhosibl mewn unrhyw waith gwyddonol. Os yw'n bosibl adnabod safbwyntiau goddrychol mewn unrhyw ymchwil, pa mor wyddonol bynnag ydyw, pam gwastraffu amser yn ceisio bod yn wrthrychol? Felly, bydd ymchwilwyr ansoddol yn siarad am ymchwil systematig yn hytrach nag ymchwil wyddonol. Maen nhw'n dal i ddefnyddio'r un dulliau sylfaenol ar gyfer casglu gwybodaeth sy'n gyffredin i bob math o ymchwil, ond dydyn nhw ddim yn honni bod yr ymchwil yn wyddonol, ac maen nhw'n agored am eu goddrychedd a'u dehongliad o ddigwyddiadau. Nodwch ei bod yn bosibl defnyddio'r pwynt hwn i feirniadu ymchwil ansoddol mewn nodiadau esboniadol.

Data ansoddol a'r cyd-destun

Wrth ddeall y byd cymdeithasol, mae'n bwysig iawn deall cyd-destun yr ymddygiad. Mae'n bosibl bod rhywbeth sydd i'w weld yn rhyfedd i'r rhan fwyaf o bobl yn gwneud synnwyr llwyr i'r bobl sy'n ymddwyn felly. Felly, yr unig ffordd o ddeall astudiaeth Laud Humphreys i ymddygiad rhywiol mewn tai bach cyhoeddus yn iawn yw drwy ei darllen yng nghyd-destun cyfnod pan oedd cyfunrywioldeb yn cael ei stigmateiddio a'i labelu'n drosedd.

Data ansoddol ac empiriaeth

Mae data ansoddol yn empirig ac yn systematig pan fydd tystiolaeth yn cael ei chasglu. Maen nhw wedi'u seilio'n agos ar dystiolaeth er mwyn cefnogi canfyddiadau a chasgliadau:

- ⊙ Mae digwyddiadau go iawn yn cael eu dogfennu.
- ⊙ Mae'r hyn mae pobl yn ei ddweud yn cael ei recordio (weithiau gyda chyfeiriadau at dôn ac ymddygiad yn y nodiadau).
- ⊙ Arsylwir ar ymddygiad.
- ⊙ Mae dogfennaeth ysgrifenedig fel dyddiaduron neu nodiadau personol yn cael eu defnyddio.
- ⊙ Mae'n bosibl y bydd lluniau a delweddau'n cael eu casglu.

Beth yw proses ymchwil ansoddol?

Dewis eich testun a'ch nodau ysgrifennu

Bydd ymchwilwyr ansoddol yn tueddu i nodi problem yn hytrach na diffinio cwestiwn ymchwil – y pwynt yw y gall cwestiwn ymchwil caeth gyfyngu ymchwilwyr i ffordd linol o feddwl sy'n golygu nad ydyn nhw'n gallu ymateb i sefyllfa neu gwestiwn os oes un yn codi. Mae ymchwil ansoddol yn cael ei gasglu pan fydd ymchwilwyr yn dymuno darganfod yn hytrach na disgrifio.

Astudiaeth ddefnyddiol

Roedd Sudhir Venkatesh (2009) am ddeall bywydau'r isddosbarth tlawd yn Chicago. Lluniodd holiadur i'w roi i bobl a oedd yn byw mewn ardal lle roedd tlodi truenus a throsedd. Ni chafodd ymateb i'w holiadur, ond daeth yn ffrind i arweinydd gang, 'JT', a threulio saith mlynedd yn astudio pimpiaid, gwerthwyr cyffuriau a throseddwyr. Esobniodd 'JT' fywyd ar y stryd iddo a'i gadw'n ddiogel gydol yr amser. Arweiniodd hyn at astudiaeth ansoddol fanwl yn dogfennu bywydau gang trosedol a oedd yn gwerthu crac.

Gweithredoli

Mae gweithredoli'n broses ychydig yn fwy cymhleth mewn ymchwil ansoddol nag ydyw mewn ymchwil meintiol gan ei bod yn bwysig bod y bobl sy'n cael eu hastudio'n rhannu'r un ystyron â'r cymdeithasegydd sy'n eu hastudio. Bydd gan yr ymchwilwyr syniad i weithio arno ac yna byddan nhw'n datblygu eu diffiniad. Bydd proses ddehongli'n digwydd gan ei bod yn bosibl na fydd yr ymchwilydd a'r grŵp sy'n cael ei astudio'n gweld pethau yr un ffordd. Mae'n bosibl bod ymagweddau ansoddol gwahanol yn diffinio'r termau allweddol mewn ffyrdd gwahanol, ond fel arfer, yn achos pob ymagwedd, bydd rhywfaint o drafod gyda'r ymatebwyr.

Dewis dull

Mae dulliau ansoddol yn tueddu i gael eu defnyddio gan eu bod yn cynnig y cyfle i ryngweithio â chyfranogwyr ac ymatebwyr. Felly, dyma fydd y dulliau allweddol:

- Cyfweliadau anstrwythuredig
- Arsylwi cyfranogol
- Astudiaethau achos
- Casgliadau o ddyddiaduron, data personol a ffotograffau.

Mae cryfderau dulliau ansoddol yn cynnwys y canlynol:

- Mewnwelediad i safbwyntiau a barn pobl
- Dull hyblyg a defnyddiol o gasglu data mwy manwl
- Y gallu i glywed barn pobl sy'n aml yn cael eu hanwybyddu gan fathau eraill o ymchwil
- Y gallu i ddehongli ac edrych am ystyr, ac i fynd yn ôl at ymatebwyr i geisio cadarnhad os oes angen
- Y ffaith ei bod yn bosibl defnyddio samplau bach, sy'n golygu nad oes rhaid i'r astudiaeth fod yn gynrychiadol nac yn gyffredinoladwy
- Mae mewnwelediadau a gwybodaeth yn cael eu casglu y mae'n bosibl eu defnyddio'n sail i astudiaethau meintiol a allai fod yn gynrychiadol ac yn gyffredinoladwy.

Mae gwendidau dulliau ansoddol yn cynnwys y canlynol:

- Mae'n bosibl y bydd ffactorau cymdeithasol yn cael effaith fawr ar y canfyddiadau, felly mae'n bosibl y bydd tuedd y cyfwelydd yn golygu y bydd pobl yn rhoi'r atebion maen nhw'n meddwl y mae pobl eraill yn eu disgwyl ganddyn nhw.
- Weithiau nid yw'r ymchwil yn ddibynadwy; mae'n disgrifio'r hyn a ddigwyddodd mewn un lle ac ar un adeg yn unig, felly mae'n anodd nodi patrymau i'w defnyddio mewn sefyllfaoedd tebyg eraill.
- Mae'n bosibl bod pobl wedi arsylwi ar ddigwyddiadau ond wedi'u dehongli mewn ffordd sy'n dangos tuedd, oherwydd nad ydyn nhw'n deall beth yw ystyr cymdeithasol y sefyllfa.
- Yn aml, mae data ansoddol yn llai dilys nag y mae pobl yn ei honni, oherwydd bod y rhai sy'n darllen yr astudiaeth yn dibynnu'n llwyr ar air a dehongliad yr ymchwilydd nad yw, o bosibl, wedi dweud na chlywed y gwir.
- Gall problemau moesegol difrifol godi wrth ymwthio i fywydau pobl, neu gall yr ymchwilydd ei hun fod mewn perygl, er enghraifft wrth astudio troseddwyr.

Materion moesegol

Mae llawer o broblemau moesegol yn codi o ymchwil ansoddol. Dyma rai ohonyn nhw:

- Mae'n amheus a yw cyfranogwyr yn anhysbys; oes modd dweud bod cyfranogwr yn anhysbys os yw'r ymchwilydd yn gwybod pwy ydyw?
- Mae'n bosibl y bydd cyfranogwyr yn cael eu hadnabod ac yn cael eu cam-drin neu'n dioddef yn sgil yr ymchwil.
- Mae'n bosibl y bydd yr ymchwilydd yn ei gael ei hun mewn sefyllfa letchwith – os yw cyfranogwr yn cyfaddef ei fod wedi cyflawni trosedd ddifrifol neu'n sôn am broblem ddifrifol, a ddylai'r ymchwilydd basio'r wybodaeth ymlaen?
- Ni fydd pawb sy'n cymryd rhan yn yr ymchwil yn gallu rhoi cydsyniad gwybodus ac, os ydyn nhw'n gwneud hynny, a fydd hyn yn effeithio ar eu hymddygiad gan olygu bod yr ymchwil yn colli ei ddilysrwydd?
- Os yw cyfranogwyr yn cytuno i gymryd rhan mewn astudiaeth, mae'n bosibl y byddan nhw'n teimlo bod yr ymchwilydd yn ffrind iddyn nhw, a gallai hynny ddylanwadu ar eu hymddygiad a gwneud ymbellhau'n anodd.
- Mae'n bosibl na fydd pobl yn croesawu pobl eraill yn ymwthio i rannau personol iawn o'u bywydau.
- Os yw'r ymchwilydd yn 'troi'n frodor' (yn dod yn rhan gyflawn o'r grŵp) neu'n ymddwyn mewn ffordd amhriodol, mae'n bosibl y bydd yr ymchwil yn colli gwrthrychedd.

Sylwch

Mae nifer o astudiaethau ansoddol yn gwneud ymholiadau am agweddau personol ar fywydau pobl. Mae moeseg yn bwysig ym mhob ymchwil ac ni fyddai'n bosibl ailadrodd nifer o astudiaethau clasurol erbyn hyn am resymau moesegol.

Astudiaeth ddefnyddiol

Yn 1997, astudiodd Blackman fywydau pobl ddigartref yn Brighton. Roedd am archwilio bywydau sampl o bobl ddigartref ifanc a oedd wedi eu dethol eu hunain ac a oedd wedi cwrdd mewn project a sefydlwyd i roi cymorth i bobl ddigartref. Defnyddiodd ddulliau ethnograffig oherwydd na fyddai'r bobl ifanc roedd yn ymdrin â nhw'n goddef cwestiynau na gwaith papur gan bobl mewn awdurdod. Roedd hyn yn golygu ei fod yn meddwi gyda'i ymatebwyr, yn chwarae pêl-droed gyda nhw, ac yn cynnig cymorth iddyn nhw'n gyffredinol. Oherwydd ei fod yn wryw, doedd e ddim yn cael astudio menywod oherwydd y byddai gwneud ffrindiau â menywod ifanc agored i niwed wedi codi problemau moesegol. Dydyn ni ddim yn gwybod a yw bywydau dynion a menywod digartref yn wahanol wrth ddarllen yr ymchwil hwn gan mai prin oedd yr hyn a ddysgodd am fywydau menywod.

Mae Robert G Burgess wedi disgrifio rhai o'r problemau y daeth ar eu traws wrth astudio ysgol uwchradd. Mae darnau helaeth o'i lyfr *The Ethics of Educational Research* ar gael ar y Rhyngrwyd. Darllenwch ei waith i ddysgu mwy am broblemau mynediad a chydsyniad.

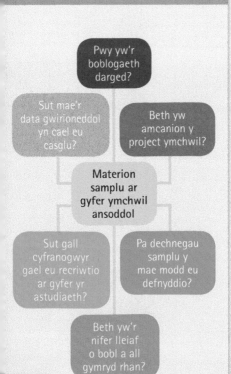

Dysgu gweithredol

Rydych chi'n cynnal cyfweliad ar fwyta'n iach fel rhan o'ch ymchwil i arlwyo mewn ysgolion, ac rydych chi wedi addo cyfrinachedd fel rhan o'ch astudiaeth. Daw'n amlwg fod bachgen sy'n siarad â chi'n datblygu anorecsia neu'n dioddef ohono a'i fod yn rheoli ei fwyta i raddau nad ydyn nhw'n iach. Beth dylech chi ei wneud? Trafodwch gyda phartner neu mewn grŵp bach.

Pwy yw'r boblogaeth darged?

Sut mae'r data gwirioneddol yn cael eu casglu?

Beth yw amcanion y project ymchwil?

Materion samplu ar gyfer ymchwil ansoddol

Sut gall cyfranogwyr gael eu recriwtio ar gyfer yr astudiaeth?

Pa dechnegau samplu y mae modd eu defnyddio?

Beth yw'r nifer lleiaf o bobl a all gymryd rhan?

⦿ Mae'n bosibl y bydd ymchwilwyr yn gwneud llawer o arian drwy gyhoeddi eu hymchwil; ddylen nhw ei rannu â'r bobl a adroddodd eu hanes yn y lle cyntaf?

⦿ Mae'n bosibl na fydd yr ymchwilydd yn cael ei oruchwylio pan fydd yn gwneud ymchwil, a gallai ymddwyn mewn ffordd droseddol neu beryglus i gadw ei gyfrinachedd fel ymchwilydd.

Astudiaeth ddefnyddiol

Roedd Mark Daly yn newyddiadurwr a oedd am astudio a oedd yr heddlu'n hiliol neu beidio ar gyfer rhaglen deledu o'r enw *The Secret Policeman* (2003). Gwnaeth hyn drwy ymuno â'r heddlu, yn gudd, ac ysbïo ar ei gyd-recriwtiaid i weld a oedden nhw'n gwneud sylwadau hiliol. Datgelodd achosion o ymddygiadau hiliol difrifol gan bobl a oedd yn credu ei fod yn ffrind iddyn nhw. Collon nhw eu swyddi a hefyd cawson nhw eu dangos ar y teledu. Mae'n annhebygol iawn y byddai cymdeithasegydd wedi cael cymeradwyaeth foesegol ar gyfer yr astudiaeth hon.

Gweithdrefnau samplu

Oherwydd nad yw ymchwil ansoddol yn cael ei gyfyngu gan reolau gwyddoniaeth, nid yw mor angenrheidiol bod samplau ymchwil yn gynrychiadol nac yn gyffredinoladwy. Fel arfer, mae samplau'n eithaf bach ac nid oes ymgais i samplu ar sail tebygolrwydd. Mae technegau'n ymwneud mwy â'r problemau ymarferol o gael mynediad at grŵp sy'n fodlon cael ei astudio, dod ar draws rhywun sy'n fodlon bod yn **borthor** i'r grŵp, a dod ar draws pobl sy'n fodlon cael eu cyfweld. Fel arfer, y mwyaf sensitif yw'r testun, y mwyaf anodd yw cael sampl sy'n fodlon cymryd rhan.

Mae technegau **samplu bwriadus/didebygolrwydd** yn cael eu defnyddio. Mae'r ymchwilydd yn nodi poblogaeth darged: o bosibl pobl â phroblem gymdeithasol benodol i ymdopi â hi. Yna, mae'n ceisio cael mynediad at bobl o'r fath. Er enghraifft, mewn astudiaeth o bobl ddigartref, bydd yn ceisio siarad â rheolwr grŵp cymorth, a fydd yn gweithredu fel porthor ac yn rhoi mynediad at y grŵp i'r ymchwilydd. Unwaith y mae cysylltiad wedi'i sefydlu, gallai'r prosesau gynnwys un o'r dulliau canlynol neu bob un ohonyn nhw:

⦿ **Samplau pelen eira**: mae gwirfoddolwyr yn argymell pobl eraill i gymryd rhan.

⦿ **Samplau gwirfoddol**: mae'r ymchwilwyr yn hysbysebu neu'n holi o gwmpas ac mae pobl yn cynnig eu hamser.

⦿ **Samplau cyfle**: mae hyn mor syml â bod ymchwilwyr yn gofyn i bobl sy'n digwydd bod yn y lle iawn ar yr adeg iawn i gymryd rhan.

Mae anfanteision, ond nid diffyg cynrychioldeb neu gyffredinoladwyedd yw'r rhain, oherwydd nad dyna oedd nod y broses samplu yn y lle cyntaf. Mae problemau'n ymwneud mwy â sicrhau bod amrywiaeth o bobl yn siarad, bod digon o achosion yn cael eu hystyried i roi digon o ddyfnder ac ehangder i'r astudiaeth, a bod pobl yn cymryd rhan. Mae'n anodd iawn cael mynediad at rai grwpiau cymdeithasol: y cyfoethog iawn, neu'r rhai sydd â chofnod troseddol neu sy'n cymryd rhan mewn ymddygiad troseddol neu ymddygiad nad yw'n dderbyniol yn gymdeithasol? Yn aml, nid yw grwpiau sy'n agored i niwed yn cael eu hystyried ar gyfer ymchwil, felly nid oes llawer iawn o ymchwil i'r rhai sydd ag anableddau dysgu neu bobl o gefndiroedd ethnig lleiafrifol.

Astudiaeth ddefnyddiol

Awgrymodd Flanagan a Hancock (2010) fod rhai grwpiau cymdeithasol penodol yn anodd eu cyrraedd o ran gwneud ymchwil a chynnig cyngor am ofal iechyd. O ganlyniad, dydyn ni ddim yn gwybod llawer am y bobl hyn a dydyn nhw ddim yn cael profiad da o iechyd. Mae'r grwpiau hyn yn cynnwys pobl sy'n camddefnyddio cyffuriau, lleiafrifoedd rhyw, ceiswyr lloches a ffoaduriaid, y rhai sydd â salwch meddwl, a'r digartref. Mae llawer o'r bobl hyn wedi cael profiadau gwael o wasanaethau iechyd yn y gorffennol. Awgrymodd yr ymchwilwyr mai'r sector elusennol gwirfoddol a fyddai'n rhoi'r canllawiau gorau ynglŷn â sut i gyrraedd a chefnogi pobl.

Dibynadwyedd a dilysrwydd mewn ymchwil ansoddol

Oherwydd y problemau'n ymwneud â dilysrwydd mewn ymchwil ansoddol, lle nad yw'n bosibl profi na gwrthbrofi bod y digwyddiadau sy'n cael eu disgrifio wedi digwydd, mae strategaethau'n cael eu defnyddio i sicrhau bod pobl wedi dweud y gwir.

- Yn aml, mae cyfweliadau'n cael eu recordio neu eu ffilmio, a'r nodiadau'n cael eu cadw'n ddiogel rywle er mwyn eu gwirio.
- Mae'n debygol iawn y bydd y dulliau a gafodd eu defnyddio yn y broses astudio'n cael eu disgrifio'n fanwl, gan ddangos y defnydd o broses fethodolegol systematig.
- Mae disgwyl i ymchwilwyr fyfyrio ar eu dulliau eu hunain ac adnabod materion.

Astudiaeth ddefnyddiol

Cynhaliodd Tony Sewell, actifydd ac ymchwilydd du, astudiaeth o brofiadau bechgyn Affricanaidd Caribïaidd yn yr ysgol, gan geisio darganfod pam roedd cyfraddau gwahardd ar gyfer y bechgyn hyn mor uchel. Dywedodd fod yr holl athrawon, gan gynnwys y rhai du, yn hiliol. Awgrymodd fod llawer o broblemau rhwng athrawon a disgyblion yn ymwneud â hil a diwylliant. Wnaeth e ddim sylw am y ffaith bod llawer o'r athrawon yn fenywod a bod rhai wedi dioddef trais gan ddisgyblion gwrywaidd. Mae'n bosibl y byddai arsylwr a oedd yn fenyw wyn wedi dod i gasgliadau gwahanol wrth astudio'r un set o ganlyniadau.

Ymchwil

Defnyddiodd Wendy Martin a Katy Pilcher (2015) **ddata** a gafodd eu casglu o ddyddiaduron gweledol i astudio bywydau 62 o bobl dros 50 oed. Tynnon nhw ffotograffau o weithgareddau dyddiol i greu dyddiadur gweledol o'u bywyd pob dydd. Cafodd y delweddau eu defnyddio yn sail i gynnal cyfweliadau dwfn â phobl i ddysgu am eu profiadau o heneiddio ac o brofi newidiadau i'w corff. Sylweddolon nhw fod defnyddio'r ffotograffau'n ysgogi pobl ac yn cadw eu diddordeb yn y project. Yn wir, roedden nhw'n creu delweddau o weithgareddau bywyd pob dydd sy'n aml yn cael eu cuddio, neu sydd tu ôl i'r llen, fel glanhau neu gael gwared ar wastraff domestig. Tynnodd rhai cyfranogwyr ffotograffau o'r ymchwilwyr hyd yn oed, er mwyn dangos sut roedd y project ymchwil yn rhan o'u bywyd pob dydd.

a) Esboniwch ystyr y term **data**.
b) Rhowch un rheswm pam roedd yr ymchwilwyr yn defnyddio ffotograffau yn eu project ymchwil.
c) Fel myfyriwr Cymdeithaseg Safon Uwch, rydych chi wedi cael cais i ddylunio project ymchwil ansoddol i ddarganfod sut mae myfyrwyr y flwyddyn gyntaf yn teimlo am drosglwyddo o'u hysgol gynradd i'w hysgol uwchradd.
   i. Disgrifiwch bob cam o'ch cynllun ymchwil, gan gyfiawnhau'r rhesymau dros eich dewis ar bob cam.
   ii. Trafodwch broblemau a all godi ac effaith y problemau hyn ar ansawdd y data sy'n cael eu casglu.

Gwiriwch eich dysgu eich hun

Cysylltwch y termau â'u hystyron.

a) Astudiaeth sy'n ceisio adlewyrchu barn a safbwyntiau'r grŵp sy'n cymryd rhan.

b) Prosesau samplu sy'n targedu grwpiau penodol ac nad oes bwriad iddyn nhw fod ar hap.

c) Ymchwil sy'n seiliedig ar yr hyn y mae'n bosibl ei weld, arsylwi arno, a'i fesur yn unig.

ch) Y gallu i ddod o hyd i bobl i gymryd rhan mewn astudiaeth, a'r broses o drefnu iddyn nhw gymryd rhan.

d) Unigolyn sy'n gallu trefnu i'r ymchwilydd gysylltu ag ymatebwyr ar gyfer astudiaeth.

dd) Goruniaethu a dod yn rhan o'r grŵp sy'n cael ei astudio gan arwain at golli gwrthrychedd.

Mynediad

Troi yn frodor

Porthor

Empirig

Bwriadus

Ansoddol

Ysgrifennu estynedig

Esboniwch gryfderau a gwendidau ymchwil ansoddol wrth astudio cymdeithaseg.

Arweiniad: Mae'r pwyslais yn y cwestiwn hwn ar wybodaeth a dealltwriaeth ac ar gymhwyso. Bydd angen i chi esbonio pam mae ymchwilwyr yn gwrthod dulliau meintiol ac esbonio pam maen nhw'n dewis defnyddio dulliau ansoddol. Mae'n rhaid i chi ddangos cydbwysedd yn eich ateb, felly ystyriwch ddau neu dri o gryfderau a dau neu dri o wendidau ymchwil ansoddol, gan ddangos gwybodaeth am y gwahanol dechnegau sy'n cael eu defnyddio. Cyfeiriwch at enghreifftiau lle mae hynny'n bosibl. Defnyddiwch y termau allweddol dibynadwyedd a dilysrwydd yn gywir, ond peidiwch â thybio bod gwaith ansoddol o angenrheidrwydd yn ddilys oherwydd ei fod yn cynnig dyfnder. Mae hyn i raddau helaeth yn fater o ddehongliad a gall pobl ddarllen pethau gwahanol yn yr un set o amgylchiadau.
Ysgrifennwch tua 750 gair.

Dysgu gweithredol

Gwrandewch ar rai o bodlediadau'r rhaglen *Thinking Allowed* ar Radio 4. Bydd yn rhoi mewnwelediad i chi i ymchwil cymdeithasol cyfoes ym Mhrydain. http://www.bbc.co.uk/ programmes/b006qy05

Gwnewch nodyn o unrhyw brojectau ymchwil sydd o ddiddordeb arbennig i chi neu sy'n berthnasol i'r pynciau rydych chi'n eu hastudio er mwyn i chi allu defnyddio'r rhain fel enghreifftiau yn eich atebion arholiad.

Nodau

⊙ Deall pam mae'r rhan fwyaf o ymchwilwyr yn defnyddio amrywiaeth o ddulliau i sicrhau bod eu gwaith yn ddilys (yn wir) ac yn ddibynadwy (bod modd ei ailadrodd)

Prin yw'r cymdeithasegwyr sy'n defnyddio un ymagwedd yn unig wrth ymchwilio. Bydd y rhan fwyaf ohonyn nhw'n defnyddio ymagwedd aml-ddull i sicrhau bod ganddyn nhw ddata sy'n ddibynadwy ac yn ddilys iawn.

> *Yn achos unrhyw reol, pa mor 'sylfaenol' neu 'angenrheidiol' bynnag ydyw i wyddoniaeth, mae amgylchiadau pan fydd hi'n ddoeth nid yn unig anwybyddu'r rheol, ond mabwysiadu'r rheol sy'n wrthwyneb iddo.*
>
> **Paul Feyerabend**

Pwnc 4: Mwy nag un dull

Gwneud i chi feddwl

Pe baech chi am ddeall rhywbeth am ddiwylliant y bobl sy'n byw, yn gweithio ac yn siopa mewn marchnad, pa fathau gwahanol o ddulliau y gallai fod angen i chi eu defnyddio? Beth yw'r problemau ymarferol y gallech chi ddod ar eu traws yn eich astudiaeth?

Ethnograffeg

Roedd ethnograffeg gynnar yn seiliedig ar waith anthropolegwyr fel Bronislaw Malinowski (1884–1942). Roedd yn astudio diwylliannau llwythol drwy ymgolli yn eu bywydau ac esbonio eu credoau diwylliannol drwy fod mewn cysylltiad â nhw bob dydd. Felly, roedd yn defnyddio nifer o ddulliau er mwyn deall sut roedd pobl yn byw. Roedd yn disgrifio eu bywyd a hefyd yn dadansoddi eu diwylliant.

⊙ Un o fanteision yr ymagwedd hon at astudio diwylliant llwythol oedd ei fod wedi dod i ddeall teimladau a chredoau'r bobl, a bod hynny wedi rhoi mewnwelediad iddo i'r ffordd roedd eu cymdeithas yn gweithio.

⊙ Un o anfanteision yr ymagwedd ethnograffig yw bod angen i'r arsylwr fuddsoddi llawer o amser ac ymdrech ac ymgolli'n llwyr ym mywyd y diwylliant er mwyn ei brofi'n uniongyrchol.

⊙ Risg arall gydag ethnograffeg yw nad yw'r ymchwilydd yn gweld ond yr hyn y mae'r diwylliant yn dymuno ei ddangos iddo – er enghraifft, allwn ni ddim bod yn siŵr bod y dynion digartref yn Brighton yn gwbl onest gyda Blackman (gweler tudalen 21).

Astudiaeth ddefnyddiol

Cynhaliodd Punch (1979) astudiaeth i heddlu Amsterdam, gan eu dilyn o gwmpas pan oedden nhw wrth eu gwaith. Ar adegau roedd yn honni (ac yn camarwain) ei fod yn heddwas mewn dillad plaen. Mae Punch yn nodi bod ei bresenoldeb yn effeithio ar weithredoedd swyddogion yr heddlu, a hefyd eu bod nhw wedi dweud wrtho wedyn eu bod ar adegau wedi cuddio pethau rhagddo.

Dulliau

Yn draddodiadol, mae ethnograffwyr, sy'n astudio diwylliannau drwy fyw gyda grwpiau o bobl am gyfnodau o amser, wedi defnyddio amrywiaeth o ddulliau ar gyfer eu hymchwil. Mae cyfuniad o gyfweld, arsylwi a chyfranogi'n rhoi'r cyfle iddyn nhw gasglu data manwl. Mae triongli'n dechneg sy'n cael ei defnyddio lle mae mesuriadau'n cael eu cymryd gan ddefnyddio dau ddull gwahanol o fesur i wirio dibynadwyedd a dilysrwydd mesuriad. Mae **plwraliaeth fethodolegol** yn ymagwedd lle mae cymdeithasegwyr yn dewis defnyddio amrywiaeth o ddulliau i roi hyblygrwydd iddyn nhw wrth gasglu data. Dylai'r ymchwilydd ddewis y dulliau mwyaf addas ar gyfer y cynllun ymchwil. Mae dadl yn parhau rhwng positifwyr, sydd o blaid defnyddio triongli'n ddull ar gyfer casglu nifer o fesuriadau, a **realwyr** y mae'n well ganddyn nhw blwraliaeth fethodolegol.

Triongli

Mae nifer o gymdeithasegwyr, o fwriad, yn defnyddio dwy ymagwedd neu fwy at ymchwil er mwyn gwirio dibynadwyedd a dilysrwydd y canfyddiadau ymchwil. Yn *The Tearoom Trade* (1970), defnyddiodd Laud Humphreys holiaduron, cyfweliadau anstrwythuredig ac arsylwi cyfranogol. Defnyddiodd gyfweliadau i ddod i ddeall bywyd personol ei gyfranogwyr yn iawn, arsylwadau i weld sut roedden nhw'n ymddwyn, a chyfweliadau anstrwythuredig i dreiddio at ystyr eu gweithgareddau.

◉ Mae **triongli ymchwilwyr** yn cael ei ddefnyddio pan fydd ymchwilwyr eraill yn gwirio i weld a oes tuedd. Felly, bydd gwryw a benyw yn gofyn yr un cwestiynau i ymatebwyr i weld a yw eu hatebion yn amrywio ar sail rhyw'r cyfwelydd.

◉ **Triongli data** yw pan fydd setiau data gwahanol yn cael eu cymharu; felly mae **ystadegau swyddogol** yn cael eu cymharu â data o **astudiaethau dioddefwyr** fel Arolwg Troseddu Cymru a Lloegr er mwyn gwirio manwl gywirdeb yr ystadegau swyddogol.

Mae cryfderau'n cynnwys dibynadwyedd a dilysrwydd uwch. Mae darlun llawnach o'r ffenomen yn cael ei gasglu, ac mae manteision un dull yn gorbwyso gwendidau'r llall. Ar y llaw arall, mae'n broses araf a chostus.

Astudiaeth ddefnyddiol

Cynhaliodd Roseneil (1995) astudiaeth o fenywod a oedd yn protestio yn erbyn arfau niwclear y tu allan i ganolfan awyr Americanaidd a oedd yn storio arfau niwclear. Roedd hi'n byw mewn gwersyll gyda'r protestwyr; cafodd brofiad o gael ei haflonyddu gan y cyhoedd a chael ei harestio. Dychwelodd yn ddiweddarach a chyfweld â'r menywod. Yn ogystal, defnyddiodd dystiolaeth o gylchlythyrau, papurau newydd a deunydd wedi'i argraffu am y protestiadau.

Plwraliaeth fethodolegol

Mae hyn yn wahanol i driongli yn yr ystyr athronyddol oherwydd yma nid yw'r ymchwilwyr yn defnyddio mesuriadau gwahanol yn unig, maen nhw wir yn credu y dylai mwy nag un dull gael ei ddefnyddio er mwyn cryfhau gwerth yr ymchwil. Felly, fyddan nhw ddim yn defnyddio dulliau ansoddol a meintiol bob amser i gydbwyso cryfderau a gwendidau; mae'n bosibl y byddan nhw'n defnyddio amrywiaeth o ddulliau meintiol os dyma'r hyn mae'r ymchwil yn ei fynnu.

Y cryfderau yw y gall y canlyniadau fod yn bwerus iawn oherwydd bod y byd cymdeithasol yn gymhleth ac yn haeddu cael ei astudio drwy gyfrwng mwy nag un dull. Er enghraifft, mae'n bosibl y bydd yr hyn y mae pobl yn ei ddweud am eu hymddygiad yn wahanol iawn i'w gweithredoedd. Mae llai o wrthwynebiad haearnaidd rhwng ymchwilwyr ansoddol a meintiol mewn ymchwil modern.

Mae gwendidau'n cynnwys problemau ymarferol amser ac arian. Hefyd, mae rhoi trefn ar y data a threfnu ansawdd y deunydd a gafwyd yn gallu bod yn anodd.

Astudiaeth ddefnyddiol

Anfonodd Pager a Quillian (2005) actorion i gynnig am waith yn defnyddio manylion adnabod ffug. Roedden nhw'n bobl ddu neu wyn ac roedden nhw'n esgus bod ganddyn nhw gofnod troseddol (neu beidio). Chwe mis yn ddiweddarach, aethon nhw yn ôl at y cyflogwyr i gynnal arolwg o'u polisïau recriwtio. Roedden nhw'n gallu datgelu gwahaniaethau mawr rhwng yr hyn a oedd wedi digwydd i'r actorion mewn gwirionedd a'r hyn roedd y cwmnïau'n ei honni oedd wedi digwydd iddyn nhw.

✎ Ysgrifennu estynedig

Esboniwch gryfderau a gwendidau defnyddio mwy nag un dull wrth astudio cymdeithaseg.

Arweiniad: Bydd angen i chi ddangos bod hanes defnyddio sawl dull ymchwil yn un hir. Mae hyn yn cynnwys dadl barhaus rhwng positifwyr a realwyr o ran ai triongli neu blwraliaeth fethodolegol sy'n cynhyrchu'r canlyniadau gorau. Beth bynnag yw'r ddamcaniaeth sylfaenol, mae'r cryfderau a'r gwendidau'n parhau i fod yn debyg ar y cyfan, sef y gall cryfder un ymagwedd fethodolegol gynnig dyfnder a chadernid i wendid y dull arall. Cyfeiriwch at ystod o astudiaethau lle cafodd sawl dull ei ddefnyddio.

Ysgrifennwch tua 250 gair.

Cymru Werdd Ddiniwclear

FFRYNT UNEDIG GYMREIG YN ERBYN YNNI NIWCLEAR
Sadwrn 11 Mawrth, 2017
Llyfrgell Genedlaethol, Aberystwyth

PAWB
CADNO
CND CYMRU

Green Nuclear-Free Wales

A UNITED WELSH FRONT AGAINST NUCLEAR POWER
Saturday 11 March, 2017
National Library, Aberystwyth

GREENPEACE
CYMDEITHAS YR IAITH

COFIWN FUKUSHIMA REMEMBE

Pa anawsterau ymarferol a moesegol y gallai ethnograffydd eu profi pe bai'n astudio grŵp protest fel protestwyr gwrthniwclear?

Gwella sgiliau

Ar gyfer eich cynllun ymchwil yn yr arholiad terfynol, canolbwyntiwch ar un dull yn unig, yn seiliedig ar y math o ddata rydych am eu casglu. Gall defnyddio ymagwedd gymysg ei dull arwain at ysgrifennu ymateb dryslyd i'r hyn a ddylai fod yn broject cynllunio syml a sylfaenol. Os bydd cwestiwn ymagweddau cymysg eu dull yn rhan o'r asesiad, mae'n debygol y bydd angen i chi naill ai esbonio'r term, awgrymu rhesymau pam cafodd yr ymagwedd ei defnyddio neu esbonio cryfderau a gwendidau'r ymagwedd.

YMESTYN a HERIO

Dysgwch fwy am yr adroddiad ymchwil *Religion, Youth and Sexuality* (Yip et al., 2011), a gafodd ei gynllunio i ddefnyddio mwy nag un dull. Gwnewch nodiadau sy'n cynnwys y pwyntiau canlynol:

a) Pa ddulliau a ddefnyddiwyd i gasglu'r wybodaeth?

b) Pam cafodd mwy nag un dull ei ddefnyddio ar gyfer yr astudiaeth?

c) Sut roedd natur y data a gafodd eu casglu'n adlewyrchu'r dull a gafodd ei ddefnyddio?

Ymchwil

Aeth Yip et al. (2011) ati i archwilio gwerthoedd rhywiol a chrefyddol pobl ifanc rhwng 18 a 25 oed o amrywiaeth o draddodiadau crefyddol. Defnyddiwyd tri cham yn ystod y broses casglu data: holiadur ar-lein (693 o ymatebwyr), cyfweliadau unigol (61 o gyfranogwyr) a dyddiaduron fideo (24 o gyfranogwyr). Cafodd dulliau **samplu bwriadus** eu defnyddio ac roedd llawer o'r cyfranogwyr yn wirfoddolwyr.

a) Esboniwch ystyr y term **samplu bwriadus**.

b) Rhowch **un** rheswm pam roedd yr ymchwilwyr yn defnyddio mwy nag un dull yn eu project ymchwil.

c) Fel myfyriwr Cymdeithaseg Safon Uwch, mae gofyn i chi gynllunio project ymchwil ansoddol i ddarganfod sut mae myfyrwyr chweched dosbarth mewn ysgol leol yn mynegi eu credoau crefyddol.

i. Disgrifiwch bob cam o'ch cynllun ymchwil, gan gyfiawnhau'r rhesymau dros eich dewis ar bob cam.

ii. Trafodwch broblemau a all godi ac effaith y problemau hyn ar ansawdd y data sy'n cael eu casglu.

Gwiriwch eich dysgu eich hun

Cysylltwch yr ymchwilydd â'r astudiaeth.

a) Astudiodd ddynion digartref yn Brighton i ganfod mwy am eu ffyrdd o fyw.

b) Arsylwodd ar gyfarfyddiadau achlysurol rhwng dynion hoyw mewn toiledau cyhoeddus ac yna cynhaliodd gyfweliadau â'r cyfranogwyr.

c) Astudiodd gyfeillgarwch ymysg merched a chasglodd y nodiadau roedden nhw'n eu hanfon at ei gilydd yn y dosbarth.

ch) Dilynodd heddlu Amsterdam i ddysgu mwy am eu harferion gweithio.

d) Ymchwiliodd i'r protestwyr gwrthniwclear yng Nghomin Greenham a byw yn eu plith.

dd) Dilynodd grŵp o ddeuddeg o fechgyn yn yr 1970au i ganfod eu hagweddau tuag at yr ysgol.

Sasha Roseneil

Maurice Punch

Shane Blackman

Paul Willis

Valerie Hey

Laud Humphreys

Pwnc 5: Materion samplu

Gwneud i chi feddwl

Pe baech chi am ddeall rhywbeth am y diwylliant clybio ac yfed ymhlith pobl ifanc, sut byddech chi'n ceisio cael sampl cynrychiadol o glybwyr? Pa broblemau moesegol ac ymarferol y gallech chi ddod ar eu traws?

Casglu sampl cynrychiadol

Ar ôl nodi poblogaeth darged, mae'r ymchwilwyr yn ceisio dewis detholiad ar hap o bobl i gymryd rhan yn yr astudiaeth. Yn y cyd-destun hwn, mae ar hap yn golygu bod gan bawb yr un tebygolrwydd o gael eu dewis i gymryd rhan. Er enghraifft, er mwyn cael sampl o ddeg o bobl o ddosbarth o 30 o fyfyrwyr, byddai'r holl enwau yn cael eu rhoi mewn het a'r deg cyntaf i gael eu tynnu allan fyddai'r sampl.

Mae hyn yn cynnwys dwy broses:

1. Mae angen cael rhestr o'r holl bobl sydd yn y boblogaeth darged.
2. Dylai grŵp cynrychiadol o'r boblogaeth darged honno gael ei ddewis drwy ddefnyddio un o'r dulliau canlynol:
   - Hapsamplu syml: sy'n debyg i loteri.
   - Hapsamplu haenedig: mae poblogaethau'n cael eu rhannu (e.e. yn ôl rhyw neu oedran) ac wedyn mae techneg samplu arall yn cael ei defnyddio, er enghraifft samplu cwotâu neu hapsamplu syml.
   - Hapsamplau systematig: lle mae enwau'n cael eu dewis yn ysbeidiol o restri.
   - Samplu cwotâu: lle mae ymchwilwyr yn edrych am nodweddion penodol mewn poblogaeth.

Fel arfer, mae hyn yn golygu mai o grwpiau o bobl y mae'n bosibl eu rhestru neu eu hadnabod mewn ffyrdd eraill y mae cael gafael ar samplau cynrychiadol: er enghraifft, pleidleiswyr ar restr etholiadol, pobl mewn sefydliad fel ysgol neu weithle, aelodau o sefydliadau, etc.

Y broblem gyda'r ymagwedd hon yw y dylai fod yn bosibl cyfeirio at ryw fath o restr, ond nid yw hyn yn wir bob amser. Er enghraifft, yn y gorffennol roedd llyfrau ffôn yn cael eu defnyddio, ond bellach mae pobl yn defnyddio ffonau symudol neu rifau nad ydyn nhw ar y rhestr. Felly, nid yw'r rhan fwyaf yn cael eu cynnwys mewn cyfeiriaduron. Yn yr un modd, pobl dros 18 oed yn unig sy'n cael eu cynnwys ar restr etholiadol, felly mae pobl nad ydyn nhw wedi cofrestru i bleidleisio, neu nad ydyn nhw'n gymwys, ar goll. Mae hyn yn bryder arbennig wrth gynllunio ymchwil, gan nad oes rhestrau ar gael o gwbl weithiau. Yn fwy na thebyg, y bobl nad ydyn nhw ar restr yw'r rhai y byddai ymchwilydd am siarad â nhw.

Casglu sampl anghynrychiadol

Ar ôl dewis poblogaeth darged, nod yr ymchwilydd yw dewis pobl i gymryd rhan yn yr astudiaeth ymchwil sydd â gwybodaeth berthnasol, o bosibl. Yn aml, mae grwpiau sampl o'r fath yn fach iawn, ac oherwydd nad oes angen i'r sampl fod yn gynrychiadol nac yn gyffredinoladwy, y rhai sydd â mewnwelediad fydd yn cael eu gwahodd i gymryd rhan.

Mae samplu yn rhan bwysig o'r cynllun ymchwil ar gyfer unrhyw astudiaeth. Mae'r dulliau'n amrywio yn ôl y math o ddata mae'r ymchwilwyr yn edrych amdanynt. Yn achos ymchwil meintiol, mae gofyn i samplau fod yn gyffredinoladwy ac yn gynrychiadol gan fod yr ymchwil yn ceisio bod yn wyddonol. Yn achos ymchwil ansoddol, mae gofyn am bobl a fydd yn cydweithredu ac a fydd yn gallu mynegi eu meddyliau a'u teimladau'n glir gan fod yr ymchwil yn ceisio casglu dyfnder o ddata.

Gwella sgiliau

Cafodd samplu ei esbonio'n fanwl yn eich llyfr UG ym Mhwnc 5 ar dudalen 78, felly mae nawr yn amser da i chi ddychwelyd at eich nodiadau ac adolygu'r gwahanol brosesau samplu. Dylech wybod o leiaf un fantais ac un anfantais ar gyfer pob dull.

Astudiaeth ddefnyddiol

Mae astudiaeth *Child of our Time* yn broject 20 mlynedd sy'n dilyn sampl o 25 o blant a gafodd eu geni yn 2000. Nod yr astudiaeth hon yw gweld sut mae cymdeithas yn effeithio ar eu bywydau. Cafodd y sampl ei gasglu ledled y DU, ond mae'r project wedi wynebu anawsterau oherwydd bod rhai pobl wedi tynnu allan, rhai wedi symud a rhai wedi marw. Mae'n bosibl hefyd bod y ffaith eu bod wedi cymryd rhan yn yr astudiaeth ynddi ei hun wedi effeithio ar fywydau'r ymatebwyr.

Dysgu gweithredol

Mewn grwpiau bach, trafodwch sut gallech chi gael sampl gan bob un o'r grwpiau canlynol o bobl:

- Mamau sengl yn eu harddegau
- Pobl sydd wedi profi iselder ond nad ydyn nhw wedi gweld meddyg
- Pobl sydd wedi cael perthnasoedd ethnig cymysg
- Pobl sy'n mwynhau gwylio rhaglenni cwis ar y teledu.

Pa broblemau byddech chi'n eu hwynebu wrth wneud sampl o'r fath yn gynrychiadol?

Ysgrifennu estynedig

Esboniwch gryfderau a gwendidau samplu nad yw'n gynrychiadol wrth astudio cymdeithaseg.

Arweiniad: Bydd angen i chi ddangos bod samplu anghynrychiadol yn fwriadol ac yn gysylltiedig â nodau'r ymchwil. Cyfeiriwch at y dulliau gwahanol y byddai'n bosibl eu defnyddio ac ystyriwch gryfderau a gwendidau'r ymagwedd yn gyffredinol. Mae'n bosibl y byddwch chi am gyfeirio at wahaniaethau damcaniaethol rhwng ymagweddau gwyddonol ac ymagweddau systematig at ymchwilio. Mae'n bosibl y bydd yr hyn sy'n cael ei golli o ran cynrychioliadwyedd a chyffredinoliadwyedd yn cael ei ennill drwy roi amser i'r ymchwilydd archwilio'r materion yn fanwl gyda'r ymatebwyr. Cyfeiriwch at astudiaethau go iawn lle mae'r grwpiau sampl wedi bod yn fach ond lle mae'r ymchwil wedi bod yn ddylanwadol iawn oherwydd ansawdd y casgliadau. Ysgrifennwch tua 250 gair.

Mae hyn yn cynnwys dwy broses:

- Mae angen porthor i gael mynediad at y boblogaeth darged: er enghraifft, pe bai rhywun yn astudio ysgol, byddai angen cael caniatâd y pennaeth. Mae'n bosibl hefyd y bydd ail borthor yn cymryd rhan, yn yr ystyr y bydd aelod o'r grŵp targed yn derbyn cais i helpu; felly byddai'r ymchwilydd yn dod yn ffrind i fyfyriwr.
- Dylai grŵp anghynrychiadol o'r boblogaeth darged honno gael ei annog i gymryd rhan drwy ddefnyddio un o'r dulliau canlynol: samplu pelen eira, samplu gwirfoddolwyr neu samplu cyfleus.

Astudiaeth ddefnyddiol

Astudiodd Safia-Mirza fenywod ifanc o India'r Gorllewin mewn ysgolion ar gyfer ei hastudiaeth *Young, Female and Black*. Roedd hi'n cael ei chyflogi fel athrawes ac roedd hi hefyd wedi bod yn fyfyriwr yn un o'r ysgolion roedd hi'n eu hastudio. Er ei bod yn sylweddoli ei bod yn bosibl y gallai hyn beri bod ei hymchwil yn dangos tuedd, roedd yn rhoi mynediad at y staff iddi, ac roedden nhw'n ymddiried ynddi oherwydd eu bod yn teimlo eu bod yn ei hadnabod.

Ymchwil

Gweithiodd grŵp o ymchwilwyr o Brifysgol Morgannwg (2013), a grwpiau o bobl ag anableddau, ar broject i ddarganfod mwy am brofiadau pobl o gael eu cam-drin, sut gallai dioddefwyr gael cymorth pe baen nhw'n cael eu cam-drin, a sut byddai'n bosibl i'r canfyddiadau ymchwil hynny fod ar gael i'r bobl a gafodd eu heffeithio gan y profiad. Roedd y sampl yn cynnwys 47 o bobl a gafodd eu gwahodd i aros mewn gwesty am dri diwrnod. Cafodd cyfweliadau a **grwpiau ffocws** eu cynnal ac fe gafodd holiaduron eu dosbarthu. Dywedodd y rhai ag anableddau dysgu nad oedden nhw wedi derbyn addysg dda yn achos camdriniaeth, a phan oedden nhw'n rhoi gwybod eu bod wedi cael eu cam-drin, roedden nhw'n cael eu hanwybyddu neu doedd neb yn eu credu.

a) Esboniwch ystyr y term **grŵp ffocws**.

b) Rhowch **un** rheswm pam roedd yr ymchwilwyr yn mynd â'u grŵp sampl i westy er mwyn dysgu mwy am eu profiadau.

c) Fel myfyriwr Cymdeithaseg Safon Uwch, rydych chi wedi cael cais i gynllunio project ymchwil ansoddol i ddysgu am bobl ag anghenion arbennig sy'n cael eu bwlio yn y gymuned leol.

   i. Disgrifiwch bob cam o'ch cynllun ymchwil, gan gyfiawnhau'r rhesymau dros eich dewis ar bob cam.

   ii. Trafodwch broblemau a all godi ac effaith y problemau hyn ar ansawdd y data sy'n cael eu casglu.

Gwiriwch eich dysgu eich hun

Cysylltwch y broses samplu â'r disgrifiad.

a) Mae gan bawb yn y boblogaeth darged siawns gyfartal o gael eu dewis, o bosibl drwy loteri neu broses gyfrifiadurol.

b) Mae poblogaeth yn cael ei rhannu ac yna mae pob rhan yn cael ei samplu.

c) Mae'r ymchwilydd yn pennu priodweddau'r bobl mae eu hangen i gynrychioli'r grŵp cyfan ac yna'n chwilio am bobl sy'n gweddu'r disgrifiad hwnnw.

ch) Mae enwau'n cael eu dewis o restr mewn rhyw fath o drefn.

d) Mae pobl sy'n perthyn i'r boblogaeth darged yn argymell pobl eraill mewn sefyllfa debyg.

dd) Mae pobl yn ymateb i hysbyseb neu'n cynnig eu henwau mewn ffordd arall.

e) Mae ymchwilwyr yn mynd ati i ddod o hyd i bobl â nodweddion penodol.

f) Mae'r sampl wedi'i wneud o bobl sydd ar gael yn rhwydd.

Bwriadus

Gwirfoddol

Haenedig

Ar hap

Cyfle

Pelen eira

Systematig

Cwota

Dulliau ymchwil

Pwnc 6: Cynnal ymchwil meintiol

Gwneud i chi feddwl

Os ydych yn cynnal ymchwil meintiol er mwyn casglu gwybodaeth wyddonol am nifer mawr o bobl, beth fyddai manteision ac anfanteision pob un o'r ffyrdd o gysylltu â'ch sampl sy'n cael eu dangos yma?

Amserlen

Mae llawer o ymchwil cymdeithasegol yn 'giplun mewn amser'. Mae hyn yn golygu ei bod yn adlewyrchu beth bynnag roedd pobl yn ei feddwl neu'n ei wneud ar yr union adeg roedden nhw'n siarad â'r cyfwelydd neu'n cwblhau'r holiadur. Mae'r adeg pan gafodd yr ymchwil ei gynnal yn gallu effeithio ar ddilysrwydd yr ymchwil: er enghraifft, bydd eich teimladau am yr ysgol neu'r coleg yn wahanol iawn ar ddiwrnod cyntaf y tymor, ar ddiwrnod yng nghanol Chwefror, ac ar y diwrnod rydych chi'n gorffen ar gyfer yr haf.

Dyma strategaethau y mae'n bosibl eu defnyddio os yw'r ymchwil yn bwriadu mesur newid cymdeithasol:

- Astudiaethau atgynhyrchu, lle mae'r un dull yn cael ei ddefnyddio ar gyfer samplau gwahanol ar adegau gwahanol.
- Ymchwil hydredol, lle mae'n bosibl dilyn yr un sampl a'i ailadrodd ar adegau gwahanol.

Astudiaeth ddefnyddiol

Cyhoeddodd Sharpe astudiaeth yn 1972 lle adroddodd ar yr hyn roedd merched yn ei ddisgwyl ar ôl gadael addysg lawn amser. Sylwodd fod y rhan fwyaf ohonyn nhw'n bwriadu dod yn wragedd. Cynhaliodd hi ail astudiaeth ar wahân gan ddefnyddio dulliau tebyg yn 1992. Sylwodd fod gwahaniaethau mawr yn agweddau merched tuag at fywyd ond nododd fod llawer ohonyn nhw'n disgwyl gwneud gwaith sy'n cael ei gysylltu â menywod o hyd. Mae hon yn astudiaeth atgynhyrchu.

Maint yr astudiaeth

Fel arfer, mae astudiaethau gwyddonol yn ceisio casglu samplau mor fawr â phosibl er mwyn sicrhau cynrychioliadwyedd a chyffredinoladwyedd. Os yw'r boblogaeth gyfan yn cael ei hastudio, yna mae llywodraethau'n tueddu i anelu at samplau o filoedd. Wrth reswm, pan fydd ysgolion neu golegau'n cael eu hastudio, bydd sampl sy'n cynnwys llawer llai o bobl yn gynrychiadol o'r boblogaeth darged. Fodd bynnag, gorau po fwyaf yw'r gyfran o'r boblogaeth darged.

Arolygon

Fel arfer, mae astudiaethau ar raddfa fawr iawn, neu astudiaethau lle mae'r sampl yn gyfran fawr o'r boblogaeth darged, yn cael eu galw'n arolygon. Mantais cynnal arolwg yw ei fod yn cynyddu cynrychioldeb a chyffredinoladwyedd. Mae cynrychioldeb yn gwella wrth i ragor o

Nodau

- Os nod yr ymchwil yw casglu data gwyddonol, cydnabod bod cymdeithasegwyr yn dilyn y prosesau a dderbyniwyd yn ofalus, ond bod ganddyn nhw'r hyblygrwydd i wneud penderfyniadau o fewn y weithdrefn gaeth y mae'n rhaid iddyn nhw ei dilyn

Mae'r holl benderfyniadau y mae'r cymdeithasegydd sy'n edrych am wybodaeth am gymdeithas yn eu gwneud yn cael eu rheoli gan nodau'r ymchwil. Yn achos cymdeithaseg wyddonol, mae'n bwysig iawn bod y rhain yn cael eu cadarnhau cyn y gall yr ymchwil ddechrau. Bydd angen i ymchwil arfaethedig a chynlluniau ymchwil gael eu cymeradwyo gan oruchwylwyr, cyrff ariannu a phwyllgorau moeseg cyn y gall unrhyw waith o sylwedd, ar wahân i ddarllen o gwmpas y pwnc, ddechrau. Bydd cryfderau a gwendidau'r cynllun yn cael eu mesur yn erbyn nodau arfaethedig yr astudiaeth pan fydd yr ymchwil yn cael ei werthuso.

FFAITH DDIDDOROL

Mae ciplun mewn amser yn golygu darn o ymchwil sy'n cael ei gynnal ar un diwrnod penodol: er enghraifft, mae'r cyfrifiad yn adlewyrchu un diwrnod bob deng mlynedd.

Dysgu annibynnol

Mae Gwasanaeth Data'r DU yn disgrifio nifer o arolygon hydredol pwysig. Ewch yno i ddysgu mwy am astudiaethau hydredol.

Dysgu gweithredol

Mewn grwpiau bach, dysgwch fwy am Arolwg Panel Cartrefi Prydain (https://www. iser.essex.ac.uk/bhps) neu am Astudiaeth Hydredol Cartrefi'r DU gan *Understanding Society* (https://www. understandingsociety.ac.uk/).

Crynhowch eich canfyddiadau mewn rhestr o chwe phwynt allweddol a chyflwynwch y rhain i un o'r grwpiau a ddysgodd am yr arolwg arall.

Gwella sgiliau

Felly, er bod holiaduron a chyfweliadau strwythuredig yn debyg yn yr ystyr eu bod nhw'n defnyddio cwestiynau ffeithiol, mae gwahaniaethau bach o ran sut mae'r cwestiynau hyn yn cael eu cyflwyno i'r ymatebwr a sut mae eu hatebion yn cael eu cofnodi. Bydd yn rhaid i chi ystyried y pethau hyn wrth ysgrifennu ymatebion arholiad.

bobl cael eu cynnwys, ac ni fydd ambell ganlyniad gwahanol iawn i'w weld yn bwysig iawn yn y data. Mae cyffredinoladwyedd yn cael ei wella oherwydd bod mwy o debygolrwydd y bydd y canlyniadau'n berthnasol i'r boblogaeth i gyd. Mae'n bosibl y bydd hefyd yn fwy dibynadwy, gan ddibynnu ar ansawdd y dull gwreiddiol ar gyfer casglu data, sydd fel arfer yn holiadur neu'n gyfweliad strwythuredig. Un anfantais yw ei bod yn anodd casglu'r swmp o ddata sydd ei angen, ac anfantais arall yw ei bod yn anodd asesu pa mor ddilys yw'r atebion sy'n cael eu rhoi.

Astudiaeth ddefnyddiol

Yn 2013, cymerodd sampl o dros 161 000 o bobl ran yn y *Great British Class Survey* er mwyn nodi saith dosbarth cymdeithasol gwahanol ym Mhrydain. Cafodd swyddi, **cyfoeth**, addysg, cynilion, incwm, **statws**, gwerth tai a diddordebau diwylliannol eu mesur.

Ymchwil eilaidd

Cyn dechrau unrhyw astudiaeth, mae disgwyl i ymchwilydd gynnal adolygiad o'r deunydd darllen i ddarganfod yr hyn mae pobl eraill wedi'i ddweud am y testun. Bydd angen i ymchwilwyr ethnograffig, hyd yn oed, ddod o hyd i ddata rhifiadol sy'n gysylltiedig â'r testun maen nhw'n bwriadu ei astudio. Yr enw ar ddeunydd maen nhw'n ei ddefnyddio a gafodd ei gasglu gan bobl eraill yw **ymchwil eilaidd**. Mantais defnyddio ymchwil eilaidd yw nad yw deunyddiau neu astudiaethau'n cael eu hailadrodd heb bwrpas, ond yr anfantais yw ei bod yn cymryd llawer o amser i'w casglu.

Llunio holiadur neu gyfweliad strwythuredig

Mae holiaduron a chyfweliadau strwythuredig yn debyg: mae'r ddau ddull yn cynnwys set o gwestiynau ffeithiol (sy'n cael eu cofnodi i sicrhau cysondeb); mae'r cyfranogwr yn ymateb iddyn nhw. Y prif wahaniaeth rhwng holiadur a chyfweliad strwythuredig yw pwy sy'n darllen y cwestiynau ac yn ysgrifennu'r atebion i'r cwestiynau. Ar gyfer holiadur, yr ymatebwr sy'n gwneud hyn. Os yw aelod o'r tîm ymchwil yn gofyn y cwestiynau ac yn cofnodi'r atebion (ar bapur neu drwy recordio'r atebion i'w trawsgrifio yn nes ymlaen), yna cyfweliad strwythuredig sy'n cael ei ddefnyddio fel dull ymchwil.

Dilysrwydd a dibynadwyedd

Mae dilysrwydd yr ymchwil yn dibynnu'n llwyr ar ansawdd yr holiadur neu'r cyfweliad strwythuredig. Bydd set o gwestiynau wedi'u cynllunio'n wael yn cynhyrchu atebion da i ddim.

Mae'r broses ar gyfer cynllunio holiadur a chyfweliad strwythuredig yn cynnwys y canlynol:

- ⊙ Mynd yn ôl at y nodau i weld pa wybodaeth mae angen chwilio amdano.
- ⊙ Ysgrifennu cwestiynau a fydd yn sicrhau'r wybodaeth sydd ei hangen.
- ⊙ Dewis y math o gwestiwn a gwirio bod y geiriad yn glir ac yn ddiamwys er mwyn i'r ymatebwyr ddeall cynnwys y cwestiwn.
- ⊙ Dewis pwy fydd yn cwblhau/cofnodi'r atebion. Bydd cyfweliadau strwythuredig yn cael eu cwblhau gan y tîm ymchwil ond yr ymatebwyr sy'n cwblhau holiaduron.
- ⊙ Llunio dilyniant y cwestiynau a chynllun yr astudiaeth.

Y broses o lunio holiadur

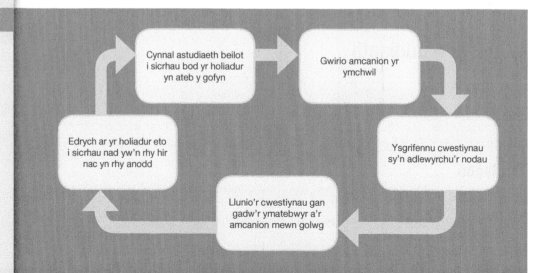

- Cynnal **astudiaeth beilot** i werthuso'r dull ymchwil, ac ailadrodd y broses nes bod y canlyniadau sy'n cael eu cynhyrchu yn ddilys a hefyd yn ddibynadwy.

Mae manteision ac anfanteision cyfweliadau strwythuredig (cwestiynau ffeithiol sy'n cael eu darllen i'r ymatebwr) a holiaduron (cwestiynau ffeithiol y mae'r ymatebwr yn eu darllen a'u cwblhau ar bapur) yn cynnwys y canlynol:

Manteision
- Maen nhw'n ymarferol ac yn hawdd eu gweinyddu.
- Maen nhw'n casglu swm mawr o ddata mewn cyfnod byr.
- Mae'n bosibl mesur y data sy'n cael eu casglu, yn aml gan ddefnyddio cyfrifiaduron.
- Mae'r canlyniadau'n cael eu hystyried yn wyddonol ac yn wrthrychol, felly mae'r dystiolaeth sy'n cael ei chynhyrchu yn cael ei hystyried yn ddilys, os oes angen data gwyddonol.
- Mae'r data'n ddibynadwy, gan ei bod yn bosibl defnyddio'r dull ymchwil eto.
- Weithiau mae'n bosibl sefydlu perthynas achosol.
- Mantais cyfweliadau strwythuredig yw eu bod yn cynnig cyfle i'r ymchwilydd a'r ymatebwr gyfathrebu, lle nad yw holiaduron yn gwneud hynny.
- Gall holiaduron fod yn fwy moesegol na chyfweliadau strwythuredig os yw'r ymchwilydd yn ymdrin â data sy'n bersonol neu'n sensitif iawn.

Anfanteision
- Maen nhw'n ddull ymchwil gwael ar gyfer deall ystyr neu emosiynau.
- Os yw'r cynllun yn wael, dydyn nhw ddim mor ddilys.
- Mae diffyg dyfnder yn y data.
- Mae'n anodd gwybod a yw ymatebwr yn dweud y gwir, neu wybod ai'r ymatebwr y bwriadwyd yr holiadur ar ei gyfer a lanwodd yr holiadur.
- Mae'n bosibl na fydd ymatebwyr yn darllen y cwestiwn yn y ffordd roedd yr ymchwilydd yn ei bwriadu.
- Mae'n bosibl y bydd ymatebwyr yn anghofio pethau ac yn ysgrifennu atebion anghywir.
- Wrth lunio'r cyfweliad strwythuredig neu'r holiadur, roedd yr ymchwilydd eisoes wedi gwneud penderfyniadau ynglŷn â pha ddata oedd yn bwysig, felly ni fydd llawer o le gan ymatebwyr i ychwanegu eu syniadau eu hunain.
- Mae tuedd i beidio ag ymateb i holiaduron.

Arsylwi anghyfranogol

Yn aml, bydd ymchwilwyr yn gwylio ymddygiad pobl heb wneud unrhyw ymdrech i ymyrryd, a'r enw ar hyn yw arsylwi anghyfranogol. Mae hyn yn digwydd oherwydd bod risg y gallai adweithiau'r arsylwr ddylanwadu ar ymddygiad, neu oherwydd na fyddai rhai grwpiau'n fodlon derbyn bod unigolion eraill yn bresennol. Os ydych chi wedi gweld arolwg mewn ysgol neu goleg, yna byddwch wedi gweld arsylwi anghyfranogol ar waith.

Mae iddo fanteision mawr, yn ogystal ag anfanteision cysylltiedig, sy'n cynnwys y canlynol:

Manteision
- Mae'n hawdd cofnodi arsylwadau a'r rhyngweithio rhwng pobl.
- Rhyngweithio cyfyngedig sydd rhwng yr ymchwilydd a'r grŵp ymchwil, felly mae tuedd yr arsylwr yn cael ei lleihau.
- Mae 'troi'n frodor' yn llai tebyg o ddigwydd oherwydd ei fod yn wrthrychol.

Anfanteision
- Os yw pobl yn gwybod eu bod yn cael eu gwylio, dydyn nhw ddim yn ymddwyn mewn ffordd naturiol.
- Mae'n cynnig llawer llai o fewnwelediad i ystyron, a llai o ddyfnder, nag arsylwi cyfranogol, oherwydd na all yr ymchwilydd ofyn cwestiynau nac archwilio digwyddiadau.
- Mae pryderon moesegol oherwydd na all y rhai sy'n cael eu harsylwi roi eu caniatâd i gael eu hastudio.
- Mae angen hyfforddi'r holl arsylwyr i ymateb yn yr un ffordd, ac i gofnodi digwyddiadau gan ddefnyddio'r un drefn: er enghraifft, mae'n bosibl y bydd un unigolyn yn cofnodi trais rhwng plant yn enghraifft o chwarae, ac unigolyn arall yn ei ystyried yn enghraifft o fwlio.

Ysgrifennu estynedig

Aseswch sut mae arolygon ar raddfa fawr yn cyfrannu at astudiaeth o gymdeithas.

Arweiniad: Nid dulliau yw arolygon fel y cyfryw; maen nhw'n astudiaeth ar raddfa fawr. Mae hwn yn bwynt sy'n drysu ymgeiswyr yn rheolaidd, felly rydych chi'n canolbwyntio ar astudiaethau sy'n ymdrin â phoblogaethau mawr. Ni fyddai hyn yn cynnwys cyfrifiad, oherwydd nad oes unrhyw broses samplu ar gyfer cyfrifiad. Bydd eich prif drafodaethau am fanteision yn canolbwyntio ar ddibynadwyedd, cynrychioldeb a chyffredinoladwyedd, a pha mor ddefnyddiol yw'r rhain ar gyfer adnabod patrymau a thueddiadau, o bosibl, dros gyfnod o amser. Bydd eich trafodaeth am anfanteision yn ymwneud â dilysrwydd, diffyg ymateb, dyfnder dealltwriaeth ac ansawdd y dull ymchwil, a fydd naill ai'n holiadur neu'n gyfweliad strwythuredig. Cyfeiriwch at enghreifftiau o wahanol arolygon. Mae ystadegau swyddogol yn seiliedig ar arolygon ar raddfa fawr.

Ysgrifennwch tua 750 gair.

Sylwch

Nid dull yw arolwg – mae'n ymagwedd at ymchwil sy'n defnyddio samplau mawr iawn. Mae ymchwil llywodraeth yn aml yn seiliedig ar arolygon.

Ymchwil

Cafodd Arolwg Panel Cartrefi Prydain ei gynnal gyntaf yn 1991 ac fe barhaodd tan 2008, pan ddaeth yn rhan o **arolwg** gwahanol a mwy, sef *Understanding Society*. Mae'r setiau data a'r wybodaeth am Arolwg Panel Cartrefi Prydain yn dal i fod ar gael ar lein, ac mae'r wybodaeth a gafodd ei chasglu wedi bod yn sail i nifer o astudiaethau. Roedd sampl o 5500 o gartrefi yn rhan o'r astudiaeth wreiddiol a oedd yn cynnwys 10 300 o oedolion.

a) Esboniwch ystyr y term **arolwg**.

b) Rhowch ddau reswm pam mae samplau ar gyfer cynlluniau ymchwil meintiol yn aml yn cynnwys canran fawr o'r boblogaeth darged.

c) Fel myfyriwr Cymdeithaseg Safon Uwch, rydych chi wedi cael cais i lunio project ymchwil meintiol i ddarganfod mwy am brofiadau cleifion mewn meddygfa leol.

   i. Disgrifiwch bob cam o'ch cynllun ymchwil, gan gyfiawnhau'r rhesymau dros eich dewis ar bob cam.

   ii. Trafodwch broblemau a all godi ac effaith y problemau hyn ar ansawdd y data sy'n cael eu casglu.

Gwiriwch eich dysgu eich hun

A yw'r nodweddion hyn rydyn ni'n eu cysylltu â holiaduron yn fanteision (M) neu'n anfanteision (A)?

a)	Maen nhw'n casglu swm mawr o ddata mewn cyfnod byr.	
b)	Maen nhw'n ddull ymchwil gwael ar gyfer deall ystyr neu emosiynau.	
c)	Mae'n bosibl na fydd pobl yn darllen y cwestiwn yn y ffordd roedd yr ymchwilydd wedi'i bwriadu.	
ch)	Maen nhw'n ymarferol ac yn hawdd eu gweinyddu.	
d)	Mae'r data'n ddibynadwy, gan ei bod yn bosibl defnyddio'r dull ymchwil eto.	
dd)	Mae'n anodd gwybod a yw ymatebwr yn dweud y gwir, neu wybod ai'r ymatebwr y bwriadwyd yr holiadur ar ei gyfer a lanwodd yr holiadur.	
e)	Os yw'r cynllun yn wael, dydyn nhw ddim yn ddilys.	
f)	Mae'n bosibl mesur y data sy'n cael eu casglu, yn aml gan ddefnyddio cyfrifiaduron.	

Pwnc 7: Cynnal ymchwil ansoddol

Gwneud i chi feddwl

Sut byddech chi'n teimlo pe baech chi'n darganfod bod rhywun roeddech chi'n ei dybio oedd yn ffrind mewn gwirionedd yn ymchwilydd a oedd yn gwylio sut roeddech chi'n ymddwyn, ac yn gwneud nodiadau am yr hyn roeddech chi'n ei ddweud a'i wneud? Beth yw'r gwahaniaeth rhwng ymddygiad o'r math hwn a stelcian?

Amserlen

Oherwydd ei natur, mae angen llawer o amser wrth wneud ymchwil ansoddol, o ran casglu data a'u dehongli. Gall hyn fod yn broblem ymarferol.

Problemau'n ymwneud â chasglu data
Mae'n bosibl y bydd cyfweliadau anstrwythuredig sy'n cynnwys deg cwestiwn neu lai yn cymryd awr neu fwy yr un. Mae'n bosibl y bydd angen mwy o amser ar rai ymatebwyr neu bydd angen sawl ymweliad cyn cael y wybodaeth berthnasol. Gall astudiaethau archwiliadol neu astudiaethau dulliau cymysg ac iddyn nhw elfen ansoddol gymryd misoedd, weithiau, cyn i grŵp yr astudiaeth allu ymlacio gyda'r ymchwilydd.

Problemau'n ymwneud â dehongli data
Gall dadansoddi data hefyd gymryd llawer o amser. Bydd cyfweliadau'n cael eu recordio a'u trawsgrifio, ac yna bydd angen chwilio am batrymau yn y nodiadau. Mae'n bosibl y bydd yr ymchwilydd yn chwilio am ddyfyniadau yn y cyfweliadau sy'n adlewyrchu profiadau'r sampl cyfan. Hyd yn oed gyda thechnoleg fodern, mae hyn yn broblem ar gyfer yr ymchwilydd neu'r tîm ymchwil.

Astudiaeth ddefnyddiol
Cynhaliodd Barker astudiaeth o grŵp crefyddol o'r enw y Moonies er mwyn deall pam roedd pobl yn troi at grwpiau crefyddol newydd sydd weithiau'n anarferol. Cyhoeddodd ei hymchwil ethnograffig manwl yn 1984, ond roedd y llyfr yn cynrychioli tua saith mlynedd o waith astudio. Defnyddiodd ddulliau cymysg, ond cymerodd lawer o amser iddi ennill ymddiriedaeth y grŵp er mwyn iddi allu cymryd rhan yn llawn yn eu cymuned.

Maint yr astudiaeth

Fel arfer, mae astudiaethau ansoddol yn eithaf bach. Er yr hoffai ymchwilwyr gasglu samplau cynrychiadol a chyffredinoladwy, maen nhw'n sylweddoli nad yw hyn yn bosibl nac yn hanfodol yn achos y math o waith maen nhw'n ei wneud. Weithiau, mae astudiaethau'n canolbwyntio ar grŵp bach: er enghraifft, cynhaliodd Paul Willis astudiaeth o 12 bachgen, gan arsylwi ar eu hathrawon, siarad â'u rhieni, a'u gwylio'n rhyngweithio ag eraill bob dydd. Er bod astudiaethau fel y rhain yn canolbwyntio ar sampl bach, neu ar un unigolyn hyd yn oed, mae'n bosibl casglu llawer o wybodaeth fanwl. Mae'r rhan fwyaf o astudiaethau'n fwy, fodd bynnag, ac yn defnyddio amrywiaeth o ddulliau hyd yn oed os yw'n canolbwyntio ar un sefyllfa neu grŵp yn unig.

Nodau

⊙ Os nod yr ymchwil yw deall pam mae pobl yn ymddwyn fel maen nhw, cydnabod bod ymchwilwyr yn defnyddio dulliau ansoddol, ac o ganlyniad fod ganddyn nhw lawer mwy o ryddid o ran yr hyn maen nhw'n ei wneud, ond cydnabod, serch hynny, fod yn rhaid iddyn nhw ddilyn proses systematig a pharhau i fod mor wrthrychol â phosibl, fel nad oes modd eu cyhuddo o duedd

Mae ymchwil esboniadol/ansoddol yn chwilio am yr ystyr y tu ôl i ymddygiad pobl, felly mae'n bwysig bod cyd-destun cymdeithasol yr ymchwil mor naturiol ac ymlaciol â phosibl. O'i gymharu ag ymchwil meintiol, mae'n defnyddio dulliau ansoddol, sy'n anffurfiol. Fodd bynnag, nid yw hyn yn golygu nad oes gan ymchwilwyr reolau i'w dilyn ynglŷn â sut mae ymchwil yn cael ei wneud; mae'n golygu bod rheolau'r broses ymchwil yn cael eu dilyn o hyd, ond eu bod nhw'n cael eu gweithredu mewn ffordd wahanol a mwy rhyngweithiadol. Yn achos rhai ffurfiau ar ymchwil ansoddol, ychydig iawn o gyswllt sydd ag unigolion yr ymchwil (ac eithrio sgwrs), ond yn achos ffurfiau eraill, mae'r ymchwilydd yn cael ei gynnwys cymaint nes dod yn aelod cyflawn o'r grŵp sy'n cael ei astudio. (Mewn ymchwil cyfranogol, mae'n bosibl y bydd yr ymatebwyr hyd yn oed yn ffurfio'r ffordd y mae'r ymchwil yn cael ei chynnal ac yn awgrymu cwestiynau.)

> *Mae ansoddol yn awgrymu diddordeb uniongyrchol ym mhrofiad person wrth i'r person ei 'fyw' neu ei 'deimlo' neu 'gymryd rhan ynddo' ... Felly amcan ymchwil ansoddol yw deall profiad y cyfranogwyr sy'n ei deimlo neu'n ei fyw mor agos â phosibl.*
>
> **Sherman a Webb (1988)**

33

Yn anaml iawn y mae astudiaethau ansoddol yn gynrychiadol neu'n gyffredinoladwy oherwydd bod eu samplau'n fach.

> Mae'n rhaid cael cydsyniad gwirfoddol bodau dynol.
>
> **Cod Nuremberg 1948**

Gwella sgiliau

Mae arsylwi cyfranogol yn ddull sy'n cael ei ddefnyddio ar y cyfan gan ymchwilwyr cymwys yn hytrach na gan fyfyrwyr oherwydd y problemau moesegol difrifol sy'n gysylltiedig â'r dull ymchwil hwn.

Moeseg ac ymchwil ansoddol

Mae egwyddorion moesegol yng nghyd-destun ymchwil i bobl yn tybio y dylai'r ymchwilydd ystyried y materion canlynol:

- Parch at urddas dynol
- Cydsyniad rhydd a gwybodus gan gyfranogwyr
- Parch at bobl sy'n agored i niwed
- Parch at breifatrwydd a chyfrinachedd
- Cydbwyso niwed a manteision er mwyn lleihau niwed a sicrhau bod pobl yn manteisio ar y canfyddiadau.

Mae gan bob ymchwil broblemau moesegol, ond mae problemau penodol sy'n gysylltiedig ag ymchwil ansoddol. Yn aml, mae'r deunydd mae ymchwil ansoddol yn ei drin yn sensitif. Mae ymchwil sensitif yn cyfeirio at ymchwil sy'n:

- Ymwthio i brofiadau personol
- Ymwneud â throsedd a gwyredd
- Ymwneud â chred neu batrymau diwylliannol
- Canolbwyntio ar bobl sy'n agored i niwed oherwydd eu hiechyd meddwl, eu hiechyd corfforol neu eu hanabledd
- Cymryd rhan mewn mannau preifat.

Er mwyn osgoi ymwthio mewn ffordd ansensitif, dylai ymchwilwyr roi'r cyfle i ymatebwyr wrthod ateb cwestiynau, a sicrhau eu bod wedi rhoi cydsyniad gwybodus. Mae dulliau eraill ar gyfer sicrhau bod gwaith yn foesegol yn cynnwys sefydlu perthynas â'r ymatebwr a chynnal cyfweliadau manwl, neu hyd yn oed ailgyfweld â phobl i sicrhau nad yw eu teimladau wedi newid o ganlyniad i gael eu cyfweld. Er enghraifft, mae ymchwil i broblemau iechyd meddwl yn gofyn i'r ymchwilydd gynnig mynediad at wasanaethau iechyd a chyngor.

Un broblem fawr gydag ymchwil ansoddol yw ei bod hi'n anodd cynnal cyfrinachedd ac anhysbysrwydd. Yn ei hastudiaeth *Young, Female and Black* (2005), mae Safia-Mirza yn disgrifio un ysgol ac yn dweud y bu'n ddisgybl ac yn athrawes yno. Gallai'r ffaith hon ynddi ei hun roi cliw, pe bai rhywun am ddarganfod, am yr ysgol sy'n cael ei hastudio a phwy yw rhai o'r staff sy'n cael eu disgrifio, er iddi roi enwau ffug iddyn nhw. Mae hon yn broblem benodol gyda grŵp ffocws lle mae'n rhaid i'r ymchwilydd ymddiried na fydd cyfranogwyr eraill yn datgelu gwybodaeth sensitif neu bersonol.

Cryfderau a chyfyngiadau ymagweddau ansoddol

Cryfderau
- Gall yr ymchwilydd chwilio'n ddwfn i fywyd pob dydd, ac o ganlyniad gall gael mewnwelediadau nad ydyn nhw ar gael i ymchwilwyr empirig.
- Mae modd nodi perthnasoedd, er mwyn i brosesau gael eu gweld. Er enghraifft, roedd Barker yn gallu rhoi rhesymau da dros gredu nad oedd pobl yn cael eu twyllo i ymuno â mathau o grefydd newydd anarferol, ond bod ganddyn nhw resymau dilys dros eu tröedigaethau crefyddol eu hunain.
- Yn aml, mae darllen ymchwil ansoddol yn ddiddorol, oherwydd eich bod yn gallu 'clywed' yr union eiriau a ddefnyddiodd yr ymatebwyr.

Cyfyngiadau
- Mae ymchwil ansoddol yn wrthrychol, felly mae'n anodd sicrhau bod y gwaith yn ddilys neu'n ddibynadwy. Gallai'r broses ddehongli sy'n cael ei defnyddio gan yr ymchwilydd effeithio ar ddilysrwydd, fel y gall nodweddion awgrymu ymateb, lle mae'r ymatebwr yn dweud yr hyn mae'n ei dybio y mae'r ymchwilydd am ei glywed.
- Nid yw'n bosibl ailadrodd yr ymchwil gan fod y cyd-destun, yr amser a'r digwyddiadau'n newid bob tro mae'r ymchwil yn cael ei gynnal.

- Mae'n bosibl y bydd presenoldeb yr ymchwilydd yn cael effaith ar ymddygiad neu ymatebion y cyfranogwyr.
- Mae'n anodd nodi patrymau a thueddiadau.

Graddau'r berthynas â'r ymatebwyr mewn ymchwil ansoddol

Rhyngweithio cyfyngedig

Dod yn rhan o fywyd y grŵp

Cyfweliadau anstrwythuredig

Arsylwadau cyfranogol llwyr

Ysgrifennu estynedig

Aseswch werth ymchwil ansoddol ar gyfer astudio cymdeithas.

Arweiniad: Bydd angen i chi ddangos bod angen llawer o amser a buddsoddiad i ddod i adnabod grŵp sy'n destun ymchwil neu astudiaeth wrth fabwysiadu ymagweddau ymchwil ansoddol. Bydd eich prif drafodaethau am fanteision y dull yn canolbwyntio ar faterion yn ymwneud â dyfnder a dealltwriaeth, a pha mor ddefnyddiol yw'r rhain wrth nodi a disgrifio'r ystyron mae pobl yn eu rhoi i'w gweithgareddau. Bydd eich trafodaeth am anfanteision yn ymwneud â goddrychedd, dilysrwydd, dibynadwyedd, moeseg, cynrychioldeb a chyffredinoladwyedd. Cyfeiriwch at enghreifftiau o wahanol astudiaethau sydd wedi defnyddio cyfweliadau anstrwythuredig, arsylwadau neu ethnograffeg.

Ysgrifennwch tua 750 gair.

Dysgu gweithredol

Mewn grwpiau bach neu fel dosbarth, trafodwch y cwestiynau canlynol:

- Beth mae'r term 'dyfnder' yn ei olygu pan gaiff ei ddefnyddio i ddisgrifio data ansoddol?
- Ydy hi'n bwysig o ran ymchwil nad yw'n bosibl ailadrodd na chofnodi hyd yn oed ymchwil ansoddol?
- Ydy hi'n bosibl dweud bod ymchwil ansoddol yn ddilys?

Ymchwil

Mae'n hanfodol o ran eu sgiliau proffesiynol fod gweithwyr cymdeithasol yn dysgu sut i ddatblygu sgiliau cyfweld. Cynhaliodd yr ymchwilwyr o Awstralia Ellem a Wilson (2010) ymchwil i hanes bywyd carcharorion ag anableddau dysgu. Eu nod oedd darganfod ffyrdd newydd a gwahanol o ddysgu am hanesion pobl sy'n agored i niwed sy'n cael eu hanwybyddu'n aml gan ddulliau ymchwil traddodiadol. Cafodd deg cyn-garcharor eu cyfweld nifer o weithiau er mwyn dysgu am eu profiadau a sut roedden nhw'n ymdopi â bod yn y carchar. Roedd yr ymchwilwyr hefyd yn archwilio ffyrdd newydd o ryngweithio â'r grŵp hwn yr oedd yn anodd cael **mynediad** ato.

a) Esboniwch ystyr y term **mynediad**.
b) Rhowch **ddau** reswm pam roedd yr ymchwilwyr yn cynnal ymchwil i gyn-garcharorion ag anableddau dysgu.
c) Fel myfyriwr Cymdeithaseg Safon Uwch, rydych chi wedi cael cais i gynllunio project ymchwil i ddysgu mwy am brofiadau athrawon newydd gymhwyso yn ystod eu blwyddyn gyntaf o ddysgu yn eich ysgol neu eich coleg.
  i. Disgrifiwch bob cam o'ch cynllun ymchwil, gan gyfiawnhau'r rhesymau dros eich dewis ar bob cam.
  ii. Trafodwch broblemau a all godi ac effaith y problemau hyn ar ansawdd y data sy'n cael eu casglu.

Gwella sgiliau

Mae gan newyddiadurwyr lawer iawn mwy o ryddid na chymdeithasegwyr i gynnal arsylwadau cyfranogol a hysbysu am yr hyn maen nhw wedi'i weld. Os cyfeiriwch at waith newyddiadurwr fel Mark Daly neu Donal MacIntyre sydd wedi defnyddio dulliau cymdeithasegol, gwnewch yn siŵr eich bod yn dangos eich bod yn deall y pwynt hwn.

Dysgu annibynnol

Darllenwch wefan i israddedigion ar lunio a chynnal astudiaeth, a gwnewch nodiadau.

http://www.socscidiss.bham.ac.uk/methodologies.html

Gwiriwch eich dysgu eich hun

Edrychwch ar y nodweddion dulliau ansoddol canlynol:

Cysylltwch nhw yn ôl a ydyn nhw'n fantais neu'n anfantais, a rhowch y rheswm pam.

a) Mae ymchwil ansoddol yn galluogi ymchwilwyr i gasglu data manwl.

Mantais: er enghraifft, efallai na fydd pobl ag anabledd dysgu'n gallu ymateb i holiaduron meintiol.

b) Maen nhw'n ddull ymchwil da ar gyfer deall ystyr neu emosiwn.

Anfantais: mae'n fater ymarferol.

c) Mae ymchwil ansoddol yn oddrychol a gall adlewyrchu safbwyntiau'r ymchwilydd.

Anfantais: nid yw'n bosibl ei ailadrodd.

ch) Mae'n bosibl disgrifio ac esbonio perthnasoedd.

Anfantais: mae'n agored iawn i duedd o ran dehongliad.

d) Gall pobl agored i niwed a phobl nad ydyn nhw bob amser yn hawdd eu hastudio fod yn rhan o astudiaethau ansoddol.

Mantais: nod ymchwil ansoddol yw casglu ystyr.

Mantais: nid yw'r sgiliau i ddehongli data meintiol gan lawer o bobl ond maen nhw'n gallu deall ystyr a storïau.

dd) Mae ymchwil ansoddol yn cymryd amser ac mae'n broses hir.

Mantais: os dyma nod yr ymchwil.

e) Mae data ansoddol yn tueddu i fod yn llai dibynadwy.

Mantais: mae dulliau meintiol yn canolbwyntio ar fesur ac felly dydyn nhw ddim yn ddefnyddiol ar gyfer ystyr.

f) Mae'r data sy'n cael eu casglu fel arfer ar ffurf geiriau ac yn ddiddorol i'w ddarllen.

Pwnc 8: Cynllunio ymchwil

Gwneud i chi feddwl

Ar gost o filiynau o bunnoedd, ariannodd brand cosmetigau adnabyddus astudiaeth ymchwil i fenywod proffesiynol ar gyflogau mawr iawn. Daeth yr astudiaeth i'r casgliad bod gwisgo persawr, cosmetigau a nwyddau ewinedd drud yn ymddygiad ffeministaidd a grymusol. Pa mor ddibynadwy, dilys, moesegol, cyffredinoladwy, gwrthrychol a chynrychiadol y mae'r ymchwil hwn yn debygol o fod?

Beth yw proses cynllunio ymchwil?

Dewis testun a nodau ysgrifennu

Mae'n debyg iawn bod ymchwilwyr academaidd yn dewis eu testunau o ganlyniad i ddiddordeb neu brofiad personol, felly mae ffeministiaid, er enghraifft, yn tueddu i edrych ar faterion sy'n effeithio ar fenywod yn benodol. Fel arall, mater ymarferol i lawer o bobl yw cwestiwn cyllido; bydd gan lywodraethau a sefydliadau ymchwil eu rhestr flaenoriaethau eu hunain, felly, er mwyn cael grant i ariannu'r gwaith, bydd angen i'w hymchwilwyr edrych ar faes cyfredol sy'n peri pryder cymdeithasol. Byddai modd dweud bod hyn yn ychwanegu elfen o duedd at y gwaith; mae ymchwil sy'n beirniadu'r llywodraeth yn hallt yn llai tebygol o gael cyllid. (Mae'n ddefnyddiol gwybod pwy sydd wedi talu am yr ymchwil rydych chi'n ei ddarllen.)

Gweithredoli

Un o'r prif broblemau gyda chynllunio ymchwil yw gweithredoli cysyniadau. Er enghraifft, os yw cynllun ymchwil yn gofyn i'r ymchwilydd ofyn cwestiwn i 'bobl ifanc', mae'n bosibl y bydd hi'n haws diffinio 'pobl ifanc' fel pobl rhwng 16 a 18 oed gan ei bod yn bosibl casglu'r sampl o ysgol neu goleg. Hyd yn oed wedyn, byddai problemau'n ymwneud â chynrychioldeb a chyffredinoladwyedd. Byddai pobl o dan 16 oed yn cael eu hystyried yn arbennig o agored i niwed, felly byddai problemau moesegol a gweithdrefnau cymhleth i'w dilyn. Bydd hi'n anodd cael mynediad at bobl dros 18 oed, ac nid yw myfyrwyr prifysgol yn cynrychioli ond y rhai sy'n parhau i fod mewn addysg, felly ni fyddai'n bosibl cyffredinoli'r canlyniadau ar sail tuedd dosbarth, rhyw, ethnigrwydd a hil ym mhoblogaeth y myfyrwyr. Felly mae gweithredoli'r term 'pobl ifanc' fel y rhai rhwng 16 a 18 oed yn gwneud yr ymchwil yn haws ei reoli.

Dewis dull

Er y bydd nodau'r ymchwil yn effeithio ar y dulliau sy'n cael eu dewis, yn achos dulliau gwyddonol (e.e. casglu data rhifiadol) mae problemau methodolegol ac ymarferol mawr hefyd. Bydd gan bob dull nifer o'r rhain a bydd angen eu hystyried wrth gynllunio'r ymchwil.

- ◉ Mae llunio **holiaduron** a'u treialu mewn astudiaeth beilot yn cymryd llawer o amser. Mae problemau difrifol o ran diffyg ymateb yn bosibl, sy'n effeithio ar gynrychioldeb a dibynadwyedd. Mae methu deall neu ofyn i rywun arall gwblhau'r holiadur yn arwain at broblemau'n ymwneud â dilysrwydd.
- ◉ Mae'r un materion cynllunio yn berthnasol i **gyfweliadau strwythuredig** ac i holiaduron, ond mae angen ymchwilwyr a dderbyniodd hyfforddiant drud yn achos cyfweliadau strwythuredig, oni bai bod yr ymchwilydd arweiniol ei hun yn bwriadu cynnal yr holl gyfweliadau'n bersonol. Mae problemau o ran tuedd y cyfwelydd yn bosibl, sy'n effeithio ar ddilysrwydd.

Wrth gynllunio darn o ymchwil, bydd y tîm ymchwil yn defnyddio dull systematig. Yn ystod pob cam byddan nhw'n gwirio am broblemau o ran dibynadwyedd, dilysrwydd, moeseg, cyffredinoladwyedd, tuedd a chynrychioldeb. Dylech ddefnyddio'r termau hyn drwy eich ymatebion i gwestiynau am fethodoleg, ac os nad ydych chi'n gyfarwydd â nhw nawr, fe ddylech chi fynd yn ôl a'u hadolygu'n ofalus. Er bod y rhan fwyaf o ymchwilwyr academaidd yn defnyddio cynllun aml-ddull neu ddull cymysg i ateb llawer o'r problemau hyn, mae'n werth edrych ar y broses gynllunio er mwyn nodi meysydd sy'n peri pryder a ffyrdd o ddatrys rhai o'r problemau hyn.

Gwella sgiliau

O dan amodau arholiad, ac wrth ddysgu am ymchwil, mae'n fwy tebygol y byddwch chi'n cael cais (fel ymchwilwyr o dan hyfforddiant) i ddatrys problem a fydd yn profi eich gallu i gynllunio a defnyddio'r prosesau ymchwil rydych chi wedi'u hastudio. Er hynny, bydd angen i chi esbonio o hyd y sail resymegol ar gyfer y penderfyniadau ymchwil rydych chi wedi'u gwneud, a gallu eu cyfiawnhau a chydnabod problemau a allai effeithio ar ansawdd y canfyddiadau.

Mewn grwpiau bach, awgrymwch gwestiwn ymchwil a dull posibl y gallai myfyriwr Safon Uwch, neu rywun sy'n dysgu sut i gynnal ymchwil yn gysylltiedig â phob un o'r pynciau hyn, eu hastudio:

- Diwylliannau ieuenctid
- Bywyd teuluol a phobl yn eu harddegau
- Iechyd ac anabledd
- Trosedd
- Agweddau tuag at roi i elusennau ar draws y byd
- Crefydd.

Gwella sgiliau

Mae rhai ymgeiswyr yn tybio gan fod cyfweliad anstrwythuredig yn anffurfiol, nad yw wedi ei gynllunio. Nid yw hynny'n wir o gwbl. Mae angen llawer o sgil i gynnal cyfweliad, a bydd proses gynllunio glir yn amlwg.

- Nid yn aml y mae **cyfweliadau anstrwythuredig a grwpiau ffocws** yn ddibynadwy, oherwydd bod pobl wahanol yn ymateb mewn ffyrdd personol ac unigol iawn. Mae'n bosibl na fyddan nhw'n rhannu profiadau ac yn methu dweud y gwir os ydyn nhw am blesio'r cyfwelydd (nodweddion awgrymu ymateb); bydd hyn yn effeithio ar ddilysrwydd.

- Mae gan **arsylwi (cyfranogol ac anghyfranogol)** broblemau'n ymwneud â dilysrwydd, oherwydd y bydd yr arsylwr yn dehongli'r hyn mae'n ei weld ac mae'n bosibl na fydd yn rhannu safbwynt y cyfranogwyr. Bydd presenoldeb ymchwilydd yn effeithio ar ddilysrwydd oherwydd ei bod yn bosibl y bydd y cyfranogwyr yn ei chael hi'n anodd ymddwyn mewn ffordd naturiol. Mae ymchwil cudd yn benodol yn codi problemau moesegol enfawr, gan olygu mai'r unig le y mae modd ei gynnal yw mewn torfeydd, oherwydd bod modd cymryd cydsyniad yn ganiataol. Mae'n llai tebygol y byddai pwyllgor moeseg yn rhoi caniatâd am ymchwil fel hwn mewn cymdeithaseg fodern heb resymau da iawn. Problem arall yn ymwneud â dilysrwydd yn achos gwaith arsylwi cyfranogol yw ei bod hi'n anodd gwneud nodiadau; mae hyn yn waeth fyth os yw'r ymchwilydd yn ceisio cynnal ymchwil cudd.

Materion moesegol

Dylai pob darn o ymchwil gael ei sgrinio'n ofalus am broblemau moesegol. Yn y rhan fwyaf o achosion, bydd yr ymchwilydd yn gofyn i'r cyfranogwyr lofnodi ffurflenni i ddweud eu bod yn cytuno i gymryd rhan yn yr ymchwil a'u bod yn rhoi caniatâd i'r ymchwilydd ddefnyddio'r canfyddiadau. Yn achos ymchwil i blant, mae angen cydsyniad y rhieni ac efallai oedolion fel penaethiaid. Ni ddylai person nad yw wedi cael ei hyfforddi mewn prifysgol, neu wedi derbyn arweiniad gofalus iawn gan oruchwyliwr, wneud ymchwil i bobl sy'n agored i niwed sydd â phroblemau'n ymwneud ag amddifadedd, ethnigrwydd, anabledd neu iechyd. Ni ddylai ymchwilwyr eu rhoi eu hunain mewn perygl, felly mae cyfweliadau ar garreg y drws yn dderbyniol, ond ni ddylai neb fynd i mewn i dŷ dieithr heb fod strategaethau diogelwch clir ar waith.

Gweithdrefnau samplu

Mae posibilrwydd bob amser y bydd patrymau na sylwyd arnyn nhw neu dueddl yn effeithio ar bob gweithdrefn samplu, gan gynnwys dulliau hapsamplu anfwriadus. Bydd y rhain yn effeithio ar ansawdd y canlyniadau, felly bydd patrymau anghynrychioldeb yn cael eu nodi gan yr ymchwilydd pan fydd yn trafod y canfyddiadau. Prin yw'r cymdeithasegwyr, felly, a fydd yn dweud eu bod wedi 'profi' rhywbeth, ac mae'r rhan fwyaf ohonyn nhw'n ofalus iawn wrth ddisgrifio eu canlyniadau gan eu bod yn ymwybodol o wendidau posibl y cynllun ymchwil.

Ymdrin â phroblemau ymchwil yn ystod y cam cynllunio	
Gweithredoli termau allweddol	1. Wrth weithredoli termau allweddol, mae cymdeithasegwyr yn tueddu i ddefnyddio diffiniadau cyfredol y llywodraeth er mwyn gallu defnyddio data eilaidd i gefnogi canfyddiadau. 2. Cyfyngwch ddiffiniadau i rywbeth nad yw'n gymhleth o ran dod o hyd i sampl.
Dewis dull	1. Dewiswch y dull priodol ar gyfer amcanion yr astudiaeth. 2. Ystyriwch a yw'r dull yn foesegol neu'n ymarferol. 3. Os cyfweliadau yw'r dull sy'n cael ei ddewis, a fydd y dewis o gyfwelydd yn effeithio ar y canlyniadau? Os felly, bydd angen hyfforddi rhywun i wneud y gwaith. 4. Os ydych chi'n cyfweld â lleiafrif ethnig, mae angen rhywun sy'n siarad yr iaith. 5. Ystyriwch sut i gofnodi'r canlyniadau, gan gofio ei bod yn haws casglu holiaduron na chyfweliadau neu arsylwadau.
Materion moesegol	1. Mae'n rhaid cael cydsyniad moesegol cyn gwneud unrhyw waith ar unrhyw lefel. 2. Mae cydsyniad gwybodus ysgrifenedig gan gyfranogwyr yn hanfodol. 3. Nid yw'n bosibl sicrhau cyfrinachedd llwyr ar gyfer grwpiau ffocws nac astudiaethau drwy arsylwi, felly dylai cyfranogwyr fod yn ymwybodol o'r broblem hon. 4. Dylai'r ymchwilwyr nodi risgiau personol posibl iddyn nhw eu hunain ac yna gwneud pob ymdrech i sicrhau eu bod yn cael eu hamddiffyn. 5. Ni ddylai unigolyn nad yw wedi derbyn hyfforddiant ymdrin â materion sensitif na grwpiau agored i niwed, felly gallai gofalwyr siarad ar ran pobl ag anabledd dysgu a'r henoed.

Ysgrifennu estynedig

Amlinellwch rai problemau ymarferol wrth gynllunio ymchwil cymdeithasegol.

Arweiniad: Mae'r pwyslais yma ar broblemau'n ymwneud â chynllunio ymchwil. Mae angen i chi ystyried beth y bydd angen i'r ymchwilydd ei ystyried cyn iddo ddechrau rhoi cynnig ar gynnal darn o ymchwil. Mae problemau'n ymwneud ag amser; faint o amser sydd gan yr unigolyn i'w roi i'r project? Wrth reswm, bydd myfyriwr am wneud ymchwil y gall ei gwblhau mewn mater o ddyddiau ar y mwyaf. Mae cost yn broblem hollol wahanol i amser; peidiwch ag ymdrin â nhw fel pe baen nhw'r un peth. Ystyriwch, er enghraifft, na fyddai'n bosibl llungopïo niferoedd mawr o holiaduron oni bai bod yr ymchwil yn cael ei ariannu'n dda. Faint o ddata mae angen eu casglu? Gallai rhoi ffiniau rhy eang i gwestiwn ymchwil arwain at gasglu mwy o ddata nag y mae'n bosibl eu prosesu. Beth yw sgiliau'r ymchwilwyr? Os yw'r ymchwilydd yn swil neu'n anghyfforddus yn gymdeithasol, yna mae dulliau meintiol yn gwneud mwy o synnwyr. Mae mynediad yn broblem, oherwydd nad yw'r ymchwilydd weithiau'n gallu cael mynediad at y boblogaeth darged: er enghraifft, go brin y byddai rhywun heb gymwysterau ffurfiol yn cael mynediad at droseddwyr.

Ysgrifennwch tua 500 gair.

Gwella sgiliau

Defnyddiwch y termau gwerthuso allweddol bob amser pan fydd gofyn i chi ystyried effaith problemau gyda'r cynllun ymchwil ar ansawdd y data. Y termau hyn yw dibynadwyedd, dilysrwydd, moeseg, cyffredinoladwyedd, tuedd a chynrychioldeb. Efallai byddwch chi am ystyried ymarferoldeb hefyd.

Ymchwil

Roedd myfyriwr chweched dosbarth yn bwriadu gwneud ymchwil i'r athrawon yn ei ysgol ei hun. Ei nod oedd deall sut roedd y staff yn teimlo am eu gwaith. Roedd yn credu y byddai ei ganfyddiadau'n cynorthwyo'r ysgol i wneud newidiadau gan ei fod yn teimlo bod morâl yn isel ymhlith yr athrawon a'r myfyrwyr. Roedd yn gwybod bod y pennaeth newydd yn amhoblogaidd ymhlith y myfyrwyr ac yn cael ei ystyried yn berson ymosodol. Gwrthododd ei athro cymdeithaseg roi caniatâd iddo gynnal y gwaith, ac nid oedd yn cefnogi'r project. Serch hynny, aeth yn ei flaen a gofyn i rai aelodau o'r staff gymryd rhan mewn **cyfweliadau anstrwythuredig** am yr ysgol. Nid oedd y staff yn fodlon iawn cymryd rhan, ond wrth wneud, roedden nhw'n honni eu bod yn hapus iawn yn eu gwaith.

a) Esboniwch ystyr y term **cyfweliad anstrwythuredig**.
b) Esboniwch ystyr y term 'porthor' yng nghyd-destun ymchwil cymdeithasegol.
c) Rhowch **ddau** reswm pam penderfynodd yr ymchwilydd nad oedd canfyddiadau ei ymchwil ffurfiol yn hollol ddilys.
ch) Rhowch **ddau** reswm pam nad oedd yr ymchwil yn foesegol.
d) Fel myfyriwr Cymdeithaseg Safon Uwch, rydych chi wedi cael cais i gynllunio project ymchwil i gasglu data am driwantiaeth yn eich ysgol rhwng Blwyddyn 7 a Blwyddyn 11.
   i. Disgrifiwch bob cam o'ch cynllun ymchwil, gan gyfiawnhau'r rhesymau dros eich dewis ar bob cam.
   ii. Trafodwch broblemau a all godi ac effaith y problemau hyn ar ansawdd y data sy'n cael eu casglu.

YMESTYN a HERIO

Cynhaliwch astudiaeth feirniadol o unrhyw **un** o'r astudiaethau ymchwil a gafodd eu trafod yn yr uned hon. Gwnewch nodiadau amdani dan y penawdau hyn: dibynadwyedd, dilysrwydd, moeseg, cyffredinoladwyedd, tuedd a chynrychioldeb.

Gwiriwch eich dysgu eich hun

Rhowch elfennau'r broses ymchwil yn y drefn gywir.

a) Gweithredoli cysyniadau	d) Dewis dull
b) Gweithdrefnau samplu	dd) Prosesu data
c) Cwestiwn ymchwil	e) Data ansoddol neu feintiol?
ch) Casglu'r data	f) Materion moesegol a materion ymarferol

Nodau

◉ **Deall sail ddamcaniaethol yr ymagwedd gymdeithasegol a darddodd o anfodlonrwydd â chrefydd ac fel esboniad ar gyfer cymdeithas a ffenomenau cymdeithasol**

Wrth i ddarganfyddiadau gwyddonol ddatblygu yn ystod y ddenunawfed ganrif a'r bedwaredd ganrif ar bymtheg, dechreuodd llawer o feddylwyr edrych y tu hwnt i grefydd am esboniad o pam roedd cymdeithas wedi datblygu fel yr oedd. Nid oedd crefydd yn cynnig ateb i'r cwestiwn pam roedd pobl yn mynd i ryfel, na pham roedd rhai pobl yn gyfoethog a rhai'n dlawd.

> Mae cymdeithas yn system gymdeithasol wedi'i gwneud o rannau sydd, heb golli eu hunaniaeth a'u hunigoliaeth, yn gwneud cyfan sydd uwchlaw ei rannau.
>
> *Emile Durkheim*

YMESTYN a HERIO

Gyda phartner astudio, dysgwch fwy am Comte, yn enwedig am ei syniadau 'positifaidd' a'i bwyslais ar bwysigrwydd tystiolaeth feintiol wrth i ni geisio deall ymddygiad cymdeithasol.

Pwnc 1: Tarddiad damcaniaethu cymdeithasegol

Gwneud i chi feddwl

Datblygodd cymdeithaseg yn sgil anfodlonrwydd â chredoau crefyddol ar adeg pan oedd dealltwriaeth wyddonol yn arwain at newidiadau cymdeithasol ac economaidd anferth. Roedd y chwyldro amaethyddol a'r chwyldro diwydiannol yn seiliedig ar 'roi gwyddoniaeth ar waith'. Roedd gwyddoniaeth yn herio esboniadau crefyddol o darddiad y byd a lle bodau dynol ynddo. Roedd sylfaenwyr cymdeithaseg am ddatblygu 'gwyddoniaeth cymdeithas' er mwyn deall ymddygiad cymdeithasol yn well.

Sut mae crefyddau'n ceisio esbonio'r byd ac ymddygiad cymdeithasol? Pa mor wahanol yw esboniadau crefyddol i esboniadau cymdeithasegol (a gwyddonol)?

Beth yw cymdeithaseg?

Datblygodd cymdeithaseg ar wahân yn yr Almaen a Ffrainc cyn dod yn boblogaidd yn UDA a'r DU. Dechreuodd llawer o awduron ddatblygu damcaniaethau am gymdeithas yn seiliedig ar gredoau gwyddonol o un math neu'r llall. Yn Ffrainc, datblygodd Comte yr ymagwedd at esbonio cymdeithas sy'n cael ei alw'n bositifiaeth, sef y man cychwyn ar gyfer astudio cymdeithas yn feintiol. Roedd cymdeithaseg yn cael ei dysgu ym Mhrydain o ddechrau'r ugeinfed ganrif ac roedd llawer o'r gwaith yn canolbwyntio ar ddulliau a chasglu data. Yn y cyfamser, datblygodd dau draddodiad yn UDA. Roedd y cyntaf yn seiliedig ar ddamcaniaethau a oedd yn esbonio strwythurau cymdeithasol. Arweinodd hynny at **swyddogaetholdeb**. Nod y traddodiad Americanaidd arall oedd esbonio rhyngweithio cymdeithasol ar raddfa fach. Arweiniodd hynny at **ryngweithiadaeth**. O'r gwreiddiau hyn, tyfodd yr amrywiaeth o safbwyntiau cymdeithasegol sydd wedi datblygu yn y cyfnod modern.

Yn ôl Cymdeithas Gymdeithasegol Prydain, mae cymdeithaseg yn seiliedig ar ddeall y canlynol:

◉ Mae cymdeithas yn seiliedig ar berthynas pobl â'i gilydd ar bob lefel. Mae'r berthynas hon yn normal ac yn werth ei hastudio.

◉ Mae ambell berthynas rhwng pobl a'i gilydd yn dod yn rhan o sut mae pob diwylliant yn meddwl. Mae hyn yn arwain at ddatblygu sefydliadau cymdeithasol fel teuluoedd.

◉ Mae perthnasoedd cymdeithasol yn rhai byd-eang, felly nid yw'n foddhaol bellach ystyried bod cymdeithasau'n gwbl ar wahân i'w gilydd.

◉ Er mwyn deall cymdeithas, rhaid i bobl allu deall natur perthnasoedd cymdeithasol a sefydliadau cymdeithasol.

◉ Y dasg i gymdeithasegwyr yw disgrifio ac esbonio'r perthnasoedd hyn mewn ffordd systematig er mwyn i bobl eu deall.

Beth yw pwrpas damcaniaethu?

Mae damcaniaethu'n hanfodol mewn unrhyw astudiaeth systematig oherwydd ei fod yn rhoi fframwaith i bobl y gallan nhw edrych arno beth bynnag maen nhw'n ei astudio. Mae damcaniaethau ac astudiaeth gymdeithasol yn rhoi'r canlynol i gymdeithasegwyr:

1. Cysyniadau, syniadau ac iaith dechnegol sy'n berthnasol i gymdeithas.
2. Syniadau am sut mae ffenomenau cymdeithasol yn cael eu hachosi.
3. Ffyrdd o esbonio a rhagweld digwyddiadau.
4. Set o dybiaethau am berthnasoedd cymdeithasol y mae'n bosibl rhoi prawf arni. Paradeim yw'r enw ar hyn.
5. Set o syniadau am sut dylai'r testun gael ei astudio a beth sy'n cael ei ystyried yn ddefnyddiol i'w astudio. Epistemoleg yw'r enw ar hyn.

Beth mae damcaniaeth yn ei wneud?

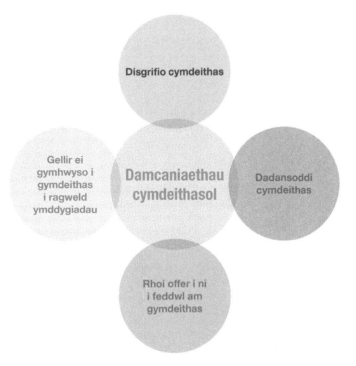

Pam mae angen i chi astudio damcaniaethu?

Mae cymdeithaseg i gyd yn seiliedig ar ddadleuon rhwng ac am safbwyntiau damcaniaethol gwahanol. Mae gan bob un ohonyn nhw fewnwelediadau, cryfderau a chyfyngiadau ond nid yw'r un ohonyn nhw'n esbonio cymhlethdod cymdeithas yn llawn. Bydd yr holl dystiolaeth ymchwil y byddwch chi'n dod ar ei thraws wedi cael ei datblygu o bosibl gan bobl a oedd yn gweithio mewn fframwaith neu draddodiad damcaniaethol, felly er mwyn deall a gwerthuso'r hyn maen nhw'n ei ddweud, mae angen i chi ddeall yr hyn maen nhw'n ei gredu am gymdeithas. Wrth astudio Cymdeithaseg Safon Uwch, byddwch chi'n cael eich profi ar eich gallu i ddeall ac asesu damcaniaethau, gan ddefnyddio tystiolaeth i gefnogi eich safbwyntiau.

Yn ystod ail flwyddyn eich cwrs, byddwch chi'n dod ar draws y damcaniaethau cymdeithasegol canlynol:

- Swyddogaetholdeb
- Marcsaeth
- Dehongliadaeth (rhyngweithiadaeth)
- Ffeministiaeth
- Weberiaeth
- Ôl-foderniaeth
- Syniadaeth y Dde Newydd

Mae pob un o'r pynciau canlynol yn yr uned hon yn eich atgoffa o'r hyn a awgrymodd y prif ddamcaniaethwyr am gymdeithas. Dylai eich atgoffa o waith blwyddyn gyntaf y cwrs er mwyn i chi ddeall y dadleuon yn well wrth edrych yn fanylach ar y pynciau a'r opsiynau sy'n dilyn.

Dysgu gweithredol

Defnyddiwch beiriant chwilio ac edrychwch am 'damcaniaethau cymdeithasol'. Peidiwch â disgwyl deall popeth rydych chi'n ei ddarllen ar unrhyw wefan unigol yn syth. Darllenwch y dudalen we yn fras yn gyntaf ac yna darllenwch hi'n fanylach. Os nad yw'n gwneud synnwyr o hyd, edrychwch ar wefannau eraill, haws. Nid yw popeth sydd mewn iaith gymhleth yn ddefnyddiol nac yn ddeallus. Gwnewch nodiadau am yr hyn rydych chi wedi'i ddarganfod.

YMESTYN a HERIO

Pa broblemau mae cymdeithasegwyr yn eu hwynebu wrth geisio profi damcaniaethau cymdeithasol?

Gwella sgiliau

Mae nawr yn amser da iawn i fynd yn ôl at y nodiadau a'r trafodaethau yn eich llyfrau UG i'ch atgoffa eich hun o'r damcaniaethau rydych wedi'u hastudio'n barod.

Ysgrifennu estynedig

Esboniwch bwysigrwydd damcaniaethu wrth astudio cymdeithaseg.
Arweiniad: Mae'n annhebygol y byddai'r cwestiwn hwn yn ymddangos ar bapur arholiad. Rydych chi'n fwy tebygol o gael cwestiwn am ddamcaniaeth benodol ac o orfod edrych ar dystiolaeth neu ddadl sy'n berthnasol iddi hi. Serch hynny, mae ysgrifennu rhywbeth mewn ffordd sy'n esbonio eich syniadau'n glir i rywun arall yn un o'r ffyrdd gorau o ddysgu'r sgil o ysgrifennu'n glir a hefyd o gael syniadau clir yn eich pen eich hun, felly mae'n werth mynd i'r afael â'r cwestiwn nawr. Gwnewch gynllun o'ch awgrymiadau; meddyliwch am dri neu bedwar pwynt yr hoffech chi eu gwneud. Ar gyfer pob pwynt, ysgrifennwch ddatganiad clir o'r hyn rydych chi'n ei gredu mae damcaniaethu'n ei wneud, datblygwch y pwynt yn glir ac yna gwnewch grynodeb o pam rydych chi'n teimlo bod damcaniaethu'n bwysig i gymdeithas.
Ysgrifennwch tua 250 gair.

Ymchwil

Astudiodd Fiona McAllister a Lynda Clarke (1998) deuluoedd di-blant. Mae ffeministiaid yn dadlau bod llawer o fenywod, oherwydd eu bod yn gallu rheoli eu ffrwythlondeb, yn dewis bod heb blant fel dewis ffordd o fyw bwriadol. Roedd yr ymchwilwyr eisiau rhoi'r ddamcaniaeth hon ar brawf. Daethon nhw wyneb yn wyneb ag amrywiaeth o broblemau oherwydd sensitifrwydd y pwnc; er enghraifft, roedd gweithredoli bod yn ddi-blant yn anodd oherwydd er bod rhai menywod yn dewis bod heb blant, nid dewis peidio â chael plant mae menywod eraill. Mae ansawdd penderfyniadau y mae person 18 oed yn eu gwneud yn wahanol i ddewisiadau menywod hŷn sydd heb gyfleoedd i gael plant efallai. Cysyllton nhw â bron 200 o bobl, ond dim ond 34 o fenywod a ddewisodd gymryd rhan.

a) Pa mor dda, yn eich barn, fyddai astudiaeth McAllister a Clarke yn cynrychioli dewisiadau menywod i fod yn ddi-blant?

b) Sut gallai cymdeithasegwyr o safbwyntiau damcaniaethol gwahanol esbonio bod yn ddi-blant?

c) Pa broblemau moesegol y gallwch chi eu gweld yn codi o'r dewis hwn o astudiaeth ymchwil?

ch) Pa broblemau ymarferol y gallwch chi eu gweld yn codi o'r dewis hwn o astudiaeth ymchwil?

Gwiriwch eich dysgu eich hun

Ystyriwch y canlynol sy'n rhesymau posibl pam mae gennym ni ddamcaniaethu cymdeithasegol a graddiwch nhw yn eich llyfrau yn ôl y graddau rydych chi'n cytuno â nhw (1 = cytuno'n gryf iawn, 7 = cytuno leiaf).

Ar ôl i chi wneud hynny, trafodwch eich penderfyniadau terfynol gyda phartner astudio. Does dim un ateb cywir; trafod sy'n bwysig.

a) Mae damcaniaeth yn datgan cred rhywun am sut mae'r byd cymdeithasol yn gweithio.	
b) Mae damcaniaeth yn cynnig syniad am y gymdeithas y mae'n bosibl ei brofi ac ymchwilio iddo.	
c) Gall damcaniaeth esbonio sut mae'r byd cymdeithasol yn gweithio.	
ch) Gall damcaniaeth ragweld digwyddiadau yn y dyfodol ar sail deall beth ddigwyddodd yn y gorffennol.	
d) Mae damcaniaeth yn seiliedig ar ddadansoddiad gwrthrychol a gwyddoniaeth, ac nid ar ffydd mewn bod mawr a drefnodd y byd yn ôl rheolau crefyddol.	
dd) Mae damcaniaethau'n cynnig ffordd o ddeall perthnasoedd cymdeithasol.	
e) Mae damcaniaethau'n cynnig cysyniadau a geirfa sy'n ein helpu ni i ddeall y byd.	

Damcaniaethu

Pwnc 2: Emile Durkheim

Gwneud i chi feddwl

cred *eb* (credau)
1 yr hyn y mae rhywun y
dderbyn fel y gwirioned
ymddiriedaeth **belief, tru**
2 fel yn *ers cyn cred*, y cy
Iesu Grist

Pa wybodaeth a chredoau mae pawb yn y gymdeithas gyfan yn eu rhannu? Pa gredoau mae'r rhan fwyaf o bobl yn eu rhannu? Ydy pobl hyd yn oed yn rhannu llawer o gredoau?

Beth astudiodd Durkheim?

Meysydd yn ymwneud â dadansoddi cymdeithasol sy'n cael eu cynnwys yng ngwaith Durkheim

Cydwybod ar y cyd ac anghydraddoldeb cymdeithasol

Mae gwaith Durkheim yn ymwneud ag amrywiaeth enfawr o syniadau a phynciau: moesoldeb, addysg a chymdeithasoli, hunanladdiad, systemau cymdeithasol a chrefydd. Roedd ei ymchwil pwysig cyntaf yn disgrifio sut roedd cymdeithasau'n llwyddo i gynnal trefn a rheolaeth gymdeithasol. Dywedodd fod cymdeithas gyntefig yn annog pobl i feddwl yn yr un ffordd a datblygu set o safbwyntiau cyffredin, sef **cydwybod ar y cyd**. Mewn cymdeithasau mwy cymhleth, mae angen i bobl gymryd cyfrifoldeb am swyddogaethau gwahanol fel bod rhai'n cael eu gwobrwyo'n uwch nag eraill. Mae anghydraddoldeb cymdeithasol yn ganlyniad anghydraddoldeb naturiol, felly mae'n bodoli ym mhob cymdeithas. Dyma'r safbwyntiau a arweinodd at swyddogaetholdeb a syniadaeth y Dde Newydd. Mae hefyd yn syniadaeth fodernaidd gan ei fod tybio bod popeth yn gwella'n barhaus mewn cymdeithas.

Cymhwyso dull gwyddonol mewn cymdeithaseg

Cafodd Durkheim ei ddylanwadu gan syniadau Comte, sef ei fod yn bosibl astudio cymdeithas yn wyddonol, safbwynt sy'n cael ei alw'n bositifiaeth. Yna sefydlodd astudiaeth o gymdeithaseg o'r safbwynt gwyddonol drwy ysgrifennu am y ffordd y gallai cymdeithas gael ei hastudio'n wyddonol ac yna drwy gymhwyso'r syniadau hynny i'w astudiaeth o hunanladdiad i brofi mai ffenomen gymdeithasol oedd hunanladdiad. Edrychodd ar gyfraddau hunanladdiad mewn nifer o ardaloedd daearyddol a gweld eu bod yn parhau i fod yn rhyfeddol o debyg mewn rhai diwylliannau dros y blynyddoedd, ond yn wahanol i'r cyfraddau mewn diwylliannau eraill. Defnyddiodd hyn i gefnogi ei safbwynt ei bod yn bosibl adnabod ac astudio ffeithiau cymdeithasol.

Cydwybod ar y cyd

Er bod cymdeithas yn cynnwys llawer o unigolion, roedd Durkheim yn credu bod yr unigolion hynny, gyda'i gilydd, wedi creu rhywbeth a oedd yn fwy na nhw eu hunain. Roedd Durkheim yn ymddiddori yn y ffordd roedd cymdeithasau diwydiannol cymhleth yn eu dal eu hunain wrth ei gilydd. I'w galluogi i wneud hynny, roedd e'n honni eu bod yn datblygu strwythurau cymdeithasol a oedd yn cefnogi datblygu syniadau ar y cyd, sy'n cael ei alw'n gydwybod ar y cyd. Roedd strwythurau o'r fath yn cynnwys crefydd ac addysg oherwydd eu bod yn dysgu gwerthoedd moesol sy'n cael eu rhannu. Roedd

> *Gwyddoniaeth, nid crefydd, sydd wedi dysgu pobl fod pethau'n gymhleth ac yn anodd eu deall ...*
>
> *Mae rhywbeth tragwyddol mewn crefydd a'i dynged fydd goroesi'r gyfres o symbolau penodol y mae'r meddylfryd crefyddol wedi ei gwisgo.*
>
> **Emile Durkheim**

Nodau

◉ Amlinellu rhai o'r syniadau allweddol a ddatblygodd Durkheim

Mae pobl bob man yn ymwybodol mai Emile Durkheim oedd un o sylfaenwyr cymdeithaseg fel disgyblaeth. Er ei fod yn dod o gefndir Iddewig, roedd yn credu mewn gwyddoniaeth fel ffordd o feddwl, ac roedd yn chwilio am ffenomenau yr oedd yn eu galw'n ffeithiau cymdeithasol ac yn eu hastudio.

Bywgraffiad

Roedd David Emile Durkheim (1858–1917) yn dod o gefndir Iddewig (Semitig) yn Ffrainc ar adeg pan oedd gwrth-Semitiaeth yn cael ei hystyried yn normal a chywir, hyd yn oed tuag at Iddewon anghrefyddol. Dewisodd beidio â byw bywyd crefyddol pan oedd yn ifanc iawn ond parhaodd yn rhan o'r gymuned. Roedd yn dadlau mai casineb at Gristnogion a arweiniodd Iddewon at ffurfio cymuned gref, a'r mewnwelediad hwn a gafodd effaith ar ei syniadau am sut roedd cymdeithas yn gweithio. Astudiodd athroniaeth a daeth yn rhan o drefn newydd Ffrainc ar gyfer hyfforddi athrawon. Hyrwyddodd y syniad bod cymdeithaseg yn ffordd newydd o astudio cymdeithas yn wyddonol, ac ef oedd yr athro prifysgol cymdeithaseg cyntaf. Ef hefyd oedd sylfaenydd y cylchgrawn gwyddoniaeth gymdeithasol cyntaf yn Ffrainc. Roedd colli ei fab, Andre, yn y Rhyfel Byd Cyntaf yn ergyd drom iddo a bu farw'n fuan wedyn o strôc.

43

Gwella sgiliau

Mae'n bosibl adnabod ymagwedd ddamcaniaethol awduron wrth edrych ar y math o iaith a chysyniadau maen nhw'n eu defnyddio yn eu gwaith. Felly, bydd y rhai sy'n dod o dan ddylanwad Durkeim yn defnyddio'r cysyniadau sy'n cael eu crynhoi yn y blwch cysyniadau allweddol hwn.

Gwella sgiliau

Ymchwiliwch i'r ffordd mae rhai o syniadau Durkheim wedi cael eu haddasu, neu i'r ffordd y mae traddodiadau eraill mewn cymdeithaseg wedi dadlau yn eu herbyn. Er enghraifft, cyferbynnwch ei bwyslais ar 'gonsensws' gydag ymagwedd 'gwrthdaro' Marcsaeth neu ffeministiaeth. Byddwch chi'n gweld sut mae damcaniaethu cymdeithasegol yn datblygu.

Ym mha ffyrdd y mae moesau a gwerthoedd yn cael eu dysgu i blant drwy gyfrwng addysg? Meddyliwch am brosesau cymdeithasol a all ddigwydd.

yn credu ei bod yn bwysig i ysgolion ddysgu moesoldeb oherwydd y byddai hynny'n gwella cymdeithas. Arweiniodd y gred hon Durkheim at y farn nad oedd trosedd o angenrheidrwydd yn beth drwg i gymdeithas oherwydd bod pobl yn unedig pan oedden nhw'n condemnio troseddwr. Roedd hyn yn atgyfnerthu gweddill y gwerthoedd roedd cymdeithas yn eu rhannu. Yn ogystal, mae troseddu'n ddiffiniad cymdeithasol gan ei fod yn newid dros amser.

Pam mae Durkheim yn berthnasol i gymdeithasegwyr modern?

Mae Durkheim yn dal i gael ei ystyried yn berthnasol heddiw am y rhesymau canlynol:

- ◉ Mae Durkheim yn aml yn cael ei ystyried yn sylfaenydd y traddodiad swyddogaethol, er gwaethaf y ffaith bod rhai o'i syniadau'n wahanol i rai swyddogaethwyr mwy diweddar fel Merton (troseddgwr), a Parsons a ysgrifennodd am amrywiaeth o bynciau, yn cynnwys y teulu ac addysg (ac a fydd yn cael ei drafod yn nes ymlaen yn yr adran hon).
- ◉ Dangosodd Durkheim fod astudiaeth wyddonol o gymdeithas yn bosibl a'i bod yn gallu datgelu materion a thueddiadau pwysig y mae'n bosibl eu hesbonio'n gymdeithasegol.
- ◉ Cafodd llawer o'r cysyniadau sy'n ganolog i astudio cymdeithaseg eu defnyddio gyntaf gan Durkheim.
- ◉ Roedd Durkheim yn canolbwyntio ar astudio diwylliant, felly mae ei waith yn fan cychwyn ar gyfer deall sut mae diwylliannau'n datblygu a'r hyn sy'n eu dal wrth ei gilydd. Mae'n dangos bod pethau sy'n anodd eu deall, fel troseddu, yn aml yn tarddu yn y gymdeithas.

Cysyniadau allweddol

Bydd cymdeithasegwyr sy'n defnyddio ymagwedd ddamcaniaethol a gafodd ei dylanwadu gan Durkheim yn defnyddio'r syniadau canlynol:

Ffeithiau cymdeithasol: Diffiniodd Durkheim ffeithiau cymdeithasol fel strwythurau, normau, gwerthoedd a rheolau cymdeithas. Felly mae'n aml yn cael ei ddisgrifio fel strwythurwr, oherwydd ei fod yn edrych ar yr hyn a oedd yn dal cymdeithas wrth ei gilydd.

Consensws: Roedd Durkheim yn credu bod cymdeithas yn bodoli oherwydd bod pobl yn rhannu syniadau, gwerthoedd a normau. Roedden nhw'n cytuno ar y rheolau hyn, a oedd yn berthnasol i bawb.

Anomi: Pan fyddai'r rheolau cymdeithasol yn torri i lawr a phobl bellach ddim yn gwybod beth oedden nhw na ble roedden nhw'n perthyn fel unigolion mewn cymdeithas, yna byddai cyflwr o **anomi** neu ddiffyg normau neu safonau'n bodoli. Mae hyn yn beryglus i gymdeithas oherwydd bod rheolaeth a threfn yn mynd ar goll wedyn.

Cydwybod ar y cyd: Defnyddiodd Durkheim y term hwn i gyfeirio at y credoau a'r moesau y mae pawb mewn cymdeithas yn eu rhannu.

Swyddogaeth: Roedd Durkheim yn credu nad oedd dangos bod ffaith gymdeithasol yn bodoli'n ddigon; roedd hefyd yn bwysig deall pa rôl oedd ganddi o ran creu a chynnal trefn gymdeithasol.

Ymchwil

Yn 1895, cyhoeddodd Durkheim ei ddamcaniaeth o sut y gallai cymdeithas gael ei hastudio. Datblygodd ddadl a oedd yn dweud bod unigolion yn cael eu cyfyngu gan ffeithiau cymdeithasol. Mae'r rhain yn cyfyngu ar yr hyn mae pobl yn gallu ei wneud, yn cael eu hyrwyddo gan gymdeithas, felly'n rymoedd allanol ac yn rhai diwylliannol, ac felly maen nhw'n effeithio ar bawb. Er enghraifft, mae pawb yn gwybod na ddylech chi boeri mewn mannau cyhoeddus.

Dywedodd Durkheim y dylai cymdeithasegwyr chwilio am resymau pam mae ffeithiau cymdeithasol yn bodoli a deall beth yw eu swyddogaeth ar gyfer cymdeithas. Pan geisiodd gymhwyso'r ddamcaniaeth hon, dewisodd astudio hunanladdiad oherwydd er ei fod i bob golwg yn weithred unigol, gwelodd, mewn gwirionedd, fod rheolau cymdeithasol yn berthnasol i hunanladdiad hefyd, fel roedd cyfraddau hunanladdiad amrywiol mewn gwahanol wledydd yn ei ddangos.

a) Pa broblemau gallai ymchwilwyr eu hwynebu wrth geisio diffinio unrhyw weithred neu weithgaredd penodol fel ffaith gymdeithasol?

b) Pa mor hawdd fyddai dod o hyd i reolau cymdeithasol sy'n berthnasol i bawb, hyd yn oed mewn grŵp bach iawn fel dosbarth dysgu unigol?

Gwiriwch eich dysgu eich hun

Cysylltwch y geiriau a'r cysyniadau hyn â'u hystyron:

a) Y rôl sydd gan ffaith gymdeithasol yn creu a chynnal trefn gymdeithasol.

b) Y credoau a'r moesau y mae pawb mewn cymdeithas yn eu rhannu.

c) Cyflwr o ddiffyg normau neu safonau pan fydd y rheolau cymdeithasol yn torri i lawr.

ch) Mae cymdeithas yn bodoli oherwydd bod pobl yn rhannu syniadau, gwerthoedd a normau.

d) Strwythurau, normau, gwerthoedd a rheolau cymdeithas.

dd) Y gred bod popeth yn gwella drwy'r amser mewn cymdeithas.

e) Casineb afresymol at Iddewon.

f) Syniadau rydyn ni i gyd fel cymdeithas yn eu rhannu.

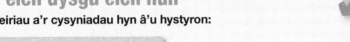

Consensws

Moderniaeth

Cydwybod ar y cyd

Gwrth-Semitiaeth

Cydwybod ar y cyd

Swyddogaeth

Ffeithiau cymdeithasol

Anomi

Ysgrifennu estynedig

Esboniwch *ddau* reswm cymdeithasegol pam mae Durkheim yn bwysig i gymdeithaseg fodern.

Arweiniad: Er nad yw'n debygol y bydd y cwestiwn hwn yn cael ei ddefnyddio yn y system arholiadau cyfredol, mae'n werth ystyried sut i geisio ateb cwestiynau lle rydych chi wedi cael cais i gyfyngu eich ateb i ddau bwynt sylfaenol. Bydd cwblhau'r ymarfer hwn yn eich helpu i dreulio'r hyn rydych newydd ei ddarllen. Penderfynwch pa ddau reswm y byddwch chi'n eu dewis; er enghraifft, mae 'datblygiad swyddogaetholdeb fel damcaniaeth', 'datblygiad astudio empirig' neu 'dealltwriaeth sylfaenol o gymdeithasoli' yn dri awgrym posibl, er bod yna fwy. Dewiswch ddau rydych chi'n teimlo y gallwch eu datblygu ac yna ymhelaethwch arnyn nhw. Gwnewch eich pwynt cyntaf, datblygwch ef gydag enghraifft o gymdeithaseg rydych wedi ei hastudio'n barod sy'n seiliedig ar safbwyntiau consensws am gymdeithas, ac yna dywedwch pam mae hyn yn bwysig i gymdeithaseg heddiw. Yna, symudwch ymlaen i wneud yr un peth ar gyfer eich ail bwynt.

Ysgrifennwch tua 200 gair.

YMESTYN a HERIO

Sut gallwch chi feirniadu syniadau Durkheim? Ym mha ffyrdd mae'n ddefnyddiol o ran dod i ddeall cymdeithas ac ym mha ffyrdd mae'n anghywir yn eich barn chi?

Nodau

◉ Amlinellu rhai o'r prif gysyniadau a gafodd eu datblygu gan Karl Marx

Mae'n siŵr y gallwn ni ddisgrifio Karl Marx fel un o feddylwyr mwyaf dylanwadol y byd. Roedd yn newyddiadurwr, yn athronydd, yn ddamcaniaethwr gwleidyddol, yn weithredwr gwleidyddol ac yn economegydd. Mae'n siŵr na fyddai wedi adnabod y term 'cymdeithaseg', ond mae ei syniadau a'i ddamcaniaethau am gymdeithas, economeg a gwleidyddiaeth, sef Marcsaeth, wedi cael dylanwad enfawr ar y pwnc.

> Mae dioddefaint crefyddol yn fynegiant o ddioddefaint gwirioneddol ac yn brotest yn erbyn dioddefaint gwirioneddol ar yr un pryd. Ochenaid y creadur gorthrymedig yw crefydd, calon byd sydd heb galon, ac enaid amodau heb enaid. Opiwm y bobl yw crefydd ... Weithwyr o bob gwlad, unwch! Nid oes gennych ddim i'w golli ar wahân i'ch cadwynau.
>
> **Karl Marx**

Gwella sgiliau

Cofiwch fod pobl wedi dadlau am a thrafod syniadau Marx ar hyd y blynyddoedd ar ôl iddo farw. Mae llawer o ddatblygiadau gwahanol a dehongliadau gwahanol o'i syniadau. Mae'r gwaith mwyaf diweddar yn y traddodiad yn cael ei ddisgrifio fel **neo-Farcsaeth** am ei fod yn ceisio cywiro camgymeriadau yn y ddamcaniaeth wreiddiol.

Pwnc 3: Karl Marx

Gwneud i chi feddwl

Mae Marcsaeth yn awgrymu bod cymdeithasau dynol yn datblygu drwy frwydr y dosbarthiadau ar ffurf gwrthdaro rhwng y dosbarth perchenogaeth sy'n rheoli cynhyrchu a dosbarth gweithiol heb eiddo sy'n darparu'r llafur ar gyfer y gwaith cynhyrchu hwnnw. Gyda'ch partneriaid astudio, trafodwch a ydych chi'n credu bod anghydraddoldeb cymdeithasol yn anochel neu'n ganlyniad trachwant dynol.

Bywgraffiad

Roedd Karl Heinrich Marx (1818–1883) yn dod o gefndir Iddewig (Semitig) yn ne'r Almaen erbyn hyn. Profodd wrth-Semitiaeth gan fod aelodau ei deulu wedi cael eu gorfodi i ymwrthod â'u crefydd er mwyn i'w dad allu ennill bywoliaeth fel cyfreithiwr. Nid oedd yn fyfyriwr difrifol. Roedd yn well ganddo yfed a mynd i bartïon, felly cafodd ei anfon i'r gogledd i Berlin lle astudiodd athroniaeth a lle daeth dan ddylanwad gwleidyddiaeth. Gweithiodd fel newyddiadurwr am gyfnod ac roedd tlodi'r gweithwyr gwledig a welodd yn y diwydiant gwin yn ei flino'n fawr. Symudodd i Ffrainc yn 1843 a daeth yn chwyldroadwr **comiwnyddol**. Yno cyfarfu â'i ffrind a'i gydweithiwr, Friedrich Engels. Roedd Marx yn cael ei weld fel rhywun annymunol gan Ffrainc a Gwlad Belg ac fe gafodd ei daflu allan o'r ddwy wlad. Ymgartrefodd yn Llundain yn y pen draw yn 1849. Bu'n byw mewn tlodi, a chafodd ei gynnal yn bennaf gan Engels, a oedd yn dod o deulu cyfoethog, a gan ychydig o waith ysgrifennu.

Beth astudiodd Karl Marx?

Roedd Marx yn ddamcaniaethwr ac yn chwyldroadwr. Cafodd llawer o'i waith, os nad y rhan fwyaf ohono, ei gyhoeddi ar ôl iddo farw gan fod ei safbwyntiau'n rhy ddadleuol yn wleidyddol i'r rhan fwyaf o gyhoeddwyr fentro eu hargraffu yn y cyfnod y cawson nhw eu hysgrifennu. Roedd yn cuddio rhag yr heddlu'n rheolaidd oherwydd ei weithgareddau gwleidyddol chwyldroadol. Roedd yn fwy dylanwadol ar ôl iddo farw nag ydoedd yn ystod ei fywyd: ysgogodd ei syniadau gwleidyddol chwyldroadau mewn sawl gwlad a daeth ei syniadau cymdeithasegol yn ddylanwadol iawn yn ystod yr 1970au.

Meysydd yn ymwneud â dadansoddi cymdeithasol sy'n cael eu cynnwys yng ngwaith Marx

Gwrthdaro cymdeithasol

Roedd Marx yn gweld cymdeithas yn nhermau gwrthdaro rhwng buddiannau grwpiau cymdeithasol gwahanol. Esboniodd fod rhai grwpiau o bobl wedi bod yn fwy pwerus nag eraill ar bob cam (neu gyfnod) o hanes, gan reoli cyfoeth a dwyn awdurdod. Yn y gymdeithas gyfalafol ddiwydiannol fodern, y prif ysgogiad yw caffael cyfoeth. Er mwyn ennill cyfoeth iddyn nhw eu hunain, mae pobl gyfoethog yn ecsbloetio ac yn gormesu'r bobl dlawd sy'n gweithio iddyn nhw.

Disgrifiodd Marx berthnasoedd cymdeithasol yn nhermau gwrthdaro rhwng y bourgeoisie (cyfalafwyr neu'r bobl fwyaf cyfoethog) sy'n rheoli cymdeithas a'r proletariat (mae Marx yn eu disgrifio fel caethweision cyflog neu'r gweithwyr). Mae'r proletariat yn gweithio i greu cyfoeth i'r cyfalafwyr. Mae cyfalafwyr grymus yn cadw eu rheolaeth drwy'r canlynol:

⊙ Rheolaeth gwirioneddol ffynonellau grym fel yr heddlu, y llywodraeth a'r lluoedd arfog
⊙ Rheolaeth ideolegol drwy gynhyrchu syniadau a chredoau am natur cymdeithas.

Systemau gwleidyddol

Mae gwaith Marx yn ymwneud ag ystod o bynciau, rhai dadansoddol a rhai gwleidyddol ac economaidd. Dadansoddodd gymdeithas ond ysgrifennodd hefyd am sut dylen ni weithio i gael cymdeithas well. Roedd yn credu y byddai cydraddoldeb yn cael ei gyflawni drwy chwyldro comiwnyddol. Yn 1848, cyhoeddodd Marx ac Engels *Maniffesto'r Blaid Gomiwynyddol*, datganiad gwleidyddol o gredoau'r Gynghrair Gomiwnyddol. O'r 1850au ymlaen, ymdaflodd Marx fwyfwy i ysgrifennu ei waith mawr, *Das Kapital* ('Cyfalafiaeth'), a oedd yn ddadansoddiad o sut mae cyfalafiaeth yn gweithio fel system gymdeithasol, economaidd a gwleidyddol. Ni chafodd y gwaith ei orffen, ac awduron eraill a geisiodd lenwi'r bylchau yn y damcaniaethau a oedd ynddo.

Pam mae Marx yn berthnasol i gymdeithasegwyr modern?

Nid oedd y term 'cymdeithaseg' yn cael ei ddefnyddio ryw lawer yn ystod bywyd Marx, ond mae ei waith yn parhau i fod yn hynod o ddylanwadol yn y ddisgyblaeth. Bu'n ddylanwad ar y rhain:

⊙ Damcaniaethu gwleidyddol: mae llawer o wledydd wedi cael chwyldroadau treisgar a di-drais gyda'r nod o arfer ei ddamcaniaethau a chyflwyno comiwnyddiaeth (e.e. yr Undeb Sofietaidd). Nid yw hyn bob amser wedi bod yn beth da i bobl sydd wedi byw dan gyfundrefnau o'r fath.
⊙ Cymdeithaseg: fel awdur a ddadansoddodd strwythur a pherthnasoedd y gymdeithas gyfalafol, mae wedi bod yn fwy perthnasol. Mae ei syniadau wedi cael eu haddasu a'u cymhwyso er mwyn esbonio amrywiaeth o berthnasoedd cymdeithasol.

Mae Marx a chymdeithasegwyr Marcsaidd a ddatblygodd ei syniadau'n rhannu llawer o syniadau â Durkheim a'r swyddogaethwyr a ddatblygodd syniadau Durkheim. Mae'r ddau fath o ddamcaniaeth yn edrych ar strwythurau cymdeithas. Tra bod Durkheim a swyddogaethwyr yn gweld bod cymdeithas er budd pawb, mae Marx a Marcswyr yn ystyried ei bod er budd y bobl gyfoethog a'i bod yn rheoli pobl dlawd. Mae'n dal i gael ei weld yn berthnasol heddiw am y rhesymau canlynol:

⊙ Mae Marcsaeth yn esbonio anghyfiawnder ac anghydraddoldeb y gymdeithas fodern fyd-eang yn llawer gwell na damcaniaethau cymdeithasegol eraill.
⊙ Mae rhai o'i ragfynegiadau am bolareiddio cyfoeth yn gynyddol i ddwylo ychydig iawn o deuluoedd cyfoethog wedi bod yn syndod o gywir.
⊙ Mae ei waith wedi sbarduno dadleuon yn y traddodiad Marcsaidd sydd wedi dylanwadu ar waith Max Weber, neo-Farcswyr, damcaniaethwyr hil, ffeministiaid ac ôl-fodernwyr.
⊙ Mae ei syniadau wedi dylanwadu ar lawer o ddamcaniaethwyr gwleidyddol sydd wedi gweithio i wella amodau pobl dlawd mewn cymdeithas, ac felly, mae ei waith wedi dylanwadu ar lawer o ddadleuon polisi cymdeithasol cyfredol.

YMESTYN a HERIO

Cyhoeddodd Francis Wheen (2010) fywgraffiad diddorol iawn, *Karl Marx* sydd yn dal ar gael mewn print. Mae'n cynnig mewnwelediad i'r dyn a'i syniadau. Yn ogystal, mae'r *Maniffesto Comiwnyddol* ar gael mewn amrywiaeth o gyfieithiadau ar lein. Mae'n fyr, yn syndod o hawdd ei ddarllen ac mae'n werth gwneud ychydig o ymdrech. Gwnewch grynodeb o bwyntiau allweddol Marcsaeth neu nodwch gwestiynau sy'n dod i'ch meddwl wrth i chi ddarllen.

YMESTYN a HERIO

Mae *The Dispossessed* gan Le Guin (1974) yn nofel ffuglen wyddonol sydd wedi ennill llu o wobrau. Mae'n ymchwilio i themâu comiwnyddiaeth yn erbyn cyfalafiaeth, ond ar ffurf stori. Byddai hefyd o ddiddordeb i unrhyw un sy'n astudio hanes America, gan ei bod yn adleisio gwleidyddiaeth y byd yn yr 1970au. Mae gweithiau ffuglen eraill sy'n mynd i'r afael â materion gwleidyddol yn cynnwys gwaith George Orwell (*Animal Farm, Nineteen Eighty-Four*) a gwaith Robert Tressell, *The Ragged-Trousered Philanthropists*. Ceisiwch gael gafael ar un o'r llyfrau hyn a'i ddarllen.

Ysgrifennu estynedig

Esboniwch *ddau* reswm cymdeithasegol pam mae gwaith Karl Marx yn bwysig i gymdeithaseg fodern.

Arweiniad: Nid yw hwn yn debygol o fod yn gwestiwn arholiad, ond mae'n un a ddylai eich helpu chi i ganolbwyntio eich syniadau a threulio'r hyn rydych newydd ei ddarllen. Penderfynwch pa ddau reswm sydd bwysicaf yn eich barn chi; er enghraifft, mae 'ei ddadansoddiad o anghydraddoldeb', 'dylanwad Marx ar ddamcaniaeth ddiweddar' neu 'dealltwriaeth Marx o gyfalafiaeth' yn awgrymiadau posibl, er bod mwy. Dewiswch y ddau rydych chi'n teimlo y gallwch eu datblygu ac yna ymhelaethwch arnyn nhw. Cyfeiriwch at faterion sy'n effeithio ar y gymdeithas gyfoes; er enghraifft, mae'n bosibl esbonio anghydraddoldeb byd-eang yn nhermau elw ac ecsbloetio.

Ysgrifennwch tua 200 gair.

Cysyniadau allweddol

Dylech allu adnabod Marcsaeth a chymdeithaseg Farcsaidd oherwydd bydd rhai o'r prif syniadau'n cael eu defnyddio yn yr ysgrifennu i gyd, bron. Mae'r syniadau hyn yn cael eu rhestru isod:

Cymdeithas gyfalafol: Dyma ffurf y gymdeithas rydyn ni'n byw ynddi. Mae'n seiliedig ar sefyllfa lle mae pobl gyfoethog yn rheoli ffatrïoedd a diwydiant er mwyn creu cyfoeth iddyn nhw eu hunain ac maen nhw'n ecsbloetio'r bobl sy'n gweithio iddyn nhw.

Gwrthdaro buddiannau (gwrthdaro cymdeithasol): Roedd Marx yn credu bod newid cymdeithasol (hanes) yn cael ei ysgogi gan gystadleuaeth rhwng gwahanol grwpiau cymdeithasol am adnoddau cymdeithasol prin.

Cymdeithas gomiwnyddol: Dyma gymdeithas lle mae pawb yn berchen ar y dull cynhyrchu, er mwyn i bobl allu elwa nid yn ôl yr hyn maen nhw ei eisiau, ond yn ôl yr hyn mae ei angen arnyn nhw. Roedd Marx yn credu y byddai comiwnyddiaeth yn gweithio mor dda na fyddai unrhyw newid cymdeithasol wedyn.

Dosbarth cymdeithasol: Grŵp sy'n rhannu diddordeb cymdeithasol cyffredin. Diddordeb y perchenogion yw gwneud elw; diddordeb y gweithwyr yw cyflogau.

Ymchwil

Disgrifiodd Stuart Hall (1978), damcaniaethwr Marcsaidd, y ffordd roedd colofnau papurau newydd yn yr 1970au yn llawn straeon yn disgrifio sut roedd dynion Affricanaidd-Caribïaidd yn lladrata oddi ar bobl ar y stryd. Roedd papurau'n awgrymu bod ffurf newydd ar droseddu, o'r enw 'mygio', yn digwydd, a bod hynny'n cynhyrchu llawer o bryder a thrafodaeth gyhoeddus mewn proses o'r enw **panig moesol**. Awgrymodd Hall fod y broblem wedi'i gwreiddio'n ddwfn yn strwythur cymdeithas. Yn ystod yr 1970au roedd dirywiad economaidd, 'argyfwng cyfalafiaeth', a thrwy dargedu'r mygiwr du, llwyddodd y papurau newydd i greu bwgan, gan dynnu sylw pobl oddi ar wir achos y problemau cymdeithasol roedden nhw'n eu profi. Y broblem go iawn oedd cyfalafiaeth ac anghydraddoldeb.

a) Pa broblemau ymarferol y gallai cymdeithasegwr eu profi wrth geisio ymchwilio i droseddu a thrais ar y stryd yn nhermau hil y troseddwyr?

b) Nodwch ac esboniwch **ddau** reswm pam astudiodd Hall bapurau newydd i ddeall troseddu ar y stryd o safbwynt Marcsaidd.

Gwiriwch eich dysgu eich hun

Nodwch a yw'r safbwyntiau canlynol yn rhai Marcsaidd neu'n rhai swyddogaethol:

a)	Swyddogaeth gymdeithasol sefydliadau mewn cymdeithas yw gweithio er budd pawb.	
b)	Mae sefydliadau cymdeithasol yn gweithio er budd pobl gyfoethog a grymus.	
c)	Mae pobl yn rhannu normau a gwerthoedd mewn cymdeithas ac mae'r rhain yn cael eu creu gan gymdeithasoli.	
ch)	Mae pobl yn cael eu rheoli gan ideolegau a gafodd eu datblygu gan bobl gyfoethog a grymus i amddiffyn eu buddiannau eu hunain.	
d)	Mae rhannu cymdeithas yn wahanol ddosbarthiadau cymdeithasol yn angenrheidiol er mwyn i gymdeithas oroesi.	
dd)	Mae haenu cymdeithasol yn beth drwg a fydd yn cael ei oresgyn gan chwyldro comiwnyddol pan fydd newid cymdeithasol yn dod i ben.	
e)	Mae mudoledd cymdeithasol rhwng dosbarthiadau'n dwyll sy'n cael ei ddefnyddio i gyfiawnhau gormesu pobl dlawd.	
f)	Mae mudoledd cymdeithasol yn digwydd pan fydd y bobl fwyaf galluog a thalentog yn symud i frig cymdeithas.	

Damcaniaethu

Pwnc 4: Max Weber

Gwneud i chi feddwl

Pam rydych chi'n meddwl ei bod yn bwysig deall natur grym ac awdurdod mewn cymdeithas?

Beth astudiodd Max Weber?

Roedd Weber yn feirniadol o drefn gymdeithasol ei gyfnod. Ymhlith gweithiau eraill, ysgrifennodd am y gyfraith, damcaniaethu cymdeithasol, damcaniaeth dulliau cymdeithasegol, datblygiad crefydd, datblygiad cyfalafiaeth, biwrocratiaeth, awdurdod a datblygiad dosbarth. Ei brif ddiddordebau oedd rôl syniadau mewn diwylliannau, y ffordd roedd pobl yn arfer grym a pha ddulliau a ddylai gael eu defnyddio. Mae llawer wedi awgrymu mai ef, o blith holl sylfaenwyr cymdeithaseg, oedd y meddyliwr mwyaf disglair ac mai ef a ystyriodd yr ystod fwyaf eang o syniadau. Byddai'n amhosibl crynhoi ei holl syniadau mewn llyfr o'r math hwn; wrth astudio, mae angen i chi dalu sylw neilltuol i'w syniadau ynglŷn ag anghydraddoldeb cymdeithasol a dulliau ymchwil. Er enghraifft, Weber a ddechreuodd y syniad o 'verstehen', sy'n awgrymu y dylai ymchwilwyr ddeall sut mae pobl yn meddwl yn hytrach na disgrifio sut maen nhw'n ymddwyn.

Meysydd yn ymwneud â dadansoddi cymdeithasol sy'n cael eu cynnwys yng ngwaith Weber

Ffactorau sy'n dylanwadu ar gymdeithas

Roedd Weber yn ystyried bod syniadau Marcsaidd am ddosbarth cymdeithasol a'i ddylanwad ar gymdeithas yn or-syml. Nododd ffactorau eraill, gan ganolbwyntio ar ddosbarth, trefn wleidyddol, diwylliant a chrefydd fel meysydd arwyddocaol. Ei ddadl oedd bod credoau diwylliannol a oedd yn cael eu mynegi drwy syniadau crefyddol yn cyfrannu at ddatblygiad cyfalafiaeth fodern. Arweiniodd hyn at ei waith enwocaf, *The Protestant Ethic and the Spirit of Capitalism* (1905), lle dadleuodd fod credoau rhai ffurfiau ar Gristnogaeth wedi ysgogi chwyldroadau diwydiannol yn yr Almaen a Lloegr.

Mathau o syniadau, awdurdod a rheolaeth gymdeithasol

Mae'r ffordd mae diwylliannau'n meddwl yn dylanwadu ar y ffordd maen nhw'n gweithredu. Mae diwylliannau traddodiadol yn gweld gwerth ffyrdd traddodiadol o feddwl, ac felly dydyn nhw ddim yn datblygu ar hyd llinellau gwyddonol. Gall grym unigolyn i fynd ag eraill gydag ef hefyd ddylanwadu ar ddiwylliannau; 'carisma' oedd enw Weber ar y priodoledd hwn. Mae cymdeithasau modern, fodd bynnag, yn gweld gwerth meddwl gwyddonol, yr oedd Weber yn ei alw'n feddwl 'rhesymegol'. Mae pobl yn ymdrechu'n gyson i weithio'n fwy effeithlon ac mae hyn yn effeithio ar sut maen nhw'n datblygu systemau busnes, addysg a lles.

> Yn sicr mae pob profiad hanesyddol yn cadarnhau'r gwirionedd – na fyddai dyn wedi cyflawni'r hyn sy'n bosibl oni bai ei fod yn estyn am yr amhosibl dro ar ôl tro.
>
> **Max Weber**

Nodau

◉ Cyflwyno rhai o syniadau allweddol Weber

Roedd Max Weber yn ysgrifennu llawer iawn am ddamcaniaethu gymdeithasol. Mae ei syniadau wedi dylanwadu'n fawr ar ddulliau ymchwil ac ar ddamcaniaethu cymdeithasol, yn arbennig astudiaeth o sefydliadau, twf cyfalafiaeth a rôl crefydd mewn cymdeithas.

Bywgraffiad

Roedd Karl Maximilian Weber (1864–1920) yn dod o gefndir cyfoethog proffesiynol. Ni chafodd ei fagu mewn cartref hapus, ond cafodd y cyfle i gwrdd â nifer o wleidyddion a meddylwyr adnabyddus y cyfnod. Aeth i'r brifysgol yn Heidelberg a Berlin i astudio'r gyfraith, athroniaeth, economeg a hanes. Roedd yn fyfyriwr ardderchog, a oedd yn gweithio'n awchus ac yn darllen llawer iawn o lenyddiaeth er mwyn pleser. Dysgodd economeg mewn prifysgol ond roedd yn dioddef o iechyd meddwl gwael, gan gynnwys iselder, felly roedd yn brwydro i weithio weithiau. Golygodd gylchgrawn gwyddoniaeth gymdeithasol cynnar yn yr Almaen, ac roedd pobl bob man yn gwybod am ei syniadau. Roedd yn ddigon enwog yn ei gyfnod i gael gwahoddiad i siarad yn UDA. Roedd yn ymwybodol o waith Karl Marx a gallwn ystyried llawer o'i waith yn ymateb i wendidau'r ddamcaniaeth Farcsaidd.

Cysyniad Weber o awdurdod a rheolaeth gymdeithasol.

Dysgu gweithredol

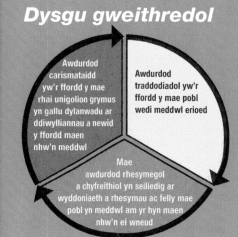

Edrychwch ar y diagram hwn sy'n dangos syniad Weber am awdurdod a rheolaeth gymdeithasol. Copïwch y diagram i'ch nodiadau ac ychwanegwch enghreifftiau o bobl a all fod â'r mathau o awdurdod neu rym y mae'n eu nodi. Sylwch mai dau neu un yn unig o'r mathau o awdurdod sydd gan rai pobl o bosibl, ond bod gan eraill bob un o'r tri. Cymhwyswch y diagram i sefyllfa gymdeithasol rydych chi'n gyfarwydd â hi, fel eich ysgol neu eich coleg.

Verstehen

Mae beth bynnag mae pobl yn ei wneud yn ystyrlon iddyn nhw. Nid yw'n ddigon disgrifio'r hyn maen nhw'n ei wneud, oherwydd gall eu hymddygiad ymddangos yn afresymol wedyn. Os yw cymdeithasegwr yn deall yr ystyr sylfaenol y tu ôl i weithredu cymdeithasol, yna bydd yn deall pam mae pobl yn ymddwyn fel y maen nhw. Roedd Weber yn credu mai dealltwriaeth oedd yn gwneud cymdeithaseg yn wahanol i wyddorau naturiol. Dyma'r syniad sy'n sail i ddamcaniaethau gweithredu cymdeithasol wrth astudio cymdeithas.

Anghydraddoldeb

Safbwynt Weber oedd bod anghydraddoldeb yn fwy cymhleth nag y mae Marx yn ei gydnabod. Un o dri dimensiwn yw dosbarth; statws a grym yw'r ddau arall. Efallai fod gan bobl statws, ond heb rym na dosbarth, er enghraifft pobl enwog. Rydyn ni'n ymdrin â hyn yn fanylach yn adran olaf y llyfr, lle byddwch chi'n astudio disgrifiadau Weberaidd o anghydraddoldeb cymdeithasol.

Pam mae Weber yn berthnasol i gymdeithasegwyr modern?

Mae Weber yn dal yn berthnasol heddiw am y rhesymau canlynol:

◉ Mae gwaith Weber yn fan cychwyn ar gyfer sawl dadl bwysig yn y gwyddorau cymdeithasol: mae'n beirniadu Marcsaeth, ymagweddau at fethodoleg, a thrafodaethau'n ymwneud â phwysigrwydd crefydd yn natblygiad cymdeithas.

◉ Mae astudiaethau Weber i rôl awdurdod a biwrocratiaethau mewn cymdeithas wedi arwain at ddamcaniaethau am reolaeth busnes.

◉ Mae syniadau Weber am ddarnio cynyddol cymdeithas yn nifer o ddosbarthiadau cymdeithasol yn arwain at syniadau ôl-foderniaeth, lle mae cymdeithas yn cael ei gweld yn torri i fyny yn nifer o grwpiau yn hytrach nag yn pegynu'n ddau grŵp fel yr honnodd Marx.

◉ Er nad yw'r dulliau a awgrymodd Weber ar gyfer astudio cymdeithas yn cael eu defnyddio'n helaeth iawn, ei ddadl ef yw y dylen ni ddeall bod sut a pham mae pobl yn meddwl ac yn ymddwyn fel y maen nhw yn esbonio'r rhesymeg sydd wrth wraidd ymagweddau ansoddol at ymchwil cymdeithasol.

Cysyniadau allweddol

Byddwch chi'n gallu adnabod Weber a chymdeithaseg Weberaidd pan welwch chi nhw oherwydd bydd rhai syniadau allweddol yn cael eu defnyddio yn yr ysgrifennu i gyd, bron. Mae'r syniadau hyn yn cael eu rhestru isod:

Verstehen: Empathi neu ddealltwriaeth

Gwerthfawrogi rhyddid: Y syniad y dylai cymdeithas gael ei hastudio yn rhesymegol, neu'n wyddonol a heb duedd.

Dosbarth: Safle unigolyn neu grŵp yn yr economi sy'n seiliedig ar sgiliau, cefndir geni a chyflawniadau.

Grym: Y gallu i wneud i bobl eraill wneud yr hyn rydych chi am iddyn nhw ei wneud, hyd yn oed os nad ydyn nhw'n elwa ohono nac yn cytuno â chi.

Statws: Safle unigolyn neu grŵp yn y gymdeithas ehangach, yn seiliedig ar sut maen nhw'n cael eu graddio gan ac yn ôl pobl eraill.

Ysgrifennu estynedig

Esboniwch *ddau* reswm cymdeithasegol pam mae Max Weber yn bwysig i gymdeithaseg fodern.

Arweiniad: Mae'n annhebygol y byddai hwn yn ymddangos ar bapur arholiad, ond bydd y gweithgaredd hwn yn rhoi ffocws i'ch astudiaeth. Penderfynwch pa ddau reswm sydd bwysicaf yn eich barn chi; yn achos Weber mae hyn yn hawdd oherwydd bod syniadau nad ydyn nhw o angenrheidrwydd yn gorgyffwrdd, fel ei syniadau am ddosbarth cymdeithasol a'i ymagwedd at ymchwil cymdeithasol. Wrth gwrs, gallech chi ddechrau mewn sawl man, ond wrth ateb cwestiynau o'r math hwn, mae'n ddoeth osgoi ailadrodd. Gwnewch yn siŵr bod eich dau bwynt yn glir yn eich meddwl ac yna ysgrifennwch ddau baragraff wedi'u strwythuro'n dda. Cyfeiriwch at faterion sy'n effeithio ar gymdeithaseg gyfoes, fel y ddadl ansoddol/meintiol a'r ddadl a oedd Marx yn gywir pan ddywedodd y byddai dosbarth yn pegynu'n ddau grŵp.

Ysgrifennwch tua 200 gair.

Ymchwil

Roedd John Howard Griffin eisiau deall perthnasoedd hil yn nhaleithiau de UDA ar ddiwedd yr 1950au. Roedd yn newyddiadurwr uchel ei barch ac roedd yn poeni am yr anawsterau roedd Americanwyr du yn eu hwynebu ar adeg o ragfarn agored a cham-drin hiliol. Tywyllodd ei groen dan ofal meddyg a theithiodd o gwmpas ar fysiau a thrwy fodio. Cafodd ei sarhau'n gyson, a rhoddodd ei hun a phobl eraill mewn perygl difrifol oherwydd nad oedd yn gwybod rheolau ymddygiad cymdeithasol ar gyfer pobl ddu pan oedden nhw'n dod wyneb yn wyneb â phobl wyn. Achosodd y profiad straen difrifol iddo. Roedd ei lyfr *Black Like Me* (1961) yn llwyddiant ariannol a chafodd ei wneud yn ffilm, ond bu rhaid i Griffin symud o'i dref enedigol oherwydd bygythiadau i'w fywyd.

a) Sut mae stori Griffin yn dangos pwysigrwydd verstehen mewn ymchwil?
b) Pam roedd angen iddo edrych fel dyn du? Rhowch **ddau** reswm.
c) Pa broblemau ymarferol a brofodd Griffin yn ei ymchwil?
ch) Pa broblemau moesegol sy'n codi gyda'r project ymchwil hwn?

Dysgu annibynnol

Mae rhannau o'r ffilm *Black Like Me* ar YouTube. Er nad yw ar gael yn rhwydd, mae'n werth darllen y llyfr hefyd. Sut gwnaeth Griffin i bobl deimlo'n anghyfforddus neu eu rhoi mewn perygl drwy beidio gwybod rheolau cymdeithasol? Ydych chi'n credu y byddai'n bosibl ailadrodd yr arbrawf yn y DU fodern? Ydych chi'n credu y dylai gael ei ailadrodd?

Gwiriwch eich dysgu eich hun

Nodwch a yw'r safbwyntiau canlynol yn rhai Marcsaidd neu'n rhai Weberaidd:

a) Mae dosbarth a rhaniad dosbarth yn creu cyfalafiaeth.	
b) Roedd creu cyfalafiaeth yn gymhleth ac yn seiliedig ar grefydd ac ideoleg yn ogystal â chyfoeth.	
c) Mae pobl gyfoethog a grymus yn cadw rheolaeth ar gymdeithas drwy gyfuniad o draddodiad, meddwl rhesymegol a charisma.	
ch) Mae pobl gyfoethog yn cadw eu safle drwy rym a'r defnydd o syniadau.	
d) Er mwyn deall crefydd, mae'n bwysig deall pam mae angen cred grefyddol ar bobl.	
dd) Mae crefydd yn ffordd o achub pobl rhag profi poen eu sefyllfa gymdeithasol yn llawn.	

Nodau

- Cyflwyno rhai o syniadau allweddol Mead

Mae George Herbert Mead yn enwog am fod yn un o'r meddylwyr cynharaf yn y persbectif rhyngweithio cymdeithasol. Roedd yn meddwl amdano ei hun fel seicolegydd cymdeithasol ond mae ei syniadau wedi dylanwadu ar yr ymagwedd ryngweithiadol at gymdeithaseg.

Bywgraffiad

Americanwr oedd George Herbert Mead (1863–1931) ac un ag ystod eang o ddiddordebau. Roedd ei gefndir teuluol yn gyfforddus ac yn barchus. Gweithiodd fel athro a thirfesurydd cyn dechrau ei astudiaethau mewn cymdeithaseg ac athroniaeth pan oedd yn ei ugeiniau. Mynychodd Brifysgol Harvard, ond teithiodd hefyd i'r Almaen i astudio seicoleg am gyfnod byr ac roedd yn ymwybodol o syniadau athronyddol yr Almaen. Cwblhaodd ddarnau helaeth o'i waith ym Mhrifysgol Chicago, y ddinas lle bu'n byw am y rhan fwyaf o'i oes. Ysgrifennodd lawer o erthyglau a thraethodau ar athroniaeth a seicoleg gymdeithasol ond chyhoeddodd e ddim llyfr. Ar ôl iddo farw, lluniodd ei gyn-fyfyrwyr bedwar llyfr o'u nodiadau darlithoedd ac mae rhai yn dal i weithio ar ei nodiadau a'i fân sylwadau i gwblhau'r gwaith o gyhoeddi ei waith i gyd. Roedd Mead yn ei ystyried ei hun yn seicolegydd cymdeithasol ac mae ei waith yn cyffwrdd â chymdeithaseg, athroniaeth a seicoleg, felly mae'n bwysig yn y tair disgyblaeth.

Pwnc 5: George Herbert Mead

Gwneud i chi feddwl

Pam mae llawer o bobl yn edrych arnyn nhw eu hunain yn y drych cyn gadael y tŷ? Beth yw pwrpas gweithred o'r fath? Ydyn ni bob amser yn gweld yn y drych yr hyn mae pobl eraill yn ei weld? Sut gallai ein hargraffiadau personol ohonon ni ein hunain effeithio ar ein hymddygiad a'n perthnasoedd?

Beth astudiodd George Herbert Mead?

Meysydd yn ymwneud â dadansoddi cymdeithasol sy'n cael eu cynnwys yng ngwaith Mead

Roedd Mead yn tueddu i ganolbwyntio ar y syniadau canlynol:

- Mae pobl yn creu byd cymdeithasol yn eu meddyliau eu hunain ac wedyn yn ymddwyn fel pe bai'n realiti.
- Mae pobl yn tueddu i seilio eu hymddygiad ar yr hyn sydd wedi gweithio iddyn nhw yn y gorffennol, cysyniad mae'n ei alw'n 'arfer'.
- Mae pobl yn tueddu i edrych ar wrthrychau eraill a phobl eraill yn nhermau eu gwerth personol a pha mor ddefnyddiol ydyn nhw iddyn nhw eu hunain.
- Os ydyn ni am ddeall sut mae pobl yn meddwl, mae'n rhaid i ni edrych ar yr hyn maen nhw'n ei wneud wrth ryngweithio â'i gilydd o ddydd i ddydd.

Rydyn ni'n ein rhannu ein hunain yn bob math o hunan gwahanol yn ôl pwy yw ein cynulleidfa. Rydyn ni'n trafod gwleidyddiaeth ag un, a chrefydd ag un arall. Mae pob math o hunan gwahanol yn ateb pob math o ymatebion cymdeithasol gwahanol. Y broses gymdeithasol ei hun sy'n gyfrifol am ymddangosiad yr hunan; nid yw'n bodoli fel hunan sydd ar wahân i'r math hwn o brofiad. Ar ryw ystyr, mae personoliaeth luosog yn normal, fel rwyf newydd ei ddangos.

G H Mead

Sut mae pobl yn datblygu ymdeimlad o'r hunan?

Nododd Mead pa mor bwysig oedd cymdeithasoli fel proses. Roedd yn dadlau bod plant yn defnyddio iaith a chwarae er mwyn mabwysiadu rolau pobl eraill, gan eu galluogi nhw i feddwl am sut bydd pobl eraill yn ymateb iddyn nhw. Drwy'r broses hon maen nhw'n datblygu ymdeimlad o hunanymwybyddiaeth. Mae chwarae rôl yn ganolog i ddatblygiad hunanymwybyddiaeth. Nododd Mead fod gennym fwy nag un 'hunan' oherwydd ein bod yn dysgu i ymddwyn yn wahanol wrth ymateb i wahanol bobl a gwahanol sefyllfaoedd cymdeithasol. Rydyn ni'n dysgu rheolaeth gymdeithasol drwy broses o adnabod

disgwyliadau ac agweddau'r rhai sydd o'n cwmpas, ac rydyn ni'n datblygu cysyniad ohonyn nhw fel 'arall cyffredinoledig'. Ar ôl gwneud hynny, rydyn ni'n troi'r arall cyffredinoledig yn ffurf ar ddeialog fewnol ac felly'n gwneud ymatebion pobl eraill i ni yn system hunan-reoli. Cyn unrhyw weithred, rydyn ni'n ystyried, 'Beth bydd pobl eraill yn ei feddwl ohonof fi os gwnaf i hynny?' Felly, mae un rhan o'n personoliaeth (y "fi" gweithredol) yn gweithredu, ond mae rhan arall hefyd (y "fi" myfyriol) sy'n set bersonol o gredoau yn ymwneud ag agweddau eraill tuag at yr unigolyn.

Sut rydyn ni'n datblygu ein hymdeimlad o'r hunan, yn ôl G H Mead.

> Mae pobl yn datblygu ymdeimlad o'r hunan drwy brofiadau cymdeithasol a thrwy ddatblygu arferion meddwl.

> Mae profiadau cymdeithasol yn seiliedig ar symbolau. Mae iaith yn symbolaidd, ond nid drwy gyfrwng iaith yn unig y gall bodau dynol greu a chyfathrebu ystyron i'w gilydd.

> Mae angen i ni ddatblygu a deall sut mae pobl eraill yn gweld y byd, gan gynnwys sut maen nhw'n ein gweld ni, felly rydyn ni'n dychmygu'r byd o safbwynt pobl eraill.

> Rydyn ni'n datblygu ein hymdeimlad o'r hunan, neu ein hunanymwybyddiaeth, drwy ryngweithio rhwng y ddau "fi". Mae un "fi" yn gweithredu ac mae'r llall yn myfyrio ar yr hyn sy'n cael ei wneud drwy ddehongli gweithredoedd yn nhermau sut mae eraill yn ymateb.

Pam mae Mead yn berthnasol i gymdeithasegwyr modern?

Mae syniadau Mead yn dal yn bwysig heddiw am y rhesymau canlynol:

◉ Mae Mead yn cael ei adnabod fel sylfaenydd rhyngweithiadaeth fel persbectif, felly mae llawer o waith pwysig wedi cael ei ddylanwadu gan ei syniadau.

◉ Mae'r syniad o bragmatiaeth wedi cael ei ddatblygu gan swyddogaetholdeb ac wedi arwain at syniadau 'y Dde Newydd'; mae hefyd wedi'i ddatblygu gan Farcsaeth gan arwain at syniadau 'y Chwith Newydd'. Byddwch chi'n dysgu mwy am y cysyniadau hyn os byddwch chi'n astudio trosedd a gwyredd fel eich pwnc dewisol, a phan fyddwch chi'n astudio anghydraddoldeb.

◉ Awgryma Mead y gall pobl wneud eu penderfyniadau eu hunain a newid eu hamgylcheddau; yn hyn o beth mae'n wahanol iawn i Marx a Durkheim, sy'n awgrymu mai cymdeithas sy'n rheoli ymddygiadau pobl.

◉ Dangosodd Mead i ni sut i edrych ar ryngweithio ar raddfa fach, ac mae hyn wedi dylanwadu ar ficro-gymdeithaseg. Gallwn ddeall ymddygiad unigolion yn nhermau'r hyn mae'n ei olygu.

◉ Mae damcaniaeth meddwl Mead wedi bod yn ddefnyddiol i esbonio rhai ffyrdd annodweddiadol o feddwl, fel awtistiaeth ac anhwylderau personoliaeth eraill, lle mae gan bobl ymdeimlad gwannach o bobl eraill yn gyffredinol a lle nad yw mor hawdd iddyn nhw ddeall cyfathrebu cymdeithasol.

◉ Mae Mead hefyd yn nodi camgymeriad sylfaenol unigolyddiaeth, lle mae pobl yn honni nad ydyn nhw'n poeni am safbwyntiau pobl eraill. Mae'n dweud, er ein bod yn teimlo ein bod yn wahanol i'n cymunedau, mai gan bobl eraill yn unig y gallwn gael ymdeimlad o bwy ydyn ni.

◉ Mae syniadau Mead wedi arwain at ddamcaniaethau pwysig, fel y ddamcaniaeth labelu, sy'n cael ei ddefnyddio i esbonio ymddygiad gwyrdroëdig.

Ysgrifennu estynedig

Esboniwch sut dywedodd George Herbert Mead fod unigolion yn datblygu ymdeimlad o'r hunan.

Arweiniad: Er ei bod yn annhebygol y byddai cwestiwn o'r fath yn ymddangos mewn papur arholiad, mae bob amser yn fuddiol ceisio esbonio syniadau cymhleth yn ysgrifenedig fel ffordd o'u deall nhw'n gliriach. Bydd yr ymarfer hwn yn eich helpu chi i wneud hyn. Os ydych chi'n ddysgwr gweledol, efallai byddwch am edrych ar dudalennau gwefannau ac ar gynnwys y pwnc hwn cyn creu map meddwl neu boster syml. Gallai dysgwr clywedol ddefnyddio podlediadau a chlipiau fideo. Ceisiwch esbonio'r broses i bobl eraill, os ydyn nhw'n barod i wrando a gofyn cwestiynau. Pan fyddwch chi'n dechrau ysgrifennu, canolbwyntiwch ar Mead ac nid ar ddatblygiadau diweddarach o'i ddamcaniaethau cychwynnol. Meddyliwch am y pwyntiau allweddol rydych chi am eu gwneud; mae dau neu dri'n ddigon. Esboniwch nhw heb lyfr, rhag i chi gael eich temtio i gopïo ohono, yna gwiriwch eich nodiadau a gweld sut y gallech eu gwella a'u gwneud yn gliriach.

Ysgrifennwch tua 200 gair.

YMESTYN a HERIO

Datblygwch eich dealltwriaeth o ddamcaniaethu drwy gymharu a chyferbynnu'r gwahanol ddamcaniaethau rydych chi wedi eu trafod yn y dosbarth. Er enghraifft, mae'r ddamcaniaeth hon yn wahanol iawn i Farcsaeth a swyddogaetholdeb o ran ei hymagwedd at y gymdeithas.

Cysyniadau allweddol

Byddwch chi'n gallu adnabod cymdeithaseg ryngweithiadol pan welwch chi hi oherwydd bydd rhai syniadau allweddol yn cael eu defnyddio yn yr ysgrifennu i gyd, bron. Mae'r syniadau hyn yn cael eu rhestru isod:

Yr hunan: Cyfuniad o hunanddelwedd a hunanymwybyddiaeth, sy'n golygu bod pobl yn gweithredu, ond eu bod yn myfyrio ar eu gweithredoedd ac ar ymatebion pobl eraill er mwyn datblygu syniad o bwy ydyn nhw a sut dylen nhw ymddwyn.

Actor: Mae unigolion yn chwarae rolau cymdeithasol ac mae ganddyn nhw rywfaint o ryddid er mwyn gweithredu.

Pragmatiaeth: Y syniad bod angen datrys problemau mewn ffordd ymarferol, ac felly nad yw ideoleg yn datrys problemau bywyd go iawn pobl.

Byd cymdeithasol: Y byd sy'n cael ei greu o ganlyniad i lawer o ryngweithio cymdeithasol unigol rhwng pobl.

Yr arall cyffredinoledig: Y ffordd y mae unigolion yn gweld pobl eraill, er mwyn llunio barn bersonol am eu hymddygiad nhw eu hunain.

Yr arall arwyddocaol: Term a gafodd ei ddatblygu gan Charles Cooley, ffrind a chydweithiwr Mead, i ddisgrifio'r rhai y mae eu barn yn bwysig i ni ac sy'n dylanwadu ar ein barn a'n syniadau.

Ymchwil

Arweiniodd syniadau Mead ac eraill ym Mhrifysgol Chicago at y traddodiad ethnograffig mewn dulliau ymchwil. Cafodd un o'r astudiaethau cynharaf ei chynnal gan Cressey (1932), a astudiodd neuaddau dawnsio am dâl. Roedd hwn yn weithgaredd hamdden Americanaidd yn ystod yr 1920au a'r 1930au, lle byddai dynion yn mynd i neuaddau dawns ac yn dawnsio gyda menyw o'u dewis, gan dalu swm bach o arian i gael gwneud hynny. Nid oedd Cressey yn gallu cael perchenogion y neuaddau dawnsio am dâl i gydweithio ag ef, felly cynhaliodd ef a myfyriwr iddo arsylwadau cyfranogol cudd er mwyn ymchwilio i sut roedd ymddygiad yn cael ei reoli yn y lleoliad hwn ac fe ddatblygon nhw ddamcaniaeth ynglŷn â rôl rheolaeth mewn grwpiau cymunedol.

a) Esboniwch **un** rheswm pam cynhaliodd Cressey arsylwadau cyfranogol cudd.

b) Nodwch **un** ffordd yr oedd gwaith Cressey yn wahanol i ymchwil wyddonol gonfensiynol o ran y ffordd y cafodd damcaniaethu ei ddatblygu.

Gwiriwch eich dysgu eich hun

Cysylltwch y geiriau allweddol â'r termau:

a) Rhan weithredol personoliaeth unigolyn sy'n sbarduno gweithredoedd.

b) Rhan fyfyriol personoliaeth unigolyn sy'n rheoli eu gweithredoedd yng ngoleuni'r hyn y gallai pobl eraill ei feddwl.

c) Mae'r cyfuniad o'r 'fi gweithredol' a'r 'fi myfyriol' yn datblygu yn ymdeimlad o hwn.

ch) Ein cysyniadau o sut gall pobl o'n cwmpas ymateb.

d) Mae unigolion yn chwarae rolau cymdeithasol ac mae ganddyn nhw rywfaint o ryddid er mwyn gweithredu.

dd) Mae angen datrys problemau mewn ffordd ymarferol, felly nid yw ideoleg yn datrys problemau go iawn pobl.

e) Y byd sy'n cael ei greu o ganlyniad i lawer o ryngweithio cymdeithasol unigol rhwng pobl.

Fi myfyriol

Yr arall cyffredinoledig

Pragmatiaeth

Byd cymdeithasol

Fi gweithredol

Actor

Yr hunan

Damcaniaethu

Pwnc 6: Simone de Beauvoir

Gwneud i chi feddwl

Honnodd de Beauvoir fod menywod nad ydyn nhw'n cyd-fynd â syniadau ystrydebol o sut y dylai menywod ymddwyn ac edrych mewn cymdeithas yn cael eu dirmygu a'u casáu. I ba raddau rydych chi'n teimlo bod hyn yn wir am y gymdeithas fodern? Trafodwch y mater gyda'ch partneriaid astudio a nodwch bwyntiau o blaid ac yn erbyn ei safbwynt.

Nodau

◉ Amlinellu'r dylanwad mae gwaith Simone de Beauvoir ar ffeministiaeth wedi'i gael ar gymdeithaseg.

Nid yw Simone de Beauvoir yn cael ei hadnabod yn gyffredinol fel cymdeithasegydd ond mae'n bosibl dadlau mai ei hathroniaeth a'i syniadau hi am berthnasoedd rhywedd a sbardunodd yr ail don o ffeministiaeth ar ôl y rhyfel ac mae ei llyfr *The Second Sex* wedi bod yn ddylanwadol iawn ers ei gyhoeddi gyntaf yn 1949.

Beth ddywedodd de Beauvoir am fenywod?

Awgrymodd Simone de Beauvoir fod dod yn fenyw yn fater o ddylanwad cymdeithasol. Awgrymodd fod rhywedd yn lluniad cymdeithasol. Roedd ymhlith y cyntaf i ddadlau bod grym a dylanwad cymdeithasol dynion yn golygu bod menywod yn dod yn arall a bod menywod yn cael eu stereoteipio a'u gorthrymu gan ddynion. Siaradodd am gysyniadau gwrywaidd o fenyweidd-dra yn nhermau 'creu mythau'; roedd dynion yn datblygu mythau am fenywod, yn gweithredu fel pe bai'r mythau'n wir ac yn defnyddio hynny fel ffordd o wrthod mynediad iddyn nhw at statws a grym ar eu telerau eu hunain. Mewn llyfr, dangosodd nad oedd angen i ddynion fynd i'r afael â phroblemau eu statws a'u rhywioldeb eu llyfr yn y ffordd yr oedd hi wedi'i wneud yn achos menywod, oherwydd bod gwrywdod yn cael ei weld yn norm a benyweidd-dra'n cael ei weld fel gwyriad oddi wrth y norm hwnnw.

Themâu yng ngwaith de Beauvoir yn ymwneud â rhywedd

Bioleg a rhywedd

Pwylais llawer o waith de Beauvoir yw ymosod ar awduron a meddylwyr eraill a oedd yn bwysig ac yn ddylanwadol ar y pryd; er enghraifft, mae'n tynnu sylw at rywiaeth y seicolegydd enwog Sigmund Freud a honnodd fod bywydau a phrosesau meddyliol menywod yn cael eu dylanwadu'n llwyr gan eu hysfa i gael plant. Beirniadodd Marcswyr hefyd am ysgrifennu am ddosbarth yn unig ac am anwybyddu gormesu menywod. Ei phrif ddadl yw bod gwahaniaethau biolegol yn llai pwysig na gwahaniaethau cymdeithasol rhwng y rhywiau, ac mai profiadau bywyd sy'n gwneud benywod yn fenywod.

SIMONE D.B.

> Nid cael ei geni'n fenyw y mae person, ond yn hytrach dod yn fenyw. ...
>
> Mae dyn yn cael ei ddiffinio fel bod dynol, a menyw fel benyw – pryd bynnag y mae hi'n ymddwyn fel bod dynol mae hi'n cael ei gweld yn copïo'r gwryw.
>
> **Simone de Beauvoir**

Bywgraffiad

Roedd Simone de Beauvoir (1908–1986) yn athronydd a nofelydd o Ffrainc. Roedd ei chefndir teuluol yn anodd oherwydd bod ei theulu, er eu bod yn ddysgedig, wedi colli eu cyfoeth ar ôl diwedd y Rhyfel Byd Cyntaf. Anogodd ei thad hi i gael addysg, ac yn anarferol i fenyw o'i chefndir hi, bu'n rhaid iddi sicrhau ei bod yn gallu ennill bywoliaeth gan fod ei diffyg cyfoeth hi a'r prinder dynion ar ôl y rhyfel yn golygu y byddai'n ei chael yn anodd dod o hyd i ŵr. Roedd yn un o'r menywod cyntaf i fynychu Prifysgol Sorbonne ym Mharis. Dechreuodd berthynas â Jean Paul Sartre, un o brif athronwyr y cyfnod, ac er iddyn nhw rannu cartref, phriodon nhw ddim. Roedd gan y ddau ohonynt gariadon eraill ac roedden nhw'n ymwneud yn llawn â bywyd gwleidyddol eu cyfnod, gan ddod yn ffigurau cyhoeddus dadleuol iawn.

Dysgu annibynnol

Pan ddechreuodd de Beauvoir ysgrifennu'r gwaith a arweiniodd at *The Second Sex*, newydd gael yr hawl i bleidleisio roedd menywod Ffrainc. Nid oedd gan fenywod fynediad at atal cenhedlu yn Ffrainc nes bod de Beauvoir yn ei phumdegau hwyr. Sut gallai gwleidyddiaeth rhywedd y cyfnod fod wedi dylanwadu ar ei gwaith?

Hanes a rhywedd

De Beauvoir a sbardunodd y syniad bod menywod yn aml wedi bod yn hynod o rymus mewn hanes ond bod eu cyfraniadau wedi cael eu hanwybyddu'n aml; mae statws cymdeithasol isel menywod wedi golygu bod eu gwaith yn cael ei ystyried yn ddibwys, hyd yn oed pan fyddan nhw wedi rhagori mewn rhyw ffordd.

Rhywedd a chymdeithasoli

Mae ymddygiadau benywaidd yn cael eu dysgu i blant sy'n ferched, maen nhw'n addoli duw gwrywaidd ac yn gostwng eu disgwyliadau yn unol â syniadau cymdeithasol cyfredol, sydd wedi cael eu datblygu gan ddynion.

Priodas

Roedd de Beauvoir yn arbennig o elyniaethus tuag at briodas gonfensiynol. Roedd yn ystyried nad oedd priodas yn iach i ddynion a menywod, oherwydd ei bod yn cyfyngu eu dewis o bartner i'w gilydd. Cafodd berthnasoedd â menywod ifanc, a rhannodd sawl menyw â Sartre. Bu rhai'n feirniadol ohoni'n ddiweddarach. Mae'n dadlau bod bywyd domestig yn gorfodi menywod i fod yn segur, a bod hynny'n eu gwneud yn anhapus ac yn greulon.

Rhyddhad

Mae'n ymddangos bod de Beauvoir yn edmygu menywod a oedd yn cymryd rheolaeth dros eu bywydau eu hunain ac yn rheoli eu rhywioldeb, fel puteiniaid enwog neu feddylwyr crefyddol fel lleianod, oherwydd eu bod yn byw y tu hwnt i ffiniau teulu a dynion. Mae'n dadlau bod llawer o fenywod wedi dod yn gyffredin ac yn aneithriadol oherwydd nad ydyn nhw'n herio dynion.

Pa ddadleuon sydd gennych o blaid ac yn erbyn safbwynt de Beauvoir bod priodas yn fagl i ddynion ac i ferched? Trafodwch gyda'ch partneriaid astudio beth gallai priodas hoyw ei olygu i syniadau de Beauvoir.

Pam mae de Beauvoir yn berthnasol i gymdeithasegwyr modern?

Mae gwaith De Beauvoir yn dal i gael ei ystyried yn berthnasol heddiw am y rhesymau canlynol:

- Roedd llawer o waith yr ail don o ffeministiaeth ar ôl y rhyfel naill ai wedi'i seilio ar ddadleuon de Beauvoir neu'n ei wrthod ac yn ei addasu; mae llawer ohono'n dal i fod yn rhan o'r cyfnod a'r diwylliant yr oedd hi'n byw ac yn ysgrifennu ynddyn nhw.
- Mae ffeministiaid ôl-fodernaidd yn dweud mai hi oedd y cyntaf i fynd i'r afael â materion rhywedd yn hytrach nag esboniadau biolegol o sefyllfa menywod mewn cymdeithas.
- Dangosodd de Beauvoir fod llawer o waith ysgrifenedig a syniadau cyfredol am gymdeithas yn dangos tuedd ymhlyg neu echblyg, lle nad oedd menywod yn cael eu gweld fel pobl ddylanwadol na phwysig. Roedd hyd yn oed awduron ffeministaidd cynnar fel Mary Wollstonecraft (1759-1797) yn gweld gwrywdod fel cyflwr delfrydol y dylai menywod geisio ei gopïo.
- Mae rhywfaint o'i gwaith yn ymddangos yn hen ffasiwn erbyn hyn, yn bennaf am ei bod yn ysgrifennu mewn cyfnod pan oedd gan fenywod lai o ryddid a dewis cyfyngedig, ond mae'n ein hatgoffa ni o ba mor anodd y mae wedi bod i fenywod ennill eu rhyddid presennol a pha mor hawdd y gallai'r rhyddid hwnnw gael ei golli.

Cysyniadau allweddol

Mae llawer o syniadau allweddol de Beauvoir yn cael eu llunio fel cyferbyniadau, sy'n golygu ei bod yn aml yn cyferbynnu'r sefyllfa fel y mae'n bod i ddynion â'r un sefyllfa i fenywod.

Benyw dragwyddol: Yr agwedd fytholegol sydd gan ddynion o fenywod yn wrthrychau rhywiol, yn famau sanctaidd neu'n wyryfon am byth. Mae'n dadlau bod y mythau hyn yn maglu menywod, yn eu rhwystro rhag mynegi eu hunigoliaeth ac yn gwrthod y rhyddid iddyn nhw eu mynegi eu hunain.

Yr arall: Dynion sy'n diffinio realiti cymdeithasol, felly 'arall' yw menywod ac maen nhw'n dod yn eilradd mewn cymdeithas a hefyd yn mabwysiadu disgwyliadau cymdeithasol is ac yn teimlo'n llai na chyfartal â dynion.

Ysgrifennu estynedig

Esboniwch sut gallai gwaith Simone de Beauvoir fod wedi dylanwadu ar ffeministiaeth fodern.

Arweiniad: Er ei bod yn annhebygol y byddai cwestiwn fel hwn yn ymddangos mewn papur, dyma gwestiwn y mae'n fuddiol iawn mynd i'r afael ag ef gan fod de Beauvoir yn berson dadleuol iawn am sawl rheswm, hyd yn oed yn ystod ei hoes ei hun, ac roedd hi yng nghysgod ei phartner enwog Jean Paul Sartre braidd. Nid tan yr 1970au y diffiniodd hi ei hun yn ffeminist. Efallai bydd angen i chi ddethol themâu yn ei disgrifiad o rôl menywod yn ei llyfr *The Second Sex* ac yna eu cysylltu â rhai mathau gwahanol o ffeministiaeth. Er enghraifft, mae'n bosibl iawn i'r syniad a oedd ganddi y dylai menywod fod yn gyfartal â dynion o ran grym ddylanwadu ar ffeministiaid rhyddfrydol. Hefyd, dylanwadodd ei safbwyntiau am y ffordd y mae menywod yn cael eu stereoteipio ar ffeministiaid radical, yn yr un modd ag y gwnaeth ei hymddygiad mewn perthynas â rhywioldeb. Mae'n cael ei pharchu a'i hedmygu am ei mewnwelediadau i rywedd a chymdeithasoli rhywedd.

Ysgrifennwch tua 200 gair.

Ymchwil

Mae ymchwilwyr ffeministaidd yn dadlau bod eu hymchwil yn cael ei gryfhau oherwydd ei fod yn llawn gwerth, yn dangos tuedd ac oherwydd nad yw'n wrthrychol. Maen nhw'n gweld bod ymchwil meintiol gwyddonol yn *malestream* o ran ei arddull. Mae pob ffeminist yn cytuno bod menywod yn cael eu gormesu a bod problem oherwydd nad yw cymdeithas yn cydnabod hyn. Mae ffeministiaid yn cynnal ymchwil er mwyn creu newid cymdeithasol a chodi ymwybyddiaeth menywod. Roedd llawer o'r ail don o ffeministiaid ar ôl y rhyfel yn arloeswyr ymchwil cyfranogol, lle bydden nhw'n trafod, yn darllen, yn dod i gasgliadau, yn gweithredu, yn adolygu ac yna'n dechrau'r broses eto.

a) Esboniwch **un** rheswm pam mae ffeministiaid wedi gwrthod ymchwil meintiol.

b) Nodwch broblemau moesegol syniadau ymchwil ffeministaidd.

Gwiriwch eich dysgu eich hun

Llenwch y bylchau:

a) Yr enw ar gymdeithas lle mae gwrywod yng nghanol awdurdod yw _____.

b) Mae'r _____ cymdeithasol rhwng gwrywod a benywod fel arfer yn cael ei ddiffinio fel gwahaniaethau _____ yn hytrach na rhai rhywiol a biolegol.

c) Mae de Beauvoir yn cyfeirio'n aml at y cysyniad o'r _____, sy'n derm i ddisgrifio sut mae rhai grwpiau'n cael eu heithrio o _____ ac yn cael eu gweld yn wahanol ac yn wrthwynebus.

ch) Mae'r cynnydd mewn syniadau a gweithgarwch ffeministaidd yn yr _____ hyd at yr 1980au yn aml yn cael ei ddisgrifio fel ffeministiaeth yr _____ _____ oherwydd ei fod yn ymwneud â dod â _____ i ben yn hytrach nag ennill hawliau cymdeithasol, fel yr hawl i bleidleisio.

d) Roedd _____ yn erbyn _____ gan fod priodas yn gormesu _____ a menywod ac yn maglu menywod mewn cylch o waith _____ a geni _____.

dynion   priodas   rhagfarn   de Beauvoir   1960au

rhyweddol   arall   patriarchaeth   gymdeithas   ail don

domestig   gwahaniaethau   plant   ffeministiaeth

Dysgu gweithredol

A allai neu a ddylai myfyriwr Safon Uwch gynnal ymchwil cyfranogol neu ymchwil ffeministaidd? Trafodwch y cwestiwn hwn gyda'ch partneriaid astudio.

Nodau

◉ Deall bod anghydraddoldeb yn nodwedd ddiffiniadol o fywyd cymdeithasol. Mae anawsterau wrth ddiffinio anghydraddoldeb, fodd bynnag, oherwydd bod sawl agwedd ar anghydraddoldeb yn y byd cymdeithasol

Byddwch chi'n cael cais i nodi tystiolaeth o anghydraddoldeb mewn dwy agwedd wahanol ar fywyd cymdeithasol rydych chi wedi'u hastudio. Mae hyn yn rhoi cyfle i chi ddangos sgiliau ym meysydd gwybodaeth a dealltwriaeth, a'r gallu i ddefnyddio eich gwybodaeth i ymdrin â'r gorchymyn yn y cwestiwn.

Gwella sgiliau

Mae nawr yn amser da iawn i fynd yn ôl at y nodiadau a'r trafodaethau yn eich llyfrau UG i'ch atgoffa eich hun o'r prosesau cymdeithasoli a sut maen nhw'n effeithio ar gyfleoedd bywyd.

Gwella sgiliau

Mae angen i chi gasglu tystiolaeth o'r gwahanol fathau o anghydraddoldeb sydd yn y gymdeithas ym Mhrydain ond mae angen i chi hefyd allu esbonio pam mae'n dystiolaeth dda o anghydraddoldeb er mwyn ennill eich marciau AA2 am y cwestiynau ar anghydraddoldeb.

Pwnc 1: Diffinio anghydraddoldeb

Gwneud i chi feddwl

Pa mor wahanol yw bywydau'r bobl dra-chyfoethog a'r miliynyddion enwog i fywydau pobl gyffredin? Sut gallan nhw ddefnyddio eu cyfoeth i gael manteision gwleidyddol a chymdeithasol nad yw'r gweddill ohonon ni ond yn gallu breuddwydio amdanyn nhw? A pha mor wahanol yw bywydau pobl gyffredin i fywydau pobl dlawd?

Problemau anghydraddoldeb

Mae anghydraddoldeb yn broblem arwyddocaol iawn yn y gymdeithas fodern gan nad yw cymdeithasau'r Gorllewin mewn gwirionedd wedi darparu cyfle cyfartal i bawb, er eu bod wedi ymrwymo i wneud. Er bod rhywfaint o gynnydd wedi bod, (e.e. mae dynion a menywod wedi cael y bleidlais ar delerau cyfartal yn y DU ers 1928), yn y llywodraeth, mae menywod yn dal i gael eu tangynrychioli yn y rhan fwyaf o feysydd. Felly, mae tystiolaeth nad yw rhoi'r bleidlais, mewn gwirionedd, wedi rhoi mynediad cyfartal at rym i fenywod. At hynny, yn aml bu gwrthwynebiad ffyrnig i gynyddu cyfleoedd cyfartal. Nid yw cymdeithasegwyr eu hunain yn cytuno'n llwyr bod cydraddoldeb yn beth da, gyda swyddogaethwyr yn dadlau bod anghydraddoldeb yn hanfodol i gymdeithas sy'n cael ei rhedeg yn dda, a Marcswyr a ffeministiaid yn gwrthwynebu'r safbwynt hwn yn ffyrnig.

Agweddau ar fywyd cymdeithasol – casglu tystiolaeth wrth i chi astudio

Mae'r term 'agweddau ar fywyd cymdeithasol' yn cael ei ddefnyddio i gyfeirio at agweddau eang ar fywyd cymdeithasol fel addysg, gwaith, y cyfryngau, grym a gwleidyddiaeth, y teulu neu ddiwylliant ieuenctid. Mae'n bosibl y gallwch chi feddwl am rai eraill. Mae'n bosibl disgrifio unrhyw opsiwn rydych chi wedi'i astudio fel agwedd ar fywyd, felly wrth i chi barhau i astudio ar gyfer Cymdeithaseg Safon Uwch, dylech chi fod yn casglu enghreifftiau o anghydraddoldeb i'w defnyddio ar gyfer eich ymateb i'r cwestiwn gorfodol am haenau cymdeithasol. Yn ogystal, mae amrywiaeth o agweddau ar anghydraddoldeb y mae'n bosibl y bydd gofyn i chi roi tystiolaeth ohonyn nhw.

Mae enghreifftiau o'r fanyleb yn cynnwys:

◉ Dosbarth
◉ Rhywedd
◉ Oedran
◉ Ethnigrwydd.

Efallai byddai'n syniad da creu cardiau adolygu i chi eich hun i baratoi ar gyfer cwestiynau am dystiolaeth o anghydraddoldeb sy'n dilyn y fframwaith sylfaenol yn y tabl gyferbyn, er y dylai eich enghreifftiau fod yn fwy penodol na'r enghreifftiau sydd yma.

	Dosbarth cymdeithasol	Rhywedd	Oedran	Ethnigrwydd
Addysg	Mae plant o'r teuluoedd tlotaf yn cael trafferth llwyddo	Mae merched yn perfformio'n well na bechgyn		Mae pobl o rai cefndiroedd ethnig yn fwy tebygol o lwyddo ac eraill yn fwy tebygol o fethu
Trosedd	Mae pobl dosbarth gweithiol yn fwy tebygol o'u cael yn euog o drosedd	Mae gan ddynion gyfraddau euogfarnu uchel	Mae pobl ifanc yn fwy tebygol o'u cael yn euog o drosedd	Mae gan bobl o rai cefndiroedd ethnig gydraddau euogfarnu uwch
Gwleidyddiaeth				
Y teulu				
Iechyd				
Y cyfryngau				

Beth yw anghydraddoldeb?

Mae'n anodd gweithredoli'r term anghydraddoldeb, oherwydd ei fod yn cynnwys amrywiaeth mor fawr o agweddau ar y profiad dynol. Diffiniodd A H Halsey (1980) anghydraddoldeb fel hyn:

- **Cyfle cyfartal:** mae gan bobl gyfle cyfartal i lwyddo mewn bywyd.
- **Canlyniad cyfartal:** mae pobl yn cael eu cynrychioli mewn sefydliadau cymdeithas ar yr un gyfradd ag y maen nhw i'w gweld yn y gymdeithas gyfan.

Dyweddodd yn fras, o ran y gymdeithas ym Mhrydain, bod cyfle cyfartal oherwydd bod deddfwriaeth i atal gwahaniaethu yn erbyn grwpiau difreintiedig. Felly, mae gan fenywod yr hawl i ennill yr un cyflog â dynion am waith tebyg. Mewn gwirionedd, mae incwm cyfartal menywod yn parhau i fod cymaint â 16% yn is nag incwm dynion yn y DU. Mae'r rhesymau yn niferus ac yn amrywiol, ond mae'n amlwg er ei fod yn ymddangos bod gan fenywod gyfle cyfartal cyfreithiol, mae'r canlyniad yn anghyfartal iawn. Ar gyfer y maes astudio hwn, byddwch chi'n edrych yn bennaf am dystiolaeth o anghydraddoldeb canlyniad. Byddwch chi'n dod o hyd i dystiolaeth yn dangos bod pobl sy'n aelodau o grwpiau oedran, grwpiau lleiafrifoedd ethnig, grwpiau rhywedd a grwpiau dosbarth cymdeithasol yn cael profiad o anghydraddoldeb canlyniad amlwg. Fodd bynnag, byddwch chi'n gweld hefyd, yn achos rhai pobl, fod cyfle anghyfartal o hyd, felly er enghraifft, rydych chi'n llawer mwy tebygol o fynd i brifysgol elît os ydych chi'n dod o gefndir teuluol cyfoethog a'ch bod wedi bod i ysgol breifat. Yn ddamcaniaethol, gall unrhyw un fynd i ysgol breifat, ond mewn gwirionedd, dim ond pobl gyfoethog sy'n gallu fforddio mynd.

Ffurfiau ar anghydraddoldeb

Nododd Ferdinand Mount (2008), ar ran Sefydliad Joseph Rowntree, bum maes cyffredinol o anghydraddoldeb, gan ddweud eu bod yn gorgyffwrdd mewn sawl ffordd.

Nododd, er enghraifft, fod pobl gyfoethog yn talu llai o dreth ar eu hincwm yn ôl y gyfran na'r bobl dlotaf yn y gymdeithas. Mae hyn yn eu galluogi i wario rhagor ar addysg eu plant, sydd yn eu tro'n gallu mynd i brifysgolion elît a chael swyddi gwell. Mae'n fwy tebygol y byddan

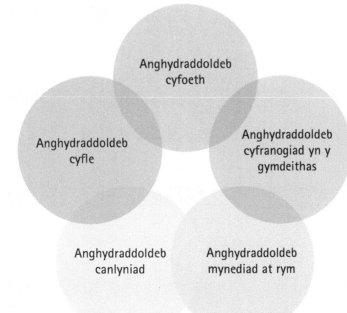

> *Prif achos llygru ein teimladau moesol, a'r un sy'n gyffredin i bob man, yw'r duedd i edmygu ac i raddau addoli pobl gyfoethog a grymus, ac i gasáu neu o leiaf esgeuluso unigolion mewn cyflwr tlawd a thruenus.*
>
> **Adam Smith**

Dysgu gweithredol

Trafodwch a yw anghydraddoldeb yn anochel mewn cymdeithas, o ystyried bod gennym ni i gyd dalentau a galluoedd gwahanol.

Pum maes anghydraddoldeb sy'n gorgyffwrdd Mount

Dysgu gweithredol

Trafodwch bwysigrwydd pob un o'r dimensiynau anghydraddoldeb a nodwyd gan Mount.

Anghydraddoldeb cyfoeth

Anghydraddoldeb cyfle

Anghydraddoldeb cyfranogiad yn y gymdeithas

Anghydraddoldeb canlyniad

Anghydraddoldeb mynediad at rym

Anghydraddoldeb cymdeithasol

> Yn y pen draw, mae'n anochel bod dynion yn dod yn ddioddefwyr eu cyfoeth eu hun. Maen nhw'n addasu eu bywyd a'u harferion i'w harian yn hytrach nag yn addasu eu harian i'w bywyd. Mae'n meddiannu eu meddyliau, yn creu anghenion artiffisial ac yn tynnu llen rhyngddyn nhw a'r byd.
>
> Herbert Croly

Incymau cyfartalog, trethi a budd-daliadau yn ôl grwpiau cwintel POB cartref mewn £, 2011/12

nhw'n gallu dylanwadu ar wleidyddiaeth drwy'r rheolaeth sydd ganddyn nhw ar y cyfryngau a rhwydweithiau cymdeithasol, a bydd eu hiechyd nhw'n well. Felly, mae elfen o orgyffwrdd rhwng yr holl ffurfiau o anghydraddoldeb y mae'n eu nodi.

Patrymau a thueddiadau anghydraddoldeb cyfoeth yn y DU

Mae data swyddogol yn dangos bod pob incwm wedi cynyddu yn y DU ers yr 1980au, ond bod y cynnydd yn incwm cyfartalog y bobl fwyaf cyfoethog yn sylweddol fwy na'r cynnydd yng nghyfoeth y bobl dlotaf. Yn yr 1980au, roedd y bwlch rhwng incwm y bobl fwyaf cyfoethog ac incwm y bobl dlotaf mewn cymdeithas yn llawer llai nag yw ef heddiw. Mae ffigurau hefyd wedi awgrymu bod pobl dlawd yn talu mwy o'u hincwm mewn treth na phobl gyfoethog, yn rhannol oherwydd mai treth 'gudd' yw llawer o'r dreth a dalwn gan ei fod yn rhan o bris y nwyddau rydyn ni'n eu prynu mewn siopau yn hytrach na'i bod yn cael ei thynnu oddi ar dâl neu gyflog.

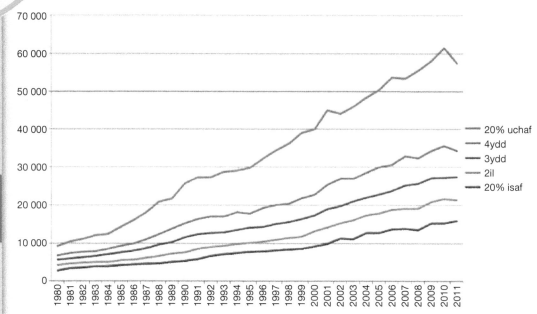

Ffynhonnell: SYG, © Hawlfraint y Goron

YMESTYN a HERIO

Darllenwch erthygl Ferdinand Mount ar anghydraddoldeb ar wefan Sefydliad Joseph Rowntree a nodwch pam mae anghydraddoldeb yn parhau ym Mhrydain fodern, er gwaethaf ymyrraeth gan y llywodraeth. Mae rhan bwysig o'i ddadl yn ymwneud â'r system drethi a'i heffaith ar anghydraddoldeb.

http://equality-ne.co.uk/downloads/337_Fivetypesofinequality.pdf

Ysgrifennu estynedig

Diffiniwch ystyr y term _anghydraddoldeb_.

Arweiniad: Mae'n annhebygol y byddai'r union gwestiwn hwn yn ymddangos mewn papur arholiad. Bydd y cwestiwn rydych chi'n paratoi ar ei gyfer yn gofyn i chi roi tystiolaeth o anghydraddoldeb mewn dwy agwedd ar fywyd, ac i ddangos eich bod yn deall sut mae'r dystiolaeth ffeithiol hon yn dangos nad yw'r gymdeithas ym Mhrydain yn gyfartal. Fodd bynnag, cyn astudio hyn, dylech ddeall bod anghydraddoldeb yn gysyniad amwys a'i fod yn cynnwys amrywiaeth o agweddau sy'n gallu effeithio ar gyfleoedd bywyd pobl a'u ffordd o fyw. Mae'n bosibl y byddwch chi am ystyried a yw cydraddoldeb go iawn yn beth da ar gyfer cymdeithas mewn gwirionedd, neu ystyried a yw rhai grwpiau yr un mor ddifreintiedig. Cofiwch hefyd fod gan rai pobl yr hyn sy'n cael ei alw'n 'gasgliad o anfanteision', sy'n golygu y bydd gwryw du ifanc dosbarth gweithiol, er enghraifft, yn cael profiad gwahanol iawn o'r **system cyfiawnder troseddol** i fenyw wyn dosbarth canol.

Ysgrifennwch tua 250 gair.

Ymchwil

Yn 2010, cafodd Frank Field ei gomisiynu gan y llywodraeth i astudio cyfleoedd bywyd a thlodi yn y DU. Enw'r astudiaeth oedd *The Foundation Years: Preventing poor children becoming poor adults* ac mae'n bosibl ei gweld ar lein. Mae'n rhoi tystiolaeth ategol ddefnyddiol o incwm ac anghydraddoldeb dosbarth. Cwestiwn allweddol yr adroddiad oedd ymchwilio i'r cysylltiad rhwng tlodi plentyndod a thlodi oedolaeth. Roedd canlyniad yr astudiaeth yn awgrymu pe bai'r llywodraeth yn rhoi mewnbwn ariannol i ddatrys tlodi plentyndod, byddai hynny'n gwella cyfleoedd bywyd y plant tlotaf. Cafodd tystiolaeth ar gyfer yr adroddiad ei chasglu gan amrywiaeth o arbenigwyr a'i seilio ar dystiolaeth a oedd wedi'i chasglu gan asiantaethau'r llywodraeth a data swyddogol.

a) Pa anawsterau y gallai ymchwilydd eu cael wrth weithredoli'r term tlodi plentyndod?

b) Esboniwch resymau pam roedd yr adroddiad yn defnyddio data eilaidd yn seiliedig ar adroddiadau'r llywodraeth a data swyddogol.

c) Sut byddech chi'n mynd ati i ddarganfod cysylltiad rhwng tlodi a chyfleoedd bywyd pe na bai unrhyw gyfyngiad ar amser, cefnogaeth nac arian wrth i chi wneud eich project ymchwil?

Dysgu gweithredol

Mae llawer o ymchwil diweddar yn tynnu sylw at y ffyrdd y mae'r gymdeithas gyfoes ym Mhrydain yn dod yn fwy anghyfartal. Trafodwch resymau pam mae'r anghydraddoldeb hwn yn broblem i'n cymdeithas.

Gwiriwch eich dysgu eich hun

Ystyriwch y canlynol sy'n rhesymau posibl pam mae anghydraddoldeb cymdeithasol yn bodoli ym Mhrydain fodern. Rhowch farc allan o bump yn eich llyfrau yn ôl faint rydych chi'n cytuno â nhw. Ar ôl i chi wneud hynny, trafodwch eich penderfyniadau terfynol gyda phartner astudio. Does dim un ateb cywir; trafod sy'n bwysig.

a) Nid yw pobl gyfoethog yn talu digon o dreth i gynorthwyo'r bobl dlotaf.	
b) Mae gormod o bobl yn hawlio budd-daliadau.	
c) Mae digon o gyfleoedd i bobl sydd wir eisiau llwyddo yn ein cymdeithas.	
ch) Mae pobl gyfoethog yn gallu prynu mantais a chyfle.	
d) Nid yw'r llywodraeth yn deall sut brofiad yw bywyd i bobl dlawd a phobl dan anfantais.	
dd) Mae'n dderbyniol yn gymdeithasol fod y 10 y cant mwyaf cyfoethog o gartrefi Prydain yn berchen ar fwy na 850 gwaith cyfoeth y 10 y cant tlotaf.	
e) Nid yw'n iawn bod anghydraddoldeb iechyd yn golygu bod y bobl dlotaf ym Mhrydain yn tueddu i farw dros 20 mlynedd yn iau ar gyfartaledd na'r bobl fwyaf cyfoethog.	
f) Mae dynion a merched yn anghyfartal yn ein cymdeithas.	

Nodau

⊙ Cydnabod bod dosbarth cymdeithasol yn dal i fod yn un o'r dangosyddion mwyaf arwyddocaol o ran ffyrdd o fyw a chyfleoedd bywyd ym Mhrydain fodern. Pobl gyfoethog sy'n dal i reoli llawer o sefydliadau cymdeithasol, er eu bod yn honni bod Prydain yn feritocratiaeth er mwyn cyfiawnhau eu safleoedd breintiedig

Mae'n anodd iawn diffinio dosbarth yn gywir ym Mhrydain fodern, ac mae'r term yn cael ei ddefnyddio gan wahanol awduron i olygu pethau gwahanol. O ran y cwestiynau a fydd yn debygol o godi yn yr arholiad, mae dosbarth yn gysyniad sydd wedi cael ei herio, felly o ran atebion, mae diffiniadau cymhleth sy'n ymwneud â diwylliant yn ddi-drefn. Y peth mwyaf diogel i'w wneud yw gweithredoli'r term 'dosbarth cymdeithasol' yn nhermau economeg (e.e. galwedigaeth, incwm a chyfoeth) yn hytrach nag ystyried materion fel gwerthoedd neu addysg. Felly bydd angen i chi sefydlu beth yw'r cysylltiadau rhwng cyfoeth ac incwm a chyfle cymdeithasol a chyfleoedd bywyd ym Mhrydain. Mae'r dystiolaeth yn amlwg: y tueddiad cyffredinol yw bod pobl gyfoethog yn dod yn fwy cyfoethog a bod ganddyn nhw fwy o fynediad at ofal iechyd da a chyfleoedd addysgol da. Yn rhyfedd, mae'n ymddangos bod hyn yn digwydd ar adeg pan fydd pobl yn llai ymwybodol o ddosbarth fel dynameg gymdeithasol.

Gwella sgiliau

Ewch yn ôl at eich gwerslyfr UG ac adolygwch y dadleuon meritocratiaeth a sut maen nhw'n berthnasol i addysg. A ddylen ni gredu mai'r bobl gyfoethog yw'r bobl fwyaf talentog a galluog ym Mhrydain hefyd?

Pwnc 2: Anghydraddoldeb dosbarth cymdeithasol

Gwneud i chi feddwl

Mynychodd llawer o aelodau llywodraeth Prydain naill ai Brifysgol Caergrawnt neu Brifysgol Rhydychen, a hynny ar ôl mynychu ysgol briefat sy'n codi ffioedd. Beth mae hyn yn ei ddweud wrthych chi am y cysylltiad rhwng cyfoeth a gwleidyddiaeth ym Mhrydain? A ddylen ni gael mwy o bobl o gefndiroedd cyffredin yn rhedeg y wlad?

Gweithredoli dosbarth cymdeithasol

Bydd cymdeithasegwyr o safbwyntiau damcaniaethol gwahanol yn diffinio dosbarth cymdeithasol mewn ffyrdd gwahanol. Mae cymdeithasegwyr empirig yn treulio amser yn ceisio dosbarthu grwpiau gwahanol o bobl; mae Marcswyr yn tueddu i weld dosbarth yn nhermau dosbarth cyfoethog a dosbarth tlawd; ac mae ôl-fodernwyr yn gwadu bod y fath gysyniad yn bodoli, sy'n safbwynt anodd ei ddal yn wyneb tystiolaeth ysgubol bod y bobl dlotaf yn byw bywydau byrrach, anoddach a llai iach na phobl gyfoethog. Hyd at Gyfrifiad 2011, roedd cymdeithasegwyr a'r llywodraeth yn disgrifio pum dosbarth, a oedd wedi'u hisrannu yn rhai a oedd yn gweithio gan ddefnyddio sgiliau addysgol ac yn rhai a oedd yn gweithio â'u dwylo. Nid oedd hyn yn disgrifio sefyllfa'r dosbarth cymdeithasol ar ddechrau'r unfed ganrif ar hugain, felly mae wyth dosbarth yn cael eu defnyddio erbyn hyn (gweler tudalen 63). Mae'n bosibl gweld y dosbarthiad hwn o safle dosbarth cymdeithasol ar wefan y Swyddfa Ystadegau Gwladol.

Er hynny, mae data ar sail dosbarth yn anodd iawn eu casglu, gan nad yw'r llywodraeth bob amser yn casglu gwybodaeth o'r fath. Er enghraifft, nid yw ystadegau'r heddlu a chyfiawnder troseddol yn casglu data ar sail dosbarth nac incwm er bod y cysylltiad rhwng dosbarth ac euogfarnu'n hysbys i nifer. Felly, ar gyfer y rhan fwyaf o drafodaethau a thystiolaeth, mae'n debyg ei bod yn haws meddwl yn nhermau pobl gyfoethog iawn a phobl dlawd iawn, hyd yn oed os yw hynny'n pylu'r gwahaniaethau dwfn rhwng y gwahanol ddosbarthiadau ym Mhrydain. Mae'r gwahaniaethau rhwng dosbarthiadau cymdeithasol yn fwy amlwg ar eithafion cyfoeth a grym nag yn y canol.

Tystiolaeth o anghydraddoldeb addysgol a dosbarth cymdeithasol

Gallwch fynd yn ôl at eich gwerslyfr UG i chwilio am nodiadau ar addysg a gwahaniaethau dosbarth cymdeithasol i gadarnhau'r hyn sydd yn yr adran hon o'r llyfr. Ym Mhrydain, mae llawer iawn o wybodaeth yn cael ei chasglu gan ysgolion, colegau a phrifysgolion am ddisgyblion. Mae'r wybodaeth hon ar gael ar ffurf ystadegau swyddogol, ond nid yw'r llywodraeth mewn gwirionedd yn mesur dosbarth cymdeithasol mewn perthynas â chyflawniad addysgol. Dangosydd mwyaf syml tlodi neu ddosbarth cymdeithasol isel yw a yw plentyn yn gymwys i gael prydau ysgol am ddim ai peidio. Nid yw hyn yn hollol ddibynadwy gan na fydd pawb yn hawlio prydau am ddim hyd yn oed os ydyn nhw'n gymwys, ond mae'n arwydd rhesymol. Mae tua 14 y cant o blant ledled y wlad yn gymwys i dderbyn prydau ysgol am ddim ac mae data graffigol yn dangos bod y plant tlotaf yn llai tebygol o gyflawni na phlant eraill. Yn 2014, adroddodd y sefydliad addysgu *Teach First* fod 38 y cant o ddisgyblion prydau ysgol am ddim mewn ardaloedd trefol wedi ennill pum gradd TGAU A*-C o'u cymharu â 65 y cant o ddisgyblion eraill.

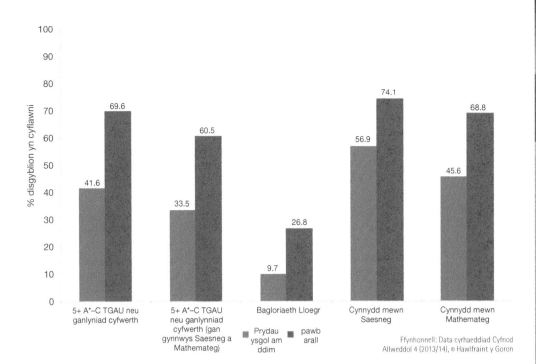

Ffynhonnell: Data cyrhaeddiad Cyfnod Allweddol 4 (2013/14), © Hawlfraint y Goron

Cyflawniad yng Nghyfnod Allweddol 4 yn ôl nifer y disgyblion sy'n gymwys i gael prydau ysgol am ddim. Lloegr, 2013–14

Gwella sgiliau

Mae gwefannau gwahanol adrannau'r llywodraeth yn cynnig adroddiadau manwl ar faterion anghydraddoldeb. Efallai bydd Adroddiad Cyhoeddiad Ystadegol Cyntaf 2015 ar TGAU a chyflawniad addysgol yn ddefnyddiol: https://www.gov.uk/government/uploads/system/uploads/attachment_data/file/399005/SFR06_2015_Text.pdf

Dosbarthiadau dadansoddol Dosbarthiad Economaidd Gymdeithasol Ystadegau Gwladol [NS-SEC]

1	Galwedigaethau rheoli, gweinyddol a phroffesiynol uwch
	1.1 Cyflogwyr mawr a galwedigaethau rheoli a gweinyddol uwch
	1.2 Galwedigaethau proffesiynol uwch
2	Galwedigaethau rheoli, gweinyddol a phroffesiynol is
3	Galwedigaethau canolradd
4	Cyflogwyr bach a gweithwyr hunangyflogedig
5	Galwedigaethau goruchwyliol a thechnegol is
6	Galwedigaethau ag elfen o drefn
7	Galwedigaethau â threfn/ Galwedigaethau sy'n dilyn trefn
8	Erioed wedi gweithio a'r di-waith hirdymor

Ar ben arall y raddfa gymdeithasol, mae prifysgolion elît Prydain, sy'n cael eu hadnabod fel Grŵp Russell, wedi cael eu beirniadu am ddangos tuedd o blaid pobl gyfoethog. Mae cyfres o adroddiadau a gafodd eu comisiynu gan y llywodraeth o'r enw *Higher Education: The fair access challenge* wedi mynd i'r afael â'r mater. Mae'r adroddiad a gafodd ei gyhoeddi yn 2013 yn nodi 'Mae'r tebygrwydd y bydd plentyn yn un o ysgolion uwchradd y wladwriaeth sy'n gymwys i gael prydau ysgol am ddim ym Mlwyddyn 11 yn cael ei dderbyn i Oxbridge erbyn iddo gyrraedd 19 oed bron yn 2000 i 1 yn erbyn. Mewn cyferbyniad, mae'r tebygrwydd y bydd plentyn sydd wedi cael addysg breifat yn cael ei dderbyn i Oxbridge yn 20 i 1.' O ystyried bod llai na 10 y cant o blant yn mynychu ysgol breifat, mae hyn yn wahaniaeth arwyddocaol iawn. Mae hyn er gwaethaf cynnydd bach yn nifer y ceisiadau i brifysgolion. Gwelodd yr adroddiadau mai tri y cant yn unig o bobl ifanc 18 oed difreintiedig sy'n mynd i mewn i brifysgolion Grŵp Russell o'i gymharu â 21 y cant o'r rhai o gartrefi cyfoethog.

Yn 2006, cynhaliwyd Briff Arbennig (Rhif 40), *Social-Class Inequalities in Education in England and Scotland* gan y Ganolfan Gymdeithaseg Addysgol. Dangosodd y briff, a oedd yn seiliedig ar ymchwil hydredol, fod anghydraddoldebau dosbarth yn tueddu i sefydlogi dros amser, er bod newidiadau ar raddfa fach rhwng blynyddoedd. Yn aml nid yw diwygiadau addysgol penodol yn cael fawr o effaith ar batrymau cyflawniad rhwng dosbarthiadau.

Tystiolaeth o anghydraddoldeb iechyd a dosbarth cymdeithasol

Mae ystod eang o dystiolaeth yn awgrymu bod dosbarth yn ffactor dylanwadol yn achos anghydraddoldebau iechyd ym Mhrydain. Dangosodd Adroddiad Black yn 1980 (*Inequalities in Health: Report of a research working group*) fod anghydraddoldebau iechyd rhwng dosbarthiadau cymdeithasol yn ehangu. Dangosodd *The Whitehall Study of British Civil Servants*, a ddechreuwyd yn 1967 gan yr Athro Marmot, fod anghydraddoldebau rhwng graddfeydd cyflogaeth a chyfraddau marwolaethau, nad oedd yn bosibl eu hesbonio drwy gyfrwng ffactorau cymdeithasol fel pwysau ac ysmygu.

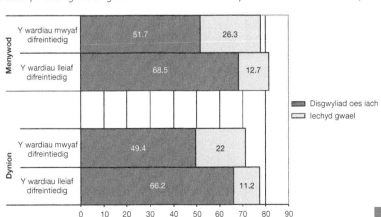

Ffynhonnell: Anghydraddoldebau Iechyd Pwyllgor Iechyd Tŷ'r Cyffredin, Trydydd Adroddiad Sesiwn 2008–09, Cyf. 1 HC 286-I [Ymgorffori HC 422-i hyd vii, Sesiwn 2007–08] Tudalen 17, *The Stationery Office Limited*, © Hawlfraint seneddol

Roedd iechyd a chyfraddau marwolaethau'r gweision sifil ar y raddfa uwch yn well. Yn 1998, dangosodd Adroddiad Acheson (*Independent Inquiry into Inequalities in Health*) fod anghydraddoldeb incwm yn ffactor mewn iechyd ac mewn salwch i'r graddau bod pobl gyfoethog nid yn unig yn byw'n hirach ond bod eu hiechyd hefyd yn well am gyfnod hirach o amser.

Mae ystadegau swyddogol yn dangos bod dynion mewn ardaloedd daearyddol difreintiedig yn tueddu i fyw am naw mlynedd yn llai na dynion mewn ardaloedd cyfoethog a'u bod yn treulio llai o'u bywyd mewn iechyd da (e.e. mae'r cyfraddau marwolaethau yn ardal Gorbals Glasgow yn waeth na rhai gwledydd sy'n datblygu. Yn Glasgow, mae disgwyliad oes tua 57 oed). Roedd strategaeth *Healthy Lives, Healthy People* 2010 yn awgrymu bod cyfraddau uwch o salwch meddwl, camddefnyddio sylweddau, ysmygu a chlefydau heintus ymhlith pobl o ardaloedd tlawd; mae cyfraddau marwolaethau babanod yn uwch ac mae pergyl i bobl dlawd farw yn ystod y gaeaf oherwydd yr oerfel, neu i ddioddef o glefyd cylchrediad y gwaed a heintiau y mae modd eu hatal. Yn ôl Adroddiad Pwyllgor Dethol Tŷ'r Cyffredin o 2008/09, roedd y bwlch rhwng y bobl dlotaf mewn cymdeithas a'r gweddill yn lledaenu yn hytrach nag yn crebachu. Cynhaliodd Gareth Williams ymchwil ansoddol, a gwelodd fod pobl dlawd yn teimlo bod eu sefyllfa'n annheg oherwydd nad oedd ganddyn nhw fynediad at ofal iechyd, a'u bod yn teimlo dan straen a heb hunan-werth. Felly nid yn unig y mae tystiolaeth feintiol bod anghydraddoldeb iechyd yn gysylltiedig â dosbarth cymdeithasol ar gael, ond mae tystiolaeth ansoddol hefyd fod pobl yn teimlo eu bod yn cael eu trin yn anghyfartal oherwydd tlodi.

Tystiolaeth o anghydraddoldeb incwm mewn perthynas â dosbarth cymdeithasol

Mae anghydraddoldeb cyfoeth wedi cynyddu ym Mhrydain yn ystod y 30 mlynedd diwethaf. Mae *The Equality Trust* yn honni bod y 100 person mwyaf cyfoethog yn y DU yn berchen cymaint rhyngddyn nhw â'r 18 miliwn person tlotaf. Mae data o 2010 yn dangos bod y swyddi â'r cyflogau uchaf yn tueddu i fod yn rhai sy'n gofyn am gymwysterau addysgol ar lefel uchel, felly mae peilotiaid, gweithredwyr a chyfarwyddwyr yn cael cyflog da o ryw £40 yr awr ar gyfartaledd; mae'r rhain yn cael eu gweld yn swyddi proffesiynol neu'n swyddi dosbarth canol. I'r gwrthwyneb, mae'r gwaith sy'n ennill y cyflog isaf fel arfer yn waith heb sgiliau yn y sector gwasanaeth sy'n gofyn am fawr ddim o gymwysterau, ac felly tua £6.40 yr awr y mae staff bar, staff cegin a glanhawyr yn tueddu i'w ennill. Mae incymau'r rhai yn y dosbarth cyflog uwch wedi bod yn cynyddu'n gyflym iawn ac mae Tony Atkinson yn honni bod cwmnïau'n talu cyflogau uchel iawn ym meysydd chwaraeon, adloniant, busnes a'r cyfryngau er mwyn denu 'sêr'. Adroddodd y Swyddfa Ystadegau Gwladol yn 2012 fod y rhai sy'n ennill y cyflogau uchaf wedi derbyn cyflog cyfartalog o £61 yr awr, neu dros £135 000 y flwyddyn, cynnydd o 117 y cant mewn termau real ers 1986. Roedd llawer o'r rhai oedd yn ennill y cyflogau uchaf yn byw yn rhanbarth Llundain, ac roedd yr 1 y cant uchaf o bobl Llundain yn ennill mwy nag 16 gwaith cyflog y rhai oedd yn ennill y cyflog isaf yn y rhanbarth.

I fod yn gymwys i fod yn dlawd, yn ôl ystadegau'r DU ar gyfer 2013, roedd gofyn i deulu â dau o blant fod ag incwm o £357 neu'n is bob wythnos, sydd tua £18 500 y flwyddyn. Mewn rhai ardaloedd canol dinas, gall bywyd fod yn ddrud iawn, sy'n golygu bod cyflogau yn Llundain yn aml yn uwch er mwyn gwneud iawn am renti uchel a chostau byw uchel. Efallai fod gan bobl mewn ardaloedd gwledig anghysbell incymau is, ond maen nhw'n dal i wynebu problemau penodol gyda chostau teithio. Yn ôl Sefydliad Joseph Rowntree, roedd 13 miliwn o bobl yn byw mewn tlodi yn y DU yn 2013 a 27 y cant ohonyn nhw'n blant. Roedd 23 y cant o oedolion o oedran gweithio a oedd â phlant yn y DU yn byw mewn tlodi. Awgrymodd y Swyddfa Ystadegau Gwladol fod o leiaf un rhan o dair o'r DU wedi profi tlodi am o leiaf un flwyddyn rhwng 2010 a 2013; yn ogystal, roedd 60 y cant o rieni sengl a 40 y cant bron o bensiynwyr wedi profi tlodi incwm.

Yr isafswm cyflog ar gyfer oedolyn yn 2014 oedd £6.31. Ni fyddai hwnnw'n codi cyflog unigolyn uwchben y lefel tlodi swyddogol. Yn ôl y wefan PayScale (www.payscale.com), roedd y cyflog cyfartalog ar gyfer gweithiwr heb sgiliau yn y diwydiant adeiladu tua £7.70 yr awr, a oedd yn rhoi incwm o rhwng £12 000 bron a £22 000. Felly, mae'n amlwg, hyd yn oed os yw gweithwyr mewn gwaith amser llawn, eu bod nhw'n dal i gael eu hystyried yn dlawd os oes ganddyn nhw blant. Daeth Hills (2010) i'r casgliad bod y gwahaniaethau mewn dosbarth cymdeithasol yn effeithio ar brofiadau pobl o heneiddio a oedd yn golygu bod gan y 10 y cant uchaf o weithwyr proffesiynol uwch gyfoeth o £2 filiwn yn aml wrth ymddeol tra oedd gan y bobl dlotaf gynilon o lai na £8 000.

Ysgrifennu estynedig

Nodwch dystiolaeth o anghydraddoldeb dosbarth cymdeithasol mewn un maes o fywyd yn y DU gyfoes. (Chewch chi ddim cyfeirio at dystiolaeth sydd wedi cael ei chyflwyno yn y pwnc hwn.)

Arweiniad: Pwrpas yr ymarfer hwn yw eich annog i ymchwilio i ddata o wahanol ffynonellau am anghydraddoldeb dosbarth yn y DU a'u crynhoi. Byddwch chi'n gwybod ac yn deall gwybodaeth rydych wedi gorfod ei dysgu a'i phrosesu eich hun yn llawer gwell nag os ailwampiwch chi ddeunydd o un ffynhonnell yn unig. Dewiswch faes o fywyd cymdeithasol sy'n bwysig i chi a cheisiwch ddod o hyd i wybodaeth o ddwy ffynhonnell wybodaeth wahanol am anghydraddoldeb dosbarth cymdeithasol: er enghraifft, gallech chi edrych am ddata troseddu sy'n gysylltiedig â **throseddu coler wen** neu **droseddu corfforaethol**. Mae gan Arolwg Troseddu Cymru a Lloegr ddata ar erledigaeth ac ardaloedd daearyddol, sy'n dangos bod ardaloedd difreintiedig yn fwy agored i ymddygiad troseddol. Efallai fod data'n ymwneud ag euogfarnu neu garcharu ar gael hefyd.

Ysgrifennwch tua 250 gair.

Ymchwil

Dangosodd *An Anatomy of Economic Inequality in the UK*, a gyhoeddwyd yn 2010, fod Prydain wedi dod yn gynyddol anghyfartal dros y 30 mlynedd diwethaf, a bod y 10 y cant mwyaf cyfoethog o'r boblogaeth yn gynyddol ac yn sylweddol fwy cyfoethog na'r 10 y cant tlotaf. Awgrymodd yr Athro John Hills, arweinydd y tîm a luniodd yr adroddiad, fod yr anghydraddoldeb hwn wedi arwain at broblemau dwfn yn y gymdeithas ym Mhrydain. Dywedodd y Llywodraeth Lafur ar y pryd fod mudoledd cymdeithasol yn bwysig i'r gymdeithas oherwydd dylai pobl gael cyfle teg. Roedd bod yn dlawd a dod o ddosbarth cymdeithasol isel yn arwain at anfanteision difrifol drwy gydol oes unigolyn, gan fod pobl gyfoethog yn gallu prynu addysg well, iechyd gwell a mwy o gyfleoedd iddyn nhw eu hunain a'u plant.

a) Pam rydych chi'n credu bod angen i'r llywodraeth fynd i'r afael â materion anghydraddoldeb dosbarth cymdeithasol ym Mhrydain?

b) Sut byddech chi'n esbonio gwahaniaethau mewn cyfleoedd bywyd rhwng y dosbarthiadau cymdeithasol?

c) Sut byddech chi'n ceisio darganfod cysylltiad rhwng dosbarth cymdeithasol a chyfleoedd bywyd pe na bai unrhyw gyfyngiad ar amser, cefnogaeth nac arian wrth i chi wneud eich project ymchwil?

Mae plant cyfoethog, twp yn gwneud yn well na phlant tlawd, clyfar cyn iddyn nhw fynd i'r ysgol. Yn anffodus, er gwaethaf ymdrechion gorau ein cymdeithas, mae'r sefyllfa'n gwaethygu.

Michael Gove, Ysgrifennydd Gwladol dros Addysg, 2010

Gwiriwch eich dysgu eich hun

Cywir neu anghywir? Trafodwch eich atebion gyda'ch partner astudio.

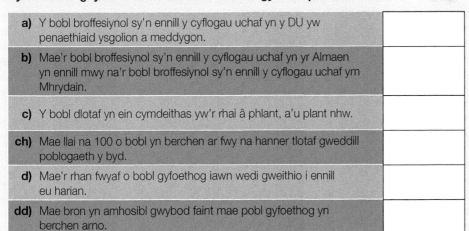

a) Y bobl broffesiynol sy'n ennill y cyflogau uchaf yn y DU yw penaethiaid ysgolion a meddygon.	
b) Mae'r bobl broffesiynol sy'n ennill y cyflogau uchaf yn yr Almaen yn ennill mwy na'r bobl broffesiynol sy'n ennill y cyflogau uchaf ym Mhrydain.	
c) Y bobl dlotaf yn ein cymdeithas yw'r rhai â phlant, a'u plant nhw.	
ch) Mae llai na 100 o bobl yn berchen ar fwy na hanner tlotaf gweddill poblogaeth y byd.	
d) Mae'r rhan fwyaf o bobl gyfoethog iawn wedi gweithio i ennill eu harian.	
dd) Mae bron yn amhosibl gwybod faint mae pobl gyfoethog yn berchen arno.	

Dysgu gweithredol

Pa ddosbarthiadau cymdeithasol gallwch chi eu henwi ym Mhrydain? Sut byddech chi'n mynd ati i gynllunio system ddosbarthu ar gyfer dosbarth pe baech chi'n cael y dasg honno gan y llywodraeth?

Nodau

- ◉ Deall bod rhywedd yn parhau i fod yn arwyddocaol yn gymdeithasol o ran cyfleoedd bywyd er gwaetha'r ffaith bod llawer mwy o gydraddoldeb rhwng rolau a disgwyliadau dynion a menywod ym Mhrydain fodern heddiw nag y bu yn y gorffennol

Mae llwyth o ddata wedi'u casglu am ddynion a menywod ym Mhrydain fodern. Mae rhywedd yn gategori cymdeithasol pwysig, ac mae gan y rhan fwyaf o sefydliadau wybodaeth wedi'i threfnu mewn perthynas â gwrywod a benywod, er bod mwy o ymwybyddiaeth o faterion trawsryweddol yn ein cymdeithas nawr. Gall gwahaniaethu rhwng y rhywiau biolegol ddechrau cyn genedigaeth hyd yn oed, gan fod technoleg fodern yn gallu datgelu rhyw plentyn cyn iddo gael ei eni, ac mae cymdeithasoli'n dechrau'n gynnar, drwy gael dillad a theganau yn ôl y rhyw. Gall hyn droi yn anghydraddoldeb cymdeithasol difrifol yn hwyrach mewn bywyd, gan arwain at anfantais i fenywod yn y gwaith ac anfantais i wrywod ym mywyd y teulu.

Gwella sgiliau

Dylech droi at eich gwerslyfr UG i chwilio am nodiadau ar addysg a gwahaniaethau rhywedd i gadarnhau'r hyn sydd yn yr adran hon o'r llyfr.

A ddylen ni gredu bod gallu addysgol yn seiliedig ar nodweddion rhywiol?

Pwnc 3: Anghydraddoldeb rhywedd

Gwneud i chi feddwl

Mae'n ymddangos bod gan ddynion a merched hawliau cyfartal ym Mhrydain fodern. Fodd bynnag, mae disgwyliadau gwahanol iawn o ran sut dylai dynion a menywod ymddwyn a pha gyfleoedd y dylen nhw eu cael. Sut mae rhywedd yn effeithio ar gyfleoedd bywyd pobl yn y gymdeithas fodern?

Gweithredoli rhywedd

Y farn gyffredinol yw bod rhyw yn cyfeirio at wahaniaethau biolegol rhwng gwrywod a benywod, ond bod rhywedd yn cyfeirio at rolau ac ymddygiad disgwyliedig. Mae genetegwyr a biolegwyr yn tueddu i dybio bod rhywfaint o orgyffwrdd rhyngddyn nhw ac felly'n honni bod benywod yn ymddwyn yn ôl y rhyw fenwaidd oherwydd eu bod wedi cael eu geni'n wahanol; maen nhw'n honni bod ganddyn nhw ymennydd gwahanol i ymennydd gwrywod. Mae cymdeithasegwyr yn tueddu i wrthod y safbwyntiau hyn, gan ddweud bod cymdeithasoli rhywedd yn llawer pwysicach na rhyw biolegol wrth bennu ymddygiad. Mae llawer o'r gwahaniaethau y mae'r pwnc hwn yn mynd i'r afael â nhw yn wahaniaethau rhyw, ond rhywedd a disgwyliadau ymddygiad yn ôl rhyw sy'n effeithio ar y rhesymau dros yr anghydraddoldeb o ran cyfleoedd y mae'r ddau ryw yn eu profi.

Tystiolaeth o anghydraddoldeb addysgol a rhywedd

Mae data swyddogol yn cael eu casglu am gyflawniad plant, ac yn wahanol i ddosbarth cymdeithasol, mae rhywedd (neu ryw biolegol) yn agwedd bwysig ar y data. Y patrwm cyffredinol yw bod merched yn tueddu i berfformio'n well na bechgyn ar y rhan fwyaf o lefelau'r system addysg. Mae hwn yn newid cymharol ddiweddar mewn patrymau cymdeithasol, oherwydd hyd yn oed yn yr 1970au, roedd gwrywod yn dal i gael eu gweld fel y rhyw a oedd yn cyflawni.

- ◉ Mae Arolwg Carfan y Mileniwm yn awgrymu bod gwahaniaethau rhywedd yn ymddangos yn gynnar, a bod babanod naw mis oed yn dangos amrywiaethau bach, yn ôl rhyw, o ran eu gallu i godi llaw wrth ffarwelio, a merched sy'n llwyddo fwyaf. Dangosodd yr astudiaeth hefyd fod rhieni'n treulio mwy o amser yn dysgu eu merched i ddarllen na'u meibion, a hefyd yn canu mwy o ganeuon ac yn adrodd mwy o rigymau i'w merched nag i'w meibion.
- ◉ Mae tystiolaeth a gasglwyd gan fyrddau arholi'n dangos bod merched yn tueddu i berfformio'n well na bechgyn ar draws pob maes pwnc TGAU, er bod y bwlch yn llai ar gyfer pynciau gwyddonol a mathemateg nag ar gyfer y celfyddydau, ieithoedd a phynciau'r dyniaethau. Mae merched yn fwy tebygol o ennill graddau uwch a bechgyn yn fwy tebygol o adael yr ysgol heb ddim cymwysterau. Mae anghydraddoldeb rhywedd hefyd yn y dewisiadau o bynciau, lle mae bechgyn yn fwy tebygol o ddewis pynciau gwyddonol a merched yn fwy tebygol o ddewis y celfyddydau a'r dyniaethau. Mae cofnodion arholiadau'n dangos bod merched yn perfformio'n well na bechgyn mewn arholiadau Safon Uwch hefyd, ond bod y gwahaniaethau rhywedd yn fach o ran y cyfraddau llwyddo.
- ◉ Mae gwybodaeth a gafwyd drwy ddata mynediad i brifysgolion ac a gasglwyd gan y Sefydliad Polisi Addysg Uwch (2009) yn awgrymu bod perfformiad gwell merched mewn arholiadau Safon Uwch a TGAU yn effeithio ar y boblogaeth myfyrwyr erbyn hyn, sy'n golygu bod mwy o fenywod na gwrywod yn mynychu prifysgolion heddiw.

- Mae tystiolaeth gan ysgolion yn dangos mai bechgyn yn bennaf sy'n cael eu gwahardd yn barhaol a dros dro o addysg. Mae merched yn fwy tebygol o fod wedi honni eu bod wedi dioddef bwlio, ac mae bechgyn yn fwy tebygol o fod wedi cyflawni trais ac wedi ymddwyn yn droseddol.

- Mae data gweithlu ysgolion yn dangos bod addysgu'n tueddu i fod yn broffesiwn i fenywod, a mwy o fenywod nag o wrywod yn mynd i'r proffesiwn. Mae'r gwahaniaethau rhywedd yn amlwg mewn ysgolion cynradd lle mae llawer mwy o athrawon (dros 80 y cant) yn fenywod; mewn ysgolion uwchradd yn 2007, roedd mwy o fenywod nag o wrywod, ond nid oedd y bwlch cymaint. Fodd bynnag, mae gwrywod yn fwy tebygol o gael dyrchafiad ac mae 65 y cant o benaethiaid yn wrywod.

Mae camau bach i sicrhau mwy o ddyrchafiadau i fenywod wedi digwydd ond mae'n anodd mesur y rhain ar hyn o bryd.

O ran anghydraddoldeb rhywedd mewn addysg, mae hyn yn dangos, er bod bechgyn yn disgwyl perfformio'n well na merched ar un adeg, bod newid pwyslais wedi bod ac mai merched yw'r rhyw sy'n llwyddo erbyn hyn, o leiaf yn y cyfnod maen nhw'n ddysgwyr. (Byddwch chi'n dysgu mwy ym Mhwnc 11 Adran 6, Damcaniaethau i esbonio anghydraddoldeb rhywedd.)

Mae'r graff yn dangos newid ym mhatrymau a thueddiadau perfformiad yn ôl rhyw ar lefel TGAU ar gyfer gwrywod a benywod. Mae'n batrwm sydd hefyd yn ei ailadrodd ei hun ym mherfformiad Safon Uwch ac yn y brifysgol.

Canran y rhai sy'n gadael yr ysgol sy'n cyflawni pum lefel O neu fwy A–C (neu'n Llwyddo) neu bum TGAU A*–C yn ôl rhywedd (1962–2006)

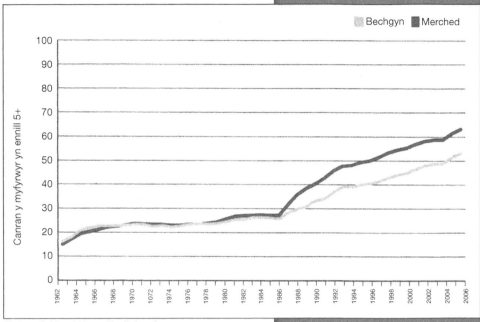

Ffynhonnell: Adran Addysg, © Hawlfraint y Goron

Tystiolaeth o anghydraddoldeb iechyd a rhywedd

Mae'n bosibl gwahanu data swyddogol diweddar ar anghydraddoldeb iechyd drwy'r DU gyfan yn wybodaeth am Gymru, Lloegr a'r Alban, lle mae gwahanol systemau iechyd a rheolau ar waith. Ar y cyfan, mae'r patrymau'n dangos bod gan fenywod ddisgwyliad oes hirach na gwrywod, ond eu bod yn fwy tebygol o brofi morbidrwydd iechyd (salwch neu anableddau hirdymor). Mae'n ymddangos bod menywod yn tueddu i gael afiechydon iechyd meddwl gwael; daeth Adroddiad Acheson (1998) i'r casgliad bod cyfraddau uwch o bryder ac iselder ymhlith menywod na dynion. Nid yw'n hysbys a yw hyn yn adlewyrchu cyfraddau adrodd (a oes mwy o fenywod yn ymgynghori â'u meddyg) neu'n adlewyrchu profiadau menywod (a oes mwy o fenywod yn dioddef pryder/iselder mewn gwirionedd). Yn sicr mae dynion yn llai tebygol o adrodd am faterion iechyd meddwl, problem y mae elusennau fel *Mind* yn awyddus i fynd i'r afael â hi.

Dangosodd y Sefydliad Polisi Newydd (2013) y gallai menywod ym mhob sector o gymdeithas ddisgwyl gwell disgwyliad oes na dynion. Y cyfartaledd ar gyfer pob menyw oedd byw dair blynedd yn hirach. Fodd bynnag, gallai dynion o gartrefi mwy cefnog ddisgwyl byw'n hirach na menywod o gartrefi difreintiedig, felly dyma dystiolaeth o anghydraddoldeb dosbarth cymdeithasol yn ogystal ag anghydraddoldeb rhywedd.

Roedd data gan y Fforwm Iechyd Dynion ar gyfer yr *Health Select Committee Report on Inequalities* (Chwefror 2009) yn awgrymu bod effaith materion amddifadedd yn cael mwy o effaith ar ddynion yn sectorau tlotaf y gymdeithas nag ar fenywod yn yr un sectorau cymdeithasol. Er enghraifft, mae gwrywod yn llawer mwy tebygol o gyflawni hunanladdiad (fel y mae llysoedd crwneriaid yn ei ategu), maen nhw'n fwy tebygol o fod dros eu pwysau ac maen nhw'n fwy tebygol o farw o ganser sy'n effeithio ar wrywod a benywod. Dangosodd Adroddiad Wilkins yn 2008 (*The Gender and Access to Health Services Study*) ar gyfer y Fforwm Iechyd Dynion i'r Adran Iechyd fod rhesymau cymdeithasol a biolegol am wahaniaethau rhywedd ym mhrofiad iechyd pobl, a dangosodd fod dynion yn llawer mwy tebygol o farw o glefyd y galon, ond bod menywod yn fwy tebygol o brofi strôc.

Gwella sgiliau

Mae data Cymru gyfan ar y wefan ganlynol. Defnyddiwch hi i wneud nodiadau ar dystiolaeth o anghydraddoldeb. Ar hyn o bryd (yn 2016) mae'r data sydd ar gael yn canolbwyntio ar anabledd ac ailbennu rhyw, ond bydd mwy o wybodaeth ar gael ar wahanol agweddau ar iechyd a morbidrwydd.

http://gov.wales/statistics-and-research/review-evidence-inequalities-access-health-services-wales/?skip=1&lang=cy

Anghydraddoldeb cymdeithasol

Dysgu gweithredol

Trafodwch y cwestiwn a yw ffeministiaeth wedi bod yn beth da i ddynion ac i fenywod.

Mae anghydraddoldeb hefyd o ran ymddygiadau risg rhwng y rhywiau sy'n effeithio ar iechyd. Dangosodd Adroddiad Wilkins fod dynion mewn mwy o berygl o gamddefnyddio alcohol ac ymddwyn mewn ffordd sy'n eu peryglu nhw eu hunain pan fyddan nhw wedi meddwi. Dangosodd Batty et al. (2012), mewn astudiaeth o yfed sy'n peri problem ymhlith dynion a menywod o arfordir Gorllewin yr Alban, fod dynion o ddosbarth cymdeithasol isel yn wynebu risg llawer uwch o ddatblygu problemau'n ymwneud ag alcohol a'r peryglon iechyd cysylltiedig na menywod, ond bod menywod o statws economaidd gymdeithasol uwch yn wynebu risg uwch na'u cymheiriaid gwrywaidd. Mae dynion yn fwy tebygol o ysmygu na menywod, er bod y bwlch yn llawer llai nag y bu yn y gorffennol, ac mae nifer yr ysmygwyr yn lleihau; serch hynny mae effaith ysmygu ar iechyd ac ystadegau iechyd yn un hirdymor. Dangosodd data a gasglwyd gan ASH, elusen gwrthysmygu, fod nifer y menywod sy'n ysmygu'n cynyddu, yn arbennig ymhlith grwpiau oedran iau, ac mae'n bosibl rhagweld felly y bydd cynnydd hefyd yn y problemau iechyd sy'n gysylltiedig ag ysmygu yn y dyfodol.

Tystiolaeth o anghydraddoldeb rhywedd yn y gweithlu

Ers yr 1970au mae'r llywodraeth wedi ymrwymo i gydraddoldeb rhywedd yn y gweithle. Yn ymarferol, nid yw hyn wedi gweithio'n dda i fenywod, gan eu bod nhw'n dal i ennill llai na dynion. Yn 2015, ymgynghorodd y llywodraeth ar ddeddfwriaeth newydd yn gofyn i gwmnïau o dros 250 o weithwyr gyhoeddi eu bylchau cyflog rhywedd; mae hyn yn dangos ymrwymiad i dryloywder, a all arwain yn ei dro at gydraddoldeb cyflog.

Mae dynion yn cael eu trin yn anghyfartal mewn rhai ffyrdd hefyd: er enghraifft, nid oes ganddyn nhw hawl i absenoldeb tadolaeth dan yr un telerau ac amodau ag y mae menywod yn derbyn absenoldeb mamolaeth.

Mae Cymdeithas Fawcett wedi casglu data ar fenywod yn y gwaith ac wedi canfod y canlynol:

⊙ Mae menywod yn ennill llai dros gyfnod oes. Ar hyn o bryd mae'r bwlch cyflog rhywedd i'r rhai mewn gwaith llawn amser tua -13 y cant. Fodd bynnag, mae data'r llywodraeth yn awgrymu bod y bwlch cyflog rhywedd i fenywod i gyd yn nes at -20 y cant. Mae'r Comisiwn Cydraddoldeb a Hawliau Dynol (2015) yn honni bod graddedigion benywaidd yn aml yn ennill £8000 y flwyddyn yn llai na gwrywod, hyd yn oed os oes ganddyn nhw radd brifysgol o'r un safon.

⊙ Mae 80 y cant o'r rhai yn y swyddi sy'n talu leiaf yn fenywod. Mae menywod yn fwy tebygol o fod mewn swyddi sgiliau isel, galwedigaethau sy'n talu'n isel, neu waith rhan amser. Mae 90 y cant o bobl mewn gwaith sgiliau uchel, cyflog uchel yn wrywod.

⊙ Mae menywod yn fwy tebygol o fod wedi'u gorgymhwyso ar gyfer y gwaith maen nhw'n ei wneud. Maen nhw'n fwy tebygol o ymgymryd â dyletswyddau teuluol a gofalu, felly o ganlyniad maen nhw'n gweithio rhan amser neu mae ganddyn nhw fylchau yn eu gyrfa. Mae cydweithwyr gwrywaidd felly'n fwy tebygol o ennill dyrchafiad neu dderbyn hyfforddiant ychwanegol.

⊙ Mae menywod yn fwy tebygol o roi gwybod am brofiadau o wahaniaethu: er enghraifft, cael eu talu'n llai am waith tebyg neu am yr un gwaith. Mae Fawcett yn honni bod 54 000 o fenywod yn gadael y gwaith bob blwyddyn o ganlyniad i gael eu diswyddo, bod eu swydd yn cael ei dileu neu eu bod yn cael eu diystyru oherwydd beichiogrwydd.

Fodd bynnag, o ran y bwlch cyflog, mae'r Swyddfa Ystadegau Gwladol yn cynnig gwybodaeth fanwl iawn sy'n dangos nad yw'r sefyllfa'n hollol ddiamwys o blaid dynion. Mae mwy o fenywod na dynion yn gweithio'n rhan amser, ond pan fydd y data cyflog yn cael eu dadansoddi, mae dynion sy'n gweithio'n rhan amser yn ennill chwech y cant yn llai na menywod ar gyfartaledd. Mae menywod yn y grwpiau oedran iau sy'n gweithio'n amser llawn yn ennill ychydig yn fwy ar gyfartaledd na dynion. Mae'n ymddangos mai menywod hŷn sy'n wynebu problemau a gall hynny adlewyrchu newid yn amodau cymdeithasol cyflogi menywod, ond hefyd dylanwad absenoldeb mamolaeth neu gyfrifoldeb gofal. Yn ogystal, mae amrywiaethau o ran y math o waith sy'n cael ei wneud, felly mae'r bwlch cyflog rhywedd ymhlith masnachwyr medrus 25 y cant o blaid dynion, ac mae'r dynion sy'n ennill y cyflogau uchaf yn tueddu i ennill cymaint â 50-60 y cant yn fwy na chydweithwyr benywaidd. Fodd bynnag, mewn swyddi manwerthu, mae'r bwlch cyflog rhywedd yn nes at 4 y cant o blaid dynion. Mae'r Tribiwnlysoedd Cyflogaeth yn nodi gostyngiad yn nifer y ceisiadau am gyflog cyfartal o 62 700 i 9621 rhwng y blynyddoedd 2007/08 a 2014.

YMESTYN a HERIO

Mae Cymdeithas Fawcett yn ffynhonnell dda o ymchwil a data ar anghydraddoldeb rhywedd. Defnyddiwch beiriant chwilio a chwiliwch am y geiriau 'Fawcett' a 'rhywedd'. Darllenwch fwy am anghydraddoldebau rhywedd o bob math a chasglwch wybodaeth i'w hychwanegu at eich nodiadau ar gyfer y meysydd o anghydraddoldeb rydych chi'n eu hastudio.

Mae hyn yn ymwneud â blaenoriaethau – os gallwn ni adeiladu Peiriannau Gwrthdaro Hadron a ffonau clyfar, pam na allwn ni gael y gyfradd euogfarnu ar gyfer treisio uwchben 6 y cant neu ddarparu gofal plant o ansawdd da sy'n fforddiadwy?

Ceri Goddard

Ysgrifennu estynedig

Nodwch dystiolaeth o anghydraddoldeb rhywedd mewn un maes o fywyd yn y DU fodern. (Chewch chi ddim cyfeirio at faes o fywyd sydd wedi cael ei gyflwyno yn y pwnc hwn.)

Arweiniad: Byddwch chi'n cynyddu eich sgiliau drwy gynnal eich ymchwil eich hun. Cofiwch fod materion rhywedd yn effeithio ar ddynion a menywod ac efallai nad menywod yw unig ddioddefwyr anghydraddoldebau rhywedd. Casglwch ddata ar y Senedd a'r llywodraeth neu wahaniaethau cyfreithiol, neu gyfraith y teulu, lle mae gan ddynion lai o hawliau dros eu plant biolegol, yn arbennig os nad ydyn nhw wedi priodi. Cyfeiriwch yn ôl at eich gwerslyfr UG am wybodaeth am rolau teuluol, lle roedd cyfeiriadau at y pwnc hwn. Cofiwch, fodd bynnag, fod menywod yn fwy tebygol o hysbysu am gam-drin domestig a thrais. Efallai byddwch chi am edrych yn ofalus iawn ar wybodaeth sy'n gysylltiedig â rhywedd a throseddu sy'n codi yn nes ymlaen yn y llyfr hwn; er enghraifft, mae menywod yn llai tebygol o gael eu heuogfarnu o drosedd na dynion. Efallai byddwch chi hefyd am ystyried y cyfryngau, sy'n tueddu i gynrychioli gwrywod a benywod yn wahanol, neu am edrych ar y nifer isel o ferched mewn swyddi uwch.

Ysgrifennwch tua 250 gair.

Ymchwil

Cyhoeddwyd yr adroddiad *Unequal Nation* gan Sefydliad Young ym mis Gorffennaf 2015. Dangosodd fod anghydraddoldebau systemig a strwythuredig yn y gymdeithas ym Mhrydain, ac felly fod tystiolaeth amlwg o anghydraddoldeb canlyniad. Er enghraifft, dim ond 29 y cant o ASau (Aelodau Seneddol) sy'n fenywod a 20 y cant sy'n athrawon prifysgol; mae 27 y cant o fenywod yn ennill llai na'r cyflog byw; ond mae dynion 20 y cant yn llai tebygol o weld meddyg teulu. Mae toriadau mewn budd-daliadau, a roddwyd ar waith dan yr Agenda Caledi, yn targedu menywod sy'n anabl, yn darparu gofal a/neu ar gyflog isel. Mae Sefydliad Young yn honni bod y llywodraeth yn rhoi blaenoriaeth isel i faterion cydraddoldeb.

a) Pam rydych chi'n credu bod angen i'r llywodraeth fynd i'r afael â materion o anghydraddoldeb rhywedd yn y gymdeithas ym Mhrydain?

b) Sut byddech chi'n esbonio gwahaniaethau mewn cyfleoedd bywyd rhwng y rhywiau?

c) Sut byddech chi'n ceisio darganfod cysylltiad rhwng rhywedd a chyfleoedd bywyd pe na bai unrhyw gyfyngiad ar amser, cefnogaeth nac arian wrth i chi wneud eich project ymchwil?

Gwiriwch eich dysgu eich hun

Cywir neu anghywir? Trafodwch eich atebion gyda'ch partner astudio.

a) Yn 2011, adroddodd Uned Priodasau dan Orfod y llywodraeth fod dros 14 000 o bobl wedi gofyn am gyngor ar briodas dan orfod. Roedd nifer y dynion a'r menywod yn gyfartal.	
b) Daeth data'r **Swyddfa Gartref** o 2009 i'r casgliad bod 20 y cant o bobl yn teimlo bod menyw feddw yn gyfrifol os oedd yn cael ei threisio neu os oedd rhywun yn ymosod arni.	
c) Mae Cymdeithas Fawcett yn credu y gall menyw ddisgwyl colli 5 y cant o'i holl incwm yn y dyfodol am bob blwyddyn o absenoldeb mamolaeth mae hi'n ei gymryd.	
ch) Dangosodd data llywodraeth a ddarparwyd gan y gymuned fusnes i'r Arglwydd Davies fod menywod yn cyfrif am 25 y cant o'r prif bobl fusnes ym Mhrydain.	
d) Mae cyfran uwch o fenywod yng Nghynulliad Cenedlaethol Cymru nag sydd yn Senedd San Steffan.	
dd) Yn 2011, dim ond un golygydd papur newydd dyddiol yn y DU oedd yn fenyw.	

FFAITH DDIDDOROL

Mae llawer o'r data sydd ar gael o ffynonellau'r llywodraeth yn mynd yn ôl i 2010. Felly cafodd ei gomisiynu gan lywodraeth Lafur. Yn y flwyddyn honno, etholwyd llywodraeth glymblaid dan arweiniad y Ceidwadwyr gyda pholisïau o doriadau iechyd a lles (yr Agenda Caledi). Mae newid sylweddol wedi bod, felly, ym mholisi'r llywodraeth mewn perthynas â lles ac iechyd. Ni allwn ragweld eto beth fydd effaith y newidiadau hyn ar ddata tlodi ac iechyd.

Dysgu gweithredol

Yn 2016, gofynnwyd i Dawn Butler, Aelod Seneddol sy'n ddu, a oedd hi'n wynebu hiliaeth yn y Senedd. Adroddodd fod rhywun wedi dweud wrthi na allai ddefnyddio lifft a oedd ar gyfer ASau gan nad oedd 'ar gyfer glanhawyr'. Trafodwch i ba raddau y byddai'n bosibl cysylltu'r digwyddiad hwn â materion anghydraddoldeb rhywedd hefyd.

Mae diffinio ethnigrwydd yn broblem yn y gymdeithas ym Mhrydain. Mae ethnigrwydd yn cael ei ddefnyddio i ddisgrifio pobl sy'n rhannu treftadaeth ddiwylliannol gyffredin fel hanes, iaith, crefydd a thraddodiad. Mae hyn yn peri ychydig o broblem oherwydd bod ethnigrwydd hefyd yn cael ei ddefnyddio mewn ffordd sy'n golygu rhywbeth agosach at hil, neu genedligrwydd. Mae rhai lleiafrifoedd ethnig yn anweledig ac wedi ymdoddi i'r gymdeithas ym Mhrydain heb fawr o sylw; er enghraifft, mae'r Gwyddelod wedi bod yn rhan o'r diwylliant ym Mhrydain ers sawl cenhedlaeth. Mae mewnfudwyr eraill mwy diweddar yn fwy amlwg yn gorfforol (oherwydd marciau genetig fel lliw croen), neu'n ddiwylliannol (oherwydd eu bod yn dewis gwisgo dillad o steil arbennig neu'n parhau traddodiadau diwylliannol/ crefyddol, e.e. mynychu mosg, gwisgo twrbanau).

Pwnc 4: Anghydraddoldeb ethnig

Gwneud i chi feddwl

Yn 1990, bathodd y gwleidydd Ceidwadol, Norman Tebbit, yr ymadrodd 'y Prawf Criced'; mae hwn yn cael ei adnabod hefyd fel Prawf Tebbit. Dywedodd y dylai mewnfudwyr i Brydain gefnogi tîm Lloegr, nid timau eu gwlad enedigol. Roedd yn gweld anghydraddoldeb ethnig yn broblem a gafodd ei chreu gan fewnfudwyr oherwydd nad oedden nhw'n 'ddigon Prydeinig'. I ba raddau mae pobl Prydain wedi derbyn cymunedau o fewnfudwyr sydd wedi cyrraedd Prydain?

Gweithredoli ethnigrwydd

Mae ethnigrwydd yn gysyniad sy'n cael ei herio gan fod iddo sawl diffiniad a sawl defnydd. Byddai rhyngweithiadwyr ac ôl-fodernwyr yn tueddu i'w ystyried yn fater o hunan-ddiffinio, yn yr ystyr y gall unigolyn ddewis diffinio ei ethnigrwydd ei hun. Mae'n cael ei ddefnyddio hefyd mewn iaith gyffredinol i olygu 'heb fod yn wyn', neu gall gyfeirio at wahaniaeth diwylliannol. Awgrymodd Stuart Hall mai lluniad cymdeithasol ydoedd a bod ei ystyr yn newid yn ôl y sefyllfa. Mae ôl-fodernwyr yn nodi bod ethnigrwydd yn niwlog i lawer o bobl yn sgil rhyngbriodi diwylliannol, neu oherwydd bod llawer o gymunedau 'mudol' wedi bod yn byw ym Mhrydain ers cenedlaethau. Felly, er bod tystiolaeth o anghydraddoldeb ethnig mewn sawl agwedd ar fywyd, nid yw'r dystiolaeth ystadegol yn ddibynadwy oherwydd yr anhawster wrth ddiffinio a mesur ethnigrwydd.

Yn ymarferol felly, er bod achosion unigol yn dangos bod y gymdeithas ym Mhrydain yn aml yn hiliol ac yn anoddefgar, mae darparu tystiolaeth glir o arfer a chred hiliol fel tystiolaeth empirig o anghydraddoldeb ethnig yn anoddach. Felly, mae cymdeithasegwyr yn aml yn siarad yn nhermau pobl ddu a lleiafrifoedd ethnig gan gydnabod bod gan nifer o bobl Prydain gefndiroedd diwylliannol a chymdeithasol sy'n adlewyrchu'r ffaith bod eu teuluoedd, ar ryw adeg mewn hanes, wedi mudo i'r DU o wahanol rannau o'r byd.

Tystiolaeth o anghydraddoldeb ethnig a'r system cyfiawnder troseddol

Mae ethnigrwydd yn cael ei weithredoli mewn data cyfrifiad drwy'r ffodd y mae person yn ei weld ei hun. Mae pobl yn pennu grŵp ethnig iddyn nhw eu hunain. Mae'r heddlu'n adnabod ethnigrwydd yn ôl golwg unigolyn. Yn amlwg, nid yw data'r heddlu, felly, yn gwbl ddibynadwy wrth edrych ar faterion sy'n ymwneud â phobl sydd â chefndiroedd ethnig cymysg. Yn fwy na hynny, mae'r categorïau y mae'r heddlu'n eu defnyddio, a'r cyfrifiad, yn adlewyrchu grwpio hiliol ac nid ethnigrwydd mewn unrhyw synnwyr diwylliannol. Nid oes grŵp ethnig 'Du' fel y cyfryw, er bod 'Du' yn gategori gan yr heddlu. Gallai du gynnwys pobl ddu Affricanaidd a phobl India'r Gorllewin, er gwaetha'r ffaith bod gan bobl India'r Gorllewin eu hunain ddiwylliannau gwahanol, yn ôl i ba ynysoedd yn y grŵp yr oedd eu teuluoedd yn perthyn.

Serch hynny, mae data llywodraeth a ddarparwyd gan y system cyfiawnder troseddol ar gael, sy'n cyfuno ystadegau'r cyfrifiad a'r heddlu. Mae'r rhain yn tynnu sylw amlwg at batrymau o anghydraddoldeb canlyniad o ran y berthynas rhwng aelodau o leiafrifoedd ethnig a'r system cyfiawnder troseddol. Yn nhermau patrymau ethnig, y tueddiad yw bod Tsieineaid a'r rhai â golwg Asiaidd yn cael eu tangynrychioli fel troseddwyr. Maen nhw'n llai tebygol o gael eu hatal a'u chwilio, ac maen nhw'n ymddangos mewn mathau eraill o ddata yn yr un cyfraddau i bob pwrpas ag maen nhw'n ymddangos yn y boblogaeth gyffredinol. Ar y llaw arall, mae'r rhai sy'n cael eu hadnabod fel pobl ddu gan yr heddlu yn tueddu i gael eu gorgynrychioli o ran cael eu hatal a'u chwilio, yn fwy tebygol o gael eu harestio ac yn debygol o gael eu hanfon i'r ddalfa ar unwaith os cafwyd nhw'n euog. Yr hyn sy'n fwy arwyddocaol yw bod aelodau o grwpiau ethnig du yn debygol o brofi dedfrydau hirach, os cawson nhw eu heuogfarnu yn 2012. Mae ystadegau carchar yn dangos bod llai na 75 y cant o boblogaeth y carchardai yn eu hystyried eu hunain yn wyn, sy'n awgrymu bod carcharorion du ac Asiaidd isgyfandir India yn cael eu gorgynrychioli'n sylweddol. Roedd Asiaid yr isgyfandir hefyd yn cael eu hatal a'u chwilio, ond mae eu cyfraddau arestio ac euogfarnu nhw yn is na'u niferoedd yn y boblogaeth gyffredinol.

Mae ymchwiliadau i nifer o derfysgoedd yn yr haf yn Llundain dros y blynyddoedd (1976, 1985, 1993, 2011 a 2013) ac ymchwiliadau i achosion unigol o ddrwgdeimlad rhwng yr Heddlu Metropolitan a chymunedau pobl ddu a lleiafrifoedd ethnig wedi arwain at adroddiadau llywodraeth. Yr adroddiad enwocaf mae'n debyg yw Adroddiad Macpherson (1999), sydd ar gael ar lein ac a gyhoeddwyd yn sgil ymchwiliad i waith Heddlu Metropolitan Llundain yn ymchwilio i lofruddiaeth yr arddegwr du Stephen Lawrence yn 1993. Gwnaeth Adroddiad Macpherson 70 o argymhellion gyda'r nod o wella agweddau ac ymddygiad yr heddlu tuag at leiafrifoedd ethnig. Honnodd fod yr Heddlu Metropolitan yn **hiliol yn sefydliadol** ac yn anghymwys wrth ymdrin â rhai nad ydyn nhw'n wyn sy'n dioddef trosedd. Nid yw'n hysbys faint o effaith hirdymor mae cyhoeddi'r adroddiad wedi ei chael ar yr heddlu, sy'n dal i dderbyn niferoedd isel o geisiadau am swyddi gan ymgeiswyr du a rhai o leiafrifoedd ethnig. Mae pobl ddu a lleiafrifoedd ethnig yn cael eu tangynrychioli yn yr heddlu, yn ôl data'r heddlu eu hunain.

Mae Arolwg Troseddu Cymru a Lloegr yn dangos bod aelodau o grwpiau pobl ddu a lleiafrifoedd ethnig mewn mwy o berygl o gael eu herlid, a bod aelodau o'r categori 'Cymysg' yn llawer mwy tebygol o brofi trosedd wedi'i chyfeirio atyn nhw eu hunain. Dylai ystadegau erledigaeth gael eu trin yn ofalus, oherwydd bod llawer o droseddau, lle mae'r unigolyn dan amheuaeth yn hysbys, yn digwydd mewn grwpiau ethnig yn hytrach nag ar draws gwahaniadau ethnig.

Tystiolaeth o anghydraddoldeb ethnig a thlodi

Mae amrywiaeth o adroddiadau a chanfyddiadau ymchwil ar gael gan Sefydliad Joseph Rowntree ac mae'r rhain i gyd yn dangos bod amrywiadau mewn tlodi ac amddifadedd ymhlith grwpiau ethnig gwahanol. Yn 2011, dangosodd Platt nad oedd y ffaith bod gan grŵp ethnig gyfradd tlodi uchel yn golygu bod pawb yn y grŵp yn dlawd. Serch hynny, dangosodd Nandi a Platt yn 2010 fod 75 y cant o deuluoedd Bangladeshaidd yn y DU yn derbyn incymau

> *Hiliaeth sefydliadol yw 'methiant pawb mewn sefydliad i ddarparu gwasanaeth priodol a phroffesiynol i bobl oherwydd lliw eu croen, eu diwylliant neu eu cefndir ethnig'.*
>
> **Adroddiad Macpherson**

Ffynhonnell: Ystadegau HBAI (cartrefi o dan incwm cyfartalog), Mehefin 2013, ar gyfer yr Adran Gwaith a Phensiynau, © Hawlfraint y Goron

Cyfraddau tlodi yn ôl grŵp ethnig

a oedd yn is na'r cyfartaledd ar gyfer teuluoedd gwyn. Dangosodd Barnard a Turner ar ran Sefydliad Joseph Rowntree (2011) fod dynion a menywod o rai cefndiroedd ethnig yn derbyn llai o gyflog ar gyfartaledd er gwaethaf cymwysterau tebyg. Adroddodd Palmer a Kenway (2007) fod tlodi mewn gwaith mewn gwirionedd yn uwch i rai grwpiau ethnig nag i eraill. Awgrymodd Wood (2009) ar ran yr Adran Gwaith a Phensiynau ei bod yn bosibl gweld gwahaniaethu mewn patrymau cyflogaeth lle roedd rhai grwpiau ethnig yn cael eu tangynrychioli mewn gwaith.

Dysgu gweithredol

Mae pobl sy'n profi tlodi yn fwy tebygol o brofi iechyd gwael ac anabledd cynnar hefyd. Trafodwch resymau pam gallai hyn fod.

Dysgu annibynnol

Mae'n bosibl dod o hyd i ddata briffio gan Sefydliad Joseph Rowntree a Phrifysgol Manceinion yn ymwneud ag amrywiaeth o faterion sy'n gysylltiedig ag ethnigrwydd ac anghydraddoldeb ar y wefan hon:

http://www.ethnicity.ac.uk/research/outputs/briefings/

Gallwch chi lawrlwytho, argraffu a gwneud nodiadau o'r briffiau i ddatblygu eich nodiadau eich hun ar y pwnc hwn.

Daeth y Comisiwn Cyflogau Isel (2010) i'r casgliad bod llawer o fewnfudwyr diweddar yn cymryd gwaith o dan lefel eu cymwysterau a'u bod yn dueddol o fod mewn galwedigaethau cyflog isel.

Daeth *The Poverty Site*, gwefan sy'n defnyddio ystadegau swyddogol o ystod o ffynonellau gan gynnwys data cyfrifiad, i'r casgliad bod y gyfran o bob grŵp ethnig sy'n byw mewn tlodi yn y DU yn amrywio o 20 y cant yn achos pobl wyn, i 50 y cant yn achos pobl ddu Affricanaidd a 60-70 y cant yn achos teuluoedd Pacistanaidd a Bangladeshaidd. Fodd bynnag, dylech chi nodi bod y Sefydliad Cysylltiadau Hiliol wedi dangos mai pobl wyn yw'r grŵp sydd fwyaf tebygol o fod yn byw mewn tlodi ac sy'n cynnwys y gyfran uchaf o blant yn derbyn prydau ysgol am ddim; roedden nhw'n gymunedau Sipsiwn/Roma a Theithwyr Gwyddelig. Roedd data cyfrifiad yn dangos bod aelodau o grwpiau pobl ddu a lleiafrifoedd ethnig yn fwy tebygol o fyw mewn ardaloedd o amddifadedd economaidd, ac mai grwpiau Pacistanaidd a Bangladeshaidd oedd fwyaf agored i niwed. Fodd bynnag, roedd gan grwpiau Bangladeshaidd gyfraddau cymharol uchel o fod yn berchen ar gartref, ond roedden nhw'n dewis byw mewn ardaloedd lle roedd tai'n rhad ac yn fforddiadwy, ac o ganlyniad roedd llai o wasanaethau fel siopau ac ysgolion gerllaw. Roedd grwpiau Affricanaidd yn fwy tebygol o fyw mewn ardaloedd lle roedd llawer o droseddu'n digwydd, ond roedd hyn yn rhannol oherwydd eu bod wedi'u crynhoi yn ardaloedd dinas fewnol Llundain lle roedd cyfraddau trais, lladrad a bwrgleriaeth yn uchel.

Tystiolaeth o anghydraddoldeb iechyd ac ethnigrwydd

Mae'r data'n ymwneud ag iechyd ac anghydraddoldeb ethnig yn gyfyngedig, oherwydd nad yw'r GIG bob amser yn casglu data sy'n gysylltiedig ag ethnigrwydd ac oherwydd nad oes llawer o arolygon. Fodd bynnag, o ystyried bod cysylltiad rhwng tlodi ac iechyd gwael wedi'i brofi, mae'n deg disgwyl y bydd amrywiaethau ethnig mewn canlyniadau iechyd hefyd. Daeth *The Independent Inquiry into Inequalities in Health* i'r casgliad yn 1998 fod cyfraddau o forbidrwydd (salwch) yn uwch ymhlith grwpiau pobl ddu a lleiafrifoedd ethnig nag ymhlith pobl wyn. Roedd y cyfraddau uchaf ymhlith pobl Bacistanaidd a Bangladeshaidd, ac roedd pobl ddu a phobl Indiaidd hefyd yn profi lefelau iechyd gwael. Roedd gan y rhai a gafodd eu geni yn Affrica neu ar isgyfandir India ddisgwyliad oes is na phoblogaethau gwyn. Mae cyfraddau uwch o farwolaethau babanod ymhlith mamau sy'n fewnfudwyr.

Daeth y Papur Gwyn 1999 *Saving Lives: Our Healthier Nation* o hyd i anghydraddoldebau ethnig mewn clefydau a allai fod yn angheuol (canser, clefyd y galon a strôc), damweiniau, a chyfraddau salwch meddwl; er enghraifft, mae gan fenywod a gafodd eu geni y tu allan i'r DU gyfraddau hunanladdiad uwch na'r rhai a gafodd eu geni yn y DU. Mae clefyd y galon yn fwy cyffredin ymhlith dynion a menywod o isgyfandir India na'r rhai a gafodd eu geni yn y DU a phobl wyn yn gyffredinol. Mae marwolaethau'n dilyn strôc a achoswyd gan bwysedd gwaed uchel yn uwch ymhlith poblogaethau Affricanaidd-Caribïaidd, a phoblogaethau o gefndir isgyfandir India hefyd.

Mae data cyfrifiad o 2001 a 2011 yn dangos bod pobl ddu a chefndiroedd ethnig, pan ofynnwyd iddyn nhw raddio eu hiechyd eu hunain, yn fwy tebygol o lawer i ddweud nad yw'n dda. Roedd lefelau morbidrwydd is ymhlith oedolion Tsieineaidd ac roedden nhw hefyd yn debygol o ddweud eu bod yn iachach na grwpiau gwyn. Mae cyfraddau anabledd uchel yn gyffredin ymhlith grwpiau o fewnfudwyr a hefyd ymhlith grwpiau a fewnfudodd yn y gorffennol. Mae lefelau uchel o salwch hirdymor ymhlith poblogaethau Sipsiwn neu deithwyr Gwyddelig gwyn hefyd.

Ysgrifennu estynedig

Nodwch dystiolaeth o anghydraddoldeb ethnig mewn un maes o fywyd yn y DU gyfoes. (Chewch chi ddim cyfeirio at faes o fywyd sydd wedi cael ei gyflwyno yn y pwnc hwn.)

Arweiniad: Mae'n bosibl mai un o'r meysydd o fywyd hawsaf y gallech chi ei nodi ar gyfer eich project ymchwil fyddai addysg. Cyfeiriwch yn ôl at eich gwerslyfr UG i gasglu gwybodaeth am gyflawniad ethnig, neu edrychwch ar ddeunydd y Swyddfa Ystadegau Gwladol, lle mae swm mawr o ddata wedi'i gasglu sy'n edrych ar gyflawniad addysgol cymharol grwpiau ethnig yn system addysg Prydain. Mae'n bosibl hefyd y byddwch chi'n dod ar draws ystadegau cyflogaeth gwerthfawr drwy bori gwefannau'r Swyddfa Ystadegau Gwladol a gwefannau cydraddoldeb. Mae Sefydliad Joseph Rowntree yn cyhoeddi llawer o ddata a byddech chi'n dod o hyd i dystiolaeth drwy deipio 'ethnigrwydd' a 'hil' yn eu peiriannau chwilio i leoli data ddiweddar a ddarparwyd yn 2011 gan Barnard Turner ynglŷn â'r cysylltiadau rhwng ethnigrwydd a thlodi.

Ysgrifennwch tua 250 gair.

Dysgu gweithredol

Edrychwch ar wefan Ymddiriedolaeth Runnymede i ddod o hyd i ddata a gwybodaeth am ethnigrwydd. Gallwch chi ddefnyddio data am sawl maes o fywyd i ategu eich nodiadau.

Ymchwil

Cynhaliodd Walter (1999) ymchwil i'r gymuned Wyddelig yn y DU ar gyfer Ymddiriedolaeth Runnymede, a gallwch chi weld ei hadroddiad ar y wefan (http://www.runnymedetrust. org/bgirishcommunity.html). Nododd hi mai'r Gwyddelod yw'r grŵp mudol mwyaf yn y DU, ond bod ffigurau neu wybodaeth gywir am y grŵp hwn yn gyfyngedig oherwydd nad yw pobl, o bosibl, yn eu disgrifio eu hunain felly mewn ymchwil, a bod gan eraill rieni o gefndir Seisnig/Gwyddelig cymysg. Yn yr 1950au, roedd rhagfarn amlwg yn erbyn y Gwyddelod, ac maen nhw'n dal i wynebu peth rhagfarn sydd wedi'i seilio ar stereoteipio negyddol. I raddau helaeth, mae cysylltiad rhwng mudo a chyfleoedd yn y farchnad swyddi, ond mae llawer o fewnfudwyr o dras Gwyddelig yn dweud eu bod mewn galwedigaethau â chyflog a statws isel. Mae cyfraddau marwolaethau'n uchel ymhlith dynion o dras Gwyddelig, ac yn uwch na rhai Gwyddelod sy'n byw yn Iwerddon.

a) Pam rydych chi'n meddwl nad oes ymchwil manwl wedi'i gynnal i ymfudo o Iwerddon i'r DU?

b) Sut byddech chi'n esbonio gwahaniaethau mewn cyfleoedd bywyd rhwng pobl o gefndiroedd ethnig gwahanol?

c) Sut byddech chi'n ceisio darganfod cysylltiad rhwng ethnigrwydd a chyfleoedd bywyd pe na bai unrhyw gyfyngiad ar amser, cefnogaeth nac arian wrth i chi wneud eich project ymchwil?

Gwiriwch eich dysgu eich hun

Cywir neu anghywir? Trafodwch eich atebion gyda'ch partner astudio.

a) Mae mwy na thraean o bobl sy'n byw mewn teuluoedd incwm isel yn Llundain o leiafrifoedd ethnig.	
b) Mae tua 30 y cant o boblogaeth Llundain yn perthyn i grŵp lleiafrif ethnig.	
c) Roedd tua 25 y cant o fyfyrwyr a oedd yn astudio am radd yn y gyfraith yn 2003 o grwpiau lleiafrifoedd ethnig.	
ch) Mae dynion du 26 gwaith yn fwy tebygol o gael eu hatal a'u chwilio gan yr heddlu yn Llundain na dynion o gefndir ethnig arall.	
d) Mae niferoedd pobl gymysg o ran hil yn aros yn sefydlog.	
dd) Yn 2011, roedd 10 y cant o gartrefi yn y DU yn gartrefi i bobl nad oedden nhw'n siarad Saesneg.	

Nodau

⊙ Adnabod a chasglu tystiolaeth o anghydraddoldebau ieuenctid ym Mhrydain

Mae data'r llywodraeth am oedrannau penodol yn gywir ac yn ddibynadwy oherwydd ei bod yn hawdd meintioli oedran pobl wrth eu dyddiad geni. Fodd bynnag, mae 'ieuenctid' yn gysyniad cymharol gan fod pobl yn tueddu i ddiffinio ystyr ieuenctid drwy ei gymharu â'u hoedran nhw. Nid oes oedran penodol lle mae rhywun yn cael ei ystyried yn oedolyn cyflawn yn ein cymdeithas ni, ond mae gan bobl y rhan fwyaf o hawliau oedolion pan fyddan nhw'n 18 oed. Yn gyfreithiol, gall ieuenctid fod yn gysyniad amwys braidd, gan fod pobl yn cael priodi'n 16 oed, ond eto i gyd ddim yn cael gwylio rhai ffilmiau nes eu bod nhw'n 18 oed. Mae modd talu isafswm cyflog cyfreithiol is i bobl o dan 21 oed nag i bobl dros 21 oed. O ran cydraddoldeb, nid oes gan bobl ifanc lawer o'r hawliau sydd gan oedolion: er enghraifft, yr hawl i bleidleisio. Mae'n bosibl eu bod yn cael eu hamddiffyn gan brosesau cyfreithiol llai llym, ond yna mae'r cyfryngau yn eu stigmateiddio am fod yn broblem gymdeithasol.

YMESTYN a HERIO

Defnyddiwch y Rhyngrwyd i ddod o hyd i *Hoodies or Altar Boys* (2009) ac *Am I Bovvered?: What are teenage girls really thinking?* (2007). Mae'r ddwy astudiaeth hyn yn ystyried cynrychioliadau'r cyfryngau o bobl ifanc a'u heffaith ar ganfyddiad y cyhoedd ac ar ddyheadau. Pa mor debyg yw triniaeth merched a dynion ifanc gan y cyfryngau? A ydyn nhw'n wynebu'r un pwysau?

Pwnc 5: Anghydraddoldeb oedran: ieuenctid

Gwneud i chi feddwl

Ym mha ffordd mae pobl ifanc yn y gymdeithas ym Mhrydain yn cael eu trin yn wahanol i'r rhai sydd dros 18 oed? Rhestrwch yr hawliau a fyddai gennych chi ar ôl cyrraedd 18 oed. Pa amddiffyniad cyfreithiol mae rhywun yn ei golli unwaith mae'n troi'n oedolyn?

Gweithredoli ieuenctid

Mae diffiniad ieuenctid yn y DU ychydig yn niwlog. Mae rhai o hawliau oedolaeth a dinasyddiaeth lawn yn cael eu derbyn ar gyfer pobl ifanc pan fyddan nhw'n 16 oed: er enghraifft, pan fyddan nhw'n cael priodi gyda chaniatâd eu rhieni. Fodd bynnag, mae'n rhaid i bobl ifanc gael caniatâd eu rhieni i gael tatŵ neu i gael eu corff wedi'i dyllu nes eu bod yn 18 oed. Yng Nghymru, mae pobl ifanc yn cael gadael yr ysgol yn 15 oed, os yw eu pen-blwydd 16 oed cyn diwedd gwyliau'r haf. Yn Lloegr, mae pobl ifanc yn cael gadael yr ysgol yn 16 oed, ond mae'n rhaid iddyn nhw aros mewn rhyw ffurf ar addysg lawn amser, neu ddechrau prentisiaeth, neu weithio neu wirfoddoli am 20 awr yr wythnos. Fel arfer, yr oedran y cytunwyd arno ar gyfer hawliau oedolion yw 18 oed, ond hyd yn oed wedyn mae pobl ifanc yn tueddu i gael eu trin yn broblem y mae angen ei rheoli, neu fel pobl agored i niwed y mae angen eu hamddiffyn, rhagddyn nhw eu hunain hyd yn oed.

Tystiolaeth o anghydraddoldeb ieuenctid a'r cyfryngau

Yn 1998, cynhaliwyd astudiaeth wythnos o hyd o bapurau newydd cenedlaethol gan sefydliad cyfryngau plant, Children's Express. Dangosodd yr adroddiad fod y cyfryngau'n defnyddio stereoteipiau peryglus i gynrychioli plant a phobl ifanc. Dyma'r stereoteipiau:

⊙ Dioddefwyr
⊙ Plant ciwt
⊙ Plant drwg a diawliaid bach
⊙ Plant eithriadol a disglair
⊙ Plant sy'n cael eu cyflwyno fel ategolion rhieni enwog
⊙ 'Mae plant y dyddiau 'ma…', yn cynrychioli hiraeth oedolion am y gorffennol
⊙ Angylion bach nad yw'n deg eu beirniadu.

Roedd yr astudiaeth yn edrych ar blant o bob oedran, ac mae'n debyg bod hyn wedi dylanwadu ar y canfyddiadau, am fod gan blant iau a phlant hŷn ganfyddiad gwahanol o'r byd cymdeithasol. Fodd bynnag, mae'n dangos tystiolaeth o anghydraddoldeb gan fod y plant yn cael eu gweld nid fel plant annibynnol ac unigryw, ond fel stereoteipiau. Cafodd y canfyddiadau eu cadarnhau gan Angela Neustatter, newyddiadurwr a adroddodd fod y cyfryngau'n gweld pobl ifanc yn wahanol neu'n wyrdroëdig, yn hytrach nag yn bobl ifanc sy'n digwydd bod yn 'llai hen' na'r boblogaeth oedolion. Felly, maen nhw'n cael eu hystyried naill ai'n wyrdroëdig, neu'n agored i niwed ac angen eu rheoli a'u hamddiffyn. Yn 2004, cynhaliodd MORI (grŵp ymchwil defnyddwyr) ymchwil ar gyfer y cylchgrawn *Young People Now*, gan adrodd canlyniadau a oedd yn awgrymu bod pob pobl ifanc yn teimlo effaith stereoteipio negyddol gan y cyfryngau pan oedden nhw mewn lle cyhoeddus, oherwydd bod oedolion yn mabwysiadu'r un stereoteipio, ac o ganlyniad yn gweld pobl ifanc yn broblem. Dywedodd llawer o'r ymatebwyr nad oedden nhw'n ymddiried mewn newyddiadurwyr.

Ar drywydd tebyg, roedd astudiaeth gan Women In Journalism, *Hoodies or Altar Boys* (2009), yn archwilio sut mae gwrywod yn eu harddegau'n aml yn cael eu stigmateiddio gan yn y cyfryngau. Awgrymodd Phil Cohen (1997) fod cynrychioliadau'r cyfryngau o bobl ifanc yn eu gweld fel pe baen nhw'n broblem, yn enwedig mewn perthynas â chanfyddiad y cyhoedd o drosedd. Er enghraifft, pan fydd problem gymdeithasol newydd yn cael ei nodi, y peth cyntaf mae'r rhan fwyaf o sylwebyddion yn ei wneud yw galw am newid cwricwlwm yr ysgol, a dysgu pobl ifanc amdani. Awgrymodd Young (1974) fod digwyddiadau nad ydyn nhw'n gyffredin mewn gwirionedd, fel trais ymhlith pobl ifanc, a phlant yn brifo ei gilydd, yn cael eu hystyried yn deilwng o fod yn y newyddion, ac yn cael mwy o sylw nag y maen nhw'n ei haeddu. Maen nhw'n cael eu cyflwyno fel rhywbeth sydd rywsut yn nodweddiadol o ddirywiad moesol yn y gymdeithas, ac yn cael eu cyferbynnu ag ymddygiad oedolion, sy'n cael ei bortreadu fel pe bai'n ymddygiad sy'n ufuddhau i'r gyfraith. Daeth ymchwil yn Iwerddon gan Devlin (2006) i'r casgliad bod stereoteipio negyddol gan y cyfryngau'n aml yn gysylltiedig ag arferion gwahaniaethol mewn mannau cyhoeddus, er enghraifft siopau.

Tystiolaeth o anghydraddoldeb ieuenctid, gwaith a thlodi incwm

Defnyddiodd Sefydliad Joseph Rowntree gyfrifiad 2011 a data eraill, a dod i'r casgliad bod llawer llai o gyfleoedd ar gyfer oedolion iau, yn enwedig y rhai a gafodd eu geni ar ôl yr 1970au, nag oedd ar gyfer y rhai a gafodd eu geni yn yr 1950au. Roedd effaith llai o gyfleoedd ar bobl dlawd a difreintiedig yn fwy nag oedd ar bobl gyfoethog, felly roedd yn annhebygol iawn y byddai pobl ifanc heb gymwysterau yn cael gwaith, ac roedd llawer yn cael problemau iechyd fel iselder. Roedd meysydd penodol a oedd yn peri anhawster yn gysylltiedig â diffyg tai ar gyfer pobl sy'n prynu am y tro cyntaf ac anhawster fforddio morgeisiau neu rent, dyled gynyddol oherwydd benthyciadau myfyrwyr, toriadau i fudd-daliadau, tlodi plentyndod, a diweithdra ymhlith pobl ifanc. Mae pobl ifanc yn fwy na theirgwaith mor debygol o fod yn ddi-waith na phobl hŷn. Ar ôl 19 oed, mae'n llai tebygol y bydd pobl ifanc yn gallu ennill cymwysterau, ac mae'r risg o fod yn ddi-waith yn codi os nad oes gan bobl gymwysterau. Yn gynyddol, mae'r gystadleuaeth am swyddi'n uwch, felly er bod nifer y bobl ifanc sydd â chymwysterau wedi codi, mae pobl ifanc yn parhau i fod yn llai tebygol o fod mewn gwaith na phobl hŷn sydd â llai o gymwysterau.

Dangosodd ymchwil a gynhaliwyd gan Belfield et al. (2014) ar gyfer y Sefydliad Astudiaethau Ariannol fod incwm wedi gostwng ar gyfer pob oedolyn ers 2007, ond yn fwy sydyn ar gyfer pobl ifanc na phobl hŷn. Roedd pobl ifanc wedi gweld eu hincwm yn gostwng ar gyfartaledd o 22 y cant rhwng 2007 a 2014. Yn ôl pob golwg, mae llawer o'r gostyngiad yn gysylltiedig ag oriau gwaith byrrach, o bosibl effaith contractau dim oriau, ond gostyngodd yr incwm yr awr hefyd. Mae hyn wedi cael effaith ar oedolion ifanc y mae'n bosibl bod ganddyn nhw deuluoedd ifanc i'w cynnal, felly nid ar oedolion yn unig y mae'n cael effaith, ond ar eu plant hefyd. Gan ddefnyddio data'r Swyddfa Ystadegau Gwladol, daeth y Sefydliad Astudiaethau Ariannol i'r casgliad bod cyfraddau cyflogaeth ar gyfer pobl rhwng 22 a 30 oed wedi gostwng ers 2007, ond ei fod wedi parhau i fod yn debyg ar gyfer pobl rhwng 30 a 59 oed. Rhwng 2007/08 a 2012/13, gostyngodd cyflogaeth ar gyfer pobl 20 a 21 oed o 49 y cant i 42 y cant. Mae nifer y bobl ifanc sy'n cymryd rhan mewn addysg wedi cynyddu ychydig, ond mae'r cynnydd yn y nifer sy'n ddi-waith yn fwy sylweddol. Fodd bynnag, er gwaetha'r ffaith bod cymwysterau'n gysylltiedig â chyflogadwyedd, roedd y gostyngiad mewn cyflogaeth ar draws pob grŵp o gymwysterau addysgol bron â bod yr un peth. Felly, mae nifer y swyddi hyd yn oed ar gyfer pobl sydd â sgiliau neu gymwysterau uchel iawn wedi gostwng. Dywedodd Michael Förster, o'r Sefydliad ar gyfer Cydweithrediad a Datblygu Economaidd yn 2013 fod plant a phobl ifanc, ar gyfartaledd, yn wynebu lefelau uwch o dlodi na'r henoed.

Tystiolaeth o anghydraddoldeb gwleidyddol ac ieuenctid

Mae pleidleisio mewn etholiadau'n rhoi mandad, neu'r hawl, i lywodraeth newid polisi. Felly, mae llywodraethau'n datblygu polisïau a fydd yn denu pleidleisiau. Os pobl hŷn, gyfoethog yw'r rhai sy'n pleidleisio, yna bydd llywodraethau'n datblygu polisïau a fydd yn apelio at y pleidleiswyr hynny. Honnodd Gottfried et al. (2013) mai'r broblem fwyaf o ran cydraddoldeb gwleidyddol yn y DU oedd bod gostyngiad yn nifer y rhai sy'n cymryd rhan mewn gwleidyddiaeth, yn enwedig nifer y bobl ifanc ym Mhrydain sy'n pleidleisio. Roedden nhw'n honni bod gan bleidleiswyr sy'n fwy cyfoethog ac yn hŷn ormod o ddylanwad ar bolisïau gwleidyddol yn sgil y patrwm penodol hwn. Yn 2010, er enghraifft, roedd tua 44 y cant o bobl rhwng 18 a 24 oed yn pleidleisio, ond

Dysgu annibynnol

Mae ffeithiau allweddol am bobl ifanc ar wefan Sefydliad Joseph Rowntree:

https://www.jrf.org.uk/austerity-uk-spotlight-young-people

Am y tro cyntaf erioed, gall mam-gu/nain yn ei hwythdegau ddisgwyl mwynhau safonau byw uwch na rhywun yn ei ugeiniau sy'n gweithio.

Danny Dorling

FFAITH DDIDDOROL

Diffiniad y Gwasanaeth Cynghori, Cymodi a Chyflafareddu (ACAS) o gontractau dim oriau yw nad oes rheidrwydd ar gyflogwyr i gynnig gwaith, nac ar weithwyr i'w dderbyn. Bydd y rhan fwyaf o gontractau dim oriau yn rhoi statws cyflogaeth 'gweithiwr' i staff. Mae cyflogwyr yn eu hoffi nhw oherwydd eu bod nhw'n hyblyg, ond mae llawer o weithwyr wedi honni eu bod yn cael eu defnyddio i ecsbloetio gweithwyr.

Dysgu gweithredol

Mae'r Sefydliad Ymchwil Polisi Cyhoeddus wedi argymell y dylai pleidleisio gael ei wneud yn orfodol ar gyfer pobl ifanc, er mwyn eu hannog i fod yn bleidleiswyr gydol oes. Lluniwch ddadleuon o blaid ac yn erbyn yr argymhelliad polisi hwn.

Gwella sgiliau

Mae'n bosibl y byddwch chi am fynd yn ôl at eich gwerslyfr UG i weld trafodaeth a thystiolaeth am anghydraddoldeb oedran, cynrychioliadau'r cyfryngau ac ieuenctid. Gallech chi hefyd ychwanegu at eich nodiadau drwy symud ymlaen ac edrych ar Uned 4, Trosedd a gwyredd.

Ysgrifennu estynedig

Nodwch dystiolaeth o anghydraddoldeb ieuenctid mewn un maes o fywyd yn y DU gyfoes. (Chewch chi ddim cyfeirio at faes o fywyd sydd wedi cael ei gyflwyno yn y pwnc hwn.)

Arweiniad: Mae'n debyg mai un o'r meysydd o fywyd hawsaf y gallech chi ei nodi ar gyfer eich project ymchwil fyddai troseddu, lle mae'r dystiolaeth yn pwyntio'n glir at gydberthyniad uchel iawn rhwng oedran a chyfraddau euogfarnu yn y DU. Bydd angen i chi esbonio pam rydych chi'n credu bod tystiolaeth o anghydraddoldeb yn y data hyn; mae'n bosibl mai'r ffaith bod pobl ifanc yn troseddu mwy, neu'r dull o adrodd amdano, sy'n gyfrifol am yr anghydraddoldeb. Meddyliwch am sut mae pobl ifanc yn cael eu plismona, y mathau o drosedd maen nhw'n eu cyflawni, ac agweddau'r cyhoedd at bobl ifanc. Mae'n bosibl y byddwch chi am feddwl am y panig moesol a'r ffordd mae hwn yn canolbwyntio ar bobl ifanc, ac o ganlyniad yn dylanwadu ar ganfyddiad y cyhoedd o'u hymddygiadau ac ymatebion yr heddlu a'r System Cyfiawnder Troseddol.

Ysgrifennwch tua 250 gair.

---

roedd tua 76 y cant o bobl dros 65 oed yn gwneud. Aeth Gottfried et al. yn eu blaen i honni ei bod yn bosibl bod y patrwm pleidleisio hwn yn cyfrif am y ffaith bod polisïau Agenda Caledi'r Ceidwadwyr yn 2010 wedi cael effaith anghymesur ar bobl ifanc, gyda thoriadau o tua 20 y cant ar gyfer cartrefi iau, a dim ond 12 y cant ar gyfer y rhai sy'n hŷn ac yn fwy cyfoethog.

Roedd data gan y Comisiwn Etholiadol yn 2002 yn dangos bod gan bobl ifanc agweddau negyddol at wleidyddiaeth sefydliadol, a'u bod nhw'n llai cefnogol o wleidyddiaeth y pleidiau traddodiadol a'u gwleidyddion na chenedlaethau eraill. Mae'n llawer llai tebygol y byddan nhw'n pleidleisio. Nid yw hyn o reidrwydd yn dystiolaeth nad ydyn nhw'n poeni. Er eu bod yn wleidyddol a bod ganddyn nhw safbwyntiau cryf am faterion unigol fel yr amgylchedd a newid hinsawdd, nid ydyn nhw'n ymateb i wleidyddiaeth y pleidiau traddodiadol, ac nid ydyn nhw'n ystyried bod gwleidyddion yn cynrychioli'r boblogaeth. Mae problemau amlwg ynghylch cynrychioli pobl ifanc yn y Senedd. Mae data a gynhyrchwyd gan Feargal McGuinness (2010) yn dangos bod Aelodau Seneddol a gafodd eu hethol yn y DU yn 2001, 2005 a 2010 tua 50 oed ar gyfartaledd. Yn 2001 dim ond pedwar, ac yn 2005 dim ond tri Aelod Seneddol a oedd o dan 29 oed, er i'r nifer godi i 15 yn 2010. Dim ond 15 y cant o Aelodau Seneddol a oedd o dan 40 oed. Felly mae'n amlwg bod pobl ifanc a buddiannau pobl ifanc yn cael eu tangynrychioli yn y Senedd, lle mae problem yn ymwneud â'r hyn y mae Rainbow Murray (2014) yn ei alw'n 'gorgynrychiolaeth' dynion gwyn 50 oed.

Ymchwil

Edrychodd McQuaid et al. (2014) ar effaith diweithdra ymhlith pobl ifanc ar garfan o bobl ifanc rhwng 18 a 24 oed ac a oedd yn rhan o Arolwg Panel Cartrefi Prydain. Cafodd y garfan hon ei dilyn am 10 mlynedd, gan ddechrau yn 1998. Daeth yr astudiaeth i'r casgliad bod cyfnodau o ddiweithdra'n cael effaith fawr ar gyflog a llesiant, hyd yn oed 10 mlynedd ar ôl y cyfnod o fod yn ddi-waith. Roedd cyfnod o fod yn ddi-waith yn cael effaith ar hyder a sgiliau gwaith yr unigolyn. Roedd darpar gyflogwyr hefyd yn teimlo bod diweithdra'n brofiad negyddol. Roedd yn cael effaith hefyd ar gymwysterau ac ar iechyd meddwl, a oedd hefyd yn cael effaith ar gyflogadwyedd.

a) Pam rydych chi'n meddwl y gallai fod yn bwysig astudio diweithdra ymhlith pobl ifanc yn ein cymdeithas?

b) Sut byddech chi'n esbonio agweddau cyflogwyr at bobl sydd wedi bod yn ddi-waith am gyfnodau?

c) Sut byddech chi'n ceisio darganfod cysylltiad rhwng bylchau mewn cyflogaeth a chyflogadwyedd yn y dyfodol pe na bai unrhyw gyfyngiad ar amser, cefnogaeth nac arian wrth i chi wneud eich project ymchwil?

Gwiriwch eich dysgu eich hun

Beth yw oedran pobl yn y DU yn cael yr hawliau canlynol? Trafodwch eich atebion gyda'ch partneriaid astudio.

a) Symud allan o gartref y teulu.

b) Cael mynediad at eich cofnodion ysgol.

c) Cael eich cyfweld gan yr heddlu heb oedolyn yn bresennol.

ch) Eistedd gyda rhywun sy'n dysgu i yrru.

d) Cael eich cadw yn y carchar.

dd) Sefyll fel ymgeisydd mewn etholiad seneddol neu etholiad ar gyfer y cyngor.

e) Ymuno â'r lluoedd arfog.

f) Gwasanaethu ar reithgor mewn llys.

Pwnc 6: Anghydraddoldeb oedran: yr henoed

Gwneud i chi feddwl

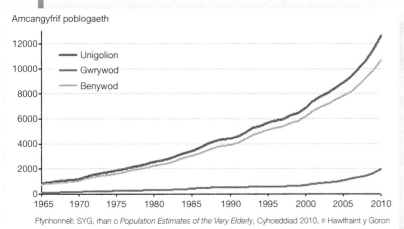

Amcangyfrif poblogaeth

Ffynhonnell: SYG, rhan o *Population Estimates of the Very Elderly*, Cyhoeddiad 2010, © Hawlfraint y Goron

Amcangyfrifon o nifer y bobl ym mhoblogaeth Prydain sy'n 100 oed neu'n hŷn.

Sut byddech chi'n crynhoi patrymau a thueddiadau nifer y bobl a rhywedd y bobl sydd dros 100 oed yn y DU? Rhowch resymau dros y patrymau a'r tueddiadau rydych chi wedi'u disgrifio. Pa effaith mae'r cynnydd yn nifer y bobl hŷn yn ei chael ar y gymdeithas ym Mhrydain?

Gweithredoli henaint

Mae diffiniad cyfreithiol henaint yn newid yn gyflym wrth i Agenda Caledi'r llywodraeth ar gyfer toriadau gael effaith. Mae'r oedran y gall pobl hawlio pensiynau galwedigaethol yn codi, fel y mae'r oedran maen nhw'n gallu hawlio pensiwn y wlad. Ym mis Mawrth 2016, roedd pobl yn honni y bydd yr oedran y gall pobl sy'n ifanc ar hyn o bryd hawlio eu pensiynau'n codi i dros 70. Rhan o'r rhesymu y tu ôl i godi oed pensiwn yw bod disgwyliad oes yn cynyddu. Yn ôl ffigurau gan y Swyddfa Ystadegau Gwladol, mae traean bron o boblogaeth y DU dros 50 oed, ac mae mwy o bobl 60 oed neu'n hŷn nag sydd o bobl o dan 18 oed.

Tystiolaeth o anghydraddoldeb oedran a thlodi incwm

Mae incwm y bobl sydd dros oed pensiwn yn tueddu i fod yn is nag un pobl oedran gweithio. Mae incwm llawer o bobl yn gostwng yn sylweddol pan fyddan nhw'n ymddeol, er efallai bydd y rhai tlotaf yn gymwys ar gyfer budd-daliadau ac yn gweld eu hincwm yn codi o ganlyniad. Mae llawer o bobl hŷn yn dibynnu ar 'Bensiwn Henoed' y wladwriaeth, ac mae faint maen nhw'n ei dderbyn yn dibynnu ar eu cofnodion gwaith. Mae gan rai pobl gynlluniau galwedigaethol preifat i ychwanegu at bensiwn llawn y wladwriaeth o £119.30 yr wythnos ar gyfer pensiynwr sengl (2016/2017). Fodd bynnag, mae pensiynau'r wlad yn cael eu cydnabod yn rhai isel, ac mae data gan Age UK yn awgrymu bod traean o bobl dros 60 oed yn pryderu am arian a chostau byw; mae dros chwarter yn pryderu am gostau bwyd. Mae tua hanner y pensiynwyr yn pryderu am gostau gwresogi. Yn ogystal, mae pobl sy'n nesáu at oed pensiwn yn ofni tlodi ac incwm isel. Mae hyn oherwydd bod llawer o bobl rhwng 50 a 64 oed yn pryderu am sicrwydd swydd, yn ofni cael eu diswyddo a bod yn ddi-waith. Mae Age UK yn honni bod 1.6 miliwn o bobl yn byw mewn tlodi ar hyn o bryd.

Fodd bynnag, mae data gan y SYG yn awgrymu bod pensiynwyr yn llai tebygol o fod yn dlawd na grwpiau cymdeithasol eraill oherwydd eu bod yn fwy tebygol o fod yn berchen ar eu cartrefi eu hunain, neu o rentu gan y sector cymdeithasol yn hytrach na gan landlordiaid preifat, felly mae eu costau tai'n is. Y broblem ar gyfer y bobl hyn yw sut i ymdopi ar incwm is neu isel heb orfod gwerthu eu tŷ. Mae data gan y Gwasanaeth Gwaith a Phensiynau (2004–07) yn dangos bod y ganran o bobl sy'n profi tlodi tymor hir ar ei huchaf ymhlith pensiynwyr, sef 14 y cant, oherwydd mai nhw sy'n gallu gwneud leiaf i newid eu hamgylchiadau ariannol. Mae llawer o

Nodau

⊚ Adnabod a chasglu tystiolaeth o anghydraddoldebau sy'n gysylltiedig â heneiddio ym Mhrydain

Yn yr un modd ag y mae'n anodd iawn gweithredoli ieuenctid er mwyn casglu ystadegau, mae'n anodd diffinio oedran hefyd. Mae heneiddio'n fwy na phroses fiolegol; mae'n broses gymdeithasol hefyd. Diffiniad y rhan fwyaf o bobl o henaint yw oedran rhwng 10 a 15 mlwydd yn hŷn na'u hoedran nhw. Ffactorau eraill sy'n peri problemau wrth ddiffinio oedran yw iechyd ac anabledd, felly mae rhai pobl hŷn yn iach iawn, ond mae'n bosibl bod pobl eraill iau yn sâl iawn gyda phroblemau sy'n gysylltiedig ag oedran fel dementia neu arthritis. Serch hynny, mae digon o dystiolaeth bod pobl, wrth iddyn nhw heneiddio, yn dioddef gwahaniaethu ac yn profi anghydraddoldebau mewn meysydd o fywyd gwahanol.

Dysgu annibynnol

Gallwch weld ffeithiau allweddol am bobl hŷn ar wefan *Age UK*. Casglwch dystiolaeth i'w hychwanegu at eich nodiadau eich hun ar anghydraddoldebau oedran.

http://www.ageuk.org.uk/ Documents/EN-GB/Factsheets/ Later_Life_UK_factsheet. pdf?dtrk=true

Anghydraddoldeb cymdeithasol

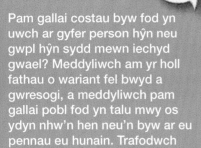

Dysgu gweithredol

Pam gallai costau byw fod yn uwch ar gyfer person hŷn neu gwpl hŷn sydd mewn iechyd gwael? Meddyliwch am yr holl fathau o wariant fel bwyd a gwresogi, a meddyliwch pam gallai pobl fod yn talu mwy os ydyn nhw'n hen neu'n byw ar eu pennau eu hunain. Trafodwch gyda phartner astudio.

> Mae llawer o fanteision yn dod yn sgil sicrhau iechyd meddwl da ar gyfer pobl hŷn, nid yn unig i'r unigolion eu hunain ond i'r gymdeithas gyfan hefyd, gan leihau'r galw ar wasanaethau iechyd a gofal cymdeithasol. Mae llawer o'r problemau mae pobl hŷn yn eu profi'n ymwneud ag agweddau a gwerthoedd cymdeithasol; gall allgáu cymdeithasol arwain at broblemau iechyd meddwl pan fydd pobl yn hŷn, yn ogystal â bod o ganlyniad iddo.
>
> **Yr Adran Iechyd 2009, Dogfen Bolisi**

bobl hŷn yn agored i anabledd, ac o ganlyniad yn gweld eu costau byw'n codi i dalu am ofal. Felly, daeth y Gwasanaeth Gwaith a Phensiynau i'r casgliad nad oedd pob pensiynwr yr un mor agored i dlodi incwm. Y pensiynwyr hynaf, menywod, pobl anabl a lleiafrifoedd ethnig oedd y mwyaf agored i dlodi. Mae'r risg o dlodi yn uwch ar gyfer pensiynwyr sengl nag unrhyw grŵp arall yn y boblogaeth, ac eithrio rhieni sengl sydd â phlant dibynnol. Mae Age UK yn honni bod llawer o bobl hŷn yn hepgor prydau bwyd i gwtogi ar gostau bwyd. Daeth arolwg a gafodd ei ariannu gan Barclays i'r casgliad bod ymddygiad o'r fath yn boblogaidd yn y gaeaf, pan fydd pobl hŷn yn ceisio cynilo arian i dalu am anrhegion Nadolig.

Tystiolaeth o anghydraddoldeb iechyd ac oedran

Nid yw afiechyd ac anabledd o reidrwydd yn anochel yn achos pob person hŷn, er bod pobl hŷn yn fwy agored i broblemau iechyd ac anableddau fel dementia, colli clyw neu nam ar y golwg. Gall rhai ymddygiadau risg penodol gynyddu'r risg o glefydau sy'n gysylltiedig ag oedran: diffyg ymarfer corff, ysmygu, gordewdra neu ddiffyg maeth, alcohol, a chamddefnyddio sylweddau. Wrth i'r boblogaeth o bobl hŷn gynyddu, mae'r llywodraeth yn fwy ac yn fwy awyddus i ddatblygu strategaethau heneiddio iach. Amcangyfrifir bod trin ffactorau risg iechyd y mae modd eu hatal yn costio bron £10 biliwn y flwyddyn.

Mae Age UK yn honni, er bod 66 y cant o gleifion yn 65 oed neu'n hŷn, eu bod nhw'n derbyn 40 y cant yn unig o'r gwariant iechyd. Gwelodd y *Pain and Dignity Survey* gan Ymchwil ICM yn 2008 fod 64 y cant o bobl hŷn yn teimlo nad oedden nhw'n cael eu trin ag urddas gan staff nyrsio a staff meddygol. Mae Age UK yn dweud bod staff nyrsio'n aml yn rhy brysur neu'n anfodlon helpu'r rhai a oedd angen cymorth i fwyta. Mae diffyg maeth yn broblem ddifrifol ymhlith yr henoed, a llawer ohonyn nhw'n cael eu derbyn i'r ysbyty â phroblemau colli pwysau yn ogystal â phroblemau eraill. Wrth i lefelau staffio gael eu torri yng ngwasanaethau'r GIG, mae cleifion hŷn wedi adrodd am achlysuron pan nad oedd staff yn gallu gofalu amdanynt. Daeth Lievesley (2009) o hyd i dystiolaeth o ragfarn ac agweddau oedraniaethol ymhlith gweithwyr gofal iechyd proffesiynol, drwy ddefnyddio arsylwadau gan staff meddygol eraill. Roedd enghreifftiau'n cynnwys diffyg gwybodaeth ac agweddau nawddoglyd. Gwelwyd hefyd y gallai oedran fod yn ffactor wrth gynnig triniaeth, felly roedd cyfyngu ar driniaethau yn achos pobl hŷn. Gallai hyn fod yn benderfyniad clinigol, ond gwelodd Lievesley hefyd fod dirywiad o ran archwilio a thrin rhai mathau o ganser, gan arwain at gyfraddau marwolaethau uwch ymhlith cleifion hŷn yn y DU nag yng ngwledydd eraill y Gorllewin.

Mae Age UK yn honni bod afiechyd meddwl yn dal i fod yn broblem fawr ymhlith yr henoed, gyda bron chwarter ohonyn nhw'n cael teimladau hunanladdol ac iselder. Mae cyfraddau uwch o hunanladdiad ymhlith dynion a menywod hŷn na'r boblogaeth yn gyffredinol. Yn ôl adroddiad yn 2009 ar gyfer y Ganolfan Polisi ar Heneiddio (*CPA*), wedi'i gomisiynu gan yr Adran Iechyd, nid oes diagnosau digonol o broblemau iechyd meddwl ymhlith yr henoed ac maen nhw'n cael eu tan-drin. Nid yw dementia'n cael ei drin ac, yn aml, nid yw'n cael ei adnabod nes ei fod wedi datblygu cryn dipyn. Daeth yr Adran Iechyd i'r casgliad nad yw iselder yn anochel wrth heneiddio oherwydd bod triniaethau ac ymyraethau cymdeithasol effeithiol ar gael i ddatrys rhai problemau. Fodd bynnag, y rhai sydd fwyaf tebygol o fod â phroblemau iechyd meddwl heb eu trin yw'r rhai sydd yn aml yn agored i niwed mewn ffyrdd eraill: pobl dlawd, y rhai sydd mewn dyled a'r rhai nad ydyn nhw'n rhan o'u cymunedau. Mae enghreifftiau lle nad yw gwasanaethau a oedd yn cael eu darparu ar gyfer problemau iechyd meddwl hirdymor, fel anhwylder deubegwn, bellach ar gael. Mae'n bosibl na fydd pobl yn gymwys ar gyfer darpariaeth mewn canolfan ddydd benodol, oherwydd ei bod ar gyfer pobl iau, er enghraifft, ac mae disgwyl i bobl hŷn fynychu canolfannau arbenigol ar gyfer yr henoed yn hytrach nag ar gyfer pobl sydd â salwch meddwl. Mae'r *CPA* yn nodi bod gwahaniaethu oedran anuniongyrchol yn bosibl: er enghraifft, os yw'r ddarpariaeth mewn canolfannau dydd ar gyfer pobl sydd â dementia'n cael ei thorri, yna bydd yr henoed yn dioddef yn anghymesur, gan eu bod yn fwy agored i'r mathau hyn o glefyd.

Pobl hŷn yn y gweithle

Yn 2011, cafodd y llywodraeth wared ar yr oed ymddeol gorfodol, yn unol â'i pholisi o godi'r oedran pan allai pobl hawlio pensiwn sylfaenol y wladwriaeth. Mae hyn wedi arwain at dros filiwn o bobl dros 65 oed sy'n gweithio. Mae disgwyl i niferoedd pobl hŷn yn y boblogaeth gynyddu'n sylweddol, felly bydd tuedd hirdymor i bobl weithio y tu hwnt i'r oed ymddeol traddodiadol. Yn 2015, awgrymodd Ros Altmann, Hyrwyddwr Busnes ar gyfer Gweithwyr Hŷn, fod angen newid sylweddol i ddiwallu anghenion gweithwyr hŷn. Er enghraifft, mae prentisiaethau ar gyfer pobl ifanc yn derbyn cymhorthdal gan y llywodraeth, ond mae digon o weithwyr hŷn a fyddai'n hoffi ailhyfforddi am wahanol resymau, ac nid ydyn nhw'n cael yr un pecynnau hael. Nododd hefyd fod stereoteipiau negyddol, rhagfarn a gwahaniaethu yn effeithio ar bobl dros

50 oed sy'n ailymuno â'r farchnad swyddi, yn ogystal â sgiliau isel a chyflyrau iechyd hirdymor. Mae profi bod gwahaniaethu ar sail oed yn digwydd y tu hwnt i amheuaeth yn anodd, ac ychydig iawn o achosion sy'n cyrraedd tribiwnlysoedd; fodd bynnag, yn 2001 cynhaliodd y Sefydliad Siartredig Personél a Datblygu arolwg o oedraniaeth yn y gweithle, a darganfod bod 10 y cant o'r ymatebwyr yn credu bod eu ceisiadau am swyddi wedi cael eu gwrthod ar sail oedran, ond doedden nhw ddim yn gallu profi bod hynny'n wir. Awgrymodd ail arolwg yn 2003 fod dros 30 y cant o weithwyr a oedd wedi cwyno am wahaniaethu yn dweud ei fod ar sail oedran, o'i gymharu â 2 y cant a ddywedodd ei fod ar sail hil. Yn 2009, cafodd Achim Beck ei ddiswyddo o rôl a oedd yn talu cyflog uchel mewn banc yn y ddinas, a daeth y tribiwnlys cyflogaeth i'r casgliad ei fod wedi'i ddiswyddo'n annheg ar sail oedran. Dywedodd ei gyfreithwyr mai'r peth a oedd yn gwneud yr achos yn anarferol oedd bod tystiolaeth ddogfennol yn cefnogi honiad Mr Beck o wahaniaethu.

Erbyn hyn, nid yw'n gyfreithiol rhoi terfyn oedran ar hysbysebion swyddi, felly nid yw gwahaniaethu clir ar sail oed yn cael ei dderbyn. Fodd bynnag, yn ôl Adroddiad Pwyllgor Seneddol Dethol yn 2004, mae consensws cyffredinol nad yw herio gwahaniaethu ar sail oed mor hawdd â herio mathau eraill o wahaniaethu. Yn yr 1980au, polisi'r llywodraeth oedd annog pobl hŷn i ymddeol i ddarparu cyfleoedd gwaith ar gyfer pobl ifanc. Felly, roedd agwedd llawer o reolwyr y dylai hen weithwyr wneud lle ar gyfer gweithwyr ifanc wedi hen ymsefydlu. Roedd tystiolaeth gan yr undebau llafur yn yr un adroddiad yn awgrymu bod gweithwyr hŷn wedi cael eu diswyddo oherwydd bod cyflogi pobl iau'n rhatach, a'u diswyddo'n ddrutach. Daeth yr adroddiad i'r casgliad bod cryn dipyn o wahaniaethu ar sail oed yn digwydd yn y gweithle, ond ei fod ar ffurf polisïau ac arferion yn hytrach nag yn wahaniaethu uniongyrchol, ac felly ei fod yn sefydliadol. Daeth George et al., ar ran Sefydliad Joseph Rowntree (2015), i'r casgliad bod gweithwyr hŷn yn fwy tebygol o gael eu cyflogi'n rhan amser neu fod ar gontractau anarferol neu rai dim oriau, a bod ganddyn nhw lai o fynediad at hyfforddiant. Roedden nhw'n honni bod sgiliau a phrofiad y gweithwyr hŷn yn cael eu tanddefnyddio gan gyflogwyr.

Ymchwil

Cynhaliodd Davidson a Rossall (2014) adolygiad yn crynhoi'r dystiolaeth ysgrifenedig o unigrwydd ac arwahanrwydd cymdeithasol wrth i bobl heneiddio ar gyfer yr elusen *Age UK*. Er bod mesur **unigrwydd** yn wrthrychol yn anodd, mae tystiolaeth o wahanol fathau o ymchwil yn dangos bod rhwng 6 ac 13 y cant o bobl dros 65 oed neu'n hŷn yn dweud eu bod yn teimlo'n unig. Mae hyn yn cael effaith ar iechyd meddwl, lle mae cysylltiad rhwng unigrwydd ac iselder. Mae ffactorau sy'n cyfrannu at unigrwydd yn cynnwys oedran, rhywedd, statws priodasol a threfniadau ar gyfer tai. Mae'r rhai sy'n cael gofal preswyl yn teimlo'n fwy unig na'r rhai sydd yn y gymuned, ac mae menywod yn fwy tebygol na dynion o fod yn unig, ond mae'n bosibl bod hyn oherwydd bod ganddyn nhw ddisgwyliad oes hirach.

a) Sut byddech chi'n ceisio gweithredoli'r term **unigrwydd** ar gyfer arolwg?

b) Pam rydych chi'n meddwl y gallai fod yn bwysig astudio effeithiau arwahanrwydd cymdeithasol ar yr henoed yn ein cymdeithas?

c) Awgrymwch resymau pam gallai profi gwahaniaethu ar sail oedran yn y gweithle fod yn anodd.

ch) Sut byddech chi'n ceisio darganfod cysylltiad rhwng oedraniaeth a gwahaniaethu yn y gwaith pe na bai unrhyw gyfyngiad ar amser, cefnogaeth nac arian wrth i chi wneud eich project ymchwil?

Ysgrifennu estynedig

Nodwch dystiolaeth o **anghydraddoldeb oedran mewn un maes o fywyd yn y DU gyfoes. (Chewch chi ddim cyfeirio at faes o fywyd sydd wedi cael ei gyflwyno yn y pwnc hwn.)**

Arweiniad: Gallai trosedd fod yn faes defnyddiol i'w ystyried gan fod astudiaethau'n awgrymu bod pobl hŷn yn llawer llai tebygol o gael eu heuogfarnu na phobl ifanc. Maes arall fyddai grym a chynrychiolaeth wleidyddol. Yn yr achosion hyn, nid yw pobl hŷn o reidrwydd yn dioddef gwahaniaethu; mae'n bosibl mai nhw yw'r rhai sy'n elwa arno. Gallech chi ddewis maes o fywyd o'r *European Social Survey* 2011, a oedd yn trafod gwaith, crefydd, gwleidyddiaeth a pherthnasoedd (http://www. europeansocialsurvey.org/). Daeth yr arolwg i'r casgliad bod gan Brydain hanes gwael o ran gwahaniaethu ar sail oed o'i chymharu â gwledydd eraill Ewrop. Cafodd yr arolwg ei drafod mewn nifer o bapurau newydd ar y pryd, felly defnyddiwch beiriant chwilio i leoli a chrynhoi tystiolaeth yn ogystal â chanfyddiadau'r arolwg. Mae crynodeb ar wefan *Age UK*.

Ysgrifennwch tua 250 gair.

Gwiriwch eich dysgu eich hun

Cywir neu anghywir? Trafodwch eich atebion gyda'ch partneriaid astudio.

a) Mae hanner gwariant y GIG ar ysbytai a chynlluniau iechyd yn y gymuned ar gyfer pobl dros 65 oed.		
b) Mae pobl dros 50 oed yn grŵp o brynwyr mawr sy'n gwario mwy nag unrhyw grŵp oedran arall ar nwyddau.		
c) Mae mwy o bobl dros 60 oed yn y DU nag sydd o rai dan 16 oed.		
ch) Mae pobl hŷn yn fwy tebygol na phobl ifanc o fwyta deiet iach llawn ffrwythau a llysiau.		
d) Mae pobl hŷn yn y DU yn fwy agored i farw o gyflyrau sy'n gysylltiedig â'r oerfel na phobl hŷn yng ngweddill Ewrop.		
dd) Mae gan dros 40 y cant o bobl dros 65 oed ryw fath o gyflwr iechyd neu salwch sy'n cyfyngu.		

Nodau

◉ Ystyried yr hyn sy'n debyg a'r hyn sy'n wahanol rhwng cysyniadau o wyredd a throsedd

Mae gan bob diwylliant set o reolau yn ymwneud â'r hyn sy'n cael ei ddiffnio'n dderbyniol a'r hyn nad yw'n dderbyniol. Mae rhai o'r rheolau'n cael eu hysgrifennu ar ffurf cyfreithiau, ond cael eu derbyn yn gyffredinol y mae eraill Mae'r rheolau hyn yn amrywio yn ôl y diwylliant, felly mae'n bosibl nad yw rhywbeth sy'n dderbyniol mewn un diwylliant yn dderbyniol mewn un arall. Mae trosedd yn digwydd pan fydd cyfraith yn cael ei thorri. Gwyredd yw pan fydd rheol gymdeithasol yn cael ei thorri. Gall canlyniadau cymdeithasol torri cyfraith, neu gael eich ystyried yn 'wyrdroëdig' gan eraill, fod yr un mor ddinistriol, ond mewn ffyrdd gwahanol. Mewn gwirionedd, mae diffinio gweithred yn un droseddol neu wyrdroëdig yn rhan o broses gymdeithasol ehangach, sef rheolaeth gymdeithasol, lle mae rhai ymddygiadau'n cael eu gweld yn normal, ond rhai eraill yn annerbyniol. Bydd pa mor dderbyniol yw'r ymddygiad yn dibynnu ar y person sy'n ymddwyn yn y ffordd honno, ym mha le mae ef/hi pan fydd yn ymddwyn felly, y diwylliant a'r cyfnod y digwyddodd yr ymddygiad, a hyd yn oed amgylchiadau cymdeithasol yr ymddygiad. Felly, bydd pryd, ble, sut a phwy sy'n cyflawni unrhyw weithred (e.e. gwisgo sgert), yn pennu sut bydd pobl eraill yn ymateb iddo/iddi. Canlyniad hyn yw bod cymdeithasegwyr yn credu bod trosedd a gwyredd yn lluniadau cymdeithasol.

Gwneud i chi feddwl

Mae sgert yn ddilledyn allanol sy'n mynd o gwmpas y corff ac yn hongian i lawr y coesau. Mae'r lluniau i gyd yn dangos pobl mewn sgert. O dan ba amodau y mae sgert yn cael ei hystyried yn 'normal'? O dan ba amodau dydy hi ddim yn normal? Yn Ffrainc yn 2015, dywedodd barnwr ei bod yn anghyfreithlon gwisgo sgert hir yn yr ysgol gan ei bod yn rhy grefyddol.

Trosedd, gwyredd a rheolaeth gymdeithasol

Rheolaeth gymdeithasol yw'r broses o reoli gweithredoedd pobl, eu hymddygiad, sut maen nhw'n edrych, a hyd yn oed sut maen nhw'n meddwl, yn gymdeithasol. Mae'n bosibl gwneud hyn mewn tair ffordd:

◉ **Gorfodaeth:** Mae pobl yn cael eu gorfodi i ymddwyn mewn ffyrdd penodol drwy ofni cosb (neu sancsiynau).
◉ **Cyfreithloni:** Mae pobl yn cael eu hyfforddi i gredu, drwy'r broses o gymdeithasoli, fod rhai gweithredoedd yn dderbyniol ac eraill yn llai derbyniol.
◉ **Mewnoli:** Mae rhai rheolau'n mynd yn gymaint rhan o feddwl unigolyn nes nad yw'n bosibl eu torri oherwydd eu bod yn rhan o hunaniaeth yr unigolyn.

Mae dwy ffurf ar reolaeth gymdeithasol:

1. **Rheolaeth gymdeithasol ffurfiol** yw pan fydd rheolau penodol (cyfreithiau), ac mae pobl sy'n torri'r rheolau hyn yn cael eu cosbi'n unol â set gyfreithiol glir o egwyddorion neu ganllawiau. Mae methu â dilyn y rheolau hynny, a'r posibilrwydd o dderbyn euogfarn mewn llys, yn gwneud gweithred yn drosedd.
2. Mae **rheolaeth gymdeithasol anffurfiol** yn cynnwys y rheolau anysgrifenedig, fel normau, moesau a gwerthoedd rydyn ni'n eu defnyddio i reoli ein hymddygiad. Bydd y rhai sy'n torri rheolau cymdeithasol anysgrifenedig yn gwneud gelynion, yn cael eu gwrthod ac o bosibl yn cael eu bwlio gan y bobl o'u cwmpas. Mae methu â dilyn y rheolau anysgrifenedig yn wyredd. Fodd bynnag, nid yw gwyredd mor ddu a gwyn ag ymddygiad troseddol, felly mae'n haws mewn llawer o ffyrdd cael eich ystyried yn wyrdroëdig gan bobl eraill, heb i chi wybod, na bod yn droseddwr.

Felly mae ymddygiad troseddol a gwyredd yn gysylltiedig ond nid yr un cysyniad yn union ydyn nhw. Mae trosedd yn

Dysgu gweithredol

Gwelodd arolwg gan y Swyddfa Gartref o fwrgleriaid oedd yn oedolion yn Rochdale yn 1998 fod y rhan fwyaf ohonyn nhw'n cerdded i mewn i'r cartrefi roedden nhw eu bwrglera, a bod o leiaf chwarter ohonyn nhw'n adnabod y bobl a oedd yn byw yn y tŷ. Ar y cyfan, roedd y bwrglera'n digwydd yn ystod y dydd, ac roedd llawer o fwrgleriaid yn gwirio'r tŷ drwy ganu cloch y drws cyn mynd i mewn. Mewn llawer o achosion, roedd cymdogion wedi mynd mor bell â dweud wrth y bwrgleriaid pa dai roedd yn werth mynd i mewn iddyn nhw. Trafodwch gyda'ch partneriaid astudio sut byddech chi'n defnyddio'r wybodaeth am y pwnc hwn a chanfyddiadau'r arolwg i reoli cyfradd bwrglera yn eich tref eich hun.

ddibynnol ar y gyfraith, sy'n ei gwneud yn anhyblyg, ond fel arfer mae gwyredd yn ddibynnol ar y cyd-destun.

- Gall rhai gweithredoedd fod yn wyrdroëdig heb fod yn droseddol, er enghraifft gwisgo dillad priodas wrth arddio.
- Mae rhai gweithredoedd yn droseddol ond heb fod yn wyrdroëdig: er enghraifft, nid yw goryrru ychydig dros y terfyn cyflymder yn wyrdroëdig yng ngolwg y rhan fwyaf o bobl, ond bydd yn arwain at ddirwy a phwyntiau ar drwydded.
- Mae rhai gweithredoedd yn droseddol ac yn wyrdroëdig, ond fel arfer mae'r rhain yn droseddau difrifol iawn fel llofruddiaeth neu drais.

Sancsiynau

Mae sancsiynau yn ymatebion cymdeithasol i ymddygiadau:

- Mae gan reolau ffurfiol wobrau a chosbau ffurfiol, fel dyrchafiad yn y gwaith neu fedalau a thystysgrifau am ymddygiad da. Mae'n bosibl y bydd ymddygiad troseddol yn arwain at fynd i'r carchar, dirwyon, a hyd yn oed marwolaeth mewn rhai cymdeithasau.
- Mae gan reolau anffurfiol wobrau a chosbau mwy anffurfiol, felly os cewch chi eich ystyried yn 'dda', mae'n bosibl y byddwch chi'n cael eich gwahodd i bartïon a bydd pobl yn prynu diodydd i chi ac yn eich trin yn dda. Fodd bynnag, mae'n bosibl y bydd gwyrdroëdigion yn cael eu gwrthod, eu cam-drin a'u herlid ac y byddan nhw'n unig.

Damcaniaeth rheolaeth

Durkheim, trosedd a gwyredd

Roedd Durkheim yn un o'r cyntaf i astudio trosedd o safbwynt cymdeithasegol. Roedd yn honni mai'r enw ar gredoau a gwerthoedd cyffredinol cymdeithas oedd 'cydwybod ar y cyd'. Roedd yn credu bod y gyfraith yn cynrychioli'r barn gyffredinol cymdeithas, felly roedd bod yn droseddwr yn tramgwyddo credoau cryfaf y gydwybod ar y cyd. Mae'r troseddwr yn cael ei gosbi er mwyn rhoi cyfle i'r rhai nad ydyn nhw'n droseddwyr sefyll gyda'i gilydd yn gymdeithasol a gwneud esiampl o'r rhai sy'n torri rheolau.

Hirschi a damcaniaeth rheolaeth

Datblygodd damcaniaeth rheolaeth o syniadau Durkheim a safbwynt swyddogaethol, ac mae'n ymwneud â chydymffurfiaeth gymdeithasol. Yn ôl Hirschi, o ystyried bod llawer o weithredoedd troseddol neu wyrdroëdig o fudd i'r troseddwr mewn gwirionedd, mae'n syndod cyn lleied o drosedd a gwyredd sydd. Mae'n dadlau bod pobl yn rhesymol, ac os ydyn nhw'n credu bod ganddyn nhw fwy i'w golli drwy droseddu nag sydd i'w ennill, cydymffurfio y byddan nhw. Os bydd un o'r pedair elfen o glymau cymdeithasol yn cael ei thorri, neu os yw'n wan, mae'n bosibl y bydd unigolyn yn teimlo bod ganddo fwy i'w ennill nag i'w golli drwy droseddu, ac felly, bydd yn gweithredu'n droseddol.

Dyma'r clymau cymdeithasol y mae'n bosibl eu torri:

- **Ymlyniadau wrth bobl eraill** sy'n dangos agweddau ac ymddygiadau confensiynol.
- **Ymrwymiad i gydymffurfio.** Rydyn ni'n ennill statws drwy weithgareddau confensiynol ac yn buddsoddi amser ac ymdrech ynddyn nhw, ac felly rydyn ni'n eu gwerthfawrogi nhw.
- **Cymryd rhan mewn gweithgareddau confensiynol.** Rydyn ni mor brysur yn ymddwyn yn gonfensiynol nad oes gennym ni'r amser i ystyried nac i gyflawni gweithredoedd gwyrdroëdig.
- **Cred ym moesoldeb a dilysrwydd rheolau cymdeithasol.** Mae gan unigolion gred foesol gryf y dylen nhw ufuddhau i reolau cymdeithas gonfensiynol.

Ysgrifennu estynedig

Esboniwch y gwahaniaeth rhwng trosedd a gwyredd.

Arweiniad: Mae hwn yn gwestiwn â dwy ran, ac o ran techneg arholi, mae'n fwy anodd nag y mae'n ymddangos. Mae angen i chi nid yn unig ddangos gwybodaeth am drosedd a gwyredd ond hefyd allu dangos dealltwriaeth drwy nodi gwahaniaethau rhwng y ddau syniad. Felly, peidiwch â cheisio ysgrifennu popeth rydych chi'n ei wybod am bob un ac wedyn crynhoi â brawddeg. Bydd angen i chi ganolbwyntio ar un neu ddau bwynt penodol a'u cyfleu'n glir ac yn dda a chynnwys enghreifftiau penodol a chyfeiriadau at gymdeithasegwyr, o bosibl y rhai rydych chi wedi'u hastudio rywle arall yn y cwrs.

Ysgrifennwch tua 200 gair.

Gwella sgiliau

Mae nawr yn adeg dda i fynd yn ôl at eich nodiadau UG am gymdeithasoli a rheolaeth gymdeithasol lle byddwch chi'n gweld llawer o'r pwyntiau hyn yn cael eu gwneud.

Dysgu gweithredol

Trafodwch gyda'ch dosbarth a fyddech chi'n rhoi'r gweithredoedd canlynol ar y diagram Venn, ac os felly, ble: parcio ar linell felen, trais yn y cartref, paedoffilia, ysmygu mewn adeilad cyhoeddus, trolio ar lein, anwybyddu ciw, rhyw cyn priodi, cael erthyliad, bwlio, bwyta yn y dosbarth.

troseddol

gwyrdroëdig

Trosedd a gwyredd

Dysgu gweithredol

Cymdeithas sy'n troseddu'n fwy? Rhwng 2009 a 2014, cafodd 1785 o droseddau newydd eu creu gan gyfreithiau a gafodd eu pasio ym Mhrydain. Os yw nifer y cyfreithiau i'w torri'n cynyddu, beth sy'n debygol o ddigwydd i nifer y troseddau a throseddwyr mewn cymdeithas?

Trosedd a gwyredd

Dysgu gweithredol

Ym mis Medi 2015, cafodd llun o John Terry, capten tîm pêl-droed Chelsea a oedd yn ennill £150,000 yr wythnos, ei dynnu yn parcio mewn man parcio anabl ... ar ôl iddo gael ei feirniadu am wneud yr un peth saith mlynedd yn gynharach.

Mwy o wybodaeth: http://www.dailymail.co.uk/news/article-3251349/That-s-foul-John-150-000-week-Chelsea-captain-parks-disabled-bay-blasted-doing-thing-seven-years-before.html#ixzz3uI8wPkJZ

A yw John Terry'n droseddwr, yn wyrdroëdig neu'r ddau? Trafodwch mewn parau.

P ♿
Deiliaid bathodyn anabledd yn unig
Terfyn o 3 awr

YMESTYN a HERIO

Roedd perthnasoedd cyfunrywiol yn anghyfreithlon yng Nghymru a Lloegr tan yr 1960au hwyr. Ni chawson nhw eu cyfreithloni yn yr Alban ac Iwerddon tan yr 1980au. Cafodd y priodasau cyntaf rhwng pobl o'r un rhyw eu cynnal yn y DU yn 2014, ond nid yw Gogledd Iwerddon yn cydnabod bod priodasau rhwng pobl o'r un rhyw yn gyfreithlon o hyd. Beth mae'r newidiadau yn y gyfraith yn ei ddweud wrthon ni am y berthynas rhwng diwylliant cymdeithas a'i chyfreithiau?

Dysgu annibynnol

Dysgwch fwy am fywyd yn y carchar yn y DU. Mae gan Ymddiriedolaeth Diwygio'r Carchardai a Gwasanaeth Carchardai Ei Mawrhydi wefannau da iawn a gwybodaeth ychwanegol. Beth mae hyn yn ei ddweud wrthych chi am ganlyniadau cael eich labelu yn droseddwr yn ein cymdeithas ni?

Ymchwil

Yn 2004, pan ddaeth hi'n amlwg bod milwyr Americanaidd a oedd yn gwarchod carcharorion Irac yng Ngharchar Abu Ghraib wedi cymryd rhan mewn arteithio, roedd pobl yn synnu'n fawr. Yn systematig, roedd gardiaid yr heddlu wedi cam-drin carcharorion yn gorfforol ac yn rhywiol. Roedd ffotograffau wedi'u tynnu ac fe gawson nhw eu cyhoeddi. Roedd cyhuddiadau o lofruddiaeth a lladrata. Mae arteithio yn erbyn rheolau rhyngwladol rhyfel, ac mae'n amlwg ei fod yn erbyn rheolau America ar gyfer ymddygiad mewn rhyfel. O safbwynt ffeministaidd, astudiodd Caldwell (2012) achosion llys dwy fenyw o UDA a oedd yn filwyr ac yn rhan o'r sgandal. Defnyddiodd hi drawsgrifiadau o'r llys a siaradodd â'r menywod. Mae hi'n dadlau bod y ddwy fenyw wedi cael eu gwneud yn fychod dihangol gan fod dynion uwch eu statws wedi gorchymyn eu bod yn sefyll mewn ystum neilltuol ar gyfer y lluniau.

a) Nodwch ac esboniwch **un** rheswm pam penderfynodd yr ymchwilydd gynnal cyfweliadau â'r diffynyddion.

b) Esboniwch **ddau** wendid cyfweld â'r ddau ddiffynnydd Americanaidd yn yr achos llys.

Gwiriwch eich dysgu eich hun

Ystyriwch y gosodiadau canlynol am drosedd a rhowch farc allan o ddeg iddyn nhw yn ôl faint rydych chi'n cytuno â nhw. Ar ôl i chi wneud hynny, trafodwch eich penderfyniadau terfynol gyda phartner astudio. Does dim un ateb cywir; trafod sy'n bwysig.

a)	Weithiau gall troseddu fod er lles y gymdeithas.	
b)	Nid yw pob gweithred droseddol cynddrwg â'i gilydd.	
c)	Mae pobl ond yn ufuddhau i reolau oherwydd eu bod nhw ar eu hennill.	
ch)	Byddwn i'n troseddu pe bawn i wir yn anghytuno â'r ddeddf honno.	
d)	Mae deddfau'n adlewyrchu safbwyntiau'r elît sy'n rheoli'r gymdeithas a dydyn nhw ddim yn adlewyrchu fy mhrofiadau i o'r gymdeithas.	
dd)	Mae moesau'n bodoli er budd pobl gyfoethog.	
e)	Dylen ni gosbi troseddwyr mor llym ag y bo modd i sicrhau nad ydyn nhw'n ailadrodd eu hymddygiad.	
f)	Yr unig ffordd waraidd o ymdrin â throseddwyr yw eu diwygio er mwyn iddyn nhw weld bod yr hyn maen nhw wedi'i wneud yn anghywir.	

Trosedd a gwyredd

Pwnc 2: Trosedd a'r cyfryngau

Gwneud i chi feddwl

Gofynnwch i bobl ddisgrifio sut mae troseddwr yn edrych. Yna gofynnwch iddyn nhw ddisgrifio ditectifs a swyddogion yr heddlu. Sut ddisgrifiadau ydyn nhw? I ba raddau y maen nhw'n stereoteipiau o'r hyn mae pobl yn ei weld ar y teledu neu mewn ffilmiau? Wrth i chi ddysgu mwy am drosedd, efallai byddwch chi am ofyn i chi'ch hun pa mor gywir yw'r delweddau hyn.

Y cyfryngau: creu trosedd

Mae sianeli teledu cyfan yn canolbwyntio'n llwyr ar drosedd, ac mae papurau newydd yn llenwi eu colofnau â storïau am drosedd ac ymddygiadau gwyrdroëdig. Mae pobl, yn enwedig ffeministiaid, yn cyhuddo disgrifiadau ffuglennol o drosedd yn y cyfryngau (mae llawer o ddramâu trosedd ar y teledu drwy'r amser) o gyflwyno darlun o drosedd sy'n anghywir ac weithiau'n orhudolus, yn enwedig trosedd yn erbyn menywod. Fodd bynnag, yn aml mae pobl yn gweld bod y cyfryngau hefyd yn defnyddio ofn troseddau naill ai'n ffordd o werthu eu storïau neu'n ffordd o ddelio ag agweddau gwleidyddol. Felly, mae'n bosibl y byddan nhw'n stigmateiddio rhai grwpiau, yn enwedig pobl ifanc, y dosbarth gweithiol, neu bobl ddu a lleiafrifoedd ethnig. O ganlyniad i hyn, mae pobl yn datblygu safbwyntiau am drosedd sy'n groes i realiti trosedd yn ôl data ystadegol gwahanol droseddau.

Y cyfryngau: camddarlunio trosedd

Mae nifer o astudiaethau wedi dangos bod papurau newydd Prydain yn rhoi llawer iawn o sylw yn eu colofnau i drosedd. Amcangyfrifodd Williams a Dickinson (1993) fod papurau newydd yn rhoi tua 30 y cant o'u sylw i drosedd, ac awgrymodd Ericson yn ei astudiaeth (1991) o allfeydd cyfryngau Canada fod rhwng 45 a 70 y cant o newyddion yn ymwneud â throsedd.

Cynrychioliadau o droseddwyr ym myd adloniant

Mae nifer o sylwebyddion y cyfryngau'n nodi bod y ffordd y mae troseddwyr yn cael eu portreadu mewn ffuglen yn aml yn gamarweiniol iawn. Mae troseddwyr yn cael eu portreadu'n bobl gyfrwys a chlyfar neu'n rhai sy'n byw bywydau cyffrous, ond mae'r realiti'n llawer mwy diflas. Hefyd, mae troseddwyr yn aml yn arwyr gemau cyfrifiadurol neu ffilmiau.

Mae nifer o erthyglau wedi awgrymu bod twyllresymiadau (credoau anghywir ar sail sylw yn y cyfryngau) am drosedd yn cynnwys:

- **Twyllresymiad am effeithlonrwydd yr heddlu:** Mae'r plismon yn dal ei ddyn bob amser. Mewn gwirionedd, nid yw'r rhan fwyaf o droseddau'n cael eu datrys: er enghraifft, mae llai na chwarter yr achosion o dorri i mewn i dai yn arwain at erlyn troseddwr (Smith, Taylor ac Elkin, 2013).
- **Twyllresymiad dramatig:** Yn aml, mae storïau trosedd yn canolbwyntio ar lofruddiaeth a thrais, ond mae'r troseddau hyn yn brin, ac fel arfer cweryla neu ymladd sy'n arwain atynt (Felson, 2013, 2014).
- **Twyllresymiadau am ddyfeisgarwch:** Yr awgrym bod troseddwyr yn cynllunio eu gweithrediadau a'u bod yn glyfar. Fodd bynnag, manteisio ar gyfle y mae'r rhan fwyaf o droseddwyr, ac felly gweithredu'n fyrbwyll y maen nhw, gan gymryd llai na munud, o bosibl, i gyflawni trosedd, yn hytrach na chynllunio'r weithred ymlaen llaw.

Nodau

- Ystyried y berthynas rhwng y cyfryngau a chanfyddiad aelodau'r cyhoedd o drosedd a'u hymateb iddo

Yn ffodus, yn achos llawer ohonon ni, o'r cyfryngau y mae'r unig brofiadau a gawn ni o drosedd yn dod. Mae hyn yn golygu ein bod yn datblygu safbwynt am drosedd ac ymddygiad troseddol sydd naill ai'n seiliedig ar brofiadau personol, ac o ganlyniad yn annibynadwy ac yn anghynrychiadol, neu o'r cyfryngau, lle mae gwybodaeth yn gallu dangos ochr ac yn cael ei thrin cyn i ni gael mynediad ati. Mae trosedd a gwyredd yn lluniadau cymdeithasol: safbwyntiau wedi'u datblygu'n gymdeithasol ynglŷn â pha ymddygiadau sy'n dderbyniol a pha rai nad ydyn nhw'n dderbyniol. Yn yr un modd, mae'r delweddau sydd gennym ni am natur trosedd hefyd yn lluniadau cymdeithasol ac yn aml yn dod o'r cyfryngau yn hytrach nag o'n profiad personol ni.

Gwella sgiliau

Os diwylliant ieuenctid astudioch chi ar gyfer UG, byddwch chi'n gyfarwydd â'r dadleuon hyn. Ond os teuluoedd astudioch chi, efallai byddwch chi am droi at yr adran am ddiwylliant ieuenctid yn eich llyfr UG, Pwnc 7, tudalen 156 i wneud ychydig o ddarllen cefndir. Edrychwch am gyfeiriadau at Stan Cohen a phanig moesol.

Dysgu annibynnol

Cymerwch bapur newydd neu gylchgrawn sy'n rhestru rhaglenni teledu, ac amlygwch y storïau a'r rhaglenni sy'n seiliedig ar drosedd. Edrychwch ar y storïau trosedd ac ystyriwch lle maen nhw wedi'u gosod yn y papur newydd. Sut mae'r troseddwyr yn cael eu portreadu? Cyfrifwch faint o le sy'n cael ei roi i drosedd a gwyredd. Beth mae hyn yn ei ddweud am ddiddordeb brwd y cyhoedd mewn trosedd?

Dysgu annibynnol

Siaradwch ag unrhyw un sy'n gweithio mewn siop am eu profiadau o drosedd a dwyn o siopau. Sut mae pobl yn dwyn o siopau? Beth sy'n debygol o gael ei ddwyn? Pwy sy'n cael ei ddal? Ym mha ffordd mae eu profiadau o drosedd go iawn yn wahanol i'r delweddau yn y cyfryngau?

YMESTYN a HERIO

Edrychwch ar erthygl ar-lein gan Jack Katz i weld adroddiad am ymchwil yn UDA i newyddion am drosedd yn y cyfryngau

http://www.distancelearningcentre.com/access_2014/materials/Criminology/Content_analysis/WhatMakesCrimeNews.pdf

Gwerthoedd y newyddion a'r sylw i drosedd

Mae sianeli ac allfeydd newyddion yn dewis pa storïau i adrodd amdanyn nhw, ac mae eu dewisiadau'n cael eu rheoli gan yr hyn y mae golygyddion yn ei ystyried yn ddiddorol neu sy'n haeddu bod yn y newyddion. Edrychodd Galtung a Ruge (1965, 1973) ar werthoedd newyddion yn gyffredinol a nodon nhw nifer o nodweddion, er enghraifft cynnwys dramatig, cyd-destun negyddol a sydynrwydd, a oedd yn gwneud i ddigwyddiadau fod yn rhai tebygol ar gyfer storïau newyddion. Yn 1977, daeth Chibnall i'r casgliad bod y rhan fwyaf o storïau newyddion yn sôn am drosedd ddi-drais, ond yn 2001 dangosodd Reiner at al. fod llai o bobl yn adrodd am y math hwn o drosedd. Yn y blynyddoedd diwethaf, mae darlledu newyddion wedi'i seilio ar droseddau newydd. Mae'r rhain yn cynnwys cythraul gyrru, dwyn manylion personol, stelcian a throlio.

Er ei bod yn debygol y bydd unrhyw stori am drosedd yn cael sylw, mae'n bosibl y bydd newyddiadurwyr yn edrych am 'ongl' neu 'ogwydd' er mwyn gwneud i stori gyffredin ymddangos yn fwy diddorol. Felly, byddan nhw'n edrych am gynnwys rhywiol neu'n honni bod risg 'gynyddol'. Mae rhai adegau o'r flwyddyn yn dawelach na'i gilydd o ran newyddion gwleidyddol: er enghraifft, yn y DU yr enw ar y cyfnod pan fydd gwleidyddion yn mynd ar wyliau yw'r 'tymor twp', oherwydd bod llai'n digwydd ac mae papurau newydd yn edrych am storïau neu hyd yn oed yn creu storïau. Roedd enghraifft enwog yn *The Sun* ym mis Gorffennaf 2003 a oedd yn honni bod ceiswyr lloches yn dwyn elyrch y Frenhines i'w rhoi ar farbeciw. Dangosodd Nick Medic nad oedd unrhyw dystiolaeth i gefnogi honiad o'r fath, ac o ganlyniad cafodd y stori ei thynnu'n ôl. Fodd bynnag, mae wedi cael ei hailadrodd nifer o weithiau ers hynny. Mae hyn yn cefnogi'r safbwynt bod y sylw sy'n cael ei roi yn y newyddion i drosedd yn debygol o fod â thuedd.

Mae nifer o linynnau i'r syniad ei bod yn bosibl bod y cyfryngau'n achosi ymddygiadau troseddol:

- Mae honiad bod y cyfryngau'n cymdeithasoli pobl ifanc, yn enwedig dynion ifanc, i werthoedd moesol sy'n peri iddyn nhw ymddwyn mewn ffordd droseddol. Mae nifer o ddadleuon yn cael eu cynnig a nifer o brosesau'n cael eu hawgrymu. Roedd astudiaeth seicolegol gan Albert Bandura (1977) yn un enwog iawn, ond nid yw'n bosibl ei hailadrodd am resymau moesegol, ac mae honiadau bod yr achos wedi'i orbwysleisio ar y pryd. Mae rhai wedi honni hefyd fod cysylltiadau rhwng troseddau enwog a chynnyrch y cyfryngau. Fodd bynnag, nid oes llawer o dystiolaeth mewn astudiaethau academaidd i gefnogi Bandura. Mae cymdeithasegwyr yn dadlau nad yw'r cysylltiad yn gryf, os yw'n bodoli o gwbl, oherwydd bod y rhan fwyaf o bobl yn gwylio ffilmiau treisgar ond ychydig iawn sy'n mynd yn eu blaen i fod yn droseddwyr. Felly, beirniadaeth fawr o ddamcaniaeth Bandura yw bod ein hymateb i gynnyrch y cyfryngau'n amrywio yn ôl ein hoedran, ein rhywedd, ein hethnigrwydd, ein dosbarth cymdeithasol a'r addysg a gawsom ni.
- Roedd Stan Cohen yn dadlau bod y cyfryngau'n gorymateb i ddigwyddiadau. Edrychodd ar yr achos o ymladd rhwng Mods a Rocers, dau ddiwylliant ieuenctid yn yr 1960au, a daeth i'r casgliad bod y cyfryngau'n creu'r union broblem roedden nhw'n ei disgrifio. Yr enw ar y broses oedd 'ymhelaethiad o wyredd':
  1. Mae goradrodd am weithgareddau troseddol yn creu panig moesol.
  2. Mae'r troseddwyr yn dod yn 'ddiawliaid y werin'.
  3. Mae pobl fel yr heddlu'n dod yn warchodwyr neu'n entrepreneuriaid moesol ac yn gorymateb i'r hyn maen nhw'n ei ystyried yn fygythiad i'r gymdeithas.
  4. Mae diddordeb yn yr achos yn peri i fwy o bobl ymddwyn mewn ffordd wyrdroëdig, ac i eraill nodi enghreifftiau ehangach o weithgarwch gwyrdroëdig, ac o ganlyniad yn creu rhagor o euogfarnau troseddol a gweithgarwch troseddol.

Ysgrifennu estynedig

Esboniwch y cysylltiadau rhwng y cyfryngau a throsedd.

Arweiniad: Mae'r cwestiwn hwn yn disgwyl i chi gasglu nifer o syniadau gwahanol at ei gilydd. Mae'n debyg mai'r peth pwysicaf y bydd angen i chi ei ystyried yw'r syniad bod y cyfryngau'n ffurfio rhan o luniad cymdeithasol trosedd. Maen nhw'n diffinio pa weithredoedd sy'n cael eu hystyried yn wyrdroëdig neu'n annerbyniol. Yn ogystal, nodwch fod pobl yn cael eu hudo gan drosedd ac ymddygiadau gwyrdroëdig. Fodd bynnag, mae problem yn yr ystyr bod y ffordd y mae'r cyfryngau'n cynrychioli trosedd yn anghywir, yn canolbwyntio ar y dramatig, ac mewn rhai achosion yn annibynadwy neu'n ddi-sail. Mae'r hyn y mae'r newyddion ac adloniant yn eu hystyried yn werthoedd yn dylanwadu ar ba droseddau sy'n cael sylw. Gallech chi ddweud mai effaith hyn yw peri i rai pobl sy'n agored i niwed gael eu cyfareddu gan ymddygiad troseddol ac mae rhai'n dadlau bod rhai pobl yn efelychu'r hyn maen nhw'n ei weld yn y cyfryngau. Pwynt arall y gallech chi ei wneud yw bod y cyfryngau'n creu trosedd yn gyson drwy oradrodd, sy'n creu ymateb cymdeithasol rydyn ni'n ei alw'n banig moesol; mae gorliwio adroddiadau yn creu ymddygiad troseddol a gorymateb iddo.

Ysgrifennwch tua 200 gair.

Dysgu annibynnol

Dylech chi edrych ar yr ystadegau canlynol:

http://gov.wales/statistics-and-research/statistical-focus-crime/?lang=cy

Ymchwil

Yn ôl arolwg meintiol a gafodd ei gyhoeddi gan y Sefydliad Ystadegau Brenhinol yn 2013, ac a gafodd ei gynnal gan sefydliad pôl piniwn mawr, sef Ipsos MORI, roedd y farn gyhoeddus am nifer o ffeithiau allweddol am y gymdeithas ym Mhrydain yn anghywir. Er enghraifft, mae trosedd twyll budd-daliadau'n costio tua 70c ar gyfer pob £100 sy'n cael ei dalu, ond mae'r cyhoedd yn credu bod y ffigur tua £24 ar gyfer pob £100 sy'n cael ei dalu, goramcangyfrif difrifol am drosedd. Mae'r rhan fwyaf o bobl yn credu bod trosedd ar gynnydd, gan gynnwys trosedd dreisgar, ond mae data Arolwg Troseddau Cymru a Lloegr yn dangos gostyngiad sylweddol yn y ffigurau. Dywedodd Hetan Shah, cyfarwyddwr y Sefydliad Ystadegol Brenhinol, 'Sut gallwch chi ddatblygu polisi da pan fydd canfyddiad y cyhoedd yn gallu bod mor groes i'r dystiolaeth?'

a) Nodwch ac esboniwch **un** rheswm pam cafodd ymchwil meintiol ei ddefnyddio ar gyfer y project ymchwil hwn.

b) Esboniwch **ddau** wendid data meintiol.

c) Fel myfyriwr Cymdeithaseg Safon Uwch, rydych chi wedi cael cais i ddarganfod yr hyn y mae pobl ifanc yn ei gredu am drosedd yn eich ardal.

   i. Disgrifiwch bob cam o'ch cynllun ymchwil, gan gyfiawnhau'r rhesymau dros eich dewis ar bob cam.

   ii. Trafodwch broblemau a all godi ac effaith y problemau hyn ar ansawdd y data sy'n cael eu casglu.

Dysgu gweithredol

Casglwch ystadegau trosedd ac ychwanegwch nhw at eich nodiadau. Gallwch chi eu defnyddio mewn ymatebion i gwestiynau sy'n gofyn am dystiolaeth o anghydraddoldeb.

Gwiriwch eich dysgu eich hun

Ystyriwch y 'ffeithiau' canlynol am drosedd yn y DU. Ydych chi'n credu eu bod nhw'n gywir neu'n anghywir? Trafodwch eich atebion gyda'ch partneriaid astudio, ac wedyn gwiriwch yr atebion, sy'n seiliedig ar ddata swyddogol am drosedd. Oeddech chi'n synnu? Pam, neu pam ddim?

a) Mae dau o bob tri unigolyn sydd yn y carchar yn ddynion.		**d)** Yn aml, mae dioddefwyr llofruddiaeth yn wyn ac yn ddosbarth canol ac arian sydd wrth wraidd y llofruddio.	
b) Mae twyll budd-daliadau'n fwy o broblem nag osgoi treth.		**dd)** Mae'r rhan fwyaf o bobl sy'n cael eu llofruddio'n bobl hŷn gyfoethog, er enghraifft menywod sy'n cael eu llofruddio am eu harian.	
c) Mae cyfraddau troseddau yng Nghymru a Lloegr yn debyg.		**e)** Fel arfer, mae llofruddiaeth yn cael ei chynllunio'n ofalus ymlaen llaw.	
ch) Dywedodd 10 y cant o'r holl oedolion eu bod wedi dioddef ymosodiad rhywiol yn 2014.		**f)** Mae digwyddiadau treisgar yn cael eu hachosi gan bobl sy'n gaeth i gyffuriau anghyfreithlon sydd am brynu cyffuriau.	

Nodau

◉ Archwilio defnyddioldeb a chyfyngiadau gwybodaeth ystadegol am drosedd

Mae natur trosedd yn golygu bod y rhan fwyaf o drosedd yn gudd ac nad oes gennym lawer o wybodaeth amdani. Rydyn ni'n cyfeirio at drosedd nad ydyn ni'n gwybod llawer amdani fel 'ffigur tywyll trosedd'. Weithiau mae'n bosibl nad yw dioddefwyr hyd yn oed yn sylweddoli bod trosedd wedi'i chyflawni yn eu herbyn (e.e. os ydych chi'n colli ffôn, ai ei ollwng e wnaethoch chi, neu ai rhywun bigodd eich poced?). Mae cymdeithasegwyr yn gallu darganfod llawer am natur trosedd, ond pa ddulliau bynnag maen nhw'n eu defnyddio, maen nhw'n gweithio gydag amcangyfrifon yn hytrach na data cywir oherwydd bod yr holl ddata am drosedd yn wallus am resymau methodolegol. Fodd bynnag, er bod hynny'n cyfyngu arnon ni, rydyn ni'n gwybod am batrymau a thueddiadau troseddu drwy ddefnyddio data gan yr heddlu a'r llywodraeth, astudiaethau hunanadrodd, ac astudiaethau o'r rhai sydd wedi dioddef trosedd. Drwy gyfuno'r tri dull hyn o gasglu data, gallwn ddod i ddeall llawer am batrymau a thueddiadau troseddu a chyfraddau euogfarnu.

Gwella sgiliau

Mae'n demtasiwn i ymgeiswyr ddweud nad yw'n bosibl ymddiried mewn ystadegau swyddogol a ffynonellau gwybodaeth eraill. Nid yw hyn yn hollol wir. Y broblem yw bod rhai pobl yn dod i gasgliadau afresymol ar sail data o'r fath. Er enghraifft, os oes mwy o bobl yn rhoi gwybod am ymosodiadau hiliol, a yw hyn oherwydd bod mwy o droseddau hiliol, neu a yw oherwydd bod mwy o bobl yn credu y bydd yr heddlu'n gweithredu o gael gwybod? Mae'n bosibl bod y naill gasgliad neu'r llall yn gywir, neu'r ddau, a bod y ddau'n cael eu hadrodd yn y cyfryngau.

Pwnc 3: Tystiolaeth ystadegol a throsedd

Gwneud i chi feddwl

Sut gallech chi ddarganfod faint o dorri rheolau sydd yn eich ysgol neu eich coleg? Pe bai angen i chi lunio adroddiad am reolau a thorri rheolau, pa ddulliau y gallech chi eu defnyddio? Pa broblemau y gallech chi ddod ar eu traws wrth ddysgu am dorri rheolau yn ymwneud â thriwantiaeth neu ysmygu ar y safle?

Ystadegau swyddogol a throsedd

Mae'r heddlu ac asiantaethau eraill sy'n ymdrin â throsedd, fel y gwasanaethau cymdeithasol a'r gwasanaeth carchardai, yn cadw cofnodion. Mae'r data hyn ar gael ar nifer o wefannau ac mewn print, ac mae'n cynnwys cyfraddau cofnodi trosedd, cyfraddau euogfarnu, oedran a rhywedd y rhai sy'n cael eu heuogfarnu, a'r gosb a gafodd ei dyfarnu. Yn aml, mae'r data'n cael sylw yn y cyfryngau. Mae data trosedd yn cael eu casglu gan asiantaethau swyddogol ac maen nhw'n ddefnyddiol iawn am y rhesymau canlynol:

◉ Maen nhw'n caniatáu i ni weld patrymau o ran pwy sy'n cael eu barnu'n euog o drosedd; er enghraifft, mae data'r Swyddfa Ystadegau Gwladol yn dangos bod patrymau amlwg o ran pwy sy'n cael eu barnu'n euog o drosedd a phryd mae trosedd yn cael sylw.

◉ Mae'n cynnig tueddiadau oherwydd bod data wedi cael eu cofnodi ers yr 1850au, felly mae llawer o wybodaeth ar gyfer ymchwilwyr. Mae Arolwg Troseddu Cymru a Lloegr yn dangos bod troseddau eiddo wedi disgyn ers canol yr 1990au.

◉ Mae'n ffynhonnell data eilaidd ar gyfer ymchwilwyr sy'n rhad ac yn hygyrch iawn.

Mae llawer o drosedd nad ydyn ni'n gwybod llawer amdani, neu ddim o gwbl. Dyma 'ffigur tywyll trosedd' ac ychydig iawn y mae'n bosibl ei wneud i ddatgelu gwybodaeth fanwl am y math hwn o drosedd. Fodd bynnag, mae gennym ni lawer iawn o ddata am drosedd rydyn ni'n gwybod amdani, sy'n cael eu cynhyrchu ar ffurf ystadegau swyddogol. Y broblem gydag ystadegau swyddogol, fel yn achos pob math o ystadegau, yw mai lluniad cymdeithasol ydyn nhw. Mae hyn yn golygu bod amrywiaeth o ffactorau cymdeithasol a fydd yn effeithio ar eu dibynadwyedd, eu cynrychioliadwyedd a'u dilysrwydd.

Casglu data

Mae data'n cael eu casglu at bwrpas penodol. Un o'r prif resymau dros gasglu data yw i fesur perfformiad asiantaeth gymdeithasol fel yr heddlu, i osod targedau a mesur canlyniadau. Bydd y llywodraeth yn cael ei barnu ar ei gallu i gyflawni ei thargedau drwy wneud penderfyniadau polisi, ac ni all wneud hyn oni bai bod data'n cael eu casglu i gynnig tystiolaeth gadarn. Felly, yn aml ystadegau sy'n gyrru polisi a gwahanol fathau o ddata sy'n sail iddo.

Mae'r Swyddfa Gartref yn casglu data ar gyfer y SYG ond nid o reidrwydd yr un blaenoriaethau fydd ganddyn nhw â rhai ymchwilydd unigol, oherwydd bydd gan y llywodraeth eu blaenoriaethau a'u polisïau eu hun. Er enghraifft, yn 2015, cafodd cynlluniau'r Swyddfa Gartref i atgyweirio systemau ariannu ar gyfer y 43 o heddluoedd yng Nghymru a Lloegr eu gohirio oherwydd camgymeriadau ystadegol. Yr honiad oedd y bydden nhw wedi cael effaith andwyol ar rai o'r ardaloedd heddlu tlotaf a mwyaf heriol. Yn yr un modd, ym mis Hydref 2014, gofynnodd Cymdeithas Uwcharolygwyr yr Heddlu i'r llywodraeth beidio â chyhoeddi ystadegau trosedd oherwydd bod honiad nad oedden nhw'n addas i'r pwrpas, ar sail y ffaith bod rhai awdurdodau wedi bod yn tangyfrifo trosedd o ganlyniad i gamgymeriadau neu broblemau hyfforddiant, neu hyd yn oed yn 'ystumio ffigurau' er mwyn bodloni targedau perfformiad. Mae hyn yn creu problemau'n ymwneud â dilysrwydd. Nid yw rhai troseddau, fel twyll cerdyn credyd, yn ymddangos mewn setiau data swyddogol, ac felly mae'r data trosedd yn annibynadwy ac yn anghynrychiadol.

Rhoi gwybod am drosedd

Ni fydd yr heddlu yn cael gwybod am bob trosedd. Byddan nhw'n cael gwybod am nifer o geir, ond nid pob un, sydd wedi cael eu dwyn oherwydd bod angen rhif trosedd ar y perchennog er mwyn gallu hawlio ar yswiriant. Ar y llaw arall, mae'r Weinyddiaeth Gyfiawnder a'r Swyddfa Gartref yn awgrymu mai 15 y cant yn unig o'r rhai sy'n cael eu treisio'n rhywiol sy'n rhoi gwybod am y drosedd i'r heddlu, o bosibl oherwydd bod ofn arnyn nhw. Awgrymir mai troseddau personol yw'r rhai y mae pobl leiaf tebygol o roi gwybod amdanyn nhw, yn aml oherwydd nad yw dioddefwyr twyll neu gamdriniaeth yn gwybod bod trosedd wedi'i chyflawni yn eu herbyn hyd yn oed. Yn aml, nid yw dioddefwyr camdriniaeth hiliol yn rhoi gwybod am droseddau oherwydd eu bod yn credu na fydd yr heddlu'n gwneud dim. Roedd Adroddiad Macpherson i farwolaeth Stephen Lawrence yn cadarnhau'r canfyddiad hwn, drwy ddod i'r casgliad bod yr Heddlu Metropolitan yn sefydliadol hiliol. Mae llawer o ddioddefwyr trosedd gasineb yn cwyno nad ydyn nhw'n cael eu hystyried o ddifrif (Mencap, 2013). Mae llawer o droseddau'n gydsyniol; er enghraifft, nododd Arolwg Troseddau, Trosedd a Chyfiawnder, sef astudiaeth hydredol o bobl ifanc sy'n hunanadrodd am ymddygiadau troseddol, fod ystadegau am gamddefnyddio cyffuriau a gwerthu cyffuriau'n cael eu tanadrodd yn sylweddol. Felly, mae problemau mawr o ran cynrychioldeb ystadegau swyddogol.

Cofnodi data

Mae'r heddlu'n cael gwybod am lawer o ddigwyddiadau bach, ond bydd yr heddlu'n penderfynu a ddylai pob digwyddiad gael ei gofnodi mewn ystadegau trosedd swyddogol. Felly, nid yw camau anffurfiol yn ymddangos yn y data. Er enghraifft, mae'n bosibl y bydd swyddogion yr heddlu'n ymweld â chartref os yw person ifanc wedi camymddwyn, efallai drwy ddifrodi eiddo neu yfed o dan oedran, ond fyddan nhw ddim yn cofnodi bod gweithredoedd y plentyn yn droseddol.

Yn 2014, ymatebodd Theresa May, a oedd yn Ysgrifennydd Gwladol ar y pryd, i adroddiad gan Arolygiaeth Cwnstabliaeth Ei Mawrhydi a oedd wedi dod i'r casgliad nad yw'r heddlu'n cofnodi un drosedd o bob pump. Nid yw o leiaf un drosedd dreisgar o bob tair yn cael ei chofnodi, ond mae chwarter yr ymosodiadau rhywiol yn cael eu hanwybyddu hefyd. Dywedodd swyddogion yr heddlu mai pwysau llwyth gwaith a rheolaeth annigonol oedd y rhesymau dros hyn. Fodd bynnag, dywedon nhw hefyd fod targedau rhy uchelgeisiol yn achosi problem.

Roedd ymchwiliad 2015 i achosion o gam-drin plant yn Rochdale yn 2012 yn feirniadol o'r heddlu am danadrodd a chamadrodd am droseddau yn erbyn plant agored i niwed. Roedd yr adroddiad yn argymell y dylai'r heddlu hysbysu'r dioddefwyr am eu penderfyniad (cofnodi trosedd neu beidio), ond doedden nhw ddim yn gwneud hyn, felly doedd pobl ddim yn gwybod nad oedd y troseddau'n cael eu harchwilio.

Yng Ngwent, cododd nifer yr achosion o ddwyn biniau olwyn a oedd yn cael eu cofnodi. Fodd bynnag, roedd y data hyn yn anghywir. Byddai'r cyngor yn newid biniau a oedd yn cael eu dwyn ond nid y rhai a oedd wedi'u difrodi, felly roedd pobl yn honni bod biniau a oedd wedi torri wedi

YMESTYN a HERIO

Chwiliwch am wybodaeth am drosedd a chyfiawnder yn y DU. Mae gwefan Gwasanaeth Data y DU yn cael ei hariannu gan y Cyngor Ymchwil Economaidd a Chymdeithasol, ac mae'n gweithredu fel porth i gasgliad enfawr o ddata ac astudiaethau i drosedd yn y DU, gan gynnwys arolygon ac adroddiadau unigol sy'n mynd yn ôl i'r 1990au. Ewch i https://www.ukdataservice.ac.uk/get-data/themes/crime

Mae'n bosibl gweld setiau data'r Swyddfa Gartref yn https://data.gov.uk/publisher/home-office

Mae'n bosibl gweld yr Arolwg Troseddu (CESW) yn http://www.crimesurvey.co.uk/

Pa batrymau a thueddiadau y gallwch chi eu gweld yn y casgliad hwn o ddata?

Dysgu gweithredol

Trosedd gasineb yw trosedd sy'n cael ei hysgogi gan ryw nodwedd yn perthyn i'r dioddefwr, fel oedran, anabledd, rhywedd neu ethnigrwydd. Mae'r llywodraeth wedi ymrwymo i ymdrin â throsedd gasineb o ddifrif; fodd bynnag, mae dioddefwyr yn dweud nad yw ymateb yr heddlu'n dda pan fyddan nhw'n rhoi gwybod am drosedd gasineb. Beth mae'n bosibl ei wneud i ddysgu mwy am ymatebion yr heddlu i honiadau o drosedd gasineb?

Dysgu gweithredol

Ym mis Tachwedd 2014, adroddodd y BBC nad oedd un o bob pum trosedd y cafodd yr heddlu glywed amdani mewn gwirionedd yn cael ei chofnodi gan swyddogion yr heddlu, a oedd yn arwain at fethu ymchwilio i 800 000 o droseddau. Roedd newyddiadurwyr yn cwyno bod tangofnodi trosedd dreisgar yn golygu nad oedd yn bosibl atal trosedd yn y dyfodol, ac nad yw dioddefwyr yn derbyn y cymorth y dylen nhw ei dderbyn. Yn ogystal, nid yw'r heddlu'n hysbysu dioddefwyr am eu penderfyniadau bob amser. Ydych chi'n gallu awgrymu rhesymau pam gallai'r heddlu fethu cofnodi rhai troseddau treisgar? Meddyliwch am faterion yn ymwneud ag amser a chyllid yn benodol.

Dysgu gweithredol

Gyda'ch partneriaid astudio, cynigiwch resymau pam gallai pobl ddigartref fod yn fwy tebygol o ddioddef trosedd na grwpiau eraill yn ein cymdeithas.

cael eu dwyn. Unwaith eto, mae problem o ran dilysrwydd y data sy'n cael eu cynhyrchu gan ffynonellau'r heddlu, a hefyd a yw'n cynrychioli pa mor aml mae trosedd yn digwydd mewn gwirionedd.

Oherwydd gwendidau ystadegau swyddogol, mae cymdeithasegwyr wedi ceisio dulliau eraill i ddarganfod data mwy dibynadwy am faint o droseddu sy'n digwydd mewn gwirionedd.

Arolygon dioddefwyr

Mae arolygon dioddefwyr yn cael eu defnyddio yn ffurf ar driongli gydag ystadegau swyddogol i ddarganfod pa droseddau mae pobl wedi'u profi fel dioddefwyr. Felly, maen nhw'n cynnig mewnwelediad i ffigurau trosedd na chafodd ei hadrodd na'i chofnodi. Fodd bynnag, maen nhw'n rhagdybio bod pobl yn ymwybodol eu bod yn ddioddefwyr trosedd, ac yn gallu cofio'n gywir yr hyn sydd wedi digwydd iddyn nhw, a bod pob trosedd yn cael ei chynrychioli'n llawn yn yr arolwg. Er hyn, mae cymdeithasegwyr yn cytuno'n gyffredinol fod arolygon dioddefwyr yn un o'r ffyrdd mwyaf cywir o fesur pa mor aml mae trosedd yn digwydd.

Dechreuodd Arolwg Troseddu Cymru a Lloegr yn 1982 fel arolwg a oedd yn cael ei gynnal bob dwy flynedd, ac mae'n parhau i gael ei ddisgrifio mewn rhai llyfrau fel Arolwg Troseddu Prydain, er bod yr Alban a Gogledd Iwerddon wedi bod yn cynnal eu harolygon eu hunain ers nifer o flynyddoedd. Ar hyn o bryd, mae tua 35 000 o oedolion a 3000 o blant rhwng 10 a 15 oed yn cael eu cyfweld bob blwyddyn i weld a ydyn nhw wedi dioddef trosedd. Nid yw troseddau lle nad oes dioddefwr, er enghraifft camddefnyddio cyffuriau, yn cael sylw, na throseddau gyrru ychwaith. Mae testunau sensitif yn cael eu cynnwys, ond gall dioddefwyr ateb ar liniadur sy'n cael ei ddarparu gan y cyfwelydd; er enghraifft, yn achos rhywun sydd wedi dioddef trais yn y cartref, ni fydd y camdriniwr yn cael gwybod beth mae wedi'i ddweud (ond wrth reswm, fydd y cyfwelydd ddim yn gwybod pwy mewn gwirionedd sy'n cwblhau'r atebion, sy'n broblem ddifrifol yn achos arolygon cyfrifiadurol). Mae'r arolwg yn cael ei ddiweddaru'n barhaus i gynnwys troseddau newydd fel trosedd seiber. Mae'r arolwg hefyd yn gofyn am farn pobl am faterion sy'n gysylltiedig â throsedd fel hyder y cyhoedd yn yr heddlu. Mae cyhoeddiadau diweddarach gan Arolwg Troseddu Cymru a Lloegr yn cynnwys data swyddogol (yr heddlu) ac maen nhw'n cael eu paratoi gan y Swyddfa Ystadegau Gwladol, lle mae'n bosibl eu gweld ar lein.

At ei gilydd, mae Arolwg Troseddu Cymru a Lloegr yn cael ei ystyried yn fwy cadarn nag ystadegau swyddogol am y rhesymau canlynol:

- ⊙ Nid yw arferion cofnodi na thargedau'r heddlu'n cael effaith arno.
- ⊙ Mae modd ei ddefnyddio i lunio polisïau.
- ⊙ Nid yw materion yn ymwneud â rhoi gwybod i'r heddlu am drosedd yn effeithio arno.
- ⊙ Mae elfen ddemograffig, gan fod pobl yn ateb cwestiynau am oedran a rhywedd y rhai dan sylw.

Un o wendidau'r arolwg yw nad yw pobl sy'n ddigartref neu sy'n byw mewn sefydliadau'n cael eu cynnwys yn yr arolwg, felly mae bylchau yn yr ymdriniaeth. Gallai hyn ei wneud yn anghynrychiadol er enghraifft, cynhaliodd *Crisis*, yr elusen dros y digartref, ei harolwg ei hun o 336 o bobl a oedd yn cysgu ar strydoedd Llundain, Rhydychen a Chaergrawnt ym mis Rhagfyr 2004, a dod i'r casgliad bod hanner ohonyn nhw wedi dioddef trosedd, o'u cymharu â 4 y cant o'r cyhoedd yn gyffredinol, a dywedodd 10 y cant fod rhywun wedi mynd i'r tŷ bach arnyn nhw pan oedden nhw'n cysgu.

Astudiaethau hunanadrodd

Astudiaethau lle mae pobl yn cael rhoi gwybod am eu gweithredoedd troseddol eu hunain. Dydyn nhw ddim yn cael eu defnyddio mor aml, ond gallen nhw fod yn ddefnyddiol wrth ychwanegu at ein gwybodaeth am rai mathau penodol o ymddygiad troseddol. Roedd yr Arolwg Troseddu, Trosedd a Chyfiawnder, a oedd yn cael ei gynnal rhwng 2003 a 2006, yn astudiaeth hydredol a chenedlaethol a oedd yn ymdrin â thestunau fel aildroseddu, camddefnyddio cyffuriau, y berthynas rhwng dioddefwyr trosedd a'r rhai sy'n cyflawni trosedd, a gwybodaeth am natur y troseddau. Yn 2004, cafodd 5000 o bobl ifanc rhwng 10 a 25 oed gyfweliad am awr. Roedden nhw'n clywed cwestiynau mwy sensitif drwy glustffonau ac yn teipio eu hatebion ar fysellfwrdd. Yn aml, mae **arolygon hunanadrodd** yn cynnig mewnwelediadau annisgwyl i ymddygiad troseddol; yn UDA, daeth Short a Nye (1957) i'r casgliad nad oedd unrhyw gydberthyniad rhwng dosbarth cymdeithasol a throseddu, ond roedd data'r llysoedd yn aml yn dangos cysylltiad rhwng dosbarth a throsedd ac yn dangos bod bechgyn tlawd yn cael eu trin yn fwy llym gan y systemau cyfiawnder troseddol.

Dyma fanteision astudiaethau hunanadrodd:

◉ Mae'n debyg bod data'r llysoedd yn dangos tuedd ac nad yw'n gynrychiadol o bob math o droseddu, gan nad yw pob troseddwr yn cael ei ddal.

◉ Rydyn ni'n dysgu am y troseddwyr na chawson nhw eu dal ac na fu yn y llysoedd.

◉ Rydyn ni'n gallu dysgu am yrfaoedd troseddol: er enghraifft, roedd Farrington (1992) yn ystyried i ba raddau roedd rhai troseddwyr yn datblygu gyrfaoedd troseddol.

◉ Mae astudiaethau hunanadrodd yn cael eu defnyddio i werthuso effeithiolrwydd polisïau a rhaglenni atal.

Dyma'r anfanteision:

◉ Mae'n bosibl na fydd ymatebwyr yn dweud y gwir, am resymau personol amrywiol.

◉ Mae'n debyg mai'r rhai sy'n troseddu fwyaf yw'r rhai sydd leiaf tebygol o gwblhau arolwg (Cernovich et al. 1985).

◉ Mae'r fframiau sampl yn fach ac yn aml yn canolbwyntio ar droseddwyr, felly nid yw'r astudiaethau'n gynrychiadol.

◉ Daeth Riley a Shaw (1985) i'r casgliad bod llawer o rieni yn gwrthod rhoi caniatâd i'w plant gymryd rhan mewn astudiaethau, a hyd yn oed yn gwadu bod ganddyn nhw blant yn hytrach nag ymnweud â'r astudiaeth.

◉ Er bod pobl yn cyfaddef iddyn nhw gyflawni troseddau llai, mae'n bosibl y byddan nhw'n anfodlon cyfaddef iddyn nhw gyflawni trosedd fwy difrifol, hyd yn oed os yw'r astudiaeth yn ddienw.

Dysgu gweithredol

Trafodwch pa droseddau y gallai pobl fod yn hapus i gyfaddef eu bod wedi'u cyflawni. Pam rydych chi'n meddwl bod rhai troseddau'n llai cywilyddus na'i gilydd?

Dysgu gweithredol

Awgrymwch resymau pam mae pobl ddigartref yn fwy agored i drosedd na grwpiau eraill.

Ysgrifennu estynedig

Aseswch pa mor ddefnyddiol yw ystadegau swyddogol i gymdeithaseg trosedd a gwyredd.

Arweiniad: 'Asesu' rhywbeth yw dod i gasgliad wedi'i resymu lle rydych chi wedi cyflwyno'r dystiolaeth o blaid ac yn erbyn yr achos. Bydd angen i chi ystyried a yw ystadegau swyddogol yn ddefnyddiol neu beidio; eich dewis o gasgliadau yw: eu bod nhw'n ddefnyddiol; nad ydyn nhw'n ddefnyddiol; neu eu bod yn ddefnyddiol mewn rhai ffyrdd ond nid mewn ffyrdd eraill. Gallwch chi benderfynu hyn mewn ffordd syml drwy edrych ar gryfderau a gwendidau gwahanol fathau o ystadegau swyddogol; ystyriwch sut maen nhw'n cael eu casglu a pha ffactorau a allai ddylanwadu ar eu defnyddioldeb. Fel arall, gallwch chi ystyried pa wendidau sydd ganddyn nhw sy'n gwneud dulliau eraill o ymchwil mor bwysig o ran rhoi sylw i ffigur tywyll trosedd; fodd bynnag, os ydych chi'n dewis yr ail ffordd hon, gwnewch yn siŵr bod pob paragraff yn gorffen gyda phenderfyniad sy'n cysylltu'n uniongyrchol â'r cwestiwn. Dylech chi osgoi siarad am y tri math o ymchwil yn unig. Gwnewch sylwadau uniongyrchol am ystadegau swyddogol.

Ysgrifennwch tua 750 gair.

YMESTYN a HERIO

Defnyddiwch y Rhyngrwyd i ddarganfod sut gall penderfyniadau gan yr heddlu effeithio ar y ffordd mae ystadegau trosedd yn cael eu casglu.

Ymchwil

Cynhaliodd Williams a Tregidga (2013) astudiaeth o **droseddau casineb** yng Nghymru, ac fe gafodd ei chyhoeddi gan Race Equality First. Roedd y sampl yn cynnwys arolwg o 1810 o bobl ac roedd 60 dioddefwr trosedd yn eu plith. Cafodd dros un rhan o bob tair o ddioddefwyr trosedd gasineb eu herlid yn eu cartrefi neu'n agos iddyn nhw; cafodd llawer eu herlid gan yr un person neu bobl ar nifer o achlysuron. Dywedodd llawer o ymatebwyr fod diod a chyffuriau'n chwarae rhan yn y drosedd gasineb, ond bod gelyniaeth tuag at rai grwpiau cymdeithasol penodol a stereoteipiau negyddol yn y cyfryngau hefyd yn chwarae rhan yn yr ymddygiadau. Roedd mwy na 15 y cant o ddioddefwyr trosedd yn ystyried hunanladdiad, ac roedd 29 y cant am symud o'u cartrefi a'u cymunedau. Roedd hanner y dioddefwyr bron wedi rhoi gwybod am ddigwyddiadau difrifol i'r heddlu, ond roedd llawer nad oedden nhw wedi gwneud hynny, ar sail y ffaith y bydden nhw'n cael eu hystyried yn faterion dibwys, neu oherwydd eu bod yn credu na fyddai'r heddlu'n gwneud dim, neu nad oedd ganddyn nhw dystiolaeth i gefnogi eu honiadau.

a) Nodwch ac esboniwch **un** rheswm pam cafodd cyfweliadau eu defnyddio ar gyfer y project ymchwil hwn.

b) Esboniwch **ddau** gryfder astudiaethau dioddefwyr.

c) Fel myfyriwr Cymdeithaseg Safon Uwch, rydych chi wedi cael cais i ddysgu am drosedd gasineb at bobl anabl neu leiafrifoedd ethnig yn eich ardal chi.
   i. Disgrifiwch bob cam o'ch cynllun ymchwil, gan gyfiawnhau'r rhesymau dros eich dewis ar bob cam.
   ii. Trafodwch broblemau a all godi ac effaith y problemau hyn ar ansawdd y data sy'n cael eu casglu.

Gwiriwch eich dysgu eich hun

Cysylltwch y gair neu'r term â'r ystyr:

a) Ystadegau swyddogol

b) Astudiaeth dioddefwyr

c) Astudiaeth hunanadrodd

ch) Ffigur tywyll trosedd

d) Arolwg Troseddu Cymru a Lloegr

dd) Trosedd lle nad oes dioddefwr

e) Ymchwil cadarn

f) Ystumio ffigurau

Mae asiantaethau swyddogol yn cyflwyno data ffug er mwyn gwneud iddyn nhw eu hunain ymddangos yn well nag ydyn nhw o ran targedau'r llywodraeth.

Trosedd nad yw pobl yn gwybod fawr ddim neu ddim o gwbl amdani.

Mae'r un sy'n cyflawni'r drosedd a'r dioddefwr ill dau am i'r drosedd ddigwydd (e.e. puteindra).

Ymchwil sy'n cael ei ystyried yn ddilys ac yn ddibynadwy ac felly'n un y mae modd ymddiried ynddo.

Data sy'n cael eu cynhyrchu gan asiantaeth swyddogol neu gorff llywodraethol.

Arolwg blynyddol o sampl mawr iawn o gartrefi i ddarganfod a yw pobl wedi dioddef trosedd.

Mae ymatebwyr yn cael eu holi am eu patrymau troseddu.

Arolwg o ddioddefwyr trosedd i sefydlu bod erledigaeth wedi digwydd.

Trosedd a gwyredd

Pwnc 4: Patrymau trosedd: dosbarth cymdeithasol

Gwneud i chi feddwl

Ble mae'r troseddwr arferol yn byw: mewn tŷ mawreddog neu mewn twˆr o fflatiau? Pa resymau sydd gennych chi dros eich ateb?

Ystadegau swyddogol, dosbarth cymdeithasol a throsedd

Er bod data'n cael eu casglu am rywedd, oedran ac ethnigrwydd, prin yw'r wybodaeth ystadegol swyddogol yn y DU am gefndir cymdeithasol y rhai sy'n cael eu barnu'n euog o drosedd. Mae hyn o bosibl oherwydd bod pobl yn teimlo'n llai ymwybodol o ddosbarth cymdeithasol nag oedden nhw ar un adeg, ac oherwydd bod pennu dosbarth cymdeithasol i rywun yn broses gymhleth. Mae *The British Social Attitudes Survey* a gafodd ei gynnal yn 2012 yn awgrymu bod angen annog llawer o bobl i ddweud eu bod yn aelod o ddosbarth penodol. Yn y gorffennol, mae'n bosibl y byddai cymdeithasegwyr wedi nodi dosbarth ar sail galwedigaeth y berthynas wrywaidd agosaf, ond nid yw hyn yn gweithio bellach ym Mhrydain ôl-ddiwydiannol, lle mae cysylltiadau dosbarth yn fwy llac.

> *Mae'r gwir raniad ... rhwng dosbarth cyfan o bobl sy'n gorwedd ar eu penolau tew, ar feinciau gwyrdd a choch San Steffan, ac 20 y cant isaf y gymdeithas, sy'n cynnwys y chavs, y collwyr, y bwrgleriaid, y rhai sy'n gaeth i gyffuriau, a'r 70,000 o bobl sydd ar goll yn ein carchardai nad ydyn nhw'n dysgu dim ond sut i fod yn droseddwyr mwy effeithiol.*
>
> **Boris Johnson**

Tlodi a throsedd

Mae gwaith llawer mwy diweddar yn canolbwyntio ar y cysylltiad rhwng tlodi a throsedd, ac mae hynny'n awgrymu bod hon yn astudiaeth o ddosbarth cymdeithasol oherwydd bod y dosbarthiadau gweithiol yn ennill cryn dipyn yn llai ar gyfartaledd na'r dosbarthiadau proffesiynol. Yn yr un modd, mae'n bosibl ystyried bod cyfres o fentrau ymchwil i gymdogaethau a throsedd ymhlith pobl ifanc hefyd yn gysylltiedig â dosbarth cymdeithasol, oherwydd yn y DU mae'n gymharol hawdd dosbarthu cymdogaethau yn gymdeithasol yn ôl pris tai a dalgylchoedd ysgolion da. Nododd Rosenbaum (2006) fod cymunedau sy'n droseddol ac yn peri problemau yn cynnwys y canlynol:

- Pobl sydd mewn tlodi
- Tai ac amgylchedd cymdeithasol gwael
- Teuluoedd incwm isel a rhai sy'n dibynnu ar fudd-daliadau
- Ysgolion gwael
- Problemau camddefnyddio cyffuriau cyson
- Rheolaeth gyfyngedig gan y gymuned ar ymddygiadau problematig a throseddu gwrthgymdeithasol.

Nodau

- Ystyried a deall y cysylltiad rhwng dosbarth cymdeithasol a throsedd

Mae data euogfarnu am drosedd yn awgrymu bod y mwyafrif helaeth o droseddwyr yn ifanc, yn ddynion ac yn ddosbarth gweithiol. Fodd bynnag, ym Mhwnc 3, gwelsoch chi mai lluniad cymdeithasol yw data trosedd. Y broblem allweddol ar gyfer cymdeithasegwyr yw darganfod a yw data euogfarnau mewn gwirionedd yn ganlyniad stereoteipiau cymdeithasol neu'n adlewyrchu realiti. Yn hanesyddol, mae cysylltiad wedi bodoli erioed rhwng dosbarth cymdeithasol a throsedd. Mae canfyddiad bod troseddwyr peryglus yn dod o'r dosbarth gweithiol. Mae Marcswyr yn awgrymu bod hyn oherwydd mai pobl gyfoethog sy'n llunio cyfreithiau, ac mae swyddogaethwyr yn awgrymu mai adlewyrchu realiti y mae hyn. Mae rhyngweithiadwyr yn awgrymu mai prosesau cymdeithasol ar raddfa fach sy'n gwneud i drosedd gael ei gweld yn rhywbeth dosbarth gweithiol. Mae'n debyg bod yr ateb i'r ddadl hon rywle rhwng y ddau safbwynt, ond er mwyn archwilio'r ddau'n iawn, mae angen dealltwriaeth empirig o batrymau a thueddiadau trosedd, sy'n awgrymu bod y cysylltiad rhwng dosbarth cymdeithasol a throsedd yn un pwerus, gyda'r dosbarthiadau cymdeithasol gwahanol yn cael eu barnu'n euog o fathau gwahanol o drosedd ac yn derbyn mathau gwahanol o gosb.

Dysgu annibynnol

Gallwch chi weld yr holl ddata trosedd sy'n cael eu casglu ar gyfer y DU, gan gynnwys deunydd hanesyddol, yn

https://www.gov.uk/government/collections/crime-statistics

Dysgu annibynnol

Dysgwch fwy am sgandalau treuliau Aelodau Seneddol yn 2009 a'r cyfnod yn dilyn drwy ddefnyddio'r Rhyngrwyd ac adroddiadau newyddion. Roedd adroddiadau'n disgrifio'r drosedd yn 'ffidlan' ond, yn aml, symiau mawr o arian oedd dan sylw. Ystyriwch ai lladrata mewn gwirionedd yw hawlio arian nad oes gennych chi hawl iddo, ac ai cael eu gweld yn 'ffidlan' y mae'r bobl sy'n hawlio budd-daliadau lles nad oes ganddyn nhw hawl iddyn nhw, neu ai termau gwaeth sy'n cael eu defnyddio yn eu hachos nhw.

YMESTYN a HERIO

Gallwch chi ddarllen y fersiwn llawn o ymchwil Karstedt a Farrall (2003) drwy edrych ar wefan y Ganolfan Astudiaethau Trosedd a Chyfiawnder. Gallech chi hefyd ddiweddaru eich gwybodaeth a'ch dealltwriaeth drwy ddarllen cyhoeddiadau eraill sy'n cael eu rhyddhau. Mae'n bosibl dod o hyd i lawer o ddeunydd defnyddiol am bolisïau. Mae'r cysylltau'n ardderchog hefyd.

Mae llawer o'r papurau ymchwil ar y wefan hon yn gwneud argymhellion polisi, gan ddangos y cysylltiad rhwng ymchwil cymdeithasegol a pholisi cymdeithasol. Nodwch un neu ddwy enghraifft berthnasol y gallwch chi gyfeirio atyn nhw yn eich atebion.

Yn ymarferol, rydyn ni'n deall y cysylltiad rhwng dosbarth ac euogfarnu am drosedd mor dda nes bod modd ei ystyried yn ffaith; fodd bynnag, ar y cyfan mae'n seiliedig ar argraff yn hytrach nag ar ddata diweddar go iawn. Er enghraifft, yn 1988 cynhaliodd Pat Carlen astudiaeth o fenywod yn y carchar a daeth i'r casgliad bod tlodi'n brofiad cyffredin iawn i'r menywod. Dydyn ni ddim yn deall cystal y berthynas rhwng dosbarth a chyflawni trosedd, ac er ei bod yn bosibl bod y dosbarth gweithiol yn cymryd rhan mewn rhai mathau o drosedd ac yn peidio â chymryd rhan mewn mathau eraill, *maen nhw'n* fwy tebygol o gael eu heuogfarnu, ac mae data trosedd yn dangos bod ganddyn nhw lefelau uchel o gael eu heuogfarnu. Daeth astudiaethau yn America yn yr 1950au a'r 1960au i'r casgliad bod aelodau o'r dosbarthiadau canol yn llawer llai tebygol o gael eu harestio a'u heuogfarnu na phobl dlawd. Drwy gyfres o astudiaethau, gwelodd Nye a Lunt yn UDA yn yr 1960au fod 50 y cant o fechgyn mewn ysgol i blant a oedd wedi troseddu yn dod o'r dosbarthiadau cymdeithasol isaf. Fodd bynnag, pan gymharon nhw'r data hyn ag astudiaethau hunanadrodd, roedd gwahaniaeth mawr yn y gweithgaredd troseddol, ac 13 y cant o'r tramgwyddwyr yn unig a oedd yn dod o ddosbarthiadau cymdeithasol isel. Mae hyn felly yn dystiolaeth gynnar o wahaniaethu yn y cyfraddau euogfarnu.

Mewn astudiaeth o ddata a oedd wedi'u cyhoeddi'n gynt, daeth Webster a Kingston (2014) i'r casgliad bod astudiaethau mwy diweddar yn anghytuno am y cysylltiad rhwng tlodi a throsedd gan ddefnyddio astudiaethau hunanadrodd yn dystiolaeth. Mae amrywiaeth o astudiaethau o'r 1990au a'r 2000au wedi methu dangos cysylltiad amlwg rhwng incwm ac ymddygiadau troseddol, ac felly'n cefnogi'r safbwynt bod cyfraddau troseddu'n debyg rhwng y dosbarthiadau, er nad yw hyn yn wir am gyfraddau euogfarnu. Fodd bynnag, mae astudiaethau diweddarach wedi gweld bod cysylltiad rhwng tlodi a thrais yn benodol, a bod ffactorau strwythurol fel strwythurau teuluol hefyd yn gallu cael effaith. Mae'r Dde Newydd wedi cysylltu dosbarth â throsedd oherwydd eu bod yn ystyried hawlio budd-daliadau yn droseddogenig (ffactor sy'n achosi trosedd). Safbwynt Webster a Kingston (2014) yw bod y cysylltiad rhwng trosedd a dosbarth economaidd-gymdeithasol ynghlwm wrth lefel yr anghydraddoldeb mewn cymdeithas, ac maen nhw'n seilio hyn ar astudiaethau hunanadrodd diweddar.

Yn 2002, adroddodd yr Uned Allgáu Cymdeithasol ei bod yn llawer mwy tebygol, o'u cymharu â'r boblogaeth yn gyffredinol, y byddai carcharorion:

- ⊙ Wedi bod yn y system gofal
- ⊙ Wedi triwanta ac wedi cael eu gwahardd o'r ysgol, ac wedi derbyn addysg wael
- ⊙ Wedi profi diweithdra tymor hir
- ⊙ Yn dod o gartrefi sy'n dibynnu ar fudd-daliadau ac yn dibynnu ar fudd-daliadau pan fyddan nhw'n oedolion
- ⊙ Â phroblemau iechyd meddwl neu broblemau camddefnyddio sylweddau.

Mae cydberthyniad rhwng rhai o'r dangosyddion hyn a ffactorau dosbarth cymdeithasol: er enghraifft, mae'r rhai sy'n dod o'r dosbarth gweithiol yn fwy tebygol o gael profiad o ddiweithdra neu gael eu gwahardd o'r ysgol.

Fodd bynnag, roedd y llywodraeth yn ystyried y wybodaeth yn ddangosyddion o allgáu cymdeithasol a bod yn aelod o'r is-ddosbarth. Roedd data'r Swyddog Gartref o 2001 yn awgrymu, o gyfanswm o tua 1 filiwn o droseddwyr gweithredol yn y DU, fod gan tua 100 000 o droseddwyr cyson broffil cymdeithasol â nodweddion cyffredin – proffil sy'n debyg iawn i adroddiad yr Uned Allgáu Cymdeithasol. Felly, fe wnaeth y llywodraeth gydnabod yng Nghynllun Strategol 2004–08 (dogfen bolisi) fod angen mynd i'r afael â phroblemau'n ymnweud ag incwm, addysg a rhianta gwael, heb sôn am ddosbarth yn benodol.

Trosedd dosbarth canol

Er bod pob trosedd yn oportiwnistaidd, mae data'n awgrymu bod trosedd dosbarth canol yn wahanol i drosedd dosbarth gweithiol, yn yr ystyr bod gan bobl dosbarth canol fynediad at fathau gwahanol o weithgaredd troseddol. Er ei bod yn wir bod y system gyfreithiol yn nodi llai o droseddwyr dosbarth canol, rydyn ni'n gwybod bod trosedd dosbarth canol yn digwydd. Yn aml, mae'n gysylltiedig â'r gweithle ac mae'n cael ei hystyried yn 'drosedd coler wen', sef trosedd sy'n gysylltiedig â swydd y troseddwr.

Mae trosedd dosbarth canol yn llai tebygol o gael ei chofnodi am nifer o resymau:

- ⊙ Mae'n bosibl nad yw dioddefwyr y drosedd yn ymwybodol ohoni (e.e. cwmni sy'n derbyn hawliau treuliau uwch gan ei gyflogwyr).
- ⊙ Mae'n bosibl ei bod hi'n well gan gwmnïau masnachol sy'n dioddef trosedd yn y gweithle osgoi'r cyhoeddusrwydd y mae erlyn yn ei ddenu, ac felly'n ymdrin â'r mater yn fewnol.

- Gall natur gymhleth deddfau trethu a rheoliadau ariannol ei gwneud hi'n anodd erlyn yn llwyddiannus.
- Mae'n annhebygol y bydd y troseddau hyn yn ymddangos mewn ystadegau swyddogol nac mewn astudiaethau dioddefwyr fel Arolwg Troseddu Cymru a Lloegr, lle nad oes cwestiynau am y math hwn o drosedd.

Roedd Karstedt a Farrall (2003) yn casglu adroddiadau gan yswirwyr, a hefyd yn defnyddio dull astudiaeth hunanadrodd yng Nghymru, Lloegr a'r Almaen. Gwelson nhw fod 34 y cant o ymatebwyr yng Nghymru a Lloegr yn debygol o osgoi talu treth, a bod 3 y cant yn camhawlio budd-daliadau lles yn fwriadol. Yn 2006, nodon nhw fod 70 y cant o'r dosbarth canol yn cyfaddef eu bod wedi 'ffidlan' a chyflawni twyll, o'i gymharu â 52 y cant o'r dosbarthiadau cymdeithasol tlawd. Mae Haste (2006) yn awgrymu bod gan y dosbarthiadau canol godau moesol sy'n cynnwys amgylcheddaeth, ond eu bod nhw'n ddigon hapus i gymryd rhan mewn troseddau yn erbyn busnesau oherwydd eu bod yn gweld hynny'n ffordd o 'ddial ar y system'. Mae Taylor-Gooby (2006) yn awgrymu bod data am drosedd dosbarth canol a'r dosbarth uchaf yn annibynadwy, yn enwedig astudiaethau hunanadrodd, gan eu bod yn dibynnu ar barodrwydd pobl eraill i ymateb yn onest, sydd felly'n amharu ar eu dilysrwydd.

Gallai mathau o drosedd dosbarth canol gynnwys y canlynol:

- Trosedd gorfforaethol, lle mae cwmnïau'n gweithredu'n droseddol i gynyddu elw, er enghraifft yn osgoi talu treth neu'n torri'r rheoliadau iechyd a diogelwch.
- Trosedd coler wen gan weithwyr swyddfa yn erbyn cwmni, ffidlan costau neu ddwyn offer swyddfa.
- Trosedd alwedigaethol pan fydd pobl yn cyflawni trosedd fel rhan o'u gwaith, ar draul y cwmni neu gwsmeriaid – er enghraifft, cyfrifyddu twyllodrus neu embeslu.
- Dwyn gwybodaeth a thwyll cyfrifiadurol, er enghraifft pan fydd hacwyr yn dwyn manylion banc neu wybodaeth cwsmeriaid.
- Trosedd amgylcheddol fel llygru cyrsiau dŵr yn anghyfreithlon neu ddympio gwenwynau.
- Masnachu mewnol, pan fydd pobl yn defnyddio'r wybodaeth sydd ganddyn nhw i fasnachu cyfrannau ar y farchnad stoc a gwneud elw.
- Gwyngalchu arian, lle mae pobl yn sefydlu busnesau er mwyn cuddio arian sydd wedi'i ennill yn anghyfreithlon.
- Cynlluniau 'Ponzi', pan fydd pobl yn gofyn i eraill fuddsoddi mewn mentrau busnes, ond maen nhw'n gwario'r arian yn hytrach na'i fuddsoddi.

Data am ddosbarth cymdeithasol dioddefwyr trosedd

Yn 2010–11, daeth *Arolwg Troseddu Prydain* i'r casgliad mai o'r cartrefi tlotaf yr oedd lladron yn fwyaf tebygol o ddwyn, a bod dwyn o eiddo yn fwy cyffredin mewn rhai rhannau o'r wlad nag mewn eraill – ardaloedd tlawd yn aml. Roedd pobl dlawd a di-waith ddwywaith yn fwy tebygol o ddioddef trosedd dreisgar. Roedden nhw hefyd yn poeni mwy y gallen nhw ddioddef trosedd. Yn ôl pôl papur newydd a gyhoeddwyd yn *The Guardian* yn 2003, roedd 74 y cant o bobl yn y dosbarthiadau cymdeithasol is yn credu y dylai trosedd gael ei drin yn llym, ac y dylai carcharorion gael eu cosbi yn hytrach na chael eu hailsefydlu. Roedd hynny er gwaetha'r ffaith bod llawer o bobl (40 y cant) yn adnabod rhywun yn y carchar, a byddai o leiaf 24 y cant o bobl yn cyflawni trosedd a oedd yn arwain at swm mawr o arian pe baen nhw'n meddwl y gallen nhw wneud hynny heb gael eu dal.

Damcaniaethau dosbarth a throsedd

Mae damcaniaethau sy'n rhoi cyfrif am drosedd a dosbarth yn cael eu hystyried yn nes ymlaen yn yr adran hon, ond efallai byddai'n ddefnyddiol cofio'r canlynol:

- Mae Marcswyr yn ystyried bod trosedd yn swyddogaeth dosbarth; drwy gyfrwng trosedd, gall y dosbarth gweithiol wrthsefyll cyfalafiaeth ac ailddosbarthu cyfoeth i bobl dlawd.
- Mae swyddogaethwyr yn ystyried bod trosedd yn gysylltiedig â chymdeithasoli gwael y dosbarth gweithiol.
- Mae rhyngweithiadwyr yn honni bod pobl dlawd yn fwy tebygol o gael eu labelu.

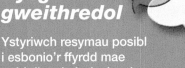

YMESTYN a HERIO

Defnyddiwch y Rhyngrwyd i ymchwilio i achosion o weithwyr yn dwyn gan eu cyflogwyr. Un nodwedd sy'n codi'n rheolaidd yw am faint o amser mae'r dwyn wedi bod yn digwydd cyn cael ei ddarganfod. Pam rydych chi'n meddwl mai felly mae? Ychwanegwch nodiadau at eich ffolderi chi.

Dysgu gweithredol

Ystyriwch resymau posibl i esbonio'r ffyrdd mae pobl dlawd a'r dosbarth gweithiol yn tueddu i gael eu gorgynrychioli mewn ystadegau trosedd.

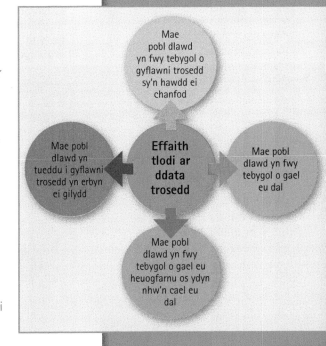

Mae pobl dlawd yn fwy tebygol o gyflawni trosedd sy'n hawdd ei chanfod

Mae pobl dlawd yn tueddu i gyflawni trosedd yn erbyn ei gilydd

Effaith tlodi ar ddata trosedd

Mae pobl dlawd yn fwy tebygol o gael eu dal

Mae pobl dlawd yn fwy tebygol o gael eu heuogfarnu os ydyn nhw'n cael eu dal

Ysgrifennu estynedig

Disgrifiwch y cysylltiad rhwng dosbarth cymdeithasol a throsedd.

Arweiniad: Mae hwn yn gwestiwn am ystadegau trosedd. Bydd angen i chi awgrymu bod pobl dosbarth gweithiol yn troseddu mwy yn ôl pob golwg, ac yn fwy tebygol o gael eu heuogfarnu ac o ddioddef trosedd na phobl dosbarth canol. Fodd bynnag, dywedwch fod y data sydd ar gael yn gyfyngedig oherwydd nad yw'r llywodraeth yn casglu data penodol yn ymwneud â chefndir dosbarth cymdeithasol. Mae hyn yn golygu eich bod yn deall y cysylltiad ond nad yw'n hawdd dod o hyd i ystadegau swyddogol diweddar ar gyfer Prydain. Dangoswch eich bod yn gwybod bod projectau ymchwil eraill wedi awgrymu nad yw'r dosbarth gweithiol yn troseddu'n fwy na'r dosbarth canol, na bod y drosedd yn wahanol o ran ei natur ac yn cael ei chanfod yn haws. Mae pobl dosbarth gweithiol yn tueddu i ddwyn o eiddo, i droseddu ar y stryd, ac i erlid aelodau eraill o'r dosbarth gweithiol sy'n fwy agored i niwed, ond bydd troseddau'r dosbarth canol yn fwy anodd eu canfod: er enghraifft, mae twyll, osgoi talu treth a throsedd coler wen yn cael eu cysylltu â'r dosbarthiadau canol.

Ysgrifennwch tua 200 gair.

Ymchwil

Gwnaeth Jacqui Karn (2013) o Sefydliad yr Heddlu sylwadau ar broject a gafodd ei gynnal yn Slough a Luton. Mae'r trefi hyn yn amrywiol o ran ethnigrwydd, ac yn gyffredinol cyfartalog yw'r data trosedd, ond mae ardaloedd penodol lle mae mwy o drosedd ac amddifadedd. Mae hi'n nodi bod natur trosedd fyd-eang 'newydd' yn bygwth grwpiau sy'n agored i niwed, fel pobl sydd wedi mewnfudo'n ddiweddar, plant, yr henoed a phobl dlawd. Mae'r mathau newydd o drosedd yn cynnwys dwyn manylion personol, masnachu mewn pobl a thwyll buddsoddiadau, pob un ohonyn nhw'n anodd eu canfod neu eu darganfod. Adroddodd Higgins a Jarman am y canfyddiadau cychwynnol yn 2015, gan ddefnyddio amrywiaeth o ddulliau, gan gynnwys cyfweliadau â throseddwyr. Daethon nhw i'r casgliad bod bwrgleriaeth yn arbennig o uchel yn mewn cartrefi a oedd yn cael eu rhentu'n breifat, a bod niferoedd y bobl yn rhentu yn ffordd dda o ddarogan cyfraddau bwrglera. Roedd pobl a oedd yn byw mewn cartrefi a oedd wedi'u rhentu'n breifat yn fwy agored i drosedd oherwydd bod llai o fuddsoddiad mewn diogelwch (e.e. drysau a ffenestri nad ydyn nhw'n ddiogel). Yn ogystal, roedd eu cymdogion yn fwy tebygol o fod ag euogfarnau blaenorol, ac mae'r dystiolaeth yn awgrymu bod lladron yn tueddu i gyflawni eu troseddau'n ger eu cartrefi. Roedd llawer o droseddau'n oportiwnistaidd, felly byddai pobl yn cerdded o gwmpas eu hardaloedd eu hunain i weld beth gallen nhw ei ddwyn.

a) Nodwch ac esboniwch **un** rheswm pam cafodd cyfweliadau eu defnyddio ar gyfer y project ymchwil hwn.

b) Esboniwch **ddau** gryfder defnyddio mwy nag un dull mewn cymdeithaseg.

c) Fel myfyriwr Cymdeithaseg Safon Uwch, rydych chi wedi cael cais i ddarganfod a oes cysylltiad rhwng tlodi a throsedd yn eich ardal.

   i. Disgrifiwch bob cam o'ch cynllun ymchwil, gan gyfiawnhau'r rhesymau dros eich dewis ar bob cam.

   ii. Trafodwch broblemau a all godi ac effaith y problemau hyn ar ansawdd y data sy'n cael eu casglu.

Cwestiwn cymhwyso tystiolaeth

ch) Ysgrifennwch baragraff gan ddefnyddio'r wybodaeth a roddwyd i chi i drafod a yw'r dystiolaeth yn cefnogi'r safbwynt bod pobl dlawd yn fwy tebygol o ddioddef trosedd na phobl eraill.

Gwiriwch eich dysgu eich hun

Ystyriwch y gosodiadau canlynol am drosedd a rhowch farc allan o ddeg iddyn nhw yn ôl faint rydych chi'n cytuno â nhw. (1 = anghytuno'n gryf, 10 = cytuno'n gryf). Ar ôl i chi wneud hynny, trafodwch eich penderfyniadau terfynol gyda phartner astudio, gan ddefnyddio tystiolaeth. Does dim un ateb cywir; trafod sy'n bwysig.

a) Mae'r amgylchiadau cymdeithasol y mae pobl dosbarth gweithiol yn byw ynddyn nhw'n eu harwain at droseddu'n fwy na phobl eraill.

b) Mae pobl dosbarth gweithiol yn troseddu'n fwy na phobl dosbarth canol.

c) Mae'r heddlu'n canolbwyntio ar ddal troseddwyr dosbarth gweithiol oherwydd ei bod hi'n haws eu dal nhw.

ch) Mae trosedd dosbarth gweithiol yn fwy niweidiol i'r gymdeithas na throsedd dosbarth canol.

d) Mae ystadegau sy'n lluniad cymdeithasol yn golygu bod pobl dosbarth gweithiol yn fwy tebygol o ymddangos yn droseddwyr na phobl dosbarth canol.

dd) Mae moesau pobl dosbarth gweithiol a moesau pobl dosbarth canol yn wahanol iawn i'w gilydd.

e) Nid yw data dosbarth yn cael eu casglu ar gyfer trosedd oherwydd eu bod yn amherthnasol.

f) Mae cymunedau dosbarth gweithiol yn cael mwy o drafferth atal ymddygiad troseddol na chymunedau dosbarth canol.

Trosedd a gwyredd

Pwnc 5: Patrymau trosedd: rhywedd

Gwneud i chi feddwl

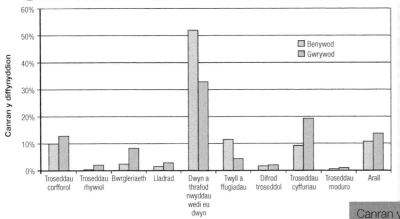

Ffynhonnell: *Ystadegau ar Fenywod a'r System Cyfiawnder Troseddol 2011*, cyhoeddiad y Weinyddiaeth Cyfiawnder dan Adran 95 Deddf Cyfiawnder Troseddol 1991, © Hawlfraint y Goron

Sut byddech chi'n crynhoi cynnwys y siart bar hwn sy'n dangos y berthynas rhwng rhywedd ac euogfarnau am drosedd?

Canran y diffynyddion a gafodd eu dedfrydu am droseddau ditiadwy ym mhob llys, yn ôl rhywedd a'r math o drosedd, 2011

Nodau

- Dangos y gwahaniaethau rhwng ymddygiad troseddol dynion a menywod fel y mae ystadegau trosedd yn eu dangos.

Mae data euogfarnu am drosedd yn awgrymu bod y mwyafrif helaeth o droseddwyr yn ddynion, a bod menywod yn llawer llai tebygol o gael eu barnu'n euog o drosedd. Drwy edrych ar batrymau data euogfarnu, y mater allweddol i gymdeithasegwyr yw darganfod pa batrymau a thueddiadau y mae modd eu hadnabod sy'n cysylltu trosedd a rhywedd. Ym mis Ionawr 2015, roedd llai na 5 y cant o garcharorion yn y DU yn fenywod. Mae'r duedd yn un fyd-eang, ac mae tua 4.3 y cant o garcharorion o gwmpas y byd ar gyfartaledd yn fenywod. Mae trosedd ddifrifol yn cael ei chysylltu â gwrywdod. Ar y llaw arall, mae menywod ychydig yn fwy tebygol o gael eu heuogfarnu am droseddau llai difrifol yn hytrach na throseddau difrifol; fodd bynnag, hyd yn oed yn achos trosedd lai difrifol, mae 75 y cant o bobl sy'n cael eu heuogfarnu'n wrywod. Yn ôl Frances Heidensohn, mae'r patrwm wedi bod yr un fath ers sefydlu data trosedd dibynadwy. Mae dynion yn cyflawni mwy o droseddau difrifol, nhw yw'r rhan fwyaf o droseddwyr, a ganddyn nhw y mae'r gyrfaoedd troseddol hiraf a mwyaf sefydlog. Mae hyn yn berthnasol hyd yn oed lle nad yw gwahaniaethau corfforol rhwng y rhywiau'n gwneud gwahaniaeth, fel troseddau gyrru.

Ystadegau swyddogol, rhywedd a throsedd

Mae niferoedd menywod yn y boblogaeth gyffredinol ychydig yn uwch na niferoedd dynion. Yn rhannol, mae hyn oherwydd bod eu disgwyliad oes yn hirach. Yn ystadegol, pe bai dynion a menywod yn cael eu trin yn gyfartal yn y gymdeithas, bydden ni'n disgwyl iddyn nhw ymddangos mewn niferoedd tebyg mewn ystadegau swyddogol. Felly byddai menywod yn cyfrif am hanner holl swyddogion yr heddlu, y cyfreithwyr y barnwyr, a'r carcharorion hefyd. Fodd bynnag, mewn gwirionedd mae menywod yn cael eu tangynrychioli yn y system cyfiawnder troseddol ac yn llai tebygol o fod yn y carchar na dynion. Y gwir yw bod 95 y cant o boblogaeth y carchardai yn ddynion. Yn ddiweddar, bu pryderon cyhoeddus bod trosedd gan fenywod yn cynyddu, ac mae llawer o storïau sioc sy'n awgrymu bod menywod yn troseddu'n fwy. Mae data gan y Swyddfa Gartref o 2013 yn awgrymu bod cyfraddau troseddu'n gostwng ar gyfer dynion a menywod, ond eu bod yn gostwng yn gynt ar gyfer menywod na dynion. Mae dadlau am achos

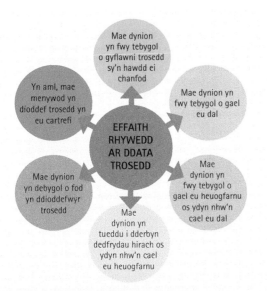

Dysgu gweithredol

Ystyriwch resymau posibl i esbonio'r gwahaniaethau rhwng y ffordd y mae gwrywod a menywod yn cael eu cynrychioli mewn ystadegau trosedd.

Dysgu gweithredol

Mae'r rhan fwyaf o dystiolaeth ymchwil yn cefnogi'r safbwynt ei bod yn debygol bod menywod sy'n dioddef trosedd wedi profi tlodi, camdriniaeth rywiol, trais yn y cartref a mathau eraill o erledigaeth. Mewn grŵp bach, trafodwch bolisïau y gallai llywodraethau eu cyflwyno i atal trosedd ymhlith menywod.

---

yr gwahaniaeth yn y data hyn, ond o ran patrymau, mae'r achos yn glir: dynion sy'n cael eu barnu'n euog am y mwyafrif helaeth o droseddau.

Roedd tua 1 350 000 o achosion llys yn 2013; menywod oedd y diffynyddion yn 25 y cant ohonyn nhw. Roedd y gyfradd euogfarnu yn yr achosion hynny'n debyg yn achos y ddau rywedd, ond er bod dros 1 filiwn o euogfarnau, chwarter yn unig ohonyn nhw oedd ar gyfer menywod. O'r achosion hynny, roedd 86 y cant o'r rhai a oedd yn ymwneud ag aildroseddu a throseddau blaenorol yn ymwneud â dynion. Mae hyn yn awgrymu bod dynion nid yn unig yn troseddu'n fwy na menywod, ond hefyd eu bod nhw'n fwy tebygol na menywod o ailadrodd yr ymddygiad troseddol. Yn ogystal â hynny, o'r holl achosion, roedd 92 y cant o'r rhai a aeth o'r llys i'r carchar yn wrywod. Felly, roedd dynion yn cael eu heuogfarnu am droseddau llawer mwy difrifol na menywod. Mae data gan y Swyddfa Gartref (2013) yn dangos bod hyn yn wir hyd yn oed yn achos troseddau gyrru, lle roedd dynion yn llawer mwy tebygol o dderbyn dedfryd o gaethiwed (carchar), a oedd yn dangos bod y troseddau'n cael eu hystyried yn fwy difrifol. Pan oedd troseddwyr yn cael eu heuogfarnu am droseddau lle byddai dedfryd o garchar, roedd dynion yn tueddu i dderbyn dedfrydau hirach, ar wahân i achosion o drais yn erbyn unigolyn arall, lle roedd y dedfrydau bron â bod yr un hyd ar gyfer dynion a menywod.

Nodweddion cymdeithasol troseddwyr gwrywaidd a benywaidd

Mae menywod yn llawer mwy tebygol o gael eu heuogfarnu am ladrad, anonestrwydd a thwyll na ffurfiau eraill ar drosedd, ond maen nhw'n llai tebygol na dynion o gael eu heuogfarnu o hyd. Pan fydd y ffigurau hyn yn cael eu harchwilio, mae'n ymddangos bod menywod yn llawer mwy tebygol o fod ag o leiaf un ffactor lliniaru mae angen i'r awdurdodau dedfrydu fod wedi'i hystyried. Roedd 79 y cant o fenywod, ond 58 y cant o ddynion, yn dweud y dylai'r ddedfryd ystyried a yw'r troseddwr:

- Yn dangos gwir edifeirwch ac yn flin am yr hyn a wnaeth
- Yn ifanc
- Yn gofalu am deulu neu blant
- Wedi ymddwyn yn groes i'w gymeriad
- Yn dioddef o salwch meddwl
- Wedi colli swydd
- Yn derbyn addysg
- Wedi cael problemau gyda sylweddau a chaethiwed

Yn y boblogaeth gyffredinol, mae'n fwy tebygol y bydd dynion yn derbyn budd-daliadau na menywod, ond mae'n fwy tebygol y bydd menywod yn dibynnu ar fudd-daliadau na dynion. Mae dynion sy'n troseddu'n fwy tebygol o fod ag incwm uwch ar gyfartaledd. Mae problemau iechyd meddwl yn gyffredin ymhlith yr holl droseddwyr. Fodd bynnag, yn y carchar, mae menywod yn fwy tebygol o'u niweidio eu hunain, ond pan fydd dynion yn eu niweidio eu hunain, yn aml mae angen iddyn nhw fynd i'r ysbyty. Daeth Corston (2007) i'r casgliad bod menywod a oedd â hanes o gael eu herlid a'u cam-drin wedi'u gorgynrychioli yn y system garchardai.

Data rhywedd ac erledigaeth

Roedd Arolwg Troseddu Cymru a Lloegr 2013/14 yn dangos bod dynion ychydig yn fwy tebygol o ddioddef trosedd bersonol na menywod. Roedd dynion yn llawer mwy tebygol o fod wedi dioddef trais, ond roedd y patrymau'n wahanol. Ar gyfartaledd, roedd llawer mwy o'r trais a oedd yn cael ei dargedu at ddynion yn cael ei dargedu at ddynion ifanc. Roedd menywod a oedd yn dioddef trais yn debygol o gael eu targedu beth bynnag eu hoedran, gyda chyfran uwch o fenywod ifanc yn cael eu targedu. Roedd dynion yn dioddef trais gan bobl ddieithr, pobl a oedd yn gydnabod iddyn nhw a ffrindiau. Roedd menywod yn tueddu i ddioddef trais gan bartneriaid a chynbartneriaid, ac roedden nhw'n rhoi gwybod am fwy o achosion o gamdriniaeth neu drais domestig. Yn aml, roedd menywod a oedd yn rhoi gwybod am gamdriniaeth ddomestig wedi'u gwahanu oddi wrth eu partneriaid. Roedd tua chwarter o fenywod wedi cael eu cam-drin gan aelodau o'r teulu er pan oedden nhw'n 16 oed, ac roedden nhw saith gwaith yn fwy tebygol o adrodd am ymosodiad rhywiol na gwrywod. Roedd 30 y cant o bobl a oedd wedi cael eu llofruddio'n fenywod. Trywanu oedd prif achos marwolaeth ymhlith dioddefwyr y ddau rywedd, ond o ran achosion marwolaeth eraill, roedd dynion yn fwy tebygol o gael eu lladd drwy gael eu bwrw, a menywod yn tueddu i farw ar ôl cael eu llindagu.

Ysgrifennu estynedig

Disgrifiwch y cysylltiad rhwng rhyw a throsedd.

Arweiniad: Mae hwn yn gwestiwn am ystadegau trosedd. Mae data'n cael eu casglu am rywedd, felly mae'r patrymau'n cael eu dadansoddi'n helaeth ac maen nhw'n hawdd eu cyrraedd. Yn fras, bydd angen i chi ddisgrifio patrwm cyffredinol lle mae dynion yn troseddu'n fwy, yn cael eu heuogfarnu'n fwy aml, ac yn aildroseddu'n fwy rheolaidd. Mae menywod yn tueddu i gyflawni troseddau llai difrifol, yn llai aml. Wrth ddatblygu pwyntiau, defnyddiwch dystiolaeth i'w cefnogi. Pan fyddwch chi'n disgrifio data trosedd, dylech chi hefyd ddangos dealltwriaeth o ddioddefwyr trosedd, ac yn yr achos hwn, mae dynion yn fwy tebygol o ddioddef trosedd, ac eithrio trais yn y cartref a chamdriniaeth rywiol.

Ysgrifennwch tua 200 gair.

Ymchwil

Daeth Adroddiad Corston yn 2007 yn sgil astudiaeth ddwys o fenywod yn y carchar. Comisiynodd Charles Clarke, yr Ysgrifennydd Gwladol yn 2006, yr adroddiad mewn ymateb i farwolaethau chwe menyw yng Ngharchar Styal ym Manceinion. Yn 2003, bu farw 14 menyw yn y carchar, ac yn 2004 bu farw 13 arall, felly roedd mater marwolaethau menywod yn y carchar yn cael ei ystyried yn broblem sylweddol. Cynhaliodd y tîm ymchwil bum noson ymgynghori, gan ymweld â chwe charchar i fenywod, cynnal 40 cyfarfod ag unigolion a grwpiau, ac ymweld ag ysbyty carchar i fenywod a chanolfannau cymunedol. Cyfrannodd dros 250 o bobl at yr ymchwil. Siaradodd Corston â throseddwyr a menywod mewn perygl o droseddu. Awgrymodd Corston nad oedd anghenion gwahanol menywod yn derbyn sylw mewn system garchardai a gafodd ei chynllunio gan ddynion ar gyfer dynion.

a) Nodwch ac esboniwch **un** rheswm pam cafodd amrywiaeth o samplau eu defnyddio ar gyfer y project ymchwil hwn.

b) Esboniwch **ddwy** broblem defnyddio mwy nag un dull mewn cymdeithaseg.

c) Fel myfyriwr Cymdeithaseg Safon Uwch, rydych chi wedi cael cais i ddarganfod a oes gan ddynion a menywod agweddau gwahanol tuag at drosedd yn eich ardal.

    i. Disgrifiwch bob cam o'ch cynllun ymchwil, gan gyfiawnhau'r rhesymau dros eich dewis ar bob cam.

    ii. Trafodwch broblemau a all godi ac effaith y problemau hyn ar ansawdd y data sy'n cael eu casglu.

Cwestiwn cymhwyso tystiolaeth

ch) Ysgrifennwch baragraff gan ddefnyddio'r wybodaeth a roddwyd i chi i drafod a yw'r dystiolaeth yn cefnogi'r safbwynt bod menywod yn ddioddefwyr y system cyfiawnder troseddol.

Gwiriwch eich dysgu eich hun

A yw'r gosodiadau hyn yn gywir neu'n anghywir?

a)	Mae mwy o fenywod na dynion sy'n troseddu yn brif ofalwyr plant bach.
b)	Mae llawer o droseddu gan ddynion a menywod yn gysylltiedig â chamddefnyddio sylweddau a throseddu'n ymwneud â chyffuriau.
c)	Mae'n bosibl y bydd rhai menywod yn cael eu gorfodi i gyflawni trosedd gan bartneriaid gwrywaidd.
ch)	Mae'r rhan fwyaf o fenywod yn y carchar yn cael dedfrydau byr iawn.
d)	Mae'r carchar yn ffordd effeithiol o ymdrin â throsedd.
dd)	Gostyngodd poblogaeth y carchardai yn y DU rhwng 1993 a 2014.
e)	Mae dynion yn cynrychioli tua 95 y cant o boblogaeth y carchardai.

Nodau

⊙ Adolygu'r dystiolaeth o gysylltiadau rhwng ethnigrwydd a throsedd

Yn ystadegol, mae'n debyg bod llawer o leiafrifoedd ethnig yn cael eu gorgynrychioli yn system cyfiawnder troseddol y DU. Mae Affricaniaid Duon ac Affricaniaid Caribïaidd yn fwy tebygol o gael eu labelu'n droseddwyr nag aelodau o grwpiau ethnig eraill. Fodd bynnag, mae gwir niferoedd y bobl yn isel ac mae hyn yn gwneud y data'n ystadegol annibynadwy.

Ar ben hynny, nid yw'r dystiolaeth ystadegol sy'n ymwneud ag ethnigrwydd a throsedd yn fanwl gywir: er enghraifft, yr unig gefndiroedd ethnig sy'n cael eu cofnodi gan lawer o adrannau'r llywodraeth yw du, gwyn, Asiaidd, Tsieineaidd a chymysg. Gan fod rhai unigolion yn dewis peidio â nodi eu hethnigrwydd pan fyddan nhw'n rhoi data, mae'n bosibl nad yw'r data'n ddilys. Mae hyn yn golygu bod peth o'r data'n ymwneud ag ethnigrwydd a throsedd bron yn ddiystyr o ran ystod y cefndiroedd ethnig yn y DU. Yn wir, nid yw pob ffynhonnell data'n categoreiddio pobl yn yr un ffordd. Fodd bynnag, mae aelodau o leiafrifoedd ethnig yn tueddu i gael eu gorgynrychioli yn y rhan fwyaf o ystadegau'r system cyfiawnder troseddol fel troseddwyr ac fel dioddefwyr trosedd, pa ffordd bynnag mae'r data'n cael eu casglu. Yn yr un modd, maen nhw'n cael eu tangynrychioli yn swyddi uwch y system cyfiawnder troseddol; un barnwr uchel lys du yn unig oedd yn 2014. Ar ben hynny, yn 2014 roedd cyfreithwyr gwyn bron pedair gwaith yn fwy tebygol o gael eu penodi'n farnwyr nag ymgeiswyr du a rhai o leiafrifoedd ethnig.

Pwnc 6: Patrymau trosedd: nethnigrwydd

Gwneud i chi feddwl

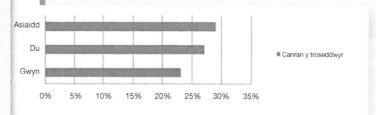

■ Canran y troseddwyr

Ffynhonnell: Ystadegau ar Hil a'r System Cyfiawnder Troseddol 2011, © Hawlfraint y Goron

Canran y troseddwyr a gafodd eu dedfrydu i'r ddalfa yn syth am droseddau ditiadwy yn ôl grŵp ethnig

Sut byddech chi'n crynhoi cynnwys y siart bar sy'n dangos y berthynas rhwng ethnigrwydd ac euogfarnau am droseddu?

Ystadegau swyddogol, ethnigrwydd, hil a throsedd

Roedd y grŵp ethnig gwyn yn cynrychioli tua 87 y cant o boblogaeth y DU adeg y cyfrifiad diwethaf yn 2011. Mae niferoedd go iawn y grwpiau ethnig eraill yn gymharol fach. Yn 2011, roedd bron 1 500 000 o bobl yn dweud eu bod yn dod o leiafrif ethnig Indiaidd, a 1 124 500 yn dweud eu bod yn dod o gefndir Pacistanaidd. Cyfanswm cymunedau Bangladeshaidd, Affricanaidd du a Charibïaidd du yw tua 2 000 000 o bobl gyda'i gilydd. Llundain yw'r ardal fwyaf amrywiol o ran ethnigrwydd yn y DU, a Chymru yw'r ardal leiaf amrywiol o ran ethnigrwydd. Pe bai popeth yn gyfartal, byddai niferoedd o leiafrifoedd ethnig yn ymddangos yn ystadegau'r system cyfiawnder troseddol mewn cyfrannau sy'n debyg i'w presenoldeb yn y boblogaeth gyffredinol. Fodd bynnag, lle mae data ar gael sy'n eithaf cywir, mae pobl ddu a lleiafrifoedd ethnig yn cael eu gorgynrychioli yn y system cyfiawnder troseddol. Er enghraifft, mae'n hysbys ers cryn amser fod yr heddlu'n fwy tebygol o atal a chwilio aelodau o grwpiau pobl ddu a lleiafrifoedd ethnig ar sail amau trosedd na grwpiau eraill. Roedd data'r heddlu yn dangos bod pobl ddu yn 2011/12 chwe neu saith gwaith yn fwy tebygol o gael eu hatal na phobl wyn, a bod pobl Asiaidd ddwywaith yn fwy tebygol o gael eu hatal, ac yn cwyno'n gynyddol am gael eu hatal. Nid yw'r chwilio yn arwain at arestio yn y rhan fwyaf o achosion, a phobl Asiaidd yw'r rhai lleiaf tebygol o gael eu harestio yn dilyn chwiliad.

Mae data'r Swyddfa Gartref yn ategu'r anghydbwysedd hwn rhwng cefndiroedd ethnig a hiliau yn y system cyfiawnder troseddol. Mae'r rhan fwyaf o bobl sy'n ymddangos yn y system cyfiawnder troseddol am y tro cyntaf yn wyn. Fodd bynnag, er bod pobl wyn yn y DU yn cyfrif am dros 87 y cant o'r boblogaeth, 70 y cant yn unig a oedd yn ymddangos o flaen y llysoedd. Mae pobl ddu yn cyfrif am 3.1 y cant o'r boblogaeth, ond roedd bron 9 y cant o'r rhai a oedd yn ymddangos o flaen y llysoedd yn 2011 yn ddu. Mae pobl Asiaidd yn cyfrif am 6.4 y cant o'r boblogaeth, ond 5.5 y cant yn unig a oedd o flaen y llysoedd yn 2011. Mae pobl o dras Tsieineaidd yn ymddangos o flaen y llysoedd yn yr un niferoedd ag y maen nhw'n ymddangos yn y boblogaeth gyffredinol, sef tua 1.7 y cant. Mae Mike Hough, o'r Sefydliad Ymchwil Polisi Troseddol, wedi dweud bod mwy o berygl, mae'n ymddangos, y bydd diffynyddion o grwpiau pobl ddu a lleiafrifoedd ethnig sy'n cael eu heuogfarnu am droseddau'n mynd i'r carchar. O'r bobl yng ngharchardai Prydain sy'n dod o dramor, tua 35 y cant yn unig sy'n wyn, ac mae'r gweddill o gefndiroedd anhysbys, du, Asiaidd neu Tsieineaidd.

Yn 2011, cynhaliodd Ball, Bowcott a Rogers o bapur newydd *The Guardian* ddadansoddiad o gofnodion y llysoedd a dod o hyd i ganlyniadau a oedd yn cyd-fynd ag ystadegau ac ymchwil swyddogol. Roedd troseddwyr du 44 y cant yn fwy tebygol o gael eu carcharu am droseddau gyrru a 38 y cant yn fwy tebygol o gael eu carcharu am beri anhrefn gyhoeddus neu feddu ar arf.

Roedden nhw 27 y cant yn fwy tebygol o gael eu hanfon i'r carchar am beri anhrefn gyhoeddus. Roedd troseddwyr Asiaidd 41 y cant yn fwy tebygol o gael eu dedfrydu i garchar am droseddau'n ymwneud â chyffuriau, ac 19 y cant yn fwy tebygol o gael eu carcharu am ddwyn o siopau. Ar ben hynny, yn 2011 dywedodd Frances Done, Cadeirydd Bwrdd Cyfiawnder Ieuenctid, fod y dedfrydu anghymesur hwn yn achos pobl ifanc ddu ac Asiaidd ar gynnydd, yn ôl pobl golwg.

Data hil ac erledigaeth

Roedd Arolwg Troseddu Cymru a Lloegr 2013/14 yn dangos bod oedolion a oedd yn dweud eu bod yn dod o grwpiau hil cymysg, du neu Asiaidd yn fwy tebygol o ddioddef trosedd bersonol na grwpiau ethnig gwyn. Y rhai o grwpiau ethnig cymysg oedd y mwyaf tebygol o ddioddef trosedd. Yn y rhan fwyaf o achosion o lofruddiaeth, roedd y dioddefwr a'r troseddwr o'r un grŵp ethnig oherwydd bod y dioddefwyr, yn achos grwpiau ethnig gwyn, yn aml yn dod o'r un teulu â'r troseddwr. Mae dioddefwyr o gefndir ethnig du'n fwy tebygol o gael eu herlid gan ffrindiau neu bobl maen nhw'n eu hadnabod, ac Asiaid yw'r mwyaf tebygol o gael eu herlid gan bobl ddieithr.

Yn y blynyddoedd diwethaf, mae dyletswydd gyfreithiol wedi bod ar yr heddlu a'r system cyfiawnder troseddol i ystyried casineb yn ffactor sy'n ysgogi trosedd, felly mae unrhyw fath o drosedd gasineb ar sail hil, crefydd, cyfeiriadedd rhywiol, anabledd a hunaniaeth rhywedd bellach yn cael ei gofnodi. Mae llawer o'r troseddau hyn yn dreisgar. Nid yw'r data'n hollol

Dysgu gweithredol

Ystyriwch bob un o'r rhesymau i esbonio'r gwahaniaethau mewn ystadegau trosedd rhwng cynrychiolaeth pobl ddu a lleiafrifoedd ethnig ar y naill law a chynrychiolaeth pobl wyn ar y llaw arall.

[diagram: EFFAITH HIL AR DDATA TROSEDD]

- Mae'n bosibl bod y system cyfiawnder troseddol yn sefydliadol hiliol
- Mae pobl ddu a lleiafrifoedd ethnig yn cael eu tangynrychioli yn swyddi uwch y system cyfiawnder troseddol
- Mae pobl ddu a lleiafrifoedd ethnig yn fwy tebygol o droseddu
- Mae pobl ddu a lleiafrifoedd ethnig yn dioddef ystrydebu hiliol
- Mae pobl ddu a lleiafrifoedd ethnig yn debygol o ddioddef troseddau casineb
- Mae'n bosibl bod pobl ddu a lleiafrifoedd ethnig yn byw yn ardaloedd tlawd a difreintiedig dinasoedd

Gwella sgiliau

Mae dau reswm credadwy dros orgynrychiolaeth pobl ddu a lleiafrifoedd ethnig mewn ystadegau trosedd. Mae'n bosibl eu bod yn fwy tebygol o droseddu neu mae'n bosibl bod y system ei hun yn rhagfarnllyd o ran hil. Efallai fod y broblem yn gymhleth ac yn gyfuniad o'r ddwy ffactor.

Gallwch chi ddarllen yr ystadegau diweddaraf am hil a'r system cyfiawnder troseddol ar lein.https://www. gov.uk/government/statistics/ statistics-on-race-and-the-criminal-justice-system-2012

Pa batrymau a thueddiadau y gallwch chi eu nodi? Defnyddiwch y Rhyngrwyd i ymchwilio i gydraddoldeb ac amrywiaeth yn y farnwriaeth / y system cyfiawnder troseddol. Defnyddiwch y wybodaeth i ddarganfod faint o farnwyr, uwch-gyfreithwyr a swyddogion yr heddlu sy'n dod o leiafrifoedd ethnig. Mae pryderon am gynrychiolaeth lleiafrifoedd ethnig a menywod ym mhob rhan o'r system gyfreithiol. Sut byddech chi'n esbonio'r patrymau a'r tueddiadau hyn? Pa effaith y gallai hyn ei chael ar brofiad lleiafrifoedd ethnig o'r system cyfiawnder troseddol?

Ysgrifennu estynedig

Disgrifiwch y cysylltiad rhwng ethnigrwydd a throsedd.

Arweiniad: Y prif fater y bydd yn rhaid i chi ei ystyried yw cywirdeb ystadegau ac ansawdd cofnodi ac adrodd yr heddlu yn achos hil ac ethnigrwydd. Mae data'n cael eu casglu mewn ffyrdd gwahanol gan asiantaethau gwahanol. Nodwch fod gwir nifer o bobl sy'n cael eu heffeithio'n gymharol fach, gan fod aelodau o leiafrifoedd ethnig yn cyfrif am ychydig dros 10 y cant o'r boblogaeth gyfan yn unig, ac ychydig yn unig o'r rhain sy'n cael eu trin gan y system cyfiawnder troseddol. Fodd bynnag, mae'n ymddangos bod cysylltiad rhwng ethnigrwydd a throsedd. Mae lleiafrifoedd nad ydyn nhw'n wyn yn profi cyfraddau euogfarnu ychydig yn uwch, a chosbau llymach na phobl wyn. Mae pobl nad ydyn nhw'n wyn hefyd yn cael eu tangynrychioli yn swyddi uwch y system cyfiawnder troseddol, sy'n awgrymu bod ffactorau cymdeithasol yn effeithio ar gynrychiolaeth lleiafrifoedd ethnig mewn ystadegau trosedd. Mae cyfraddau dioddef trosedd yn uwch ar gyfer pobl ddu a lleiafrifoedd ethnig, ac mae'n bosibl bod hyn yn gysylltiedig â throsedd gasineb yn erbyn yr unigolyn.

Ysgrifennwch tua 200 gair.

ddibynadwy, fodd bynnag, a hynny oherwydd y niferoedd bach sydd wedi'u hadrodd i Arolwg Troseddu Cymru a Lloegr a chywirdeb y cofnodi gan yr heddlu. Mae'r data a gafodd eu cofnodi gan yr heddlu ar gyfer 2014/15 yn dangos mai hil oedd sail 82 y cant o drosedd gasineb, a chrefydd oedd sail 6 y cant. Mae rhywfaint o gynnydd yn lefel troseddau sy'n cael eu cofnodi, ond mae'n bosibl bod hyn oherwydd bod pobl bellach yn barod i roi gwybod am drosedd o'r fath. Nid yw ethnigrwydd na hil y dioddefwyr yn cael eu cofnodi, ond cynyddodd nifer y troseddau casineb ar sail hil neu grefydd ar ôl digwyddiadau gwleidyddol a therfysgol a gafodd gyhoeddusrwydd helaeth, fel llofruddiaeth y milwr Lee Rigby gan Fwslimiaid eithafol yn 2013.

YMESTYN a HERIO

Mae ymchwil Cheryl Thomas i degwch rheithgorau ar gyfer y Weinyddiaeth Gyfiawnder (cyfres ymchwil 1/10 Chwefror 2010) ar gael ar lein os rhowch chi'r termau allweddol mewn peiriant chwilio. Ychwanegwch nodiadau at eich ffolderi chi.

Dysgu gweithredol

Holwch o gwmpas a dewch o hyd i rywun sydd wedi bod i'r llys ac wedi arsylwi ar achos ond, os yn bosibl, gryn amser yn ôl oherwydd y problemau moesegol a chyfreithiol difrifol sy'n ymwneud ag adnabod pobl. Trefnwch gyfweliad anstrwythuredig â nhw i ganfod beth ddigwyddodd a beth roedden nhw'n ei feddwl am y broses.

Ymchwil

Yn 2010, cyhoeddodd Cheryl Thomas ymchwil i reithgorau ar ran y Weinyddiaeth Gyfiawnder. Defnyddiodd ymagwedd aml-ddull (lluosogrwydd methodolegol) a oedd yn cynnwys efelychu achosion gyda rheithgorau go iawn, dadansoddiad o bob rheithfarn go iawn rhwng 2006 a 2008 (dros 69 000), ac arolwg ôl-reithfarn o reithwyr. Yn yr efelychiadau hyn, roedd rheithgorau a oedd yn cynnwys rheithwyr gwyn yn unig yn profi achosion lle roedd hil y diffynyddion a'r dioddefwyr yn amrywio. Mae hyn yn adlewyrchu realiti'r llysoedd, lle mae pob rheithiwr yn y rheithgor yn wyn mewn llawer o achosion, ond nid yw diffynyddion a dioddefwyr o reidrwydd o'r un cefndir ethnig. Daeth i'r casgliad nad oedd rheithgorau'n gwahaniaethu'n amlwg ar sail hil nac ethnigrwydd, ond bod rhai rheithgorau lle roedd pob aelod yn wyn yn cael mwy o drafferth wrth ddod i reithfarn pan oedd y diffynyddion yn bobl ddu neu o leiafrifoedd ethnig.

a) Nodwch ac esboniwch **un** rheswm pam cafodd achosion llys ffug eu defnyddio ar gyfer y project ymchwil hwn.

b) Fel myfyriwr Cymdeithaseg Safon Uwch, rydych chi wedi cael cais i gynnal astudiaeth feintiol ar raddfa fach i ddarganfod a yw ethnigrwydd yn cael effaith ar ganfyddiad pobl o euogrwydd diffynnydd mewn achos llys.

  i. Disgrifiwch bob cam o'ch cynllun ymchwil, gan gyfiawnhau'r rhesymau dros eich dewis ar bob cam.

  ii. Trafodwch broblemau a all godi ac effaith y problemau hyn ar ansawdd y data sy'n cael eu casglu.

Cwestiwn cymhwyso tystiolaeth

c) Ysgrifennwch baragraff gan ddefnyddio'r wybodaeth a roddwyd i chi i drafod a yw'r dystiolaeth yn cefnogi'r safbwynt bod pobl ddu a lleiafrifoedd ethnig yn ddioddefwyr y system cyfiawnder troseddol.

Gwiriwch eich dysgu eich hun

A yw'r gosodiadau hyn yn gywir neu'n anghywir?

a)	Mae dynion du yn dioddef trosedd dreisgar yn Llundain i raddau anghymesur.	
b)	Mae'n debyg y bydd dioddefwr trosedd yn dod o'r un cefndir ethnig â'r sawl sy'n cael ei ddrwgdybio.	
c)	Mae'r rhan fwyaf o'r rhai sy'n cael eu harestio am ladrad yn ddu.	
ch)	Mae'r rhan fwyaf o boblogaeth ddu Cymru a Lloegr yn byw yn ardal Llundain.	
d)	Mae pobl wyn wedi dioddef camdriniaeth hiliol ac ymosodiadau hiliol.	
dd)	Mae pobl ddu yn cael eu carcharu am droseddau i raddau anghymesur.	
e)	Pobl Asiaidd yw'r rhai mwyaf tebygol o fod yn ddioddefwyr trosedd.	
f)	Mae pobl Asiaidd a phobl ddu yn fwy tebygol o gael eu llofruddio.	

Trosedd a gwyredd

Pwnc 7: Patrymau trosedd: oedran

Gwneud i chi feddwl

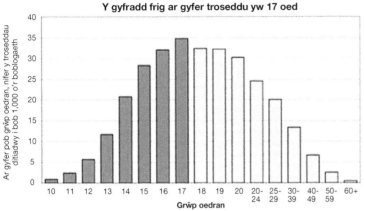

Y gyfradd frig ar gyfer troseddu yw 17 oed

Ffynhonnell: Data ystadegau troseddol ar gyfer 2009, Cymru a Lloegr, y Weinyddiaeth Gyfiawnder, © Hawlfraint y Goron

Sut byddech chi'n crynhoi cynnwys y siart bar sy'n dangos y berthynas rhwng oedran ac euogfarnau am droseddu? A ddylai'r heddlu fod yn llymach yn achos trosedd ieuenctid?

Nifer y troseddau ditiadwy i bob 1,000 yn ôl oedran

Nodau

◉ **Deall ei bod yn ymddangos bod cysylltiad cryf rhwng oedran ac ymddygiad troseddol yn y DU**

Yn ystadegol, y prif oedran ar gyfer ymddygiad troseddol yw tua 17 oed. Er bod y system cyfiawnder troseddol a'r heddlu'n ceisio osgoi rhoi euogfarnau i bobl ifanc, gan mai'r gred yw y bydd euogfarnau'n achosi mwy o weithgaredd troseddol, pobl ifanc sy'n derbyn y rhan fwyaf o euogfarnau.

Yn ystadegol, mae cysylltiad cryf rhwng oedran a chyfraddau euogfarnu, gyda dynion ifanc yn derbyn y nifer mwyaf o euogfarnau. Mae ystadegau swyddogol yn dangos ar gyfer pob 1000 o bobl yn y DU (y gyfradd), dim ond un person 11 oed a fydd yn derbyn euogfarn. Mae'r gyfradd yn codi'n gyflym, ac erbyn 14 oed y gyfradd yw wyth ym mhob mil. Yr oedran brig ar gyfer troseddu yw 17 oed, ond mae cyfraddau troseddu'n parhau i fod yn uchel nes bod troseddwyr dros 30 oed, pan fydd y gyfradd yn gostwng yn serth nes cyrraedd un person ym mhob mil dros 60 oed. Mae troseddau ieuenctid yn cael eu cydnabod yn broblem fawr oherwydd unwaith mae pobl wedi cael eu heuogfarnu am drosedd, maen nhw'n debygol o fynd yn eu blaen i aildroseddu. Roedd dros un rhan o dair o bobl a dderbyniodd euogfarn gyntaf yn 2013 rhwng 10 ac 17 oed. Er bod mwy o ofn trosedd ar bobl hŷn, pobl ifanc sydd fwyaf tebygol o ddioddef trosedd.

Ystadegau swyddogol, oedran a throsedd

Yn wahanol i gategorïau troseddwyr ar sail hil neu ddosbarth cymdeithasol, nid oes llawer o amheuon am gywirdeb a chofnodi ystadegau swyddogol am euogfarnau sy'n cyfeirio at oedran. Fodd bynnag, pan fydd yr heddlu'n cael gwybod am droseddau, nid yw oedran y troseddwr yn hysbys. Mae oedran a dyddiad geni'n cael eu defnyddio'n helaeth mewn ystadegau swyddogol gan eu bod yn rhan o fanylion adnabod swyddogol unigolyn. Mae hefyd yn gyfreithiol arwyddocaol oherwydd nad yw'n bosibl cael plant o dan 10 oed yn euog o drosedd. Maen nhw o dan oedran cyfrifoldeb cyfreithiol. Mae'n bosibl mynd â phlant i'r llys pan fyddan nhw dros 10 oed a nes eu pen-blwydd yn 18 oed, ond maen nhw'n cael eu trin yn wahanol i oedolion. Maen nhw'n cael eu trin gan lysoedd ieuenctid, yn cael eu dedfrydu mewn ffyrdd gwahanol ac yn cael eu hanfon i unedau arbennig ar gyfer pobl ifanc yn hytrach na charchardai i oedolion. Dros 18 oed, mae pobl yn cael eu trin fel oedolion yn ôl y gyfraith, ond dydyn nhw ddim yn mynd i garchar llawn i oedolion nes eu bod yn 25 oed. Maen nhw'n mynd i garchardai wedi'u cynllunio ar gyfer oedolion ifanc. Yn aml, y term 'tramgwyddaeth' sy'n cael ei ddefnyddio mewn deunydd cymdeithasegol wrth gyfeirio at droseddau ieuenctid.

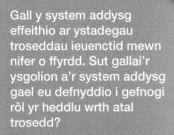

Dysgu gweithredol

Gall y system addysg effeithio ar ystadegau troseddau ieuenctid mewn nifer o ffyrdd. Sut gallai'r ysgolion a'r system addysg gael eu defnyddio i gefnogi rôl yr heddlu wrth atal trosedd?

Mae addysg yn golygu y gall pobl gael gwaith ac ennill digon i beidio â bod yn droseddwyr

Mae'r amser sy'n cael ei dreulio yn yr ysgol neu'n gwneud gwaith cartref yn amser nad yw'n cael ei dreulio ar y stryd neu'n cyflawni trosedd

Mae pobl sy'n aros yn yr ysgol yn tueddu i feddwl am goliau tymor hir mewn bywyd a dydyn nhw ddim yn ymgymryd ag ymddygiad sy'n golygu risg

YMESTYN a HERIO

Gallwch ddarllen yr ystadegau mwyaf diweddar am droseddau ieuenctid a'r system cyfiawnder troseddol ar lein yma: https://www.gov.uk/government/uploads/system/uploads/attachment_data/file/278549/youth-justice-stats.pdf

Ydyn nhw'n awgrymu bod troseddau ieuenctid yn cynyddu neu'n gostwng?

Troseddau gan bobl ifanc a brofwyd, 2012–13

Troseddau ieuenctid

Mae arwyddocâd troseddau ieuenctid yn amlwg o'r ffaith bod pobl rhwng 10 ac 17 oed, yn ôl data'r Swyddfa Ystadegau Gwladol ar gyfer 2011/12, yn cyfrif am 13 y cant o'r holl bobl a gafodd eu harestio, er mai 10 y cant o'r boblogaeth ydyn nhw. Felly, maen nhw'n cael eu gorgynrychioli mewn data cyfiawnder troseddol, oherwydd bod ffyrdd eraill, ar wahân i arestio, sy'n cael eu defnyddio i atal pobl ifanc rhag dod yn rhan o'r system cyfiawnder troseddol ffurfiol ac sydd mewn perygl o aildroseddu. Mae'r rhain yn cynnwys:

- Gorchmynion Ymddygiad Gwrthgymdeithasol (ASBOs) ar gyfer ymddygiad aflonyddgar lefel isel, sy'n cael eu cyflwyno gan yr heddlu ond y mae cyrff swyddogol eraill ac aelodau o'r cyhoedd yn gofyn amdanyn nhw.
- Ceryddon a rhybuddion, sy'n cael eu cyflwyno gan yr heddlu.
- 'Dirwy yn y fan a'r lle' neu hysbysiad cosb am beri anhrefn, sy'n cael ei chyflwyno gan yr heddlu i bobl dros 16 oed. Nid yw hyn yn cael ei gofnodi ar gofnod troseddol unigolyn ond mae gan yr heddlu fynediad at y wybodaeth.
- Cynlluniau brysbennu, sy'n cael eu gweithredu gan yr heddlu ac aelodau o dimau troseddau ieuenctid ac sy'n hyrwyddo cyfiawnder adferol ac yn atal labelu rhywun yn droseddwr yn ddiangen.

Felly, mae nifer y bobl ifanc sy'n cael eu dedfrydu yn y DU, a nifer y bobl ifanc sy'n cael eu dal, wedi bod yn gostwng yn gyson (ar un adeg yn 2012/13 y cyfartaledd oedd 1544). Mae hyn yn golygu bod llai o aildroseddu ymhlith pobl ifanc nad ydyn nhw'n wir droseddwyr.

Daeth Owen a Cooper (2013) i'r casgliad mewn adroddiad ar ran y Swyddfa Gartref fod y rhan fwyaf o droseddau sy'n cael eu cyflawni gan bobl ifanc yn rhai meddiangar (h.y. dwyn a lladrata), roedd 21 y cant yn dreisgar, a 10 y cant yn unig a oedd yn cael eu hystyried yn droseddau difrifol. Fodd bynnag, roedd y rhai a oedd wedi lladrata, dwyn ceir neu ddwyn o eiddo fel trosedd gyntaf yn fwy tebygol o aildroseddu dro ar ôl tro. Aeth llawer o'r rheini yn eu blaen i gyflawni troseddau difrifol iawn o fewn naw mlynedd, gan gynnwys lladrad pellach, trais rhywiol neu drais. Fodd bynnag, roedd y 5 y cant hyn o'r garfan a aeth yn eu blaen i fod yn droseddwyr cronig yn gyfrifol am dros hanner yr holl droseddau pellach a gafodd eu profi.

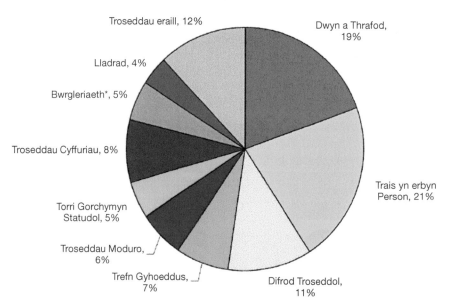

Troseddau eraill, 12%
Dwyn a Thrafod, 19%
Lladrad, 4%
Bwrgleriaeth*, 5%
Troseddau Cyffuriau, 8%
Trais yn erbyn Person, 21%
Torri Gorchymyn Statudol, 5%
Troseddau Moduro, 6%
Trefn Gyhoeddus, 7%
Difrod Troseddol, 11%

* Mae bwrgleriaeth yn cynnwys bwrgleriaeth ddomestig ac annomestig

Ffynhonnell: Ystadegau Cyfiawnder Ieuenctid 2012/13 Bwrdd Cyfiawnder Ieuenctid Cymru a Lloegr / Bwletin Ystadegau'r Weinyddiaeth Gyfiawnder, 30 Ionawr 2014, © Hawlfraint y Goron

Troseddau oedolion

Nid yw pob trosedd yn cyrraedd y llys, yn enwedig yn achos troseddau llai difrifol neu bobl sydd wedi troseddu am y tro cyntaf. Bydd 67 y cant o droseddau'n derbyn dirwy a bydd 12 y cant arall o droseddau'n arwain at ddedfrydau yn y gymuned. Dim ond 8 y cant sy'n arwain yn syth at ddedfryd o garchar, a 4 y cant arall at ddedfryd o garchar ohiriedig. Dim ond 12 y cant o oedolion sy'n derbyn dedfryd o garchar a fydd yn derbyn dedfryd dros dair blynedd; mae 57 y cant o oedolion yn mynd i'r carchar am gyfnodau cymharol fyr, sef o dan chwe mis. Yn aml, mae oedolion yn y carchar yn bobl sydd wedi aildroseddu neu sydd â phroblemau'n ymwneud â chamddefnyddio sylweddau. Mae'r gyfradd aildroseddu'n amrywio o ranbarth i ranbarth. Cyfradd aildroseddu Cymru yw 27 y cant a thair trosedd ar gyfer pob person. Fodd bynnag, cyfradd aildroseddu Caerdydd yw 31 y cant a 3.2 trosedd ar gyfer pob person. Mae'r gyfradd aildroseddu hon yn uwch na Llundain. Yno y gyfradd aildroseddu yw 26 y cant a thair trosedd ar gyfer pob person.

Oedran ac erledigaeth

Er gwaetha'r gred boblogaidd, daeth Arolwg Troseddu Cymru a Lloegr 2012/13 i'r casgliad bod pobl ifanc yn fwy tebygol o ddioddef trosedd na phobl hŷn. Dywedodd 8.4 y cant o bobl rhwng 16 a 24 oed, ond 0.2 y cant yn unig o'r rhai dros 75, eu bod wedi cael eu herlid. Dynion ifanc oedd y grŵp a oedd yn cael eu herlid fwyaf. Roedd pobl dlawd yn fwy tebygol o gael eiddo wedi'i ddwyn o'u cartrefi, felly roedd pobl ifanc a oedd yn rhentu lletty preifat heb ddiogelwch yn dioddef y drosedd hon; roedd hyn hefyd yn wir am geir. Roedd pobl ifanc yn arbennig o debygol o ddioddef lladrad 'cipio' neu ladrad 'cudd' pan oedden nhw allan o'r cartref, gydag eitemau fel ffonau neu ddyfeisiau electronig cludadwy'n boblogaidd gyda lladron.

Dysgu annibynnol

Dysgwch am sut mae'r gyfraith yn berthnasol i bobl ifanc drwy edrych ar wefan y Swyddfa Gartref

https://www.gov.uk/browse/justice/young-people

Dysgu gweithredol

Trafodaeth: Ystyriwch bob un o'r rhesymau i esbonio gwahaniaethau oedran mewn cyfraddau euogfarnu. Pa mor bwysig yw pob un yn eich barn chi? Cyfeiriwch at ddamcaniaethau cymdeithasegol lle mae hynny'n bosibl.

Ysgrifennu estynedig

Disgrifiwch y cysylltiad rhwng oedran a throsedd.

Arweiniad: Yn y drafodaeth hon, does dim llawer o amheuaeth am gywirdeb cyffredinol y data am euogfarnau. Dangoswch ein bod yn gwybod llai am ffigur tywyll trosedd anhysbys o ran oedran, a chyfeiriwch at dystiolaeth fel data Arolwg Troseddu Cymru a Lloegr. Eich prif bwynt yw bod pobl ifanc yn cael eu gorgynrychioli mewn ystadegau trosedd. Mae'r rhan fwyaf o droseddwyr gyrfa'n dechrau ymddwyn yn droseddol pan fyddan nhw'n dal i fod yn eu harddegau; fodd bynnag, mae llawer o bobl yn eu harddegau'n cyflawni troseddau ond wedyn dydyn nhw byth yn mynd ymlaen i aildroseddu neu ymddangos yn system y llysoedd. Efallai byddwch chi am nodi bod amrywiadau sylweddol rhwng y gwahanol ranbarthau, felly mae pobl ifanc dlawd neu bobl ifanc mewn dinasoedd yn fwy tebygol o ddatblygu gyrfaoedd fel troseddwyr. Dywedwch mai pobl ifanc yw'r rhai mwyaf tebygol o ddioddef trosedd hefyd oherwydd problemau'n ymwneud â thlodi neu ei bod yn hawdd eu gweld.

Ysgrifennwch tua 200 gair.

Dysgu gweithredol

Trafodwch y problemau moesegol y gallai ymchwilydd eu hwynebu wrth ymchwilio i drosedd a phobl ifanc.

Gwella sgiliau

Os diwylliant ieuenctid astudioch chi ar gyfer UG, ewch yn ôl at eich nodiadau i'ch atgoffa eich hun. Os teuluoedd astudioch chi, efallai bydd y trafodaethau am ddiwylliannau ieuenctid a gwyredd (t. 178) a diwylliannau ieuenctid a'r cyfryngau (t. 156) yn eich llyfr UG yn waith darllen cefndir defnyddiol.

Ymchwil

Cynhaliodd Glover a Clewett (2011) ymchwil ar gyfer elusen Barnardo. I ddysgu mwy am brofiadau pobl ifanc a sut byddai'n bosibl lleihau aildroseddu, edrychon nhw ar bump o bobl ifanc a oedd wedi cael eu rhyddhau o'r ddalfa i'r gymuned. Cynhaliodd yr ymchwilwyr gyfweliadau ymchwil proffesiynol gyda'r bobl ifanc a'r gweithwyr proffesiynol a oedd yn ymwneud â nhw, ac edrychon nhw ar ddarpariaeth lles a mecanweithiau cefnogi. Daethon nhw i'r casgliad bod pobl ifanc yn teimlo nad oedden nhw'n cael llawer o gefnogaeth, ac roedden nhw'n cael eu trosglwyddo o unedau diogel yn ôl i'r gymuned ar frys a heb gynlluniau. Roedd budd-daliadau a hawliau'n cael eu hatal, a oedd yn golygu bod y cymorth i ddod o hyd i lety'n gyfyngedig ar gyfer troseddwyr ifanc. Oherwydd llety amhriodol neu leoliadau anaddas, roedd llawer o bobl ifanc yn aildroseddu. Aeth un yn gaeth i heroin.

a) Nodwch ac esboniwch **un** rheswm pam roedd troseddwyr ifanc yn cael eu holrhain mewn astudiaeth hydredol i'r drefn o drosglwyddo o warchodaeth i'r gymuned.

b) Fel myfyriwr Cymdeithaseg Safon Uwch, rydych chi wedi cael cais i gynnal astudiaeth i ddarganfod a oes cysylltiad rhwng oedran a throseddu yn eich ardal.
   i. Disgrifiwch bob cam o'ch cynllun ymchwil, gan gyfiawnhau'r rhesymau dros eich dewis ar bob cam.
   ii. Trafodwch broblemau a all godi ac effaith y problemau hyn ar ansawdd y data sy'n cael eu casglu.

Cwestiwn cymhwyso tystiolaeth

c) Ysgrifennwch baragraff gan ddefnyddio'r wybodaeth a roddwyd i chi i drafod a yw'n bwysig atal pobl ifanc rhag mynd i mewn i'r system cyfiawnder troseddol neu beidio.

Gwiriwch eich dysgu eich hun

Cywir neu anghywir?

a) Mae nifer y bobl ifanc yn y boblogaeth yn gostwng.

b) Yn Ewrop, Twrci yn unig sydd â niferoedd uwch o blant yn y ddalfa na Chymru a Lloegr.

c) Mae dwy ran o dair o blant sy'n cael eu rhyddhau o sefydliadau troseddwyr ifanc yn aildroseddu o fewn 12 mis.

ch) Mae aildroseddu yn fwy cyffredin ymhlith pobl hŷn nag ymhlith pobl ifanc sydd wedi bod yn y ddalfa.

d) Mae plant sydd wedi bod mewn gofal yn fwy tebygol o orffen yn y ddalfa.

dd) Mae hanner yr holl droseddau'n cael eu cyflawni gan bobl dan 18 oed.

e) Mae troseddwyr ifanc yn cyflawni bwrgleriaeth ac yn dwyn.

f) Mae troseddau ieuenctid yn costio ychydig dan £1 biliwn i'r wlad.

Pwnc 8: Polisi cyhoeddus a throsedd

Gwneud i chi feddwl

Sut mae dioddefwr yr ymosodiad hwn yn teimlo yn eich barn chi? Sut mae'r ymosodwr yn teimlo a sut bydd yn elwa ar ei weithred? Sut gallen ni atal troseddau fel mygio? Os ydyn ni'n dal y troseddwyr, sut byddwn ni'n eu hatal nhw wedyn rhag ailadrodd eu hymddygiad?

Materion allweddol ar gyfer rheoli trosedd

Rôl llywodraeth yw:

- Nodi gweithredoedd fel troseddau a gwneud cyfreithiau i atal neu reoli'r ymddygiadau hyn gyda chyngor gweision sifil a chyfreithwyr
- Atal trosedd yn y gymuned drwy blismona effeithiol a rhaglenni addysg
- Canfod ac ymdrin â throseddwyr drwy system llys a chyfiawnder
- Cosbi ac ailsefydlu troseddwyr drwy wasanaethau carchar a phrawf
- Cefnogi dioddefwyr drwy wasanaethau cymdeithasol a gwasanaethau cymorth dioddefwyr

Mae'r rhain yn rolau cymhleth ac anodd. Fodd bynnag, bydd yr ymagwedd y bydd llywodraeth yn ei defnyddio i ymdrin â'r materion cymdeithasol hyn yn dibynnu ar ei hathroniaeth sylfaenol am natur trosedd a throseddwyr. Mae llywodraethau hefyd yn gosod cyllidebau llym oherwydd gall trosedd gostio llawer iawn o arian i wlad. Yn 2013, roedd y Sefydliad ar gyfer Economeg a Heddwch yn amcangyfrif o ffigurau'r Swyddfa Ystadegau Gwladol fod troseddau treisgar yn costio 7.7 y cant o gyllideb y wlad, gan gyrraedd cyfanswm o £124 biliwn bob blwyddyn. Mae hyn tua £4700 i bob aelwyd. Dyma'r ffigurau ar gyfer un math o drosedd. Pan fydd yr holl droseddau'n cael eu rhoi at ei gilydd, mae trosedd yn costio ffortiwn. I gymharu, amcangyfrifodd Prifysgol Rhydychen yn 2012 mai £15.8 biliwn yw cost y canserau i gyd i economi'r DU. Mae troseddau treisgar yn unig felly'n costio dros wyth gwaith yr hyn y mae canser yn ei gostio i'r wlad.

Athroniaethau cymdeithasol a gwleidyddol a throsedd

Mae bod 'yn llym ar drosedd' yn ymagwedd polisi benodol y mae pleidleiswyr yn ei hoffi, felly mae pob plaid wleidyddol yn tueddu i honni mai nhw yw'r blaid a fydd yn llwyddo i reoli trosedd.

Nodau

- Deall mai un o'r targedau y mae'n rhaid i bob llywodraeth ei osod iddo'i hun yw rheolaeth cymdeithas, felly mae'n rhaid i bob llywodraeth greu cyfreithiau, datblygu a monitro polisïau i atal trosedd, ac ymdrin â throseddwyr pan fydd cyfreithiau wedi cael eu torri

Bydd effeithiolrwydd unrhyw lywodraeth yn cael ei farnu yn ôl sut mae'n perfformio wrth fynd i'r afael â throsedd a rheolaeth gymdeithasol. Mae trosedd ac ymddygiad troseddol yn costio symiau anferth o arian i'r wlad: er enghraifft, amcangyfrifir y gall y gost o ariannu unigolyn mewn sefydliad troseddwyr ifanc fod tua £100 000 y flwyddyn. Mae hyn yn cymharu â'r £35 000 neu swm tebyg y mae ysgolion bonedd blaenllaw fel Eton yn ei godi. Mae cost hirdymor pobl yn dod yn droseddwyr hyd yn oed yn uwch oherwydd eu bod yn fwy tebygol o fod yn ddibynnol ar fudd-daliadau, o fod â phlant yn y system ofal, ac o aildroseddu gydol eu bywyd. Mae'n rhaid talu am y llysoedd, yr heddlu, y gwasanaethau prawf, y gweithwyr cymdeithasol a'r systemau addysg o'r pwrs cyhoeddus. Mae angen cymorth neu iawndal ar ddioddefwyr, yn arbennig os ydyn nhw wedi dioddef trawma neu wedi cael eu hanafu'n ddifrifol. Mae'n rhaid i'r llywodraeth reoli costau i'r trethdalwyr a datblygu strategaethau effeithiol ar gyfer delio ag ymddygiadau troseddol.

Dysgu annibynnol

Chwiliwch am fwy o wybodaeth am gyfiawnder adferol drwy fynd ar lein a rhoi'r term mewn peiriant chwilio. Beth yw eich safbwynt chi ar yr ymagwedd hon at droseddwyr a throseddu? Pe baech chi'n ddioddefwr, pa mor hawdd fyddai hi i chi gymryd rhan mewn cynllun o'r fath?

⊙ Mae damcaniaethau ceidwadol am drosedd yn tueddu i awgrymu bod 'oes aur' yn y gorffennol pan oedd pobl yn ufuddhau i awdurdod oherwydd nad oedd y wladwriaeth yn ymyrryd ym mywyd pob dydd, gan alluogi'r farchnad i reoli dynameg gymdeithasol. Yn gyffredinol, maen nhw am leihau rheolaeth y wladwriaeth, ond maen nhw hefyd am gosbi ac atal troseddwyr rhag gweithredoedd troseddol.

⊙ Mae polisïau'r Blaid Lafur yn tueddu i edrych ar ddatrysiadau cymunedol i broblem trosedd ac felly maen nhw fel arfer eisiau mwy o swyddogion yr heddlu ar y stryd a gwahanol ffurfiau ar gontractau ymddygiad fel cynlluniau rhianta. Maen nhw'n aml eisiau atal trosedd yn hytrach na chosbi unwaith i drosedd ddigwydd.

Ymyriadau polisi

O ystyried amrywiaeth a chymhlethdod y gwahanol ymyriadau o dan ymbarél polisi trosedd, byddai'n anodd sôn am bob un ohonyn nhw. Mae nifer o bolisïau'n gysylltiedig ag atal trosedd a thrin trosedd. Dyma rai enghreifftiau diweddar perthnasol.

Rhaglenni dod â throsedd ieuenctid i ben

Pobl ifanc sy'n cael eu heuogfarnu am drosedd amlaf; mae hyn yn broblem oherwydd bod llawer ohonyn nhw'n mynd ymlaen i wneud gyrfa o droseddu yn yr ystyr eu bod yn treulio eu bywydau'n symud i mewn ac allan o'r system cyfiawnder troseddol. Yn y DU, mae hyn yn gysylltiedig â'r syniad bod llawer o drosedd ieuenctid yn ymwneud â gangiau. Daeth amrywiaeth o brojectau i fod yn sgil terfysgoedd Llundain ym mis Awst 2011. Dangosodd yr Ysgrifennydd Cartref ar y pryd, Theresa May (2015), fod dwy ymagwedd gan y llywodraeth:

⊙ Cryfhau deddfwriaeth troseddau cyllyll ac atal ymuno â gangiau yn y carchar
⊙ Rhaglenni ymyrraeth gynnar i atal trosedd, fel annog cyn-garcharorion i fynd i mewn i ysgolion i gwnsela plant am fywyd yn y carchar.

Cyfiawnder adferol

Mae cyfiawnder adferol yn canolbwyntio ar gosbi'r troseddwr, ond mae cyfiawnder adferol yn seiliedig ar y syniad bod yn rhaid i ddioddefwyr helpu'r asiantaethau i fynd i'r afael â throsedd.

Felly, mae'n dod â dioddefwyr a throseddwyr at ei gilydd er mwyn i'r dioddefwr gael cyfle i esbonio effaith go iawn y drosedd ar y troseddwr ac er mwyn i'r troseddwr esbonio pam cafodd y drosedd ei chyflawni. Fel arfer, mae hon yn broses sy'n cael ei chynnal gan weithiwr proffesiynol. Y nod yw lleihau aildroseddu, ac mae llawer o astudiaethau wedi awgrymu y gall fod yn effeithiol.

Rydyn ni'n ymdrin ag egwyddorion cyfiawnder adferol ymhellach ym Mhwnc 15.

Polisïau triniaeth am gamddefnyddio sylweddau

Mae cyffuriau fel heroin yn gaethiwus ac mae eu defnyddio yn anghyfreithlon, ac yn ôl Asiantaeth Genedlaethol ar gyfer Triniaethau Camddefnyddio Sylweddau'r GIG (2012), mae defnydd o gyffuriau'n lleihau. Mae dros 300 000 o bobl rydyn ni'n gwybod amdanyn nhw â phroblem cyffuriau, er bod llawer mwy yn defnyddio cyffuriau'n achlysurol. Mae adictiaid yn aml yn troi at weithgareddau anghyfreithlon i dalu am eu cyffuriau. Mae llawer o arbenigwyr yn cynghori y dylai cyfreithiau sy'n gwneud defnyddio cyffuriau'n anghyfreithlon fod yn fwy rhyddfrydig er mwyn i adictiaid beidio â gorfod dwyn i dalu am eu cyffuriau (gweler Ffaith ddiddorol). Mae eraill yn awgrymu y dylai rhaglenni adferiad gael eu rhoi ar waith i helpu adictiaid i roi'r gorau i ddefnyddio cyffuriau. Mae'r GIG yn dwyn pwysau ar y llywodraeth i wario mwy ar raglenni adferiad cyffuriau. Maen nhw'n dadlau bod 'trosedd sy'n gysylltiedig â chyffuriau'n costio £13.9 biliwn y flwyddyn i'r gymdeithas ... ac mai'r bil trosedd ac iechyd ar gyfer cyfnod oes pob defnyddiwr cyffuriau sy'n chwistrellu yw £480 000' (*Drug Treatment in England: The Road to Recovery*, 2012).

Preifateiddio'r system cyfiawnder troseddol

Mae rhedeg carchardai a'r system cyfiawnder troseddol yn ddrud. Mae llywodraethau Ceidwadol wedi bod yn asesu sut i leihau costau, ac erbyn hyn mae llawer o'r system cyfiawnder troseddol yn cael ei redeg gan gwmnïau preifat: er enghraifft, mae un o bob chwe charchar yn cael ei redeg yn breifat er mwyn gallu cyflogi llai o staff ar gyflogau is. Mae'r Gwasanaeth Prawf wedi cael ei ddiwygio sy'n golygu mai cwmnïau preifat sy'n rhedeg y sector. Mae hwn wedi bod yn bolisi dadleuol, yn bennaf oherwydd nad yw'n eglur pwy ddylai fod yn atebol os nad yw pethau'n cael eu rhedeg yn dda. Mae rhai'n honni bod y cwmnïau yn gofyn am ormod o arian gan y llywodraeth ac yn cyflogi staff nad ydyn nhw'n ddigon cymwys.

FFAITH DDIDDOROL

Yn 2001, gwnaeth Portiwgal bob cyffur oedd yn anghyfreithlon yn gyfreithlon, gan weld y broblem yn un iechyd cyhoeddus. Erbyn hyn, mae llai o bobl yn marw o farwolaethau sy'n gysylltiedig â chyffuriau. Mae defnydd o gyffuriau ymhlith pobl ifanc iawn wedi gostwng ac mae gwerth cyffuriau ar y stryd wedi disgyn. Mae'r heddlu wedi gallu treulio mwy o amser yn mynd i'r afael â throseddau eraill gan nad oes rhaid iddyn nhw ganolbwyntio nawr ar arestio defnyddwyr cyffuriau am ddefnyddio cyffuriau. Bu gostyngiad mewn lladrata eiddo gan y rhai a oedd yn dwyn i dalu am gyffuriau.

YMESTYN a HERIO

Ydy carchardai'n effeithiol?

Yn yr 20 mlynedd hyd at 2015, cynyddodd poblogaeth carchardai Cymru a Lloegr dros ddwywaith; roedd dros 85,000 o garcharorion ym mis Rhagfyr 2015. Mae hyn yn adlewyrchu polisïau dedfrydu llymach gan lywodraethau o bob plaid yn ystod y cyfnod hwnnw. Ydy cadw pobl dan glo yn ffordd effeithiol o ymdrin â throsedd?

Yn amlwg, pan fydd y troseddwyr hynny yn y carchar, mae'r cyfleoedd i droseddu yn gyfyngedig. Mae pobl yn dadlau hefyd y gall dedfrydau hirach

weithredu fel ffordd o atal y rhai sy'n meddwl troseddu rhag gwneud hynny.

Mae adferiad yn un o nodau'r system garchardai, ond mae ffigurau'n dangos bod nifer sylweddol yn aildroseddu, a bod y rhan fwyaf o droseddau'n cael eu cyflawni gan rai ag euogfarnau blaenorol.

Defnyddiwch y Rhyngrwyd i ymchwilio i'r cwestiwn 'Ydy carchardai'n gweithio?'

Ysgrifennu estynedig

Disgrifiwch y polisi trosedd diweddar yn y DU.

Arweiniad: Drwy'r uned hyd yn hyn, byddwch chi wedi dod ar draws rhai cyfeiriadau at bolisi trosedd: er enghraifft, yn y drafodaeth am ystadegau ym Mhwnc 3, mae cyfeiriad at doriadau yng nghyllid yr heddlu a'r effaith y bydd hyn yn ei chael ar ddata trosedd. Er mwyn ysgrifennu ateb llawn a manwl, dylech allu ychwanegu gwybodaeth o'r pwnc hwn sy'n cyfeirio at atal troseddu ymhlith pobl ifanc, neu atal aildroseddu ymhlith y rhai sydd ag euogfarnau. Fodd bynnag, mae rhai sy'n nodi bod y cyfreithiau presennol yn creu troseddu: er enghraifft, gwneud defnyddio sylweddau yn gyfreithlon. Er bod y cyhoedd eisiau i lywodraethau fod yn llym gyda throseddwyr, mewn llawer o achosion nid yw hon yn ymagwedd arbennig o effeithiol ac fe all hyd yn oed gyfrannu at ddatblygu troseddwyr proffesiynol a rhai sy'n aildroseddu.

Ysgrifennwch tua 200 gair.

Dysgu gweithredol

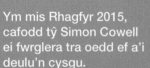

Ym mis Rhagfyr 2015, cafodd tŷ Simon Cowell ei fwrglera tra oedd ef a'i deulu'n cysgu.

Sut, yn eich barn chi, y bydden nhw, a dioddefwyr eraill troseddau o'r fath, yn teimlo? Beth byddai'n bosibl ei wneud i leihau bwrgleriaeth? Sut mae ymdrin â throseddwyr?

Ymchwil

Cynhaliodd Parkin (2015) ymchwiliad i weld a oedd defnydd o gyffuriau hamdden wedi dod yn norm ymhlith pobl ifanc yn y gymdeithas fodern. Cafodd 154 o ymatebwyr rhwng 18 a 25 oed eu recriwtio drwy'r cyfryngau cymdeithasol mewn sampl cyfleus. Cafodd holiaduron i'w cwblhau ar lein eu defnyddio i archwilio faint o gyffuriau anghyfreithlon oedd ar gael, faint oedd yn 'rhoi cynnig arni' yn unig, lefelau defnydd rheolaidd o gyffuriau a pha mor oddefgar oedd pobl ifanc tuag at ddefnyddwyr cyffuriau a'r defnydd o gyffuriau. Roedd ychydig dros 70 y cant o ymatebwyr wedi profi cyffuriau anghyfreithlon ac roedd y rhan fwyaf o bobl ifanc a ymatebodd yn oddefgar o ran defnydd o gyffuriau. Canabis yw'r sylwedd anghyfreithlon sydd wedi cael ei normaleiddio fwyaf ac felly nid yw defnyddwyr cyffuriau hamdden yn cael eu hystyried i fod ar gyrion cymdeithas gan y grŵp oedran hwn.

a) Nodwch ac esboniwch **un** rheswm pam cafodd sampl cyfleus ei ddefnyddio ar gyfer yr astudiaeth hon.

b) Esboniwch **ddau** o gryfderau holiaduron ar-lein.

c) Fel myfyriwr Cymdeithaseg Safon Uwch, rydych wedi cael cais i gynnal astudiaeth i ddod o hyd i wybodaeth am greu a gweithredu polisi disgyblaeth mewn ysgol neu goleg cyfagos.

    i. Disgrifiwch bob cam o'ch cynllun ymchwil, gan gyfiawnhau'r rhesymau dros eich dewis ar bob cam.

    ii. Trafodwch broblemau a all godi ac effaith y problemau hyn ar ansawdd y data sy'n cael eu casglu.

Cwestiwn cymhwyso tystiolaeth

ch) Ysgrifennwch baragraff gan ddefnyddio'r wybodaeth a roddwyd i chi i drafod a ddylai'r llywodraeth addasu ei pholisïau trosedd yn unol â newid cymdeithasol ac ymddygiadau cymdeithasol.

Gwiriwch eich dysgu eich hun

Cysylltwch y geiriau â'u hystyron:

a) Rhaglenni ymyrraeth gynnar

b) Cyfiawnder adferol

c) Aildroseddwyr

ch) Troseddwyr proffesiynol

d) 'Yn llym ar drosedd'

dd) Sefydliad Troseddwyr Ifanc

Ymagwedd polisi sy'n annog ymagweddau at droseddwyr sy'n seiliedig ar ddial (dial a chosb).

Pobl sydd wedi gwneud penderfyniad i barhau i fod yn droseddwyr.

Mae'r polisïau hyn wedi'u cynllunio i atal pobl ifanc rhag dod yn rhan o'r system cyfiawnder troseddol.

Carchar ym Mhrydain ar gyfer troseddwyr 18–20 oed. Mae rhai'n derbyn carcharorion ychydig yn hŷn a rhai'n derbyn troseddwyr ychydig yn iau.

Mae cyfryngwyr yn dod â dioddefwyr a throseddwyr at ei gilydd er mwyn iddyn nhw allu trafod achosion ac effeithiau ymddygiad troseddol.

Pobl â nifer o euogfarnau.

Trosedd a gwyredd

Pwnc 9: Damcaniaethau swyddogaethol am drosedd

Gwneud i chi feddwl

Ar 13 Tachwedd 2015, bu farw o leiaf 130 o bobl yn sgil cyfres o fomiau a saethu gan derfysgwyr ym Mharis. Cafodd llawer mwy eu hanafu. Roedd y cymdeithasegydd Ffrengig Emile Durkheim wedi dweud dros ganrif cyn hynny bod trosedd yn anorfod ac yn dda i'r gymdeithas. Oes modd dweud fyth fod gweithredoedd terfysgol yn 'dda' i'r gymdeithas? Pa ddaioni a allai fod wedi dod o brofiadau erchyll Paris?

Ymagweddau swyddogaethol at wyredd

Mae ymagweddau swyddogaethol at wyredd yn dod o bersbectif macro. Nid oes gan swyddogaethwyr ddiddordeb yng nghymhellion yr unigolyn, ond yn hytrach yn y strwythurau a'r prosesau cymdeithasol sy'n arwain at wyredd. Maen nhw'n tybio bod pawb mewn diwylliant yn rhannu casgliad o normau a gwerthoedd cyffredin. Yr enw ar y rhain yw'r cydwybod ar y cyd. Mae'r gwerthoedd cyffredin hyn yn cadw cymdeithas yn gytbwys. Mae pobl hefyd yn hunanol ac yn drachwantus, felly mae'r gyfraith ar waith i gydbwyso eu buddiannau nhw â buddiannau cymdeithas. Weithiau, pan nad yw trefn gymdeithasol yn gytbwys, mae cyflwr o ddiffyg normau a gwerthoedd, neu anomi yn datblygu. Mae cymunedau'n colli rheolaeth a gall pobl droi i fod yn wyrdroëdig neu'n droseddol.

Egwyddorion sylfaenol yr ymagwedd swyddogaethol at wyredd yw bod trosedd:

- Yn dod â phobl at ei gilydd er mwyn iddyn nhw allu atgyfnerthu eu syniadau am yr hyn sy'n iawn neu nad yw'n iawn drwy ddefnyddio rheolau a sancsiynau cymdeithasol
- Yn creu gwaith ac yn rhoi pwrpas i bobl, felly mae'r heddlu a'r gwasanaethau prawf yn bodoli oherwydd bod trosedd yn bodoli.

Gwella sgiliau

Efallai byddwch am fynd yn ôl at at eich astudiaeth flaenorol o Travis Hirschi (Pwnc 1) i'ch atgoffa chi'ch hun o sut mae swyddogaethwyr yn tueddu i weld rheolaeth gymdeithasol.

Emile Durkheim a gwyredd

Nid oedd Durkheim yn ystyried bod trosedd neu wyredd yn rhywbeth drwg o angenrheidrwydd. Mae trosedd a gwyredd yn bodoli ym mhob cymdeithas. Mae'n rhaid, felly, fod iddyn nhw swyddogaeth gymdeithasol ar gyfer y gymdeithas.

- Mae'n nodi bod trosedd yn falf ddiogelu sy'n galluogi pobl i fynegi eu hanniddigrwydd neu fodloni eu hanghenion yn ddiogel. Mae Cohen, er enghraifft, yn defnyddio puteindra yn enghraifft, lle mae'n bosibl bodloni angen heb fygwth sefydliad y teulu.
- Gall trosedd fod yn fath o rybudd bod rhyw elfen o gymdeithas nad yw'n gweithio'n effeithiol. Mae hynny'n galluogi'r gymdeithas i ymateb yn briodol a chreu strategaethau neu bolisïau i fynd i'r afael â'r problemau.

Nodau

- Deall ac asesu dadleuon y persbectif swyddogaethol a beirniadu'r persbectif o safbwynt cymdeithasegwyr o draddodiadau damcaniaethol eraill

Mae swyddogaetholdeb yn bersbectif cymdeithasol cymharol hen ffasiwn mewn cymdeithaseg, ond mae'n dal i fod yn ddylanwadol mewn gwleidyddiaeth ac mae'n gwneud nifer o bwyntiau diddorol am bwrpas trosedd i'r gymdeithas. Mae llawer wedi cael ei ysgrifennu am y persbectif ac mae nifer o ddadleuon wedi deillio o'r gwaith hwnnw. Roedd llawer o'r gwaith cynnar yn y traddodiad yn ymateb i ddamcaniaethau biolegol am drosedd a oedd o'r farn bod troseddwyr yn 'ddrwg' neu'n 'wallgof' rywsut. Roedd swyddogaethwyr yn ceisio mynd at wraidd trosedd a gwyredd o safbwynt cymdeithasol, gan nodi rhesymau pam roedd yn bodoli. Ychydig o ymchwil ei hun sydd wedi bod o fewn y persbectif swyddogaethol; mae llawer o'r gwaith yn ddamcaniaethol, felly mae wedi bod yn ddylanwadol o ran syniadau a pholisïau yn hytrach nag o ran creu data ffeithiol caled.

Gwella sgiliau

Wrth geisio ateb cwestiynau atebion estynedig, ceisiwch osgoi ysgrifennu'n ddisgrifiadol am yr hyn y mae pob damcaniaethwr wedi'i ddweud. Canolbwyntiwch ar asesiadau a gwerthusiadau clir y gallwch chi eu cefnogi gan gynnwys manylion o'r damcaniaethau.

Trosedd a gwyredd

> Pan fydd arferion yn ddigonol, nid oes angen cyfreithiau; pan fydd arferion yn annigonol, mae'n amhosibl gorfodi cyfreithiau.
>
> **Emile Durkheim**

Dysgu gweithredol

Os yw trosedd yn dda i'r gymdeithas, mae'n rhaid bod mwy o drosedd yn well. Trafodwch y safbwynt hwn.

- Gall trosedd a gwyredd fod yn **greadigol ac yn dda i'r gymdeithas** oherwydd byddan nhw'n hyrwyddo newid cymdeithasol. Er enghraifft, cafodd llawer o bobl sy'n enwog erbyn hyn fel diwygwyr cymdeithasol, er enghraifft Gandhi, y Swffragetiaid a Nelson Mandela, eu carcharu am dorri'r gyfraith yn ystod eu bywyd.
- Gall trosedd a gwyredd fod yn **ddinistriol**. Pan fydd newid cymdeithasol cyflym a diffyg trefn a phan fydd cyflwr o 'anomi', bydd hyn yn arwain at drosedd. Mae trosedd yn ychwanegu at anomi drwy ddinistrio rhwymau cymdeithasol a chreu anhrefn pellach.
- Mae gwyredd **yn cryfhau rhwymau cymdeithasol**. Pan fydd pobl yn uno yn wyneb arswyd, neu'n mynegi ffieidd-dod, maen nhw'n teimlo'n nes at y rhai y maen nhw'n rhannu teimladau â nhw.
- Mae trosedd yn **gosod ffiniau**. Pan fydd pobl yn ymddangos mewn llysoedd neu'n cael eu harestio, mae pobl eraill yn gwybod nad yw eu gweithredoedd yn cael eu derbyn. Mae hyn yn rhybudd i eraill.
- Gall ymatebion i droseddau **sbarduno newid cymdeithasol**. Pan fydd achos yn cael ei drafod yn gyhoeddus, mae pobl yn ymateb. Gall gwleidyddion fesur a yw'r gyfraith a'r bobl yn teimlo'r un fath, a gall deddfau gael eu haddasu i gyd-fynd â'r safbwynt cyffredinol.

Nododd Durkheim wahanol fathau o droseddwyr:

- Troseddwyr genetig sydd â rheswm biolegol dros eu troseddau.
- Gwrthryfelwyr swyddogaethol sy'n gweithredu i dynnu sylw at straen yn y system gymdeithasol.
- Gwyrdroëdigion o ganlyniad i gymdeithas annheg neu anghyfartal sydd heb gael eu cymdeithasoli'n briodol. Mae'n bosibl delio â'r rhain drwy ddulliau rheolaeth gymdeithasol.

Asesu damcaniaeth Durkheim

- Mae Durkheim wedi bod yn fan cychwyn nid yn unig i swyddogaetholdeb draddodiadol, ond hefyd i ddamcaniaethau isddiwylliannol a damcaniaeth labelu. Mae'n gweld nad y weithred yw'r broblem ond ymateb y gymdeithas.
- Drwy anwybyddu natur unigol trosedd, nid yw Durkheim wedi ystyried efallai nad yw rhai troseddau'n 'normal'. Oherwydd bod cymdeithas wedi dewis anwybyddu trais yn y cartref yn y gorffennol, nid yw'n golygu bod y math hwn o gamdriniaeth yn dderbyniol nawr nac wedi bod yn dderbyniol ar unrhyw adeg.
- Nid yw Durkheim yn ystyried gwahaniaethau mewn cyfraddau euogfarnu rhwng gwahanol grwpiau cymdeithasol.

Robert K Merton a damcaniaeth straen cymdeithasol

Seiliodd Merton (1938) ei ddamcaniaethu ar elfennau o waith Durkheim. Canolbwyntiodd yn arbennig ar anomi a gwyrdroëdigion o ganlyniad i gymdeithas annheg neu anghyfartal. Roedd yn strwythurwr; roedd yn dadlau bod ymddygiad troseddol yn ganlyniad y drefn a'r diwylliant rydyn ni'n byw ynddyn nhw. Nododd mai gwerthoedd cymdeithas y Gorllewin (consensws gwerth) oedd bod llwyddiannus, bod yn gyfoethog a bod yn gystadleuol. Mae'r syniadau hyn yn cael eu hadnabod yn gyffredinol fel 'y Freuddwyd Americanaidd'. Nododd Merton, a oedd o deulu tlawd ei hun ac a symudodd ymlaen oherwydd ei dalent a gwaith caled, nad yw'r rhan fwyaf o bobl, er eu bod yn credu yn y Freuddwyd Americanaidd, yn cael yr un cyfleoedd i fod mor llwyddiannus ag yr hoffen nhw fod. Mae'r bwlch hwn rhwng nodau personol a chymdeithasol yr unigolyn a'r posibilrwydd o'u cyflawni nhw yn achosi anomi, a straen cymdeithasol oedd enw Merton ar hyn.

Dysgu gweithredol

Yn eich grwpiau, meddyliwch am enghreifftiau o wahanol fathau o droseddau neu droseddwyr a allai esbonio teipoleg gwyredd Merton.

Teipoleg Gwyredd Robert K Merton

Dulliau sefydliadol

	Derbyn	Gwrthod
Goliau diwylliannol Derbyn	Cydymffurfio	Arloesi
Gwrthod	Cadw defodau	Encilio

Dulliau newydd

Goliau newydd — Gwrthryfela

Bydd y rhai sydd leiaf tebygol o gyflawni drwy gyfrwng y llwybrau derbyniol yn chwilio am ffyrdd eraill o gyflawni gwerthoedd cymdeithasol, ac fe all y rhain arwain at drosedd:

- **Cydymffurfio:** Mae pobl yn ymdopi gan ddilyn y rheolau yn y gobaith o lwyddo.
- **Arloesi:** Mae pobl yn ymrwymo i'w gwerthoedd cymdeithasol, ond yn chwilio am ffyrdd eraill o ddod yn gyfoethog ac yn llwyddiannus.
- **Cadw defodau:** Mae pobl yn gwneud pethau'n 'awtomatig' heb ddisgwyliadau go iawn ac maen nhw'n cael eu bodloni mewn ffyrdd eraill.
- **Encilio:** Mae pobl yn gwrthod y nod a'r dulliau, felly maen nhw'n dod yn gaeth i gyffuriau neu'n troi at ffyrdd eraill o fyw.
- **Gwrthryfela:** Mae pobl yn ceisio disodli gwerthoedd cyffredin â gwerthoedd eraill gan ddefnyddio trais hyd yn oed i gyrraedd y nod.

Asesu damcaniaethau Merton

- Ychydig o dystiolaeth o ymchwil uniongyrchol sydd i gefnogi'r damcaniaethau.
- Mae Merton yn feirniadol o drachwant cymdeithas y Gorllewin, ac yn ei weld yn achos trosedd.
- Anwybyddodd Merton fodolaeth isddiwylliannau troseddol sydd â gwerthoedd nad ydyn nhw'n cyd-fynd â'r gymdeithas ehangach (e.e. gangiau troseddol neu ddiwylliannau ieuenctid sy'n cam-drin cyffuriau). Mae'n canolbwyntio ar unigolion yn unig.
- Nid yw'n bosibl defnyddio ei ddamcaniaethau i esbonio troseddau sy'n cael eu cyflawni gan bobl gyfoethog a grymus (h.y. y rhai sy'n llwyddiannus yn barod).

Albert Cohen a damcaniaeth isddiwylliannol swyddogaethol

Beirniadodd Albert Cohen (1955) Merton o'r tu mewn i'r traddodiad swyddogaethol. Edrychodd ar fechgyn tramgwyddus y dosbarth gweithiol a dadleuodd nad perthyn i'r unigolyn y mae gwyredd, ond perthyn i'r dorf. Dyma oedd ei feirniadaeth benodol o Merton:

- Mae gwrywod dosbarth gweithiol yn cael eu cysylltu'n benodol â throsedd a diwylliant gangiau.
- Mae sawl math o ymddygiad tramgwyddus a throseddol yn ymwneud â bod yn ddinistriol, gan gynnwys bod yn hunanddinistriol, yn hytrach na chael nwyddau neu gyfoeth.
- Mae dadansoddiad Merton yn ymwneud ag un diwylliant yn unig. Mae'n tybio bod pawb yn rhannu'r un gwerthoedd, ond bod gan rai grwpiau yn y gymdeithas systemau gwerthoedd gwahanol, a bod y rhain yn isddiwylliannau.

Datblygodd Cohen ddadansoddiad o ddiwylliant y bechgyn tramgwyddus, sef un yn llunio gwerthoedd diwylliannol mewn ymateb i'r diwylliant trechol. Mewn ysgolion, mae pobl yn barnu bechgyn dosbarth gweithiol yn ôl safonau'r dosbarth canol, ac felly allan nhw ddim cystadlu. Maen nhw'n profi **rhwystredigaeth statws** oherwydd nad ydyn nhw'n gallu llwyddo. Yn lle llwyddo, maen nhw'n datblygu isddiwylliannau â gwerthoedd sy'n elyniaethus i werthoedd y dosbarth canol ac maen nhw'n gwrthod y system sydd wedi eu gwrthod nhw. Mae fandaliaeth, trosedd a thriwantiaeth yn rhoi statws iddyn nhw o fewn yr isddiwylliant.

Mae damcaniaeth isddiwylliannol yn cael mwy o sylw ym Mhwnc 17.

I wneud cynnydd, rhaid i wreiddioldeb yr unigolyn gael cyfle i'w fynegi ei hun. Er mwyn i wreiddioldeb yr ideolegydd y mae ei freuddwydion yn mynd y tu hwnt i brofiadau ei ganrif gael cyfle i'w fynegi ei hun, mae'n angenrheidiol bod gwreiddioldeb y troseddwr, sy'n is na lefel ei gyfnod, hefyd yn cael yr un cyfle. Nid yw un yn digwydd heb y llall.

Emile Durkheim

Dysgu gweithredol

Sut gallech chi fynd ati i gynllunio astudiaeth ymchwil i ddamcaniaethau Merton? Pa broblemau y gallech chi ddod ar eu traws?

Ysgrifennu estynedig

Gwerthuswch pa mor ddefnyddiol yw damcaniaethau swyddogaethol am drosedd a gwyredd yn y DU gyfoes.

Arweiniad: Wrth ateb y cwestiwn hwn, bydd angen i chi gyfeirio'n eithaf uniongyrchol at y DU gyfoes drwy'r traethawd cyfan. Os nad ydych chi'n gwneud hyn, fyddwch chi ddim yn cael marciau am AA2, cymhwyso. Roedd Durkheim yn Ffrancwr ac roedd Merton yn Americanwr. Bu farw'r ddau nifer o flynyddoedd yn ôl. A oes gan eu damcaniaethau unrhyw berthnasedd i ni heddiw ym Mhrydain fodern? Yn sicr, mae eu syniadau wedi dylanwadu ar bolisïau llywodraethau o ran cysylltu trosedd â chymunedau. Maen nhw hefyd wedi dangos ei bod yn bosibl deall tarddiad ymddygiad troseddol yn nhermau proses gymdeithasol, sy'n golygu y bydd digwyddiadau yn y gymdeithas ehangach yn dylanwadu ar faint o drosedd a'r math o drosedd rydyn ni'n cael profiad ohoni. Efallai'n wir fod Merton wedi ysgrifennu yng nghyd-destun cymdeithas Americanaidd, ond mae'n wir hefyd ei fod yn tynnu sylw at y ffaith bod diffyg cyfartaledd o ran mynediad at gyfoeth yn ffactor bwysig wrth i ymddygiadau troseddol o wahanol fathau gael eu creu.

Ysgrifennwch tua 750 gair.

YMESTYN a HERIO

Ewch ati i ymarfer eich sgiliau cymhwyso. Pan fyddwch wedi cwblhau eich darllen a'ch gwaith ar y pwnc hwn, ewch yn ôl at yr ymarfer Gwneud i chi feddwl. Sut gallech chi ddefnyddio swyddogaetholdeb i esbonio'r ymosodiadau terfysgol ar Baris yn 2015? Allwch chi weld gwendidau yn y damcaniaethau?

Ymchwil

Cynhaliodd Paul Willis astudiaeth ethnograffig o gang beiciau modur dosbarth gweithiol yng Nghanolbarth Lloegr yn yr 1970au. Daeth i'r casgliad bod gan y gang gasgliad o werthoedd isddiwylliannol a oedd yn wahanol i werthoedd bywyd confensiynol normal gwrywod. Roedden nhw'n rhoi bri ar hyfdra gwrthawdurdod eu grym dros fenywod a'u gallu i fychanu'r rhai nad oedden nhw'n gallu ymladd yn ôl. Roedden nhw'n ymosodol, ac yn droseddol. Iddyn nhw, roedd eu beiciau modur yn symbol diwylliannol o haerllugrwydd a gwrywdod a oedd yn eu gwrthgyferbynnu â diwylliannau hipi heddychlon a mwy hynaws y cyfnod.

a) Nodwch ac esboniwch **un** rheswm pam cafodd ymagwedd ethnograffig ei defnyddio ar gyfer yr astudiaeth hon.

b) Gan gyfeirio at yr eitem a thystiolaeth gymdeithasegol, esboniwch **ddau** o wendidau ymagweddau ethnograffig at gymdeithaseg.

c) Fel myfyriwr Cymdeithaseg Safon Uwch, rydych wedi cael cais i gynnal astudiaeth i ganfod mwy am werthoedd diwylliant gwrthysgol yn eich sefydliad.

   i. Disgrifiwch bob cam o'ch cynllun ymchwil, gan gyfiawnhau'r rhesymau dros eich dewis ar bob cam.

   ii. Trafodwch broblemau a all godi ac effaith y problemau hyn ar ansawdd y data sy'n cael eu casglu.

Cwestiwn cymhwyso tystiolaeth

ch) Ysgrifennwch baragraff gan ddefnyddio'r wybodaeth a roddwyd i chi i werthuso **un** ddamcaniaeth swyddogaethol am drosedd a gwyredd.

Gwiriwch eich dysgu eich hun

Atebwch y cwestiynau canlynol yn defnyddio termau a drafodwyd yn y pwnc hwn:

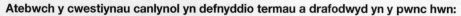

a) Pa derm a ddefnyddiodd Cohen i ddisgrifio ymateb bechgyn dosbarth gweithiol i werthoedd dosbarth canol yr ysgol pan sylweddolon nhw y bydden nhw'n methu?	
b) Pa derm a ddefnyddiodd Merton i ddisgrifio'r gwerthoedd cyffredin bod yn llwyddiannus, yn gyfoethog ac yn gystadleuol?	
c) Pa derm a ddefnyddiodd Durkheim i ddisgrifio cyflwr o ddiffyg normau mewn cymdeithas?	
ch) Pa derm a ddefnyddiodd Merton i ddisgrifio pobl sy'n ymrwymo i'w gwerthoedd cymdeithasol, ond sy'n chwilio am ffyrdd eraill o ddod yn gyfoethog ac yn llwyddiannus?	
d) Pa derm a ddefnyddiodd Durkheim i ddisgrifio pobl sydd heb gael eu cymdeithasoli'n briodol ac y mae'n bosibl ymdrin â nhw drwy ddulliau rheolaeth gymdeithasol?	
dd) Pa swyddogaeth gadarnhaol yn perthyn i drosedd a nododd Durkheim a Cohen lle gall pobl fynegi eu hanfodlonrwydd neu fodloni eu hanghenion yn ddiogel?	

Trosedd a gwyredd

Pwnc 10: Damcaniaethau Marcsaidd am drosedd

Gwneud i chi feddwl

Yn 1984, dihangodd nwy marwol o waith cemegol Union Carbide i ddinas Bhopal yn India. Roedd systemau diogelwch wedi methu a bu farw miloedd; cafodd eraill eu dallu neu eu gwenwyno. Ni chafodd y cwmni mo'i gymryd i'r llys a $350 (£250) yr un yn unig a dderbyniodd y dioddefwyr. Os yw cwmnïau'n gallu osgoi cosb am ladd ac anafu llawer o bobl, pam mae deddfau, y llysoedd a'r cyfryngau'n canolbwyntio ar droseddau stryd?

Trosedd, cyfalafiaeth a'r system gyfreithiol

Mae Marcswyr yn credu bod cyfalafiaeth yn gyfrifol am drosedd drwy nifer o brosesau sylfaenol:

- Mae cyfalafiaeth yn gwneud trachwant a hunanoldeb yn gyfreithlon, felly bydd rhai pobl yn gwneud unrhyw beth i gasglu cyfoeth a grym.
- Mae pobl yn cael eu hannog i flaenoriaethu eu hanghenion eu hunain dros anghenion y gymdeithas gyfan, sy'n golygu bod pobl gyfoethog yn cael eu hedmygu am eu cyfoeth/trachwant.
- Gan fod cyfalafiaeth yn gystadleuol, mae pobl yn cael eu hannog i frifo ac ecsbloetio'r gwan yn hytrach na'u cefnogi.

Egwyddorion sylfaenol yr ymagwedd Farcsaidd at astudio a deall gwyredd a throsedd yw:

- Nid yw 'damcaniaeth o drosedd' gyffredinol yn bosibl oherwydd bod angen ei hystyried yn y cyd-destun cymdeithasol lle mae'n digwydd.
- Mae trefn gymdeithasol yn angenrheidiol i'r gymdeithas, ond o dan gyfalafiaeth mae'r drefn yn gweithredu i reoli'r dosbarthiadau gweithiol ac i gynnig manteision i'r bobl gyfoethog.
- Mae'n bosibl deall trosedd a gwyredd ymhlith y dosbarth gweithiol yn nhermau sut mae pobl dlawd yn ymateb i sefyllfa gymdeithasol lle maen nhw'n gymharol analluog.
- Mae deddfau'n adlewyrchu dymuniadau ac anghenion y dosbarthiadau cyfalafol ac maen nhw'n aml yn gweithredu i amddiffyn eiddo ar draul yr unigolyn.
- Nid yw mynediad pobl at y gyfraith yn gyfartal, felly gall pobl gyfoethog osgoi cael eu dal yn gyfrifol am eu troseddau a bydd pobl dlawd yn cael eu cosbi'n llym am eu troseddau nhw.
- Mae'r systemau cyfreithiol a chyfiawnder troseddol yn gweithredu i orfodi ideolegau cyfalafol ar y gymdeithas.

Mae cymdeithasegwyr Marcsaidd yn tueddu i ganolbwyntio ar feysydd astudio penodol:

- Anghydraddoldebau o ran pwy sy'n elwa ar y system gyfreithiol; mae'n ymddangos bod cyfreithiau'n aml yn ffafrio eiddo dros yr unigolyn, a chorfforaethau mawr dros unigolion. (Laureen Snider, 2005)
- Anghydraddoldebau o ran mynediad at y broses o greu deddfau; mae'n anodd i grwpiau tlawd gael eu cynrychioli neu gael mynediad at y rhai sy'n creu deddfau. (Stephen Box)

Nodau

- **Deall ac asesu'r traddodiad Marcsaidd clasurol mewn troseddeg**

Mae Marcsaeth yn debyg iawn i swyddogaetholdeb mewn sawl ffordd, ond mae eu safbwnt am bwrpas a threfn cymdeithas yn wahanol. Mae swyddogaethwyr yn credu bod cymdeithas yn cael ei threfnu er budd pawb ac mae Marcswyr yn credu ei bod yn cael ei threfnu er budd pobl gyfoethog a phwerus yn unig. Yng nghyd-destun trosedd a gwyredd, mae Marcsaeth glasurol neu draddodiadol yn dechrau gyda'r gred bod cyfalafiaeth ei hun yn creu trosedd ac yn gwneud trosedd yn anorfod. Mae cyfalafiaeth yn seiliedig ar ormesu ac ecsbloetio pobl dlawd, felly yn ôl Marcswyr traddodiadol, mae trosedd yn rhesymegol ac yn rhesymol i bobl dlawd mewn system economaidd lle mae pobl gyfoethog yn dwyn gan bobl dlawd yn ddyddiol.

Gwella sgiliau

Pryd bynnag rydych chi'n astudio Marcsaeth, rydych chi hefyd yn edrych ar ddosbarth cymdeithasol gan fod Marcswyr yn canolbwyntio ar y cysylltiadau rhwng dosbarth a throsedd. Efallai byddwch chi am eich atgoffa eich hun am gyfraddau euogfarnu, dosbarth a throsedd.

> Pan fydd ysbeilio'n dod yn ffordd o fyw i grŵp o ddynion sy'n byw gyda'i gilydd mewn cymdeithas, ymhen amser maen nhw'n creu system gyfreithiol iddyn nhw eu hunain sy'n ei awdurdodi a chod moesol sy'n ei glodfori.
>
> **Frederic Bastiat**

113

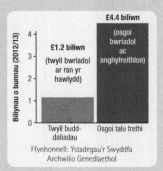

YMESTYN a HERIO

£4.4 biliwn (2012/13)
(osgoi bwriadol ac anghyfreithlon)

£1.2 biliwn (twyll bwriadol ar ran yr hawlydd)

Biliynau o bunnau (2012/13)

Twyll budd-daliadau   Osgoi talu trethi

Ffynhonnell: Ystadegau'r Swyddfa Archwilio Genedlaethol

Darllenwch am y gwahaniaethau mewn agweddau swyddogol tuag at dwyll budd-daliadau ac osgoi talu trethi ar y Rhyngrwyd. (Rhowch y ddau derm mewn peiriant chwilio.) Sut gallech chi ddefnyddio'r wybodaeth rydych wedi'i chael i gefnogi safbwyntiau Marcsaidd traddodiadol am drosedd?

Ysgrifennu estynedig

Disgrifiwch ddamcaniaethau Marcsaidd traddodiadol yn ymwneud â throsedd a gwyredd.

Arweiniad: Gan nad ysgrifennodd Marx ddamcaniaeth benodol yn ymwneud â throsedd, mater i'r Marcswyr sy'n gweithio yn y traddodiad yw datblygu'r ddamcaniaeth honno. Er ei bod yn cynnig mewnwelediadau, mae cymaint nad yw'n cael ei esbonio, felly mae damcaniaethau wedi cael eu datblygu gan yr ymagwedd y byddwn ni'n ei alw'n neo-Farcsaeth. Fodd bynnag, yma y dasg yw disgrifio Marcsaeth draddodiadol. Mae angen i chi felly ganolbwyntio ar ymagwedd sylfaenol Marcswyr, sef bod trosedd yn cael ei hachosi gan gyfalafiaeth, bod cyfalafiaeth yn diffinio trosedd a bod y defnydd o'r gyfraith yn amrywio rhwng pobl gyfoethog a phobl dlawd. Efallai byddwch chi am ddatblygu eich disgrifiad gyda rhai achosion sy'n cefnogi safbwyntiau Marcsaidd am drosedd a gwyredd.

Ysgrifennwch tua 200 gair.

114

⊙ Anghydraddoldebau o ran defnyddio a sicrhau ufudd-dod i gyfreithiau; prin iawn yw'r achosion o erlyn am osgoi talu trethi ond mae twyll budd-daliadau yn arwain at erlyniad bob amser bron. Mae'r cysyniad hwn yn cael ei adnabod fel 'gorfodaeth ddetholiadol o'r gyfraith'. (Gordon)

Ymagweddau Marcsaidd mewn troseddeg

Willem Bonger
Cymdeithasegydd o'r Iseldiroedd oedd Bonger (1905) a oedd yn credu bod pobl bwerus yn gallu diffinio trosedd fel unrhyw beth sy'n bygwth eu buddiannau, fel trosedd eiddo. Bydd mwy o bwyslais yn cael ei roi ar y troseddau y bydd pobl dlawd yn eu cyflawni yn erbyn pobl gyfoethog nag ar droseddau pobl gyfoethog. Mae pobl dlawd yn cyflawni trosedd am un o ddau reswm:

⊙ Anghenion a dymuniadau corfforol
⊙ Ymdeimlad o rwystredigaeth ac anghyfiawnder sy'n cael ei achosi gan amddifadedd.

Laureen Snider
Cymdeithasegydd o Ganada yw Snider sy'n awgrymu bod gwladwriaethau'n amharod i greu deddfau sy'n tramgwyddo yn erbyn buddiannau busnesau mawr oherwydd grym y cwmnïau. Er ei bod yn ymddangos bod deddfau'n trin pawb yn gyfartal, nid yw deddfau sy'n effeithio ar bobl gyfoethog yn cael eu gorfodi'n gadarn; er enghraifft, mae swyddogion y llywodraeth yn mynd ar ôl twyll budd-daliadau, eto i gyd mae'n ymddangos bod pobl gyfoethog yn cael llai o broblem gydag osgoi talu trethi. Mae troseddau iechyd a'r amgylchedd yn cael eu hanwybyddu er budd buddsoddi mewnol ac elw.

William Chambliss
Ysgrifennodd Chambliss fod y dosbarthiadau sy'n rheoli'n cael diffinio'r hyn nad yw'n dderbyniol yn foesol neu'n gymdeithasol; er enghraifft, efallai fod llawer iawn o sylw'n cael ei roi i dwyll budd-daliadau yn y cyfryngau, ond ychydig iawn o sylw sydd i osgoi talu trethi.

Mark Neocleous
Mae Neocleous (2000) yn dadlau bod yr heddlu wedi bod yn arf gyfalafol o'r cychwyn, gan greu trefn gymdeithasol drwy labelu arferion traddodiadol gweithwyr yn droseddau, er enghraifft rhoi da byw/gwartheg i bori ar ymyl y ffordd. Felly mae'r cysyniad o gyfraith a threfn yn derbyn dulliau cyfalafol o feddwl.

Asesu safbwyntiau Marcsaidd am drosedd

⊙ Mae Marcsaeth yn or-ddibynnol ar ddosbarth fel esboniad o ymddygiad troseddol. Fel mae ffeministiaid fel Kelly a Radford (1987) yn ei nodi, mae hyn yn anwybyddu natur trosedd bersonol, fel trais rhywiol, a gwahaniaethau rhywedd mewn cyfraddau trosedd.

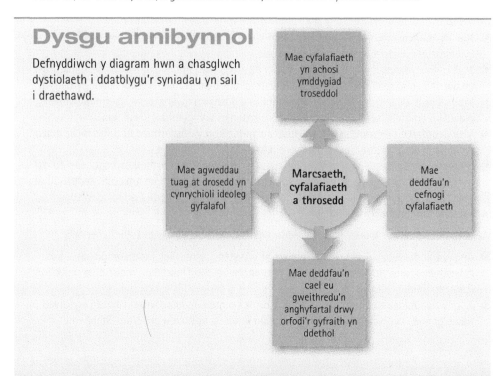

Dysgu annibynnol

Defnyddiwch y diagram hwn a chasglwch dystiolaeth i ddatblygu'r syniadau yn sail i draethawd.

Mae cyfalafiaeth yn achosi ymddygiad troseddol

Mae agweddau tuag at drosedd yn cynrychioli ideoleg gyfalafol

Marcsaeth, cyfalafiaeth a throsedd

Mae deddfau'n cefnogi cyfalafiaeth

Mae deddfau'n cael eu gweithredu'n anghyfartal drwy orfodi'r gyfraith yn ddethol

◉ Weithiau gall ymddangos bod Marcsaeth ar ochr y troseddwr, ac nad yw'n ystyried y dioddefwr sy'n aml o'r un dosbarth ond yn wannach ac yn fwy agored i niwed, fel y mae ystadegau swyddogol yn eu dangos. Mae cefnogwyr realaeth y chwith yn gweithio o safbwynt Marcsaidd ond maen nhw'n gweld troseddau'r dosbarth gweithiol yn broblem i ddioddefwyr.

◉ Mae Marcsaeth yn ystyried mai chwyldro sosialaidd fydd yn datrys problem trosedd, ond eto i gyd mae cyfraddau troseddu i'w gweld yn uchel mewn gwladwriaethau sosialaidd hefyd. Mae un o'r cyfraddau troseddu isaf yn y Swistir sy'n wlad gyfalafol.

◉ Nid yw Marcsaeth draddodiadol yn esbonio cydymffurfio cymdeithasol ond mae'n ei feirniadu am fod yn ffug **ymwybyddiaeth o ddosbarth**.

◉ Mae'n ymddangos bod rhai deddfau'n rhan o gytundeb cyffredinol yn yr ystyr bod pawb yn cytuno â nhw'n foesol (e.e. atal plant rhag cael eu cam-drin). Mae hyn yn cefnogi damcaniaethu swyddogaethol.

◉ Mae Marcsaeth yn cael ei gweld yn hen ffasiwn ac yn **benderfyniaethol** gan ôl-fodernwyr.

Ymchwil

Astudiodd William Chambliss weithgaredd troseddol yn Seattle o 1962 i 1972. Siaradodd ag amrywiaeth eang o bobl, gan gynnwys puteiniaid, gwleidyddion a swyddogion cyfreithiol, gan ddefnyddio dulliau cyfweld anstrwythurol. Er bod trosedd yn digwydd ar bob lefel mewn cymdeithas, daeth i'r casgliad bod mynediad at rym a chyfoeth yn pennu pwy oedd yn cael ei arestio. Daeth o hyd i'r hyn a oedd i bob pwrpas yn syndicâd trosedd ymhlith elît y ddinas, a oedd yn gyfrifol am drefnu gamblo anghyfreithlon a'r fasnach ryw. Roedd yr elît cyfoethog yn osgoi talu trethi fel mater o drefn ac yn bygwth bywyd pobl a oedd yn cymryd y bygythiadau hynny o ddifrif. Fodd bynnag, gan fod llwgrwobrwyo'r heddlu hefyd yn rhan o ymddygiad troseddol yr elît, ni chymerodd yr heddlu unrhyw gamau gweithredu.

a) Nodwch ac esboniwch **un** rheswm pam cafodd cyfweliadau anstrwythuredig eu defnyddio ar gyfer yr astudiaeth hon.

b) Gan gyfeirio at yr eitem a thystiolaeth gymdeithasegol, esboniwch **ddau** wendid cyfweliadau anstrwythuredig.

c) Fel myfyriwr Cymdeithaseg Safon Uwch, rydych wedi cael cais i gynnal astudiaeth i ddysgu mwy am agweddau'r heddlu tuag at drosedd yn eich ardal.

    i. Disgrifiwch bob cam o'ch cynllun ymchwil, gan gyfiawnhau'r rhesymau dros eich dewis ar bob cam.

    ii. Trafodwch broblemau a all godi ac effaith y problemau hyn ar ansawdd y data sy'n cael eu casglu.

Cwestiwn cymhwyso tystiolaeth

ch) Ysgrifennwch baragraff gan ddefnyddio'r wybodaeth a roddwyd i chi i werthuso'r ymagwedd Farcsaidd at astudio trosedd a gwyredd.

Gwiriwch eich dysgu eich hun

Penderfynwch a yw'r gosodiadau canlynol yn rhai *Marcsaidd*, *swyddogaethol* neu'n cael eu derbyn gan *y ddau*:

	Marcsaidd	Swyddogaethol	Y ddau
a) Trefn a strwythur cymdeithas sy'n achosi trosedd.			
b) Mae cyfalafiaeth yn creu tlodi, felly mae'n creu ymdeimlad o eisiau ac angen.			
c) Mae'r gyfraith yn cael ei chymhwyso'n anghyfartal yn achos pobl gyfoethog a phobl dlawd.			
ch) Mae trosedd a gwyredd yn lluniadau cymdeithasol.			
d) Mae'r dosbarth gweithiol yn cyflawni mwy o droseddau.			
dd) Mae'r system cyfiawnder troseddol yn adfer trefn gymdeithasol drwy gosbi troseddwyr.			
e) Ffordd o sicrhau bod anghydraddoldebau cymdeithasol yn parhau mewn cymdeithas yw gorfodi'r gyfraith.			
f) Mae pobl gyfoethog yn llai tebygol o gael eu barnu'n euog o drosedd.			

Nodau

◉ Cydnabod bod gwendidau'r traddodiad Marcsaidd clasurol mewn troseddeg wedi arwain at addasiadau sy'n cael eu galw'n neo-Farcsaeth, a gwerthuso'r damcaniaethau hynny

Datblygodd yr ymagwedd neo-Farcsaidd (neu droseddeg radical) at astudio trosedd mewn ymateb i feirniadaeth o'r farn Farcsaidd draddodiadol. Un o'r anawsterau gydag astudio Marcsaeth yw bod llawer o anghytuno rhwng y rhai sy'n gweld eu hunain yn Farcswyr. Yn yr ugeinfed ganrif, un maes o wahaniaeth oedd pwysigrwydd yr economi wrth bennu perthnasoedd cymdeithasol. Roedd neo-Farcswyr yn teimlo bod ymagweddau Marcsaidd traddodiadol at drosedd yn or-syml oherwydd eu bod yn rhoi pwyslais ar gyfalafiaeth a pherthnasoedd economaidd. Gan weithio o fewn fframwaith o berthnasoedd dosbarth, fel yr amlinellodd Marx, mae neo-Farcswyr wedi ymgorffori elfennau o ymagweddau cymdeithasegol eraill, fel rhyngweithiadaeth; mae hyn wedi rhoi mwy o bwyslais ar berthnasoedd cymdeithasol ac mae'n bosibl ei weld fel cymdeithaseg ddiwylliannol am ei bod yn ceisio deall sut mae diwylliant yn dylanwadu ar bobl.

Gwella sgiliau

Cofiwch, pan fyddwch chi'n ymchwilio ac yn astudio neo-Farcsaeth, y gall mwy nag un term gael ei ddefnyddio, ac felly, er y bydd cwestiynau'n siarad am neo-Farcsaeth, fe all nodiadau mewn llyfrau gyfeirio at droseddeg radical, troseddeg feirniadol neu hyd yn oed 'Troseddeg Newydd'. Maen nhw i gyd yn rhannu'r un ymagwedd at ddeall trosedd.

Pwnc 11: Damcaniaethau neo-Farcsaidd am drosedd

Gwneud i chi feddwl

Roedd Robin Hood yn herwr chwedlonol a oedd yn dwyn gan bobl gyfoethog i roi arian i bobl dlawd. Pa mor realistig yw'r safbwynt bod troseddwyr yn bobl sy'n cywiro beiau cymdeithas? Gwnewch bwyntiau o blaid ac yn erbyn.

Damcaniaethau neo-Farcsaidd am drosedd

Mae neo-Farcsaeth yn derbyn llawer o syniadau allweddol Marcsaeth:

◉ O dan gyfalafiaeth, mae dosbarthiad grym yn anghyfartal.
◉ Cyfalafiaeth sydd wrth wraidd trosedd oherwydd ei phwyslais ar drachwant a'i hunigolyddiaeth sylfaenol.
◉ Mae dosbarthiadau cymdeithasol sy'n cystadlu yn erbyn ei gilydd, pob un â'i fuddiannau ei hun.

Cefndir i droseddeg neo-Farcsaidd

Roedd llawer o gymdeithaseg a throseddeg cyn yr 1960au yn llawn o syniadau Americanwyr, naill ai ar ffurf swyddogaetholdeb neu gymdeithaseg rhyngweithiadol. Roedd cymdeithasegwyr Prydain yn feirniadol o swyddogaetholdeb, felly datblygodd neo-Farcsaeth mewn ymgais i gyfuno rhyngweithiadaeth â chymdeithaseg feirniadol ar ffurf Marcsaeth. Felly, roedden nhw o'r farn bod trosedd yn weithred wleidyddol a oedd yn arwydd bod y dosbarth gweithiol yn gwrthod cyfalafiaeth. Roedden nhw'n gweld troseddwyr yn arwyr ac ac yn ddioddefwyr cymdeithas.

Y Droseddeg Newydd

Y feirniadaeth fwyaf adnabyddus o gymdeithaseg trosedd draddodiadol oedd *The New Criminology* (1973) gan Taylor, Walton a Young, a gyflwynodd eu llyfr fel 'damcaniaeth gymdeithasol lawn am wyredd'. Roedden nhw'n ceisio cynnig beirniadaeth o ddamcaniaeth a oedd yn bodoli eisoes a

YMESTYN a HERIO

Mae'r droseddeg newydd yn tynnu ar ryngweithiadaeth a Marcsaeth er mwyn deall trosedd. Beth yw manteision ac anfanteision ceisio cyfuno damcaniaethau anghyson yn y ffordd hon?

Mae Marcsaeth yn edrych ar strwythurau cymdeithasol i weld sut mae cyfalafiaeth yn creu trosedd

Y DROSEDDEG NEWYDD

Mae rhyngweithiadaeth yn edrych ar y rhyngweithio rhwng dioddefwyr, troseddwyr, y cyfryngau a'r system cyfiawnder troseddol chyflwyno ymagwedd newydd at ddeall trosedd wedi'u seilio ar ddamcaniaethau Marcsaidd ac yn eu datblygu. Dyma oedd eu beirniadaeth o ddamcaniaethau a oedd yn bodoli eisoes:

- ◉ Mae gwyrdroëdigion yn rhan o'r gymdeithas gyfan ac felly dylen nhw gael eu hastudio gan gyfeirio at sefydliadau a strwythurau cymdeithasol.
- ◉ Nid yw cyfalafiaeth yn llwyddo i ddeall natur a tharddiad grym.

Maen nhw'n dadlau bod pobl yn dewis mynd ati i gyflawni trosedd fel ymateb i'w sefyllfaoedd eu hunain. Felly maen nhw'n gweld trosedd yn weithred wleidyddol. Mae troseddwyr, pob un yn ei ffordd ei hun, wrthi'n ymladd yn ôl yn erbyn anghyfiawnder ac anghydraddoldeb, felly mae unigolyn dosbarth gweithiol sy'n dwyn o siop yn ailddosbarthu cyfoeth.

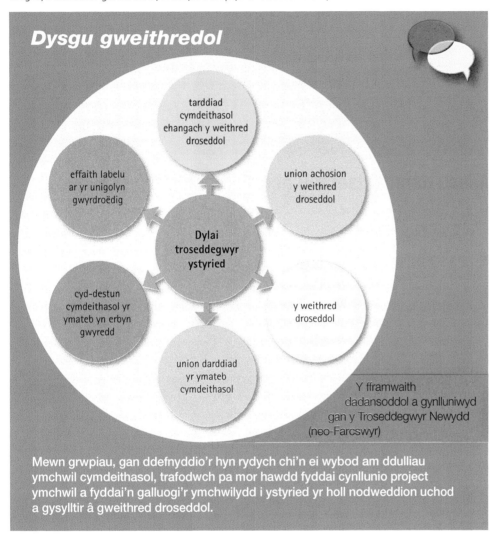

Dysgu gweithredol

tarddiad cymdeithasol ehangach y weithred droseddol

union achosion y weithred droseddol

effaith labelu ar yr unigolyn gwyrdroëdig

Dylai troseddegwyr ystyried

y weithred droseddol

cyd-destun cymdeithasol yr ymateb yn erbyn gwyredd

union darddiad yr ymateb cymdeithasol

Y fframwaith dadansoddol a gynlluniwyd gan y Troseddegwyr Newydd (neo-Farcswyr)

Mewn grwpiau, gan ddefnyddio'r hyn rydych chi'n ei wybod am ddulliau ymchwil cymdeithasol, trafodwch pa mor hawdd fyddai cynllunio project ymchwil a fyddai'n galluogi'r ymchwilydd i ystyried yr holl nodweddion uchod a gysylltir â gweithred droseddol.

Neo-farcswyr a materion hil

Mae syniadau neo-Farcsaidd wedi cael eu cymhwyso at faterion hil a throsedd. Mae Hall a Gilroy'n honni bod lleiafrifoedd ethnig yn cael eu stereoteipio neu eu labelu'n fwy troseddol na'r boblogaeth wyn fwyafrifol. Maen nhw'n honni wrth i'r system cyfiawnder troseddol a'r heddlu weithredu mewn perthynas â hiliaeth sefydliadol, eu bod yn gwneud safbwynt ystrydebol bod pobl ddu ac Asiaidd yn droseddwyr yn real. Mae hyn yn golygu bod pobl o leiafrifoedd ethnig yn cael eu gorgynrychioli mewn ystadegau trosedd swyddogol.

Stuart Hall et al.

Yn *Policing the Crisis* (1979), astudiodd Hall et al. drosedd stryd ymysg dynion ifanc du yn Llundain yn ystod yr 1970au. Roedd papurau newydd yn ysgrifennu straeon a oedd yn honni ei bod yn ffasiwn 'newydd' i ddynion ifanc du ladrata eiddo pobl ar y stryd gyda bygythiadau o drais; 'mygio' oedd yr enw ar y drosedd hon. Awgrymodd Hall mai panig moesol oedd mygio. Roedd y llywodraeth a'r cyfryngau'n hyrwyddo hiliaeth ac yn stigmateiddio dynion ifanc du er mwyn tynnu sylw oddi ar broblemau gwleidyddol ac economi a oedd yn perfformio'n wael. Felly roedd dynion ifanc du yn protestio yn erbyn hiliaeth a chyfalafiaeth a hefyd yn cael eu labelu'n droseddwyr wrth wneud hynny.

YMESTYN a HERIO

Gallwch weld testun llawn *The New Criminology* ar lein. Rhowch y term mewn peiriant chwilio ac ystyriwch pa mor ddefnyddiol yw'r syniadau hyn i chi.

Dysgu gweithredol

Gan ddefnyddio fframwaith dadansoddol *The New Criminology*, sut byddech chi'n deall goryfed mewn pyliau (*binge drinking*) ar nos Wener?

YMESTYN a HERIO

Ym mis Ionawr 2016, honnodd David Cameron fod dynion ifanc du yn fwy tebygol o fod mewn carchar nag yn un o'r prif brifysgolion. Sefydlodd ymchwiliad i'r duedd hiliol ymddangosiadol yn systemau cyfreithiol Cymru a Lloegr dan arweiniad AS Llafur, David Lammy.

Defnyddiwch y Rhyngrwyd i gael gwybod mwy am yr honiad hwn. Pa resymau y byddai neo-Farcswyr yn eu cynnig i esbonio'r sefyllfa hon? Ydy Cameron yn neo-Farcsydd?

Paul Gilroy

Awgrymodd Gilroy (1982) nad yw ystadegau'r heddlu am drosedd gan bobl ddu yn adlewyrchu realiti'r hyn sy'n digwydd ar y strydoedd, ond yn hytrach yn adlewyrchu rhagdybiaethau'r heddlu. Honnodd fod y cyfryngau a'r heddlu'n gweithredu yn ôl stereoteipiau, sef bod dynion ifanc du yn troseddu'n fwy na'i gilydd. Safbwynt Gilroy yw mai myth yw hyn.

Dysgu gweithredol

Edrychwch ar y ffactorau hyn a allai achosi trosedd. Meddyliwch am achosion eraill. Gyda phartner, trafodwch pa un yw'r mwyaf tebygol o achosi trosedd:

- Tlodi
- Cymdeithasoli gwael
- Labelu troseddwyr
- Gwrthod cyfalafiaeth

- Diffyg plismona
- Cosb annigonol i droseddwyr
- Dirywiad bywyd cymunedol a theuluol traddodiadol.

Beth mae'r drafodaeth yn ei ddweud wrthych chi am ba mor ddefnyddiol yw pob un o'r damcaniaethau am darddiad trosedd?

Asesu damcaniaethau neo-Farcsaidd am drosedd

- Mae trosedd yn rhan o gyd-destun cymdeithasol ehangach o anghydraddoldebau cyfoeth a grym. Felly, cyflwynodd neo-Farcsaeth faterion dosbarth a hil i ddadansoddiadau o drosedd, gan gyfeirio at orfodi'r gyfraith, erlyn a gwahaniaethu yn erbyn y dosbarthiadau is.
- Mae neo-Farcsaeth yn tueddu i fynnu chwyldro a newid cymdeithasol yn gyffredinol, ond nid yw'n awgrymu sut dylai hyn gael ei gyflawni.
- Yr argraff mae pobl yn ei chael yw bod neo-Farcswyr yn ystyried mai Robin Hood yw pob troseddwr. Fodd bynnag, nid yw pobl dlawd ar y cyfan yn dwyn oddi ar bobl gyfoethog ond oddi ar bobl dlawd eraill, felly mae'n debyg bod y safbwynt neo-Farcsaidd yn naïf a rhamantus iawn.
- Mae Hall a Gilroy o'r farn nad yw lleiafrifoedd ethnig yn fwy troseddol na grwpiau eraill mewn cymdeithas. Yna maen nhw'n mynd ymlaen i awgrymu, os ydyn nhw'n troseddu mwy, mai hiliaeth sy'n gyfrifol. Mae hyn yn anghyson. Ni all pobl ddu fod yn gwrthod cyfalafiaeth drwy droseddu a bod yn troseddu'n llai nag eraill yr un pryd.
- Os yw trosedd yn ymateb i ormes, yna, wrth reswm, y bobl fwyaf dan ormes a'r tlotaf fyddai'n troseddu fwyaf. Yr henoed a menywod yw'r rhain fel arfer. Mewn gwirionedd, mae menywod a'r henoed yn cael eu tangynrychioli mewn ffigurau trosedd.
- Mae rhai o awduron gwreiddiol *The New Criminology*, fel Jock Young, yn cael eu cysylltu hefyd â throseddeg realaeth y chwith, sy'n golygu eu bod wedi addasu eu safbwyntiau dros gyfnod.
- Mae'r damcaniaethau hyn yn anwybyddu neu'n esgeuluso natur troseddau dosbarth canol neu droseddau y mae pobl gyfoethog yn eu cyflawni. Nid yw'n bosibl honni mai protest gan y dosbarth gweithiol yw'r rhain.

Ysgrifennu estynedig

Aseswch ddamcaniaethau neo-Farcsaidd am drosedd a gwyredd.

Arweiniad: Cyn trafod damcaniaethau neo-Farcsaidd am drosedd a gwyredd, mae angen edrych ar Farcsaeth a pham mae Marcsaeth fel damcaniaeth yn methu esbonio pam mae trosedd yn bodoli. Esboniwch pam roedd y neo-Farcswyr yn teimlo bod angen iddyn nhw ddatblygu o Farcsaeth. Efallai gallwch chi edrych ar arwyddocâd y ddamcaniaeth labelu. Efallai byddwch chi am gyfeirio'n ôl at eich llyfr UG i edrych ar ddiwylliant ieuenctid a throsedd. Mae llawer o ddeunydd perthnasol yno y gallwch chi ei ddefnyddio i gefnogi eich gwaith ysgrifennu. Dylai eich prif ffocws fod ar *The New Criminology* oherwydd ei fod mor ddylanwadol ar y pryd. Fodd bynnag, dylai eich beirniadaethau fod ar dair ffurf: mewn gwirionedd, roedd yn anodd cymhwyso syniadau neo-Farcsaidd i astudiaeth ymarferol, mae'r ymagwedd yn rhamantus ac nid yw'n rhoi sylw i gyflwr dioddefwyr trosedd, ac mae'r gwaith ar hil yn anghyson.

Ysgrifennwch tua 750 gair.

Ymchwil

Yn 1971, cyhoeddodd Jock Young ei astudiaeth o ysmygwyr mariwana (canabis) ifanc yn Llundain. Canabis oedd y cyffur roedd pobl ifanc, hipis gan mwyaf, yn ei ddewis. Roedd hon yn astudiaeth ethnograffig, felly cymerodd Young ran yng ngweithgareddau'r bobl ifanc a disgrifiodd eu hisddiwylliant. Daeth i'r casgliad bod yr hipis a oedd yn ysmygu'r canabis llai caethiwus yn cael eu gorfodi gan weithredoedd yr heddlu i ddod i gysylltiad â'r rhai a oedd yn defnyddio cyffuriau 'caled' fel heroin, ac yn aml yn dod yn gaeth iddyn nhw. Roedd yr heddlu'n ystyried bod yr hipis yn wrthgymdeithasol, felly datblygodd yr hipis normau gwyrdroëdig fel gwallt hir a daeth cymryd cyffuriau'n ddatganiad gwleiddyddol yn hytrach nag yn weithgaredd cymdeithasol achlysurol.

a) Nodwch ac esboniwch **un** rheswm pam cafodd ymagwedd ethnograffig ei defnyddio ar gyfer yr astudiaeth hon.

b) Gan gyfeirio at yr eitem a thystiolaeth gymdeithasegol, esboniwch **ddwy** broblem foesegol y gallai Young fod wedi eu hwynebu yn ei ymchwil.

c) Fel myfyriwr Cymdeithaseg Safon Uwch, rydych chi wedi cael cais i gynnal astudiaeth i ddysgu mwy am agweddau'r heddlu tuag at droseddwyr a'r rhai sy'n torri'r gyfraith yn eich ardal.

    i. Disgrifiwch bob cam o'ch cynllun ymchwil, gan gyfiawnhau'r rhesymau dros eich dewis ar bob cam.

    ii. Trafodwch broblemau a all godi ac effaith y problemau hyn ar ansawdd y data sy'n cael eu casglu.

Cwestiwn cymhwyso tystiolaeth

ch) Ysgrifennwch baragraff gan ddefnyddio'r wybodaeth a roddwyd i chi i werthuso'r ymagwedd neo-Farcsaidd at astudio trosedd a gwyredd.

Dysgu gweithredol

Pa anawsterau ymarferol y mae ymchwilwyr yn eu profi wrth geisio deall achosion trosedd a pham mae pobl yn cyflawni troseddau? Trafodwch a lluniwch restr o syniadau.

Gwiriwch eich dysgu eich hun

A yw'r gosodiadau hyn yn gywir neu'n anghywir?

a) Beirniadaeth o neo-Farcsaeth yw ei fod yn rhamantu'r troseddwr.	
b) Mae Marcswyr a neo-Farcswyr yn gweld troseddwyr fel pobl sy'n gweithredu oherwydd syniad o anghyfiawnder cymdeithasol y gormes o'r dosbarth gweithiol.	
c) Mae Marcswyr a neo-Farcswyr yn dangos pryder dwys am ddioddefwyr trosedd a'u teimladau.	
ch) Mae troseddwyr dosbarth gweithiol yn targedu pobl gyfoethog ac felly'n ailddosbarthu cyfoeth yn y gymdeithas.	
d) Mae trosedd yn ei hanfod yn weithgaredd dosbarth gweithiol.	
dd) **Roedd** *The New Criminology* yn ymgais i gyfuno damcaniaeth labelu a Marcsaeth.	
e) Mae ffeministiaid wedi beirniadu neo-Farcswyr am roi pwyslais ar drosedd gwrywod ac isddiwylliannau gwrywaidd.	
f) Mae llawer o waith neo-Farcsaidd wedi edrych ar faterion hil ac ethnigrwydd yn y gymdeithas ym Mhrydain.	

Nodau

- ◉ Deall y cyfraniadau mae rhyngweithiadwyr wedi'u gwneud i ddeall trosedd a gwerthuso eu damcaniaethau

Mae rhyngweithiadwyr yn awgrymu bod pawb yn ymddwyn mewn ffyrdd a fyddai'n cael eu hystyried yn wyrdroëdig neu'n droseddol mewn rhyw gymdeithas neu'i gilydd. Nid y weithred ei hun, fel bod yn noeth yn gyhoeddus, sy'n gwneud gweithred yn wyrdroëdig neu'n droseddol, ond y ffordd y mae pobl yn ymateb. Mae rheolau'n cael eu gwneud gan gymdeithas ac mae unrhyw un sy'n torri'r rheolau hyn mewn perygl o gael ei labelu'n unigolyn gwyrdroëdig neu droseddol. Yr hyn y mae angen i gymdeithasegwyr ei ystyried yw beth sy'n digwydd pan fydd unigolion yn cael eu labelu'n droseddwyr: sut mae cymdeithas yn ymateb? Beth sy'n digwydd pan fydd grwpiau cymdeithasol cyfan yn cael eu gweld yn wyrdroëdig, er enghraifft dynion ifanc? Sut maen nhw'n ymateb? Beth yw'r canlyniadau i unigolyn neu grŵp cymdeithasol o gael eu gweld yn wyrdroëdig?

Gwella sgiliau

Efallai bydd Pwnc 18 ar Ryngweithiadaeth a diwylliannau ieuenctid (t.198) yn eich llyfr UG yn ddefnyddiol i'w ddarllen o ran eich helpu i ddeall yr adran hon o'ch gwaith. I raddau helaeth, roedd rhyngweithiadaeth yn seiliedig ar astudiaethau o ddiwylliannau ieuenctid a gangiau.

Pwnc 12: Damcaniaethau rhyngweithiadol am drosedd

Gwneud i chi feddwl

Yn yr Almaen, nid yw pobl yn poeni o gwbl am noethni cyhoeddus. Yn 2014, caniataodd yr awdurdodau yn München i bobl fynd yn noethlymun mewn chwe ardal yn y ddinas. Yn aml, bydd pobl yn nofio, yn torheulo neu'n cerdded o gwmpas yn noethlymun mewn parciau neu erddi cyhoeddus. Sut byddai pobl yn debygol o ymateb pe baen nhw'n gweld rhywun yn cerdded heb ddillad yn eich parc lleol chi? Yn eich barn chi, beth sy'n gwneud bod yn noeth yn gyhoeddus mor annerbyniol ym Mhrydain pan nad yw Almaenwyr yn poeni dim os ydyn nhw'n cael eu gweld heb eu dillad?

Rhyngweithiadaeth

Mae'r ymagwedd hon at gymdeithaseg yn seiliedig ar ddamcaniaethau George Herbert Mead, a awgrymodd fod pob un ohonon ni'n cynnal deialog mewnol rhwng ein safbwynt personol amdanon ni'n hunain a'r hyn rydyn ni'n ei gredu y mae pobl eraill yn ei weld pan fyddan nhw'n delio â ni. Rydyn ni'n ymwybodol o sut rydyn ni'n cael ein barnu oherwydd ein bod yn gallu gweld sut mae eraill yn ymateb. Felly rydyn ni'n addasu ein hymddygiad i bob sefyllfa newydd y cawn ni'n hunain ynddi. O ran trosedd a gwyredd, mae gwyredd yn cael ei farnu yn ôl sut mae'r grŵp o amgylch unigolyn yn ymateb i ymddygiad yr unigolyn hwnnw. Mae rhai ffurfiau ar wyredd yn anfwriadol neu'n ddi-fai; er enghraifft, byddai'n bosibl ystyried anabledd neu aelodaeth o grŵp statws isel yn y gymdeithas yn wyredd a gallai achosi ymateb negyddol ymhlith pobl yn gyffredinol. Mae ffurfiau eraill ar wyredd yn cynnwys ymddygiadau y mae eraill yn eu hanghymeradwyo. Rydyn ni'n dweud bod y rhai nad yw pobl eraill yn eu cymeradwyo'n cael eu stigmateiddio neu fod ganddyn nhw **stigma cymdeithasol** (marc o wahaniaeth). Mae ofn cael eu stigmateiddio yn rheoli pobl. Rydyn ni'n dweud bod label gan y rhai sydd wedi cael eu stigmateiddio. Mae'r rhyngweithiadaeth hwn hefyd yn cael ei alw'n ddamcaniaeth labelu.

Rhyngweithiadaeth ac amodau cymdeithasol

Daeth rhyngweithiadaeth yn ddylanwadol fel ymagwedd gymdeithasegol yn yr 1970au pan ddechreuodd llawer o gymdeithasegwyr wrthod esboniadau swyddogaethol o gymdeithas. Gwrthododd rhyngweithiadwyr y syniad fod troseddwyr yn wallgof neu'n ddrwg, neu'n arwyr chwyldro dosbarth gweithiol. Nodon nhw fod llawer o weithredoedd nad ydyn nhw'n droseddol nac yn ddrwg fel y cyfryw, ond bod yr amgylchiadau y maen nhw'n digwydd ynddyn nhw yn eu gwneud yn droseddol. Enghraifft eithafol yw bwyta pobl. Mae nifer mawr o ddiwylliannau'n ystyried bod canibaliaeth yn ffiaidd, ond mewn rhannau o Ffiji, ac ar ynysoedd eraill yn y Môr Tawel, roedd canibaliaeth yn cael ei gweld yn weithred o barch at elyn dewr, a byddai pobl yn disgwyl cael eu bwyta pe baen nhw'n cael eu lladd mewn rhyfel.

Dyma ffactorau cymdeithasol a allai bennu pa un ai yw gweithred yn cael ei hystyried yn wyrdroëdig ai peidio:

- ◉ **Lleoliad:** Mae noethlymundod yn dderbyniol mewn ystafell ymolchi ond nid mewn stryd o siopau.

- Sefyllfa gymdeithasol: Mae lladd pobl yn dderbyniol mewn rhyfel, ond nid yn ystod cyfnodau o heddwch.
- Diwylliant: Mae diwylliant y Gorllewin yn goddef camddefnyddio alcohol ond mae'n anghyfreithlon yn Saudi Arabia.
- Hanes: Roedd pryfocio eirth ac ymladd ceiliogod yn ddifyrrwch poblogaidd nes iddyn nhw gael eu gwahardd yn 1835 yng Nghymru a Lloegr.
- Pwy sy'n cyflawni'r weithred: Weithiau mae ymddygiad treisgar yn cael ei oddef pan fydd dynion yn ei gyflawni, ond nid yw'n cael ei oddef i'r un graddau os menywod sy'n ei gyflawni.

Nid oes y fath beth â gwyredd nes bod gweithred yn cael ei labelu'n un

Cyd-destun cymdeithasol sy'n creu gwyredd

Cyn i weithred gael ei galw'n drosedd neu'n wyredd, mae'n rhaid i rywun fod yn dyst iddi a rhaid iddi gael ei labelu

Goffman a gwyredd anfwriadol

Dadleuodd Erving Goffman (1968) fod labelau cymdeithasol yn cael effaith ar sut rydyn ni'n gweld pobl, felly os bydd rhai pobl yn ystyried bod unigolyn yn wahanol neu'n israddol, am resymau fel salwch meddwl efallai, fe all y label hwnnw ddylanwadu ar sut mae pobl eraill yn ymateb iddo. Rydyn ni'n dweud bod gan yr unigolyn hwnnw stigma, neu 'label'. Bydd y rhai heb eu stigmateiddio'n trin yr unigolyn â stigma cymdeithasol fel rhywun israddol neu 'arall'. Maen nhw'n ymbellhau oddi wrth y rhai sydd wedi'u stigmateiddio, gan eu gweld 'nid fel fi', a gallan nhw fod yn elyniaethus yn aml, gan arwain at y math o droseddau sy'n cael eu categoreiddio nawr yn droseddau casineb. Bydd yn rhaid i'r rhai â'r stigma cymdeithasol ddatblygu strategaethau i ymdopi ag ymatebion cymdeithasol negyddol gan y rhai heb stigma. Er enghraifft, efallai bydd yn rhaid i bobl â phroblemau iechyd meddwl rybuddio pobl ymlaen llaw drwy ddefnyddio jôc, er mwyn osgoi achosi embaras i'r rhai sy'n cael eu gweld yn 'normal'.

Lemert: gwyredd sylfaenol ac eilaidd

Creodd Edwin Lemert, a ysgrifennai yn yr 1950au ac yn hwyrach, ddau gategori o wyredd:

- Gwyredd sylfaenol: Y weithred neu'r profiad o wyredd, er enghraifft camddefnyddio cyffuriau.
- Gwyredd eilaidd: Y rôl y mae'r unigolyn gwyrdroëdig yn ei chreu ar ei gyfer ei hun, sy'n ymateb i gael ei labelu'n rhywun gwyrdroëdig.

Mewn termau ymarferol, mae'r unigolyn yn meddwl, 'Nid fi sydd ar fai fy mod yn yfed gormod; rydw i'n alcoholig.' Yn y cyfamser, efallai bydd rhai'n goddef ymddygiad yr unigolyn meddw oherwydd nad ydyn nhw'n disgwyl dim gwell. Serch hynny, fe all yr asiantaethau sy'n ymdrin â'r meddwyn, fel yr heddlu, fod yn elyniaethus, felly bydd y meddwyn yn cynnal y ddelwedd 'Nid fi sydd ar fai' ond gan wrthod ar yr un pryd y rhai sy'n gallu cynnig cymorth iddo. Gall troseddwyr ddatblygu statws dioddefwr o fath gan fod eu statws isel yn cael ei bwysleisio. Gall gwyredd eilaidd arwain at yr unigolyn yn cael ei wrthod yn gymdeithasol, gan orfodi'r unigolyn

Pwy sy'n wyrdroëdig yma? Pam?

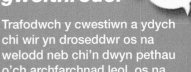

Dysgu gweithredol

Trafodwch y cwestiwn a ydych chi wir yn droseddwr os na welodd neb chi'n dwyn pethau o'ch archfarchnad leol, os na chawsoch eich dal ac os na sylwodd neb fod lladrad wedi digwydd.

YMESTYN a HERIO

Ystyriwch y canlynol:

Ym mha amgylchiadau yn ein cymdeithas y mae'r defnydd o gyffuriau'n annerbyniol yn gymdeithasol?

Ym mha amgylchiadau y gallai'r defnydd o gyffuriau fod yn dderbyniol yn gymdeithasol?

Dysgu gweithredol

Pa effaith y gallai cofnod troseddol ei chael ar eich cyfleoedd bywyd?

gwyrdroëdig i chwilio am bobl eraill a fydd yn derbyn ei ymddygiadau; yn yr achos uchod, pobl eraill sy'n yfed i ormodedd.

Howard Becker: labelu a statws meistr

Un o'r astudiaethau cynharaf yn defnyddio ymagweddau rhyngweithiadol neu ddamcaniaeth labelu oedd astudiaeth Howard Becker yn 1963 o ysmygwyr mariwana (canabis), *Outsiders*. Honnodd y gall pobl gyflawni gweithredoedd sy'n eu diffinio nhw fel pobl wyrdroëdig neu fel rhai sy'n torri'r gyfraith. Yna maen nhw'n cael label cymdeithasol fel torwyr cyfraith: yn yr achos

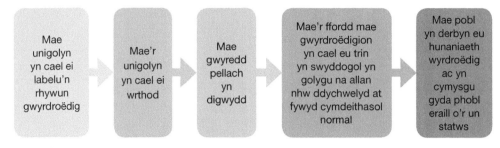

hwn, ysmygwr canabis. Daw'r label cymdeithasol i gael ei weld yn nodwedd sy'n diffinio unigolyn, sydd hefyd yn cael ei alw'n 'statws meistr'. Os yw pobl eraill yn ymwybodol o statws meistr, yna bydd popeth y mae'r unigolyn sy'n cael ei weld yn wyrdroëdig yn ei wneud yn cael ei ystyried yn ganlyniad y statws meistr hwnnw. Er enghraifft, arbrofodd y seicolegydd Rosenhan drwy ofyn i bobl yn eu llawn bwyll ddod yn gleifion gwirfoddol mewn ysbytai meddwl. Daeth i'r casgliad bod hyd yn oed ymddygiadau normal fel sgwrsio neu ddarllen yn cael eu dehongli gan staff iechyd meddwl yn dystiolaeth o wallgofrwydd.

Os bydd statws meistr gwyrdroëdig yn dod yn rhan o hunanadnabyddiaeth unigolyn, yna bydd yr unigolyn hwnnw'n ymddwyn mewn ffordd sy'n cyd-fynd â'i hunanddelwedd. Efallai bydd yn cymysgu ag eraill sy'n debyg iddo ef ei hun ac yn llunio isddiwylliant. Awgrymodd Becker fod pobl wedyn yn dysgu ymddygiadau troseddol yn gyson gan y rhai o'u hamgylch a oedd eisoes yn rhan o'r isddiwylliant. Er enghraifft, dysgodd yr ysmygwyr mariwana reolau cymryd cyffuriau gan gerddorion a oedd yn defnyddio cyffuriau, ond doedden nhw ddim yn eu defnyddio pan nad oedden nhw gyda'u ffrindiau a oedd yn cymryd cyffuriau.

Yr yrfa wyrdroedig

Nododd Becker broses lle mae pobl yn dechrau ar yrfa wyrdroëdig ac yn derbyn statws cymdeithasol negyddol neu un wedi'i stigmateiddio.

Er enghraifft, cynhaliodd seicolegydd, Coombs (1974), gyfweliad â phuteiniaid gwrywaidd ac awgrymodd mai cyfuniad o gael eu gwrthod yn gymdeithasol a derbyn rhoddion oedd yn arwain gwrywod ifanc at y ffordd benodol hon o fyw. Yn 1981, nododd Box bedwar rheswm cymdeithasol pam roedd cyn-garcharorion/carcharorion yn dewis parhau i droseddu, yn hytrach na newid eu ffordd o fyw. Mae'r rhesymau hyn i gyd yn cefnogi'r syniad na all troseddwyr ddychwelyd at fywyd normal oherwydd ymateb cymdeithasol eraill:

- Dirywiad mewn sgiliau rhyngweithio (dydyn nhw ddim yn gwybod sut i fod yn 'normal' bellach).
- Gwahaniaethu cymdeithasol (maen nhw'n cael eu gwrthod yn gymdeithasol).
- Gwaith yn cael ei wrthod (dydyn nhw ddim yn gallu dod o hyd i waith).
- Yr heddlu yn eu gwylio (efallai eu bod yn ofidus pan fydd troseddau'n cael eu cyflawni ac mae'r heddlu'n chwilio am rywun i'w arestio).

Felly, mae tystiolaeth bod rhyngweithio cymdeithasol yn cyfrannu at gadarnhau ymddygiadau ac agweddau troseddol. Yn 1989, awgrymodd Braithwaite ddull ymarferol o gymhwyso damcaniaeth labelu o ran atal troseddu pellach, sef mai'r gweithredoedd, yn hytrach na'r unigolyn, ddylai gael eu beirniadu:

- Mae 'Rwyt ti'n lleidr' yn atgyfnerthu hunanddelwedd negyddol.
- Mae 'Rwyt ti'n rhywun a gafodd ei ddal yn mynd â rhywbeth, ac rydyn ni'n ofidus' yn caniatáu i bobl newid eu hymddygiadau.

Dysgu gweithredol

Dysgwch fwy am Arbrawf Carchar Stanford a gafodd ei gynnal gan Zimpardo. Mae llawer o ddeunydd ar lein. I ba gasgliadau y gallwch chi ddod am effeithiolrwydd carchar yn datrys problem trosedd?

> *Nid yw gwyredd yn 'nodwedd unigolyn drwg, ond yn ganlyniad diffinio gweithgaredd rhywun yn un drwg'.*
>
> **Howard Becker**

Leslie Wilkins a'r sbiral ymhelaethu gwyredd

Gan seilio ei syniadau ar rai Lemert, sylwodd Leslie Wilkins (1964) ar broses gymdeithasol a oedd yn fwy na rhyngweithio rhwng unigolion. Awgrymodd Wilkins fod rôl y cyfryngau mewn gwirionedd yn creu trosedd. Aeth Stan Cohen ati ymhellach yn ei astudiaeth o *Folk Devils and Moral Panics*, a drafodwyd ym Mhwnc 7 Diwylliannau Ieuenctid yn eich gwerslyfr UG (ac ym Mhwnc 2 yr adran hon).

Ai'r weithred o gario cyllell yn gyhoeddus sy'n wyrdroëdig neu ai ymateb yr heddlu a'r gymdeithas i bobl sy'n cario cyllyll sy'n gwneud cario cyllyll yn wyrdroëdig, fel y byddai rhyngweithiadwyr yn ei awgrymu? Beth yw eich safbwynt?

Gwyredd sylfaenol
Mae pobl yn cael eu gweld yn bobl wyrdroëdig gan y cyfryngau

Ymateb cymdeithasol cynyddol
Mae pobl mewn awdurdod yn dod yn entrepreneuriaid moesol ac yn condemnio'r bobl wyrdroëdig, gan orymateb yn aml wrth wneud

Ymateb cymdeithasol
Mae panig moesol a gwaharddiad ar ymddygiadau sy'n cael eu hystyried yn rhan o'r isddiwylliant gwyrdroëdig

Arwahanrwydd ac ymddieithrio
Mae proses o labelu a stigmateiddio'r rhai sy'n cael eu hadnabod yn gyfryngau yn y gymdeithas ehangach gan arwain at 'ddiawliaid y werin'

Gwyredd eilaidd
Mae'r rhai sy'n cael eu labelu'n gweld eu hunain yn rhan o isddiwylliant gwyrdroëdig â normau a gwerthoedd sy'n wahanol i rai pobl eraill

Gwyredd cynyddol
Mae hyn yn arwain at ddatblygu gyrfaoedd gwyrdroëdig

Sbiral ymhelaethiad o wyredd

Asesu damcaniaethau rhyngweithiadaeth

- Un o gryfderau rhyngweithiadaeth yw bod rhyngweithiadwyr yn cydnabod bod y broses o ddod yn droseddwr yn un ryngweithiol. Nid torri'r gyfraith yn unig y mae unigolyn; mae ystod eang o ddigwyddiadau cymdeithasol yn digwydd i wneud unigolyn yn droseddwr.
- Mae rhyngweithiadwyr yn gwrthod dulliau ymchwil meintiol ac yn nodi bod hyd yn oed ystadegau swyddogol yn greadigaeth gymdeithasol oherwydd eu bod yn adlewyrchu tuedd y rhai sy'n casglu'r data. Mae hyn yn cynnig cipolwg ar luniad cymdeithasol data.
- Mae dilynwyr realaeth y chwith, Lea a Young (1986), yn nodi bod rhyngweithiadwyr, drwy ganolbwyntio ar labelu, yn anwybyddu'r pwynt bod llawer o droseddau'n cael eu cyflawni gan bobl o grwpiau cymdeithasol penodol, fel pobl ifanc neu'r dosbarth gweithiol.
- Nid yw rhyngweithiadaeth yn esbonio beth oedd wrth wraidd y weithred droseddol gyntaf. Cyn ysmygu cyffuriau, er enghraifft, rhaid i unigolyn wneud dewis gweithredol i dorri'r gyfraith. Nid yw'r ddamcaniaeth labelu'n esbonio hyn.
- Mae pobl ifanc sy'n cael eu labelu'n dramgwyddwyr yn tueddu i gyflawni troseddau pellach, ond nid yw hyn yn dystiolaeth glir fod y tramgwyddo pellach wedi'i achosi gan label. Roedd Hirschi (1975) yn feirniadol o ryngweithiadaeth, gan awgrymu y gallai ffactorau fel oedran chwarae rhan mewn tramgwyddaeth. Felly nid yw'r cysylltiad rhwng y ddwy ffenomen gymdeithasol yn gwbl glir.
- Mae Triplett (2000) yn honni bod cosbi troseddwyr yn llym yn gysylltiedig â chynnydd mewn cyfraddau troseddu yn UDA, ac mae de Haan (2000) yn gwneud honiadau tebyg ar gyfer yr Iseldiroedd sy'n cefnogi'r cysyniad o wyredd eilaidd. Unwaith eto, fodd bynnag, fe all nifer o ffactorau cymdeithasol fod ynghlwm wrth hyn.

123

Ysgrifennu estynedig

Aseswch ddamcaniaethau rhyngweithiadol i esbonio trosedd a gwyredd.

Arweiniad: Mae nifero bwyntiau arwyddocaol wedi cael eu gwneud gan ryngweithiadwyr, felly efallai byddwch chi'n cael eich temtio i dreulio amser yn disgrifio'r damcaniaethau heb eu beirniadu. Fodd bynnag, er bod damcaniaethau rhyngweithiadol am drosedd yn rhoi golwg fanwl ar sut mae pobl yn cael eu labelu, mae gwendidau sylweddol yn y ddamcaniaeth hefyd. Bydd angen i chi fod yn siŵr bod eich ymateb i'r cwestiwn hwn yn gytbwys. Canolbwyntiwch ar esbonio'r ddamcaniaeth, ond cadwch eich esboniad yn gymharol fyr ac aseswch y ddamcaniaeth drwy edrych ar gryfderau a gwendidau'r ymagwedd a'r gwahanol awduron. Mae'r cwestiwn yn gofyn i chi ystyried a yw rhyngweithiadaeth yn esbonio trosedd, ac mewn termau ymarferol, nid yw ond yn esbonio mathau penodol o drosedd.

Ysgrifennwch tua 750 gair.

- Nid yw rhyngweithiadaeth yn esbonio'n llawn pam mae rhai pobl yn fwy tebygol nag eraill o gael eu labelu; dyma fu rôl y neo-Farcswyr a dilynwyr realaeth y chwith newydd.
- Mae Marcswyr yn beirniadu rhyngweithiadaeth am nad yw'n cydnabod bod y cysylltiad rhwng strwythur cymdeithasol a throsedd yn un pwysig. Nid yw'n ystyried pwysigrwydd pwy sydd â'r grym i labelu pobl yn wyrdroëdig.
- Yn ôl Liazos (1972), mae rhyngweithadaeth yn tueddu i ganolbwyntio ar astudio 'pobl loerig, slytiaid a chyfeiliornwyr' (*perverts*). Mathau penodol o drosedd yn unig sy'n cael eu hastudio, felly nid yw labelu'n rhoi cyfrif am droseddau pobl gyfoethog, trosedd bersonol na llawer o ffurfiau eraill ar ymddygiadau gwyrdroëdig.
- Dangosodd Schoepflin (2011) nad yw gwyredd, er ei fod yn groes i'r normau, bob amser yn cael ei weld yn rhywbeth negyddol. Weithiau mae'n cael ei weld yn arwydd o wahaniaeth neu hynodrwydd.

Ymchwil

Cynhaliodd Aaron Cicourel (1968) arsylwadau ar yr heddlu a'r system cyfiawnder troseddol mewn dwy ddinas yr un maint yn UDA. Roedd gan y ddwy wahanol ffyrdd o ymdrin â chyfiawnder ieuenctid. Arsylwodd ar y rhyngweithio rhwng yr heddlu, rhieni, gweithwyr prawf a phobl ifanc a oedd wedi cael eu harestio. Gwelodd fod cryn drafod yn digwydd, a oedd yn golygu bod rhieni a fyddai'n mynd i orsaf heddlu ac yn cefnogi eu plentyn yn fwy tebygol o ganfod na fyddai'r heddlu'n cymryd unrhyw gamau gweithredu pellach. Roedd yr heddlu'n llai tebygol o erlyn pobl ifanc a oedd yn gwrtais. Awgrymodd fod gan asiantaethau gorfodi'r gyfraith ddarlun o droseddwyr, a'r mwyaf yn y byd roedd unigolyn ifanc yn cyd-fynd â'r ddelwedd honno, y mwyaf tebygol oedd y byddai'n cael ei erlyn am drosedd.

a) Nodwch ac esboniwch **un** rheswm pam cafodd dwy ddinas yn UDA eu defnyddio ar gyfer yr astudiaeth hon.

b) Gan gyfeirio at yr eitem a thystiolaeth gymdeithasegol, esboniwch **ddwy** broblem ymarferol y gallai Cicourel fod wedi eu profi gyda'r ymchwil hwn.

c) Fel myfyriwr Cymdeithaseg Safon Uwch, rydych wedi cael cais i gynnal astudiaeth i arsylwi ar y rhyngweithio rhwng yr heddlu a phobl ifanc sy'n 'hongian o gwmpas' mewn parciau ac arosfannau bysiau.

  i. Disgrifiwch bob cam o'ch cynllun ymchwil, gan gyfiawnhau'r rhesymau dros eich dewis ar bob cam.

  ii. Trafodwch broblemau a all godi ac effaith y problemau hyn ar ansawdd y data sy'n cael eu casglu.

Cwestiwn cymhwyso tystiolaeth

ch) Ysgrifennwch baragraff gan ddefnyddio'r wybodaeth a roddwyd i chi i gefnogi disgrifiadau rhyngweithiadol o drosedd a gwyredd.

Gwiriwch eich dysgu eich hun

Cysylltwch y geiriau â'u hystyron:

a) Gwyredd sylfaenol

b) Stigma cymdeithasol

c) Gwyredd eilaidd

ch) Statws meistr

d) Sbiral ymhelaethu gwyredd

dd) Gyrfa wyrdroëdig

e) Damcaniaeth labelu

Y syniad y gall pobl gael eu stigmateiddio ac yna eu labelu gan bobl eraill o'u cwmpas.

Mae'r cyfryngau'n gorliwio effaith ffurf ar wyredd ac o ganlyniad yn creu mwy o'r gwyredd y maen nhw'n ei gondemnio.

Canlyniadau cymdeithasol adnabod unigolyn fel rhywun gwyrdroëdig.

Nodwedd bwysig o hunaniaeth gymdeithasol unigolyn.

Arwydd o gywilydd neu wahaniaeth sy'n rhoi statws isel i rywun.

Gweithred gychwynnol sy'n groes i normau a gwerthoedd cymdeithas.

Y broses lle mae unigolyn yn datblygu hunaniaeth wyrdroëdig.

Pwnc 13: Damcaniaethau realaeth y chwith am drosedd

Gwneud i chi feddwl

A ydych chi neu aelodau o'ch teulu wedi dioddef unrhyw drosedd erioed? Sut roeddech chi'n teimlo? Pa effaith mae'r drosedd wedi ei chael ar eich bywyd a'ch teimladau? Pa effaith mae ofn trosedd wedi'i gael ar eich bywyd?

Beirniadu ymagweddau traddodiadol at drosedd

Roedd realaeth yn ymagwedd at gymdeithaseg a ddatblygodd yn yr 1980au ac yn hwyrach. Roedd yn awgrymu bod damcaniaethu am drosedd a chynnal ymchwil ar droseddwyr gan ddefnyddio dulliau ansoddol wedi golygu bod cymdeithasegwyr yn anwybyddu effaith trosedd ar gymdeithas, a'r gost i gymdeithas, ac yn anwybyddu pwysigrwydd dioddefwyr.

- ◉ Mae Marcswyr yn canolbwyntio ar droseddau pobl gyfoethog, ond mae hyn yn anwybyddu'r realiti bod trosedd dosbarth gweithiol yn broblem mewn sawl ardal.
- ◉ Mae neo-Farcswyr yn gweld trosedd dosbarth gweithiol yn weithred o ailddosbarthu cyfoeth, ac yn ddatganiad o ddicter tuag at anghydraddoldeb cymdeithasol, ond mae hyn yn rhamanteiddio troseddwyr yn ôl Matthews a Young.
- ◉ Mae rhyngweithiadwyr a damcaniaethwyr labelu'n gweld troseddwyr yn ddioddefwyr, ond wrth wneud, maen nhw'n anwybyddu gwir ddioddefwyr trosedd sy'n dlawd eu hunain, yn ôl ystadegau swyddogol.
- ◉ Realaeth yw'r safbwynt bod trosedd yn broblem i bobl mewn cymdeithas.
- ◉ Mae realaeth y chwith yn seiliedig ar neo-Farcsaeth, ond mae'n tybio bod trosedd yn fater o anghydraddoldeb a phlismona ymosodol mewn sawl ardal. Mae'n bosibl atal trosedd drwy fynd i'r afael â phroblemau cymdeithasol.
- ◉ Mae realaeth y dde'n boblogaidd gyda gwleidyddion ac yn cael ei chysylltu â safbwyntiau Ceidwadaeth eithafol. Mae'n dadlau mai dynion ifanc (du yn aml) dosbarth gweithiol sydd wedi'u cymdeithasoli'n wael ac y mae angen eu cosbi sy'n achosi trosedd. (Mae Pwnc 14 yn edrych yn fanylach ar realaeth y dde.)

Realaeth y chwith

Mae Marcswyr a rhyngweithiadwyr yn honni ei bod yn bosibl ac yn ddiogel anwybyddu ystadegau swyddogol gan eu bod yn cael eu creu gan yr heddlu ac felly'n greadigaethau cymdeithasol. Mae dilynwyr realaeth y chwith yn beirniadu'r ymagweddau traddodiadol hyn at drosedd ac yn dweud bod anwybyddu'r wybodaeth sy'n cael ei chasglu'n feintiol am drosedd yn golygu anwybyddu realiti sylfaenol bod yn ddioddefwr, neu'r ofn o fod yn ddioddefwr. Er enghraifft, er bod y tebygrwydd o gael eich treisio'n parhau i fod yn isel, ond yn llawer uwch nag y mae'r ystadegau swyddogol yn ei awgrymu, mae ffeministiaid yn dangos bod yr ofn gwirioneddol o gael eu treisio, ac effaith hynny ar fywyd unigolyn, yn cyfyngu'n sylweddol ar ryddid menywod i fynd a dod fel y mynnan nhw.

Nodau

- ◉ **Deall bod realaeth (y chwith a'r dde) yn ceisio ystyried teimladau dioddefwyr troseddau a gweld troseddu'n broblem. Mae realaeth y chwith yn chwilio am resymau pam mae pobl yn cyflawni troseddau ac yn archwilio ffyrdd o atal trosedd**

Mae Marcsaeth, neo-Farcsaeth a rhyngweithiadaeth yn cydymdeimlo â throseddwyr ar y cyfan, gan eu gweld yn ddioddefwyr cymdeithas neu'n arwyr chwyldro dosbarth gweithiol. Mae'r math hwn o ddamcaniaethu'n anwybyddu'r pwynt bod trosedd yn ddinistriol iawn ac yn aml yn bersonol hefyd. Mae hefyd yn anwybyddu'r dystiolaeth mai pobl dlawd ac agored i niwed yw'r rhai mwyaf tebygol o ddioddef trosedd. Mae realaeth y chwith yn feirniadol o'r safbwynt y dylai cymdeithas gynnig cosbau llym i droseddwyr, ond mae hefyd yn feirniadol o safbwyntiau sy'n anwybyddu effaith trosedd ar gymdeithas ac ar unigolion. Felly mae dilynwyr realaeth y chwith yn chwilio am ffyrdd ymarferol o leihau trosedd, ond maen nhw hefyd am fynd i'r afael â ffactorau strwythurol mewn cymdeithas sy'n ei gwneud hi'n debygol y bydd pobl yn cyflawni troseddau.

> *Allwch chi ddim parhau i erlid rhywun arall oherwydd eich bod chi wedi dioddef eich hun unwaith – mae'n rhaid tynnu'r llinell rywle.*
>
> **Edward W Said**

Dysgu gweithredol

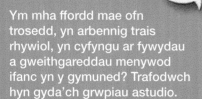

Ym mha ffordd mae ofn trosedd, yn arbennig trais rhywiol, yn cyfyngu ar fywydau a gweithgareddau menywod ifanc yn y gymuned? Trafodwch hyn gyda'ch grwpiau astudio.

Teimlo amddifadedd mewn cymhariaeth ag eraill

Tlodi ac ymyleiddio, sy'n achosi rhwystredigaeth a dicter

Aelodaeth o isddiwylliant dosbarth gweithiol lle mae trosedd yn cael ei normaleiddio

Dysgu gweithredol

Dysgwch fwy am gefnogaeth i ddioddefwyr drwy ymchwilio ar lein.

Felly, yn hytrach na bod troseddwyr dosbarth gweithiol yn arwyr rhyfel dosbarth neu'n ddioddefwyr cymdeithas, mewn gwirionedd maen nhw'n cymryd mantais ar bobl dlotaf a gwannaf y dosbarth gweithiol, gan gynnwys y rhai sy'n agored i niwed a'r anabl. Beirniadaeth o neo-Farcsaeth yw realaeth y chwith, ond un o ffigurau allweddol y mudiad Troseddeg Newydd oedd Jock Young, a ddaeth, yn ddiweddarach, i gael ei gysylltu'n gryf â realaeth y chwith, felly mae llawer o syniadau'n cysylltu'r ddau bersbectif. Symudodd Young oddi wrth y syniad Marcsaidd a neo-Farcsaidd ei bod yn bosibl dymchwel y gymdeithas gyfalafol. Honnodd fod angen newid cymdeithasol graddol a'i bod yn bosibl darganfod ffyrdd o ddatrys trosedd drwy edrych ar y canlynol:

- **Materion ymarferol:** Er enghraifft, ble mae trosedd yn digwydd? Efallai bydd golau stryd gwell yn rhwystro trais ar y stryd yn y nos.
- **Gweithio tuag at newid cymdeithasol:** Er enghraifft, canlyniad gwneud cyffuriau'n anghyfreithlon yw bod yn rhaid i bobl ddod yn droseddwyr os ydyn nhw'n gaeth iddyn nhw. Pe baen nhw'n gallu cael mynediad dan oruchwyliaeth meddygol at gyffuriau, yna fyddai dim angen iddyn nhw ladrata na dwyn o eiddo. Mae hyn yn golygu newid agweddau cymdeithasol tuag at gamddefnyddio cyffuriau er mwyn gallu diwygio deddfau.

Egwyddorion realaeth y chwith

Mae gan realaeth y chwith nifer o dybiaethau sylfaenol am drosedd a throseddeg:

- Mae arolygon dioddefwyr yn dangos bod trosedd ar gynnydd yn ein cymdeithas a'i bod yn broblem.
- Nid yw damcaniaethau traddodiadol yn esbonio trosedd na'r rhesymau dros ymddygiad troseddol.
- Mewn gwirionedd, gwir ddioddefwyr trosedd yw'r rhai sydd dan anfantais mewn ffyrdd eraill: pobl dlawd, menywod, mewnfudwyr a'r digartref.
- Mae ofn trosedd ac amharodrwydd i hysbysu amdani'n cyfyngu ar fywydau pobl.

Awgryma realaeth y chwith nad un ffactor unigol sy'n achosi trosedd ond nifer o ffactorau. Mae hyn yn golygu bod ymddygiad troseddol yn cael ei sbarduno gan nifer o ffactorau'n gorgyffwrdd:

- **Amddifadedd cymharol:** Teimlo'n dlawd, o bosibl oherwydd bod y cyfryngau'n hysbysebu nwyddau nad yw'r rhan fwyaf o bobl yn gallu cael gafael arnyn nhw drwy ddulliau onest. Yn ôl Young, nid tlodi ei hun sy'n achosi trosedd, neu byddai'r grwpiau tlotaf fel yr henoed yn cyflawni'r mwyafrif o droseddau.
- **Ymyleiddio:** Mae pobl dlawd a difreintiedig yn teimlo eu bod yn cael eu hymylu, neu eu gwthio i'r cyrion gan gymdeithas. Er enghraifft, mae pobl yn ddiflas ac yn rhwystredig heb fawr ddim i'w wneud os ydyn nhw'n colli eu gwaith. Yr unig ffordd sydd ganddyn nhw o ddylanwadu ar wleidyddiaeth yw drwy derfysgoedd neu drais.
- **Aelodaeth isddiwylliannol:** Mae llawer o isddiwylliannau dosbarth gweithiol yn wrth-awdurdod neu'n gwrthwynebu'r heddlu. Mae hyn yn datblygu o ganlyniad i amodau cymdeithasol gwael, felly, er enghraifft, roedd dynion ifanc o India'r Gorllewin yn troi at Rastaffariaeth, ond roedd hynny'n golygu eu bod hefyd yn defnyddio canabis i fynegi eu crefydd a'u cred.

Agweddau ar drosedd

Er mwyn deall trosedd yn llawn, mae Young, Lea a Matthews (1987) yn dadlau bod nifer o wahanol ffactorau ar waith. Mae'r rhain yn rhyngweithio â'i gilydd a dylai pob un ohonyn nhw gael ei hystyried.

- **Y troseddwr:** Dylai troseddegwyr ystyried pam mae pobl yn troseddu, a pham maen nhw'n symud i mewn ac allan o fywyd troseddol
- **Y dioddefwr:** Y dioddefwr yn aml yw'r un sy'n penderfynu a yw gweithred yn droseddol, felly gall un person deimlo bod benthyciad heb ei ad-dalu yn lladrad, ond gall person arall adael iddo fynd. Gall dioddefwyr fod yn agored i drosedd oherwydd eu safle cymdeithasol (mae'n hawdd troseddu yn eu herbyn) neu oherwydd eu perthynas â'r troseddwr (e.e. mae pobl sy'n cam-drin pobl eraill yn dewis pobl fregus).
- **Y cyhoedd:** Fel y mae damcaniaethau labelu yn eu dangos, mae'r cyfryngau a'r cyhoedd yn nodi nad yw rhai gweithredoedd yn dderbyniol. Mae'n bosibl na fydd pobl yn cyflawni trosedd oherwydd eu bod yn ofni'r ymateb cymdeithasol i weithred.

● **Y wladwriaeth:** Y rhai sy'n ein llywodraethu ac sy'n creu polisi cyhoeddus (h.y. gwleidyddion sy'n creu deddfau, ac felly'n creu troseddwyr). Yn ogystal, bydd y wladwriaeth yn rheoli ac yn dylanwadu ar blismona drwy bennu cyllidebau'r heddlu a thargedau ar gyfer gwella.

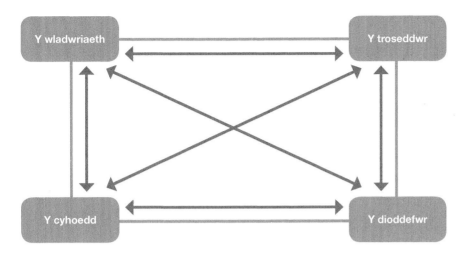

Atebion realaeth y chwith i broblem trosedd

Mae realaeth y chwith wedi bod yn ddylanwadol iawn o ran llunio polisi am ei bod yn ceisio cynnig cyngor penodol ynglŷn â sut i fynd i'r afael â throsedd mewn gwirionedd. Yr awduron mwyaf dylanwadol yn y maes hwn yw Kinsey, Lea a Young. Fodd bynnag, mae amrywiaeth o strategaethau cymunedol wedi cael eu cyflwyno ers yr 1990au, gan gynnwys Gorchmynion Ymddygiad Gwrthgymdeithasol, gwaharddebau sifil, Gorchmynion Ymddygiad Troseddol a phenodi comisiynwyr yr heddlu yng Nghymru a Lloegr. Bwriad pob un o'r rhain yw gwneud yr heddlu'n fwy sensitif i ddioddefwyr a chymunedau.

Methiannau plismona

Mae Kinsey, Lea a Young wedi nodi nad yw plismona yn y DU yn arbennig o effeithiol. Mewn rhai ardaloedd, mae'r gyfradd datrys troseddau'n llai na 10 y cant ac yn achos llawer o'r troseddau sy'n cael eu datrys, wedi cael gwybod amdanyn nhw y mae'r heddlu yn hytrach nag wedi'u canfod. Nid yw'r heddlu'n treulio amser yn canfod troseddau na hyd yn oed yn ymchwilio iddyn nhw. Maen nhw'n cael eu llwytho gan waith papur a thasgau pob dydd, ac mae mesurau cyni wedi effeithio ar eu cyllidebau yn y blynyddoedd diweddar. Mae hyder y cyhoedd yn yr heddlu'n isel, ac nid oes gan rai grwpiau cymdeithasol unrhyw ffydd yn yr heddlu gan eu gweld nhw'n hiliol ac yn rhywiaethol, ac maen nhw'n amharod i gydweithredu â nhw. Mae hyn yn golygu bod yr heddlu wedi mabwysiadu ymagweddau llawdrwm ac ymosodol. Wrth i'r heddlu ddod yn fwy ymosodol ac yn destun mwy o ddrwgdybiaeth, felly hefyd mae'r cyhoedd yn llai tebygol o ddangos cefnogaeth iddyn nhw.

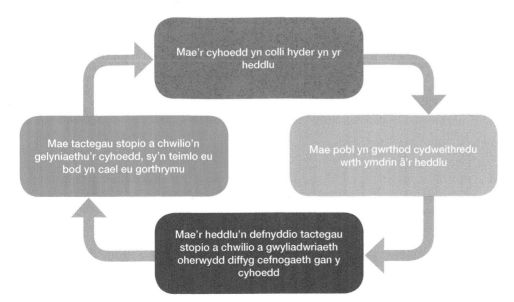

FFAITH DDIDDOROL

Realaeth y chwith oedd sylfaen y polisi troseddol yn ystod y cyfnod pan oedd Llafur Newydd yn rheoli'r Senedd, o 1997 tan 2010. O droseddeg realaeth y chwith y daeth slogan Llafur Newydd: 'Yn llym ar drosedd, yn llym ar achosion trosedd.'

YMESTYN a HERIO

Mae gwybodaeth gan y llywodraeth, ymchwil a datganiadau i'r wasg yn ymwneud â phlismona yn y DU ar https://www.gov.uk/ government/policies/policing. Chwiliwch am wybodaeth ddefnyddiol, darllenwch ac ysgrifennwch nodiadau.

Er enghraifft, ym mis Chwefror 2016, cyhoeddodd Arolygiaeth Cwnstabliaeth Ei Mawrhydi ei hadroddiadau ar effeithiolrwydd yr heddlu ym mhob rhanbarth. Pa mor effeithiol yw'r heddlu yn eich ardal chi? http://www. justiceinspectorates.gov.uk/ hmic

Dysgu gweithredol

Trafodwch strategaethau y gallech chi eu rhoi ar waith i wella'r gydberthynas rhwng yr heddlu a'r cymunedau nad ydyn nhw'n ymddiried ynddyn nhw ac sy'n credu eu bod yn hiliol neu'n bwlio.

Materion Polisi a Realaeth y Chwith

▶ Yn 2005, lansiodd y Prif Weinidog Llafur ar y pryd, Tony Blair, yr Agenda Parch mewn ymateb i realaeth y chwith newydd. Ei nod oedd mynd i'r afael ag ymddygiad gwrthgymdeithasol mewn cymunedau. Er na pharhaodd y fenter polisi hon yn hir, cafodd ddylanwad ar agweddau gwleidyddol tuag at broblemau ymddygiad gwrthgymdeithasol trefol. Arweiniodd yr Agenda Parch at nifer o gyfreithiau a strategaethau gan gynnwys Gorchmynion Ymddygiad Gwrthgymdeithasol, Gorchmynion Rhianta, Projectau Ymyrraeth Deuluol a Gorchmynion Gwasgaru. Chwiliwch ar y we am Agenda Parch (Respect Agenda) am ragor o wybodaeth. Cafodd Gorchmynion Ymddygiad Gwrthgymdeithasol eu disodli'n fwy diweddar (2010–2015) gan ystod o ddeddfau a phwerau rheoli newydd, edrychwch ar https://www.gov.uk/government/publications/more-effective-responses-to-anti-social-behaviour am fanylion.

Datblygodd mentrau plismona cymunedol yn sgil dadansoddiadau realaeth y chwith o drosedd. Maen nhw'n cynnwys: patrolau ar droed sy'n amlwg, cyfarfodydd gwarchod y gymdogaeth, arolygon boddhad y cyhoedd, gwaith gydag ieuenctid a gwaith cyswllt ag ysgolion.

Mae Kinsey, Lea a Young yn dadlau bod angen gwella'r gydberthynas rhwng yr heddlu a'r gymuned; o ganlyniad i hyn, mae nifer o heddluoedd wedi ceisio recriwtio o gymunedau amrywiol. Maen nhw hefyd yn dadlau y dylai'r heddlu dreulio llai o amser yn plismona pobl ifanc a phobl feddw, a mwy o amser yn plismona trais a throseddau casineb. Dylai'r heddlu ymateb i bryderon y gymuned.

Mynd i'r afael ag achosion trosedd

Awgryma Jock Young ei bod yn bosibl lleihau trosedd fel hyn:

- Creu llai o ardaloedd lle mae ymddygiad troseddol yn debyg o ddigwydd mewn trefi
- Gwella cyfleusterau hamdden a chwaraeon ar gyfer pobl ifanc
- Gwella safonau tai a byw i bobl dlawd
- Mynd i'r afael â diweithdra.

Asesu damcaniaethau realaidd y chwith newydd am drosedd

- Yn wahanol i droseddeg draddodiadol, mae'r chwith newydd yn cydnabod sefyllfa dioddefwyr trosedd.
- Mae realaeth y chwith yn gwneud awgrymiadau dilys ar sut i ymdrin â phroblemau trosedd ac ymddygiad troseddol.
- Mae realaeth y chwith yn seiliedig ar ystod o wahanol ddamcaniaethau sy'n aml yn gwrthddweud ei gilydd ac mae'n cyfuno elfennau o fwy nag un ffordd o feddwl.
- Mae wedi bod yn anodd iawn defnyddio realaeth y chwith yn sail i ymchwil i ymddygiad troseddol, felly nid yw'n bosibl rhoi prawf empirig arni.
- Mae Stephen Jones wedi dweud bod realaeth y chwith yn methu esbonio pam nad yw cynifer o bobl mewn ardaloedd economaidd sy'n ddifreintiedig yn economaidd yn troi at drosedd.
- Dywedodd Jones hefyd na fydd lleihau anghydraddoldeb yn datrys problem amddifadedd cymharol oherwydd gall pobl deimlo eu bod yn cael eu hamddifadu hyd yn oed os nad ydyn nhw'n llai cyfartal nag eraill yn wrthrychol.

- Honna Hughes a Ruggiero nad yw realaeth y chwith yn esbonio'r hyn sydd wrth wraidd mathau penodol o drosedd fel trosedd y stryd a throsedd dosbarth canol.
- Mae ffeministiaid fel Pat Carlen yn dadlau bod dilynwyr realaeth y chwith yn derbyn safbwyntiau cyfreithiol am drosedd ac yn anwybyddu'r ffordd y mae menywod yn cael eu herlid mewn cymdeithas; er enghraifft, nid oes llawer o astudiaethau o drais domestig.
- Mae realaeth y chwith yn cadarnhau cymhlethdod trosedd a'i pherthynas â'r gymdeithas, yn hytrach na chanolbwyntio ar y troseddwr yn unig.
- Mae Livsey wedi dadlau bod syniadaeth realaeth y chwith newydd yn rhy uchelgeisiol oherwydd ei bod yn ceisio esbonio pob trosedd, ond gallai gwahanol ffurfiau ar drosedd gael gwahanol achosion.

Ysgrifennu estynedig

Gwerthuswch ddamcaniaethau realaeth y chwith am drosedd.

Arweiniad: Bydd angen i chi ddangos bod realaeth y chwith yn cynnig man cychwyn ar gyfer beirniadu damcaniaethau traddodiadol am drosedd ac mai dyma yw un o'i phrif gryfderau. Dywedwch nad yw'n rhamanteiddio nac yn esgusodi troseddwyr, ond yn cydnabod bod ymddygiad troseddol yn broblem i'r rhai sy'n profi trosedd. Fodd bynnag, wrth drafod, nodwch fod iddi nifer o wendidau amlwg oherwydd bod ceisio ystyried cymaint wrth edrych ar drosedd yn golygu na all mewn gwirionedd esbonio pam mae trosedd yn digwydd. Yn hyn o beth, nid yw'n wahanol mewn gwirionedd i ddamcaniaethau traddodiadol. Efallai byddwch chi am ddatblygu dadl i ddweud mai cryfder pellach realaeth y chwith yw ei bod wedi dylanwadu ar bolisi llywodraeth; er enghraifft, sefydlodd Llafur Newydd fentrau cymunedol mewn cymdogaethau gyda'r nod o leihau gweithgareddau troseddol.

Ysgrifennwch tua 750 gair.

Ymchwil

Yn 2009, cyhoeddodd Martin Innes ymchwil a oedd yn edrych ar ganfyddiadau'r cyhoedd am yr heddlu. Cafodd cyfweliadau eu cynnal gydag aelodau allweddol o'r gymuned am eu profiadau o drosedd a gwyredd. Gofynnwyd i gymunedau pa broblemau roedden nhw wedi'u profi ac ym mha leoliadau roedd ymddygiad troseddol yn cael effaith ar bobl. Yna roedd yr heddlu'n gallu mapio ardaloedd lle roedd problemau a thargedu eu hymatebion yn unol â blaenoriaethau'r cyhoedd. Mabwysiadodd Heddlu De Cymru y fethodoleg hon, a defnyddion nhw eu canfyddiadau i fynd i'r afael â phroblemau ymddygiad gwrthgymdeithasol. Yn ogystal, roedden nhw'n gallu gwella canlyniadau eu Timau Plismona yn y Gymdogaeth a darparu cefnogaeth ddefnyddiol i grwpiau gwrthderfysgaeth ledled y DU.

a) Nodwch ac esboniwch **un** rheswm pam cafodd aelodau allweddol cymunedau eu cyfweld ar gyfer yr astudiaeth hon.

b) Gan gyfeirio at yr eitem a thystiolaeth gymdeithasegol, esboniwch **ddwy** broblem foesegol y gallai'r heddlu fod wedi eu profi gyda'r ymchwil hwn.

c) Fel myfyriwr Cymdeithaseg Safon Uwch, rydych wedi cael cais i gynnal astudiaeth feintiol i ganfod pa fath o droseddau mae'r cyhoedd yn teimlo y dylai'r heddlu lleol fynd i'r afael â nhw.

    i. Disgrifiwch bob cam o'ch cynllun ymchwil, gan gyfiawnhau'r rhesymau dros eich dewis ar bob cam.

    ii. Trafodwch broblemau a all godi ac effaith y problemau hyn ar ansawdd y data sy'n cael eu casglu.

Cwestiwn cymhwyso tystiolaeth

ch) Ysgrifennwch baragraff gan ddefnyddio'r wybodaeth a roddwyd i chi i asesu ymagweddau realaeth y chwith at astudio trosedd.

Gwiriwch eich dysgu eich hun

A yw'r gosodiadau hyn yn gywir neu'n anghywir?

a) Yr Heddlu Metropolitan yw cyflogwr mwyaf Llundain.	
b) Mewn rhannau o Ganada, mae'r heddlu'n gwobrwyo pobl ifanc am wneud pethau da yn hytrach nag aflonyddu arnyn nhw am wneud pethau drwg.	
c) Yn 2015, gwelwyd bod pobl ddu dros 17 gwaith yn fwy tebygol o gael eu stopio a'u chwilio na phobl wyn mewn rhannau o'r DU.	
ch) Mae ffeministiaid wedi cwyno bod atal treisio'n cael ei dargedu at ddioddefwyr posibl yn hytrach nag at dreiswyr posibl.	
d) Mae nifer y menywod sy'n dioddef camdriniaeth ddomestig yn y DU tua 500 000 y flwyddyn.	
dd) Rhoddwyd dros 10 000 Gorchymyn Ymddygiad Gwrthgymdeithasol yn 2013.	

Nodau

- ◉ **Deall bod realaeth (y chwith a'r dde) yn ceisio ystyried teimladau dioddefwyr troseddau a gweld troseddu'n broblem. Mae realaeth y dde yn gweld bod problem trosedd yn cael ei hachosi gan ymagwedd wan at drosedd ac at y wladwriaeth les**

Mae realaeth y dde yn wahanol i realaeth y chwith oherwydd er ei bod yn gweld trosedd yn broblem a bod troseddeg draddodiadol yn methu esbonio trosedd, mae o'r farn mai rheolaeth gymdeithasol gadarn yw'r ateb i drosedd. Mae'n ystyried trosedd yn ganlyniad cymdeithasoli gwael a gwendid mewn troseddwyr sy'n meddwl am drosedd yn nhermau mantais economaidd iddyn nhw eu hunain. Maen nhw'n cyflawni trosedd oherwydd bod y gosb yn wan, ac felly yn ôl y rhesymeg honno, bydden nhw'n hurt i beidio â chymryd y risg. Felly mae trosedd yn broblem wleidyddol ac mae angen atebion llym i'r broblem. Bu realaeth y dde'n fwy poblogaidd gyda gwleidyddion na chymdeithasegwyr ond mae wedi dylanwadu ar bolisi trosedd yn y DU ers yr 1980au.

Tarddiad trosedd yn yr isddosbarth

Pwnc 14: Damcaniaethau realaeth y dde am drosedd

Gwneud i chi feddwl

I ba raddau rydych chi'n credu bod trosedd, caethiwed i gyffuriau, dibyniaeth ar fudd-daliadau a thlodi yn ffyrdd o fyw y mae rhai sectorau o'r gymdeithas wedi'u dewis? Yn eich barn chi, beth fyddai'n achosi i bobl ddewis y ffordd hon o fyw?

Realaeth y dde

Rydyn ni'n cysylltu realaeth y dde â gwleidyddiaeth y Blaid Geidwadol, yn arbennig llywodraeth Geidwadol Margaret Thatcher rhwng 1979 ac 1990. Mae'n ddatblygiad o ddamcaniaethau swyddogaethol ac mae ei gwreiddiau yn yr Unol Daleithiau lle roedd Charles Murray a'i syniadau yn flaenllaw yn y traddodiad. Mae dilynwyr realaeth y dde, yn wahanol i ddilynwyr realaeth y chwith, yn credu mai ffactorau diwylliannol, nid rhai economaidd, sy'n achosi trosedd. Maen nhw'n beio'r hyn maen nhw'n ei ystyried yn ddirywiad mewn safonau moesol ac yn ddiffyg parch at awdurdod am gynnydd mewn trosedd.

Mae dilynwyr realaeth y dde'n tynnu ar ddamcaniaeth Hirschi fod trosedd yn cael ei hachosi gan fethiant rhwymau cymdeithasol mewn cymdeithas. Er enghraifft, yn ôl Marcus Felson, er mwyn i drosedd ddigwydd, mae angen i nifer o wahanol elfennau fod yn bresennol:

- ◉ Troseddwr sy'n gallu ac yn fodlon cyflawni'r drosedd
- ◉ Cyfle ar ffurf targed
- ◉ Diffyg goruchwyliaeth gymunedol fel na fydd y drosedd yn cael ei chanfod.

Felly, yn absenoldeb pobl sy'n pryderu am drosedd, bydd cyfraddau trosedd yn codi.

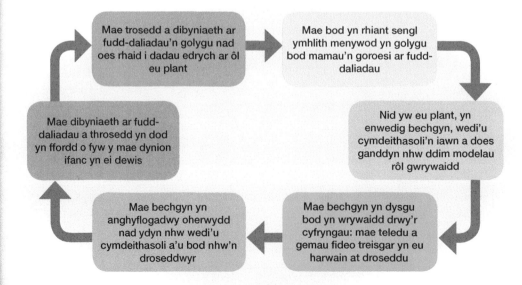

Mae trosedd a dibyniaeth ar fudd-daliadau'n golygu nad oes rhaid i dadau edrych ar ôl eu plant

Mae bod yn rhiant sengl ymhlith menywod yn golygu bod mamau'n goroesi ar fudd-daliadau

Nid yw eu plant, yn enwedig bechgyn, wedi'u cymdeithasoli'n iawn a does ganddyn nhw ddim modelau rôl gwrywaidd

Mae bechgyn yn dysgu bod yn wrywaidd drwy'r cyfryngau: mae teledu a gemau fideo treisgar yn eu harwain at droseddu

Mae bechgyn yn anghyflogadwy oherwydd nad ydyn nhw wedi'u cymdeithasoli a'u bod nhw'n droseddwyr

Mae dibyniaeth ar fudd-daliadau a throsedd yn dod yn ffordd o fyw y mae dynion ifanc yn ei dewis

Mae Murray'n cael ei gysylltu'n arbennig â damcaniaeth isddosbarth oherwydd ei fod yn awgrymu nad yw pobl dlawd wedi'u cymdeithasoli'n ddigonol. Yn benodol, mae'n beio'r cynnydd mewn rhieni sengl, y mae'n ei gysylltu â mamau sengl ifanc, am achosi'r cynnydd mewn trosedd. Mae'n honni bod yr isddosbarth yn cynnwys y bobl dlotaf mewn cymdeithas, y rhai y mae trosedd wedi dod yn ffordd o fyw iddyn nhw. Mae budd-daliadau'n rhy hael, ac mae hyn yn golygu bod yn well gan bobl oroesi ar fudd-daliadau na chael gwaith. Er mwyn torri cylch trosedd, dywed Murray fod angen rhwystro'r cynnydd yn ffordd o fyw troseddol yr isddosbarth drwy dorri budd-daliadau a chael cosbau llymach.

Egwyddorion realaeth y dde

Ynghlwm wrth realaeth y dde, mae nifer o dybiaethau sylfaenol am drosedd a throseddeg:

◉ Mae trosedd ac ymddygiad troseddol ymysg pobl dlawd yn broblem ddifrifol.
◉ Mae pob un yn hunanol a byddai pawb yn cyflawni trosedd pe gallen nhw.
◉ Mae deddfau'n atal pobl rhag ymddygiad troseddol oherwydd eu bod yn ofni canlyniadau torri'r gyfraith.
◉ Mae pobl yn pwyso a mesur manteision ac anfanteision cyflawni troseddau. Os yw manteision trosedd yn drech na'r anfanteision, bydd pobl yn cyflawni trosedd.
◉ Mae Ron Clarke yn dadlau mai wedi dewis cyflawni trosedd y mae troseddwyr.
◉ Dylai pobl ofni cyflawni trosedd gan wybod y bydd y canlyniadau'n llym iawn os gwnân nhw.

Atebion realaeth y dde i broblem trosedd

Mae atebion realaeth y dde i drosedd yn anelu at atal trosedd drwy fabwysiadu'r strategaethau canlynol:

◉ Cosbi drwy ddedfrydu llym
◉ Gwahaniaethu drwy gadw troseddwyr i ffwrdd oddi wrth bobl eraill
◉ Atal trosedd drwy wneud troseddu'n anodd a chyfyngu ar yr enillion.

Mae'r syniadau hyn wedi bod yn ddylanwadol iawn o ran y math o bolisi cyhoeddus a fabwysiadwyd gan lywodraethau Ceidwadol mewn mwy nag un ardal o'r byd ac efallai byddwch am wneud cysylltiad â pholisi trosedd yn y DU.

Y ddamcaniaeth ffenestri toredig a'r polisi goddef dim

Honnodd Wilson a Kelling (1982) na fyddai adeiladau gwag mewn cyflwr da yn cael eu fandaleiddio. Fodd bynnag, pan fyddai rhywfaint o ddifrod i'r adeilad, yna byddai pobl a oedd yn mynd heibio yn ymuno ac yn difrodi'r adeilad ymhellach. Roedden nhw'n honni bod hwn yn cynnig model ar gyfer ardaloedd daearyddol. Os oedden nhw'n cael eu cadw'n lân, yna doedd pobl ddim yn taflu sbwriel, ond unwaith iddyn nhw ddod yn anniben, yna byddai pobl yn taflu sbwriel yno heb feddwl ddwywaith. Awgrymon nhw mai'r ateb i broblem trosedd oedd peidio â gadael iddi ddatblygu yn y lle cyntaf. Roedd ardaloedd taclus yn awgrymu bod pobl yn gofalu am y gymuned ac felly nid yn unig y byddai troseddu ar raddfa fach yn cael ei osgoi, ond hefyd na fyddai pobl yn cyflawni troseddau mwy difrifol chwaith. Arweiniodd hyn at fenter plismona a oedd yn cael ei alw'n fenter 'goddef dim' lle roedd yr heddlu'n gorfodi'r gyfraith yn llym, hyd yn oed am droseddau cyntaf, er mwyn rhwystro cynnydd mewn ymddygiad troseddol. Pan gafodd y polisi ei ddefnyddio yn Efrog Newydd, dangosodd astudiaeth yn 2001 leihad dramatig mewn trosedd ddifrifol a mân droseddau. Fodd bynnag, mae cyfraddau trosedd hefyd wedi lleihau mewn ardaloedd nad ydyn nhw wedi mabwysiadu fenter polisi goddef dim, ac roedd cynnydd mewn cyflogaeth adeg yr astudiaeth. Roedd llai o ddynion ifanc yn y boblogaeth hefyd, felly roedd llai o droseddwyr posibl yn y boblogaeth gyffredinol.

Trosedd a'r gymuned

Awgryma Amitai Etzioni (1975) fod bywyd cymdeithasol modern wedi golygu bod y gwaith o wneud penderfyniadau mewn cymunedau yn cael ei dynnu oddi ar y bobl sy'n byw yn y cymunedau hynny. O ganlyniad i hyn, mae pobl yn tueddu i deimlo mai gwaith yr heddlu a'r wladwriaeth yw rheoli trosedd, yn hytrach na gwaith pobl leol. Mae Etzioni'n dadlau mai drwy annog pobl i weithredu'n uniongyrchol yn unig y bydd cymunedau'n adennill rheolaeth gymdeithasol ac wedyn yn dysgu eu plismona eu hunain. Cymunedoliaeth, sef cydweithio fel cymunedau, yw'r enw ar hyn.

Mae James Q Wilson (1975) yn dadlau mai un ateb i drosedd yw pwysleisio'r rhwymau cymdeithasol rhwng pobl a gwneud i bobl feddu ar werthoedd moesol cryf, proses sy'n cael ei galw'n ailfoesoli. Nid yw'n esbonio sut dylai hyn ddigwydd.

YMESTYN a HERIO

Dysgwch fwy am bolisi'r Ceidwadwyr a'r llywodraeth ar drosedd: https://www.gov.uk/government/policies/crime-prevention. Ychwanegwch nodiadau at eich ffolderi chi.

Dysgu gweithredol

Beth fyddai effeithiau cymdeithasol lleihau budd-daliadau lles a gorfodi mamau sengl i fynd i weithio? Trafodwch hyn gyda'ch grwpiau astudio.

Dysgu gweithredol

Nodwch bwyntiau o blaid ac yn erbyn y safbwynt bod mwy o gosbi'n gwella trosedd.

Dysgu gweithredol

Trafodwch strategaethau y gallech chi eu rhoi ar waith i reoli trosedd mewn cymuned ddifreintiedig ger eich cartref.

Caledu targedau

Mae modd gwneud i drosedd edrych yn llai deniadol mewn sawl ffordd, ac mae'r heddlu wedi defnyddio amrywiaeth o strategaethau sy'n seiliedig ar ddamcaniaethu gan Clarke (1997) a Cornish a Clarke (2003). Mae Millie a Hough (2004) a Hamilton-Smith a Kent (2005) wedi cefnogi 'caledu targedau' fel strategaeth effeithiol i leihau achosion o fwrgleriaeth.

- Mae camerâu cylch cyfyng yn golygu bod llai o drosedd yng nghanol dinasoedd. Fodd bynnag, mae beirniaid wedi dweud bod y drosedd wedi symud yn hytrach na'i bod wedi cael ei hatal.
- Mae cynlluniau Gwarchod y Gymdogaeth yn golygu y bydd pobl yn edrych ar ôl eiddo ei gilydd. Fodd bynnag, mae tystiolaeth yn tueddu i ddangos eto fod pobl yn aml yn targedu cymdogion neu bobl sy'n byw'n agos.
- Dylai polisïau cyfraith a threfn gyda chosbau llym a chaled gael eu gorfodi er mwyn i droseddwyr ystyried nad yw'r drosedd yn werth y risg o gael eu dal.
- Dylai strydoedd gael eu cadw'n glir o droseddwyr posibl fel gweithwyr rhyw, pobl ddigartref, pobl ifanc a gwerthwyr cyffuriau.

Asesu damcaniaethau realaeth y dde am drosedd

- Yn wahanol i droseddeg draddodiadol, mae realaeth y dde'n cydnabod sefyllfa dioddefwyr trosedd.
- Mae realaeth y dde'n anwybyddu tystiolaeth o drosedd dosbarth canol a throseddu corfforaethol, gan nad yw'n gweld eu bod yn broblem i gymdeithas.
- Ychydig o dystiolaeth ymchwil sydd ar gael i gefnogi'r safbwynt nad yw mamau sengl ifanc yn gallu cymdeithasoli eu plant yn gywir. Dydyn nhw ddim yn gyfran ystadegol sylweddol o'r boblogaeth.
- Ychydig o dystiolaeth ymchwil sydd ar gael i gefnogi llawer o dybiaethau realaeth y dde; safbwynt gwleidyddol ydyw ac nid un gymdeithasegol.
- Mae rhagfarn a thuedd yn y dybiaeth fod pobl dlawd yn cyflawni mwy o droseddau na grwpiau cymdeithasol eraill. Ychydig sydd gan ddilynwyr realaeth y dde i'w ddweud am droseddau coler wen a throseddau corfforaethol.
- Mae plismona ymosodol wedi cael ei gysylltu â dirywiad mewn ffydd yn yr heddlu a thactegau plismona mwy ymosodol fyth.
- Mae dilynwyr realaeth y dde'n derbyn ystadegau swyddogol yn ddigwestiwn er gwaethaf tystiolaeth eu bod yn lluniadau cymdeithasol.
- Mae Flood-Page et al. (2000) yn awgrymu nad strwythur y teulu sy'n arwain at gymdeithasoli gwael ond ansawdd y bywyd teuluol a faint o oruchwyliaeth gan rieni sydd.
- Mae plismona caeth a dedfrydu llym yn golygu bod carchardai ym Mhrydain erbyn hyn yn sylweddol orlawn a bod amodau yno yn wael iawn.
- Dadleuwyd yn y gorffennol bod goddef dim wedi caniatáu i rai swyddogion heddlu wahaniaethu, a bod lleiafrifoedd ethnig a grwpiau cymdeithasol neu economaidd penodol yn cael eu targedu o ganlyniad.
- Dywed Wilson nad yw'n bosibl adnabod achosion trosedd ac mai nod troseddegwyr yw lleihau'r niwed y mae troseddwyr yn ei gwneud. Felly, mae llawer o gymdeithasegwyr wedi awgrymu nad yw realaeth y dde yn esbonio'n ddigonol pam mae trosedd yn dechrau ac felly ei bod yn ymateb i'r broblem heb ddeall y materion yn llawn.

Ysgrifennu estynedig

Gwerthuswch ddamcaniaethau realaeth y dde am drosedd.

Arweiniad: Dangoswch mai un o gryfderau realaeth y dde yw ei bod yn cynnig sefyllfa lle mae'n bosibl beirniadu damcaniaethau traddodiadol am drosedd a chydnabod yr un pryd fod ymddygiad troseddol yn broblem i'r rhai sy'n profi trosedd. Fodd bynnag, bydd angen i chi hefyd ddweud bod iddi nifer o wendidau amlwg oherwydd na all mewn gwirionedd esbonio pam mae trosedd yn digwydd. Er enghraifft, mae'n gwneud tybiaethau am brosesau cymdeithasol nad yw'n hawdd eu cefnogi â thystiolaeth empirig. Mater allweddol ar gyfer y traethawd hwn yw bod realaeth y dde wedi bod yn ddylanwadol iawn o ran polisi, ond bod y canlyniadau wedi bod yn gymysg gan fod poblogaethau carchardai'n uchel iawn erbyn hyn. Un feirniadaeth y gallech ei defnyddio yw bod hyn yn ddrud ac yn wrthgynhyrchiol oherwydd bod pobl sydd wedi cael eu labelu'n droseddwyr yn ei chael yn anodd dychwelyd at fywyd normal neu gael gwaith.

Ysgrifennwch tua 750 gair.

Ymchwil

Mae Bottoms a Wiles (1997) wedi cyhoeddi llawer iawn o ymchwil i ystadau tai yn Sheffield ac wedi canfod bod cymunedau lle mae cyfraddau uchel o drosedd ar y cyfan yn tueddu i fod yn ardaloedd lle mae nifer o droseddwyr yn byw. Y canlyniad cyffredinol y mae'n bosibl dod iddo yw bod pobl yn cyflawni troseddau yn erbyn eu cymdogion ac mewn ardaloedd maen nhw'n eu hadnabod yn dda. Yn gyffredinol, mewn ystadau fel hyn, mae preswylwyr nad ydyn nhw'n droseddwyr yn ddig yn erbyn y troseddau ond, o ystyried eu bod yn adnabod y troseddwyr, nid yw eu safbwynt am y troseddwyr mor hysbys. Cynhaliodd Bottoms a Wiles arolwg ffurfiol o ddwy ardal ddifreintiedig ac yna cynhaliodd Wiles arsylwadau a chyfweliadau lled-strwythuredig gydag amrywiaeth o aelodau allweddol o'r gymuned a phobl a oedd yn ymwneud â threfn gyhoeddus fel yr heddlu a gweithwyr cymunedol.

a) Nodwch ac esboniwch **un** rheswm pam dewisodd Bottoms a Wiles ddefnyddio ymagwedd gymysg ei dulliau ar gyfer yr ymchwil hwn.

b) Gan gyfeirio at yr eitem a thystiolaeth gymdeithasegol, esboniwch **ddau** o gryfderau ymagweddau cymysg eu dulliau yn yr ymchwil hwn.

c) Fel myfyriwr Cymdeithaseg Safon Uwch, rydych wedi cael cais i gynnal astudiaeth o sut mae myfyrwyr yn eich ysgol neu eich coleg chi'n teimlo am y rhai sy'n amharu ar wersi ac sy'n torri rheolau'r ysgol.

   i. Disgrifiwch bob cam o'ch cynllun ymchwil, gan gyfiawnhau'r rhesymau dros eich dewis ar bob cam.

   ii. Trafodwch broblemau a all godi ac effaith y problemau hyn ar ansawdd y data sy'n cael eu casglu.

Cwestiwn cymhwyso tystiolaeth

ch) Ysgrifennwch baragraff yn defnyddio'r wybodaeth a roddwyd i chi i asesu ymagweddau realaeth y dde at astudio trosedd.

Gwiriwch eich dysgu eich hun

Rhowch y gosodiadau canlynol dan y pennawd cywir:

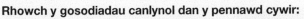

Realaeth y dde	Realaeth y chwith
Mae ystod o ffactorau cymdeithasol ac economaidd yn arwain at ymddygiad troseddol.	Mae trosedd yn cael ei hachosi gan ffactorau diwylliannol.
Dylai troseddwyr gael eu cosbi'n llym.	Mae'n bosibl mynd i'r afael â rhai troseddau drwy newid yr amgylchedd ffisegol neu drwy greu newid cymdeithasol.
Yn gysylltiedig â pholisïau trosedd Thatcheriaeth.	Yn gysylltiedig â pholisïau trosedd Llafur Newydd.
Mae pobl dlawd a phobl agored i niwed yn ddioddefwyr troseddau yn eu cymunedau.	Pobl dlawd a diddim sy'n troseddu.
Mae anfodlonrwydd yn y gymdeithas yn achosi trosedd.	Mae taliadau lles rhy hael i famau sengl yn un o achosion trosedd.
Dewis bod yn droseddwyr y mae pobl.	Gall pobl grwydro i mewn ac allan o ymddygiadau troseddol.
Gall plismona llym achosi i bobl beidio ag ymddiried yn yr heddlu.	Mae cymunedau'n galw am blismona llym.

Dysgu annibynnol

Dysgwch fwy am fywyd a phrofiadau pobl yn y carchar. Gallech ddechrau drwy chwilio am *The BBC Prison Study* mewn peiriant chwilio neu drwy edrych ar wefan y gwasanaeth carchardai neu'r Gymdeithas Diwygio Cosbau. Ydy carchar yn ffordd ddefnyddiol o ddatrys problemau ymddygiad troseddol yn eich barn chi?

Am wybodaeth swyddogol am fywyd mewn carchar, mae Gwasanaeth Carchardai EM wedi cynhyrchu'r canllaw hwn: https://www.gov.uk/life-in-prison/arriving-at-prison

Mae'r fideo byr hwn yn amlinellu rôl swyddog carchar: https://www.youtube.com/watch?v=-EOQPk9R8TE

Nodau

⦿ Cydnabod bod ôl-foderniaeth yn ceisio ailddiffinio ein syniadau am drosedd drwy ei ailddiffinio a'i hailweithredoli fel grym i ddangos diffyg parch at eraill. Effaith hyn yw cynnwys gweithredoedd nad ydyn nhw'n cael eu llywodraethu gan ddeddfau ar hyn o bryd, a chael gwared ar rai 'troseddau' rydyn ni'n eu hystyried yn droseddau ar hyn o bryd

Daeth ôl-foderniaeth i fod yn yr 1970au a'r 1980au yn sgil y safbwynt athronyddol nad yw'n bosibl cymhwyso esboniadau Marcswyr a swyddogaethwyr i'r gymdeithas mewn modd defnyddiol bellach. Mae modernwyr yn credu bod cymdeithas yn gwella drwy syniadau gwyddonol a gwybodaeth gymdeithasegol. Mae ôl-fodernwyr yn herio hyn drwy ddweud bod sawl fersiwn o'r gwirionedd, ac nad oes un sy'n well nag unrhyw un arall. Wrth gymhwyso hyn i'r gymdeithas ac i astudio trosedd, nid yw safbwynt y llywodraeth a'r deddfwyr yn adlewyrchu realiti bywyd llawer o bobl eraill. Er bod deddfwyr yn diffinio trosedd, nid yw eu safbwynt yn ddim gwell er ei fod yn fwy dylanwadol na safbwynt pobl eraill, ac felly os ydyn nhw'n gorfodi eu safbwyntiau ar y gweddill ohonon ni, maen nhw'n rhwystro'r gweddill ohonon ni rhag ein mynegi ein hunain yn ôl ein dymuniad. Felly mae ôl-fodernwyr yn awgrymu ein bod yn dychwelyd at y syniad o drosedd ac yn ei hailddiffinio mewn ffordd sy'n fwy ystyrlon i bawb yn hytrach na defnyddio'r diffiniad cul o 'dorri'r gyfraith'.

Pwnc 15: Ôl-foderniaeth a throsedd

Gwneud i chi feddwl

I ba raddau rydych chi'n credu bod diffiniadau cyfreithiol a llywodraethol o drosedd yn gwrthod yr hawl i bobl eu mynegi eu hunain yn ôl eu dymuniad? A fyddech yn hapus i dderbyn diffiniad o drosedd sy'n amddifadu trosedd yn nhermau'r niwed mae'n ei wneud i bobl eraill?

Ôl-foderniaeth

Mae'n egwyddorion sylfaenol y gwahanol ddamcaniaethau sy'n cael eu disgrifio fel ôl-foderniaeth yn cynnwys y pwyntiau canlynol:

⦿ Mae ôl-fodernwyr yn gwrthod y safbwynt bod egwyddorion moesol a chymdeithasol (gwirioneddau) sy'n berthnasol i bawb. Mae diwylliant traul yn hybu unigolyddiaeth dros werthoedd cymunedol felly nid oes angen i bobl bryderu am bobl eraill.

⦿ Nid yw ôl-fodernwyr yn derbyn y gall un ddamcaniaeth eang fel swyddogaetholdeb neu Farcsaeth esbonio rhywbeth mor gymhleth â bywyd cymdeithasol.

⦿ Mae ôl-fodernwyr yn cefnogi eu dadleuon drwy ddangos y ffyrdd y mae pobl yn cyfuno a chydweddu (dewis a dethol) credoau, gan ddewis syniadau sy'n gyfarwydd ac yn anghyfarwydd i greu eu systemau cred personol, yn hytrach na derbyn un system cred draddodiadol.

⦿ Mae colli ffydd ym mhwysigrwydd gwerthoedd traddodiadol y byddai'r teulu, crefydd ac addysg yn eu darparu mewn cymdeithas yn golygu nad oes gan bobl fframwaith ar gyfer eu moesoldeb eu hunain. Mae unigolion yn gwneud eu dewisiadau moesol eu hunain ac nid yw cymdeithas yn llywodraethu sut mae pobl yn meddwl bellach. Dywed ôl-fodernwyr fod cymdeithas wedi dod yn ddarniog ac yn amrywiol ac felly nad yw moesoldeb traddodiadol yn berthnasol bellach. Mae Levin a McDevitt (1993) yn honni bod pobl yn cyflawni troseddau er mwyn profi cyffro.

⦿ Mae bwlch rhwng yr hyn mae'r cyfryngau'n dysgu pobl i'w ddisgwyl gan fywyd a'r hyn maen nhw'n gallu ei gyflawni a'i fforddio mewn gwirionedd. Mae hyn yn creu diwylliant o ddicter lle mae pobl dlawd yn teimlo y dylen nhw gael nwyddau traul. Mae Lash ac Urry (1987) yn dangos bod hyn yn nodweddiadol o ddinasoedd modern lle mae eithafion cyfoeth a thlodi'n bodoli drws nesaf i'w gilydd. Mae pobl dlawd yn teimlo eu bod yn cael eu hallgáu o'r gymdeithas.

⦿ Mae damcaniaethau ôl-fodernaidd yn torri traddodiadau blaenorol mewn troseddeg oherwydd eu bod yn awgrymu mai emosiynau sy'n achosi trosedd. Nid yw'n bosibl astudio trosedd drwy ddamcaniaethu a dulliau traddodiadol oherwydd bod emosiynau'n afresymol wrth natur ac felly nid yw'n bosibl eu hastudio'n wyddonol.

⦿ Mae'r cysyniad o globaleiddio'n disgrifio sefyllfa lle dywedir bod y byd wedi mynd yn 'llai'. Mae technoleg cyfathrebu a theithio rhad yn golygu bod pobl yn fwy ymwybodol yn fyd-eang. Mae ôl-fodernwyr yn dangos ei bod yn anoddach rheoli trosedd erbyn hyn oherwydd bod llawer o droseddu'n digwydd yn fyd-eang. Er enghraifft, golyga trosedd y Rhyngrwyd nad yw troseddwyr a dioddefwyr o reidrwydd yn yr un wlad.

Mae'r cyfryngau'n dylanwadu ar bobl, ac felly maen nhw'n seilio eu moesoldeb a'u hunaniaeth bersonol ar gynnyrch y cyfryngau.

Yn gyffredinol, mae trosedd yn ddigwyddiad unigol gan unigolyn sy'n ymateb i anghenion emosiynol personol

Nid yw moesoldeb confensiynol yn berthnasol bellach wrth i ddylanwad awdurdodau traddodiadol mewn cymdeithas ddirywio

Ar y cyfan, mae pobl yn afresymol, felly nid oes diben i lawer o droseddau; y cymhellion yw cyfle a chwilio am gyffro

Henry a Milovanovic: y cysyniad o niwed cymdeithasol

Mae Henry a Milovanovic (1996) yn dadlau y dylai'r syniad o drosedd gael ei ailasesu gan nad yw'n berthnasol bellach. Mae diffiniadau cyfredol o drosedd yn cael eu creu gan un sector cul o gymdeithas ac felly nid ydyn nhw'n berthnasol i'r rhan fwyaf o bobl. Maen nhw'n awgrymu bod y syniad o niwed cymdeithasol yn fwy defnyddiol i ddadansoddi a yw gweithred yn droseddol, ac yn awgrymu bod dwy ffurf ar niwed yn bodoli:

- Mae **niwed ataliad** yn digwydd pan na all pobl eu datblygu eu hunain oherwydd bod y rhai sydd mewn grym yn cyfyngu ar eu cyfleoedd; felly gall llywodraethau fod yn euog o niweidio. Yn yr un modd, mae trosedd gasineb a cham-drin rhywiol yn niwed ataliad.
- Mae **niwed diraddio** yn digwydd pan fydd unigolyn yn profi colled neu anaf, felly niwed diraddio yw trais neu ddwyn.

Stephen Lyng a byw'n beryglus (*edgework*)

Mae byw'n beryglus yn gysyniad cymdeithasegol sy'n disgrifio'r ffordd y mae pobl yn cymryd risgiau cymdeithasol neu gorfforol gwirfoddol. Mae'n awgrymu bod pobl yn mwynhau dwyster emosiynol perygl neu ofn, felly maen nhw'n cymryd rhan, o bosibl, mewn chwaraeon eithafol er mwyn mwynhau bod yn agos at farwolaeth. Maen nhw hefyd yn ymarfer sgil oherwydd heb sgiliau bydden nhw mewn perygl. Dywed Lyng (1980) fod troseddu, i nifer o bobl ifanc, yn ffurf ar fyw'n beryglus oherwydd bod risg ac ymdeimlad o ofn yn cyfuno â chyffro a rheolaeth.

Dadansoddiad y cyfryngau a throsedd

Mae ôl-fodernwyr yn honni ein bod yn byw mewn byd sy'n orlawn o gyfryngau, lle mae realiti'n cael ei chreu i ni drwy'r hyn a gawn gan y cyfryngau. Felly, mae angen dadansoddiad manwl ar y cyfryngau am y rhesymau canlynol:

- **Pennu'r disgwrs:** Mae disgwrs yn derm ôl-fodernaidd sy'n cael ei ddefnyddio i ddisgrifio'r ffordd gymdeithasol drechol o ddeall y byd. Mae'r cyfryngau'n creu disgwrs o drosedd sy'n golygu ein bod yn deall trosedd drwy ein profiadau o'r cyfryngau ac nid drwy ein profiadau personol.
- **Cyfaredd:** Mae Kidd-Hewitt ac Osborne (1995) yn sôn am olygfa ryfeddol, ofn a chyfaredd. Mae trosedd yn cael ei defnyddio i werthu cynnyrch y cyfryngau ac mae'n ganolog i'r rhan fwyaf o gyfresi teledu a ffilmiau. Fodd bynnag, mae pobl yn ofni trosedd a'i chanlyniadau. Mae ymdeimlad ffuglennol yn perthyn i rai gweithredoedd troseddol mewn bywyd go iawn oherwydd eu bod yn sbarduno ymatebion tebyg i'r ymatebion y mae pobl yn eu cael i ffilmiau. O ganlyniad, daeth yr ymosodiadau ar Ganolfan Masnach y Byd ('9/11') yn 2001 yn olygfa ryfeddol weledol ac roedd ymateb pobl iddi yn un emosiynol iawn.
- **Rhyngdestuniaeth:** Nid yw pobl yn siwr bellach a yw'r hyn maen nhw'n ei weld yn ffaith neu'n ffuglen. Mae Kooistra a Mahoney (1999) yn honni bod ffurfiau penodol ar newyddiaduraeth yn cyflwyno ac yn gwerthu trosedd bywyd go iawn fel ffurf ar adloniant.

Mae Ulrich Beck (1992) wedi siarad yn nhermau 'cymdeithas risg fyd-eang'. Mae'n honni bod y cyfryngau wedi bwydo ofnau pobl sy'n golygu eu bod wedi dod yn ymwybodol o risgiau i'w ffordd o fyw. Er enghraifft, efallai eu bod yn ofni colli eu swydd neu dalu trethi uchel. Gall y cyfryngau gynhyrfu'r ofnau hyn drwy greu ffigurau 'casineb', er enghraifft y syniad y bydd y mewnfudwr yn dwyn gwaith (neu'n hawlio budd-dal diweithdra). Gall hyn greu trosedd gasineb ac aflonyddwch cymdeithasol. Yna gall y cyfryngau eu defnyddio i werthu mwy o gynnyrch y cyfryngau neu i reoli poblogaethau.

Dysgu gweithredol

Trafodwch y safbwynt ôl-fodernaidd bod llawer o bobl yn gwadu bod eraill yn gwbl ddynol (lleiafrifoedd ethnig, pobl anabl, mewnfudwyr, pobl ddigartref, etc.) a bod hyn yn golygu bod hinsawdd gymdeithasol o niwed ac ymddygiad ymosodol tuag at grwpiau o'r fath yn dod yn dderbyniol yn gymdeithasol.

> Mae'r wobr am drais a lladrata yr un mor berthnasol yn seicolegol ag ydyw'n gymdeithasol. Mae'n cynnig pleser gorfoleddus a'r cyffro o wneud i rywun ddioddef.
>
> **Levin a McDevitt (2002)**

Dywed Cristnogaeth mai un waith yn unig y mae'n bosibl byw ac yna fod pobl yn marw ac yn mynd i'r nefoedd neu i uffern. Cred Hindŵiaid fod pobl yn cael eu haileni i wahanol fywydau nes iddyn nhw ddod yn berffaith. Mae'r ddwy farn yn groes i'w gilydd. Serch hynny, dangosodd data a gafodd eu rhyddhau yn 2009 fod 25 y cant o Gristnogion America'n credu mewn ailenedigaeth. Dyma dystiolaeth o gred dewis a dethol.

Ceisio cyffro corfforol cyfreithlon ac anghyfreithlon. Mae llawer o arolygon yn dangos bod cyfran fawr o fodurwyr wedi torri'r terfyn cyflymder wrth yrru. Beth mae hyn yn ei ddweud wrthym am y safbwynt 'dewis a dethol' am fywyd sy'n cael ei amlinellu gan yr ôl-fodernwyr? Pam mae agweddau'n fwy amwys tuag at rai mathau o dor-cyfraith a thorri rheolau nag at eraill?

Atebion ôl-foderniaeth i broblem trosedd

Foucault a'r panopticon

Ar ddiwedd y ddeunawfed ganrif, cynlluniodd Jeremy Bentham fath newydd o garchar lle roedd hi'n bosibl gwylio'r holl garcharorion drwy'r amser. Yr enw a roddodd ar ei gynllun newydd oedd panopticon, o'r gair Groeg am 'wylio'. Cafodd rhai panopticonau eu hadeiladu yn ôl y cynllun hwn. Defnyddiodd Michel Foucault, ôl-fodernydd blaengar, y ddelwedd o'r panopticon i ddisgrifio cymdeithas fodern. Mae grym wedi'i ganoli a gall llawer iawn o bobl gael eu rheoli gan ychydig iawn. Yn ogystal, nid yw pobl yn cael eu rheoli gan bobl eraill sy'n dweud wrthyn nhw beth i'w wneud, ond gan gynllun yr adeilad a chynllun y sefydliad cymdeithasol. Dywed Foucault fod pawb yn cael eu gwylio'n gyson a bod disgyblaeth yn rhan o drefn y gymdeithas. Felly, nid yn unig rydyn ni'n cael ein gwylio'n gyson drwy gyfrwng technegau gwyliadwriaeth clasurol fel monitro defnydd o'r Rhyngrwyd neu gamerâu cylch cyfyng, ond rydyn ni hefyd yn cael ein rheoli drwy sefydliadau cymdeithasol fel ysgolion a llefydd gwaith. Mae pobl yn cael eu gwylio a'u dosbarthu'n gyson ac mae disgwyl iddyn nhw gydymffurfio â safbwyntiau awdurdodedig o'r hyn sy'n normal.

Oherwydd bod cymdeithas yn ddarniog, mae mwy o bwyslais ar gwmnïau diogelwch preifat yn hytrach na'r heddlu, felly gall canolfannau siopa a meysydd awyr ddibynnu ar swyddogion diogelwch. Yn ogystal, gall cymunedau bach ddefnyddio eu ffurfiau eu hunain ar gyfraith a chyfiawnder sy'n golygu bod gwarcheidwadaeth (*vigilantism*) yn cael ei gweld yn rhywbeth sy'n fwy derbyniol mewn dinasoedd Americanaidd (meddyliwch am boblogrwydd ffilmiau am archarwyr lle mae'r archarwr yn ymladd trosedd y tu allan i'r gyfraith a'r system gyfreithiol). Mae'n well gan rai gwledydd Mwslemaidd y Gorllewin ddefnyddio cyfraith draddodiadol Sharia o hyd yn hytrach na chyfraith y Gorllewin, ac mae'n well gan rai Iddewon ym Mhrydain gyfeirio at Beth Din, sef llysoedd barn crefyddol.

De Haan a chyfiawnder ailddosbarthol

Awgrymodd De Haan (1990) fod cosbi troseddwyr yn brifo'r troseddwr ac yn achosi cryn niwed cymdeithasol ond nad oes fawr ddim yn digwydd i ddigolledu'r dioddefwr, sy'n cael ei adael wedi'i niweidio ond heb gael cynnig unrhyw gyfiawnder ystyrlon. Mae De Haan yn defnyddio'r term cyfiawnder ailddosbarthol, ond y term sy'n fwy cyffredin erbyn hyn yw 'cyfiawnder adferol'. Mae'n ddull o edrych ar y berthynas rhwng y dioddefwr a'r troseddwr, felly mae cyfarfodydd yn cael eu trefnu er mwyn i'r dioddefwr esbonio canlyniadau'r drosedd i'r troseddwr. Yna gall y troseddwr esbonio'r rhesymau dros y drosedd. Nid mewn carchardai yn unig y mae'r broses hon yn cael ei defnyddio, ond mewn ysgolion a llefydd gwaith, lle mae pobl yn teimlo eu bod wedi cael eu niweidio gan weithredoedd rhywun arall. Egwyddorion cyfiawnder adferol yw:

- Dylai niwed gael ei unioni.
- Dylai pobl gymryd rhan mewn cynlluniau'n wirfoddol.
- Dylai'r broses fod yn deg a heb ffafrio'r dioddefwr na'r troseddwr.
- Dylai'r rhai sy'n cymryd rhan fod yn ddiogel.
- Dylai'r rhai sy'n cymryd rhan gael eu parchu.

Asesu ôl-foderniaeth

- Dywed Best a Kellner (1991) fod ôl-fodernwyr yn nodi nodweddion cymdeithas fodern ond nad ydyn nhw'n eu hesbonio'n llawn nac yn dangos pam maen nhw'n bodoli, felly maen nhw'n ddisgrifiadol, nid yn esboniadol.
- Dywed Baudrillard (1981) fod twf prynwriaeth yn golygu nad ydyn ni'n byw mewn realiti bellach, ond mewn byd sy'n cael ei gynhyrchu gan y cyfryngau. Felly, nid yw trosedd yn realiti bellach. Mae'n disgrifio 'lladrad realiti' gan y cyfryngau yn 'drosedd berffaith'.
- Mae Harvey wedi dweud bod tystiolaeth bod modd mynd i'r afael â phroblemau cymdeithasol drwy newid gwleidyddol; er enghraifft, daeth caethwasiaeth i ben drwy ddeddfwriaeth ac, yn UDA, drwy ryfel.
- Dywed Philo a Miller (2000) fod ôl-foderniaeth yn rhoi rhyddid i bobl ymddwyn mewn ffyrdd sy'n annerbyniol ac yn anfoesol am eu bod yn credu bod moesoldeb yn rhywbeth cymharol. Mae trosedd yn fwy na chwestiwn o barchu ffyrdd o fyw pobl eraill; mae'n realiti sy'n effeithio ar fywydau unigolion.
- Mae Lea (1999) wedi dweud mai ffurf arall ar ddamcaniaeth labelu'n unig yw ôl-foderniaeth ac nad yw'n ychwanegu unrhyw beth newydd at ddadleuon am drosedd.

- Mae ailddiffinio trosedd i gynnwys syniadau am niwed yn golygu nad oes unrhyw ffyrdd o gyfyngu'n effeithiol ar faint o weithredoedd sy'n cael eu gweld yn droseddau. Yn wir, os yw'r dioddefwr yn diffinio trosedd yn weithred sy'n tramgwyddo, gallai hynny arwain at golli rheolaeth ar y nifer o bobl sy'n cael eu dwyn o flaen llysoedd.
- Dywed beirniaid ôl-foderniaeth yn gyffredinol fod ôl-fodernwyr yn gorbwysleisio faint o newid cymdeithasol sydd wedi digwydd. Mewn gwirionedd, mae pobl yn geidwadol ac yn dal i feddwl yn nhermau egwyddorion moesol cyffredinol.
- Mae'n anodd rhoi prawf empirig ar y ddamcaniaeth gan mai ychydig o ymchwil, os o gwbl, sydd i'r traddodiad ôl-fodern. Mae'n ymagwedd ddamcaniaethol ac mae'n cynnig mewnwelediadau neu arsylwadau, ond nid yw'n hawdd ei chefnogi â thystiolaeth.

Ymchwil

Cyhoeddodd John Landry (2008) erthygl sy'n dweud bod technoleg a globaleiddio yn peri i amser a gofod ymddangos yn gywasgedig. Yr hyn y mae'n ei olygu yw bod teithio'n gyflymach a hefyd yn haws. Effaith hyn yw ei gwneud hi'n haws i droseddwyr ddod o hyd i ddioddefwyr posibl ac mae hefyd wedi galluogi troseddwyr i ddianc o'r man lle cyflawnon nhw eu gweithredoedd. Mae amrywiaeth fawr o droseddau 'newydd' wedi dod i'r amlwg, fel trosedd y Rhyngrwyd: mae seibrstelcian, trolio, dwyn hunaniaeth a thwyll cyfrifiadurol yn bosibl nawr; gall paedoffilwyr dargedu plant ar lein a theithio i ddod o hyd iddyn nhw. Cynhaliodd astudiaeth achos i aml-lofrudd o'r enw Gacy a oedd yn dod o hyd i ddioddefwyr yn lleol, ac mae'n dyfalu beth gallai llofrudd ei wneud pe bai ganddo fynediad Rhyngrwyd at ddioddefwyr posibl.

a) Nodwch ac esboniwch **un** rheswm pam gallai Landry fod wedi dewis defnyddio astudiaeth achos ar gyfer yr ymchwil hwn.

b) Gan gyfeirio at yr eitem a thystiolaeth gymdeithasegol, esboniwch **ddau** o wendidau ymagwedd astudiaeth achos at ymchwilio.

c) Fel myfyriwr Cymdeithaseg Safon Uwch, rydych wedi cael cais i gynnal astudiaeth i ganfod a yw'n ddoeth trefnu cyfarfodydd rhwng bwlis a'u dioddefwyr yn eich sefydliad.
   i. Disgrifiwch bob cam o'ch cynllun ymchwil, gan gyfiawnhau'r rhesymau dros eich dewis ar bob cam.
   ii. Trafodwch broblemau a all godi ac effaith y problemau hyn ar ansawdd y data sy'n cael eu casglu.

Cwestiwn cymhwyso tystiolaeth

ch) Ysgrifennwch baragraff yn defnyddio'r wybodaeth a roddwyd i chi i asesu ymagweddau ôl-fodernaidd at astudio trosedd.

Gwiriwch eich dysgu eich hun

Cysylltwch y termau canlynol â'u diffiniadau:

a) Cymdeithas risg fyd-eang

b) Cyfiawnder ailddosbarthol (adferol)

c) Cymdeithas ddarniog

ch) Disgwrs

d) Moderniaeth

dd) Niwed ataliad

e) Niwed diraddio

f) Ôl-foderniaeth

ff) Byw'n beryglus

g) Panopticon

Nid yw pobl yn rhannu credoau ac agweddau moesol erbyn hyn.

Mae rhyddid pobl yn gyfyngedig oherwydd gweithredoedd pobl eraill.

Safbwynt sy'n dweud mai newid yw'r norm a bod y syniad bod cymdeithas yn 'datblygu' wedi dod i ben.

Mae pobl yn cael eu niweidio'n gorfforol, yn emosiynol neu'n ariannol gan bobl eraill.

Rydyn ni'n byw mewn cymdeithas lle rydyn ni'n cael ein gwylio a'n rheoli'n gyson er nad ydyn ni'n gwbl ymwybodol o hyn.

Mae pobl yn cael gwefr a chyffro drwy ddefnyddio sgiliau mewn ffordd beryglus (e.e. cyflawni trosedd).

Mae pobl mewn cymdeithas yn fwy ac yn fwy ofnus ac mae'r cyfryngau'n bwydo'r ofnau hyn ac yn creu trosedd.

Safbwynt ei bod yn bosibl gwella'r byd drwy wyddoniaeth a thechnoleg.

Mae dioddefwyr a throseddwyr yn cwrdd i drafod gweithredoedd y troseddwr ac ymateb y dioddefwyr.

Safbwynt safonol am y byd a realiti sydd wedi'i dderbyn ond sy'n newid.

Nodau

◉ Deall y cyfraniad y mae ffeministiaeth wedi'i wneud i'n dealltwriaeth o drosedd ac ymddygiadau troseddol

Mae ffeministiaeth yn gweld menywod yn ddioddefwyr patriarchaeth, neu reolaeth y gwryw ar gymdeithas. Felly mae'n ymwneud â'r ffordd mae menywod yn rhyngweithio â'r system cyfiawnder troseddol fel dioddefwyr trosedd a sut maen nhw'n cael eu trin os ydyn nhw'n cael eu barnu'n euog o drosedd. Mae pob astudiaeth o drosedd yn dangos bod gwrywod yn fwy tebygol o gael eu barnu'n euog na menywod. Ydy hyn oherwydd bod dynion yn fwy troseddol na menywod? Gallai hefyd fod oherwydd bod y system cyfiawnder troseddol yn ffafrio menywod ac yn fwy hael tuag atyn nhw. Mae llawer o gymdeithasegwyr traddodiadol wedi awgrymu bod menywod yn cael eu trin yn hawdd. Fodd bynnag, byddai ffeministiaid yn dadlau bod gwrywdod yn broblem i gymdeithas am ei fod yn annog ymddygiad troseddol ymysg dynion ifanc.

Meysydd pryder ar gyfer ymchwil ffeministaidd i drosedd

Pwnc 16: Ffeministiaeth, trosedd ac erledigaeth

Gwneud i chi feddwl

Pa mor dda mae'r damcaniaethau rydych wedi bod yn eu hystyried yn esbonio bodolaeth trosedd bersonol fel trais yn y cartref neu gamdriniaeth yn y cartref? Pa mor dda maen nhw'n esbonio'r ffaith bod menywod, er eu bod yn fwy tebygol o fod yn dlawd nag y mae dynion, hefyd yn llai tebygol o gael eu barnu'n euog o droseddau?

Ffeministiaeth

Nid un ddamcaniaeth yw ffeministiaeth ond ystod eang o ddamcaniaethau sy'n cael eu cysylltu gan y dybiaeth gyffredin fod cymdeithas yn cael ei rheoli gan wrywod a bod disgwyl i fenywod fyw yn ôl y rheolau sy'n gorfodi rheolaeth wrywaidd drostyn nhw. **Patriarchaeth** yw'r enw ar ddominyddiaeth y gwryw. Mae cymdeithasegwyr ffeministaidd hefyd wedi cytuno bod y safbwynt gwrywaidd wedi dominyddu llawer o syniadau traddodiadol mewn cymdeithas a chymdeithaseg, felly maen nhw wedi herio'r hyn maen nhw'n ei ystyried yn syniadaeth '*malestream*'.

O ran astudio trosedd, mae patrwm clir, sef bod cyfraddau euogfarnu yn is yn achos benywod a'u bod yn ymwneud ychydig yn llai â throseddau trais. Mae cyfraddau erledigaeth am drosedd bersonol fel achosion o gamdriniaeth ddomestig yn uwch hefyd. Mae dwy ffodd bosibl o esbonio'r patrymau a'r tueddiadau hyn.

◉ Mae menywod yn cyflawni'r un nifer o droseddau â dynion ond eu bod nhw rywsut yn llai tebygol o gael eu barnu'n euog gan lysoedd ac yn cael eu trin yn fwy trugarog gan systemau cyfiawnder troseddol.

◉ Nid yw menywod a dynion yn cyflawni'r un nifer o droseddau. Mae dynion a gwrywdod yn broblem gymdeithasol i'r gymdeithas.

Nid yw'r dystiolaeth yn amlwg. Mae astudiaethau hunanadrodd yn tueddu i gefnogi'r safbwynt bod dynion a bechgyn yn cyflawni mwy o droseddau, ond nid yn yr un gymhareb o ran euogfarnau. Awgryma hyn fod menywod yn gallu cuddio tystiolaeth o'u trosedd, neu eu bod yn cael eu trin yn fwy caredig gan systemau cyfreithiol. Fodd bynnag, o ystyried cyfyngiadau amlwg astudiaethau hunanadrodd o ran dilysrwydd, rhaid ymdrin â'r data hyn yn ofalus.

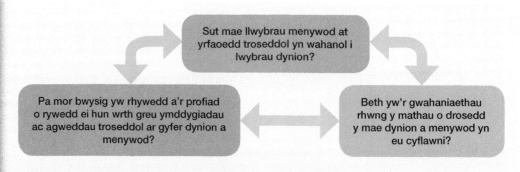

Ymatebion ffeministaidd i'r thesis sifalri

Mae'r thesis sifalri'n seiliedig ar y syniad bod dynion yn gwarchod ac yn edrych ar ôl menywod yn ein diwylliant. Honnodd Pollak (1950, 1961), a oedd yn esbonio trosedd menywod yn nhermau rolau rhyw traddodiadol, fod menywod yn gyfarwydd â dweud celwydd wrth ddynion, er enghraifft am weithredoedd y corff fel y mislif, neu er mwyn manteisio ar gyfoeth eu cariadon. Ar yr un pryd, mae dynion yn cael eu cymdeithasoli i warchod menywod, felly nid yw dynion sy'n swyddogion yr heddlu ac ynadon yn cyhuddo menywod neu'n eu barnu'n euog. Felly dyma'r ddadl: a yw menywod yn cyflawni'r un nifer o droseddau â dynion ai peidio, ond heb gael eu cosbi amdanyn nhw os ydyn nhw'n cael eu dal. Mae rhywfaint o dystiolaeth i gefnogi'r safbwynt hwn: er enghraifft, daeth Allen (1989) i'r casgliad bod menywod yn cael dedfrydau ychydig yn fwy trugarog pan fyddan nhw'n cael eu barnu'n euog o droseddau moduro. Edrychodd Farrington a Morris (1983) ar Lysoedd yr Ynadon a gweld bod dynion yn fwy tebygol o gael dedfrydau o garchar. Fodd bynnag, mae tystiolaeth yn dangos bod troseddau dynion yn tueddu i fod yn fwy difrifol. Adolygodd Box (1981) dystiolaeth o amrywiaeth o astudiaethau yn y DU ac UDA a gweld bod menywod yn fwy tebygol o gael eu trin yn garedig.

Fodd bynnag, mae ffeministiaid wedi dweud bod y thesis sifalri'n dystiolaeth o syniadau *malestream* mewn troseddeg oherwydd bod gwahaniaethau mewn cyfraddau euogfarnu'n cael eu hesbonio yn nhermau bioleg. Awgrymodd Smart (1976) efallai fod safonau dwbl o ran rhywedd mewn llysoedd. Mae hi'n cyfeirio at sefyllfa lle mae menywod sy'n cael eu barnu'n euog o droseddau'n cael eu gweld yn anfenywaidd ac yn cael eu trin yn llym iawn. Maen nhw'n cael eu gweld yn 'wyrdroëdig ddwywaith.' Er enghraifft, mae menywod yn aml yn cael eu carcharu am gyfnodau hir mewn achosion o gamdriniaeth ddomestig lle mae llofruddiaeth partner wedi digwydd, ond mae dynion yn aml yn cael dadlau yn y llys eu bod wedi cael eu pryfocio i gyflawni trais. Daeth Pat Carlen (1993) i gasgliad tebyg, gan ddadlau bod tuedd yn erbyn menywod treisgar yn y system cyfiawnder troseddol. Heidensohn (1985) sy'n cyflwyno un o'r safbwyntiau mwyaf llawdrwm o'r thesis sifalri. Mae'n dadlau bod y thesis yn bytholi safbwyntiau ystrydebol o'r rhywiau ac nad yw'n ystyried y gwahaniaethau ym mathau ac yn nifrifoldeb y troseddau sy'n cael eu cyflawni gan ddynion a menywod. Mewn achosion o dreisio menywod, mae Walklate (2008) yn nodi mai'r dioddefwr sydd ar brawf yn aml oherwydd canfyddiad rheithgorau a'r system gyfreithiol yw ei bod hi wedi 'gofyn amdani' drwy ei dewis o ddillad neu ei hymddygiad. Felly mae'n rhaid i'r dioddefwr brofi ei bod yn barchus.

Freda Adler ar ryddhad menywod

Awgrymodd Freda Adler (1970au) fod ymchwydd dramatig wedi digwydd mewn troseddau menywod, er bod y rhifau dan sylw'n gymharol fach o'u cymharu ag euogfarnau troseddau dynion. Priodolodd y cynnydd hwn yn nhroseddau menywod i ffeministiaeth. Yn yr un modd ag y mae menywod yn y gweithle yn disgwyl cyfleoedd cyfartal â dynion, honnodd fod troseddwyr benywaidd hefyd yn hawlio cyfleoedd cyfartal â dynion i gyflawni trosedd coler wen. Mae'n ymddangos bod menywod wedi cyfrannu mwy at drosedd dosbarth canol, ond mae'n amheus a yw hyn o ganlyniad i newid mewn agweddau benywaidd. Yn y gorffennol, ni fyddai menywod wedi cael cyfleoedd i gyflawni troseddau proffesiynol dosbarth canol.

Denscombe a'r diwylliant *ladette*

Adroddodd Denscombe (2001) fod cynnydd wedi bod mewn ymddygiadau risg ymhlith menywod ifanc, a oedd wedi mabwysiadu llawer o ymddygiadau ac agweddau rhywiol dynion ifanc. Mae yfed, a'r trais sy'n dilyn, wedi arwain at fwy o arestiadau. Roedd Denscombe yn dadlau bod menywod ifanc yn mabwysiadu ymddygiadau gwrywaidd ymosodol mewn ymateb i stereoteipio rhywedd a rheolaeth gymdeithasol draddodiadol. Roedd sylwebyddion eraill wedi nodi'r duedd hon ymysg menywod ifanc ac wedi defnyddio'r term 'diwylliant *ladette*' i'w disgrifio. Adroddodd Slack (2009) fod merched dan 18 oed wedi bod yn gyfrifol am 58 000 o droseddau, a oedd yn cynrychioli cynnydd o 50 y cant dros y pedair blynedd flaenorol. Fodd bynnag, os yw'n bosibl credu thesis sifalri, nid yw data ar drosedd menywod yn ddibynadwy nac yn ddilys.

Heidensohn a rheolaeth batriarchaidd

Mae Frances Heidensohn yn dadlau bod menywod yn cyflawni llai o droseddau na gwrywod a bod hyn yn ganlyniad rheolaeth batriarchaidd ar fenywod, sydd â llai o gyfleoedd a chymhellion i droseddu.

- **Rheolaeth ddomestig:** Mae menywod yn cael eu rheoli yn eu cartrefi eu hunain gan fod ganddyn nhw lai o ryddid. Mae'r amser sydd ganddyn nhw'n cael ei ddefnyddio yn gwneud gwaith tŷ. Yn aml, dydyn nhw ddim yn cael mynd allan gyda'r nos.
- **Rheolaeth mewn mannau cyhoeddus:** Mae menywod yn cael eu cyfyngu oherwydd eu bod yn ofni trais rhywiol, neu'n ofni peidio â chael eu gweld yn barchus. Er enghraifft, gall dynion fygwth menywod mewn mannau cyhoeddus neu fod yn sarhaus pan fyddan nhw'n mynd i mewn i amgylcheddau sy'n draddodiadol ar gyfer dynion, fel tafarnau neu glybiau.

YMESTYN a HERIO

Defnyddiwch y Rhyngrwyd i ddod o hyd i sut mae agweddau swyddogol tuag at ymchwilio ac erlyn achosion o drais rhywiol wedi newid yn ystod y 30 mlynedd diwethaf. Beth mae'r newidiadau hyn yn ei ddweud wrthym am effaith ffeministiaeth ar wleidyddiaeth?

Dysgu gweithredol

Ydy menywod a merched yn dod yn fwy treisgar? Sut gallech chi brofi hyn?

Dysgu gweithredol

Trafodwch: Beth fyddai'r effeithiau ar gymdeithas pe na bai ffeministiaeth wedi dod yn boblogaidd yn ystod yr 1970au?

Dysgu gweithredol

Mewn llawer o wledydd yn Ewrop, mae puteindra yn gwbl gyfreithlon ac yn cael ei reoli gan y wladwriaeth. Beth fyddai'r effaith ar ddiwylliant ym Mhrydain pe bai'r gyfraith yn cael ei newid yn y ffordd hon ym Mhrydain? Trafodwch fel dosbarth.

YMESTYN a HERIO

Mae dadansoddiad cynhwysfawr o droseddeg ffeministaidd ar y wefan Cyfiawnder Troseddol http:// criminal-justice.iresearchnet. com/ a dylech wneud nodiadau amdano.

- **Rheoli cyflogaeth:** Mae menywod yn llai tebygol o fod mewn safleoedd uchel o gyfrifoldeb, felly mae eu gwaith yn cael ei oruchwylio. Mae ganddyn nhw lai o gyfleoedd ar gyfer trosedd dosbarth canol fel twyll.

Mae ymchwil mwy diweddar gan Heimer a De Coster (1999), yn seiliedig ar astudiaethau carfanau ieuenctid, yn awgrymu bod merched yn llawer llai tebygol o gymryd rhan mewn trais na bechgyn gan fod merched yn cael eu rheoli'n anuniongyrchol drwy emosiynau ond bod bechgyn yn profi rheolaeth uniongyrchol gan eu teuluoedd. Yn ogystal, mae menywod yn dysgu diffiniadau diwylliannol o fenyweidd-dra sy'n canolbwyntio ar fod yn oddefol, magu teulu a bod yn deimladwy.

Pat Carlen: menywod a throseddau'r rhai di-rym

Dywedodd Pat Carlen (1986) nad yw menywod yn gyffredinol yn troseddu gan eu bod yn derbyn y gwobrau sy'n dod o gydymffurfio â safonau cymdeithasol:

- **Y fargen rywedd:** Mae menywod yn dymuno cael eu hystyried yn barchus er mwyn sicrhau'r manteision sy'n dod o fod yn bartner, fel cefnogaeth gan ŵr.
- **Y fargen ddosbarth:** Mae menywod o gartrefi dosbarth gweithiol yn disgwyl gallu ennill bywoliaeth dda o weithio mewn swydd.

Astudiodd Carlen droseddwyr a gweld bod nifer o fenywod a oedd yn troseddu hefyd wedi dioddef camdriniaeth gan deulu neu bartneriaid, felly doedden nhw ddim wedi elwa o'r fargen ddosbarth nac ychwaith o'r fargen rywedd. Awgrymodd Carlen mai penderfynu troseddu roedd rhai menywod oherwydd bod trosedd, yn absenoldeb cymorth ariannol gan eu teuluoedd, yn ffordd resymegol o ddatrys eu problemau tlodi a diffyg grym. Roedd tlodi a cham-drin yn golygu, iddyn nhw, fod trosedd yn weithred resymegol. Os oedden nhw'n cael eu dal, roedd menywod yn cael eu herlid ddwywaith, yn gyntaf gan eu sefyllfa, a oedd yn eu gwthio i droseddu, a hefyd gan y system cyfiawnder troseddol, a oedd yn gweithredu yn eu herbyn. Er enghraifft, roedd menywod a oedd wedi'u barnu'n euog o droseddau rhywiol wedi cael eu paratoi i fod yn buteiniaid gan bobl roedden nhw'n eu hystyried yn gariadon. Roedd aelodau gang benywaidd yn cael eu rheoli gan ddynion ac yn cael eu defnyddio i gario cyffuriau neu ynnau gan eu bod yn llai tebygol o gael eu hatal a'u chwilio. Daeth Chesney-Lind a Pasko (2004) i'r casgliad bod erlid merched yn ifanc yn arwain at ddefnyddio cyffuriau, puteindra, diweithdra a digartrefedd. Mae'r dadansoddiad hwn yn cael ei ategu gan ddata'r Swyddfa Gartref, sy'n awgrymu bod gan nifer o fenywod sydd yn y carchar broblemau iechyd meddwl neu eu bod wedi bod yn ddioddefwyr mewn rhyw ffordd.

Yn 1989, daeth Gelsthorpe i'r casgliad mai canlyniad gweithgaredd rhywiol ymhlith merched oedd bod y merched yn cael eu hystyried yn dramgwyddus. Ar y llaw arall, 'gweithredu'n naturiol' roedd bechgyn oedd yn ymddwyn yn rhywiol anfoesol. Cynhaliodd Lisa Maher (1997) astudiaeth ethnograffg o gamddefnyddio cyffuriau a dod i'r casgliad bod cynnydd mewn achosion o buteiniaid yn dwyn oddi ar eu cleientiaid. Honnodd fod y drosedd hon yn weithred o wrthwynebu'r ffordd y mae menywod fel hyn yn cael eu dibrisio gan y gymdeithas ac yn agored i drais gan gleientiaid. Roedd menywod yn cymryd rhan mewn gwaith rhyw gan nad oedden nhw'n ymwneud â gwerthu cyffuriau nac yn cael cyfle, felly, i wneud arian.

Asesu ffeministiaeth

- Mae'r rhan fwyaf o ddamcaniaethau trosedd traddodiadol yn canolbwyntio ar pam mae dynion a bechgyn yn troseddu, felly nid yw swyddogaetholdeb a Marcsaeth yn taflu goleuni ar pam mae menywod yn troseddu neu beidio. Mae'n amlwg bod angen ystyried a yw damcaniaethau'n ymwneud â throseddau dynion yn berthnasol i fenywod sy'n byw mewn cylchoedd cymdeithasol gwahanol. Mae ffeministiaeth yn ceisio rhoi sylw i hyn.
- Mae ffeministiaid wedi tynnu sylw at y ffaith bod ymddygiad dynion yn broblem i'r gymdeithas gan fod ymwneud dynion â gweithgaredd troseddol a threisgar yn anghyfartal. Efallai mai'r cwestiwn allweddol yw pam mae dynion yn troseddu o ystyried eu safle uwchraddol yn y gymdeithas.
- Mae ffocws cryf ar batrymau troseddu menywod a phrofiadau bywyd menywod yn y system cyfiawnder troseddol, sy'n cynnig mewnwelediad i yrfaoedd troseddol menywod.
- Mae cyfraniad at ddamcaniaethau rheolaeth, lle rydyn ni'n deall mwy am pam nad yw rhai pobl yn cymryd rhan mewn gweithgareddau troseddol.
- Mae damcaniaethau ffeministaidd yn ymddangos fel pe baen nhw'n anwybyddu materion dosbarth a hil.
- Wrth ystyried menywod yn ddioddefwyr cymdeithas, mae ffeministiaeth yn anwybyddu'r ffaith na all pob math o drosedd gan fenywod gael ei esgusodi ar sail rhywedd ac

erledigaeth. Mae data o ystadegau'r heddlu yn America yn dangos bod llawer o fenywod, tua 16–35 y cant, yn cael eu harestio am drais domestig (Miller 2005). Gallai hyn adlewyrchu realiti neu gallai adlewyrchu rhagfarn heddlu gwrywaidd.

- ◉ Mae ffeministiaeth yn cynnig her uniongyrchol i'r thesis sifalri drwy nodi bod nifer o fenywod yn ddioddefwyr cymdeithas a'r system cyfiawnder troseddol.
- ◉ Mae'n esbonio pam mae troseddwyr benywaidd yn aml yn cael eu stigmateiddio'n fwy na gwrywod sydd wedi gwneud gweithredoedd tebyg.
- ◉ Mae ysgrifennu ffeministaidd wedi arwain at archwilio rôl gwrywod ac ymddygiad troseddol, yn enwedig gwaith ysgrifenedig gan James Messerschmidt (1993) a Raewyn Connell (2014) a edrychodd ar y cysylltiad rhwng patriarchaeth a chyfalafiaeth. Maen nhw'n dadlau bod dynion ifanc am gydymffurfio â delfrydau gwrywdod sy'n annog cyfoeth, rhywiaeth a darostwng menywod, ond na allan nhw gyflawni hyn yn gyfreithlon.

Ymchwil

Yn 2015, adroddodd ymchwilwyr o Brifysgol Caerhirfryn o dan arweiniad Sylvia Walby, ar ddata o Arolwg Troseddu Cymru a Lloegr. Amcangyfrifon nhw fod troseddau treisgar 60 y cant yn uwch nag y mae ystadegau swyddogol yn ei awgrymu, yn sgil dyfarniad sy'n nodi mai bum gwaith yn unig y mae unigolyn yn gallu cael ei gofrestru fel dioddefwr trosedd dreisgar. Pan gafodd y dyfarniad hwn ei anwybyddu, amcangyfrifwyd bod y cynnydd mewn troseddau treisgar yn 70 y cant ar gyfer menywod ac yn 50 y cant ar gyfer dynion. Cynyddodd nifer y troseddau treisgar a gafodd eu cyflawni gan berthnasau'r dioddefwyr a'u cydnabod 100 y cant ar gyfer menywod a 70 y cant ar gyfer dynion. Nododd Walby, Francis a Towers nad yw Arolwg Troseddu Cymru a Lloegr yn rhannu troseddau treisgar yn ôl rhyw nac yn ôl perthynas ddomestig, ac felly bod amcangyfrif nifer yr achosion o drais domestig yn rhy isel. Mae awduron Arolwg Troseddu Cymru a Lloegr yn dadlau y byddai'r ffaith bod nifer bach o ddioddefwyr yn rhoi gwybod am gynifer o ddigwyddiadau treisgar yn effeithio ar ansawdd y data pe bai pob digwyddiad o'r fath yn cael ei gofrestru.

a) Nodwch ac esboniwch **un rheswm** pam edrychodd Walby et al. ar ystadegau troseddu swyddogol yn rhan o'u hymchwil.

b) Gan gyfeirio at yr eitem a thystiolaeth gymdeithasegol, esboniwch **ddau** wendid ystadegau swyddogol wrth edrych ar drosedd bersonol fel cam-drin domestig.

c) Fel myfyriwr Cymdeithaseg Safon Uwch, rydych chi wedi cael cais i gynnal astudiaeth feintiol i weld a yw merched a bechgyn yr un mor debygol o dorri rheolau ysgol.
    i. Disgrifiwch bob cam o'ch cynllun ymchwil, gan gyfiawnhau'r rhesymau dros eich dewis ar bob cam.
    ii. Trafodwch broblemau a all godi ac effaith y problemau hyn ar ansawdd y data sy'n cael eu casglu.

Cwestiwn cymhwyso tystiolaeth
d) Ysgrifennwch baragraff gan ddefnyddio'r wybodaeth a roddwyd i chi i asesu ymagweddau ffeministaidd at astudio trosedd.

Ysgrifennu estynedig

Gwerthuswch esboniadau ffeministaidd o drosedd.

Arweiniad: Nid un ddamcaniaeth yw ffeministiaeth, ond casgliad o bersbectifau sy'n gytûn mai rhywedd yw'r ffactor fwyaf arwyddocaol sy'n cyfyngu ar brofiadau menywod. Dylech chi gyfeirio at wahanol ffurfiau ar ffeministiaeth yn eich atebion. Cofiwch fod y dadleuon am fenywod yn tueddu i fod yn gymhleth. Er y gallwn, yn ôl pob tebyg, dybio bod cyfraddau trosedd gan fenywod yn cael eu tanadrodd, mae hyn yn wir hefyd am ddynion. Yn ogystal, mae menywod yn fwy tebygol o ddioddef trosedd bersonol fel trais rhywiol neu gam-drin domestig, ond mae dynion yn profi hyn hefyd. Mae gwaith ffeministiaid wedi bod yn bwysig wrth ddilyn trywydd gyrfaoedd troseddol carcharorion benywaidd i ddarganfod bod erledigaeth wedi chwarae rhan wrth ddewis bod yn droseddwr, yn aml oherwydd profiadau o gam-drin o fewn y teulu neu brofiadau o dlodi ac amddifadedd.

Ysgrifennwch tua 750 gair.

Gwiriwch eich dysgu eich hun

Cysylltwch yr ymchwilydd/damcaniaethwr i'w ganfyddiadau:

Mae menywod yn ymddwyn yn fwy fel dynion ifanc ac yn cymryd rhan mewn yfed a chael rhyw heb ei reoli, felly maen nhw'n fwy tebygol o gael eu harestio.

a) Freda Adler

Mae cael eu herlid yn ifanc yn arwain merched at ddefnyddio cyffuriau, at buteindra, diweithdra a digartrefedd.

b) Oscar Pollak

Mae menywod yn troseddu'n fwy oherwydd eu bod yn mynnu cydraddoldeb â dynion.

c) Denscombe

Mae nifer o fenywod sy'n troseddu wedi dioddef camdriniaeth a thrais eu hunain a dewis ymddwyn yn droseddol maen nhw.

ch) Frances Heidensohn

Mae menywod yn gallu cuddio eu troseddau oherwydd eu bod wedi arfer dweud celwydd, ac mae'r ffactor sifalri'n golygu eu bod yn gallu cael eu hesgusodi am ddefnyddio'r strategaeth hon.

d) Pat Carlen

Mae merched yn cael eu rheoli gan eu hemosiynau, ond mae bechgyn yn cael eu rheoli'n fwy uniongyrchol gan eu rhieni.

dd) Chesney-Lind a Pasko

Mewn achosion o drais rhywiol, mae dioddefwyr yn aml yn gorfod eu hamddiffyn eu hunain rhag y safbwynt eu bod yn 'haeddu' cael eu treisio neu eu bod yn gofyn amdani.

e) Heimer a De Coster

Mae gan fenywod lai o gyfleoedd i droseddu.

f) Walklate

Nodau

- ◉ Gwerthuso defnyddioldeb damcaniaethau isddiwylliannol am drosedd sy'n credu mai'r hyn sydd wrth wraidd trosedd yw'r ffaith bod gan rai grwpiau mewn cymdeithas normau a gwerthoedd sy'n sylweddol wahanol i rai grwpiau eraill

Ymddangosodd damcaniaethau isddiwylliannol am drosedd yn sgil astudiaethau daearyddol o Chicago yn yr 1930au a'r 1940au. Dangosodd y rhain fod gan rai ardaloedd mewn dinasoedd gyfraddau trosedd sylweddol uwch a rhai mwy cyson uchel nag eraill. Awgrymon nhw fod diffyg trefn gymdeithasol yn achosi ymddygiadau troseddol ymhlith pobl ifanc. Arweiniodd hyn at ddilyniant o astudiaethau a damcaniaethau yn y traddodiad swyddogaethol, lle roedd trosedd yn cael ei gweld yn ganlyniad sefyllfa lle nad oedd gan fechgyn dosbarth gweithiol gyfleoedd. Mabwysiadodd Marcswyr y syniad o isddiwylliant ond yn eu barn nhw, dangos gwrthwynebiad y dosbarth gweithiol i gyfalafiaeth oedd hyn, syniad y mae realwyr y chwith hefyd yn ei ddefnyddio. Mabwysiadodd dilynwyr realaeth y dde esboniadau isddiwylliannol a'u cymhwyso at y syniad o ddamcaniaeth isddosbarth.

Gwella sgiliau

Os nad ydych chi wedi gwneud hynny'n barod, mae'n bosibl y byddai edrych ar eich gwerslyfr UG yn ddefnyddiol ac ar adran diwylliannau ieuenctid lle mae damcaniaethau isddiwylliannol wedi bod yn bwysig wrth ddeall ymddygiad gwyrdroëdig mewn pobl ifanc.

Pwnc 17: Damcaniaethau isddiwylliannol o drosedd

Gwneud i chi feddwl

Oes gan gangiau troseddol werthoedd gwahanol i rai gweddill y gymdeithas? Beth yw'r berthynas rhwng eu gwerthoedd nhw a'u hymddygiad?

Swyddogaetholdeb ac isddiwylliannau

Mae swyddogaethwyr yn dadlau y dylai pobl rannu normau a gwerthoedd er mwyn i'r gymdeithas weithio'n dda. Awgrymodd Merton fod trosedd yn codi pan fydd disgwyl i bobl rannu amcanion (e.e. dod yn gyfoethog), ond heb fod ganddyn nhw ffyrdd derbyniol o gyflawni eu hamcanion.

Albert Cohen a rhwystredigaeth statws

Derbyniodd Cohen (1955) ddadansoddiad Merton o'r hyn sydd wrth wraidd trosedd, ond roedd Merton (1968) fel petai'n meddwl yn nhermau ymatebion unigolion i'r rhwystredigaethau cymdeithasol o fethu â chyflawni statws cymdeithasol. Derbyniodd Cohen y safbwynt hwn, ond roedd yn cydnabod hefyd y gall tramgwyddaeth mewn gwirionedd fod yn ddiwylliannol. Seiliodd y dadansoddiad hwn ar Shaw a McKay (1942), a nododd fod trosedd yn uwch mewn cymunedau penodol.

Yn ôl Cohen, nodweddion cymdeithasol isddiwylliannau tramgwyddus yw bod:

Merton	Shaw a McKay
Mae rhwystredigaeth gymdeithasol yn achosi trosedd	Mae rhai ardaloedd o ddinasoedd yn creu trosedd mewn trigolion

- ◉ pobl ifanc mewn ardaloedd dosbarth gweithiol yn profi 'rhwystredigaeth statws' gan nad ydyn nhw'n gallu cyflawni amcanion cymdeithasol.
- ◉ yr isddiwylliannau'n cymryd amcanion cymdeithasol prif ffrwd y cymunedau ac yn eu gwrthdroi yn rhywbeth sy'n negyddol ac yn faleisus.
- ◉ tramgwyddwyr yn gwerthfawrogi ymddygiad gwyrdroëdig neu wrthgymdeithasol, hyd yn oed os nad yw'n arwain at wobr ariannol; mae hyn yn esbonio normau cymdeithasol amgen fel llosgi bwriadol, fandaliaeth a dwyn ceir, er nad yw'r gweithredoedd hyn yn arwain at wobr ariannol.
- ◉ gan dramgwyddwyr, drwy ymddygiad gwrthgymdeithasol, ffordd amgen o ennill statws yn eu grwpiau a gwrthod system sydd wedi peri iddyn nhw fethu.

Damcaniaeth cysylltiadau gwahaniaethol Sutherland a Cressey

Datblygodd Sutherland a Cressey (1992) waith Shaw a McKay gan awgrymu bod ymddygiadau troseddol yn rhai sy'n cael eu dysgu. Os yw pobl ifanc yn gweld trosedd o dan amodau penodol, maen nhw'n debygol o weld yr ymddygiadau hyn yn rhai normal. Mae ffactorau a all helpu i greu isddiwylliannau troseddol yn cynnwys:

- ◉ Cysylltiad cyson â throseddwyr
- ◉ Parhad (amser) y cysylltiad â throseddwyr
- ◉ Dwyster y cysylltiadau â throseddwyr
- ◉ Pwysigrwydd neu flaenoriaeth cysylltiadau fel hyn.

Cloward ac Ohlin a chyfleoedd anghyfreithiol

Gweithiodd Cloward ac Ohlin (1960) hefyd mewn traddodiad isddiwylliannol ond beirniadon nhw Cohen am beidio â chydnabod bod mwy nag un math o isddiwylliant yn datblygu mewn ardaloedd dosbarth gweithiol. Nodon nhw fwy nag un arddull isddiwylliannol troseddol, a gwelson nhw fod y ffurf yr oedd yr isddiwylliant yn ei chymryd yn dibynnu ar faint o fynediad a oedd gan droseddwyr ifanc at ddiwylliannau troseddol hŷn a mwy profiadol. Efallai nad oedd hi'n bosibl i bobl ifanc ennill statws drwy'r prif lwybrau, ond roedd ganddyn nhw fynediad at gyfleoedd anghyfreithlon lle byddai troseddwyr hŷn yn eu hyfforddi sut i ymddwyn yn wyrdroëdig a thorri'r gyfraith.

⊚ Mae **isddiwylliannau troseddol** yn ymddangos pan fydd hi'n hawdd cael mynediad at ddiwylliant troseddol oedolion (e.e. lladrata). Bydd troseddwyr hŷn yn dysgu triciau'r grefft i'r rhai ifanc.

⊚ Mae **isddiwylliannau gwrthdaro** yn ymddangos pan fydd pobl ifanc dosbarth gweithiol yn datblygu eu rhwydweithiau troseddol eu hunain; mae'r rhain yn aml yn ddaearyddol, ar ffurf gangiau a thiriogaethau.

⊚ Mae **isddiwylliannau enciliol** yn ymddangos pan nad oes gan bobl ifanc dosbarth gweithiol fynediad at ddiwylliannau troseddol oedolion a phan fyddan nhw'n canolbwyntio eu gweithgareddau ar gamddefnyddio sylweddau.

Yn nhermau ymarferol, gall fod yn anodd gwahanu a nodi pa grwpiau y mae isddiwylliannau'n perthyn iddyn nhw, yn enwedig oherwydd y cysylltiadau rhwng camddefnyddio sylweddau a dwyn o eiddo neu ladrata.

Miller a materion ffocal

Gan weithio o fewn yr un traddodiad cyffredinol, awgrymodd Walter Miller (1962) nad oedd pobl ifanc dosbarth gweithiol yn derbyn normau a gwerthoedd y brif ffrwd ac yna'n ymateb i'w methiant i gyflawni, ond bod gan y diwylliant dosbarth gweithiol setiau gwahanol o werthoedd a normau. Disgrifiodd werthoedd y dosbarth gweithiol fel **materion ffocal** sy'n cynnwys gwrywdod eithafol, gwydnwch, cyffro ac awydd am hwyl a thynghediaeth (sef yr ymdeimlad na all rhywun newid neu ddiwygio digwyddiadau). Mae perygl i bobl ifanc dosbarth gweithiol ymddwyn mewn ffordd droseddol wrth fabwysiadu'r gwerthoedd hyn.

Cryfderau a gwendidau safbwyntiau swyddogaethol am werthoedd isddiwylliannol

⊚ Un ffurf ar drosedd yn unig sy'n cael ei thrafod, ac felly nid yw mathau eraill o ymddygiadau troseddol yn cael eu trafod yn ddigonol nac yn cael eu hesbonio.

⊚ Mae troseddau pobl ifanc a throseddau grwpiau yn cael eu hesbonio'n fanwl iawn, fel y mae ymddygiad troseddol preswylwyr rhai ardaloedd dosbarth gweithiol mewn dinasoedd.

⊚ O safbwynt y troseddwr, mae'r ymddygiad, hyd yn oed os yw'n ddinistriol, yn gwneud synnwyr.

⊚ Mae'r damcaniaethau hyn yn benderfyniaethol a dydyn nhw ddim yn ystyried bod gan yr unigolyn ddewis cyn cymryd rhan. Mae nifer o bobl ifanc dosbarth gweithiol yn dewis peidio â dilyn ffordd o fyw droseddol.

⊚ Mae rhyngweithiadwyr yn beirniadu damcaniaethau isddiwylliannol swyddogaethol, gan ddadlau bod gwyrdroëdigion yn wahanol i bobl eraill. Mae rhyngweithiadwyr yn dweud mai'r hyn sy'n bwysig yw'r ymateb cymdeithasol, nid gweithred yr unigolyn.

Rhyngweithiadaeth ac isddiwylliant

Matza a damcaniaeth 'drifft'

Yng ngwaith David Matza (1957) y mae gwaith Cohen a disgrifiadau swyddogaethol o ddamcaniaeth isddiwylliannol yn gyffredinol yn cael eu beirniadu fwyaf. Mae Matza'n dadlau nad yw tramgwyddaeth yn gyffrous o gwbl, a bod nifer o bobl ifanc yn drifftio i mewn ac allan o weithredoedd troseddol. Gwrthododd Matza ddamcaniaethau isddiwylliannol am drosedd ar sail y ffaith nad yw gwyrdroëdigion yn wahanol i bobl eraill o'u hamgylch. Mewn sawl achos, mae ganddyn nhw'r un normau a'r un gwerthoedd ac maen nhw'n cydnabod bod eu hymddygiad yn broblematig.

Mae'n dadlau ein bod ni i gyd yn cynnal dwy set o werthoedd:

1. Gwerthoedd a rolau confensiynol sy'n debyg iawn i'r rhai hynny sydd gan y bobl o'n hamgylch. Er enghraifft, bydd carcharorion yn aml yn ystyried bod rhai troseddwyr yn 'waeth' na'i gilydd; mae'n rhaid i baedoffilwyr gael eu cadw ar wahân i eraill, er mwyn eu diogelwch eu hunain.

2. Gwerthoedd tanddaearol trachwant neu ymosodedd y byddwn ni fel arfer yn gallu eu rheoli, ond y bydd pawb yn ildio iddyn nhw nawr ac yn y man.

Mae'n bosibl y gall pobl ifanc o deuluoedd camweithredol sy'n byw mewn ardaloedd difreintiedig lle mae diweithdra uchel, trosedd a thrais ac sydd wedi'u gwthio i gyrion cymdeithas y brif ffrwd, ddod o hyd i gyfleoedd, statws a chyfoeth drwy ymuno â gang.

Y Ganolfan ar gyfer Cyfiawnder Cymdeithasol, 2009

Dysgu annibynnol

Dysgwch fwy am ymchwil i gangiau ieuenctid drwy ymchwilio i hyn ar y Rhyngrwyd. Defnyddiwch y termau 'isddiwylliant/*subculture*' a 'cymdeithaseg/*sociology*' fel eich geiriau chwilio.

Awgrymodd Matza fod tramgwyddwyr (pobl ifanc sy'n troseddu) yn fwy tebygol o ildio i'r gwerthoedd tanddaearol hyn mewn ffordd amhriodol a'u bod yn aml yn cyfiawnhau eu gweithredoedd drwy dechnegau niwtraleiddio. Maen nhw'n cyfiawnhau eu gweithredoedd mewn ffordd sy'n gwneud iddyn nhw deimlo nad oedden nhw ar fai.

- Maen nhw'n gwrthod cyfrifoldeb: 'Nid fi oedd ar fai oherwydd...'
- Maen nhw'n gwadu bod gan y dioddefwr hawliau: 'Roedd yn haeddu'r hyn oedd yn dod oherwydd...'
- Maen nhw'n gwadu eu bod wedi anafu'r dioddefwr: 'Mae'n iawn fy mod wedi dwyn oddi arnyn nhw, ond mae digon ganddyn nhw...'
- Maen nhw'n honni eu bod wedi cael eu cyhuddo'n annheg: 'Mae'n annheg, mae pawb yn gwneud hyn, ond ces i fy nal...'
- Maen nhw'n gwneud apêl foesol: 'Roedd yn rhaid i mi amddiffyn fy ffrind oherwydd...'

Aaron Cicourel a'r ddamcaniaeth labelu

Astudiodd Cicourel swyddogion yr heddlu a gweithwyr cymdeithasol yn California yn yr 1970au a daeth i'r casgliad bod yr heddlu'n fwy tebygol o arestio'r rhai a oedd yn cyd-fynd â stereoteip tramgwyddwr: dosbarth gweithiol, lleiafrif ethnig, ymddygiadau ymosodol, cefndiroedd cartref ac addysgol gwael. Roedd pobl yn fwy tebygol o feddwl bod tramgwyddwyr dosbarth canol wedi cael eu camarwain, felly roedd cwnsela'n cael ei gynnig iddyn nhw ac yna bydden nhw'n cael eu rhyddhau. Felly, nid oedd y nodweddion yr oedd Cohen a'r swyddogaethwyr yn eu disgrifio yn digwydd yn naturiol yn y gymdeithas, ond yn ganlyniad rhyngweithio rhwng yr heddlu a phobl ifanc.

Beirniadu safbwyntiau rhyngweithiadol am werthoedd isddiwylliannol

- Mae damcaniaeth rhyngweithiadol wedi cael ei thrafod cyn hyn; fodd bynnag, y brif feirniadaeth yw nad yw'n esbonio'r hyn sydd wrth wraidd y weithred droseddol gyntaf.
- Mae damcaniaeth rhyngweithiadol yn cynnig esboniad amgen o pam y gall trosedd gael ei chysylltu ag ardaloedd daearyddol penodol ac â grwpiau cymdeithasol penodol.

Marcsaeth ac isddiwylliant

Roedd diddordeb mawr yn y syniad o isddiwylliannau yn y DU yn yr 1970au, ond seiliodd cymdeithasegwyr a oedd yn gweithio yn y traddodiad hwn eu damcaniaethu ar Farcsaeth. Cynhyrchodd y *Birmingham Centre for Contemporary Cultural Study* (BCCCS) sawl astudiaeth o isddiwylliannau ieuenctid, gan ddadlau bod y gwyredd roedden nhw'n ei ddangos yn dystiolaeth bod y dosbarth gweithiol yn gwrthod cyfalafiaeth. Awgrymodd Brake (1980), er enghraifft, fod diwylliannau ieuenctid yn mynegi eu hatgasedd o gyfalafiaeth drwy ddatblygu ffyrdd o fyw amgen. Mae eu datrysiad yn un 'hudol', fodd bynnag, gan ei fod yn rhoi'r argraff ei fod yn datrys eu problemau ond mewn gwirionedd nid yw'n cynnig ateb go iawn iddyn nhw. Syniadau Marcsaidd oedd yn sail i realaeth y chwith newydd, lle roedd syniadau isddiwyliannol yn cael eu cymhwyso at sefyllfa dynion ifanc o gefndiroedd ethnig lleiafrifol.

Beirniadu safbwyntiau Marcsaidd ar isddiwylliant

- Nid oes llawer o dystiolaeth i ddweud fod gan isddiwylliannau dosbarth gweithiol werthoedd gwahanol i werthoedd diwylliant y brif ffrwd, ac mae nifer ohonyn nhw mewn gwirionedd yn gyfalafol: er enghraifft, mae hip-hop yn rhoi bri ar lwyddiant ariannol.
- Mae isddiwylliannau ieuenctid yn aml yn cael eu mabwysiadu gan rymoedd y farchnad ac yn cael eu normaleiddio, sy'n golygu bod pobl yn prynu i mewn i'r ffasiwn ond nid i'r syniadau.

Y Dde Newydd a damcaniaeth isdiwylliannol

Mae realwyr y Dde Newydd yn awgrymu bod isddosbarth o bobl yn datblygu sy'n dibynnu ar fudd-daliadau ac sydd â gwerthoedd sy'n groes i rai'r gymdeithas brif ffrwd. Maen nhw'n dadlau bod mamau sengl ifanc heb gymdeithasoli eu meibion yn ddigonol. Mae hyn wedi arwain at grŵp o ddynion ifanc nad ydyn nhw am weithio, ond sy'n byw ar incymau sy'n dod o fudd-daliadau a'r elw maen nhw'n ei gael drwy droseddu. Mae Murray (1989), ac awduron eraill yn y traddodiad fel Saunders (1996), wedi awgrymu mai'r ateb i drosedd yw ei gwneud yn fwy anodd cael gafael ar fudd-daliadau, gostwng gwerth y budd-daliadau, a chosbi troseddwyr yn llym hefyd. Nid oes llawer o dystiolaeth i gefnogi'r safbwynt bod gan yr isddosbarth werthoedd sy'n groes i werthoedd y gymdeithas brif ffrwd.

Asesu damcaniaeth isddiwylliannol

- Mae damcaniaethau isddiwylliannol yn dibynnu ar y syniad bod gan gymdeithas un brif ddiwylliant. Nid oes llawer o dystiolaeth i gefnogi'r safbwynt hwn, ac mae ôl-fodernwyr wedi bod yn feirniadol ohono, gan ddadlau bod y gymdeithas fodern yn rhanedig.

- Nid oes llawer sy'n cefnogi'r safbwynt bod gan bobl dosbarth gweithiol mewn rhai ardaloedd werthoedd sy'n groes i'r gymdeithas brif ffrwd.
- Mae Matza wedi beirniadu damcaniaethau isddiwylliannol, gan ddadlau bod gan y rhan fwyaf o bobl werthoedd prif ffrwd a gwerthoedd gwyrdroëdig hefyd a bod rhywfaint o ddrifftio rhwng y gymdeithas normal ac ymddygiadau gwyrdroëdig.
- Mae rhywfaint o fudoledd cymdeithasol yn niwylliannau'r Gorllewin, ac nid yw pobl ifanc dosbarth gweithiol yn cael eu hamddifadu'n llwyr o'r cyfle i lwyddo drwy ffyrdd cyfreithlon nac yn cael eu gorfodi i droseddu a bod yn rhan o'r isddiwylliant troseddol.
- Mae'r ffocws ar drosedd ieuenctid yn golygu bod ffurfiau eraill ar drosedd, gan gynnwys trosedd coler wen a chorfforaethol, yn cael eu hanwybyddu.
- Mae nifer o isddiwylliannwyr yn anwybyddu presenoldeb merched mewn isddiwylliannau ac yn anwybyddu'r ffaith ei bod yn ymddangos bod merched o gefndiroedd dosbarth gweithiol yn troseddu llawer llai, er gwaetha'r ffaith eu bod yn rhannu'r un cefndir â'r bechgyn.

Ymchwil

Defnyddiodd Aleasha Cox (2011) ymchwil eilaidd i astudio diwylliant gangiau yn y DU. Dadleuodd fod llawer o ddata'n bodoli'n barod mewn ystadegau swyddogol, llenyddiaeth academaidd, erthyglau, y cyfryngau ac ar y Rhyngrwyd. Byddai materion ymarferol a moesegol wedi bod yn rhwystr mawr i'r broses ymchwil a oedd yn anelu at gynnig syniadau i weithwyr eraill yn y maes wrth iddyn nhw ymchwilio ymhellach. Daeth i'r casgliad bod rhai ymchwilwyr wedi disgrifio sefyllfaoedd yn UDA lle roedd yr heddlu a'r cyfryngau'n diffinio grwpiau fel gangiau yn codi, hyd yn oed pan nad oedd y bobl dan sylw yn eu hystyried eu hunain yn gangiau. Gwelodd hefyd nad yw ymchwilwyr yn rhannu diffiniadau am yr hyn yw gang mewn gwirionedd; mae nifer o ymchwilwyr yn cyfeirio erbyn hyn at 'grwpiau ieuenctid trafferthus'.

a) Nodwch ac esboniwch **un** rheswm pam mae'n bosibl bod Cox wedi teimlo bod problemau moesegol yn codi wrth astudio diwylliant gangiau.

b) Gan gyfeirio at yr eitem a thystiolaeth gymdeithasegol, esboniwch **ddau** gryfder defnyddio data eilaidd wrth ddadansoddi patrymau trosedd.

c) Fel myfyriwr Cymdeithaseg Safon Uwch, rydych chi wedi cael cais i gynnal astudiaeth i ddarganfod pam mae rhai plant Blwyddyn 10 mewn ysgol yn ffurfio isddiwylliannau gwrthysgol.

   i. Disgrifiwch bob cam o'ch cynllun ymchwil, gan gyfiawnhau'r rhesymau dros eich dewis ar bob cam.

   ii. Trafodwch broblemau a all godi ac effaith y problemau hyn ar ansawdd y data sy'n cael eu casglu.

Cwestiwn cymhwyso tystiolaeth

ch) Ysgrifennwch baragraff gan ddefnyddio'r wybodaeth a roddwyd i chi i asesu ymagweddau isddiwylliannol at astudio trosedd.

Ysgrifennu estynedig

Gwerthuswch esboniadau isddiwylliannol o drosedd.

Arweiniad: Mae damcaniaethau isddiwylliannol wedi manteisio ar bob safbwynt ac nid un ddamcaniaeth ydyn nhw, fel y cyfryw. Maen nhw'n rhagdybio bod grwpiau unigol o bobl yn rhannu gwerthoedd sy'n nodedig ac ar wahân i werthoedd y gymdeithas brif ffrwd ac mae'n ymddangos mai synnwyr cyffredin yw hyn. Yr hyn sy'n anodd yw profi bod y gymdeithas gyfan, ac eithrio'r isddiwylliant, yn rhannu gwerthoedd a nodi beth yw'r rheini, ac yna profi bod gan isddiwylliant werthoedd ar wahân a nodi beth yw'r rheini. Felly, mae damcaniaeth isddiwylliannol yn ddiddorol, ond mae'n creu safbwynt 'nhw a ni' am drosedd y gall ôl-fodernwyr a'r ddamcaniaeth labelu ddangos sy'n gamarweiniol, o bosibl. Hefyd, mae ei ffocws yn gul ac ar fath penodol o gang a throsedd ieuenctid. Serch hynny, bydd angen i chi edrych ar bob fersiwn o'r ddamcaniaeth isddiwylliannol a'i werthuso o ran pa mor ddefnyddiol ydyw.

Ysgrifennwch tua 750 gair.

Gwiriwch eich dysgu eich hun

Cysylltwch y cysyniad â'r ddamcaniaeth:

a) Datrysiadau hudol

b) Damcaniaeth isddosbarth

c) Gwerthoedd tanddaearol

ch) Damcaniaeth 'drifft'

d) Materion ffocal

dd) Damcaniaeth cysylltiadau gwahaniaethol

e) Cyfle anghyfreithlon

f) Rhwystredigaeth statws

Mae gan y rhan fwyaf o bobl werthoedd sy'n groes i rai'r gymdeithas brif ffrwd. Efallai byddan nhw'n gweithredu arnyn nhw neu efallai ddim.

Mae ymddygiadau troseddol yn ymddygiadau sy'n cael eu dysgu, felly os yw pobl yn cymysgu gyda throseddwyr, byddan nhw'n datblygu agweddau troseddol.

Nid yw pobl ifanc yn gallu llwyddo drwy ddulliau sy'n cael eu cymeradwyo gan y gymdeithas, felly maen nhw'n datblygu ffyrdd eraill o ennill statws a chymeradwyaeth.

Mae mamau sengl ifanc wedi cynhyrchu isddiwylliant o bobl ifanc sy'n ddibynnol ar fudd-daliadau.

Awgryma Miller fod gan ddynion ifanc werthoedd sy'n rhoi pwyslais ar hwyl a gwrywdod ar draul ymddygiadau cymdeithasol eraill.

Mae pobl ifanc yn ceisio datrys eu problemau cymdeithasol sy'n cael eu hachosi gan gyfalafiaeth drwy ffurfio isddiwylliannau.

Er mwyn llwyddo, mae troseddwyr ifanc yn dysgu llwybrau eraill ac os byddan nhw'n cymysgu gyda throseddwyr, byddan nhw'n dysgu sut i lwyddo fel troseddwyr.

Mae'r rhan fwyaf o bobl ifanc yn ymddwyn yn wrthgymdeithasol, ond nid yw hynny'n golygu eu bod yn anghytuno â'r gymdeithas; maen nhw'n ymddwyn yn wrthgymdeithasol yn ysbeidiol.

Nodau

⊙ Ystyried y ffactorau hanesyddol ac economaidd sydd wedi cyfrannu at anghydraddoldeb yn y byd

Mae nifer o awduron yn siarad am y byd fel pentref byd-eang. Mae hyn yn golygu y bydd pethau sy'n effeithio ar un wlad hefyd yn effeithio ar yr hyn sy'n digwydd mewn gwledydd eraill ar draws y byd hefyd. Er bod llawer o boblogaeth y byd yn byw bywydau cyfforddus, mae gan wledydd eraill boblogaethau mawr o bobl newynog, neu bobl sy'n cael eu gorfodi i fudo am resymau gwleidyddol neu oherwydd rhyfel. Y broblem yw deall sut a pham mae'r sefyllfa hon wedi datblygu. Mae'n annhebygol y byddwch chi'n cael cwestiwn ar y deunydd hwn o dan amodau arholiad, ond byddai'n helpu eich dealltwriaeth o berthnasoedd byd-eang modern pe bai gennych ddealltwriaeth o'r amodau byd-eang hanesyddol a arweiniodd at y presennol.

Gwella sgiliau

Peidiwch â chymhwyso eich moesoldeb neu eich safbwynt eich hunan i ddigwyddiadau yn y byd a ddigwyddodd yn y gorffennol mewn termau syml. Er enghraifft, er bod caethwasiaeth wedi'i ddiddymu yn yr Ymerodraeth Brydeinig yn 1833, roedd plant mor ifanc â naw yn gweithio wyth awr y dydd mewn ffatrïoedd a phyllau glo ym Mhrydain, ac roedd hyn yn dderbyniol.

Yr Ymerodraeth Brydeinig yn yr 1880au

146

Pwnc 1: Tarddiad anghydraddoldeb yn y byd

Gwneud i chi feddwl

Edrychwch ar y babi ar lawr ei gartref yn Affrica. Sut bydd ei brofiadau bywyd a'i blentyndod yn wahanol i'ch rhai chi wrth iddo dyfu?

Mudo a datblygu ymerodraeth

Mae pob diwylliant wedi teithio, ambell un yn fwy na'i gilydd: mae tystiolaeth mai Llychlynwyr y nawfed ganrif wnaeth ddarganfod America, ac mae rhai'n credu bod America wedi cael ei sefydlu gan y Tywysog Madog o Gymru yn y ddeuddegfed ganrif. Mae'n debygol bod y llwybr masnach sefydledig a oedd yn dod â nwyddau o China i Ewrop, Llwybr y Sidan, wedi cael ei sefydlu cyn Cristnogaeth. Fodd bynnag, wrth i Ewrop ddod yn fwy datblygedig yn dechnegol yn yr unfed ganrif ar bymtheg, roedd yr awydd am nwyddau tramor fel sbeis ac aur yn sbardun i nifer o archwilwyr a llongwyr geisio dod o hyd i lwybrau masnach newydd. Datblygodd nifer o Ewropeaid bentrefi a threfi ac yna gwledydd yn Affrica, Asia neu America. Ymsefydlon nhw i ffermio neu datblygon nhw orsafoedd masnachu, ac yn aml roedden nhw'n lladd, caethiwo neu'n gorchfygu'r poblogaethau gwreiddiol, brodorol yn y broses.

Sut datblygodd y patrwm cyfoeth a thlodi byd-eang presennol?

Mae'r term ymerodraeth yn cael ei ddefnyddio ar gyfer grŵp o wledydd sy'n cael eu rheoli gan un person, talaith neu wlad. Yn yr oes fodern, cafodd yr ymerodraethau trefedigaethol cyntaf eu sefydlu gan y Sbaenwyr a'r Portiwgeaid yn Ne America, ac ehangodd Rwsia drwy Asia i gyfeiriad

Hyd a lled yr Ymerodraeth Brydeinig yn yr 1880au

y Môr Tawel. Dechreuodd yr Ymerodraeth Brydeinig dyfu yng nghanol y ddeunawfed ganrif pan ddechreuodd diwydiannu dyfu hefyd. Erbyn diwedd y bedwaredd ganrif ar bymtheg, roedd yr ymerodraeth mor fawr nes bod pobl yn honni na fyddai'r 'haul byth yn machlud ar yr Ymerodraeth Brydeinig'. Yr adeg honno, roedd chwarter y byd yn cael ei reoli o Lundain. Yn hytrach na nodi hanes penodol yr holl wledydd a oedd yn cael eu rheoli gan Brydain, neu'r holl wledydd a gafodd eu gorchfygu a'u rheoli gan wledydd Ewropeaidd eraill, mae'n werth edrych ar effaith yr Ymerodraeth Brydeinig ar ddwy ardal o'r byd yn benodol. Wrth wneud, mae'n bosibl nodi prosesau cymdeithasol a oedd yn digwydd ar y pryd ac sy'n dal yn rhan o wleidyddiaeth fyd-eang gyfredol.

Effaith yr ymerodraeth ar gyfandir Affrica

Pwrpas datblygu ymerodraeth oedd i amddiffyn sefydlogrwydd gwleidyddol yn y rhanbarthau a oedd yn rhan o'r Ymerodraeth ac i a sicrhau bod masnach yn gallu parhau. Fodd bynnag, roedd rheoli ymerodraethau'n anodd, felly roedd angen llu milwrol mawr yn aml i amddiffyn diddordeb masnachol a gwleidyddol. Daeth rhannau mawr o gyfandir Affrica o dan reolaeth Prydain ar ôl cyfres o ryfeloedd yn erbyn diwylliannau Affricanaidd. Cafodd nwyddau a gipiwyd mewn brwydr neu a brynwyd gan Brydeinwyr eu hanfon yn ôl i Brydain ac maen nhw'n sail i ran helaeth o'n horielau celf a'r casgliadau sydd yn ein hamgueddfeydd heddiw. Roedd nwyddau masnachol yn cynnwys celf, defnydd crai fel diemyntau ac aur, ac am gryn amser, gaethweision. Mewn rhai rhannau o Affrica, roedd caethwasiaeth eisoes yn gyffredin. Fodd bynnag, roedd diddordeb Prydain mewn cymryd caethweision Affricanaidd i weithio mewn planhigfeydd siwgr yn y Caribî yn golygu bod masnachwyr caethweision yn elwa. Roedden nhw wedyn yn mynd â nifer cynyddol o bobl o bob cwr o'r cyfandir. Amcangyfrifir bod rhwng 11 a 24 miliwn o bobl wedi cael eu cymryd o Affrica i gyfandiroedd America rhwng canol yr ail ganrif ar bymtheg a chanol y bedwaredd ganrif ar bymtheg, a bu farw bron 10 y cant ohonyn nhw ar y daith. Nid oes unrhyw ffordd o wybod unrhyw beth i sicrwydd, gan fod cofnodion a gafodd eu cadw'n wael ac nad oedd i fywydau caethweision lawer o werth.

Yr effaith ar Affrica oedd:

- Bu gostyngiad ym mhoblogaeth y cyfandir.
- Methodd rhai diwylliannau a theyrnasoedd oroesi.
- Roedd mwy o ryfela ac ansefydlogrwydd gwleidyddol.
- Roedd newid byd-eang, o gynhyrchu cnydau roedd pobl leol yn eu bwyta, i gynhyrchu cnydau fel cacao (siocled) a siwgr ar gyfer marchnad Ewropeaidd.
- Daeth caethwasiaeth yn rhan o ddiwylliant Affrica mewn rhai ardaloedd, a honnir ei bod yn parhau yno hyd heddiw.
- Roedd bywyd pob unigolyn a oedd yn cael ei gaethiwo yn gwbl ffiaidd ac arswydus.

Effaith yr ymerodraeth ar is-gyfandir India

Roedd gorchfygu India yn broses araf, a bu rhyfela ar raddfa fawr. Fel yn achos Affrica, nid un genedl oedd India, ond amrywiaeth o dywysogaethau a gwledydd unigol. Cymerodd mwy nag un wlad Ewropeaidd ran yng ngorchfygiad rhannau o India, ond yn y pen draw ildiodd pob rhan i'r Prydeinwyr, a greodd system o'r enw y Raj. Roedd y Prydeinwyr yn gallu ecsbloetio gwahaniaethau lleol mewn iaith a chrefydd, ac felly bydden nhw'n cymryd rhan ac yn ymuno mewn rhyfela rhwng y gwladwriaethau dinas, gan ehangu eu cylch dylanwad yn gyson. Ni chafodd niferoedd mawr o Indiaid eu cymryd yn gaethweision gan fod ganddyn nhw sgiliau amaethyddol a chynhyrchu brethyn y gallai'r Prydeinwyr eu hecsploetio lle roedden nhw'n byw. Fodd bynnag, cymerwyd pobl o is-gyfandir India o gwmpas y byd i fod yn staff ysgrifenyddol a chlerigol i gyflogwyr Prydeinig. Ymsefydlodd niferoedd uchel o Asiaid yn Affrica a'r Caribî.

Dyma effeithiau hyn ar yr ardal rydyn ni'n ei hadnabod fel India, Pakistan a Bangladesh:

- Yn ddiwylliannol, daeth is-gyfandir India, a oedd unwaith yn gyfres o wladwriaethau dinas a theyrnasoedd, o dan reolaeth Prydain. Pan ddaeth yr is-gyfandir yn annibynnol yn 1947, cafodd ei rannu'n ddwy wlad fawr, sef India a Pakistan. Fodd bynnag, roedd y rhain yn wledydd â nifer o ieithoedd a chrefyddau. Roedd rhai grwpiau o bobl ym mhob gwlad yn elynion traddodiadol. Roedd hi'n anodd trefnu llywodraethau a oedd yn gallu rheoli'n deg a chynrychioli pawb a oedd yn rhan o'r gwledydd hynny. Daeth Pakistan yn ddwy wlad ar wahân, Pakistan a Bangladesh, yn sgil rhyfel yn 1971. Mae dadleuon tiriogaethol o hyd, er enghraifft, dros ranbarth Kashmir, sy'n cael ei hawlio gan India a Phacistan.
- Cafodd poblogaethau Indiaid eu symud o amgylch yr ymerodraeth i weithio i'r Prydeinwyr. Pan adawodd y Prydeinwyr wledydd Affrica yn yr 1960au, cafodd y poblogaethau Asiaidd a oedd yn gweithio iddyn nhw eu taflu allan o'r mannau hyn. Fodd bynnag, nid oedd ganddyn nhw hawl cyfreithiol i ddychwelyd i is-gyfandir India. Daeth llawer i Brydain fel ffoaduriaid yn yr 1960au a'r 1970au ond doedden nhw ddim bob amser yn cael eu croesawu yma.

Gwella sgiliau

Bydd edrych ar fap o'r byd a bod yn gyfarwydd â lleoliadau rhai gwledydd yn gwneud yr opsiwn hwn ar anghydraddoldeb y byd fymryn yn haws ei ddeall.

Dysgu annibynnol

Defnyddiwch Wikipedia i chwilio am 'ymerodraeth drefedigaethol/colonial empire'. Defnyddiwch y map ar Wikipedia i weld sut cafodd llawer o'r byd ei drefedigaethu gan wledydd Ewropeaidd a Dwyrain Asia ac i weld beth yw'r sefyllfa heddiw.

- Roedd eliffantod a theigrod ac enghreifftiau eraill o fywyd gwyllt yn cael eu hela a'u lladd ar raddfa fawr. Canlyniad hyn yw bod nifer o rywogaethau bron â diflannu erbyn hyn.
- Cafodd amaethyddiaeth ei disodli gan blanhigfeydd enfawr ar gyfer cnydau allforio fel te, felly doedd gan boblogaethau lleol ddim tir i gynhyrchu nwyddau i'w bwydo eu hunain.
- Cafodd dinasoedd arfordirol enfawr fel Mumbai a Kolkata eu hadeiladu i gefnogi'r fasnach allforio. Mae'r rhain yn parhau i ddenu poblogaethau heddiw sy'n gadael cefn gwlad yn y gobaith o gael gwaith. Canlyniad hyn yw bod slymiau helaeth a thlodi difrifol yn y dinasoedd hyn.
- Er bod y Prydeinwyr wedi adeiladu rheilffyrdd a heolydd, bwriad y rhain fel arfer oedd cludo nwyddau masnach i'w hallforio yn hytrach na chysylltu'r wlad. Mae rhai ardaloedd yn anhygyrch hyd heddiw.
- Roedd nwyddau a oedd yn cael eu gwneud yn India yn cael eu gwerthu'n rhad iawn ym Mhrydain. Roedd hynny'n cadw prisoedd yn isel yn y DU, ond hefyd yn cadw pobl India yn dlawd.

> Mae dysgu hanes yr Ymerodraeth Brydeinig yn cysylltu â hanes y byd: er gwell ac er gwaeth, yr ymerodraeth a'n gwnaeth yr hyn rydyn ni heddiw, gan ffurfio ein hunaniaeth genedlaethol. Mae'n annhebygol y bydd gwlad nad yw'n deall ei hanes yn parchu hanes gwledydd eraill.
>
> **Antony Beevor**

Mae Jared Diamond (1997) yn ystyried bod diwylliant y Gorllewin wedi datblygu'n brif ddiwylliant byd-eang yn sgil i *Guns, Germs and Steel*

Roedd gynnau a rhagoriaeth filwrol yn galluogi gwledydd Ewrop i orchfygu a pharhau i orchfygu

Achosion ymerodraethau a threfedigaethau

Roedd cysylltiadau trafnidiaeth a thechnoleg llongau gwell yn galluogi Ewropeaid i deithio'n rhwydd

Daeth Ewropeaid â chlefydau i ardaloedd lle nad oedd gan ddiwylliannau brodorol y gallu i'w gwrthsefyll

Roedd milwyr o'r ymerodraeth yn chwarae rhan bwysig wrth gefnogi byddinoedd Prydain yn y ddau ryfel byd: mae'r rhain yn filwyr Indiaidd yn cael eu defnyddio yn 1916 yn dilyn cyfnod o golledion trwm i Brydain yn Nhwrci.

Yr ymerodraeth heddiw

Mae gwaddol yr Ymerodraeth Brydeinig yn amlwg yn y rhan fwyaf o ddinasoedd Prydain, yn enwedig ym mhorthladdoedd Bryste a Lerpwl, a oedd â chysylltiad â'r fasnach gaethweision. Cafodd y cyfoeth a gynhyrchwyd yn y ddeunawfed ganrif a'r bedwaredd ganrif ar bymtheg ei fuddsoddi mewn adeiladau fel orielau celf ac amgueddfeydd, yn ogystal â thai tref ac eiddo. Yn ogystal, cafodd nifer o dai gwledig ac ystadau mawr enwog eu hadeiladu ag arian a godwyd drwy'r ymerodraeth a chaethwasiaeth. Fodd bynnag, nid oedd pawb yn elwa yn yr un ffordd; roedd y tlodion ym Mhrydain a oedd yn gweithio yn byw mewn cartrefi gwael ac yn gweithio'n hynod o galed mewn amodau difrifol. Roedden nhw'n gweithgynhyrchu ffabrig o ddefnyddiau crai fel cotwm. Yna roedd yn cael ei werthu yn ôl i'r ymerodraeth. Roedd y tlodion a'u plant yn marw'n ifanc.

Nid oes llawer o wledydd, os oes un o gwbl, yn cael eu hystyried yn rhan o'r Ymerodraeth Brydeinig erbyn hyn; mae'r rhan fwyaf ohonyn nhw wedi cael hunanlywodraeth ac yn cyfeirio atyn nhw eu hunain fel aelodau o'r Gymanwlad yn lle. Roedd mudiadau'n gwthio am annibyniaeth ynddyn nhw i gyd. Gadawodd y Prydeinwyr India ar ôl diwedd yr Ail Ryfel Byd, a gadawson nhw'r rhan fwyaf o Affrica yn ystod yr 1960au a'r 1970au. Mae'n werth nodi bod milwyr o bob gwlad yn yr Ymerodraeth Brydeinig wedi colli eu bywyd yn y ddau ryfel byd a hynny er lles Prydain. Roedd nifer o ymfudwyr heb fod yn wyn i Brydain ar ôl yr Ail Ryfel Byd yn eu hystyried eu hunain yn Brydeinwyr ac roedden nhw, neu aelodau o'u teulu, wedi ymladd dros Brydain yn aml.

Mae gan wledydd a oedd yn rhan o ymerodraethau yn y gorffennol broblemau penodol yn gyffredin:

- Yn aml, mae sylfaen eu gweithgynhyrchu'n gan mai yn Ewrop roedd gweithgynhyrchu'n digwydd.
- Mae'r poblogaethau'n dibynnu ar ffermio, yn aml ar gyfer bwyd yn unig, ond hefyd ar gnydau planhigfeydd ar gyfer allforio (e.e. coffi, cotwm, cansen siwgr).
- Mewn achos lle mae'r wlad yn dibynnu ar gnydau planhigfeydd, un neu ddau yn unig y mae'n modd eu tyfu. Os yw'r cnwd yn methu, fydd gan y bobl ddim byd i'w allforio.

⊙ Mae eu rhwydweithiau cyfathrebu a'u hisadeiledd mewnol yn wael iawn gan nad oedd y gwledydd a adeiladodd ymerodraethau'n gweld yr angen amdanynt. Yn syml, roedden nhw am gynnal cysylltiadau masnach ar gyfer allforion.

Ysgrifennu estynedig

Esboniwch sut a pham datblygodd gwledydd Ewropeaidd ymerodraethau.

Arweiniad: Mae hwn yn gwestiwn â dwy ran, ac nid yw'n debygol y bydd angen i chi ymdrin â dau air gorchymyn gwahanol mewn un cwestiwn byr yn yr arholiad. Fodd bynnag, bydd cwblhau'r gweithgaredd hwn yn eich helpu i sicrhau eich bod yn deall cynnwys y bennod hon cyn symud ymlaen. Mae 'sut' yn cyfeirio at y prosesau sy'n rhan o greu ymerodraeth, ac mae'r 'pam' yn cyfeirio at resymau ar gyfer datblygu ymerodraethau. Mae cliwiau am y rhesymau dros y syniad o ymerodraeth a hefyd sut cafodd y syniad o ymerodraeth ei gynnal yn y trafodaethau ar Affrica ac is-gyfandir India. Rhaid i chi eu nodi a'u gwahanu fel bod gennych ddwy restr fer. Unwaith y byddwch wedi gwneud hynny, bydd gennych chi fframwaith cynllun traethawd byr iawn. Peidiwch â cheisio ysgrifennu popeth, ond canolbwyntiwch ar un neu ddau bwynt penodol a'u gwneud yn eglur ac yn effeithiol.

Ysgrifennwch tua 200 gair.

Ymchwil

Cynhaliodd Frankema (2006) adolygiad llenyddiaeth. Roedd yn dadlau mai un o broblemau anghydraddoldeb yr oes fodern mewn gwledydd cyn-drefedigaethol yw nad yw perchenogaeth tir yn cael ei dosbarthu'n gyfartal. Yn aml, mae patrwm lle mae ystadau a phlanhigfeydd mawr dan berchenogaeth Ewropeaid. Mae'r rhain wedi bodoli ers cyn i'r gwledydd ddod yn annibynnol. Weithiau mae ffermio ar raddfa fach ar gyfer bwyd. Datblygodd y planhigfeydd yn wreiddiol gan fod caethweision yn ffynhonnell lafur rad, ac roedd tir yn cael ei roi i bobl yn wobr am eu gwasanaeth. Roedd perchenogion gwreiddiol y tir (poblogaethau brodorol) yn cael eu taflu oddi arno, neu roedden nhw'n marw. Mae'r patrwm traddodiadol hwn o berchenogaeth tir yn achosi anghydraddoldeb incwm yn yr oes fodern.

a) Nodwch ac esboniwch **un** rheswm pam dewisodd yr ymchwilydd gynnal adolygiad llenyddiaeth.

b) Esboniwch **ddau** wendid defnyddio ystadegau a thystiolaeth eilaidd ar gyfer ymchwil.

Gwiriwch eich dysgu eich hun

Ystyriwch y gosodiadau canlynol am hanes anghydraddoldeb byd-eang a rhowch farc allan o ddeg iddyn nhw yn ôl faint rydych chi'n cytuno â nhw. (1 = anghytuno'n llwyr, 10 = cytuno'n gryf.) Ar ôl i chi wneud hynny, trafodwch eich penderfyniadau terfynol gyda phartner astudio. Does dim un ateb cywir; trafod sy'n bwysig.

a) Roedd pob Ewropead yn elwa ar y broses ymerodraeth.	
b) Er efallai fod gan ymerodraethau eu problemau, ar y cyfan roedden nhw'n dda ar gyfer nifer o bobl a oedd yn rhan o'r ymerodraethau.	
c) Dylai pobl Prydain fod yn falch o'u treftadaeth fel rhan o'r ymerodraeth fwyaf y mae'r byd wedi'i gweld.	
ch) Dydyn ni ddim yn dysgu digon am resymau pobl o gefndiroedd ethnig lleiafrifol dros fyw ym Mhrydain.	
d) Nid yw'n deg rhoi'r bai ar bobl Prydain heddiw am y pethau gwael a wnaeth Prydeinwyr yn y gorffennol.	
dd) Mae bodoloaeth yr ymerodraeth yn y gorffennol wedi bod yn beth da i'r bobl a oedd yn cael eu llywodraethu gan Brydain, gan fod deddfau wedi cael eu cyflwyno, a hefyd addysg a systemau llywodraethu â thraddodiadau democrataidd.	
e) Nid yw'r ymerodraeth yn bodoli bellach, felly dylen ni anghofio amdani a symud ymlaen.	
f) Roedd diwedd yr Ymerodraeth Brydeinig yn beth da i bawb.	

Dysgu gweithredol

Mae'r Prydeinwyr wedi ymladd pedwar rhyfel yn Afghanistan ers 1839. Yr enw arnyn nhw yw'r rhyfeloedd Eingl-Affgan. Prydain a orchfygodd ar ddiwedd y tri rhyfel cyntaf. Dechreuodd y Pedwerydd Rhyfel Eingl-Affgan ym mis Tachwedd 2001 ac mae'n parhau. Pa resymau a allai fod gan Lywodraeth Prydain dros gymryd rhan yn Afghanistan heddiw? Trafodwch mewn grŵp bach.

Dysgu gweithredol

Gwyliwch y ffilm *Rabbit-Proof Fence* (2002) i ddarganfod mwy am y ffordd roedd pobl frodorol Awstralia yn cael eu trin. Beth rydych chi'n ei ddysgu am agweddau Awstraliaid gwyn at boblogaeth wreiddiol Awstralia yn y gorffennol?

Nodau

⊛ Archwilio sut mae iechyd ar draws y byd yn amrywio a'r rhesymau dros yr amrywiaeth hon

Mae pobl mewn **gwledydd llai economaidd ddatblygedig (GLIEDd)** ar gyfartaledd yn tueddu i fyw bywydau llai iachus a byrrach, ond gall patrymau iechyd pobl gyfoethog y gwledydd hyn fod yn debyg i batrymau iechyd pobl gyfoethog y DU a **gwledydd mwy economaidd ddatblygedig (GMEDd).**

Yn fyd-eang, mae patrymau iechyd a chyfraddau marwolaethau'n amrywio. Maen nhw'n gyson yn y gwledydd eu hunain, ond mewn rhai gwledydd maen nhw'n sylweddol uwch. Mae achosion salwch a marwolaeth yn amrywio'n fawr hefyd, felly yn America ac Ewrop, gall iechyd gwael gael ei achosi pan fydd pobl yn dewis ffordd o fyw nad yw'n iach fel ysmygu, gordewdra neu alcohol. Mewn gwrthgyferbyniad, mae iechyd gwael mewn GLIEDd yn cael ei achosi gan heintiau (e.e. HIV/AIDS), darpariaeth gofal iechyd gwael ac iechydaeth wael. I raddau helaeth, mae anhwylder mewn GLIEDd yn ganlyniad maethiad gwael, a chlefydau neu barasitiaid y mae'n bosibl eu hosgoi ac y byddai'n bosibl eu hatal gyda gofal iechyd da. Beth sy'n gyffredin ym mhob gwlad yw bod y bobl gyfoethog yn byw'n hirach ac yn cael bywyd mwy iach na'r rhai hynny y mae'n anodd iddyn nhw gael gofal iechyd a gwasanaethau lles.

Gwella sgiliau

I arbed amser mewn arholiadau, defnyddiwch y byrfoddau GLIEDd ar gyfer gwledydd mwy tlawd a GMEDd ar gyfer gwledydd mwy cyfoethog. Cyn i chi ddefnyddio'r acronymau hyn, fodd bynnag, sicrhewch eich bod wedi ysgrifennu'r termau'n llawn y tro cyntaf rydych chi'n eu defnyddio fel eich bod chi'n dangos eich bod yn gwybod beth maen nhw'n ei olygu.

Pwnc 2: Patrymau anghydraddoldeb byd-eang o ran iechyd

Gwneud i chi feddwl

Gall plentyn sy'n cael ei eni mewn cymdeithas gyfoethog ddisgwyl cael gofal iechyd modern drwy gydol ei fywyd. Pa wahaniaeth y byddai hyn yn ei wneud i'w gyfleoedd bywyd o'i gymharu â phlentyn a gafodd ei eni mewn gwlad ag adnoddau meddygol cyfyngedig?

Beth yw patrymau cyfredol iechyd a marwolaeth?

Yn fyd-eang, mae clefydau'n aml yn cael eu categoreiddio fel hyn:

⊛ **Clefydau cyfoeth** (cyfoeth a statws): Mae'r rhain yn aml yn glefydau ffordd o fyw sy'n cael eu hachosi gan arferion personol. Mae enghreifftiau'n cynnwys gordewdra, diabetes (yn enwedig Math 2), a chlefyd y galon sy'n cael ei achosi gan ddiffyg ymarfer corff a deiet braster uchel. Bydd y clefydau a'r problemau iechyd hyn yn digwydd yn amlach ymhlith y bobl gyfoethog mewn GLIEDd, ac mewn ardaloedd sy'n dod yn fwy cyfoethog. Yn yr un ffordd, mae'n bosibl gweld clefydau tlodi mewn ardaloedd llai cyfoethog GMEDd.

⊛ **Clefydau tlodi**: Mae'r rhain yn gyffredinol yn afiechydon heintus. Maen nhw'n cael eu cysylltu â byw mewn lle poblog, â datblygiad trefi, gwasanaethau iechyd cyhoeddus gwael, a llygredd a rheolaeth amgylcheddol wael. Y tri haint mwyaf cyffredin yw HIV/AIDS, twbercwlosis a malaria; mae modd rheoli'r rhain i gyd yn haws mewn GMEDd nag mewn GLIEDd. Mae dros 90 y cant o heintiau gyda'r clefydau hyn yn digwydd yng ngwledydd Affrica. Mae plant mewn GLIEDd yn marw o glefydau y mae plant mewn GMEDd yn cael eu brechu yn eu herbyn yn rheolaidd (e.e. y frech goch, y pas a pholio).

Patrymau demograffig
Mae Sefydliad Iechyd y Byd yn nodi bod problemau iechyd mewn GLIEDd yn amrywio yn ôl oedran a rhywedd:

⊛ Mae tuedd i blant fethu datblygu'n ddigonol yn gorfforol, gan bwyso a thyfu'n llai na phlant o oedran tebyg mewn GMEDd. Mae plant sydd wedi cael problemau iechyd difrifol yn aml yn cael problemau pan fyddan nhw'n oedolion. Mae tuedd i oedolion gael problemau iechyd sy'n gysylltiedig ag ymddygiadau risg (e.e. ysmygu, rhyw anniogel, diffyg atal cenhedlu, camddefnyddio cyffuriau).

Mae'r elusen Why Water? yn dweud bod clefydau mewn dŵr yfed yn lladd mwy o bobl yn ddyddiol na rhyfel; mae 30 000 o bobl yn marw'n wythnosol, ac mae 90 y cant ohonyn nhw'n blant o dan bum oed nad yw eu system imiwnedd wedi datblygu.

◉ Mae risgiau iechyd yn amrywio yn ôl rhywedd, er enghraifft, diffyg atal cenhedlu sy'n broblem i fenywod; gallen nhw farw wrth roi genedigaeth neu fod â diffyg haearn yn eu deiet. Mae tuedd hefyd iddyn nhw gael HIV/AIDS, sy'n cael ei drosglwyddo'n rhywiol. Mae dynion yn fwy tebygol o gael problemau sy'n gysylltiedig â chamddefnyddio sylweddau fel tybaco, alcohol a chyffuriau sy'n cael eu defnyddio'n lleol. Maen nhw'n fwy tebygol o gael anafiadau sy'n gysylltiedig â'r gwaith a chlefydau galwedigaethol o weithio mewn diwydiannau lle nad yw rheoliadau diogelwch yn cael eu gorfodi neu lle maen nhw'n brin.

Iechyd a marwolaeth

Mae nifer o ffactorau'n gysylltiedig ag iechyd is y boblogaeth yn gyffredinol mewn GLlEDd:

◉ Iechyd a lefel addysg y menywod yn gyffredinol; efallai nad yw'r mamau wedi cael addysg nac yn gallu atal clefydau fel HIV neu dwbercwlosis rhag cael eu trosglwyddo i'w plant.

◉ O ganlyniad i ofal mamolaeth gwael, mae cyfraddau marwolaethau ac afiechyd uchel ymhlith mamau a phlant.

◉ Mae diffyg brechiadau'n golygu bod afiechydon sy'n peryglu bywyd fel polio, sydd wedi dod yn brin iawn mewn GMEDd, yn dal i achosi marwolaeth ac anabledd mewn GLlEDd.

◉ Yn ôl y Ganolfan Atal a Rheoli Clefydau, dolur rhydd yw prif achos marwolaeth heintus yn y byd (mewn GLlEDd yn bennaf), ac mae'n lladd dros 2000 o blant yn ddyddiol, yn enwedig y rhai o dan bum oed. Mae diffyg rhwydwaith iechyd fel dŵr yfed glân a chyfleusterau trin carthion da yn golygu bod clefydau'n cael eu lledaenu'n gyflym iawn ymhlith poblogaethau tlawd.

◉ Mae diffyg mynediad at gyfleusterau gofal iechyd ac addysg iechyd yn golygu nad yw pobl yn ymwybodol o ffyrdd o atal clefydau ac, os byddan nhw'n sâl, efallai na fyddan nhw'n gallu gweld meddyg na nyrs nac yn gallu cael cyffuriau. Er enghraifft, effeithiodd epidemigau fel Ebola yn 2015 ar tua 28 000 o bobl yn Affrica, a bu farw bron hanner ohonyn nhw.

◉ Diffyg maeth a deietau afiach. Yng ngwledydd y Gorllewin, tueddu i arwain at ordewdra ac yn achlysurol at farwolaeth y mae deietau gwael, ond mewn GLlEDd, bydd diffyg bwyd a fitaminau'n arwain at blant yn methu tyfu'n iawn, yn methu gwrthsefyll heintiau fel malaria a colera ac at glefydau.

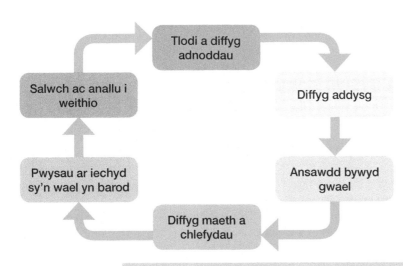

Y cysylltiad rhwng ansawdd bywyd ac iechyd mewn GLlEDd

Mae'r mosgito'n cario nifer o glefydau ond un o'r rhai mwyaf dinistriol yw malaria, sy'n bresennol mewn dros 100 o wledydd. Gall un pigiad mosgito fod yn ddigon i heintio person. Mae data o Oxfam yn awgrymu bod cannoedd ar filoedd o bobl yn marw o falaria bob blwyddyn, ac y gallai nifer o'r marwolaethau hyn fod wedi cael eu hatal pe bai pobl yn gallu fforddio rhwydi mosgito ar gyfer eu gwelyau.

Ffactorau sy'n cyfrannu at batrymau iechyd a marwolaeth byd-eang

Effaith gwrthdaro byd-eang

Mewn ardaloedd o ansefydlogrwydd gwleidyddol, efallai lle mae llywodraethau gwan a llygredig, gall gwrthdaro rhwng grwpiau cystadleuol o bobl ddatblygu. Byddai hyn yn arbennig o wir mewn ardaloedd lle mae grwpiau ethnig neu grefyddol gwahanol wedi bod yn elynion neu â hanes o wrthdaro. Efallai fod arian y llywodraeth yn cael ei wario ar arfau yn lle iechydaeth neu frechiadau. Bydd ffoaduriaid sy'n cael eu gorfodi i fyw mewn amgylcheddau gwael yn cario clefydau gyda nhw neu'n dioddef mewn epidemig.

Yn ogystal, os yw'r sefyllfa'n gwaethygu oherwydd safonau byw gwael, cystadleuaeth am adnoddau neu **bwysau poblogaeth**, yna gall hyn gael effaith ar iechyd mewn dwy ffordd:

- *Yn uniongyrchol*, oherwydd ymladd, gwrthdaro a thrais cysylltiedig.
- *Yn anuniongyrchol*, oherwydd prinder angenrheidiau sylfaenol fel bwyd a dŵr neu loches, neu ddiffyg gofal meddygol. Mae clefydau'n gyffredin oherwydd bod difrod i'r isadeiledd economaidd; bydd diffyg iechydaeth sylfaenol yn achosi epidemigau clefydau fel colera a theiffws.

> Mae'r byd yn wahanol iawn nawr: mae gan ddyn y grym, yn ei ddwylo meidrol, i ddiddymu pob ffurf ar dlodi dynol, a phob ffurf ar fywyd dynol.
>
> **John F. Kennedy**

Effaith HIV ac AIDS

Mae data'r Cenhedloedd Unedig ar AIDS (a gasglwyd gan UNAIDS) yn awgrymu bod mwy na 30 miliwn o'r 40 miliwn o bobl yr amcangyfrifir eu bod wedi'u heintio â'r firws HIV yn fyd-eang yn byw yn Affrica. Mae gwledydd fel Congo, y Swdan, Ethiopia a De Affrica yn cael eu heffeithio'n benodol. Gan fod achosion heintio HIV yn cynnwys rhyw anniogel, trosglwyddo'r haint o'r fam i'r plentyn *in vitro* neu drwy laeth y fron, a defnydd o nodwyddau heintus, mae'n anodd i'r bobl dlotaf osgoi risg. Nid yw pobl yn gallu fforddio condomau na llaeth babanod mewn potel – sydd hefyd yn beryglus os bydd yn cael ei baratoi mewn amodau budr. Os ydyn nhw'n draddodiadol eu cred neu os nad ydyn nhw wedi derbyn addysg am ryw, gallan nhw eu rhoi eu hunain a'u partneriaid mewn perygl. Mae hyn yn ei gwneud yn anodd rheoli lledaeniad y clefyd. Ar ben hynny, mae cyffuriau'n ddrud ac yn anodd eu dosbarthu. Mae tuedd i bobl â system imiwnedd wan ddal clefydau eraill, felly gall diffyg maeth gyfrannu at ledaeniad AIDS, ac mae presenoldeb y firws HIV yn gwneud i bobl ddal afiechydon heintus eraill.

Trychineb naturiol

Ar adegau, gall digwyddiadau sydyn achosi salwch a marwolaeth ymhlith poblogaethau; er enghraifft, yn sgil tsunami Gŵyl San Steffan 2004 yn Ne-ddwyrain Asia, bu farw'n syth tua 300 000 o bobl mewn ardaloedd a gafodd eu bwrw gan donnau llanw enfawr. Llygredd a chlefydau a oedd yn gyfrifol am y salwch a'r marwolaethau a ddilynodd. Yn fwy diweddar, bu farw dros 8000 ac fe gafodd mwy na 20 000 eu hanafu yn y daeargryn a darodd Nepal ym mis Ebrill 2015.

Gwella iechyd poblogaethau

Mae ansawdd iechyd poblogaeth yn dibynnu'n drwm ar ffactorau cymdeithasol, economaidd a gwleidyddol. Felly, i wella iechyd cyffredinol, mae angen i lywodraethau ystyried pam mae problemau'n bodoli, gan ofyn cwestiynau fel:

- Pa ffactorau cymdeithasol a all olygu bod rhai grwpiau o'r boblogaeth yn methu cael mynediad at ofal iechyd da?
- Pa resymau sydd ganddyn nhw dros eu harferion afiach?
- Pa rwystrau economaidd y maen nhw'n eu hwynebu wrth geisio gwella eu hiechyd?
- Pa rwystrau gwleidyddol sy'n golygu nad yw gofal i'r boblogaeth yn gyfartal?

Meysydd sy'n achosi pryder:

- Dosbarthiad cyfoeth anghyfartal ac adnoddau anghyfartal ar lefel unigol a chenedlaethol drwy'r byd. Mae hyn yn golygu y bydd poblogaethau GLIEDd yn fwy agored i dlodi.
- Cymhellion mewn GMEDd i recriwtio staff meddygol wedi'u hyfforddi o GLIEDd, sy'n golygu bod GLIEDd yn brin o weithwyr proffesiynol.
- Gallu llywodraethau i addysgu eu poblogaethau am broblemau iechyd.
- Gallu llywodraethau i ddarparu isadeiledd ar gyfer iechydaeth a chyfathrebu, neu ddarpariaeth lles.

Ysgrifennu estynedig

Gan ddefnyddio tystiolaeth ac enghreifftiau cymdeithasegol, esboniwch pam mae gwahaniaethau mewn iechyd rhwng gwledydd.

Arweiniad: Mae'r cwestiwn hwn yn gofyn i chi roi rhesymau dros wahaniaethau iechyd. Felly mae angen i chi ddangos eich bod yn gwybod ac yn deall y patrymau ac yn gallu nodi rhesymau pam maen nhw'n bodoli. Gwahaniaethwch rhwng GLIEDd a GMEDd. Dylech chi allu cyferbynnu beth sy'n digwydd yn y ddau gan ddefnyddio eich profiad o fyw mewn GMEDd a'ch dealltwriaeth gynyddol o fywyd mewn GLIEDd. Gofynnir i chi esbonio, **gan ddefnyddio tystiolaeth gymdeithasegol**, sy'n awgrymu bod angen i chi gyfeirio at ddamcaniaeth gymdeithasegol nad ydych wedi ei hymchwilio'n llawn yn y pwnc hwn (gweler Pwnc 11). Bydd angen i chi hefyd ystyried tystiolaeth uniongyrchol o adroddiadau. Efallai byddwch chi am gyfeirio'n ôl at eich ateb i'r cwestiwn hwn pan fyddwch chi'n adolygu, a gweld a allwch ei wella.

Ysgrifennwch tua 200 gair.

Ymchwil

Daeth tîm ymchwil o Brifysgol Caergrawnt, a arweiniwyd gan Dr Imamura (2015), i'r casgliad bod deietau'n gwella ar draws y byd, gan olygu bod mwy o ffrwythau a llysiau'n rhan o ddeietau pobl. Fodd bynnag, roedd gwelliannau mewn deiet yn digwydd mwy mewn GMEDd, ond nid oedd y patrwm yn gwella'n gyson, a oedd yn golygu bod gan nifer o bobl a oedd yn byw mewn gwledydd cyfoethog ddeietau gwael iawn gan eu bod yn bwyta cig afiach wedi'i brosesu a diodydd melys. Mae gan rai pobl mewn GLIEDd ddeietau da iawn, er enghraifft yng ngwledydd y Môr Canoldir ac yn rhannau o Affrica. Yn gyffredinol, fodd bynnag, mae gan bobl yn y gwledydd mwyaf cyfoethog ddeiet gwell na phobl yn y gwledydd tlotaf.

a) Nodwch ac esboniwch **un** rheswm pam dewisodd yr ymchwilydd gynnal astudiaeth fyd-eang.

b) Esboniwch **ddau** anhawster casglu data gan boblogaethau mewn GLIEDd.

Gwiriwch eich dysgu eich hun

Nodwch yr hyn rydych chi'n ei feddwl yw disgwyliad oes oedolion yn gyffredinol yn y gwledydd canlynol ac yna trefnwch y gwledydd o'r disgwyliad oes uchaf at yr isaf. Gwiriwch yr atebion yn y cefn i weld a oeddech chi'n gywir.

Afghanistan ☐   Awstralia ☐   Chad ☐   Cuba ☐

Cyprus ☐   Gweriniaeth Tsiec ☐   Yr Aifft ☐   India ☐

Japan ☐   Libanus ☐   Lesotho ☐   México ☐

Gogledd Korea ☐   Pakistan ☐   Gwlad Pwyl ☐

Portiwgal ☐   Rwanda ☐   Uganda ☐   Y Deyrnas Unedig ☐

Unol Daleithiau America ☐

YMESTYN a HERIO

Chwiliwch am enghreifftiau o ymchwil diweddar ar wefannau elusennau. Cofiwch, fodd bynnag, efallai nad yw elusennau bob amser yn annibynnol ac yn ddiduedd yn yr hyn y maen nhw'n ei gyflwyno. Dyma rai gwefannau defnyddiol:

https://www.oxfam.org.uk/

http://newint.org/

Nodau

◉ Adolygu gwahaniaethau mewn mynediad at addysg ac ystyried yr effeithiau ar ddatblygu

Bydd bron chwarter y plant a gafodd eu geni ar ôl 2000 ond wedi cael ychydig neu ddim addysg ffurfiol o gwbl erbyn iddyn nhw ddod yn oedolion. Mewn rhai ardaloedd, fel Affrica is-Sahara, nid yw bron hanner y plant yn mynd i'r ysgol yn ffurfiol. Yn fyd-eang, fodd bynnag, mae patrymau'n amrywio, yn y gwledydd eu hunain a rhwng gwledydd. Mae data ar gyrhaeddiad addysgol yn anodd iawn cael gafael arno. Er enghraifft, mewn rhai gwledydd, nid oes cofnod ffurfiol a dibynadwy o enedigaethau. Er bod enwau'r plant ar gofrestr, gall eu presenoldeb fod yn wael iawn. Hyd yn oed os yw plant yn mynychu'r ysgol, gall ansawdd yr addysg sy'n cael ei darparu amrywio rhwng gwledydd.

Gwella sgiliau

Mae llawer o'r data yn y pwnc hwn yn dod o UNESCO a dylech gyfeirio at y ffynhonnell hon yn eich ymatebion arholiad. Sefydlwyd UNESCO yn 1945 i hyrwyddo agenda o heddwch ymhlith yr holl genhedloedd ar y blaned. Ei brif amcan yw sicrhau bod pob plentyn yn cael mynediad at addysg. Gwnewch ddefnydd o'u gwefan i ehangu eich dealltwriaeth o'r pwnc hwn.

Pwnc 3: Patrymau anghydraddoldeb byd-eang o ran addysg

Gwneud i chi feddwl

Mae'r lluniau hyn yn dangos ysgolion gwledydd Affrica yng Ngwlad Swazi (ar y chwith) ac Ethiopia (ar y dde). Pa wahaniaethau amlwg gallwch chi eu gweld rhwng y cyfleusterau addysgol sydd gan y plant sy'n cael eu haddysgu yn yr adeiladau hyn a'r rhai sydd gennych chi? Pa broblemau a chyfyngiadau addysgol y byddai athrawon a myfyrwyr yn eu hwynebu mewn adeilad ysgol fel hwn?

Pam mae addysg yn bwysig?

Mae targedau byd-eang a osodwyd gan sefydliadau rhyngwladol fel Sefydliad Addysg, Gwyddoniaeth a Diwylliant y Cenhedloedd Unedig (UNESCO), mewn cydweithrediad â Banc y Byd ac asiantaethau eraill y Cenhedloedd Unedig, yn mynnu y dylai pob plentyn, beth bynnag ei amgylchiadau, gael sgiliau addysgol sylfaenol fel llythrennedd yn ei iaith ei hun a'r gallu i ennill y sgiliau sydd eu hangen ar gyfer gwaith. Mae hyn yn ddymunol oherwydd bod addysg yn cael effaith ar iechyd poblogaeth gwlad, yn enwedig addysg menywod a merched. Yn ogystal, honnir bod gweithlu sydd wedi cael addysg yn galluogi poblogaethau i ddatblygu'n economaidd, gan dynnu'r wlad allan o dlodi. Targed 2030, a osodwyd gan fframwaith UNESCO ar gyfer addysg (gweler Datganiad Incheon 2015), yw y dylai pob plentyn gael 12 mlynedd o addysg sylfaenol orfodol am ddim a hynny'n hawl dynol sylfaenol. Dylai addysg gael ei darparu ar gyfer oedolion nad ydyn nhw wedi cyflawni safonau sylfaenol.

Beth yw patrymau cyfredol darpariaeth addysgol?

Yn 2012, nododd UNESCO fod cynnydd rhyfeddol wedi bod mewn cyfleoedd addysgol a bod lefelau llythrennedd drwy'r byd yn gwella. Rhwng 1970 a 2000, roedd system addysg y byd wedi mwy na dyblu mewn maint. Mae'r duedd, felly, yn un cadarnhaol. Y patrwm darpariaeth addysgol yw bod gwledydd cyfoethog yn fwy llwyddiannus wrth addysgu eu plant i gyd neu'r rhan fwyaf ohonyn nhw. Yr ardaloedd lleiaf llwyddiannus yw GLIEDd Affrica is-Sahara. Nid yw pob gwlad wedii ymrwymo i'r un graddau i addysgu ei phoblogaeth, felly tra bod y rhan fwyaf o wledydd yn gwario rhwng 10 a 20 y cant o'u harian cyhoeddus ar addysg, mae rhai ohonyn nhw'n gwario llawer llai. Mae rhai o wledydd Affrica fel Lesotho a Gwlad Swazi yn neilltuo cyfran fawr iawn o'u harian cyhoeddus i addysg, ond mae gwledydd eraill, fel Azerbaijan a Georgia yng Nghanolbarth Asia, ond yn gwario ychydig.

Hyd yn oed yn y GMEDd, mae anghydraddoldebau o ran darparu addysg, lle mae systemau addysg cymhleth wedi datblygu a lle mae'n ofynnol yn ôl y gyfraith fod plant yn derbyn addysg. Er enghraifft, mae'r ffaith bod ysgolion annibynnol preifat neu rai'n perthyn i sefydliad elusennol yn bodoli yn y DU, a bod y rheini y tu allan i reolaeth y wlad, yn golygu y gall y plant mwyaf cyfoethog gael mantais ysgolion a chyfleusterau gwell. Mae gwahaniaethau mawr rhwng gwledydd unigol hefyd, felly mae cyfraddau addysg i bawb rhai GLIEDd yn uwch na chyfraddau gwledydd eraill. Mae Filmer (2007) yn nodi bod amrywiaethau eang yn gallu bodoli yn y gwledydd eu hunain sy'n golygu bod 80 y cant o'r plant mwyaf cyfoethog yn cwblhau addysg gynradd yn y Gambia, ond mai 30 y cant o'r plant tlotaf sy'n derbyn addysg sy'n bodloni safonau sylfaenol. Yn Moçambique, mae'r plant tlotaf yn dechrau'r ysgol ond yn tynnu'n ôl, ond yn Sierra Leone, nid yw'r plant tlotaf hyd yn oed yn cofrestru mewn ysgolion. Mae'r patrwm yn gymhleth. Yn ogystal, gall fod problemau rhywedd, felly nid yw pob gwlad yn ymrwymo i'r un graddau i addysgu merched a menywod, neu gall merched a menywod fod o dan anfantais o ran beth sy'n cael ei ddysgu iddynt; er enghraifft, bydd bechgyn yn cael eu paratoi at fywyd masnachol a bydd menywod yn dysgu sgiliau domestig.

Tlodi a chyfoeth

Mewn GLIEDd, weithiau mae patrymau darpariaeth addysgol yn perthyn i ardaloedd daearyddol, sy'n golygu bod y gyfradd cwblhau addysg sylfaenol yn arwyddocaol is mewn rhannau o Affrica nag ydyw yn y rhan fwyaf o wledydd Asia. Fodd bynnag, mae'r anghydraddoldeb mwyaf yn y gwledydd eu hunain ac mae'n gysylltiedig â thlodi a chyfoeth. Y wlad â'r anghydraddoldeb mwyaf yw India lle mae bron pob plentyn o'r cartrefi mwyaf cyfoethog yn cwblhau addysg sylfaenol, ond 40 y cant yn unig o blant y cartrefi tlotaf. Mae'n anodd cyffredinoli am India i gyd, fodd bynnag, gan ei bod yn wlad enfawr sydd â gwahaniaethau crefyddol, ieithyddol a diwylliannol. Mae patrwm tebyg yn bodoli yn Nicaragua yng Nghanolbarth America, lle mae 90 y cant o'r rhai mwyaf cyfoethog yn cwblhau addysg sylfaenol, o'i gymharu â llai na 40 y cant o'r rhai tlotaf.

Mae'r rhesymau dros lefelau isel o ran cwblhau addysg sylfaenol yn amrywio rhwng gwledydd: er enghraifft, er bod bron pob plentyn ym Mrasil yn cwblhau un flwyddyn yn yr ysgol, wrth iddyn nhw dyfu'n hŷn mae pwysau arnyn nhw i orffen eu haddysg. Yn aml, mae'r plant tlotaf yn ailadrodd blynyddoedd o addysg, ac felly er eu bod wedi bod yn yr ysgol am sawl blwyddyn, un cylch asesu yn unig y maen nhw'n llwyddo i'w gwblhau. Yn ôl Filmer, mae'n ymddangos bod y rhesymau dros y gwahaniaethau yn gysylltiedig â'r canlynol:

- Y nifer cyfyngedig o leoedd sydd ar gael ar gyfer y blynyddoedd uwch mewn addysg, felly ychydig o blant yn unig sy'n gallu pasio drwy'r system.
- Dim mynediad neu fynediad cyfyngedig at addysg o'r math mwyaf sylfaenol sydd ar gael.
- Daearyddiaeth: mae'n bosibl bod plant yn byw ymhell o'r ysgol ac yn methu teithio oherwydd tlodi.

Yn ogystal, mewn nifer o GLIEDd, mae plant yn rhan hanfodol o'r gweithlu ac efallai eu bod yn cefnogi eu teuluoedd drwy waith ar y stryd neu fel llafurwyr ar ffermydd.

Plant sy'n agored i niwed

Efallai nad yw rhai grwpiau o blant yn derbyn addysg oherwydd y statws a bennwyd iddynt. Felly, er bod y gyfundrefn gast wedi dod yn anghyfreithlon yn India yn 1945, efallai na fydd plant o gastau (neu haenau cymdeithasol) is yn cael eu croesawu mewn ysgolion. Efallai na fydd plant anabl na'r rhai y mae eu rhieni wedi cefnu arnyn nhw neu sydd wedi'u gwahanu oddi wrth eu rhieni yn derbyn addysg

Byw mewn ardaloedd anghysbell neu wledig

Mewn nifer o GMEDd, mae plant sy'n byw mewn ardaloedd gwledig yn cael trafnidiaeth i'r ysgol neu mae gan ysgolion lety er mwyn i'r plant allu cysgu yno. Er enghraifft, yn Northumberland ac yn Ucheldiroedd yr Alban yn y DU, ac mewn sawl rhan o Awstralia, gall plant fyw yn yr ysgol yn ystod yr wythnos a dychwelyd adref i dreulio'r penwythnos. Fodd bynnag, mewn GLIEDd, nid yw llawer o'r rhai sy'n byw yn yr ardaloedd gwledig tlotaf yn cael eu cofrestru mewn ysgol fyth ac felly maen nhw'n llwyddo i osgoi addysg. Mae cyrraedd yr ysgol yn gallu bod yn anodd, er enghraifft os yw plant yn byw mewn ardaloedd lle nad oes llawer o drafnidiaeth neu os yw'r ysgolion yn anghysbell. Efallai na fydd yr heolydd ar gael.

Rhywedd

Mae nifer o fenywod a merched yn cael eu hamddifadu o'r hawl i gyfleoedd addysgol cyflawn a chyfartal mewn GLIEDd, ond mewn GMEDd maen nhw'n tueddu i berfformio'n well na gwrywod ar bob lefel o addysg. Yn ôl Cronfa Ryngwladol Argyfwng Plant y Cenhedloedd Unedig (UNICEF), yn fyd-eang, roedd tua 31 miliwn o ferched nad oedden nhw'n derbyn addysg ffurfiol yn 2013. Mae'r broblem yn gyffredin yng ngwledydd Affrica ac yn Ne a Gorllewin Asia, lle mae tua 80 y cant o ferched nad ydyn nhw'n derbyn addysg, o'i gymharu â 16 y cant o fechgyn. Amcangyfrifir bod gan tua 60 y cant o wledydd ddarpariaeth rhywedd gyfartal ym maes addysg.

Mae hon yn cael ei hystyried yn broblem ddatblygiadol benodol, gan fod addysgu merched a menywod yn fuddiol oherwydd ei fod yn:

Dysgu gweithredol

Mae miliynau o blant yn y gwledydd tlotaf yn methu darllen na gwneud symiau syml, yn ôl UNESCO. Mae'n dweud y gall gymryd 70 mlynedd mewn rhai ardaloedd cyn bod digon o leoedd mewn ysgolion cynradd ar gyfer pob plentyn. Mae'n galw nawr ar lywodraethau'r byd i helpu i newid hyn. Pa strategaethau y gall llywodraethau eu rhoi ar waith i sicrhau addysg i bawb?

Gweler http://www.bbc.co.uk/newsround/25935185

Er mwyn i unigolyn gyflawni a gwireddu ei botensial, mae'n hanfodol ei fod yn derbyn hyd yn oed yr addysg fwyaf sylfaenol. Fodd bynnag, hyd yn oed yn yr oes dechnolegol fodern hon, mae'n drychineb bod miliynau o ferched ifanc a menywod wedi'u condemnio i fywyd o anwybodaeth a chaethwasanaeth. Addysg yw'r pasbort i ryddid dewis a chyfleoedd.

Annie Lennox, cantores/ cyfansoddwr caneuon

155

Cymdeithaseg fyd-eang

Dywedodd Meera Syal, 'Roedd gan fy Mam Bwnjabi ddywediad arbennig: "Rhowch addysg i ddyn ac rydych chi'n addysgu unigolyn, rhowch addysg i fenyw ac rydych chi'n addysgu'r teulu cyfan".' Trafodwch y pwynt hwn gan gyfeirio at syniadaeth am sut gallai datblygiad byd-eang wella pe bai mwy o ferched yn cael eu haddysgu.

- Lleihau cyfraddau genedigaethau
- Lleihau'r perygl o farwolaeth yn ystod genedigaeth
- Torri patrymau tlodi
- Gwella lefel gyffredinol addysg ar gyfer pob plentyn
- Lleihau lledaeniad HIV/AIDS
- Golygu y bydd mamau sydd wedi cael addysg yn addysgu eu plant eu hunain, ac y bydd hynny'n arwain at well addysg ar gyfer y boblogaeth gyfan.

Mae'r rhesymau dros fethu addysgu merched a menywod yn cynnwys:

- Gwahaniaethu yn y gymuned a hefyd mewn ysgolion
- Gwaith menywod yn y cartref
- Anffurfio organau cenhedlu benywod, sy'n achosi afiechyd, ac yn rhwystro merched rhag mynd i'r ysgol
- Costau ffioedd ysgol, gyda theuluoedd yn dewis gwario adnoddau prin ar eu meibion
- Prinder athrawon benywaidd
- Cyfleusterau iechydaeth wael i ferched, yn enwedig yn ystod eu llencyndod
- Priodi a genedigaethau cynnar iawn
- Rhagfarn ddiwylliannol a chrefyddol yn erbyn addysg i fenywod
- Afiechyd menywod a merched.

Dysgu annibynnol

Dysgwch fwy am faterion anffurfio organau cenhedlu menywod (FGM) a phroblemau iechyd sy'n cael eu hachosi yn ystod genedigaeth plentyn drwy ymchwilio i hyn ar y we. Sylwch: gall hyn fod yn anodd ei ddarllen.

Ymchwil

Yn 2005, amcangyfrifodd Menter Addysg Merched y Cenhedloedd Unedig fod 60 miliwn o ferched, yn fyd-eang, yn absennol o systemau addysg. Ymhlith y rhain, roedd rhai o oedran ysgol uwchradd; mae hyn yn dod i 60 y cant o'r plant nad ydyn nhw'n derbyn addysg. Pris addysg yw rhan o'r rheswm. Mae'n well gan rieni addysgu eu meibion ac, os yw arian yn brin, mae adnoddau teuluol yn cael eu gwario ar fechgyn. Mae patrymau'n amrywio, ond yn Ethiopia a Niger mae bron 75 y cant o ferched heb dderbyn addysg. Mewn gwledydd lle nad yw merched yn cael eu haddysgu, y prif reswm yw bod yn rhaid talu i fynd i'r ysgol gan nad yw llywodraethau'n gallu fforddio darparu addysg am ddim. Gall pris addysgu un plentyn yn Colombia, er enghraifft, fod bron yn 10 y cant o'r incwm cyfartalog, o'i gymharu â'r DU, lle mae tua 1 y cant o'r incwm cyfartalog. Felly, mae tlodi'r llywodraeth yn cynyddu problemau tlodi ar gyfer y bobl wannaf.

a) Fel myfyriwr Cymdeithaseg Safon Uwch, rydych wedi cael cael cais i ymweld â gwlad lai economaidd ddatblygedig am gyfnod byr i ddysgu mwy am agweddau rhieni mewn pentref at addysgu eu merched.

   i. Disgrifiwch bob cam o'ch cynllun ymchwil, gan gyfiawnhau'r rhesymau dros eich dewis ar bob cam.

   ii. Trafodwch broblemau a all godi ac effaith y problemau hyn ar ansawdd y data sy'n cael eu casglu.

Ysgrifennu estynedig

Gan ddefnyddio tystiolaeth gymdeithasegol ac enghreifftiau, esboniwch batrymau addysg fyd-eang.

Arweiniad: Pan fydd disgwyl i chi esbonio, bydd angen i chi amlinellu'r patrymau ac yna rhoi rhesymau pam maen nhw fel hynny. Dylai ffocws eich ateb fod ar gynnig rhesymau. Nid oes angen i chi werthuso'r rhesymau hynny, dim ond eu trafod. Dylech chi allu cyferbynnu beth sy'n digwydd mewn GMEDd ac mewn GLIEDd, gan ddefnyddio eich profiad o fyw mewn gwlad fwy economaidd ddatblygedig a'ch dealltwriaeth gynyddol o fywyd mewn gwlad lai economaidd ddatblygedig. Er enghraifft, yn y rhan fwyaf o GMEDd, mae addysg yn cael ei hystyried yn hawl ac mae plant yn gorfod mynychu'r ysgol, ac maen nhw'n ei derbyn fel gwasanaeth am ddim. Y patrwm ar gyfer y rhan fwyaf o GLIEDd yw bod angen talu am addysg, a bod yr hawl syflaenol hwn yn cael ei wrthod i blant, sy'n golygu bod y goblygiadau ar gyfer dyfodol y wlad a'i phobl yn wael iawn.
Ysgrifennwch tua 200 gair.

Gwiriwch eich dysgu eich hun ✓✗

Awgrymwch bum ffordd y byddai'n bosibl cael gwared ar anghydraddoldebau byd-eang mewn addysg. Yna gwiriwch yr atebion yn y cefn i weld a ydyn nhw'n debyg i'ch awgrymiadau.

> *Egwyddor 7. Mae gan y plentyn yr hawl i dderbyn addysg, a fydd am ddim ac yn orfodol, o leiaf yn ystod y camau cyntaf. Bydd yn derbyn addysg a fydd yn hyrwyddo ei ddiwylliant cyffredinol ac yn ei alluogi, ar sail cyfle cyfartal, i ddatblygu ei allu, ei farn bersonol, a'i ymdeimlad o gyfrifoldeb moesol a chymdeithasol.*
>
> **Datganiad Hawliau'r Plentyn y Cenhedloedd Unedig/UNICEF**

Pwnc 4: Patrymau anghydraddoldeb byd-eang o ran cyflogaeth

Gwneud i chi feddwl

Mae'r rhan fwyaf o weithwyr dillad yn Bangladesh yn ennill tua £25 y mis, sy'n llawer is na'r hyn sy'n cael ei ystyried yn gyflog byw (tua £45), sef y swm sydd ei angen i sicrhau bod gan deulu loches, bwyd ac addysg. Pam mae cwmnïau dillad mawr yn creu eu heitemau mewn GLIEDd fel Bangladesh? A fyddech chi'n barod i dalu mwy am eich dillad pe bai'r gweithwyr yn derbyn tâl uwch?

Gweler http://www.waronwant.org/sweatshops-bangladesh

Patrymau a thueddiadau byd-eang o ran cyflogaeth

Yn 2008, roedd argyfwng economaidd byd-eang. Ers hynny, bu'r datblygiad economaidd yn araf. Canlyniad hyn yw bod tua 201 miliwn o bobl yn ddi-waith ar draws y byd ac, yn ôl y Sefydliad Llafur Rhyngwladol, mae disgwyl i'r ffigur hwn godi dros y blynyddoedd nesaf. Mae hyn yn effeithio ar rai sectorau poblogaeth yn fwy na'i gilydd, ac yn effeithio ar draws y byd ar fenywod a phobl ifanc fwyaf. Mewn rhai GMEDd, mae adferiad da o ran cyflogaeth sy'n golygu bod Japan a rhannau o'r Dwyrain Pell yn gallu cynnig rhagolygon cyflogaeth gwell. Fodd bynnag, nid yw de Ewrop yn gwneud cystal, ac nid yw rhannau o'r DU yn cynnig llawer o gyfleoedd gwaith.

Mewn GLIEDd, mae'r sefyllfa cyflogaeth yn gwaethygu. Mae'r Sefydliad Llafur Rhyngwladol yn honni bod lefelau uchel iawn o ddiweithdra a thangyflogi yn America Ladin, y Caribî, China, Ffederasiwn Rwsia ac Affrica is-Sahara. Yn achos tangyflogi, mae gan bobl sgiliau sy'n uwch na'r rhai y mae eu hangen ar gyfer y swyddi. Mae nifer cynyddol o bobl ar draws y byd mewn gwaith sy'n ansicr neu'n anffurfiol, felly allan nhw ddim dibynnu ar eu cyflogwyr i'w cadw mewn swyddi, na dibynnu chwaith ar gael eu talu am eu gwaith. Ar draws y byd, mae 1 person o bob 14 sydd mewn cyflogaeth hefyd yn wynebu tlodi eithafol. Maen nhw'n ennill llai drwy weithio nag sydd ei angen arnyn nhw i fyw neu i gynnal teulu.

Poblogaethau sy'n heneiddio a mudo

Mewn nifer o GMEDd, mae poblogaethau'n byw bywydau hirach o lawer ac yn aml mae pobl yn ddibynnol ac yn methu gweithio. Mae hyn yn golygu bod y gyfran o'r boblogaeth

Nodau

◉ **Deall ei bod yn bosibl dadlau bod GMEDd yn ecsbloetio economïau cyflog isel yn y GLIEDd, gan achosi diweithdra a thlodi mewn gwledydd mwy cyfoethog ac effaith gymdeithasol ar GLIEDd**

Roedd nifer o bobl mewn GLIEDd yn cael eu cyflogi mewn amaethyddiaeth, ond bu cynnydd diweddar mewn diwydiannu yn nifer o wledydd Asia. Yn yr un ffordd, mewn GMEDd, mae llai o waith gweithgynhyrchu, cyfraddau diweithdra uwch ac anghydraddoldeb cynyddol o ran cyfoeth a chyfleoedd. Nid yw data ar batrymau cyflogi yn hawdd cael gafael arnyn nhw mewn nifer o GLIEDd gan fod cofnodion y llywodraeth yn aml yn anghyflawn (mae systemau'n wan) ac mae llawer o gyflogaeth yn anffurfiol, felly gall cyflogwyr dalu gweithwyr sydd heb eu cofrestru ag arian parod. Mae cyflogaeth yn cael ei chysylltu ag incwm, ac yn gyffredinol mae incymau'n isel iawn mewn GLIEDd, ac yn achos y bobl dlotaf, mae'n is na'r hyn sydd ei angen i fyw. Mae honiadau bod GMEDd yn colli swyddi gweithgynhyrchu a bod **corfforaethau rhyngwladol** yn symud eu busnesau i GLIEDd lle mae cyflogau'n isel, lle mae llai o undebau neu gyfreithiau i amddiffyn gweithwyr, a lle nad yw pobl yn cael eu cefnogi gan wladwriaeth les. Er bod gwaith diwydiannol yn talu cyflog isel mewn GLIEDd, yn aml mae'n cynnig llawer gwell incwm na llafur amaethyddol, felly mae pobl yn aml yn mudo i ddinasoedd neu hyd yn oed i wledydd gwahanol yn chwilio am waith a'r gobaith o fywyd gwell na bywyd cefn gwlad.

Mae'r llun yn dangos ffermwr yn Ethiopia yn gweithio ar ei dir. Defnyddiwch y ffotograff a'r wybodaeth sydd gennych i awgrymu rhesymau pam mae nifer o bobl ifanc yn dewis mudo o'r wlad i weithio mewn dinasoedd neu yng ngwledydd y Gorllewin.

Dysgu gweithredol

Dosbarthiad incwm y byd

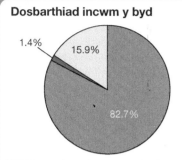

- Mae un rhan o bump mwyaf cyfoethog poblogaeth y byd yn derbyn 82.7% o gyfanswm incwm y byd
- Mae 60% canol poblogaeth y byd yn derbyn 15.9% o gyfanswm incwm y byd
- Mae 20% tlotaf poblogaeth y byd yn derbyn 1.4% o gyfanswm incwm y byd

Ffynhonnell: Data UNESCO

Yn 2015, amcangyfrifodd yr elusen Oxfam y bydd 1 y cant mwyaf cyfoethog poblogaeth y byd yn berchen ar fwy na'r 99 y cant sy'n weddill gyda'i gilydd (gweler Ffaith ddiddorol). Mae'r bwlch rhwng y cyfoethog a'r tlawd yn lledu'n gyflym. A yw'r anghydraddoldeb incwm hwn yn broblem? Pa resymau sydd gennych dros eich syniadau?

Dysgu annibynnol

Yn 2013, dymchwelodd ffatri ddillad Rana Plaza yn Bangladesh gan ladd mwy na 1100 o weithwyr. Roedd y rhan fwyaf ohonyn nhw'n fenywod a oedd yn defnyddio peiriannau i wnïo ar ran cwmnïau dillad. Roedd adeiladwaith yr adeilad yn wael. Yn sgil y trychineb, daeth hi'n amlwg bod y gweithwyr cyflog isel yn gweithio mewn amodau gwarthus. Mae nifer o gwmnïau wedi dechrau ymateb i bwysau gan y cyhoedd i wella amodau, ac fe gyfrannon nhw at y gronfa'r trychineb. Dysgwch fwy drwy ymchwilio i'r stori. Beth rydych chi'n ei ddysgu o'r stori am y deddfau sy'n ymwneud ag iechyd a diogelwch gweithwyr mewn GLIEDd?

⭐ FFAITH DDIDDOROL

Bydd yr 1 y cant mwyaf cyfoethog yn berchen ar fwy na'r gweddill i gyd erbyn 2016

Mae *Wealth: Having it all and wanting more*, papur ymchwil a gyhoeddwyd gan Oxfam, yn dangos bod yr 1 y cant mwyaf cyfoethog wedi gweld eu cyfran o gyfoeth byd-eang yn cynyddu o 44 y cant yn 2009 i 48 y cant yn 2014 ac, ar y gyfradd hon, bydd yn fwy na 50 y cant yn 2016. Roedd gan aelodau o'r elît byd-eang hwn gyfoeth ar gyfartaledd o $2.7 miliwn i bob oedolyn yn 2014.

O'r 52 y cant o gyfoeth byd-eang sy'n weddill, mae bron y cyfan (46 y cant) yn eiddo i weddill pumed mwyaf cyfoethog poblogaeth y byd. Mae'r 80 y cant arall yn rhannu 5.5 y cant yn unig ac roedd ganddyn nhw gyfoeth ar gyfartaledd o $3,851 i bob oedolyn – sef 1/700fed o gyfoeth cyfartalog yr 1 y cant.

---

sydd ar gael i fod yn rhan o'r gweithlu yn gostwng. Mae problem prinder gweithwyr yn cael ei datrys yn rhannol drwy gyflogi gweithwyr mudol, felly, er enghraifft, mae'r Gwasanaeth Iechyd Gwladol a nifer o asiantaethau yn y DU yn recriwtio gweithwyr yn gyson o'r Dwyrain Pell. Effaith hyn yw amddifadu GLIEDd o weithwyr sydd wedi'u hyfforddi ar draul eu llywodraethau nhw a disbyddu gweithlu medrus y GLIEDd. Canlyniad hynny yw nad yw'r llywodraethau hynny'n gallu darparu gwasanaethau ar gyfer eu poblogaethau eu hunain i'r un graddau.

Diweithdra ymhlith pobl ifanc

Mae hon yn broblem fyd-eang. Mae perygl i bobl 15–24 oed fod yn ddi-waith, er gwaetha'r gwelliannau mewn darpariaeth addysgol mewn sawl rhan o'r byd. Mae hyn yn effeithio ar sail hyfforddiant a sgiliau'r boblogaeth gan nad yw pobl ifanc yn ennill sgiliau yn y gweithle nac yn cymryd rhan mewn gwaith. Canlyniad hyn yw nad ydyn nhw'n disgwyl bod mewn gwaith.

Rhywedd

Gan fod menywod yn aml yn cael eu talu'n llai na dynion am resymau'n ymwneud â gwahaniaethu, mae newid cymdeithasol wedi digwydd sy'n golygu bod cyflogwyr yn cyflogi mwy o fenywod mewn sectorau penodol er mwyn torri neu gynnal biliau cyflog is. Yn ogystal, diwydiannau a oedd yn cyflogi dynion yn draddodiadol (e.e. adeiladu, peirianneg, gweithgynhyrchu) oedd nifer o'r rhai a deimlodd effaith yr argyfwng byd-eang, felly roedd dynion yn fwy tebygol o golli eu gwaith. Felly, mae menywod bellach yn datblygu i fod yn brif enillwyr cyflog sy'n cefnogi teuluoedd. Wrth i rai gwledydd adfer eu heconomi, mae dynion bellach yn dod o hyd i waith, ond mae hyn yn amlwg yn achosi newidiadau mewn patrymau rhywedd traddodiadol mewn nifer o ddiwylliannau.

Economïau gweithdai cyflog isel

Mae cymdeithasau'r Gorllewin wedi dangos bod galw cynyddol am ddillad rhad, ffasiynol, tymor byr, un tro. Awgrymodd yr elusen War on Want fod gweithwyr yn Bangladesh sy'n gwneud dillad ar gyfer cwmnïau fel Primark, Benetton ac Asda yn ennill llai na £20 y mis ar gyfartaledd. Mae disgwyl i weithwyr weithio am oriau hir, am ddâl isel. Mae rheoliadau iechyd a diogelwch

---

Ysgrifennu estynedig

Gan ddefnyddio tystiolaeth ac engreifftiau cymdeithasegol, esboniwch batrymau byd-eang cyflogaeth.

Arweiniad: Mae hwn yn gofyn am ddealltwriaeth dda o nifer o faterion allweddol. Dylech chi allu cyferbynnu'r sefyllfa mewn GMEDd a GLIEDd lle mae'n bosibl dadlau bod GMEDd yn ecsbloetio GLIEDd ac yn cyflogi gweithwyr medrus i gefnogi eu heconomïau. Efallai byddwch chi am ystyried y gwahaniaeth rhwng gweithio mewn amaethyddiaeth i gynhyrchu bwyd a pham nad yw hyn yn ddigonol i fwydo poblogaethau mewn GLIEDd. Yn sicr, dylech chi ddisgrifio llafur gweithdai cyflog isel a sut mae galw'r Gorllewin am nwyddau rhad yn hybu datblygiad ffatrïoedd mewn gwledydd sy'n datblygu. Efallai byddwch chi am edrych hefyd ar resymau pam mae cyflogwyr y Gorllewin yn dewis symud eu ffatrïoedd i GLIEDd yn hytrach na chefnogi cyflogaeth yn eu gwledydd eu hunain.

Ysgrifennwch tua 200 gair.

yn aml yn cael eu hanwybyddu. Mae gweithwyr yn aml yn cael eu bwlio ac yn gweithio dan amodau a fyddai'n annerbyniol mewn GMEDd. Mae teuluoedd yn cael eu gwahanu, sy'n golygu bod plant yn gallu byw gyda'u teidiau a'u neiniau wrth i'w rhieni weithio yn y dinasoedd. Er efallai fod deddfwriaeth tâl cyfartal a diogelwch, mewn gwirionedd nid yw'r deddfau hyn yn cael eu gorfodi. Mewn nifer o wledydd, mae undebau llafur, sy'n amddiffyn hawliau gweithwyr, yn cael eu gwahardd neu mae pobl sy'n ymuno ag undebau'n cael eu diswyddo. Honnodd y newyddiadurwr Raveena Aulakh, fod nifer o berchenogion ffatrïoedd yn cyflogi plant, felly nid yw'r plant hynny'n derbyn addysg nac yn llwyddo i wella eu bywydau.

Ymchwil

Yn 2013, aeth Raveena Aulakh, newyddiadurwr o Ganada, i weithio mewn gweithdy cyflog isel yn Bangladesh. Cynhaliodd arsylwad cyfranogol ac oherwydd ei bod hi'n newyddiadurwr, nid oedd yn gaeth i'r un rheolau moesegol ag y gallai cymdeithasegwr fod wedi bod. Disgrifiodd Meem, merch naw oed oedd yn gweithio 12 awr y dydd, gydag un toriad o awr i ginio. Gwaith Meem oedd torri crysau a oedd wedi'u dadbwytho. Roedd Meem yn eistedd ar lawr concrit, mewn gwres aruthrol, ac roedd yn falch oherwydd nad oedd y rheolwr yn gweiddi arni. Nid oedd y ferch fach yn mynychu'r ysgol ac nid oedd amser ganddi i chwarae. Roedd ei chyflog yn cael ei dalu'n uniongyrchol i'w rhieni.

a) Nodwch ac esboniwch **ddau** reswm pam dewisodd y newyddiadurwr ddefnyddio arsylwad cyfranogol ar gyfer ei hymchwil.

b) Fel myfyriwr Cymdeithaseg Safon Uwch, rydych wedi cael cais i ddysgu am agweddau pobl at nwyddau ffasiwn rhad yn eich ardal leol.

   i. Disgrifiwch bob cam o'ch cynllun ymchwil, gan gyfiawnhau'r rhesymau dros eich dewis ar bob cam.

   ii. Trafodwch broblemau a all godi ac effaith y problemau hyn ar ansawdd y data sy'n cael eu casglu.

Cwestiwn cymhwyso tystiolaeth

c) Ysgrifennwch baragraff gan ddefnyddio'r wybodaeth a roddwyd i chi am ymchwil Aulakh i wneud sylwadau am y gwahaniaethau mewn rheolau cyflogaeth rhwng GMEDd a GLIEDd.

Gwiriwch eich dysgu eich hun

Cysylltwch y geiriau â'u hystyron:

a) Gweithdy cyflog isel

> Mater o ddiddordeb neu bryder sy'n effeithio ar bawb ar y blaned.

b) Undebau llafur

> Symud o un ardal o'r byd i un arall, yn aml o fewn dinasoedd, ond weithiau rhwng gwledydd.

c) Mater byd-eang

> Cyfnod o anhawster economaidd byd-eang pan nad yw pobl yn gallu buddsoddi mewn busnesau na chynilo arian.

ch) Poblogaeth sy'n heneiddio

> Mae hyn pan nad oes contract gan weithiwr a phan fydd yn cael cynnig gwaith yn ôl yr angen. Mae modd diswyddo'r gweithiwr ac nid oes ganddo hawliau cyflogaeth.

d) Mudo

> Ffatri lle mae pobl yn cael eu cyflogi am oriau hir mewn amodau gwael.

dd) Argyfwng byd-eang

> Mae oedran cyfartalog y boblogaeth yn codi gan fod pobl yn byw'n hirach ac mae mwy o bobl oedrannus.

e) Llafur ysbeidiol

> Gweithio mewn swydd nad yw'n defnyddio eich holl sgiliau/cymwysterau.

f) Diffyg cyflogaeth

> Cymdeithasau cyfundrefnol o weithwyr mewn swydd neu ffatri sy'n brwydro i amddiffyn eu buddiannau a'u hawliau.

Dysgu gweithredol

Trafodwch y cwestiwn a yw'n fwy o broblem ar gyfer amgylchedd y byd os yw plant yn cael eu geni mewn gwledydd tlawd neu wledydd cyfoethog. Efallai byddwch chi am edrych ar werslyfrau a gwefannau daearyddiaeth i ddatblygu eich dealltwriaeth a gweld enghreifftiau. (Mae hyn yn cysylltu â phroblemau demograffeg yn ddiweddarach ym Mhwnc 6 yr adran hon.)

> Mae gweithdai cyflog isel yn ymarfer pwysig wrth werthfawrogi'r gwahaniaeth rhwng yr hyn rydyn ni'n ei weld (pobl mewn gweithdai cyflog isel) a'r hyn nad ydyn ni'n ei weld (y swyddi y bydden nhw'n eu gwneud pe na bai ganddyn nhw'r cyfle i weithio mewn gweithdai cyflog isel). Mae gweithdai cyflog isel yn cyflogi plant gan fod y plant ar gael i weithio ac mae'r cyfleoedd gorau nesaf sydd ar gael iddyn nhw (amaethyddiaeth neu, mewn rhai achosion, puteindra) fel arfer yn waeth na llafur gweithdai cyflog isel.
>
> **Benjamin Powell, economegydd**

Nodau

◉ **Ystyried patrymau incwm a dosbarthiad tlodi byd-eang**

Mae patrymau cyfoeth a thlodi byd-eang yn gymhleth, sy'n golygu bod gan rai unigolion mewn gwlad reolaeth ar gyfoeth eithafol, ond bod eraill yn byw bywyd o'r llaw i'r genau, wedi'u hamddifadu o fwyd neu iechyd boddhaol, addysg ac amodau lles. Mewn GLIEDd, gall tlodi olygu bod pobl yn mynd heb bethau sylfaenol bywyd fel dŵr glân neu le i gysgu, ond mewn GMEDd fel y DU, mae'n golygu bod pobl heb lety, efallai, neu heb ddigon o wres. Fodd bynnag, ar yr un adeg ag y mae pobl yn byw mewn tlodi cymharol, mae hefyd eithafion cyfoeth mewn gwledydd sy'n datblygu ac mewn gwledydd datblygedig, sy'n golygu bod rhai teuluoedd yn rheoli symiau arwyddocaol o gyfoeth a phŵer, a hynny, weithiau, ar draul y boblogaeth gyfan.

Dysgu gweithredol

Gwelodd yr Athro Colin Pritchard o Brifysgol Bournemouth (2015) fod Prydain ymhell y tu ôl i nifer o wledydd Ewropeaidd fel Groeg a Phortiwgal yn nhermau cyfraddau marwolaethau plant o dan flwydd oed (marwolaeth babanod). Daeth yr ymchwil, a gafodd ei gyllido gan y Cyngor Ymchwil Economaidd a Chymdeithasol (ESRC), i'r casgliad bod y gyfradd marwolaethau ymhlith plant ym Mhrydain yn gysylltiedig â thlodi.

Defnyddiwch ganfyddiadau'r ymchwil hwn a'ch gwybodaeth eich hun i drafod y safbwynt y dylai tlodi gael ei weld yn nhermau mwy na phrinder arian.

Pwnc 5: Patrymau anghydraddoldeb o ran tlodi a chyfoeth

Gwneud i chi feddwl

Cafodd y llun o'r cwch hwylio Rwsiaidd hwn ei dynnu yn Montenegro. Ar y cwch mae chwe uned i westeion ac mae 42 aelod o staff yn byw ar ei fwrdd. Mae nifer yn dadlau bod cyfoeth fel hyn yn nwylo un teulu yn un o achosion tlodi ac anghydraddoldeb byd-eang. Beth yw eich barn?

Diffinio tlodi

Mae mesur, esbonio a deall tlodi yn broses gymhleth gan fod tlodi'n lluniad cymdeithasol. Mae ffyrdd gwahanol o'i ddiffinio, ac mae sut mae tlodi'n cael ei ddiffinio yn effeithio ar faint ohono sy'n cael ei fesur. Gall yr hyn sy'n cael ei ystyried yn dlodi amrywio o gymdeithas i gymdeithas a gall newid dros amser. Mae Piachaud yn dadlau mai'r rheswm y mae'n anodd diffinio tlodi'n wrthrychol yw ei fod yn cyfeirio at y caledi sy'n cael ei ystyried yn annerbyniol mewn cymdeithas benodol. Yn y DU, gall hyn olygu bod heb deledu, ond mewn rhai GLIEDd, gall gyfeirio at brinder dŵr neu ddiffyg gofal iechyd. Felly, mae syniadau am dlodi'n adlewyrchu cyflwr yr economi a hefyd safbwyntiau cymdeithasol a gwleidyddol am ystyr 'tlodi'.

Nododd Spicker (1999) 12 ffordd wahanol o ddehongli tlodi'n gyffredinol mewn llenyddiaeth academaidd:

1. Angen: mae pobl heb angenrheidiau
2. Diffyg adnoddau: er enghraifft, incwm neu addysg
3. Patrwm o amddifadedd, lle mae pobl, dros amser, yn profi nifer o broblemau
4. Safon byw isel
5. Anghydraddoldeb ac anfantais
6. Safle economaidd gwael mewn cymdeithas
7. Dosbarth cymdeithasol isel a statws isel
8. Er mwyn goroesi, dibyniaeth ar ryw fath o gymorth cymdeithasol
9. Agored i risg, er enghraifft trychineb naturiol fel sychder
10. Diffyg hawliau dynol mewn cymdeithas, er enghraifft prawf teg neu hawl i bleidleisio
11. Cael eu hallgáu o'r broses lywodraethu neu o'r broses gwneud penderfyniadau sylfaenol yn eu cymuned
12. Felly, deuddegfed dimensiwn tlodi yw ei fod hefyd yn farn foesol, yn yr ystyr bod llywodraethau neu bobl yn ystyried tlodi yn 'broblem y mae angen ei datrys'.

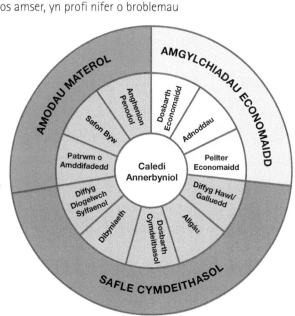

Diffiniadau o dlodi sy'n cael eu defnyddio'n aml

Mae mwy nag un ffordd o edrych ar dlodi byd-eang:

- **Mae tlodi llwyr** yn cyfeirio at ddiffyg incwm digonol i brynu'r pethau sylfaenol i fyw (e.e. bwyd, dillad, lloches). Roedd astudiaeth Rowntree o Efrog yn 1901 yn seiliedig ar yr ymagwedd hon ac yn fwy diweddar mabwysiadodd Datganiad Copenhagen 1995 y Cenhedloedd Unedig safbwynt absoliwt am dlodi.

- **Cafodd tlodi cymharol** ei ddiffinio gan Peter Townsend ac mae'n edrych y tu hwnt i oroesi yn unig. Mae tlodi, yn ôl yr ymagwedd hon, yn seiliedig ar ddisgwyliadau cymdeithas; mae'r hyn sy'n cael ei ystyried yn dlodi yn y DU yn wahanol i'r hyn sy'n cael ei ystyried yn dlodi mewn GLIEDd.

Ym Mhrydain, mae'r wladwriaeth les yn golygu nad oes (neu na ddylai fod) llawer o dlodi/tlodi llwyr.

Fodd bynnag, mae tlodi cymharol yn bodoli gan nad yw pawb yn mwynhau'r nwyddau a'r gwasanaethau y mae'r rhan fwyaf o bobl yn eu cymryd yn ganiataol.

Mae Banc y Byd yn mesur tlodi gan ddefnyddio diffiniad absoliwt. Yn ôl Banc y Byd, tlodi yw bod ag incwm o lai na $2 y dydd; tlodi eithafol yw bod ag incwm o lai na $1.25 y dydd. Dyma oedd y casgliad ar ôl astudio costau byw yn rhai o wledydd tlotaf y byd. Edrych ar anghenion sylfaenol yn unig a wnaeth Banc y Byd, fel bwyd a dŵr glân, eitemau sy'n angenrheidiol i oroesi. Gan ddefnyddio'r ffigurau sylfaenol hyn, amcangyfrifodd Banc y Byd yn 2013 fod dros 12 y cant o boblogaeth y byd yn dlawd ac, yn 2012, roedd bron 900 miliwn o bobl yn byw mewn tlodi. Er bod y ffigur yn lleihau, mae'n dal i fod yn annerbyniol o uchel. Mae beirniaid yr ymagwedd hon yn dadlau bod ffigurau Banc y Byd yn ddiystyr gan fod prisoedd, incymau a chostau byw'n amrywio cymaint o le i le, hyd yn oed yn y gwledydd eu hunain.

Patrymau a thueddiadau

Mae tlodi'n digwydd ym mhob gwlad. Er bod yr incwm cyfartalog yn UDA a'r DU yn uchel, mae ardaloedd o hyd lle nad oes gan bobl angenrheidiau sylfaenol bywyd na'r amodau i fyw bywyd iach. Yn gyffredinol, tlodi cymharol yw llawer o'r tlodi mewn GMEDd, ond nid y cyfan. Mewn GLIEDd, mae cyfraddau tlodi llwyr uchel iawn. Yno, mae pobl yn byw o dan y lleiafswm sydd ei angen i fyw bywyd iach. Mae tua chwarter poblogaeth y byd yn dlawd os defnyddir y diffiniad manwl gywir hwnnw. Fodd bynnag, nid mater o ddiffyg arian yn unig yw tlodi; mae'n ymwneud â diffyg mynediad at adnoddau cymdeithasol, economaidd a materol. Felly mewn GLIEDd, mae hynny'n effeithio ar blant a menywod yn arbennig. Er bod Banc y Byd yn awgrymu bod tlodi'n gostwng, o ddefnyddio mesuriad absoliwt, mae hefyd yn amlwg bod anghydraddoldeb cyfoeth yn cynyddu drwy'r economi byd-eang.

Dysgu annibynnol

Chwiliwch am ddisgrifiadau ar y we o 'Income Parade' neu 'Pen's Parade' Jan Pen. Mae'n cael ei ddisgrifio ar Wikipedia ac ar wefannau eraill. Beth mae'r darlun hwn yn ei ddweud am anghydraddoldeb incwm byd-eang?

> Mae anghydraddoldeb yn cynyddu. Yn 1976, roedd y Swistir 52 gwaith yn fwy cyfoethog na Moçambique; yn 1997, roedd 508 gwaith mwy cyfoethog. Ddau gant a hanner o flynyddoedd yn ôl, roedd y gwledydd mwyaf cyfoethog bum gwaith yn unig yn fwy cyfoethog na'r gwledydd tlotaf, ac roedd Ewrop ddwywaith yn unig mor gyfoethog â China ac India.
>
> **Y Ganolfan ar gyfer Cyfiawnder Cymdeithasol, 2009**

Dysgu gweithredol

Trafodwch y cwestiynau canlynol:

- A yw'n bosibl rhoi terfyn ar dlodi byd-eang?

- Pwy ddylai fod yn gyfrifol am ddileu tlodi?

- Beth yw'r broblem fwyaf, anghydraddoldeb cyfoeth neu dlodi?

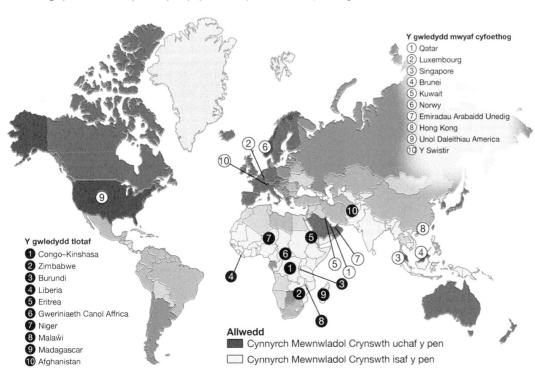

Y gwledydd mwyaf cyfoethog
1. Qatar
2. Luxembourg
3. Singapore
4. Brunei
5. Kuwait
6. Norwy
7. Emiradau Arabaidd Unedig
8. Hong Kong
9. Unol Daleithiau America
10. Y Swistir

Y gwledydd tlotaf
1. Congo–Kinshasa
2. Zimbabwe
3. Burundi
4. Liberia
5. Eritrea
6. Gweriniaeth Canol Affrica
7. Niger
8. Malaŵi
9. Madagascar
10. Afghanistan

Allwedd
- ■ Cynnyrch Mewnwladol Crynswth uchaf y pen
- □ Cynnyrch Mewnwladol Crynswth isaf y pen

Map o wledydd mwyaf cyfoethog a gwledydd tlotaf y byd

Er gwaethaf y dadleuon am beth yn union y mae 'tlodi' yn ei olygu, nid oes llawer o ddadlau am lle mae'r bobl dlotaf yn y byd yn byw. Mae incymau isel, cyfraddau marwolaethau uchel ac achosion niferus o glefydau yn gyffredin mewn rhannau helaeth o Affrica is-Sahara, Asia, a Chanolbarth a De America. Yn hanesyddol, roedd llawer o'r gwledydd tlotaf unwaith yn **drefedigaethau** i rai o wledydd Ewrop; yn aml, mae annibyniaeth wedi dod law yn llaw â rhyfel cartref ac aflonyddwch sydd heb helpu datblygiad economaidd. Mae llawer, efallai pob un, o'r gwledydd tlotaf wedi gweld llygredd gwleidyddol, unbenaethau a gwrthdaro (cyfeiriwch yn ôl at Bwnc 1 yr adran hon). Nid yw annibyniaeth wleidyddol wedi dod law yn llaw ag annibyniaeth economaidd bob amser, gan fod corfforaethau o'r GMEDd yn parhau i fod yn berchen ar nifer o'r adnoddau yn y GLIEDd ac yn eu rheoli. Mae materion eraill fel newid hinsawdd yn cymhlethu pethau'n fwy.

Yn fyd-eang, mae'r niferoedd sydd mewn tlodi llwyr yn gostwng. Mae'r gwelliant mwyaf yn digwydd mewn gwledydd sydd wedi gweld y twf economaidd mwyaf, gan gynnwys China ac India, lle bu rhaglenni lles ac addysg sydd wedi gwneud gwahaniaeth. Wrth roi hyfforddiant mewn ieithoedd a thechnoleg i'w pobl, erbyn hyn mae rhai o'r gwledydd tlotaf yn gallu cystadlu â'r gwledydd mwyaf cyfoethog oherwydd bod ganddyn nhw weithlu medrus a'u bod wedi buddsoddi'n fewnol.

Gan fod trothwy tlodi Byd y Banc mor isel, nid yw'r hyn y mae'n ei gynrychioli o ran tlodi cymharol yn hysbys. Fodd bynnag, hyd yn oed mewn gwledydd fel hyn, mae tlodi llwyr yn parhau, ac mae'n cael mwy o effaith ar rai grwpiau na'i gilydd. Mae plant a menywod yn fwy tebygol o fod yn dlawd na dynion, ac mae'r rhai sy'n byw mewn ardaloedd gwledig yn gyffredinol yn wynebu mwy o dlodi na'r rhai mewn ardaloedd trefol.

Yn 2015, nododd y cylchgrawn *Global Finance* mai dyma'r gwledydd tlotaf:

1.	Congo	6.	Gweriniaeth Canolbarth Affrica
2.	Zimbabwe	7.	Niger
3.	Burundi	8.	Malaŵi
4.	Liberia	9.	Madagascar
5.	Eritrea	10.	Afghanistan

Ymchwil

Disgrifiodd yr anthropolegydd Tierney (1997) sut roedd cysyniadau o'r hyn yw tlodi yn ardaloedd gwledig Tanzania yn wahanol iawn i gysyniadau'r Gorllewin o'r hyn ydyw. Roedd hyn hefyd yn amrywio rhwng y cenedlaethau o Dansanïaid y siaradodd ef â nhw. Bod heb deulu a phobl i rannu prydau bwyd â nhw oedd diffiniad un hen ŵr o dlodi. Diffyg mynediad at addysg oedd tlodi i ŵr llawer yn iau yn ei ugeiniau. Felly, i Dansanïaid, nid problem adnoddau economaidd yw tlodi ond problem prinder cyfleoedd cymdeithasol. Mae tlodi, i Dansanïaid, yn gysyniad llawer mwy eang nag ydyw i Ewropeaid. Nid yw hyn yn golygu nad yw diffyg cyfoeth yn broblem, ond i Dansanïaid, mae syniadau'r Gorllewin am ddiffyg cyfoeth yn rhy gul a heb ystyried problemau cymdeithasol.

a) Nodwch ac esboniwch **ddau** reswm pam siaradodd yr anthropolegydd â Thansanïaid o wahanol genedlaethau er mwyn deall tlodi.

b) Fel myfyriwr Cymdeithaseg Safon Uwch, rydych wedi cael cais i ddarganfod sut byddai pobl yn diffinio tlodi yn eich ardal leol.
   i. Disgrifiwch bob cam o'ch cynllun ymchwil, gan gyfiawnhau'r rhesymau dros eich dewis ar bob cam.
   ii. Trafodwch broblemau a all godi ac effaith y problemau hyn ar ansawdd y data sy'n cael eu casglu.

Cwestiwn cymhwyso tystiolaeth

c) Ysgrifennwch baragraff gan ddefnyddio'r wybodaeth rydych wedi'i dorbyn am gysyniadau tlodi yn Tanzania i wneud sylwadau am ddiffiniad Banc y Byd o dlodi fel incwm o lai na $2 y dydd.

Ysgrifennu estynedig

Gan ddefnyddio tystiolaeth ac enghreifftiau cymdeithasegol, esboniwch/disgrifiwch batrymau tlodi byd-eang.

Arweiniad: Wrth esbonio patrymau tlodi byd-eang, bydd angen i chi esbonio i ryw raddau lle mae tlodi yn digwydd a nodi rhai o'r ffactorau daearyddol sy'n cysylltu'r ardaloedd tlotaf hyn: tir garw, ardaloedd anghysbell lle mae'r cyfathrebu'n wael neu'r hinsawdd yn anodd. Mae'r ffactorau hyn yn berthnasol i GMEDd, felly, er enghraifft, gall ardaloedd anghysbell mewn gwledydd sydd fel arall yn gyfoethog orfod wynebu tlodi. Fodd bynnag, mae'r cwestiwn hwn yn gofyn i chi esbonio tlodi ac felly bydd angen i chi ystyried rhesymau pam mae'r ffactorau hyn yn berthnasol i dlodi gan ychwanegu rhywbeth am ffactorau diwylliannol a chymdeithasol hefyd. Er enghraifft, gall yr ardaloedd tlotaf wynebu rhyfel, clefydau neu newyn.

Ysgrifennwch tua 200 gair.

Gwiriwch eich dysgu eich hun

Cysylltwch y geiriau â'u hystyron:

a) Tlodi llwyr

b) Y llinell dlodi

c) Tlodi cymharol

ch) Banc y Byd

d) Lluniad cymdeithasol

dd) Unbenaethau

e) Trefedigaethedd

Sefydliad yn UDA sy'n ceisio cefnogi GLIEDd drwy gynnig benthyciadau a grantiau i gynnal rhaglenni lles.

Diffyg angenrheidiau sylfaenol bywyd.

Syniad y mae pawb yn tybio eu bod yn ei ddeall a'i rannu, ond sy'n ddyfais gymdeithasol, mewn gwirionedd.

Gwledydd sy'n cael eu rheoli gan unigolyn pwerus.

Y swm lleiaf o arian sydd ei angen ar rywun i fyw.

Rheolaeth wleidyddol ac economaidd gan genedl arall.

Bod â llai o angenrheidiau bywyd na'r rhai o'ch cwmpas yn eich diwylliant.

Nodau

◉ **Deall tueddiadau yn nhwf poblogaeth a threfoli**

Yr enw ar yr astudiaeth o boblogaethau yw **demograffeg**. Mae'r newidiadau ym mhoblogaeth y byd yn ganlyniad cyfuniad o enedigaethau a marwolaethau. Mae mudo yn effeithio ar boblogaeth gwledydd unigol hefyd. Mae mudo'n cyfeirio at symudiad poblogaethau mewn gwledydd a rhyngddynt. Trefi a dinsoedd yw ardaloedd trefol; cefn gwlad yw ardaloedd gwledig.

Mae'r pwnc hwn yn amlinellu rhai o'r ffactorau sy'n effeithio ar newidiadau mewn poblogaeth ac yn trafod **trefoli**, nodwedd bwysig mewn newidiadau demograffig.

Dysgu annibynnol

Ychwanegwch at eich gwybodaeth drwy edrych ar wefannau daearyddiaeth lle mae'r materion mudo a threfoli hefyd yn cael eu hystyried yn fanwl.

Dosbarthiadau poblogaeth y byd

Pwnc 6: Poblogaeth a threfoli

Gwneud i chi feddwl

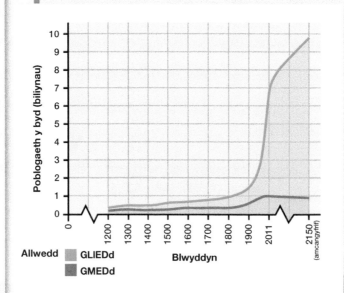

Poblogaeth y byd, 1200–2150

Beth mae'r graff hwn yn ei ddweud wrthych chi am dwf poblogaeth mewn GLIEDd a GMEDd? Ystyriwch y patrymau a'r tueddiadau sy'n cael eu dangos. Beth yw'r goblygiadau ar gyfer GMEDd? Hefyd, beth yw'r goblygiadau ar gyfer GLIEDd?

Dosbarthiad poblogaeth

Nid yw poblogaeth y byd wedi'i dosbarthu'n gyfartal mewn gwledydd na rhwng gwledydd. Mae nifer o ardaloedd lle nad oes neb yn byw neu lle nad yw'n addas i bobl fyw am resymau'n ymwneud â'r hinsawdd neu gyfathrebu. Mae rhai gwledydd yn fwy poblog nag eraill, ac ym mhob gwlad, mae rhai ardaloedd yn fwy poblog na'i gilydd. Yr ardaloedd mwyaf poblog yw'r rhai sydd wedi'u diwydiannu, sef y rhai lle mae pobl yn gallu dod o hyd i waith, neu'r rhai lle mae amaethyddiaeth yn dda a digon o fwyd ar gael, felly. Er enghraifft, yn Affrica, mae'r ardaloedd

Allwedd
- Dwys
- Canolig
- Tenau

mwyaf poblog yn yr Aifft, ar hyd afon Nîl lle mae'r tir yn ffrwythlon, ac yn Nigeria lle mae olew ac adnoddau naturiol eraill i gynnal y boblogaeth; mae Ewrop yn boblog oherwydd bod digon o waith mewn rhanbarthau diwydiannol. Felly, mae dwysedd poblogaeth yn adlewyrchu cyfleoedd economaidd. Mae diwydiannu, a'i weithwyr niferus, wedi dod law yn llaw â threfoli; mae hyn yn golygu bod cyfran y boblogaeth sy'n byw mewn trefi a dinasoedd yn cynyddu'n gyflym iawn.

Gall poblogaethau gael eu dosbarthu'n anghyson mewn gwledydd. Ar fap o Awstralia y mae hyn i'w weld gliriaf: mae'r boblogaeth yn ddwys mewn ychydig o ddinasoedd mawr o gwmpas y rhanbarthau arfordirol trefol lle mae dŵr; mae rhannau helaeth o'r wlad hon yn y gwyllt. Maen nhw'n rhanbarthau tenau eu poblogaeth lle nad oes llawer o bobl yn byw. Mae'r rhai sydd yn byw yno'n dibynnu ar ddefaid a gwartheg yn pori. Yn y DU, mae gwahaniaethau arwyddocaol mewn dwysedd poblogaeth rhwng ardaloedd gwledig ac ardaloedd trefol a hyd yn oed rhwng gwledydd gwahanol y DU. Yn Lloegr, mae 413 o bobl i bob cilometr sgwâr; yng Nghymru dim ond 149 sydd ac yn yr Alban 68 sydd. Wrth gwrs, mae'r ffigurau hyn yn cuddio gwahaniaethau ym mhob gwlad; er enghraifft, ym Mhowys dim ond 26 o bobl sydd i bobl cilometr sgwâr ond 2505 yw'r ffigur yng Nghaerdydd.

Mae ardaloedd lle mae dwysedd poblogaeth uchel a threfoli yn rhannu nifer o nodweddion daearyddol cyffredin:

- Argaeledd gwaith a chyfleoedd addysgol: er enghraifft, mae nifer o bobl yn symud i Lundain neu Gaerdydd i chwilio am gyfleoedd gyrfa nad ydyn nhw ar gael mewn ardaloedd gwledig.
- Cysylltiadau trafnidiaeth fel dulliau o gyrraedd meysydd awyr a chysylltiadau trên.
- Gallu cael bwyd a dŵr yn hawdd.
- Tir ar gael ar gyfer cartrefi a datblygiad diwydiannol; mae llawer o brifddinasoedd mwyaf y byd yn ardaloedd gweddol isel a gwastad sy'n golygu y gall y dinasoedd ehangu.
- Hinsawdd fwynach â llai o wres ac oerfel eithafol nag sydd yn ardaloedd eraill y rhanbarth.

Mae ardaloedd gwledig â dwysedd poblogaeth isel yn aml yn lleoedd llai atyniadol i fyw am y rhesymau hyn:

- Nid oes ganddyn nhw gysylltiadau cyfathrebu: er enghraifft, maen nhw'n fynyddig.
- Mae llai o adnoddau i'w hecsbloetio, er enghraifft mynd at ddefnyddiau crai.
- Mae'n anodd eu datblygu ar gyfer cartrefi a diwydiant oherwydd eu nodweddion ffisegol neu eu hinsawdd.
- Ychydig o waith sydd ar gael, ac mae pridd gwael, llethrau serth neu hinsawdd yn cyfyngu ar waith amaethyddol: er enghraifft, y gwyllt yn Awstralia.
- Mae ffermydd yn aml yn rhy fach i gynnal teuluoedd mawr.
- Pobl gyfoethog, yn enwedig yn Ne America, sydd berchen ar lawer o'r tir, felly nid oes llawer o dir, os oes unrhyw dir o gwbl, ar gael ar gyfer pobl dlawd.
- Mae trychineb naturiol yn gyffredin mewn rhai ardaloedd: er enghraifft, mae Bangladesh yn wynebu llifogydd dinistriol rheolaidd gan ei bod yn llwybr stormydd trofannol.

Twf poblogaeth

Mae nifer o GLIEDd yn ardaloedd lle mae'r boblogaeth yn tyfu'n sylweddol Mae dau reswm dros hyn: cynnydd mewn cyfraddau genedigaethau a gostyngiad mewn cyfraddau marwolaethau.

Mae cyfraddau genedigaethau'n aml yn uchel mewn GLIEDd am y rhesymau hyn:

- Nid yw dulliau atal cenhedlu ar gael yn rhwydd nac wedi'u derbyn yn draddodiadol. Mewn rhai ardaloedd, mae pobl yn gwrthwynebu atal cenhedlu ar sail grefyddol.
- Nid yw menywod wedi cael addysg, ac felly dydyn nhw ddim yn gwybod sut i atal beichiogrwydd.
- Mae merched yn priodi'n ifanc ac yn cael llawer o blant yn ystod eu bywyd ffrwythlon.
- Mae pobl yn cael nifer mawr o blant gan ddisgwyl na fydd llawer ohonyn nhw'n goroesi.
- Mae plant yn cael eu gweld yn adnodd ac yn ffynhonnell incwm, yn enwedig mewn ardaloedd ffermio lle maen nhw'n gweithio ar ran eu teuluoedd.

Mae cyfraddau marwolaethau'n disgyn mewn GLIEDd a GMEDd am y rhesymau hyn:

- Mae mwy o feddyginiaethau ataliol ar gael, er enghraifft brechlynnau sy'n cael eu defnyddio i amddiffyn pobl.
- Mae glanweithdra'n gwella mewn sawl rhan o'r byd.
- Mae mwy o fwyd yn cael ei gynhyrchu.

Mae cyfraddau marwolaethau'n gostwng yn gyflymach mewn GMEDd, lle mae poblogaethau'n heneiddio yn ôl pob sôn. O ganlyniad i gyfraddau marwolaethau ymhlith plant yn gostwng, erbyn

Mae'r llun yn dangos menywod yn cario dŵr yn ôl i'w phentref yn nhalaith Indiaidd Rajasthan. Beth mae hyn yn ei ddweud am fywyd yn ardaloedd gwledig rhai gwledydd?

Dysgu gweithredol

Mae ffrwythlondeb yn gostwng yn eithaf cyflym mewn rhai GLIEDd, ac mewn rhai achosion, mae'n agos i'r ffigurau ar gyfer rhai GMEDd. Er enghraifft, ar gyfartaledd, mae gan fam yn y DU 1.9 o blant; mae gan fam yn Bangladesh 2.2 o blant. Mae gan wefan Banc y Byd wybodaeth gyfredol. Trafodwch resymau pam gall hyn fod yn digwydd.

hyn mae poblogaethau mawr o bobl ifanc mewn nifer o GLIEDd; fodd bynnag, efallai bydd y bobl hyn hefyd yn dymuno cael plant, felly nid yw cyfraddau genedigaethau'n gostwng mor gyflym.

Mudo

- ◉ Mudo yw pan fydd pobl yn symud o un ardal i ardal arall.
- ◉ I raddau helaeth, mae mudo hefyd yn rhan o'r broses drefoli, lle mae pobl yn symud o ardaloedd gwledig i ddinasoedd am resymau economaidd.
- ◉ Ymfudo yw pan fod pobl yn gadael gwlad.
- ◉ Mewnfudo yw pan fydd pobl yn symud i wlad newydd.

Mae patrymau mudo drwy'r byd i gyd: er enghraifft, mae llawer o bobl hŷn ym Mhrydain yn ymddeol i wledydd cynhesach fel Sbaen lle maen nhw'n gallu byw'n rhad a mwynhau ffordd o fyw da a thywydd dymunol. Mae pobl iau ym Mhrydain yn symud i Seland Newydd ac Awstralia lle mae swyddi a ffordd o fyw dda ar gyfer pobl sydd â chymwysterau addysgol uchel. Yn y gwledydd eu hunain, gall pobl fudo o'r wlad i'r ddinas, felly, er enghraifft, yng Nghymru gall pobl ifanc fynd i ddinasoedd am resymau'n ymwneud ag addysg a chyflogaeth, gan adael cefn gwlad lle mae cyfran uwch o bobl hŷn.

Mae mudo'n cyfeirio at boblogaethau'n symud, ond mae grwpiau amrywiol yn mudo:

- ◉ Mae'n bosibl mai chwilio am gy eoedd gwaith y mae **mudwyr economaidd**, er enghraifft Prydeinwyr ifanc sy'n mudo i Seland Newydd.
- ◉ Mae'n bosibl y byddai **ceiswyr lloches** mewn perygl o gael eu carcharu, eu harteithio neu eu lladd am resymau gwleidyddol yn eu mamwlad a'u bod yn ceisio dianc rhag cael eu herlid. Mae pobl hoyw neu Gristnogion mewn rhai gwledydd yn y Dwyrain Canol yn enghreifftiau.
- ◉ Mae **ffoaduriaid** yn dianc rhag aflonyddwch neu ryfel, sy'n golygu y bydd nifer o bobl yn gadael ardaloedd lle mae gwrthdaro i geisio diogelwch ar gyfer eu teuluoedd, er enghraifft dianc rhag y rhyfeloedd cartref yn Syria ac Afghanistan.

Ffactorau sy'n gyrru pobl i ffwrdd o ardaloedd (ffactorau gwthio)	Ffactorau sy'n atynnu pobl i ranbarthau penodol (ffactorau tynnu)
Diffyg argaeledd gwaith, er enghraifft mewn ffermio.	Cyfleoedd gwaith a gwaith mewn diwydiant.
Sefyllfaoedd gwrthdaro neu ormesu lleiafrifoedd yn wleidyddol.	Diogelwch rhag trais a gormes neu artaith, er enghraifft yn achos ceiswyr lloches a ffoaduriaid rhag rhyfel.
Trychinebau naturiol fel sychder neu newyn.	Gofal iechyd a chyfleusterau meddygol neu ddarpariaeth cymorth bwyd.
Ychydig o gyfleoedd yn unig i gael bywyd gwahanol.	Cyfleoedd addysgol a chyfle i wella ansawdd bywyd.

Trefoli ac anghydraddoldeb

Mae cynnydd wedi bod mewn trefoli ar draws y byd. Diffiniad Warren S Thompson (1929) o drefoli oedd y broses lle mae pobl yn gadael cefn gwlad ac yn symud i'r dinasoedd. Yn y DU, digwyddodd hyn yn ystod y Chwyldro Diwydiannol, pan symudodd pobl i'r canolfannau trefol mawr (e.e. Llundain, Manceinion a Birmingham) i dderbyn gwaith yn y ffatrïoedd newydd. Felly, erbyn hyn mae'r broses drefoli yn y DU yn gymharol araf. Dywedodd Kingsley Davis (1955) fod y broses yn digwydd yn gyflym iawn mewn GLIEDd lle mae poblogaeth rhai dinasoedd yn dyblu mewn 40 mlynedd. Mae hyn yn arwain at ddinasoedd sy'n cael eu hamgylchynu gan drefi sianti a slymiau sy'n gartref i filiynau o bobl. Mae'r amodau yno'n wael iawn. Mae symud poblogaethau i'r dinasoedd wedi bod yn drech na gallu llywodraethau a dinasoedd i ddatblygu isadeiledd heolydd, iechydaeth, llinellau pŵer a chartrefi ar gyfer y poblogaethau newydd enfawr y maen nhw'n eu cartrefu. Mae trefoli hefyd yn achosi problemau cymdeithasol eraill: er enghraifft, mae'n bosibl y bydd angen i gymunedau gwledig traddodiadol ddatblygu credoau, agweddau ac ymddygiadau cymdeithasol newydd i oroesi yn y dinasoedd. Gallan nhw ei chael hi'n anodd addasu i'w ffordd o fyw newydd, felly gall problemau alcoholiaeth a chamddefnyddio sylweddau fod yn gyffredin yn slymiau tlotaf dinasoedd Affrica a De America.

Mae'r llun yn dangos dinas Vijayawada yn India. Yn eich barn chi, pa broblemau mae'r preswylwyr yn eu profi wrth fyw yn y ddinas hon?

Mae nifer o'r mudwyr i'r dinasoedd yn ifanc, ac yn aml maen nhw'n wrywod; felly pobl ifanc iawn a'r henoed, sy'n cymryd rolau ffermwyr, sydd ar ôl yn yr ardaloedd gwledig. Mae'r twf mewn poblogaethau ifanc mewn ardaloedd trefol hefyd yn hybu'r cyfraddau genedigaethau, gan ychwanegu at y pwysau sydd ar ddinasoedd i ddarparu ar gyfer y bobl sy'n byw yno. Felly, mae trefi sianti GLIEDd yn agored i broblemau cymdeithasol arwyddocaol:

- ⊚ Gorboblogi mewn tai o ansawdd gwael. Amcangyfrifir bod 2 filiwn o bobl yn byw mewn *favelas* (slymiau) yn Rio de Janeiro ym Mrasil. Mae hanner miliwn arall yn byw ar y strydoedd.
- ⊚ Epidemigau yn sgil clefydau fel colera, HIV/AIDS a twbercwlosis, sy'n ffynnu mewn ardaloedd lle mae gorboblogi. Mae gan Calcutta yn India broblemau sy'n cael eu hachosi gan garthion yn y strydoedd.
- ⊚ Trosedd a thrais oherwydd nad oes digon o swyddi i gynnal y boblogaeth. Mae gangiau i'w gweld mewn ardaloedd tlawd, hyd yn oed mewn dinasoedd GMEDd fel Los Angeles.
- ⊚ Gwasanaethau cyhoeddus gwael ac addysg wael oherwydd y galw uchel. Dywedir bod 50 y cant o bobl Ciudad de México yn anllythrennog.
- ⊚ Mae plant yn aml yn cael eu gadael neu'n mynd ar goll, neu weithiau maen nhw'n amddifad oherwydd clefydau. Mae rhai'n cael eu gadael i ofalu amdanyn nhw eu hunain. Mae lefelau uchel o blant ar y stryd mewn sawl dinas yn India ac yn Ne America.

Dyma rai strategaethau sy'n cael eu defnyddio i reoli problemau trefoli cyflym:

- ⊚ Buddsoddi mewn cymunedau gwledig, gan ddarparu gwaith a chymorth i annog pobl i aros yng nghefn gwlad. Mae nifer o elusennau fel Oxfam yn cefnogi cymunedau gwledig.
- ⊚ Cynlluniau hunangymorth fel gwerthu tir rhad. Wrth gael darn o dir, gall pobl adeiladu cartrefi a thyfu bwyd yn agos i'r ddinas. Mae cael adnoddau a hyfforddiant ar gyfer gweithio yn gynllun arall.

Ymchwil

Cynhyrchodd Deborah Potts (2012) ymchwil ar gyfer Sefydliad Ymchwil Affrica gan ei seilio ar ddata cyfrifiadau a data'r Cenhedloedd Unedig. Daeth i'r casgliad bod yr isafswm cyflog roedd pobl ar y cyfandir yn ei dderbyn, er ei fod yn uwch, yn werth llai; roedd hynny'n golygu bod pobl yn gallu prynu llai gyda'u harian. Roedd tlodi'n broblem i'r graddau bod angen i bob aelod o'r teulu weithio er mwyn i bawb oroesi. Mae cyflogau yn y ddinas yn wael iawn yn Affrica is-Sahara, ond yn well nag ydyn nhw mewn ardaloedd gwledig. Fodd bynnag, mae costau byw mewn ardaloedd trefol hefyd yn uwch, felly rhoi argraff gamarweiniol y mae'r cyflogau uwch. Mae nifer o Affricaniaid yn dymuno dychwelyd i'w hardaloedd gwledig traddodiadol neu weithiau maen nhw'n dymuno mudo i ardaloedd mwy cyfoethog. Mae cyfraddau genedigaethau uchel yn ogystal â mewnfudo yn ysgogi twf dinesig.

- a) Nodwch ac esboniwch **un** rheswm pam defnyddiodd Potts ddata cyfrifiadau Affricanaidd a data'r Cenhedloedd Unedig yn sail i'w hastudiaeth.
- b) Fel myfyriwr Cymdeithaseg Safon Uwch, rydych chi wedi cael cais i ddarganfod a fyddai'n well gan bobl o oedran gweithio fyw mewn dinasoedd yn hytrach na gweithio yng nghefn gwlad.
    - i. Disgrifiwch bob cam o'ch cynllun ymchwil, gan gyfiawnhau'r rhesymau dros eich dewis ar bob cam.
    - ii. Trafodwch broblemau a all godi ac effaith y problemau hyn ar ansawdd y data sy'n cael eu casglu.

Cwestiwn cymhwyso tystiolaeth

- c) Ysgrifennwch baragraff gan ddefnyddio'r wybodaeth a roddwyd i chi am dlodi yn Affrica i wneud sylwadau ar resymau dros fudo mewn gwledydd a rhyngddyn nhw.

Ysgrifennu estynedig

Gan ddefnyddio tystiolaeth gymdeithasegol ac enghreifftiau, amlinellwch ac esboniwch effeithiau patrymau byd-eang trefoli.

Arweiniad: Bydd angen i chi esbonio bod dosbarthiadau poblogaeth pob gwlad yn anghyson, gyda rhaniad pendant rhwng ardaloedd gwledig a dinesig. Trafodwch drefoli drwy nodi bod dinasoedd ac ardaloedd trefol yn tyfu'n gynt mewn GLIEDd nag mewn GMEDd. Edrychwch ar ffactorau gwthio sy'n gyrru pobl allan o gefn gwlad a hefyd y ffactorau tynnu sy'n eu hatynnu i'r dinasoedd, yn aml i ddinasoedd yn y GMEDd, lle mae mwy o gyfleoedd nag sydd yn ninasoedd y GLIEDd. Byddai sôn am yr argyfwng ffoaduriaid yn ddefnyddiol yma oherwydd gall trefoli esbonio pam mae gwledydd y Gorllewin yn denu. Gallech sôn, oherwydd bod mudwyr yn aml yn ifanc, fod yr ardaloedd gwledig wedi'u diboblogi neu'n fannau ar gyfer yr hen a'r ifanc iawn, sy'n golygu bod llai o gynhyrchu bwyd. Y canlyniad yw bod cyfraddau genedigaethau yn yr ardaloedd trefol yn uchel. Datblygwch y pwynt drwy ddweud bod ardaloedd trefol mewn GLIEDd yn aml yn dlawd iawn a bod yr amodau byw yno'n afiach.

Ysgrifennwch tua 500 gair.

Gwiriwch eich dysgu eich hun

Defnyddiwch atlas i nodi lleoliad y dinasoedd a'r gwledydd hyn. Yna amcangyfrifwch boblogaeth pob dinas a'u rhestru mewn trefn, o'r fwyaf i'r lleiaf (i roi syniad i chi, yn 2014, poblogaeth Llundain (DU) oedd 8.6 miliwn). Oeddech chi'n gywir?

Delhi (India)
Djakarta (Indonesia)
Karachi (Pakistan)
Manila (Ynysoedd y Pilipinas)
Ciudad de México (México)
Efrog Newydd (UDA)
São Paulo (Brasil)
Seoul (De Korea)
Shanghai (China)
Tokyo (Japan)

Nodau

- ● Ystyried y ffactorau economaidd a chymdeithasol sy'n gallu arwain at ymyleiddio rhai grwpiau yn y gymdeithas

Mae ymyleiddio'n cyfeirio at y syniad bod rhai grwpiau o bobl dan anfantais yn gymdeithasol a bod eu hawliau'n cael eu gwrthod, felly mae'n debyg i'r cysyniad o allgáu cymdeithasol. Mae'n destun dadl ar raddfa fyd-eang, gan fod nifer yn dadlau bod ymyleiddio'n bodoli, tra bo eraill yn meddwl mai myth ydyw.

Nododd Griffin (2000), ymhlith eraill, fod tlodi'n anodd ei ddiffinio, yn enwedig gan nad yw rhai diwylliannau'n diffinio cyfoeth yn nhermau arian. Bydd diwylliannau heidio anifeiliaid yn Affrica yn diffinio cyfoeth yn nhermau nifer y gwartheg sydd ganddyn nhw. Ar y llaw arall, mae diwylliannau nomadaidd hinsawdd oer yn lladd eu holl anifeiliaid cyn y gaeaf fel nad oes angen iddyn nhw fwydo eu hanifeiliaid. Felly, er bod anifeiliaid yn ffurf ar arian ar gyfer y ddau ddiwylliant hyn, nid yw cyfrif anifeiliaid yn ffordd ddilys o fesur cyfoeth. Nid un grŵp o ran oedran, ethnigrwydd neu ddosbarth yw'r tlodion; yr unig beth a allai fod ganddyn nhw'n gyffredin yw eu bod ar wahân yn gymdeithasol oddi wrth bŵer a'u bod yn byw ar gyrion cymdeithas. Felly gall ymyleiddio fod yn ganlyniad tlodi a diffyg mynediad at wasanaethau. Mae tlodi ac ymyleiddio'n effeithio ar rai grwpiau'n fwy na'i gilydd: menywod, pobl heb addysg, grwpiau ethnig lleiafrifol, pobl heb sgiliau, pobl sâl a phobl anabl. Mae hyn yn wir am bob cymdeithas.

Pwnc 7: Ymyleiddio cymunedau tlawd

Gwneud i chi feddwl

Mae pobl y Maasai yn ne Kenya'n byw drwy heidio gwartheg a bwyta cig, llaeth a chynnyrch gwaed. Prin, os o gwbl, yw'r cysyniad sydd ganddyn nhw o berchenogaeth tir preifat, ond mae rhannau o'u tir traddodiadol wedi cael eu gwerthu i ddatblygwyr gan eu llywodraeth ac mae ardaloedd pellach wedi cael eu troi'n barciau anifeiliaid ar gyfer twristiaeth saffari. Mae lefelau tlodi wedi cynyddu ac erbyn hyn mae nifer o'r Maasai yn ddibynnol ar gymorth bwyd tramor i oroesi. Beth mae'r Maasai yn gallu ei wneud i gadw eu diwylliant a'u ffordd o fyw draddodiadol?

Beth yw canlyniadau ymyleiddio?

Mae nifer o broblemau rydyn ni'n eu hystyried yn broblemau cymdeithasol ym mhob cymdeithas yn gysylltiedig â phroblemau ymyleiddio. Er enghraifft, bydd y rhai sydd heb addysg, iechyd a chyflogaeth yn arbennig o agored i incymau isel a thlodi. Mae tlodi'n gysylltiedig â chyfraddau genedigaethau uchel ac addysg wael. Felly, mae mwy o berygl y bydd pobl sy'n wynebu tlodi ac ymyleiddio yn ddigartref, yn camddefnyddio cyffuriau ac alcohol, yn dioddef ymddygiad troseddol a throseddau stryd, yn cael eu cam-drin yn rhywiol ac yn gorfod cardota i fyw. Mae amgylchiadau'r bobl hyn, a'u ffordd o fyw, yn eu caethiwo i mewn i gylch o dlodi sy'n eu gadael ar gyrion cymdeithas.

Mae Griffin (2000) yn dadlau bod Banc y Byd yn optimistaidd wrth ddadlau bod lefelau tlodi wedi gostwng (gweler Pwnc 5 yr adran hon). Er bod incymau pobl wedi cynyddu, mae'n awgrymu bod nifer o bobl yn dal heb angenrheidiau sylfaenol bywyd oherwydd bod pris bwyd wedi cynyddu. Mae'n nodi bod tlodi, mewn nifer o wledydd ar draws y byd, yn waeth o lawer i rai grwpiau cymdeithasol. Mae'r grwpiau hyn nid yn unig ar gyflog isel, ond maen nhw mewn perygl o gael eu hecsbloetio ymhellach oherwydd bod ganddyn nhw statws isel ar sail ffactor gymdeithasol fel eu rhyw, ethnigrwydd, cred grefyddol neu iaith.

Gall ymyleiddio ddigwydd ar raddfa fyd-eang, felly efallai na fydd gan rai gwledydd y dylanwad gwleidyddol sydd gan wledydd eraill; neu gall ddigwydd ar raddfa genedlaethol, sy'n golygu bod rhai grwpiau o weithwyr yn llai pwerus na'i gilydd. Gall ddigwydd ar raddfa eithaf bach hefyd: er enghraifft, nid yw rhai diwylliannau llwythol neu grwpiau iaith yn cymryd rhan mewn gwleidyddiaeth neu mewn cymdeithas, felly nid oes ganddyn nhw lais. Gall ymyleiddio hefyd ddigwydd o ganlyniad i drefoli, lle mae gan bobl mewn dinasoedd ffyrdd o fyw a chyfleoedd gwaith gwell na'r rhai mewn ardaloedd gwledig, sydd felly'n cael eu hymyleiddio.

Astudiaeth achos: ymyleiddio mewn GMEDd

Mae Gwlff Persia yn cynhyrchu llawer o olew'r byd ac, o ganlyniad, mae nifer o wledydd yn yr ardal hon wedi dod yn gyfoethog iawn ac wedi datblygu'n gyflym. I ddechrau, cafodd gweithwyr sgiliau uchel eu denu o wledydd y Gorllewin i ecsbloetio adnoddau, ond nawr mae nifer o daleithiau'n chwilio am ffynonellau incwm eraill. Er enghraifft, erbyn hyn mae Dubai yn gyrchfan dwristiaeth gyfoethog. Oherwydd hynny, mae'n rhaid denu gweithwyr sgiliau isel y sector gwasanaethau fel gweinyddion ac adeiladwyr ar gyfer gwestai o Dde-ddwyrain Asia. Maen nhw'n hapus i dderbyn cyflog is ac mae llawer ohonyn nhw'n rhannu'r un credoau diwylliannol a chrefyddol â thrigolion Taleithiau'r Gwlff. Amcangyfrifir bod ymhell dros 9 miliwn o weithwyr o dramor yn gweithio yn Saudi Arabia. Mae'r gweithwyr hyn yn gallu anfon arian yn ôl i'w gwledydd eu hun, ac felly'n cynyddu'r cyfoeth yn ardaloedd tlotaf y byd. Fodd bynnag, mae dadl hefyd fod amdodau gweithio ac amodau byw'r gweithwyr gwadd hyn yn wael iawn. Dywedir nad oes ganddyn nhw hawliau dynol sylfaenol. Mae cyflogwyr yn Saudi Arabia'n cael cadw pasbortau gweithwyr a gwrthod yr hawl iddyn nhw adael y wlad os oes anghydfod. Felly mae gweithwyr tramor yn cael eu hymyleiddio yn nifer o daleithiau'r Gwlff.

Astudiaethau achos: ymyleiddio mewn GLIEDd

Mewn GLIEDd, gall cryn wrthdaro fod rhwng buddiannau llywodraethau a chwmnïau rhyngwladol ar y naill law a phobl leol ar y llaw arall. Er enghraifft:

- ◉ Mae'r bobl San yn Botswana yn dymuno parhau â'u ffordd o fyw draddodiadol, sef hela am fwyd mewn ardaloedd gwledig anghysbell. Mae hyn yn rhoi pwysau ar fywyd gwyllt sy'n mynd yn brinnach ac yn brinnach ac yn tanseilio gallu'r llywodraeth i ecsbloetio'r bywyd gwyllt hwn at ddiben twristiaeth.
- ◉ Mae ecsbloetio Amazonas a'r fforestydd glaw yn Indonesia gan wledydd eraill mwy cyfoethog (e.e. ar gyfer coed, tir i dyfu cnydau, etc.) yn rhoi pwysau ar gynefinoedd sy'n mynd yn brinnach ac yn brinnach ac yn rhai y mae pobl leol yn dymuno eu cadw.
- ◉ Mae'r Yanomami yn grŵp brodorol o bobl y goedwig law sy'n byw ym Mrasil; mae cwmnïau torri a thrin coed, ffermwyr a'r rhai sy'n mwyngloddio aur yn anghyfreithlon yn bygwth eu tiroedd. Mae hyn yn rhoi pwysau mawr ar arferion hela a ffordd o fyw draddodiadol yr Yanomami. Mae Cyngres Brasil o dan bwysau i ganiatáu mwy o fwyngloddio gan gwmnïau rhyngwladol sy'n awyddus i ecsbloetio adnoddau ar dir yr Yanomami.

> Mae'n fyd o eithafion. Daw hynny'n amlwg wrth ystyried mater allgáu. Mae hynny'n golygu allgáu gwleidyddol, lle mae hawliau dinasyddion yn cael eu hymyleiddio gan fuddiannau busnesau mawr: mae'n amlwg bod polisi amgylcheddol George W Bush, er enghraifft, wedi'i greu er budd cwmnïau egni UDA.
>
> **Noreena Hertz**

Yn y tri achos hyn, mae lleisiau'r bobl sy'n berchen ar y tir ac a'i sefydlodd i gychwyn yn cael eu goruwchreoli gan anghenion datblygu economaidd a galwadau gwledydd mwy cyfoethog.

Dyma lun o Favela Rocinha, ardal slymiau fwyaf De America, heb fod ymhell o Rio de Janeiro. Mae nifer o bobl yn byw mewn cynwysyddion tebyg i'r rhai ar lorïau a llongau. Ym mha ffyrdd y mae trigolion y slym hwn, sy'n gartref i fwy na 70 000 o bobl (ond efallai dwbl hynny), yn cael eu hymyleiddio oddi wrth gymdeithas Brasil?

Dysgu annibynnol

Dysgwch fwy am amodau gwaith gweithwyr tramor sydd wedi'u hymyleiddio yn Nhaleithiau'r Gwlff. Edrychwch ar wefan Amnest Rhyngwladol, sy'n sôn am achosion unigol lle maen nhw'n honni bod torri hawliau dynol wedi digwydd a gweithwyr wedi cael eu trin fel dinasyddion eilradd ac wedi cael eu hecsbloetio.

Dysgu gweithredol

Darllenwch stori newyddion sy'n trafod ymyleiddio pobl dlawd Affrica yng nghyd-destun globaleiddio:

http://news.bbc.co.uk/1/hi/world/africa/2538665.stm

YMESTYN a HERIO

Darllenwch am globaleiddio a pherthnasoedd grym drwy'r byd drwy edrych ar lyfryn o'r enw *The New Rulers of The World*, a oedd yn cyd-fynd â rhaglen deledu a wnaeth John Pilger yn 2001. Bydd unrhyw beth a ddarllenwch chi gan John Pilger, newyddiadurwr o Awstralia, yn heriol ac yn ddiddorol. Dewch o hyd i enghreifftiau o astudiaethau achos y mae Pilger yn eu defnyddio i ychwanegu dyfnder a manylder at eich ymatebion.

http://www.bullfrogfilms.com/guides/newguide.pdf

Ysgrifennu estynedig

Gan ddefnyddio tystiolaeth gymdeithasegol ac enghreifftiau, esboniwch ffactorau sy'n gallu achosi i rai grwpiau gael eu hymyleiddio.

Arweiniad: Dangoswch eich bod yn deall bod gan bob gwlad raniadau anghyfartal o ran cyfoeth a thlodi. Diffiniwch ymyleiddio fel cysyniad sy'n cael ei gysylltu â diffyg grym, addysg, cyfoeth, iechyd neu hyfforddiant. Efallai byddwch chi am nodi y gall ddigwydd ar wahanol lefelau: ymyleiddio byd-eang, lle mae rhai gwledydd cyfan â diffyg grym; neu ar lefel leol, pan fydd grwpiau'n cael eu hymyleiddio rhag rheoli eu tir eu hunain neu rhag cael mynediad at gyfleusterau addysgol yn achos grwpiau fel menywod. Esboniwch fod prosesau sy'n gallu achosi ymyleiddio'n cynnwys galw am dir ac adnoddau, prosesau cyfreithiol sy'n golygu bod rhai pobl yn cael eu gwrthod rhag hawliau dinasyddiaeth lawn, neu ddiffyg mynediad at iechyd, cyfoeth ac addysg.

Ysgrifennwch tua 300 gair.

Ymchwil

Cynhaliodd Scott Drimie adolygiad llenyddiaeth yn 2002 ar effaith HIV/AIDS yn ne a dwyrain Affrica. Mae nifer o'r rhai â'r clefyd yn cael eu hymyleiddio ac mae teuluoedd cyfan yn dod yn dlawd gan fod y rhai a gafodd eu heintio'n cael eu hanwybyddu gan eu cymunedau. Gwelodd fod haint HIV yn gysylltiedig â chynnydd mewn anllythrennedd, tlodi, prinder tai boddhaol, gofal iechyd annigonol a maeth gwael. Mae'r rhai sy'n cael eu hymyleiddio'n fwy agored i'r clefyd oherwydd eu bod yn cymryd rhan mewn ymddygiad rhywiol peryglus a bod ganddyn nhw ymatebion imiwnedd gwael. Yn Botswana, mae dros draean o'r boblogaeth oedolion wedi'u heintio. Mae'r ffactorau trosglwyddo allweddol yn gysylltiedig â thlodi, felly wrth i deuluoedd gael eu hymyleiddio, maen nhw'n dod yn fwy agored i dlodi. Mae nifer yn troi at waith rhyw er mwyn ennill bywoliaeth, ac mae hyn yn lledaenu'r haint ymhellach i boblogaethau o oedran gweithio.

a) Nodwch ac esboniwch **un** rheswm pam defnyddiodd Drimie ddull adolygu llenyddiaeth ar gyfer ei astudiaeth o dde a dwyrain Affrica.

b) Fel myfyriwr Cymdeithaseg Safon Uwch, rydych wedi cael cais i ymchwilio i effaith AIDS a HIV ar wlad yn ne Affrica.

    i. Disgrifiwch bob cam o'ch cynllun ymchwil, gan gyfiawnhau'r rhesymau dros eich dewis ar bob cam.

    ii. Trafodwch broblemau a all godi ac effaith y problemau hyn ar ansawdd y data sy'n cael eu casglu.

Cwestiwn cymhwyso tystiolaeth

c) Ysgrifennwch baragraff gan ddefnyddio'r wybodaeth a roddwyd i chi am ymyleiddio a HIV/AIDS er mwyn ystyried pam mae'n bosibl bod yr haint hwn yn cynyddu cyfradd ymyleiddio cymunedau tlawd a phobl yn Affrica.

Gwiriwch eich dysgu eich hun

Edrychwch ar y dadleuon hyn a phenderfynwch a ydyn nhw'n bwyntiau o blaid neu yn erbyn y syniad bod ymyleiddio'n broblem fyd-eang.

	O blaid	Yn erbyn
a) Mae gan bobl dlawd lai o rym gan nad oes ganddyn nhw fynediad at y sefydliadau byd-eang fel Banc y Byd sydd mewn gwledydd yn y Gorllewin.		
b) Mae'r gwledydd sydd wedi cael buddsoddiad tramor yn llawer tlotach na'r rhai na chawson nhw fuddsoddiad tramor.		
c) Nid yw'r gwahaniaethau rhwng y cyfoethog a'r tlawd mor wael ag yr oedden nhw gan fod cyfoeth a grym yn cael eu dosbarthu mewn gwledydd a oedd yn cael eu hystyried yn wledydd tlawd ar un adeg.		
ch) Mae bylchau cymdeithasol rhwng gwledydd, ac mewn gwledydd, yn mynd yn fwy ac mae pobl gyfoethog yn gallu defnyddio pobl dlawd fel llafur rhad.		
d) Erbyn hyn, o'r tu allan i'w diwylliant eu hunain y daw rheolaeth y gwledydd tlotaf – rheolaeth sy'n cael ei gorfodi arnyn nhw gan ddiwylliant y Gorllewin, yn enwedig gan sefydliadau fel Banc y Byd.		
dd) Mae'r gwledydd tlotaf yn gallu marchnata eu nwyddau'n fwy rhydd ar draws y byd o ganlyniad i gyfathrebu byd-eang gwell.		
e) Mae asiantaethau fel Banc y Byd wedi gallu ailstrwythuro economïau gwledydd a sicrhau bod ganddyn nhw reolaeth ariannol dda.		
f) Mae cwmnïau pwerus yn symud i wledydd tlawd gan fod llai o ddeddfau'n ymwneud ag iechyd, diogelwch a'r amgylchedd yno.		

Pwnc 8: Dadleuon am gymorth tramor

Gwneud i chi feddwl

Plant Somalïaidd yn estyn eu dwylo am gymorth bwyd gan elusennau'r Gorllewin yn 2015. A ddylai gwledydd y Gorllewin ddarparu cymorth bwyd i wledydd yn Affrica? Dadleuwch o blaid ac yn erbyn gwario arian y llywodraeth ar gymorth i bobl mewn GLIEDd.

Beth yw cymorth?

Dywedodd Desai et al. (2002) mai cymorth yw trosglwyddo cyfoeth, sgiliau, nwyddau ac eitemau masnach o GMEDd i GLIEDd. Gall ddigwydd ar ddwy ffurf sylfaenol:

- **Cymorth datblygu** wedi'i anelu at gefnogi twf economaidd gwledydd
- **Cymorth dyngarol neu gymorth mewn trychineb** wedi'i anelu at gefnogi taleithiau mewn cyfnod o angen ac argyfwng dirfawr.

Mae dwy brif ffynhonnell o gymorth tramor:

- **Arian a addawyd gan lywodraethau** i gefnogi prosiectau GLIEDd
- **Rhoddion elusennol gan unigolion a sefydliadau** ar ffurf nwyddau ac arian i boblogaethau mewn GLIEDd.

Yn ôl Carol Adelman (2002), yn anaml iawn yr oedd arian yr oedd llywodraethau'n ei addo yn bodloni targedau rhyngwladol, hyd yn oed cyn argyfwng economaidd 2008, ac roedd yn aml ynghlwm wrth gytundebau masnach o wahanol fathau. Er bod y symiau sy'n cael eu rhoi gan lywodraethau'n aml yn fawr, yn anaml y maen nhw'n bodloni'r targed canran o 0.7 y cant o incwm cenedlaethol y wlad, sef y targed sydd wedi'i osod gan gytundebau rhyngwladol.

Dysgu gweithredol

Nodau Datblygu'r Mileniwm y Cenhedloedd Unedig ar gyfer 2015 a'r tu hwnt yw:

1) Dileu newyn a thlodi eithafol.
2) Sicrhau addysg gynradd fyd-eang.
3) Hyrwyddo cydraddoldeb rhywedd a grymuso menywod.
4) Lleihau marwolaethau plant.
5) Gwella iechyd.
6) Brwydro yn erbyn clefydau fel HIV a malaria.
7) Sicrhau cynaliadwyedd amgylcheddol.
8) Hyrwyddo partneriaethau byd-eang ar gyfer datblygu.

Sut gall darparu cymorth lles gefnogi'r nodau hyn mewn GLIEDd? Trafodwch y syniadau hyn gyda'ch partneriaid astudio.

Nodau

◉ Ystyried problemau a dadleuon gwleidyddol ynglŷn â rhoi cymorth tramor ar gyfer datblygiad ac ar gyfer argyfyngau mewn GLIEDd

Mae nifer o GMEDd yn darparu cymorth i GLIEDd. Gall hyn fod ar sawl ffurf: cymorth bwyd, cymorth milwrol, cymorth addysgol a chefnogaeth elusennol. Mae mater rhoi cymorth i GLIEDd gan GMEDd yn aml yn bwnc dadleuol am nifer o resymau. Weithiau, lle mae anghydraddoldeb yn y gwledydd sy'n rhoi, gall rhoi cymorth fod yn amhoblogaidd gan fod poblogaethau yno'n cwyno bod angen cymorth gan lywodraethau arnyn nhw hefyd. Weithiau, mae ansawdd y cymorth yn ddadleuol gan ei fod yn amhriodol neu'n cael ychydig o effaith yn unig ar leddfu problemau'r GLIEDd. Mae'r arian cymorth ynghlwm wrth amodau economaidd, sy'n golygu bod disgwyl i'r wlad sy'n derbyn y cymorth wario'r arian ar nwyddau o'r wlad sy'n rhoi. Mae nifer o'r projectau sy'n cael eu cefnogi â chymorth yn brojectau diwydiannol ar raddfa fawr sydd wedi cael effaith wael ar amgylcheddau GLIEDd. Weithiau, mae cymorth wedi cael ei ddefnyddio i gefnogi llywodraethau aneffeithiol ac anghymwys neu wleidyddion llygredig sydd wedi buddsoddi'r arian dramor yn hytrach na helpu i ddatblygu'r gwledydd maen nhw'n eu llywodraethu. Weithiau, nid yw'r arian sy'n cael ei addo yn cael ei roi: er enghraifft, mae gan wledydd mwyaf cyfoethog y byd darged o 0.7 y cant o incwm gwladol crynswth i'w wario ar gymorth ar gyfer GLIEDd, ond ychydig yn unig o wledydd mwyaf cyfoethog y byd sy'n bodloni'r targed hwn.

Dysgu annibynnol

Dysgwch fwy am ymgyrch Rhown Derfyn ar Dlodi 2005 (*Make Poverty History*). Defnyddiwch y Rhyngrwyd i ddod o hyd i'r wefan, ond ystyriwch hefyd safbwynt Oxfam am yr ymgyrch a ychwanegwch at eich nodiadau:

http://www.oxfam.org.uk/media-centre/press-releases/2013/05/make-poverty-history-and-g8-promises-was-it-all-really-worth-it

A oedd nodau'r ymgyrch yn realistig?

Darllenwch adroddiad o'r flwyddyn 2010, *Aid to Developing Countries: Where Does the UK Public Stand?* gan Henson a Lindstrom: https://www.ids.ac.uk/files/dmfile/IDSUKPOMReport.pdf

a) Ystyriwch a ddylai cymorth tramor y DU gael ei dorri er mwyn sicrhau gwario cyhoeddus gartref.

b) Mae hyn yn enghraifft o waith ymchwil sy'n cyfuno data meintiol a data ansoddol. Defnyddiwch yr astudiaeth hon i ychwanegu at eich nodiadau ar ddulliau ymchwilio.

Y DU a gwledydd Llychlyn, sef Norwy, Sweden a Denmarc yw'r gwledydd sy'n tueddu i ragori ar dargedau cymorth yn gyson.

Mae rhoddion elusennol gan unigolion a grwpiau yn aml yn fwy na rhoddion gan lywodraethau, ac mae ffynonellau arian yn cynnwys:

- Sefydliadau elusennol sy'n codi arian er mwyn cefnogi projectau GLIEDd
- Rhoddion elusennol gan fusnesau
- Sefydliadau anllywodraethol fel y Groes Goch ac Oxfam, sy'n helpu i ddarparu hyd at $6 biliwn yn flynyddol, sef swm sy'n cael ei godi drwy roddion elusennol a chynlluniau codi arian wedi'u trefnu
- Gweinidogaethau crefyddol a grwpiau cenhadol
- Rhoddion unigol gan noddwyr cyfoethog fel Bill Gates, sydd wedi rhoi mwy na $28 biliwn (£17 biliwn) i'w sefydliad elusennol er mwyn cefnogi rhaglenni iechyd a rhaglenni addysgol
- Ysgoloriaethau i fyfyrwyr o GLIEDd, fel Ysgoloriaethau Rhodes yn Rhydychen
- Ymatebion i gronfeydd lleddfu trychinebau unigol fel tsunami yn Asia neu gymorth ar ôl daeargryn.

Nid yw'r cyfansymiau yn gwbl hysbys ac ambell flwyddyn byddan nhw'n fawr iawn, efallai oherwydd digwyddiadau penodol, ac ambell flwyddyn arall byddan nhw'n llai hael.

Dadleuon cymdeithasegol yn ymwneud â materion cymorth

- Mae effeithiolrwydd cymorth yn destun cryn ddadl. Er bod symiau mawr o arian yn cael eu gwario ar gymorth, mae llai o lenyddiaeth yn trafod a ydyn nhw'n effeithiol o ran helpu'r bobl y maen nhw'n eu targedu. Mae Datganiad Effeithiolrwydd Cymorth Paris (2005) yn bwriadu gorfodi'r rhai sy'n rhoi a'r rhai sy'n derbyn i fynd i'r afael â mater effeithiolrwydd darparu cymorth. Mae cwestiynau difrifol o ran sut dylai effeithiolrwydd gael ei gloriannu a phwy ddylai fod yn clorianu effeithiolrwydd a pha feini prawf a ddylai gael eu defnyddio. Ai'r rhoddwyr a ddylai glorianu, neu'r derbynwyr?
- Mae dadlau ynghylch cymhellion y llywodraethau sy'n rhoi cymorth. Beth yw eu prif ddiddordeb? A ydyn nhw, mewn gwirionedd, yn ceisio ennill dylanwad milwrol neu wleidyddol mewn mannau o'r byd sy'n ansefydlog yn wleidyddol? Honnodd Morgenthau (1962) fod llawer o gymorth mewn gwirionedd yn ffurf gudd ar lwgrwobrwyo.
- Mae rhai gwledydd yn fwy hael gyda thaliadau cymorth tramor ac mae nifer o awduron fel Lumsdaine (1993) neu Noël a Thérien (1995) yn dadlau bod lefelau cymorth tramor yn adlewyrchu lefelau cymorth lles mewnol. Honnodd Desai et al. (2002) fod cymorth weithiau'n cael ei ystyried yn ddull o hyrwyddo neu wthio arferion llywodraethol ac economaidd y Gorllewin ar wledydd.

Yr achos o blaid ac yn erbyn cymorth tramor

Mae'r achos *o blaid* cymorth tramor yn dadlau ei fod yn helpu i ailddosbarthu cyfoeth rhwng GLIEDd a GMEDd:

- Gallai cymorth mewn trychineb achub nifer o fywydau: er enghraifft, mae bwydo yn ystod newyn yn atal marwolaeth. Yn ystod newyn 1983-5 Ethiopia, llwyddodd cerddorion pop dan arweiniad Bob Geldof i godi £50 miliwn drwy werthu'r gân 'Do They Know It's Christmas?'
- Mae hyfforddi pobl leol fel staff meddygol ac athrawon yn cynnig posibilrwydd incwm ac yn gwella safonau byw cyffredinol. Yn China yn ystod yr 1950au a'r 1960au, rhoddwyd hyfforddiant sylfaenol mewn gofal meddygol i nifer o bobl wledig ac roedden nhw'n gallu hyrwyddo hylendid sylfaenol mewn mannau tlawd. Gwellodd y cynllun, a oedd yn cael ei adnabod fel 'rhaglen y meddyg troednoeth', iechyd y boblogaeth wledig.
- Gall hyfforddi amaethyddol wella cyflenwadau bwyd ar gyfer poblogaethau, ac mae diddordeb cynyddol mewn datblygu cynaliadwy.
- Gall datblygu diwydiannol a gwella cysylltiadau trafnidiaeth greu mwy o waith a'r posibilrwydd o waith. Mae nifer o GLIEDd yn hyrwyddo twristiaeth fel ffynhonnell refeniw, felly mae Kenya a Bali wedi elwa oherwydd buddsoddiad o'r tu allan o ganlyniad i dwristiaeth.
- Mae dŵr glân a glanweithdra da yn gwella ffigurau marwolaethau babanod ac iechyd poblogaethau cyffredinol.

Mae'r achos *yn erbyn* cymorth tramor yn seiliedig ar gyfres o faterion cymdeithasol a moesol sydd ychydig yn fwy cymhleth:

- Roedd Friedman a'r Dde Newydd yn dadlau y dylai economïau allu datblygu gyda'r ymyrraeth lywodraethol leiaf posibl. Ni ddylai llywodraethau GMEDd roi cymorth i GLIEDd oherwydd bydd yn effeithio ar bris nwyddau ac yn tarfu ar y fantolen fasnach.

- Gall cymorth, mewn gwirionedd, gynyddu dibyniaeth pobl ar rai gwledydd sy'n rhoi oherwydd ei fod ynghlwm wrth gytundebau masnachu neu fenthyciadau na all gwledydd fforddio eu had-dalu. Mae Ethiopia yn dal i fod yn dlawd iawn ac yn ddibynnol ar gymorth er gwaethaf y rhoddion a dderbyniodd gan amrywiaeth o wahanol ffynonellau, gan gynnwys gwerthiant recordiau.

- Mae cymorth weithiau'n cael ei gysylltu ag amcanion milwrol, felly gall y wlad sy'n derbyn cymorth fod yn elwa gan y wlad sy'n rhoi. Mae cryn ddadlau ynghylch gwerthu arfau Prydeinig i gyfundrefnau gormesol fel Syria, a chyn hynny, Libya, pan oedd dan reolaeth y Cyrnol Gaddafi.

- Bydd llawer o gymorth yn cael ei wario yn y GMEDd, fel grantiau i brifysgolion i addysgu pobl o GLIEDd. Mae prifysgolion yn cael budd o gymryd myfyrwyr tramor er mwyn gwella eu cyllid eu hunain.

- Gall projectau fod ar raddfa fawr ac yn anodd eu cynnal, felly elitiau mwyaf cyfoethog y wlad, yn hytrach na'r ffermwyr a'r tirfeddianwyr llai, sy'n elwa. Mae enghreifftiau'n cynnwys adeiladu argaeau mawr i reoli llifogydd mewn afonydd mawr er mwyn creu pŵer a chynlluniau dyfrhau. Mae'r rhain wedi effeithio ar ecosystemau ymhellach i lawr yr afon ac mae pobl wedi cael eu symud o'u cartrefi i wneud lle i argaeau. Mae nifer o bobl wedi dioddef oherwydd cynlluniau o'r fath ar afon Amazonas ac yn China.

- Weithiau mae cymorth yn cael ei ddefnyddio i gynnal cyfundrefnau amhoblogaidd a llywodraethau gormesol. Yn China, daeth rhaglen y meddyg troednoeth yn rhan bwysig o'r Chwyldro Diwylliannol, polisi gormesol a ddaeth â gyrfaoedd a bywydau nifer o bobl o oedd wedi derbyn addysg i ben yn fwriadol.

- Mae llygredd mewn nifer o wledydd, felly mae cymorth a rhoddion weithiau'n mynd i ddwylo'r rhai cyfoethog a phwerus yn hytrach nag i gynnal y bobl yr oedd wedi'i fwriadu ar eu cyfer. Er enghraifft, daeth Ferdinand ac Imelda Marcos, a oedd yn llywodraethu'r Philippines yn yr 1960au a'r 1970au, yn enwog am wastraffu arian ar balasau moethus a dillad crand tra oedd llawer o'r boblogaeth yn newynu. Honnwyd bod y cymorth yn mynd i'w pocedi eu hunain.

- Mae'r arian cymorth yn cael ei wario ar ymgynghorwyr ac asiantaethau cymorth o'r wlad sy'n rhoi, a nhw mewn gwirionedd sy'n elwa fwyaf o'r projectau, nid y poblogaethau targed.

Cryfderau rhaglenni cymorth yw'r nodau sy'n cael eu datgan, sef gwella amodau cymdeithasol ac economaidd y bobl. Mewn gwirionedd, ychydig iawn sydd wedi newid ar gyfer nifer mawr o bobl o gwmpas y byd, er gwaethaf rhaglenni cymorth uchelgeisiol a drud. Mae llawer iawn o dlodi ac anghydraddoldeb o hyd. Gwendidau rhaglenni cymorth yw nodau'r projectau nad ydyn nhw'n cael eu datgan, nad ydyn nhw bob amser mor hawdd â chynnig help yn syml. Mae nifer o wledydd y Gorllewin wedi cynnig cymorth, ond mewn gwirionedd mae rheswm gwleidyddol y tu ôl i'w bwriadau yn aml. Mae UDA a chynghreiriaid NATO yn diffinio'r ymyrraeth filwrol yn Afghanistan rhwng 2001 a 2014 fel cymorth i gefnogi gwrthderfysgaeth ac amddiffyn llywodraeth wan, ond allwn ni ddim bod yn siwr bod yr holl Affganiaid wedi gwerthfawrogi'r math hwn o gymorth tramor.

I gloi, efallai hoffech chi roi sylw i o ymchwiliad Pwyllgor Materion Economaidd (2012) Tŷ'r Arglwyddi i effeithiolrwydd cymorth. Daeth i'r casgliad bod cymorth ar ei fwyaf effeithiol mewn gwledydd sy'n cael eu llywodraethu'n dda, lle mae cymorth yn cael ei gyfeirio at fuddsoddiadau mewn isadeiledd. Mewn gwledydd lle mae systemau gwleidyddol gwan neu lwgr, gall cyllidebau cymorth gael eu camddefnyddio a gall cymorth hefyd gryfhau safle elitiau gwleidyddol llwgr.

Roedd parti pen-blwydd yr Arlywydd Mugabe yn wastraffus ond mae angen i Zimbabwe ofyn am gymorth tramor i fwydo'i phobl.

Dysgu gweithredol

Rhowch bysgodyn i ddyn ac fe fwydwch ef am ddiwrnod. Addysgwch ef sut i bysgota ac fe fwydwch ef am weddill ei oes.
Dihareb draddodiadol

Gyda phartner astudio, trafodwch fanteision ac anfanteision gwahanol fathau o gymorth.

173

Dysgu gweithredol

Dysgwch fwy am gymorth ac 20 economi fwyaf y byd drwy fwrw golwg ar wefan y Sefydliad ar gyfer Cydweithrediad a Datblygiad Economaidd, neu'r *OECD* (http://www.oecd.org). Gwnewch nodiadau ar y gwledydd sy'n derbyn y mwyaf o gymorth, a phryd, er mwyn i chi allu defnyddio'r wybodaeth hon fel enghreifftiau yn eich gwaith ysgrifennu.

Ysgrifennu estynedig

Gan ddefnyddio tystiolaeth ac enghreifftiau cymdeithasegol, trafodwch pa mor ddefnyddiol yw cymorth o ran cynnal y gwaith o ddatblygu GLIEDd.

Arweiniad: Ar gyfer y cwestiwn hwn, bydd angen i chi ystyried yr amrywiaeth a'r mathau o raglenni cymorth mewn termau gweddol syml. Yna bydd angen i chi ystyried yr achos o blaid ac yn erbyn cymorth. Nid yw'r ddadl yn amlwg am fod arian wedi mynd i wledydd sydd wedi parhau'n dlawd ac yn anghenus. Mae'n ymddangos bod rhai mathau o gymorth o fudd i'r wlad sy'n rhoi ac i'r bobl sy'n rhoi'r cymorth. Gallech chi naill ai osod dadl o blaid rhoi cymorth ac yna cyflwyno achos yn erbyn, neu restru'r materion allweddol a chynnig ychydig o drafodaeth neu enghreifftiau. Byddai'r naill ymagwedd neu'r llall yn gweithio, ond mae angen i chi gynllunio'r atebion yn ofalus a chyflwyno amrywiaeth o bwyntiau. Canolbwyntiwch ar y cwestiwn a yw cymorth yn ddefnyddiol a meddyliwch am ei effeithiolrwydd o ran datrys problemau cymdeithasol. Gallech chi hefyd ystyried i bwy mae rhoi cymorth yn ddefnyddiol!

Ysgrifennwch tua 200 gair.

Ymchwil

Casglodd y Gynghrair Newyn (*The Hunger Alliance*) ddata o ystod o raglenni ar raddfa fach a gafodd eu cynllunio i leihau prinder bwyd yn Bangladesh, Ghana, Tanzania, Zambia ac India, er mwyn cyflwyno adroddiad yn 2013 i arweinwyr y byd yn Uwchgynhadledd yr G8. Roedd yr adroddiad yn feta-astudiaeth a oedd yn cyfuno canfyddiadau nifer o brojectau ymchwil. Daeth i'r casgliad bod mwy na deg y cant o boblogaeth y byd yn mynd i'r gwely'n newynog, er bod digon o fwyd i bawb yn y byd. Awgrymodd y dylai cymorth gael ei ganoli ar ffermwyr graddfa fach fel menywod, gan hyrwyddo garddio gartref, annog addysg maeth a darparu dŵr glân ac iechydaeth.

a) Nodwch ac esboniwch **un** rheswm pam cyfunodd y Gynghrair Newyn ganlyniadau amrywiaeth o astudiaethau i ddarparu polisïau ar gyfer defnyddio arian cymorth yn effeithiol.

b) Fel myfyriwr Cymdeithaseg Safon Uwch, rydych chi wedi cael cais i ddarganfod agweddau at brojectau cymorth tramor ymhlith myfyrwyr yn eich ardal.
    i. Disgrifiwch bob cam o'ch cynllun ymchwil, gan gyfiawnhau'r rhesymau dros eich dewis ar bob cam.
    ii. Trafodwch broblemau a all godi ac effaith y problemau hyn ar ansawdd y data sy'n cael eu casglu.

Cwestiwn cymhwyso tystiolaeth

c) Ysgrifennwch baragraff gan ddefnyddio'r wybodaeth a roddwyd i chi ynglŷn â chanfyddiadau'r Gynghrair Newyn i gefnogi neu wrthod y safbwynt nad yw cymorth tramor bob amser yn cael ei wario'n gall mewn gwledydd sy'n datblygu.

Gwiriwch eich dysgu eich hun

Cysylltwch ddechrau a diwedd y brawddegau canlynol:

Dechrau	Diwedd
a) Mae Datganiad Effeithiolrwydd Cymorth Paris (2005) yn bwriadu	fod dros 10 y cant o boblogaeth y byd yn mynd i'r gwely'n llwglyd.
b) Mae UDA a chynghreiriaid NATO yn diffinio'r ymyrraeth filwrol yn Afghanistan rhwng 2001 a 2014	gorfodi'r rhai sy'n rhoi a'r rhai sy'n derbyn i fynd i'r afael â mater effeithiolrwydd darparu cymorth.
c) Gwelodd y Cynghrair Newyn, er bod digon o fwyd i bawb yn y byd,	hyrwyddo neu orfodi arferion llywodraethol ac economaidd y Gorllewin ar wladwriaethau.
ch) Mae llygredd mewn nifer o wledydd, felly mae cymorth a rhoddion weithiau'n mynd	fel cymorth i gynnal gwrthderfysgaeth ac amddiffyn llywodraeth wan.
d) Honnodd Desai et al. (2002) fod cymorth weithiau'n cael ei ystyried yn ddull o	i ddwylo'r rhai cyfoethog a phwerus yn hytrach nag i gynnal y bobl yr oedd wedi'i fwriadu ar eu cyfer.

Pwnc 9: Dyled a dibyniaeth

Gwneud i chi feddwl

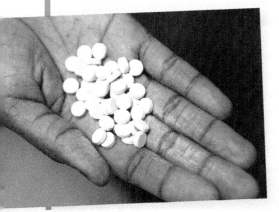

A ddylai gwledydd a chwmnïau cyfoethog y Gorllewin werthu nwyddau a chynhyrchion fel cyffuriau presgripsiwn yn rhatach i GLIEDd? Pa broblemau fyddai'n eu hwynebu pe baen nhw'n gwneud hyn?

Dyled a datblygiad economaidd

Mae GLIEDd yn tueddu i rannu'r nodweddion economaidd canlynol:

- Mae eu heconomïau wedi'u seilio ar amaethyddiaeth a defnyddiau crai, ond ychydig, os o gwbl, o weithgynhyrchu sydd i ychwanegu gwerth at ddefnyddiau crai.
- Mae eu twf economaidd yn isel, eu cyfalaf buddsoddi yn brin a'u lefelau o bobl anghyflogadwy, heb sgiliau, yn uchel.
- Mae eu lefelau llythrennedd yn is o lawer neu'n gwbl absennol o'u cymharu â GMEDd, felly nid yw poblogaethau'n gallu cael eu hyfforddi ar gyfer gwaith lefel uwch.
- Mae lefelau maeth ac iechyd gwael yn golygu bod gweithwyr yn anghymwys i weithio ac mae nifer yn ddibynnol ar eraill.
- Mae'r rhwydweithiau cyfathrebu yn wael.

Yn ystod yr 1970au, dechreuodd cyfoeth olew lifo i mewn i wledydd oedd ag adnoddau olew y gallen nhw eu hallforio. Cafodd yr arian hwn ei fuddsoddi ym manciau'r Gorllewin, a roddodd fenthyg cyfalaf wedyn ar gyfraddau llog amrywiol. Wrth geisio datblygu'n economaidd, cymerodd nifer o GLIEDd fenthyciadau ar gyfer projectau datblygu i gynorthwyo datblygu economaidd. Yn aml, cafodd y benthyciadau hyn eu cyflwyno fel math o gymorth datblygu. Roedd y GLIEDd wedi rhoi eu hunain mewn sefyllfa o orfod ad-dalu benthyciadau ar fuddsoddiadau nad oedden nhw o reidrwydd wedi cael yr effaith ddisgwyliedig ar yr economi a hefyd o dalu llog yn ôl ar y cyfalaf. Pan ddirywiodd economi'r byd, gwnaeth y buddsoddiadau roedd nifer o GLIEDd wedi'u gwneud mewn projectau datblygu yn waeth o lawer na phrojectau tebyg mewn cenhedloedd mwy cyfoethog. Mae hyn yn golygu bod gwledydd is-Sahara yn gorfod ad-dalu dros $10 biliwn o ddyledion a llog ar fenthyciadau. Mae'n llawer mwy nag y gallan nhw fforddio ei dalu ar ofal iechyd a rhaglenni addysg ar gyfer eu poblogaethau.

Mae dyled yn gosod baich anferth ar wlad, yn arbennig GLIEDd, oherwydd bod y rhan fwyaf o fenthyciadau'n cael eu had-dalu mewn arian sydd â gwerth uchel, fel doleri'r Unol Daleithiau. Mae arian nifer o GLIEDd yn isel iawn ei werth oherwydd tlodi'r wlad. Felly, wrth i werth arian y GLIEDd ddisgyn, mae angen mwy a mwy o ddoleri i ad-dalu benthyciadau. Mae gwledydd wedi gorfod ailariannu, sy'n golygu eu bod wedi benthyg mwy o arian i ad-dalu'r benthyciadau gwreiddiol. Yn aml, mae sefydliadau fel Banc y Byd neu'r Gronfa Ariannol Ryngwladol, sydd wedi rhoi'r benthyciadau, wedi mynnu amodau llym ar gyfer ad-dalu, fel toriadau i fudd-daliadau. Oherwydd hynny, mae bywyd pob dydd pobl mewn GLIEDd yn mynd yn fwyfwy anodd.

Nodau

- Ystyried rhai o'r problemau sy'n cael eu cysylltu â dyled ryngwladol

Mae nifer o GLIEDd wedi cymryd benthyciadau o fanciau rhyngwladol a gwledydd eraill i gefnogi gwaith datblygu. O ganlyniad i'r benthyciadau hyn, maen nhw bellach yn gorfod talu'r arian yn ôl (gyda llog), ond ychydig o adnoddau a modd sydd ganddyn nhw i wneud hynny. Canlyniad hyn yw bod y gweldydd hyn wedi mynd yn ddibynnol ar wledydd cyfoethog am gymorth a benthyciadau pellach. Yn ôl safbwyntiau'r ddamcaniaeth ddibynaeth am berthnasoedd economaidd y byd, mae hyn wedi peri iddyn nhw ddod yn fwyfwy dibynnol ar gyfalafiaeth y Gorllewin ac ar gwmnïau'r Gorllewin, sydd o ganlyniad yn gallu ecsbloetio'r bobl dlotaf yn y byd i wneud eu hunain yn fwy cyfoethog ac yn fwy pwerus.

> *Ni ddylai neb orfod dewis rhwng meddyginiaeth ac angenrheidiau eraill. Ni ddylai neb orfod defnyddio'r ystafell argyfwng bob tro y bydd plentyn yn mynd yn sâl. Ac ni ddylai neb orfod byw mewn ofn parhaus y bydd problem feddygol yn troi'n argyfwng ariannol.*
>
> **Brad Henry**

Dysgu annibynnol

Dysgwch fwy am yr argyfwng dyled drwy edrych ar wefan World Hunger:

http://www.worldhunger.org/articles/global/debt/caritas2.htm

Dysgu gweithredol

I nifer o GLIEDd, mae cost ad-dalu dyledion yn cyfyngu ar eu gallu i fuddsoddi mewn gofal iechyd ac anghenion eraill eu pobl. Mae rhai'n dweud bod cost y ddyled yn sugno'r gwaed o GLIEDd. A ddylai gwledydd a banciau'r Gorllewin ddileu'r arian sy'n ddyledus iddyn nhw gan y gwledydd tlotaf? Trafodwch gyda'ch partneriaid astudio.

Dyled a dibyniaeth

Mae damcaniaethwyr dibyniaeth fel y neo-Farcswyr Andre Gunder Frank a Teresa Hayter wedi dadlau bod y ddyled hon yn creu ffurfiau newydd ar drefedigaethedd nad ydyn nhw mor amlwg ag ymerodraethau'r bedwaredd ganrif ar bymtheg ond sydd yr un mor bwerus. Mae corfforaethau amlwladol yn rhan o'r broses:

- Mae GLIEDd yn derbyn buddsoddiad gan gorfforaethau amlwladol sy'n defnyddio'r gwledydd hyn fel ffynhonnell llafur rhad, defnyddiau crai rhad a marchnadoedd newydd ar gyfer eu cynhyrchion. Er enghraifft, wrth i wledydd y Gorllewin roi pwysau ar boblogaethau i roi'r gorau i ysmygu sigaréts, mae nifer o gwmnïau tybaco bellach yn gwerthu eu nwyddau mewn GLIEDd.

- Mae GLIEDd yn ffurfio cynghreiriau gwleidyddol nad ydyn nhw er eu budd, o bosibl. Cafodd Kenya gymorth sylweddol am gefnogi UDA yn ystod rhyfeloedd y Gwlff. Mae pobl Kenya wedi gorfod ymwneud â materion gwleidyddol nad ydyn nhw mewn gwirionedd yn broblemau iddyn nhw ac a allai adael Kenya'n agored i derfysgaeth ac ymosodiadau.

- Mae llywodraethau GLIEDd yn ad-dalu dyled i fanciau sy'n gyfoethog yn barod yn hytrach na gwario arian ar isadeiledd a rhaglenni iechyd neu les. Mae hyn yn cyfrannu at gyfraddau marwolaethau uchel a thlodi cynyddol am nad oes cyllideb ar gyfer gofal iechyd nac addysg.

- Mae De Affrica wedi dadlau bod cwmnïau cyffuriau amlwladol yn cadw pris cyffuriau HIV/AIDS yn annaturiol o uchel ac ymhell y tu hwnt i'r pris y gall pobl gyffredin De Affrica ei fforddio. Mae gwir gost gweithgynhyrchu'r cyffuriau yn gymharol rad ond mae'r cwmnïau cyffuriau yn mynnu prisiau uchel, gan honni bod yn rhaid iddyn nhw fuddsoddi mewn ymchwil.

Mae rhai gwledydd Islamaidd fel Iran ac Afghanistan wedi ceisio aros yn annibynnol ar systemau economaidd y byd, ond heb fawr o lwyddiant.

> Mae dyled yn chwalu ysgolion, clinigau ac ysbytai ac mae'r effeithiau yr un mor ddinistriol â rhyfel.
>
> **Dr Adebayo Adedeji,** cyn-Is-Ygrifennydd Cyffredinol y Cenhedloedd Unedig

Ysgrifennu estynedig

Gan ddefnyddio tystiolaeth ac enghreifftiau cymdeithasegol, trafodwch achos ac effaith dyled ar GLIEDd.

Arweiniad: Bydd angen i chi esbonio achosion dyled i GLIEDd. Ffactorau mewnol fel llygredd a llywodraethu gwael sydd wrth wraidd rhai ohonyn nhw, a ffactorau economaidd byd-eang sydd wrth wraidd eraill. Mae'n debyg y bydd y drafodaeth ar effaith dyled yn ehangach oherwydd y bydd angen i chi ystyried y gost o ad-dalu dyled a hefyd sut gallai'r arian sy'n cael ei wario ar ad-daliadau dyled gael ei wario'n well. Mae goblygiadau ehangach ad-dalu dyled yn cynnwys dibyniaeth. Mae llywodraethau'r Gorllewin yn dylanwadu ar wleidyddiaeth fewnol y gwledydd sydd mewn dyled er eu budd eu hunain. Ystyriwch rôl y corfforaethau amlwladol a sut maen nhw wedi gallu ecsbloetio rhai GLIEDd.

Ysgrifennwch tua 200 gair.

Ymchwil

Gwelodd Leora Klapper (2015) o Grŵp Ymchwil Datblygu Banc y Byd fod pobl Periw yn prynu cyw iâr a chwrw pan oedd angen iddyn nhw godi arian yn gyflym iawn. Yna roedden nhw'n codi tâl ar eu ffrindiau i ddod i barti ar yr amod y bydden nhw'n talu i fynychu parti tebyg yn nhŷ'r ffrindiau pe bai angen arian ar eu ffrindiau. Roedd hyn yn arbed i bawb yr embaras o orfod ymbil am arian neu gymorth gan eu cymdogion. Sylwodd y grŵp ymchwil mai gan ychydig iawn o'r bobl dlotaf yr oedd cyfrifon banc neu ffyrdd o gynilo arian ar gyfer argyfyngau meddygol. Holiadur oedd y dull ymchwil, ac roedd y cwestiwn yn syml: roedd yn gofyn sut byddai pobl yn codi £1300 ar gyfer argyfwng.

a) Nodwch ac esboniwch **un** rheswm pam defnyddiodd y tîm ymchwil holiadur ar gyfer eu gwaith ymchwil.

b) Fel myfyriwr Cymdeithaseg Safon Uwch, rydych chi wedi cael cais i ddarganfod agweddau tuag at fenthyciadau banc a chardiau credyd ymhlith y bobl dlotaf yn eich ardal chi.

    i. Disgrifiwch bob cam o'ch cynllun ymchwil, gan gyfiawnhau'r rhesymau dros eich dewis ar bob cam.

    ii. Trafodwch broblemau a all godi ac effaith y problemau hyn ar ansawdd y data sy'n cael eu casglu.

Cwestiwn cymhwyso tystiolaeth

c) Ysgrifennwch baragraff gan ddefnyddio'r wybodaeth a roddwyd i chi i esbonio pam mae nifer o'r bobl dlotaf mewn GLIEDd mewn perygl o fynd i ddyled.

Gwiriwch eich dysgu eich hun

A yw'r gosodiadau canlynol yn gywir neu'n anghywir?

a) Yn 1997, cododd elusen Comic Relief y DU £26 miliwn. Roedd hyn yn cyfateb i un diwrnod o ad-dalu dyled yn Affrica.	
b) Mae gwir gyflogau wedi codi yn y rhan fwyaf o GLIEDd, diolch i fuddsoddiadau gan gwmnïau'r Gorllewin.	
c) Wrth rannu'r dyledion yn gyfartal, cyfanswm cywerth bras dyled pob person mewn GLIEDd i fanciau a chwmnïau'r Gorllewin yw £250.	
ch) Mae'r Gronfa Ariannol Ryngwladol yn annog gwledydd i fuddsoddi mewn gofal iechyd ac addysg.	
d) Mae gwledydd Affrica yn gwario bedair gwaith yn fwy ar ad-dalu dyledion nag ar ofal iechyd ar gyfer eu poblogaethau.	
dd) Mae'n haws derbyn addysg mewn GLIEDd oherwydd cymorth gan wledydd mwy cyfoethog.	
e) Mae gan America Ladin ddyledion o £365 biliwn i wledydd eraill a banciau.	
f) Mae'r nifer o blant sy'n marw cyn cyrraedd pump oed, neu cyn cyrraedd blwydd oed, wedi codi mewn nifer o wledydd sydd mewn dyled fawr, gan gynnwys Zimbabwe, Zambia, Nicaragua, Chile a Jamaica.	

Nodau

◉ Amlinellu'r effaith y mae gwahaniaethau rhywedd yn eu cael mewn nifer o GLIEDd

Nid yw dynion a menywod yn cael eu hystyried mor werthfawr â'i gilydd mewn nifer o ddiwylliannau; mewn nifer o ddiwylliannau mae statws menywod yn is na statws dynion. Mae hyn yn gallu arwain at ymyleiddio ac ecsbloetio. Mae hefyd yn effeithio ar ragolygon datblygu a rhagolygon addysgol y boblogaeth gyfan gan fod menywod yn fodelau rôl ac yn ysgogi cynnydd mewn safonau addysgol ymhlith eu plant. Drwy'r byd, mewn GLIEDd a GMEDd, mae menywod wedi eu tangynrychioli ym meysydd addysg, iechyd, gwaith a bywyd gwleidyddol. Mae hyn yn effeithio ar eu dewisiadau bywyd ac ar eu profiadau bywyd. Mae'n bosibl mesur yr anghydraddoldebau hyn wrth edrych ar gynrychiolaeth mewn bywyd cyhoeddus, disgwyliadau oes ac iechyd, incwm a thâl, a hefyd faint o addysg maen nhw'n ei derbyn.

Dysgu gweithredol

Mae'r gymhareb rywedd fwyaf rhwng plant gwrywaidd a phlant benywaidd yn Lianyungang yn China, lle mae 163 o fechgyn yn cael eu geni am bob 100 o ferched. Mae Taiwan, De Korea a Pakistan hefyd yn wledydd lle mae cymarebau gwrywod i fenywod yn anghytbwys, lle mae babanod benywaidd nad oes croeso iddyn nhw'n cael eu herthylu, eu lladd neu eu gadael. Trafodwch mewn grŵp bach pa broblemau cymdeithasol a allai ddeillio o'r diffyg cydbwysedd rhwng plant gwrywaidd a benywaidd mewn rhai GLIEDd.

Pwnc 10: Rhywedd ac anghydraddoldeb

Gwneud i chi feddwl

Mewn nifer o ddiwylliannau, mae rhoi genedigaeth i ferch yn cael ei ystyried yn llai ffodus na rhoi genedigaeth i fachgen. Mewn rhai gwledydd, fel China, mae merched yn cael eu gadael neu'n cael eu gadael i farw adeg eu geni. Yn India, mae mwy o ferched na bechgyn yn cael eu herthylu. Mae'r rhesymau'n gymhleth. Pam gallai nifer o gymunedau amaethyddol traddodiadol ffafrio plant gwrywaidd dros blant benywaidd?

Anghydraddoldeb rhywedd a datblygiad

Mae anghydraddoldeb rhywedd yn rhwystro datblygiad mewn nifer o GLIEDd ac yn broblem mewn GMEDd. Yn India ac mewn mannau eraill, mae merched yn fwy tebygol o gael eu herthylu na bechgyn neu'n cael marw adeg eu geni. Nid yw merched wedi cael addysg, felly mae anllythrennedd yn broblem ddifrifol ledled y byd, ac mae hyn yn cyfrannu at ddiffyg datblygiad a salwch. Mae'n bosibl nad yw merched yn rhydd i briodi fel y mynnan nhw, ac mewn rhai gwledydd gall fod disgwyl iddyn nhw briodi cyn cyrraedd y glasoed. Patrwm arall yw bod merched yn cael plant yn ifanc iawn, neu bod eu horganau cenhedlu yn cael eu hanffurfio sy'n effeithio ar eu hiechyd atgenhedlu (gweler Pwnc 3 yr adran hon). Mae posibilrwydd hefyd fod menywod yn cael eu rheoli gan eu gwŷr: er enghraifft, yn yr Aifft, gall dyn rwystro'i wraig rhag gadael y wlad. Er bod gan fenywod, o bosibl, yr hawl i ysgaru, nid yw hynny ar yr un telerau â dynion. Os byddan nhw'n ysgaru, eu gwŷr, yn awtomatig, fydd yn cael cystodaeth dros y plant ac ni fydd disgwyl iddyn nhw roi arian i'w cyn-wragedd. Nid yw trais rhywiol yn cael ei ystyried yn drosedd rhwng gŵyr a gwragedd yn India, ac mae menywod yn destun trais gan ddynion yn y cartref ac ar y strydoedd.

Rhywedd a datblygiad

Wrth ysgrifennu yn yr 1980au, roedd Aidan Foster-Carter yn credu bod gormesu menywod yn digwydd ar draws y byd gan fod menywod yn cael eu hystyried yn llai gwerthfawr na dynion ym mhob diwylliant. Er bod gan GLIEDd ddeddfau i ddiogelu hawliau menywod, y gwir yw eu bod yn dal i ennill llai, yn cael eu tangynrychioli ar lefelau uwch ym mhob maes o fywyd cyhoeddus bron, ac yn llai gweithgar yn wleidyddol na dynion. Byddwch chi wedi gweld hyn yn yr adran ar dystiolaeth o anghydraddoldeb (gweler Pwnc 3 yn Adran 3). Mae'r sefyllfa ar gyfer menywod yn aml yn waeth mewn GLIEDd.

Ffeministiaeth a materion datblygu

Mae ffeministiaid yn honni bod nifer o wledydd yn y byd yn batriarchaidd a bod menywod yn cael eu hystyried yn llai gwerthfawr na dynion. Er enghraifft, daeth Neumayer a Plümper (2007) i'r casgliad bod materion tlodi neu broblemau cymdeithasol sy'n cael eu hachosi gan anghydraddoldeb o ran buddsoddi ac addysg yn aml yn effeithio'n waeth ar fenywod na dynion. Roedden nhw'n cysylltu hyn â'r ffaith bod perthnasoedd grym anghyfartal yn y gymdeithas rhwng dynion a menywod yn parhau.

Mae rhai o'r pwyntiau penodol y mae ffeministiaid yn eu codi yn cynnwys y canlynol:

⊙ Yng nghyfnod yr ymerodraeth, cafodd ideoleg rhywedd y Gorllewin ei gosod ar ddiwylliannau, a chollodd menywod eu statws, hyd yn oed mewn cymdeithasau lle roedden nhw wedi cael eu hystyried yn gydradd ond yn wahanol.

⊙ Mae Deere (1979) a Van Allen (1972) yn honni bod corfforaethau amlwladol yn ffafrio gweithwyr benywaidd am fod menywod yn fwy parod na dynion i dderbyn cyflog isel.

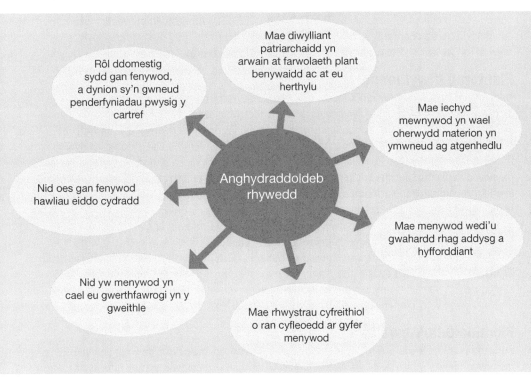

Rôl ddomestig sydd gan fenywod, a dynion sy'n gwneud penderfyniadau pwysig y cartref

Mae diwylliant patriarchaidd yn arwain at farwolaeth plant benywaidd ac at eu herthylu

Mae iechyd mewnywod yn wael oherwydd materion yn ymwneud ag atgenhedlu

Nid oes gan fenywod hawliau eiddo cydradd

Anghydraddoldeb rhywedd

Mae menywod wedi'u gwahardd rhag addysg a hyfforddiant

Nid yw menywod yn cael eu gwerthfawrogi yn y gweithle

Mae rhwystrau cyfreithiol o ran cyfleoedd ar gyfer menywod

Datblygiad Cynaliadwy

Mae Leonard (1992) yn honni mai dynion yn gyffredinol sy'n trefnu pecynnau cymorth tramor a'u bod yn ecsbloetio menywod, sy'n ffynonellau llafur rhad a gofal domestig. Nid oes gan fenywod rym mewn llywodraethau, ac oherwydd hynny mae eu lleisiau'n cael eu hanwybyddu. Awgrymodd Wichterich (2012) fod patrymau traddodiadol ar gyfer datblygu cynnyrch diwydiannol ar raddfa fawr yn wael i'r amgylchedd ac yn lleihau grym a safle menywod yn y gymdeithas. Mae llai o waith â chyflog ar gyfer menywod, sy'n golygu eu bod yn cael eu gorfodi i gymryd rolau domestig lle maen nhw'n agored i gael eu hecsbloetio gan ddynion. Mae pwysau cynyddol ar gyllido sefydliadau i gefnogi menywod mewn diwydiannau ar raddfa fach a ffermio domestig i rwystro mudo a threfoli. Er gwaethaf diffyg grym cymharol menywod yn y gymdeithas, mae nifer o GLIEDd yn dibynnu ar eu gwaith, felly maen nhw'n gwneud llawer os nad y rhan fwyaf o'r ffermio ac yn darparu bwyd, yn arbennig mewn ardaloedd lle mae dynion wedi mudo i ardaloedd trefol ar gyfer eu gwaith.

 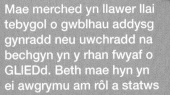

Iechyd ac atgenhedlu

Mewn nifer o GLIEDd, dynion sy'n penderfynu ar faint y teulu am nad oes gan fenywod fynediad at ddulliau atal cenhedlu nac at erthylu. Mae llawer o ferched yn priodi'n ifanc, cyn iddyn nhw allu cario plentyn yn gorfforol drwy feichiogrwydd. Felly, er bod menywod mewn GMEDd yn tueddu i fyw yn hirach na dynion, mewn GLIEDd mae menywod yn marw'n iau, yn aml yn dilyn neu yn ystod genedigaeth plentyn. Mae esgor ar blant yn barhaus yn effeithio ar iechyd corfforol menywod hefyd, ac mae hefyd yn golygu nad ydyn nhw'n gallu ennill bywoliaeth a'u bod yn gorfod bod yn ddibynnol ar ddynion. Mae Gita Sahgal (2015) o Amnesty Rhyngwladol wedi dangos bod trais a chamdriniaeth rywiol wedi dod yn arfau rhyfel. Gall defnyddio menywod yn rhywiol fod yn wobr i orchfygwr, ond gall hefyd fod yn ddull o orfodi plant ar fenywod y gelyn.

Ffactorau diwylliannol

Nododd Johanna Schalkwyk (2000) fod y disgwyliadau cymdeithasol gan ddynion a menywod yn amrywio'n fawr yn ôl credoau diwylliannol a chrefyddol. Mae gan y rhan fwyaf o ddiwylliannau wahanol syniadau am waith dynion a menywod, ond nid yw'r rhain o reidrwydd yr un fath ym mhob cymdeithas. Er hynny, ym mhob diwylliant bron, mae gan fenywod lai o statws na dynion. Ar ben hynny, gall arferion diwylliannol fel anffurfio organau rhywiol a phriodi'n gynnar olygu bod menywod dan anfantais mewn nifer o ffyrdd, gan gynnwys cael effaith ar eu hiechyd. Gall fod yn anodd a chymhleth herio arferion o'r fath o'r tu allan i'r diwylliant hwnnw. Mae hyn oherwydd bod euogrwydd am effaith trefedigaethedd yn parhau. Nid yw gweithwyr cymorth a gwleidyddion yn barod i bobl eu gweld yn gosod gwerthoedd diwylliannol y Gorllewin ar gymdeithasau eraill. Perygl gwrthwynebu arferion fel y rhain yw bod diwylliannau'r Gorllewin yn cael eu gweld yn gwahaniaethu ac yn gorfodi eu gwerthoedd eu hunain ar GLIEDd fel ffurf ar neo-drefedigaethedd. Yn ogystal, i wella statws a safle menywod, mae'n rhaid herio dominyddiaeth dynion, ac ni fydd hyn bob amser yn cael ei dderbyn yn hawdd, yn arbennig mewn cymdeithasau traddodiadol lle mae menywod wedi derbyn statws is fel rhan o'u bywyd arferol.

Ffemineiddio'r gweithlu

Yn ystod yr 20 mlynedd diwethaf, ym mhob cymdeithas bron, mae cynnydd wedi bod yn nifer y menywod mewn gwaith sy'n talu. Mewn nifer o GLIEDd, mae menywod yn fwy niferus na dynion yn y gweithlu. Honnodd Hawkesworth (2006) fod globaleiddio yn ffenomen ryweddol gan ei bod yn amlwg bod newidiadau mewn economïau a datblygu wedi effeithio ar berthnasoedd grym rhwng dynion a menywod. Mewn GLIEDd, yn draddodiadol mae menywod yn ddarostyngedig i ddynion, ac felly maen nhw'n llai tebygol o wrthsefyll pwysau arnyn nhw i weithio'n galetach neu i dderbyn cyflog isel. Yn fwy amlwg fyth y mae'r modd y mae galw mawr am gymorth menywod o GLIEDd i wneud swyddi traddodiadol benywaidd mewn GMEDd wrth i fenywod yn y Gorllewin ddechrau treiddio i feysydd bywyd economaidd yr oedd dynion yn draddodiadol yn eu gwneud (y gyfraith, gwasanaethau ariannol a thechnoleg). Felly maen nhw'n dod yn forynion, yn ofalwyr ac yn weithwyr rhyw yn y gwledydd y maen nhw'n mudo iddyn nhw, gan gefnogi menywod y Gorllewin wrth iddyn nhw ymdrechu i sicrhau cydraddoldeb rhywedd, ond heb brofi'r un cyfleoedd eu hunain. Felly'r ddadl yw bod menywod o GLIEDd yn cael eu hecsbloetio gan fenywod o GMEDd.

Ysgrifennu estynedig

Gan ddefnyddio tystiolaeth ac enghreifftiau cymdeithasegol, esboniwch pam mae anghydraddoldebau rhywedd mewn nifer o GLIEDd.

Arweiniad: Bydd angen i chi esbonio beth mae anghydraddoldeb rhywedd yn ei olygu. Gallai'r cwestiwn hwn gyfeirio at statws cymdeithasol dynion a menywod. Mae'n werth nodi, er nad yw gwahanol rolau rhywedd o reidrwydd yn golygu bod menywod yn cael eu rhoi dan anfantais, yn fras mae menywod mewn nifer o GLIEDd dan anfantais. Mae'r rhesymau dros hyn yn rhai diwylliannol, cymdeithasol, economaidd a biolegol, a gallech ddefnyddio enghreifftiau o bynciau eraill yn yr adran hon. Bydd angen trafod pob un o'r ffactorau hyn, a bydd angen tystiolaeth wedi'i thynnu o enghreifftiau o'r byd go iawn ac o adroddiadau ac ymchwil cymdeithasol. Er enghraifft, gallai rhesymau cymdeithasol gynnwys materion fel diffyg mynediad at addysg, a gallai materion iechyd gynnwys atgenhedlu, ond hefyd bod yn agored i gael HIV/AIDS. Defnyddiwch nodiadau o'ch holl bynciau i ddatblygu eich ymateb i'r cwestiwn hwn.

Ysgrifennwch tua 200 gair.

Ymchwil

Daeth adroddiad Menywod gan y Cenhedloedd Unedig yn 2012 i'r casgliad bod 86 allan o 121 o wledydd ledled y byd yn gwahaniaethu yn erbyn menywod mewn deddfau etifeddu. Yn o leiaf hanner y gwledydd a gafodd eu hastudio, roedd menywod yn ystyried bod modd cyfiawnhau trais yn y cartref ac roedd mwy na 50 y cant o fenywod rhwng 15 ac 19 oed eisoes yn briod; roedd 20 y cant o fenywod yn methu defnyddio gwasanaethau cynllunio teulu. Er bod menywod yn fwy tebygol na dynion o weithio mewn amaethyddiaeth, 15 y cant o fenywod yn unig sy'n berchen ar y tir maen nhw'n gweithio arno. Fodd bynnag, mae gwelliannau wedi bod o ran hawliau menywod ac mae cyfradd priodasau cynnar wedi disgyn i 17 y cant mewn GLIEDd, a bellach mae gan 53 o wledydd ddeddfau yn erbyn trais yn y cartref; mae gan 29 o wledydd gwotâu i gynyddu'r nifer o fenywod mewn llywodraeth.

a) Nodwch ac esboniwch **un** rheswm pam defnyddiodd y tîm ymchwil ystadegau swyddogol ar gyfer eu gwaith ymchwil.

b) Fel myfyriwr Cymdeithaseg Safon Uwch, rydych chi wedi cael cais i ddarganfod faint o fenywod sy'n cymryd rhan mewn gwleidyddiaeth yn eich ardal.

    i. Disgrifiwch bob cam o'ch cynllun ymchwil, gan gyfiawnhau'r rhesymau dros eich dewis ar bob cam.

    ii. Trafodwch broblemau a all godi ac effaith y problemau hyn ar ansawdd y data sy'n cael eu casglu.

Cwestiwn cymhwyso tystiolaeth

c) Ysgrifennwch baragraff gan ddefnyddio'r wybodaeth a roddwyd i chi i esbonio lle mae anghydraddoldebau rhywedd mewn nifer o GLIEDd.

Gwiriwch eich dysgu eich hun

Cysylltwch yr ymchwilydd/ffynhonnell â'r canfyddiad:

a) Mae nifer o wledydd yn gwahaniaethu'n gyfreithiol yn erbyn menywod, yn arbennig mewn perthynas ag etifeddu a thrais domestig.

Johanna Schalkwyk (2000)

b) Mewn GLIEDd, mae menywod yn draddodiadol yn ddarostyngedig i ddynion, ac felly maen nhw'n llai tebygol o wrthsefyll pwysau arnyn nhw i weithio'n galed neu i dderbyn cyflog isel.

Gita Sahgal (2015)

c) Mae'r disgwyliadau cymdeithasol gan ddynion a menywod yn amrywio'n sylweddol yn ôl credoau diwylliannol a chrefyddol.

Wichterich (2012)

ch) Mae trais a chamdriniaeth rywiol wedi dod yn arfau rhyfel.

Aidan Foster-Carter (1980au)

d) Mae pecynnau cymorth tramor yn cael eu trefnu gan ddynion ac maen nhw'n ecsbloetio menywod, sy'n ffynonellau llafur rhad a gofal domestig.

Deere (1979) a Van Allen (1972)

dd) Mae patrymau traddodiadol ar gyfer datblygu cynhyrchu diwydiannol ar raddfa fawr yn wael i'r amgylchedd ac yn lleihau grym a safle menywod yn y gymdeithas.

Adroddiad Menywod y Cenhedloedd Unedig (2012)

e) Mae corfforaethau amlwladol yn ffafrio gweithwyr benywaidd am fod menywod yn fwy parod na dynion i dderbyn cyflog isel.

Hawkesworth (2006)

f) Mae gormesu menywod yn digwydd ar draws y byd gan fod menywod yn cael eu hystyried yn llai gwerthfawr na dynion ym mhob diwylliant.

Leonard (1992)

Nodau

⊙ **Deall effaith globaleiddio yn yr unfed ganrif ar hugain**

Wrth i gorfforaethau amlwladol a chorfforaethau trawswladol sy'n weithgar ledled y byd ddatblygu, mae'r dewisiadau sydd ar gael yn debyg lle bynnag yn y byd rydyn ni'n byw, ac mae diwylliannau traddodiadol dan fygythiad.

Mae globaleiddio yn gysyniad dadleuol gan ei bod yn bosibl ei ddehongli'n wahanol mewn cyd-destunau gwahanol. Yn gyffredinol, mae'n golygu proses gymdeithasol, economaidd a diwylliannol sy'n arwain at gysylltiadau cynyddol drwy sefydliadau cymdeithasol, diwylliannau a syniadau ledled y byd. Erbyn hyn, nid yw'n bosibl anwybyddu digwyddiadau cymdeithasol neu wleidyddol mewn un wlad a chymryd am eu bod yn digwydd mewn man arall nad ydyn nhw'n effeithio arnon ni. Mae globaleiddio yn waith sy'n mynd rhagddo; dydyn ni ddim yn gymdeithas wirioneddol fyd-eang gan nad ydyn ni'n rhannu un sefydliad cymdeithasol, un diwylliant, un llywodraeth nac un casgliad o gredoau unigol. Fodd bynnag, mae'n bosibl adnabod amrywiaeth o brosesau globaleiddio: er enghraifft, mae technoleg gwybodaeth a chyfathrebu (TGCh) wedi arwain at fyd 'llai', sy'n golygu y gallwn ni yn 2017 ryngweithio wyneb yn wyneb â phobl lle bynnag y maen nhw.

Mae gwisg draddodiadol Thai ar gyfer menywod (ar y chwith) yn ildio i steiliau'r Gorllewin (ar y dde) ac mae arferion unigryw'n cael eu colli.

Pwnc 11: Globaleiddio

Gwneud i chi feddwl

Bwyty bwyd cyflym y Gorllewin yn Guangzhou, China (chwith) a bwyty Tsieineaidd yn Llundain (ar y dde). Beth mae hyn yn ei awgrymu am sut mae chwaeth bwyd y byd yn newid? Sawl math o fwydydd o wahanol genhedloedd sydd ar gael lle rydych chi'n byw?

Globaleiddio a dad-diriogaethu

Mae perthnasoedd pobl â'i gilydd yn cysylltu ar draws y byd. Rydyn ni'n prynu nwyddau sy'n cael eu gwneud mewn nifer o wledydd, felly, er enghraifft, gall rhannau car ddod o nifer o ardaloedd cynhyrchu gwahanol ledled y byd. Gall perthnasoedd rhyngwladol ac arweiniyddiaeth ddylanwadu ar benderfyniadau gwleidyddol mewn ardaloedd eraill, felly gall gwledydd wneud penderfyniadau gwleidyddol yn seiliedig ar bolisïau gwledydd eraill. Rydyn ni'n rhannu ein diwylliant a'n cyfryngau fwyfwy, felly rydyn ni'n gallu gwylio teledu Americanaidd ac anime Siapaneaidd, a bwyta bwyd a diod Americanaidd lle bynnag yn y byd rydyn ni. Mae ôl-fodernwyr yn honni ein bod wedi datblygu agwedd 'dewis a dethol' tuag at ddiwylliant, ac mae pobl yn aml yn tynnu ar fwy nag un traddodiad diwylliannol i ddatblygu hunaniaeth unigryw.

Dad-diriogaethu yw'r syniad bod ein lleoliad daearyddol yn y byd yn dylanwadau'n llai ar ein perthnasoedd ag eraill nag ydoedd ar un adeg. Yn yr 1950au, roedd angen mynd ar long i deithio rhwng Singapore a'r DU, roedd llythyrau yn cymryd wythnosau i gyrraedd, ac roedd galwadau ffôn yn amhosibl. Heddiw, mae taith awyren rhwng y lleoedd hyn yn para oriau yn unig, mae sgyrsiau'n digwydd yn fyw dros y ffôn neu ar gyfrifiaduron, ac mae pobl yn ymwybodol o ddigwyddiadau byd-eang fwy neu lai wrth iddyn nhw ddigwydd drwy'r teledu a'r cyfryngau cymdeithasol. Gallai penderfyniadau sy'n cael eu gwneud yn Llundain effeithio ar fasnach yn Singapore ar yr un diwrnod. Cyfeiriodd Harvey (1990) at y broses hon fel 'cywasgu amser-gofod'. Mae gwahaniaeth amser real yn gymharol ddiystyr.

Yn 2001, honnodd Malcolm Waters fod tri math o gyfnewid dynol yn cael eu dad-diriogaethu:

⊙ **Masnach:** O ran masnach, gall nwyddau materol gael eu cyfnewid. Gall ffatrïoedd symud i fannau lle mae llafur yn rhad, a gall nwyddau wedi'u cwblhau gael eu dychwelyd i'w gwerthu lle mae prisiau'n uchel.

⊙ **Grym a gwleidyddiaeth:** Gall gwladwriaethau cenedlaethol fel UDA neu wledydd eraill y Gorllewin ddylanwadu ar ddigwyddiadau mewn gwledydd eraill yn gyflym iawn. Er enghraifft, ar ôl i Baris gael ei bomio ym mis Tachwedd 2015, roedd y Ffrancwyr yn gallu disgyn bomiau yn Syria drannoeth i ddial.

⊙ **Y cyfryngau a diwylliant:** Mae gemau, cerddoriaeth a ffilmiau newydd yn cael eu rhyddhau mewn sawl gwlad ar unwaith gan fod pobl yn gallu tanysgrifio i sianeli mewn gwledydd eraill. Mae masnachfreintiau fel *Star Wars* yn perthyn i ddiwylliant America ond maen nhw'n fyd-eang, a bydd pobl o bob gwlad yn gwybod amdanyn nhw ac yn prynu'r nwyddau a'r defnyddiau.

Byw mewn diwylliant sy'n globaleiddio

Nid yw'n bosibl gwadu bod globaleiddio ar droed. Fodd bynnag, er ei bod yn ymddangos bod rhai'n elwa oherwydd y broses globaleiddio, mae'n bosibl mai dioddefwyr yw pobl eraill. Mae'r effeithiau'n gymhleth: os yw gweithwyr yn India yn derbyn llai o gyflog na gweithwyr yn y DU, yna gall cwmnïau symud y gwaith cynhyrchu a chreu diweithdra yn y DU wrth greu swyddi ar gyfer pobl yn India; fodd bynnag, os gall pobl Prydain brynu nwyddau o weithdai cyflog isel am brisiau rhatach nag y mae modd eu cynhyrchu yn y DU, efallai y byddan nhw'n teimlo eu bod yn elwa. Nid effeithio ar unigolion yn unig y mae'r materion hyn. Mae rhai safbwyntiau cymdeithasegol fel Marcsaeth yn teimlo bod globaleiddio yn cyflwyno rhai peryglon ac anghydraddoldebau gwirioneddol. Mae eraill yn ystyried bod globaleiddio yn ganlyniad anochel newid technolegol neu hyd yn oed yn ystyried ei fod yn fuddiol i'r gymdeithas yn gyffredinol.

Dysgu gweithredol

Mewn grŵp bach, meddyliwch am bum mantais a phum anfantais globaleiddio ar gyfer pobl y blaned.

Safbwyntiau cymdeithasegol am globaleiddio

Safbwyntiau economaidd am gyfalafiaeth fyd-eang

Mae safbwyntiau economaidd am globaleiddio yn awgrymu ei fod yn anochel ac felly nad yw'n bosibl ei addasu, ei newid na'i osgoi. Mae nifer o economegwyr yn credu y bydd arwain gwledydd sy'n datblygu i gyfeiriad syniadau'r Gorllewin am gyfundrefnau gwleidyddol a systemau busnes yn dod â safonau byw mewn GLIEDd yn nes at y safonau y mae GMEDd yn eu hystyried yn rhai normal. Mae hyn yn gysylltiedig â syniadau democratiaeth, felly mae nifer o lywodraethau'r Gorllewin yn cefnogi mudiadau democrataidd mewn GLIEDd gan obeithio a disgwyl y bydd globaleiddio'n gwella amodau byw i bawb. Mae'n amlwg bod lle i drafod a dadlau hyn, ond dyma'r prif safbwynt gwleidyddol sydd wrth wraidd llawer o waith datblygu. Mae llawer o gymdeithasegwyr wedi herio hyn ar nifer o bwyntiau.

Gallai globaleiddio olygu diwedd gwladwriaethau cenedlaethol

Yn ôl Scholte (2000), mae gwladwriaeth genedlaethol yn ardal sy'n cael ei llywodraethu gan y gyfundrefn wleidyddol bwysicaf yn y rhanbarth daearyddol. Mae'n llywodraethu pob agwedd ar fywydau pobl yn y rhanbarth hwnnw. Nid yw'n cael ymyrryd â gwleidyddiaeth rhanbarthau eraill ac mae ganddi awdurdod llwyr yn ei hardal ei hun. Yn ôl Giddens, nid yw hyn bellach yn hollol bosibl yng nghyd-destun globaleiddio oherwydd gall unrhyw beth sy'n digwydd o fewn ffiniau un wlad effeithio ar wledydd eraill. Er enghraifft, mae nifer o wledydd wedi gwahardd hela morfilod, ond os bydd Japan yn parhau i gynnal ymchwil sy'n golygu lladd morfilod, bydd pob gwlad yn teimlo effeithiau'r lladd hwnnw ar yr amgylchedd y mae morfilod yn byw ynddo. Yn gynyddol, mae sefydliadau sy'n fwy na gwladwriaethau unigol ac sy'n gallu gorfodi deddfau ar genhedloedd, er enghraifft grwpiau fel y Cenhedloedd Unedig neu'r Undeb Ewropeaidd.

Mae globaleiddio wedi annog twf buddsoddiad amlwladol a chwmnïau trawswladol

Gall banciau a chwmnïau fuddsoddi neu adeiladu ffatrïoedd lle bynnag y mynnan nhw yn y byd. Gallan nhw hefyd greu allfeydd ar gyfer eu nwyddau mewn amrywiaeth o wledydd. Mae gan gwmnïau fel Starbucks fannau gwerthu mewn nifer o leoedd yn y byd, ond maen nhw'n cael eu rhedeg o un wlad. Felly maen nhw'n gorfforaeth amlwladol. Mae cwmnïau trawswladol yn wahanol. Maen nhw'n berchen ar eiddo, yn cynhyrchu, yn gwerthu ac yn dosbarthu lle bynnag y mae hynny o fantais iddyn nhw, felly maen nhw'n fwy hyblyg ac yn gallu gwneud elw lle bynnag y maen nhw'n gweithredu. Mae John Pilger wedi dangos bod cwmni Coca-Cola yn ystod yr Ail Ryfel Byd yn creu ac yn gwerthu'r ddiod ysgafn roedd y milwyr ar y ddwy ochr yn ei hoffi orau. Roedd yr Americanwyr yn yfed Cola ond roedd yr Almaenwyr yn yfed Fanta, diod yr oedd cwmni Coca-Cola hefyd yn ei wneud. Felly mae cwmni Coca-Cola yn gwmni trawswladol. Os bydd amodau'n mynd yn anodd iddo mewn un ardal o'r byd, yn syml, gall gymryd ei fusnes i rywle arall. Y ddadl sy'n cael ei chyflwyno yw y gall cyfarwyddwyr corfforaethau amlwladol a chwmnïau trawswladol greu cyfoeth aruthrol, ond bod pobl gyffredin ar fympwy'r bobl gyfoethog. I ddenu buddsoddiad gan gorfforaethau amlwladol a chwmnïau trawswladol, bydd llywodraethau'n cael gwared ar reoliadau iechyd ac amgylcheddol. Mae un agwedd ddadleuol ar drawswladoliaeth yn ymwneud â

Dysgu gweithredol

Dysgwch fwy am y dadleuon cymdeithasegol sy'n gysylltiedig â globaleiddio drwy ymchwilio i'r pwnc hwn ar y Rhyngrwyd.

threthi: drwy symud adnoddau ac elw o un wlad i wlad arall, mae corfforaethau'n gallu lleihau eu hatebolrwydd treth mewn unrhyw wlad.

Colli arwahanrwydd diwylliannol

Mae grym anhygoel diwylliant y Gorllewin ac America yn golygu bod cynnyrch a nwyddau diwylliannol y Gorllewin wedi dod yn rhan o ddiwylliant yr holl fyd ac nad yw pobl am ddilyn eu syniadau diwylliannol eu hunain erbyn hyn. Cyn i Awstralia gael ei threfedigaethu, amcangyfrifir bod mwy na 250 o ieithoedd brodorol yn Awstralia; erbyn hyn, dim ond 60 sydd wedi goroesi a nifer bach iawn o unigolion sy'n gallu siarad llawer ohonyn nhw. Mae hyn yn golled enfawr o ran gwybodaeth ddiwylliannol, o bosibl o ran planhigion meddyginiaethol neu ddealltwriaeth leol, ac yn gadael pobl gynhenid heb eu hetifeddiaeth a'u hunaniaeth.

Mae globaleiddio yn fath newydd o neo-imperialaeth neu neo-drefedigaethedd

Creodd pwerau trefedigaethol hŷn fel Prydain a'r Almaen ymerodraethau a threfedigaethau. Dalion nhw eu gafael ynddyn nhw drwy rym milwrol byddinoedd enfawr a buddsoddiad mewn arfau technoleg uwch. Ffurf ar neo-drefedigaethedd oedd disgrifad Kwame Nkrumah, arlywydd Ghana (1960–66) a gwyddonydd gwleidyddol, o'r modd y mae gwledydd cyfalafol modern yn gallu rheoli ardaloedd helaeth o'r byd drwy berchenogaeth uniongyrchol a chyfalafiaeth, gyda chymorth ymyrraeth filwrol, pe bai ei angen.

Honnodd Nkrumah nad helpu'r gwledydd tlotaf yr oedd globaleiddio, ond eu hecsbloetio, mewn gwirionedd. Roedd cwmnïau trawswladol cyfoethog a gwledydd cyfoethog yn gallu ymyrryd yng ngwleidyddiaeth gwledydd sy'n datblygu i ddiogelu eu buddiannau breintiedig eu hunain yn hytrach nag i helpu tlodion y wlad sy'n datblygu. Yn Indonesia, er enghraifft, mae cwmnïau torri coed yn foncyffion wedi llwyddo i ddinistrio ardaloedd helaeth o goedwigoedd glaw naturiol ac wedi clirio ardaloedd enfawr o dir, gan ddinistrio ecosystemau, er mwyn plannu ffa soia i fwydo gwartheg ar gyfer marchnadoedd yn China, UDA a Rwsia. Mae'r Gynghrair Coedwigoedd Glaw yn honni bod 200 troedfedd sgwâr (tua maint garej dwbl mawr) o goedwig law yn cael eu dinistrio am bob pwys o gig eidion sy'n cael ei gynhyrchu. Nid yw'r cyfoeth yn cael ei ailfuddsoddi yn Indonesia ac ardaloedd eraill y goedwig law, ond mewn cwmnïau trawswladol rywle arall yn y byd.

Amlinellodd y Marcsydd Frantz Fanon yn *The Wretched of the Earth* (1961) y modd y mae neo-drefedigaethedd yn seiliedig ar hiliaeth. Roedd yn dadlau bod gan bobl nad ydyn nhw'n cael eu trin fel pobl gan eu gormeswyr yr hawl i ddefnyddio trais yn erbyn eu gormeswyr i ennill eu rhyddid eu hunain gan eu bod yn ddioddefwyr trais. Mae ei syniadau ef wedi bod yn ddylanwadol iawn mewn mudiadau gwrthdrefedigaethol.

Damcaniaeth un man global

Wrth i bobl ddod yn fwy ymwybodol o ddigwyddiadau byd-eang, mae eu pryderon am y problemau sy'n effeithio ar y blaned wedi dod yn flaenllaw. Mae materion fel cynhesu byd-eang a newid hinsawdd yn effeithio ar bawb. Er enghraifft, un rheswm pam mae allbwn y nwyon sy'n cyfrannu at gynhesu byd-eang yn gostwng ym Mhrydain yw bod Prydain yn mewnforio gweithgynhyrchion, fel haearn a dur, o wledydd fel India a China, lle mae llygredd atmosfferig sylweddol.

Cafodd pobl o nifer o wledydd eu lladd yn sgil digwyddiadau fel tsunami Gŵyl San Steffan 2004, nid pobl y gwledydd a brofodd effaith uniongyrchol y daeargryn a'r don enfawr yn unig. Effeithiodd y trychineb ar nifer o dwristiaid o wledydd eraill hefyd, felly teimlwyd ei heffeithiau ar draws y byd. Mae'r ymwybyddiaeth ddiwylliannol newydd hon yn arwain at fudiad amgylcheddol byd-eang sy'n feirniadol o'r ffordd y mae'r defnydd o adnoddau naturiol a dinistrio cynefinoedd naturiol er mwyn cyflenwi marchnadoedd Ewrop ac UDA yn dinistrio'r blaned. Mae hyn yn arwain at fathau gwahanol o weithredu uniongyrchol:

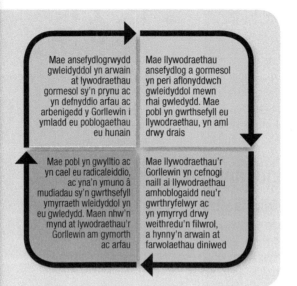

Mae ansefydlogrwydd gwleidyddol yn arwain at lywodraethau gormesol sy'n prynu ac yn defnyddio arfau ac arbenigedd y Gorllewin i ymladd eu poblogaethau eu hunain

Mae llywodraethau ansefydlog a gormesol yn peri aflonyddwch gwleidyddol mewn rhai gwledydd. Mae pobl yn gwrthsefyll eu llywodraethau, yn aml drwy drais

Mae pobl yn gwylltio ac yn cael eu radicaleiddio, ac yna'n ymuno â mudiadau sy'n gwrthsefyll ymyrraeth wleidyddol yn eu gwledydd. Maen nhw'n mynd at lywodraethau'r Gorllewin am gymorth ac arfau

Mae llywodraethau'r Gorllewin yn cefnogi naill ai llywodraethau amhoblogaidd neu'r gwrthryfelwyr ac yn ymyrryd drwy weithredu'n filwrol, a hynny'n arwain at farwolaethau diniwed

- Mae nifer o sylwebwyr yn edrych ar **gynaliadwyedd** (gweler Pwnc 14) a'r ffordd o leihau effeithiau amgylcheddol ar y blaned. Er enghraifft, mae projectau egni adnewyddadwy a phŵer solar yn gwneud mwy o synnwyr yn Affrica na defnyddio olew a glo prin.
- Mae llawer o brojectau Masnach Deg sy'n cefnogi gweithrediadau masnachu ar raddfa fach wrthi'n cael eu datblygu.
- Mae nifer o unigolion yn y Gorllewin yn ailgylchu ac yn cyfrannu at elusennau byd-eang fel Oxfam i gefnogi projectau datblygu. Mae grwpiau amgylcheddol pwerus wrthi'n datblygu ac yn lledaenu negeseuon gwrthgyfalafol er mwyn cefnogi'r gwaith o lunio undeb ar gyfer gweithwyr gweithdai cyflog isel neu waith ar brojectau addysg, hyd yn oed ar raddfa fach.

Ymchwil

Astudiodd Nicholls ac Opal (2005) amrywiaeth o brojectau Masnach Deg yn seiliedig ar egwyddorion talu cyflog teg i weithwyr mewn GLIEDd er mwyn iddyn nhw weithio drostyn nhw eu hunain yn hytrach na gweithio i gwmnïau trawswladol a chorfforaethau amlwladol. Roedd yr incwm uwch a dalwyd i'r gweithwyr yn eu galluogi i anfon eu plant i'r ysgol a thalu ar gyfer addysg i weithwyr mewn oed. Mae llawer o'r projectau'n cefnogi rôl menywod ac yn eu hyfforddi mewn crefftau. Honnodd Nicholls ac Opal fod y gallu i addysgu plant yn un o'r blaenoriaethau pennaf a oedd gan weithwyr. Maen nhw'n dadlau y bydd projectau Masnach Deg yn llesol i weithwyr, er o bosibl na fyddan nhw yr un mor llesol i bob plentyn, ac y gallai menywod a merched barhau i fod ar ei hôl hi.

a) Nodwch ac esboniwch **un** rheswm pam mae angen i nifer o ymchwilwyr siarad yn uniongyrchol â phobl dlawd sydd ynghlwm wrth brojectau er mwyn darganfod eu safbwyntiau ynglŷn â phrojectau Masnach Deg.

b) Fel myfyriwr Cymdeithaseg Safon Uwch, rydych chi wedi cael cais i ddarganfod pam mae pobl yn dewis neu'n dewis peidio â phrynu nwyddau Masnach Deg.
   i. Disgrifiwch bob cam o'ch cynllun ymchwil, gan gyfiawnhau'r rhesymau dros eich dewis ar bob cam.
   ii. Trafodwch broblemau a all godi ac effaith y problemau hyn ar ansawdd y data sy'n cael eu casglu.

Cwestiwn cymhwyso tystiolaeth

c) Ysgrifennwch baragraff gan ddefnyddio'r wybodaeth a roddwyd i chi i drafod a yw cwmnïau trawswladol yn dda neu'n ddrwg ar gyfer GLIEDd.

Ysgrifennu estynedig

Gan ddefnyddio tystiolaeth ac enghreifftiau cymdeithasegol, esboniwch ystyr y term globaleiddio.

Arweiniad: Mae hwn yn gwestiwn anodd oherwydd mae mwy nag un safbwynt o ran beth yw globaleiddio mewn gwirionedd. Mae'n siŵr ei bod yn haws disgrifio rhai o'r prosesau sy'n cyfrannu at globaleiddio yn hytrach na cheisio rhoi diffiniad uniongyrchol. Ar ôl gwneud hynny, bydd angen i chi drafod rhai o'r ffyrdd y mae llywodraethau GMEDd a GLIEDd yn cyd-dynnu. Efallai bydd angen i chi ystyried materion yn ymwneud â dylanwad economïau mwy datblygedig ar ddiwylliannau GLIEDd. Ceisiwch ystyried cryfderau a gwendidau'r cysyniad o globaleiddio.

Ysgrifennwch tua 200 gair.

Gwiriwch eich dysgu eich hun

Cysylltwch y geiriau allweddol â'r termau:

a) Y broses gymdeithasol, economaidd a diwylliannol sy'n creu mwy a mwy o gysylltiadau ar draws sefydliadau cymdeithasol, diwylliannau a syniadau ar hyd a lled y byd.

Neo-drefedigaethedd

b) Projectau yn seiliedig ar egwyddorion talu cyflog teg i weithwyr mewn GLIEDd er mwyn iddyn nhw weithio drostyn nhw eu hunain.

Globaleiddio

c) Mae gwledydd cyfalafol modern yn gallu rheoli ardaloedd helaeth o'r byd drwy berchenogaeth uniongyrchol a chyfalafiaeth, gyda chymorth ymyrraeth filwrol, pe bai ei angen.

Dad-diriogaethu

ch) Busnesau sy'n berchen ar eiddo, yn cynhyrchu, yn gwerthu ac yn dosbarthu lle bynnag y mae hynny o fantais iddyn nhw, lle bynnag y maen nhw yn y byd.

Masnach Deg

d) Y syniad bod ein lleoliad daearyddol yn y byd yn dylanwadau'n llai ar ein perthnasoedd ag eraill nag ydoedd ar un adeg.

Mudiad amgylcheddol byd-eang

Cwmnïau trawswladol

dd) Mudiad cymdeithasol sy'n feirniadol o'r ffordd y mae'r defnydd o adnoddau naturiol a dinistrio cynefinoedd naturiol er mwyn cyflenwi marchnadoedd Ewrop ac UDA yn dinistrio'r blaned.

Nodau

- Ymchwilio i ddylanwad cymdeithasol, gwleidyddol ac economaidd cwmnïau byd-eang a masnach y byd

Ni ddylai'r grym sydd gan gwmnïau byd-eang i effeithio ar wleidyddiaeth fewnol nifer o GMEDd a GLIEDd gael ei danamcangyfrif. Gall cwmnïau ddwyn pŵer economaidd a gwleidyddol mawr fel y gwelwyd yn yr adran globaleiddio (Pwnc 11); mae hyn yn dangos sut y mae llawer o'r dadleuon a'r materion a godwyd yn yr astudiaeth o gymdeithaseg fyd-eang yn rhyng-gysylltu. Mae Andre Gunder Frank wedi dadlau bod system economaidd fyd-eang wedi datblygu lle mae rheolaeth GMEDd ar systemau masnachu yn golygu bod GLIEDd dan anfantais. Mae tystiolaeth bod rhai corfforaethau a chwmnïau mor fawr a chyfoethog nes ei bod yn anodd i unrhyw un llywodraeth eu rheoli neu fonitro eu gweithgareddau. Maen nhw'n cronni cyfoeth enfawr ar gyfer eu perchenogion sy'n enwau anghyfarwydd ar y cyfan i'r cyhoedd, er gwaethaf eu cyfoeth. Mae system masnach y byd yn parhau gweithgareddau'r cenhedloedd trefedigaethol cynnar, ond mae effaith globaleiddio a thechnoleg yn golygu bod rhai o'r cwmnïau hyn bellach mor bwerus nes ymddangos uwchlaw'r gyfraith. Maen nhw'n ecsbloetio GLIEDd ar gyfer llafur rhad ac fel marchnadoedd newydd ar gyfer eu nwyddau.

Dysgu annibynnol

Ewch ar y we i ddarganfod mwy am effaith y diwydiant olew ar Nigeria. Efallai byddwch chi am edrych ar garfanau pwyso amgylcheddol fel Cyfeillion y Ddaear i gefnogi eich astudiaeth.

Pwnc 12: Masnach y byd a globaleiddio

Gwneud i chi feddwl

Mae Coca-Cola yn cael ei werthu mewn dros 200 o wledydd ledled y byd ac mae hyd yn oed yn cael ei hysbysebu mewn gwledydd lle nad yw ar werth. Yn ôl y cwmni, mae 1.7 biliwn gwydraid o Coca-Cola yn cael eu hyfed bob dydd. Mae'r cwmni'n gwneud amrywiaeth fawr o ddiodydd ysgafn eraill, yn aml wedi'u teilwra i'r hyn mae gwlad benodol yn ei hoffi. Allwch chi feddwl am frandiau byd-eang eraill?

Masnach fyd-eang

Ers yr 1970au, mae newidiadau mawr wedi bod mewn masnachu byd-eang. Cyn y cyfnod hwn, roedd cwmnïau yn aml yn gweithgynhyrchu eu nwyddau ac yn eu gwerthu yn eu gwledydd eu hunain. Yn Ffrainc yr 1960au, byddai pobl yn gyrru ceir a gafodd eu gwneud yn Ffrainc; yn y DU byddai pobl yn gyrru ceir Prydeinig neu Americanaidd. Fodd bynnag, mae newid arwyddocaol wedi bod gyda'r pwyslais ar gorfforaethau trawswladol yn rheoli masnach fyd-eang a chwmnïau mawr yn cael eu globaleiddio. Yn ôl Dunning, erbyn 1993, roedd tri chwarter o fasnach y byd yn cael ei arwain gan gwmnïau trawswladol.

Beth yw cwmnïau amlwladol?

Mewn nifer o destunau, mae cwmnïau trawswladol a chwmnïau amlwladol yn dermau sy'n cydgyfnewid, ond mae'n fwy tebygol y bydd cwmnïau a chorfforaethau amlwladol yn gweithredu fel nifer o gwmnïau gwahanol, ond eu bod nhw'n cael eu rheoli mewn un wlad. Maen nhw'n tueddu i werthu'r un gwasanaethau lle bynnag y maen nhw'n gweithredu, ond maen nhw'n addasu eu nwyddau i'r wlad maen nhw'n gweithredu ynddi. Felly, ar y cyfan mae cwmnïau fel McDonalds yn cael eu hystyried yn gwmnïau amlwladol.

Beth yw nodweddion corfforaethau trawswladol?

Mae corfforaethau trawswladol yn masnachu mewn mwy nag un wlad. Dydyn nhw ddim yn tueddu i ystyried unrhyw wlad arbennig yn gartref ac efallai byddan nhw'n ymwneud ag amrywiaeth o gynnyrch ac yn ei deilwra i farchnadoedd lleol penodol. Yn ôl Cohen a Kennedy (2000), mae corfforaethau trawswladol pennaf y byd:

- Yn ymwneud â datblygu adnoddau mwynol, yn benodol cronfeydd olew a chynnyrch petrolewm. Maen nhw'n cynnwys Exxon, Mobil, Total a Shell.
- Yn gweithredu'n nodweddiadol mewn nifer o wledydd, felly bydd gan rai ohonyn nhw adrannau neu brojectau niferus mewn ardaloedd gwahanol. Bydd gwaith ymchwil, datblygu, marchnata a gweithgynhyrchu'n digwydd mewn nifer o wledydd.
- Yn tueddu i fod mewn gwledydd lle nad oes undebau a lle mae menywod yn rhan fawr o'r gweithlu.
- Yn symud i farchnadoedd newydd. China yw marchnad gyfredol fwyaf y byd. Mae wedi cael ei thargedu gan frandiau cosmetig, hamdden, TGCh a bwyd.
- Yn targedu cyn-wledydd comiwnyddol, felly mae nwyddau corfforaethau trawswladol Americanaidd fel Coca-Cola a sigaréts wedi dod yn fwy na chynnyrch yn unig, ac wedi dod yn symbol o newid cymdeithasol ymhlith y bobl ifanc a chyfoethog newydd.

Awgrymodd Sklair (2001) fod corfforaethau trawswladol a chwmnïau amlwladol yn lledaenu ideoleg y Gorllewin am unigoliaeth hunanol a phrynwriaeth i ddiwylliannau a oedd gynt yn gomiwnyddol, yn amaethyddol, yn llwythol ac yn gymunedol. Yn 2007, dim ond saith o brif gorfforaethau trawswladol y byd oedd wedi'u lleoli mewn GLIEDd neu wedi cychwyn yno. Mewn GMEDd roedd perchenogion y gweddill; fodd bynnag, roedd llawer o'r cwmnïau hyn yn gweithredu mewn GLIEDd ac yn cyflogi gweithwyr o'r gwledydd hynny.

Corfforaethau ariannol byd-eang

Wrth i fusnesau dyfu'n fwy ac wrth i fuddsoddiadau gael eu gwneud mewn mwy o wledydd a gwasanaethau, mae'r corfforaethau ariannol byd-eang wedi dod yn fwyfwy pwysig. Yn ôl Simpson a Sinclair (1990), mae gan nifer o'r gwasanaethau bancio a masnachu mawr hyn gyfrifon banc mwy nag economïau GLIEDd llai. Yn 2008, daeth Elliot ac Atkinson i'r casgliad bod nifer o sefydliadau bancio a chyllid yn gweithredu mewn cynifer o wledydd nes eu bod yn gallu osgoi talu treth drwy gymryd mantais ar ddiffygion yn y gyfraith a diffygion ariannol. Dywedodd Cassidy (2009) fod cwymp ariannol y byd yn 2008 wedi mynnu bod systemau bancio llywodraethau'r byd yn rhoi dros $14 triliwn i'r cwmnïau hyn i'w rhwystro rhag cwympo ac i rwystro economi'r byd rhag methu'n llwyr. Er bod y banciau'n gwybod eu bod yn cymryd risgiau gydag arian nad oedd yn eiddo iddyn nhw, nododd Hutton yn 2010 mai ychydig iawn o'r bobl a oedd yn gyfrifol am gwymp byd-eang 2008 a brofodd galedi personol o ganlyniad i'w hymddygiad, am fod rheoleiddio gweithgarwch busnes mor gymhleth ac, er bod rhai penderfyniadau o bosibl wedi bod yn fyrbwyll, ei bod yn anodd profi bwriad troseddol.

Beirniadu cwmnïau amlwladol, trawswladol a chorfforaethau ariannol byd-eang

- ◉ Mae rhai cwmnïau amlwladol mor bwerus nes bod ganddyn nhw fwy o bŵer nag sydd gan GLIEDd i effeithio ar wleidyddiaeth y byd.
- ◉ Mewn rhai gwledydd, nid yw deddfau llafur a busnes bob amser yn cael eu gwthio'n gryf ar gwmnïau byd-eang am fod llywodraethau'n ofni y byddan nhw'n gadael y wlad ac yn achosi diweithdra.
- ◉ Mae nifer o gwmnïau wedi ymwneud â dinistrio amgylcheddol: er enghraifft, mae rhai wedi mynnu bod yn rhaid dinistrio riffiau cwrel prin yn Awstralia i alluogi llongau i gael mynediad i borthladdoedd. Yn 2010, gollyngodd llwyfan olew Deepwater Horizon olew i Gwlff México. Canlyniad hynny oedd bod pobl a bywyd morol wedi marw a bod ardaloedd pysgota a morlinau helaeth wedi'u llygru (gweler Pwnc 14).
- ◉ Mae rhai cwmnïau wedi cael eu cyhuddo o 'greu anghenion ffug'. Er enghraifft, hysbysebodd Nestlé laeth babanod mewn GLIEDd, gan annog mamau i beidio â bwydo ar y fron. Mewn GLIEDd, mae bwydo ar y fron yn golygu bod y llaeth yn gymharol bur, a gall bwydo ar y fron fod yn wrthgenhedlol, felly cafodd cwmni Nestlé ei gyhuddo o fod yn anghyfrifol.
- ◉ Mae nwyddau sydd wedi'u gwahardd mewn GMEDd weithiau'n cael eu gollwng mewn GLIEDd i'w gwerthu; mae enghreifftiau wedi cynnwys nwyddau meddygol wedi dyddio ac eitemau â chynhwysion wedi'u gwahardd fel paent sylfaen plwm.

Ysgrifennu estynedig

Gan ddefnyddio tystiolaeth ac enghreifftiau cymdeithasegol, esboniwch nodweddion corfforaeth amlwladol.

Arweiniad: Wrth esbonio nodweddion corfforaeth amlwladol, mae'n bwysig dewis rhai o'r nodweddion pwysicaf a'u disgrifio nhw, gydag enghreifftiau ac esboniad. Er enghraifft, mae corfforaethau amlwladol yn tueddu i fod yn gwmnïau mawr iawn. Maen nhw'n gwerthu mwy nag economïau nifer o GLIEDd. Mae hyn yn rhoi pŵer a grym iddyn nhw o ran gallu effeithio ar wleidyddiaeth fewnol rhai gwledydd. Maen nhw'n gweithredu mewn mwy nag un wlad, gyda rhwydweithiau o is-gwmnïau ac is-gyflenwyr. Maen nhw'n gwerthu eu nwyddau yn fyd-eang. Yn aml, maen nhw ymhell ar y blaen yn dechnolegol sy'n golygu eu bod yn gallu cynhyrchu nwyddau technoleg uwch a defnyddio prosesau technoleg uwch wrth weithgynhyrchu. Ychydig o gorfforaethau mawr sydd yn y byd, felly maen nhw'n tueddu i ddominyddu marchnadoedd y byd, yn arbennig ym meysydd adnoddau mwynol, y cyfryngau neu dechnoleg. Byddan nhw'n cyflogi pobl o nifer mawr o wledydd, ond bydd y rhain yn weithwyr proffesiynol tra medrus.

Ysgrifennwch tua 200 gair.

Dysgu gweithredol

Yn 2011, cynigiodd Llywodraeth y DU ddeddfwriaeth lymach i reoli gweithgareddau banciau. Bygythiodd y banc byd-eang HSBC (Hongkong and Shanghai Banking Corporation) symud ei bencadlys i ffwrdd o Lundain i Hong Kong. Byddai hynny wedi effeithio ar nifer o swyddi yn Ninas Llundain. Ar ôl i Lywodraeth y DU wanhau'r rheolau, ac fe gafodd y bygythiad ei ollwng. Beth fyddai goblygiadau hyn wedi bod i Lundain a'r gymdeithas ym Mhrydain pe bai'r llywodraeth wedi newid y deddfau ac HSBC wedi symud ei leoliad? Trafodwch gyda phartner astudio.

> Mae corfforaethau amlwladol yn rheoli. Maen nhw'n rheoli'r gwleidyddion. Maen nhw'n rheoli'r cyfryngau. Maen nhw'n rheoli patrwm treulio, difyrru, meddwl. Maen nhw'n dinistrio'r blaned ac yn gosod y sylfaen ar gyfer ffrwydradau treisgar a rhaniadau hiliol.
>
> **Jerry Brown**

Dysgu gweithredol

Dysgwch fwy am bwysigrwydd bwydo ar y fron yn: http://www.babymilkaction.org/

Sut gallai annog bwydo ar y fron wella iechyd babanod a phlant ifanc?

Dysgu gweithredol

Ym mis Tachwedd 2015, cyhoeddodd cwmnïau fferyllol Pfizer Inc. ac Allergan Plc gynlluniau i gydsoddi. Roedd y cynlluniau hyn yn golygu mai Dulyn fyddai cyfeiriad trethiant y gorfforaeth newydd; mae gan Iwerddon drethi busnes is nag UDA, lle mae'r pencadlys gweithredol wedi'i leoli. Beth yw'r manteision ar gyfer Iwerddon dros gael trethi is ar gyfer corfforaethau? Trafodwch mewn grŵp bach.

Ymchwil

Mae Barber (2015), wrth ysgrifennu ym mlog Sefydliad Adnoddau'r Byd, wedi disgrifio'r modd y mae rhanbarth Sarawak ynys Borneo, sy'n perthyn i wlad Malaysia, wedi gweld ei goedwig law a bywydau'r bobl sy'n byw yn y goedwig law yn cael eu difrodi i'r graddau na ellir eu hadfer;

http://www.wri.org/blog/2015/11/25-years-so-called-sustainable-forest-management-sarawak

Mae'n honni mai'r rheswm dros y dinistrio oedd adroddiad a ysgrifennwyd yn 1989 ar gyfer sefydliad rhynglywodraethol o'r enw ITTO a oedd yn cael ei reoli gan aelod Prydeinig cyfoethog o Dŷ'r Arglwyddi, a oedd ag enw fel cadwraethwr hefyd. Nododd Adroddiad Cranbrook fod datgoedwigo a thorri coed yn foncyffion yn dinistrio'r goedwig a bywoliaeth y bobl oedd yn byw yn y goedwig, ond daeth i'r casgliad nad oedd hyn yn broblem ac y dylai torri coed yn foncyffion barhau, gyda newidiadau bach yn unig i'r Adran Goedwigaeth a thorri yn ôl ar y gwaith o dorri categorïau penodol o goed.

a) Nodwch ac esboniwch **un** rheswm cymdeithasegol pam gallai adroddiadau gwyddonol fod yn ddefnyddiol i gymdeithasegwyr sy'n astudio newid cymdeithasol mewn gwledydd sy'n datblygu.

b) Nodwch ac esboniwch pa broblemau tuedd a allai fod wedi bod yn adroddiad gwreiddiol Cranbrook ac ym mlog Barber.

c) Fel myfyriwr Cymdeithaseg Safon Uwch, rydych chi wedi cael cais i ddarganfod sut mae pobl yn teimlo ynglŷn ag adeiladu mewn ardaloedd gwledig.

    i. Disgrifiwch bob cam o'ch cynllun ymchwil, gan gyfiawnhau'r rhesymau dros eich dewis ar bob cam.

    ii. Trafodwch broblemau a all godi ac effaith y problemau hyn ar ansawdd y data sy'n cael eu casglu.

Cwestiwn cymhwyso tystiolaeth

ch) Ysgrifennwch baragraff gan ddefnyddio'r wybodaeth a roddwyd i chi i drafod a yw'n bosibl neu beidio ymddiried lles pobl leol mewn GLIEDd i sefydliadau estron neu ryngwladol.

Gwiriwch eich dysgu eich hun

Edrychwch ar effeithiau dylanwad tramor a chorfforaethau trawswladol mewn GLIEDd a phenderfynwch a ydyn nhw'n effeithiau cadarnhaol neu negyddol:

		Cadarnhaol	Negyddol
a)	Gallai ddinistrio amgylcheddau bregus er mwyn darparu cnydau a nwyddau ar gyfer cenhedloedd cyfoethog.		
b)	Gall ddarparu gwaith a hyfforddiant i boblogaethau a fyddai, fel arall, yn dlawd.		
c)	Gallai ecsbloetio pobl sydd eisoes yn cael cyflog isel mewn swyddi cyflog isel, oriau hir.		
ch)	Yn aml, daw rhoddion a chymorth law yn llaw ag 'amodau' sy'n cefnogi amcanion gwleidyddol y wlad sy'n rhoi.		
d)	Gall y cwmni amlwladol gystadlu â busnesau lleol, sy'n colli masnach ac yn cau.		
dd)	Gall gefnogi heddwch drwy gynnig cymorth milwrol gyda phroblemau sy'n cael eu hachosi gan wrthdaro neu ryfel. Mae nifer o gwmnïau amlwladol wedi hurio cwmnïau diogelwch preifat i ymladd gwrthryfelwyr yn Affrica is-Sahara.		
e)	Mae nifer o gwmnïau lleol yn cynyddu eu hincwm drwy gefnogi'r cwmni amlwladol.		
f)	Mae rhoddion a chymorth gan gwmnïau a gwledydd yn cefnogi datblygiad GLIEDd.		
ff)	Gall beri tlodi mewn gwledydd tlawd drwy werthu arfau yn hytrach na chynnig addysg.		
g)	Gall gefnogi gwledydd tlawd i edrych ar ôl amgylcheddau bregus.		

Pwnc 13: Sefydliadau anllywodraethol a materion datblygu

Gwneud i chi feddwl

Ydy hi'n dda i GLIEDd ddibynnu ar elusen gan GMEDd? Allwch chi wneud rhestr o ddadleuon o blaid ac yn erbyn y syniad bod elusen ryngwladol yn beth da?

Twf a dylanwad sefydliadau anllywodraethol

Mae Banc y Byd wedi dweud bod ffrwydrad wedi bod yn nifer y sefydliadau anllywodraethol a'u dylanwad ers yr 1970au. Yn 2005, gwnaeth amcangyfrif bod 15 y cant o gymorth y byd wedi'i ddosbarthu gan sefydliadau anllywodraethol a bod y swm a roddwyd yn ôl pob tebyg tua $8 biliwn. Nid oes ffigur manwl gywir ar gyfer nifer y sefydliadau anllywodraethol sy'n bodoli; amcangyfrifir bod rhwng 6,000 a 30 000 o sefydliadau. Mae'n bosibl, mewn gwirionedd, fod cannoedd ar filoedd o sefydliadau anllywodraethol pan fydd grwpiau bach yn y GLIEDd yn cael eu hychwanegu at y ffigurau. Mae hyn yn sector anrheoledig i raddau helaeth, felly gall rhai grwpiau fod yn well ac yn fwy effeithiol na'i gilydd o ran yr hyn maen nhw'n ei wneud. Mae rhai yn fyrhoedlog, gan godi arian ar gyfer un project neu drefnnu un digwyddiad codi arian neu ddigwyddiad arall. Mae rhai eraill yn uchel eu parch ac mae ganddyn nhw hanes hir, fel mudiadau meddygol y Groes Goch a'r Cilgant Coch, sydd â 90 miliwn o wirfoddolwyr bron ar draws y byd.

Mae Richard Robbins (2002) yn honni bod nifer o resymau dros y nifer cynyddol o sefydliadau anllywodraethol sy'n gweithredu mewn GLIEDd:

- Mae'r Rhyngrwyd a dulliau cyfathrebu haws drwy'r teledu a chysylltiadau lloeren wedi gwneud pobl yn fwy ymwybodol o'r hyn sy'n digwydd mewn gwledydd eraill ac yn fwy parod i gefnogi projectau mewn GLIEDd.
- Mae strwythurau gyrfaol a chyfleoedd cyflogaeth mewn sefydliadau anllywodraethol, felly mae pobl yn datblygu bywydau proffesiynol y tu mewn i strwythur elusen.

Dysgu annibynnol

Edrychwch ar y diagram canlynol: ydy rhoi bwyd i ardaloedd newynog bob amser yn bolisi defnyddiol? Sut arall gallai sefydliadau anllywodraethol y Gorllewin helpu poblogaethau GLIED?

- Mae bwyd yn cael ei roi am ddim i wledydd tlawd
- Ni all ffermwyr lleol werthu bwyd
- Mae ffermwyr lleol yn mynd i ddyled
- Nid yw ffermydd lleol yn cynhyrchu bwyd bellach
- Nid oes bwyd lleol ar gyfer pobl dlawd

Nodau

- Ystyried y manteision a'r anfanteision a gysylltir ag asiantaethau anllywodraethol neu sefydliadau anllywodraethol

Yn ogystal â gweithgareddau sy'n cael eu rheoli gan lywodraeth neu wladwriaeth, mae llawer o sefydliadau anllywodraethol hefyd yn ceisio mynd i'r afael â thlodi a materion cysylltiedig mewn GLIEDd. Mae sefydliadau anllywodraethol yn grwpiau dan berchenogaeth breifat neu'n cael eu rhedeg yn breifat. Eu bwriad yw cefnogi'r tlodion, diogelu amgylcheddau, cefnogi datblygiad neu gynnig cymorth i GLIEDd. Mae Banc y Byd yn diffinio asiantaethau neu sefydliadau anllywodraethol fel unrhyw grŵp sy'n cael ei reoli'n breifat nad yw'n gwneud elw, sy'n dibynnu ar arian gan grantiau neu elusen ac sy'n cael ei redeg yn aml gan wirfoddolwyr neu gan bobl y gallen nhw fod yn broffesiynol ond sy'n ennill cyflog cymharol fach am eu bod yn gweithio er lles pobl eraill. (Fodd bynnag, ar yr un pryd, mae uwch-reolwyr mewn rhai sefydliadau *yn* derbyn cyflogau uchel, sy'n aml yn denu beirniadaeth yn y cyfryngau.) Mae amrywiaeth o grwpiau o'r fath, o unigolion sy'n cefnogi cartrefi plant i sefydliadau cymorth ar raddfa fawr y mae eu gwaith wedi'i seilio ar godi arian i elusennau. Gallai rhai gael eu rhedeg gan bobl â chredoau crefyddol dwfn, fel cenhadon sy'n lledaenu'r efengyl, ond gallai pobl eraill ganolbwyntio ar broblem benodol fel HIV/AIDS neu bryderon amgylcheddol.

Dysgu annibynnol

Defnyddiwch y Rhyngrwyd i ddysgu mwy am Fudiad Rhyngwladol y Groes Goch a'r Cilgant Coch a'r math o waith maen nhw'n ei gyflawni.

Dysgu gweithredol

Mae llawer o elusennau a mathau eraill o sefydliadau anllywodraethol yn ystyried bod addysgu a chodi ymwybyddiaeth yn rhan bwysig o'u rôl. Edrychwch ar wefannau sefydliadau anllywodraethol am storïau unigol ac am wybodaeth am eu nodau. Ychwanegwch y wybodaeth at eich nodiadau. Pa mor effeithiol yw'r deunydd addysgol maen nhw'n ei ddarparu?

Mae cymorth yn derbyn cryn sylw mewn nifer o werslyfrau a gwefannau daearyddiaeth, felly dylech ddatblygu eich syniadau drwy ddarllen yn fwy eang nag ym maes cymdeithaseg yn unig.

⊚ Mae'r cyfryngau yn ffynhonnell wybodaeth am ryfeloedd, newyn a thrychinebau naturiol eraill, ac mae lluniau o bobl yn dioddef yn aml yn ysgogi trefnu a gweithredu.

⊚ Mae llywodraethau mewn GMEDd a GLIEDd wedi bod yn fodlon cefnogi sefydliadau anllywodraethol am eu bod yn gallu cynnig cyllid heb gymryd rhan neu wneud y gwaith drostyn nhw eu hunain. Felly, mae'r wladwriaeth yn cefnogi projectau sefydliadau anllywodraethol a fyddai wedi cael eu hystyried ar un adeg yn rhan o rôl cymorth llywodraeth. Yr enw ar yr ymagwedd hon at gymorth yw neo-ryddfrydiaeth.

Fodd bynnag, mae problemau gyda chaniatáu i gymorth gael ei gyflenwi gan sefydliadau anllywodraethol:

⊚ Gall cyllid ar gyfer sefydliadau anllywodraethol ac elusennau fod yn agored i doriadau yng nghyllidebau cymorth tramor neu i ddirywiad yn yr economi, sy'n golygu bod pobl yn amharod neu'n methu rhoi.

⊚ Mae Howell a Pearce (2000) yn dangos ei bod yn llawer mwy tebygol y bydd arian y llywodraeth ar gael ar gyfer sefydliadau anllywodraethol ag agendâu gwleidyddol cyfyngedig, gan na fydd llywodraethau'n cefnogi sefydliadau sy'n galw am newid gwleidyddol mewn GLIEDd neu'n galw am hawliau i weithwyr.

⊚ Mae rhai sefydliadau anllywodraethol yn amhoblogaidd am eu bod yn gysylltiedig â grwpiau crefyddol fel cenhadon, felly er eu bod yn cyflawni gwaith elusennol rhagorol, gallen nhw hefyd fod yn ceisio gorfodi eu credoau ar y bobl maen nhw'n gweithio gyda nhw. Er enghraifft, roedd y Fam Teresa o Kolkata yn lleian Gatholig ac roedd ei gwaith elusennol yn cael ei edmygu'n fawr. Roedd hi hefyd yn ffigur dadleuol gan ei bod yn gwrthwynebu dulliau atal cenhedlu, cynllunio teulu ac erthylu, gan adlewyrchu ei chredoau crefyddol; ond eto mae modd dadlau y gallai'r rhain i gyd fod wedi helpu'r bobl dlotaf.

⊚ Mae sefydliadau anllywodraethol hefyd wedi cael eu beirniadu oherwydd nad yw'r arian yn cyrraedd y bobl dlotaf mewn rhai achosion (mae llygredd yn gyffredin mewn rhai GLIEDd), ac oherwydd bod y bobl sy'n rhedeg grwpiau o'r fath yn derbyn cyflogau uchel. Nid yw rhai grwpiau wedi'u rheoleiddio'n dda nac yn atebol i unrhyw un, felly maen nhw'n gallu troi'n llwgr.

⊚ Mae dadl ryddfrydol ac asgell chwith neu neo-Farcsaidd bwerus, sef bod rhoi cymorth i wledydd tlawd yn eu rhwystro rhag datblygu eu heconomïau eu hunain. Mae pobl yn dibynnu ar gymorth a dydyn nhw ddim yn ymdrechu eu hunain. Gall y ddadl hon hefyd gael ei anelu at waith cymorth llywodraeth.

⊚ Mae'n haws codi arian ar gyfer materion sy'n effeithio ar bobl yn emosiynol, felly gall gwaith elusennol ganolbwyntio ar blant neu anifeiliaid. Mae'n fwy anodd ennill cymorth y cyhoedd ar gyfer cynlluniau sy'n anelu at helpu'r henoed neu bobl ag afiechydon hyll yr olwg.

⊚ Mae cymorth weithiau'n cael ei gyfeirio at wledydd neu ardaloedd penodol, neu at broblemau penodol. O ganlyniad, nid yw ymdrechion asiantaethau'n cael ei ddosbarthu'n gyfartal.

Ysgrifennu estynedig

Gan ddefnyddio tystiolaeth ac enghreifftiau cymdeithasegol, esboniwch ystyr y term sefydliad anllywodraethol.

Arweiniad: Yma, mae gofyn i chi ddiffinio beth yw asiantaeth anllywodraethol. Bydd angen i chi gynnig amlinelliad o ystod y gwahanol grwpiau sydd â dylanwad ar GLIEDd, gan gynnwys y rhai sy'n gweithredu ar raddfa fach iawn a'r rhai â dylanwad cenedlaethol. Er enghraifft, mae Bill Gates, biliwnydd TGCh, yn rhoi symiau mawr o arian i Affrica; ar y llaw arall, mae rhai pobl yn syml iawn yn llenwi fan â bwyd i'w gymryd i ardaloedd tlawd. Mae dadl fawr am effeithiolrwydd a gwerth peth o'r gwaith hwn: er enghraifft, gall gwaith cenhadol fod o fudd, ond gall hefyd fod yn ymwthiol ac yn amharchus, gan ddibynnu ar yr hyn a ddisgwylir gan y boblogaeth sy'n derbyn y cymorth a nodau'r genhadaeth. Y broblem arall yw bod rhai pobl yn gallu mynd i ddibynnu ar gymorth neu fynd yn dlotach gan fod cymorth ar gael.

Ysgrifennwch tua 200 gair.

Ymchwil

Daeth tîm o Brifysgol Durham, dan arweiniad Sillitoe (1998) ond yn cynnwys ymchwilwyr ac ethnograffwyr lleol o Bangladesh, i'r casgliad mai cyfyngedig oedd effaith anfon 'arbenigwyr y Gorllewin' i ardaloedd difreintiedig oherwydd nad oedd pobl yr ardal yn cael eu cynnwys yn y projectau, nac yn deall llawer amdanyn nhw ac felly'n chwerw. Roedd gwaith ymchwil Sillitoe yn ceisio grymuso poblogaethau lleol i'w helpu eu hunain gan ddefnyddio'r wybodaeth a oedd ganddyn nhw eu hunain o'u hamgylchedd. Cafodd cyfweliadau â ffermwyr lleol eu cynnal a chafodd eu gwybodaeth ei chynnwys yn y rhaglenni cymorth. Ar ben hynny, yn aml byddai'r arbenigwyr yn dysgu llawer iawn gan y bobl leol, a oedd yn adnabod eu hamgylchedd eu hunain yn dda iawn.

a) Nodwch ac esboniwch **un** rheswm cymdeithasegol pam cafodd cyfweliadau â phobl leol eu defnyddio ar gyfer y project ymchwil hwn.

b) Nodwch ac esboniwch pa broblemau gallai ymchwilwyr eu profi os nad ydyn nhw'n dod o'r un diwylliant â'r boblogaeth sy'n cael ei hastudio.

c) Fel myfyriwr Cymdeithaseg Safon Uwch, rydych chi wedi cael cais i ddarganfod sut mae pobl yn cefnogi elusennau yn eu hardaloedd lleol.

    i. Disgrifiwch bob cam o'ch cynllun ymchwil, gan gyfiawnhau'r rhesymau dros eich dewis ar bob cam.

    ii. Trafodwch broblemau a all godi ac effaith y problemau hyn ar ansawdd y data sy'n cael eu casglu.

Cwestiwn cymhwyso tystiolaeth

ch) Ysgrifennwch baragraff gan ddefnyddio'r wybodaeth a roddwyd i chi i drafod effeithiolrwydd sefydliadau anllywodraethol o ran cefnogi pobl mewn GLIEDd.

Gwiriwch eich dysgu eich hun

Nodwch un neu fwy o sefydliadau anllywodraethol sy'n ymgymryd â'r math o waith sy'n cael ei ddisgrifio isod. Pan fydd rhai atebion gennych chi, ewch ati i ddarganfod mwy am yr elusennau perthnasol.

a) Cymorth meddygol mewn cyfnod o ryfel neu epidemig.

b) Cymorth bwyd mewn cyfnod o newyn a sychder.

c) Dŵr glân a phrojectau iechydaeth.

ch) Anturiaethau byd-eang lle mae pobl yn mynd ar eu gwyliau i gefnogi elusen.

d) Elusen â sail grefyddol.

dd) Elusen amgylcheddol.

e) Elusennau ar gyfer plant.

Nodau

- **Ystyried goblygiadau twf economaidd a datblygu ar gynaliadwyedd adnoddau'r Ddaear**

Mae'r Cenhedloedd Unedig yn diffinio cynaliadwyedd fel 'datblygiad sy'n diwallu anghenion y presennol heb beryglu gallu cenedlaethau'r dyfodol i ddiwallu eu hanghenion eu hunain'. Un o nodweddion allweddol cyfalafiaeth yw'r angen i greu twf economaidd drwy annog pobl i brynu mwy o gynnyrch, ac yna maen nhw'n defnyddio mwy o nwyddau ac yn cynhyrchu elw ar gyfer perchenogion cyfoethog y cynnyrch, sy'n gwneud elw drwy wneud a gwerthu'r nwyddau hyn. Felly, mae cyfalafwyr yn chwilio am farchnadoedd newydd ac adnoddau rhad yn gyson. Mae cyfalafiaeth dim ond yn gweithio os oes twf ac os yw pobl yn parhau i brynu, defnyddio a gwneud mwy o bethau. Yn ôl y bobl sydd â diddordeb mewn cynaliadwyedd, mae'r system hon dim ond yn gweithio os nad oes cyfyngu ar yr hyn y mae'n bosibl ei brynu, ei wneud neu ei ddefnyddio. Fodd bynnag, mae terfyn ar yr hyn sydd ar gael ar y Ddaear; mae ei hadnoddau'n gyfyngedig ac yn cael eu defnyddio'n gyflym iawn; canlyniad prynwriaeth gyson yw bod adnoddau'n cael eu defnyddio'n gyflym a bod pwysau ar yr amgylchedd sy'n peryglu'r blaned a phawb arni.

Faint o weithgynhyrchion rydych chi'n eu taflu i ffwrdd ar ffurf gwastraff mewn wythnos? O safbwynt yr amgylchedd, beth yw problemau creu a chael gwared ar yr holl ddeunydd gwastraff hyn?

Pwnc 14: Cynaliadwyedd

Gwneud i chi feddwl

Tynnwyd y llun hwn o'r Ddaear fel y mae'n ymddangos o'r gofod gan yr asiantaeth ofod NASA. Mae'r Ddaear yn adnodd cyfyngedig, mae ei hecosystemau'n fregus ac eisoes mae llawer yn credu bod pobl yn niweidio'r blaned y tu hwnt i allu'r blaned i'w hadfer ei hun. Pa batrymau byd-eang y gallai'r blaned a phobl y blaned eu hwynebu yn ystod y can mlynedd nesaf? Dechreuwch gyda materion newid hinsawdd a chanlyniadau llai a llai o danwyddau ffosil.

Materion amgylcheddol a chynaliadwyedd

Mae nifer o GLIEDd mewn ardaloedd o'r byd sy'n fregus, yn anodd neu'n anhygyrch. Maen nhw'n wynebu problemau amgylcheddol sy'n gysylltiedig â gweithgarwch dynol o ganlyniad i brynwriaeth. Mae enghreifftiau'n gymhleth ond yn cynnwys:

- **Datgoedwigo tir:** Mae coedwig law Amazonas yn cael ei chlirio i gynhyrchu gwartheg, i dorri coed yn foncyffion ar gyfer prennau caled drud ac i greu gofod clir ar gyfer prosesau ffermio diwydiannol.
- **Llygredd:** Nid yw gwastraff dynol yn cael ei drin yn ddigonol; mae gwastraff gwenwynol o genhedloedd diwydiannol y Gorllewin yn cael ei ollwng; nid yw diwydiannau sy'n llygru yn cael eu rheoleiddio, ac mae cemegion diwydiannol yn niweidio dŵr a'r pridd.

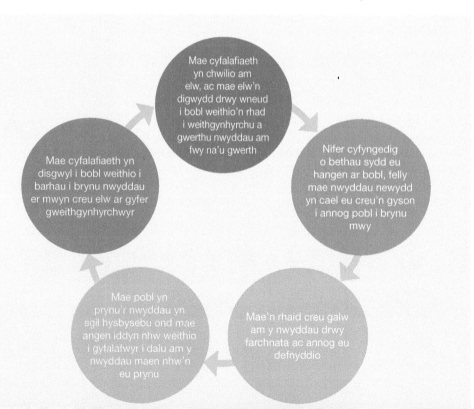

Mae'r prosesau amgylcheddol hyn yn arwain at faterion yn ymwneud â thlodi, salwch ac anallu GLIEDd i sicrhau lles digonol ar gyfer eu poblogaethau. Bydd tlodi ei hun yn creu dinistr amgylcheddol oherwydd gallai rhai o'r pobloedd tlotaf ymddwyn mewn ffyrdd sy'n niweidio'r amgylchedd i oroesi: gallen nhw orbori'r tir, neu ladd anifeiliaid prin i fwyta neu werthu cynhyrchion. Er enghraifft, mae herwhela ifori a chyrn rhinoserosiaid yn Affrica yn cael ei ysgogi gan brisoedd marchnad uchel yn China a De-ddwyrain Asia lle mae dibenion meddyginiaethol y cynhyrchion yn cael eu gwerthfawrogi.

Fodd bynnag, nid yw'r rhain yn faterion ar gyfer GLIEDd yn unig. Mae gwledydd diwydiannol yn gollwng nwyon tŷ gwydr sy'n cynhesu'r amgylchedd, ac maen nhw'n creu ac yn defnyddio cryn dipyn o blastigion sy'n perygl bywyd y môr ac yn bygwth ecosystemau bregus wrth iddyn nhw fynnu cael olew a defnyddiau crai. Er enghraifft, yn 2010, ffrwydrodd y llwyfan olew Deepwater Horizon, oedd yn eiddo i BP, gan ladd 11 o bobl. Niweidiodd yr arllwysiad olew a ddilynodd ran helaeth o forlin Gwlff Mécsico yn UDA. Mae rhai'n credu bod olew yn dal i ollwng, ac ar ben hynny fod y cynnyrch glanhau sy'n cael ei ddefnyddio i lanhau'r arllwysiad yn achosi canserau a niwed genetig i bobl ac anifeiliaid yn yr ardaloedd amgylchynol. Mae Asiantaeth y Tir yn amcangyfrif bod y DU yn cynhyrchu tua 220 miliwn tunnell o wastraff sy'n cael ei reoli bob blwyddyn; felly hyd yn oed pan fydd cynllunio'n digwydd, mae GMEDd yn dal i achosi niwed.

Mae GMEDd wedi honni y dylai GLIEDd reoli niwed amgylcheddol, ond mae GLIEDd yn dadlau, ac mae lle i gyfiawnhau hynny, fod GMEDd yn creu niwed drwy wneud y canlynol:

- Annog defnyddio a galw heb reolaeth am nwyddau sy'n cael eu cynhyrchu gan GLIEDd. Mae ymchwilwyr ym Mhrifysgol Duke yn amcangyfrif bod yr Americanwr cyffredin yn cynhyrchu 4.3 pwys o wastraff yn ddyddiol, ac mae 320 miliwn o Americanwyr.
- Allforio'r problemau'n ymwneud â gweithgareddau amgylcheddol niweidiol i GLIEDd, drwy eu cysylltu â phrojectau cymorth i foderneiddio neu ddiwydiannu'r ardaloedd hynny. Er enghraifft, wrth i GLIEDd ddatblygu, mae eu diwydiannau'n defnyddio hyd yn oed mwy o danwyddau ffosil, gan greu lefelau llygredd uwch.
- Bod yn rhan o ymyrryd gwleidyddol sy'n arwain at ryfel cartref ac aflonyddwch gwleidyddol.

Comisiwn Brundtland

Yn yr 1970au, daeth amgylcheddaeth yn ffordd o feddwl cyfarwydd ac ystyrlon, er bod nifer o bobl wedi codi'r broblem cyn hynny. Yn 1974, nododd Cynhadledd y Cenedloedd Unedig ar yr Amgylchedd Dynol (Cynhadledd Stockholm) ystod o heriau byd-eang, gan gynnwys lleihau tlodi mewn GLIEDd drwy foderneiddio, ond heb fygwth systemau amgylcheddol bregus fel yr haen osôn, coedwigoedd a chefnforoedd.

Roedd pwysau'r gyfundrefn economaidd gyfalafol a'r datrysiadau traddodiadol i dlodi drwy annog diwydiannu yn golygu nad oedd GLIEDd na GMEDd yn fodlon neu'n gallu edrych ar ddulliau eraill o gefnogi poblogaethau. Erbyn yr 1980au cynnar, ychydig iawn o gynnydd oedd wedi cael ei wneud a phenodwyd Gro Harlem Brundtland gan y Cenedloedd Unedig i arwain comisiwn, gan arwain at Adroddiad Brundtland yn 1987. Arweiniodd hyn at y farn na ddylai datblygiad fod yn rhywbeth sy'n digwydd i GLIEDd ond bod angen i'r byd cyfan gydweithio i fynd i'r afael â materion byd-eang cyffredin. Yn ôl Wheeler a Beatley (2014), sicrhaodd hyn fod cynaliadwyedd yn rhan o 'brif ffrwd dadleuon polisi byd-eang'.

Mae gwerthusiadau o'r adroddiad yn awgrymu'r canlynol:

- Roedd yn effeithiol iawn o ran tynnu sylw'r byd at yr angen am ddatblygu cynaliadwy
- Sefydlodd yr angen am gamau gweithredu, ymchwil a chynadleddau pellach
- Anwybyddodd berthnasoedd grym byd-eang, felly nid oedd yn awgrymu ailddosbarthu cyfoeth a phŵer (gweler Marcsaeth a globaleiddio, tudalennau 203–205)
- Diffiniodd gynaliadwyedd mewn modd a oedd yn gadael y mater yn agored i ddadleuon.

Dysgwch fwy am Gynhadledd Newid Hinsawdd y Cenhedloedd Unedig (COP 21) a gafodd ei chynnal ym Mharis yn 2015. Daeth mwy na 190 o genhedloedd at ei gilydd i drafod ffyrdd o leihau allyriadau nwyon tŷ gwydr er mwyn osgoi'r bygythiad o gynhesu byd-eang peryglus o ganlyniad i weithgareddau dynol. Roedd rhan bwysig o'r trafodaethau yn ymwneud ag effaith newid hinsawdd, a achoswyd yn bennaf gan GMEDd, ar genhedloedd bregus a oedd yn dal heb elwa o dwf economaidd. Pa bolisïau y gallai GMEDd eu rhoi ar waith i ddiogelu buddiannau GLIEDd?

Mae materion penodol sy'n ymwneud â chynaliadwyedd yn cynnwys:

- ⦿ Y ffaith bod gan nifer o bobl o GMEDd ddigon o gyfoeth i ddefnyddio digon i fyw ymhell y tu hwnt i'r hyn sy'n gynaliadwy ar gyfer y blaned, er enghraifft o ran egni (defnyddio tanwydd mewn ceir ac awyrennau, prosesau gweithgynhyrchu ar gyfer nwyddau).
- ⦿ Pwysau poblogaeth wrth i bobl fyw'n hirach mewn GMEDd ac wrth i gyfraddau geni a goroesi gynyddu mewn GLIEDd.
- ⦿ Dosbarthiad anghyson o ran adnoddau, sy'n arwain at broblemau gordewdra mewn GMEDd a phroblemau newyn mewn GLIEDd.

Ysgrifennu estynedig

Gan ddefnyddio tystiolaeth ac enghreifftiau cymdeithasegol, esboniwch ystyr y term cynaliadwyedd.

Arweiniad: Mae cynaliadwyedd yn gysyniad dadleuol gan ei fod yn egwyddor heb ei diffinio'n llawn. Fodd bynnag, mae nifer o elfennau yn perthyn iddo. Yn gyntaf, efallai byddech chi am ystyried datblygiad economaidd lle mae pobl mewn rhai gwledydd, a'r gwledydd eu hunain, yn rhy dlawd i weithredu mewn modd y gallai'r boblogaeth elwa arno. Felly, dydyn nhw ddim yn gallu darparu gwasanaethau iechyd, addysg na gwasanaethau eraill. Mae maes arall o gynaliadwyedd yn ymwneud ag amgylcheddaeth a'r graddau y mae pwysau ar y nifer cyfyngedig iawn o adnoddau sydd ar gael. Mae effaith y gwerth economaidd sy'n cael ei achosi gan brinder yn cynyddu'r pwysau hwnnw. Mae trydedd elfen o gynaliadwyedd yn gysylltiedig â diogelwch gwleidyddol a chymdeithasol poblogaethau, oherwydd bod tlodi ac amddifadedd hefyd yn achosi trosedd ac aflonyddwch gwleidyddol; mae rhyfela ac aflonyddwch gwleidyddol yn anghynaliadwy oherwydd nad yw'n bosibl i anghenion sylfaenol poblogaeth gael eu diwallu gan lywodraethau gwan neu mewn ardaloedd lle mae aflonyddwch sifil.

Ysgrifennwch tua 200 gair.

Ymchwil

Cynhaliodd Lin a Chang (2012) arbrawf seicolegol gwyddonol wedi'i reoli i ymddygiad defnyddwyr. Aseson nhw sut roedd defnyddwyr wedi graddio eu hymwybyddiaeth ecolegol a'u pryder amgylcheddol. Yna defnyddion nhw ddulliau hapsamplu i ddewis dau grŵp o'r un gyfres o ddefnyddwyr. Rhoddwyd cegolch i ddau hapsampl y ddau grŵp. Cafodd un grŵp wybod bod y cegolch yn ddiwenwyn ac yn dda i'r amgylchedd a chafodd y grŵp rheoli ddim gwybodaeth o gwbl. Defnyddiodd y grŵp a gafodd wybod bod y cegolch yn ecogyfeillgar fwy o'r cegolch; o'r rheini, unigolion a oedd yn poeni'n fwy am yr amgylchedd a ddefnyddiodd y mwyaf o'r cegolch.

- **a)** Nodwch ac esboniwch **un** rheswm cymdeithasegol pam cafodd grŵp rheoli a grŵp arbrofol eu defnyddio ar gyfer yr ymchwil hwn.
- **b)** Nodwch ac esboniwch pa broblemau y gallai ymchwilwyr ddod ar eu traws wrth ddewis hapsampl.
- **c)** Fel myfyriwr Cymdeithaseg Safon Uwch, rydych chi wedi cael cais i ddarganfod a yw pobl yn edrych yn fwriadol am gynhyrchion Masnach Deg neu rai ecogyfeillgar wrth siopa.
  - **i.** Disgrifiwch bob cam o'ch cynllun ymchwil, gan gyfiawnhau'r rhesymau dros eich dewis ar bob cam.
  - **ii.** Trafodwch broblemau a all godi ac effaith y problemau hyn ar ansawdd y data sy'n cael eu casglu.

Cwestiwn cymhwyso tystiolaeth

- **ch)** Ysgrifennwch baragraff gan ddefnyddio'r wybodaeth a roddwyd i chi i drafod pwysigrwydd pryderon amgylcheddol o ran arferion siopa a thraul yng ngwledydd y Gorllewin.

Gwiriwch eich dysgu eich hun

Ym mha ffyrdd y mae GMEDd a GLIEDd yn gweithredu'n anghynaliadwy? Meddyliwch am dri phwynt allweddol ar gyfer pob un.

Pwnc 15: Damcaniaethau moderneiddio

Gwneud i chi feddwl

Ffyrdd modern ar ffurf traffordd yn cysylltu Mumbai â'r maes awyr (chwith), er nad yw'r rhan fwyaf o'r bobl leol yn berchen ar geir (dde). Yn eich barn chi, pwy sy'n elwa fwyaf ar gynlluniau moderneiddio fel y rhain?

Pryd datblygodd damcaniaeth moderneiddio?

Roedd is-destun gwleidyddol i ddamcaniaeth moderneiddio. Yn ystod yr 1950au a'r 1960au, y ddau bŵer mawr byd-eang oedd UDA, a oedd yn hyrwyddo cyfalafiaeth, a'r Undeb Sofietaidd, a oedd, yn ddamcaniaethol, yn seiliedig ar egwyddorion comiwnyddol ond a oedd mewn gwirionedd yn unbennaeth. Ceisiodd pob pŵer mawr estyn ei ddylanwad ar wledydd llai datblygedig. Nodwedd y blynyddoedd rhwng 1947 a chwymp comiwnyddiaeth yn Rwsia yn yr 1980au oedd cyfres o ryfeloedd milain rhwng y ddwy system cred. Yn aml, roedd y rhain yn cynnwys y pwerau mawr ond roedden nhw'n digwydd mewn GLIEDd (Afghanistan, Korea, Viet Nam, Malaya a nifer o wledydd eraill yn Affrica). Roedd gwledydd y Gorllewin yn cynnig rhaglenni moderneiddio i nifer o GLIEDd gan obeithio cadw rheolaeth wleidyddol ond gyda'r addewid o helpu i ddod â materion tlodi i ben. Er enghraifft, roedd un dull o hyrwyddo newid diwylliannol yn cynnwys addysgu plant teuluoedd elît GLIEDd yn ysgolion a phrifysgolion y Gorllewin er mwyn iddyn nhw allu mabwysiadu gwerthoedd y Gorllewin, proses sy'n parhau hyd heddiw. Roedd rhaglenni tebyg yn cysylltu'r Undeb Sofietaidd â'i wladwriaethau 'cleient' fel Afghanistan yn yr 1950au a nifer o genhedloedd Affricanaidd.

FFAITH DDIDDOROL

Wrth wraidd damcaniaeth moderneiddio y mae'r safbwynt mai cyfalafiaeth y Gorllewin yw'r ffordd 'orau' o drefnu economi. Yn 2015, dywedodd gweinidog llywodraeth y Ceidwadwyr, Sajid Javid:

'Am gannoedd o flynyddoedd, mae cyfalafiaeth wedi bod yn tynnu pobl o dlodi. Mae wedi bod yn sicrhau datblygiad rhyngwladol ac wedi bod yn codi safonau byw. Dros gyfnod, mae wedi cael ei gwella a'i mireinio, ac wedi helpu i ledaenu democratiaeth ledled y byd. Heb gyfalafiaeth, ni fyddai'r DU y wlad yw hi heddiw. Creodd cyfalafiaeth gyfoeth a arweiniodd at y GIG. Mae'n ein galluogi i dalu am addysg i bawb. Y tu ôl i ddwy ganrif o ddyfeisiadau a dyfeisgarwch, cyfalafiaeth oedd y grym a oedd yn gyrru. Syniadau a chwyldrodd y ffordd rydyn ni'n byw, yn gweithio ac yn cyfathrebu. Adeiladodd cyfalafiaeth dai a rheilffyrdd. Mae'n bwydo ein pobl ac yn ein galluogi i fwydo miliynau eto dramor.'

https://www.gov.uk/government/speeches/in-defence-of-the-c-word-why-capitalism-is-a-force-for-good

Nodau

◉ Deall yr effaith y mae damcaniaeth moderneiddio wedi'i chael ar y dull o ymdrin â materion datblygu

Damcaniaeth moderneiddio oedd y safbwynt safonol yn yr 1950au. Mae'n seiliedig ar y syniad y dylai'r holl wledydd ddyheu am fod fel democratiaethau'r Gorllewin am fod gan bobl y Gorllewin ryddid gwleidyddol a safon byw uwch na phobl mewn diwylliannau eraill. Yn seiliedig ar y rhagdybiaeth mai cyfalafiaeth yw'r ffordd fwyaf effeithiol o drefnu'r economi, mae'n fodel sy'n groes i Farcsaeth. Mae damcaniaeth moderneiddio wedi'i seilio ar gyfres o farnau ar sail gwerth am fywyd mewn GMEDd o'i gymharu â bywyd mewn GLIEDd. Mae'n tybio y dylai'r gwledydd tlotaf foderneiddio, a thrwy wneud, wella ffordd o fyw a diwylliant eu poblogaethau drwy fabwysiadu gwerthoedd diwylliannol a systemau gwleidyddol y Gorllewin.

Mae damcaniaeth moderneiddio yn ystyried bod y gwledydd tlotaf yn 'danddatblygedig', term sy'n cael ei ddefnyddio'n llai aml erbyn hyn am ei fod yn awgrymu bod 'datblygiad' neu ddiwylliant y Gorllewin uwchlaw pob diwylliant arall mewn rhyw ffordd neu'i gilydd. Yn ôl modernwyr, y llwybr ar gyfer datblygu gwledydd anorllewinol neu GLIEDd yw trawsnewid i ddatblygu drwy gefnu ar draddodiadau diwylliannol sy'n rhwystro cynnydd. Er enghraifft, yn gynnar yn yr ugeinfed ganrif, cefnogodd Shah Iran a'i deulu brenhinol ar y pryd gamau i gael gwared ar a gwahardd yn y pen draw y fêl, neu'r hijab, ar gyfer menywod. Roedd hyn yn rhan o raglen addysgu, moderneiddio a rhyddfreinio a oedd yn cynnig mwy o gydraddoldeb rhywedd.

Swyddogaetholdeb a damcaniaethau moderneiddio

Awgrymodd awduron a damcaniaethwyr swyddogaethol, a oedd yn aml yn Americanwyr, y gallai problemau GLIEDd yn aml gael eu holrhain i gredoau a chrefyddau traddodiadol. Honnodd Parsons fod newid diwylliannol yn hanfodol mewn GLIEDd os oedd gwledydd am foderneiddio. Er enghraifft, roedd Islam a Hindŵaeth yn cael eu gweld yn broblem arbennig o ran rhwystro cynnydd yn India, a'r beirniadaethau a gafwyd yn erbyn y traddodiadau hyn oedd eu bod:

⊙ Yn erbyn y Gorllewin ac felly'n gwrthwynebu canfyddiadau gwyddoniaeth
⊙ Yn hyrwyddo credoau hen ffasiwn fel priodasau plant neu ddeuluoedd mawr, a oedd yn arwain at dwf poblogaeth roedd hi'n anodd ei reoli.

Roedd Parsons yn credu y byddai'r awydd i foderneiddio gwledydd yn cael ei rwystro gan ddyhead y gwledydd hynny i afael yn eu gwerthoedd traddodiadol, ond y byddai gwerthoedd modern yn helpu eu cynnydd i statws hollol ddatblygedig yn economaidd. Mae'r tabl isod yn dangos hyn:

Gwerthoedd traddodiadol	Gwerthoedd modern
Priodoliad: mae rolau cymdeithasol wedi'u seilio ar rywedd neu gefndir teuluol, nid ar deilyngdod neu ddawn.	Cyrhaeddiad: mae pobl yn dysgu gweithio mewn cystadleuaeth ar gyfer grym a dylanwad, ac yn datblygu sgiliau ar gyfer eu rolau.
Neilltuoldeb: mae pobl yn cael eu trin ar sail eu haelodaeth o grwpiau cymdeithasol penodol (llwythol, crefyddol).	Hollgyffredinolrwydd: mae pobl yn cael eu gwerthfawrogi ar sail y rôl maen nhw'n ei harfer ar gyfer y gymdeithas yn hytrach na nodweddion eraill.
Cyfunoliaeth: mae'r grŵp yn cael ei ystyried yn bwysicach na'r unigolyn.	Unigolyddiaeth: mae pobl yn cael eu gyrru gan awydd cryf i'w gwella eu hunain a'u safle eu hunain mewn bywyd.

Honnodd McClelland (1961) yn ogystal fod gwerthoedd pobl mewn GLIEDd yn amhriodol oherwydd nad oedden nhw am ddatblygu busnesau neu gyflawni drostyn nhw eu hunain. Roedd Friedman (1966) o blaid trefoli am ei fod yn teimlo y byddai manteision moderneiddio'n 'treiglo'n araf' i'r bobl dlawd mewn ardaloedd gwledig a slymiau.

Bill Rostow a'r broses ddatblygu esblygol

Roedd Rostow (1960) yn ystyried bod datblygiad yn broses esblygol lle gallai gwledydd wneud cynnydd graddol tuag at ddatblygiad. Dyma sut y disgrifiodd y broses:

1. **Cymdeithas draddodiadol:** Mae'r economi'n seiliedig ar amaethyddiaeth, ac mae'r diwylliant yn tueddu i fod yn llwythol neu ar ffurf claniau.
2. **Rhagamodau ar gyfer cychwyn:** Mae amaethyddiaeth yn dod i fod yn dechnolegol ac yn fecanyddol. Mae cyllid o ddiwylliannau'r Gorllewin yn galluogi rhai aelodau o'r boblogaeth i gynilo cyfalaf. Mae'n bosibl y bydd cymorth tramor.
3. **Cyfnod cychwyn:** Mae gweithgynhyrchu yn goddiweddyd amaethyddiaeth o ran cynhyrchu cyfoeth ar gyfer y wlad. Mae'n bosibl nad oes llawer o ddiwydiannau, ond maen nhw'n cynhyrchu incwm. Mae patrymau'r teulu a phatrymau diwylliannol traddodiadol yn chwalu ac mae poblogaethau'n mudo i ddinasoedd i gael gwaith.
4. **Yr ymgyrch i gyrraedd cyfnod aeddfedrwydd:** Dyma pryd gall gweithgynhyrchion gael eu hallforio i'r Gorllewin. Mae diwydiant yn amrywiol ac mae cyfoeth yn lledu drwy'r wlad.
5. **Oes defnyddio torfol:** Mae'r rhan fwyaf o bobl yn byw mewn dinasoedd. Maen nhw'n derbyn addysg dda a gofal iechyd o safon ac mae bywyd yn gyffordus. Mae llawer o bobl yn gweithio ym maes cyllid, bancio neu ddarparu gwasanaethau yn hytrach na gweithgynhyrchu.

Gwerthuso Rostow
⊙ Mae hwn yn fodel poblogaidd sy'n cael ei arddel gan nifer am ei fod yn esbonio'r gwahaniaethau cyfoeth rhwng gwledydd.
⊙ Mae'n cyfiawnhau corfforaethau cyfoethog yn symud i GLIEDd lle mae cyflogau'n is, a lle nad yw materion iechyd a diogelwch wedi'u rheoleiddio cystal.
⊙ Mewn nifer o wledydd sy'n datblygu, mae symiau mawr wedi cael eu buddsoddi gan roddwyr allanol ond maen nhw'n parhau i fod yn dlawd ac yn draddodiadol: er enghraifft, mae Brasil a México wedi mynd i ddyled genedlaethol enfawr wrth geisio moderneiddio, ond llwyddiant cyfyngedig yn unig sydd wedi bod o ran gwella amodau cymdeithasol.

Gall rhyfeloedd ac aflonyddwch gwleidyddol atal yr ymdrechion i foderneiddio. Roedd Libanus a Syria unwaith yn genhedloedd cyfoethog a soffistigedig ond bellach maen nhw'n rhanbarthau rhyfel lle mae'n beryglus byw a lle mae eu pobl yn byw mewn amodau echrydus.

Strategaethau sy'n cael eu defnyddio i foderneiddio GLIEDd

Yn ôl damcaniaeth moderneiddio, mae dyletswydd ar y Gorllewin i gefnogi'r gwaith o foderneiddio GLIEDd drwy fabwysiadu nifer o strategaethau:

- Buddsoddiad a benthyciadau i adeiladu ffatrïoedd ac isadeiledd fel ffyrdd, gorsafoedd pŵer ac argaeau. Mae damcaniaeth moderneiddio wedi ysgogi cryn dipyn o feddylfryd sefydliadau fel Banc y Byd.
- Cefnogi trefoli drwy raglenni adeiladu.
- Defnyddio'r cyfryngau torfol i hyrwyddo gwerthoedd y Gorllewin fel teuluoedd llai ac unigolyddiaeth.
- Datblygu systemau addysg y Gorllewin sy'n hyrwyddo systemau gwerthoedd y Gorllewin.

Dylai natur ddadleuol y strategaethau hyn fod yn amlwg, ac mae Marcswyr wedi dangos bod nifer o GLIEDd sy'n mabwysiadu'r strategaethau hyn, yn hytrach na moderneiddio, wedi mynd i fwy o ddyled neu'n cael eu rheoli'n gynyddol gan gwmnïau trawswladol.

Beirniadu damcaniaeth moderneiddio ac ymagweddau moderneiddio at ddatblygiad

- Mae moderneiddio'n aml wedi awgrymu y dylai gwledydd ddod yn fwy Gorllewinol eu ffordd, felly mae'n ffurf ar Ewrosentrigrwydd, gan awgrymu bod yr holl ddiwylliannau eraill yn israddol.
- Mae moderneiddio fel term yn aml yn cynnwys cyfres gyfan o newidiadau cymdeithasol eraill fel rhyddfrydoli neu ddemocrateiddio gwleidyddol, felly mae'n amwys. Mae pa werthoedd bynnag sy'n cael eu gweld yn 'dda' yn dod yn fodern, ond, yn amlwg, er y gallai gwahardd anffurfio organau rhywiol merched (gweler Pynciau 3 a 10) wella iechyd cenedl, nid yw cyflwyno llafur cyflog isel fel rhan o raglen foderneiddio yr un mor gadarnhaol.
- Mae moderneiddio wedi cael ei ddefnyddio'n aml i gyfiawnhau trefedigaethedd ac adeiladu ymerodraeth, felly honnwyd bod meddiant Prydain o India er lles pobl India. O ganlyniad, nid yw'n gwbl boblogaidd fel damcaniaeth mewn nifer o GLIEDd a fyddai'n gweld eu hanes eu hunain yn wahanol.
- Goblygiadau damcaniaeth moderneiddio yw bod gwerthoedd traddodiadol yn rhwystro cynnydd gwledydd tuag at foderneiddio. Fodd bynnag, mae dadl ar hyn o bryd am Japan ac economïau Asiaidd eraill. Mae rhai'n dadlau bod gwerthoedd traddodiadol yn parhau i fod yn gryf yno er gwaethaf moderneiddio, ond mae pobl eraill yn honni bod Japan wedi dod yn fwy ac yn fwy Gorllewinol ac unigolyddol.
- Mae gan ddiwylliannau'r Gorllewin eu problemau eu hunain ac yn aml iawn mae moderneiddwyr yn eu hanwybyddu. Er enghraifft, mae gan gymdeithasau'r Gorllewin gyfraddau hunanladdiad, trosedd ac ysgariad uchel; mae tlodi yn gymaint o broblem yn UDA ag y mae mewn nifer o GLIEDd, ac mae anghydraddoldeb yn broblem i nifer.
- Mae ymyrraeth y Gorllewin yng ngwleidyddiaeth rhai GLIEDd wedi creu elitau pwerus sy'n cynnal eu safleoedd, yn aml, drwy gamddefnyddio hawliau dynol yn systematig. Mae nifer yn gyfundrefnau asgell dde annifyr iawn sydd o blaid cyfalafiaeth ac wedi derbyn cefnogaeth gan UDA oherwydd eu bod yn cael eu hystyried yn wrthgomiwnyddol. Mae hyn wedi arwain at wrthdaro ac aflonyddwch gwleidyddol mewn nifer o wledydd, yn arbennig yn y Dwyrain Canol.
- Mae rhaglenni moderneiddio wedi arwain yn aml at brojectau anghynaliadwy fel dinistrio ardaloedd helaeth o goedwig law Brasil i gefnogi tyfiant soia i gynhyrchu cig ar gyfer Brasiliaid trefol ac i'w allforio.
- Nid yw damcaniaethau moderneiddio wedi ystyried ffactorau nad yw'n bosibl eu rhagweld, er enghraifft dirywiad economaidd y byd yn 2008 neu'r llygredd sydd mewn nifer o wladwriaethau

 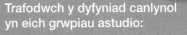

●●●●●●●●●●●●●●●●

Ysgrifennu estynedig

Gwerthuswch ddamcaniaethau moderneiddio fel ateb i broblem anghydraddoldeb byd-eang.

Arweiniad: Nid yw damcaniaethau moderneiddio yn boblogaidd bellach fel esboniad o anghydraddoldeb y byd mewn GLIEDd ac mae nifer o sylwebwyr yn eu gwrthod am eu bod yn ffafrio safbwyntiau'r Gorllewin am faterion datblygiad y byd yn ormodol. Bydd angen i chi ddiffinio moderneiddio ac ystyried y cyd-destun y daeth y damcaniaethau'n boblogaidd ynddo. Mae nifer o ddamcaniaethau moderneiddio, ond yr hyn sy'n gyffredin iddyn nhw yw'r safbwynt bod GLIEDd rywsut yn 'ddiffygiol' neu'n anghywir mewn rhyw ffordd neu'i gilydd. Felly arnyn nhw mae'r bai am eu tlodi a'u problemau eu hunain, ac mae dyletswydd ar gymdeithasau'r Gorllewin i ymyrryd a dangos iddyn nhw sut i ddatrys y problemau maen nhw'n eu hwynebu. Yna gallwch feirniadu damcaniaethau moderneiddio mewn dwy ffordd: un ffordd yw canolbwyntio ar gryfderau a gwendidau'r ddamcaniaeth gan ddefnyddio tystiolaeth gefnogol; y ffordd arall yw cymharu'r ddamcaniaeth â damcaniaethau eraill gan ganolbwyntio ar eu dealltwriaeth nhw o foderneiddio.

Ysgrifennwch tua 750 gair.

Affricanaidd fel Zimbabwe neu Nigeria. Mae nifer o wladwriaethau is-Sahara wedi cael cryn dipyn o fuddsoddiad ond ychydig iawn o dwf economaidd maen nhw wedi'i weld.

⊙ Mae damcaniaeth moderneiddio yn anwybyddu ansefydlogrwydd cymdeithasol neu wleidyddol sy'n cael ei achosi gan ymyrraeth wleidyddol gan y Gorllewin, er enghraifft materion anghydraddoldeb a thlodi.

⊙ Mae damcaniaeth moderneiddio wedi'i seilio ar gymhwyso at y dyfodol ddadansoddiad o'r hyn a ddigwyddodd yn y gorffennol mewn GMEDd; nid yw hyn o reidrwydd yn briodol neu'n berthnasol ar gyfer GLIEDd.

Ymchwil

Cynhaliodd Hermann Kreutzmann (2013) astudiaeth achos yn seiliedig ar ymchwil ethnograffig ac ystadegau swyddogol i archwilio pwysigrwydd porfeydd mewn gwledydd sy'n datblygu, gan ddefnyddio gwastatir uchel Tibet fel ardal ei astudiaeth. Gan ddefnyddio modelau cymorth moderneiddio i wledydd sy'n datblygu, mae nifer o gymunedau bugeiliol sy'n dibynnu ar heidio anifeiliaid a ffyrdd nomadaidd o fyw wedi cael eu gorfodi i ymsefydlu mewn trefi a phentrefi parhaol. Fodd bynnag, daeth Kreutzmann i'r casgliad bod bugeilio yn ffordd o fyw sy'n arbennig o addas ar gyfer ardaloedd lle mae'r amodau'n heriol yn gorfforol, fel lled-anialwch neu fynyddoedd. Roedd yn galluogi cymunedau i fyw ar eu cynnyrch eu hunain a pheidio â bod ag angen cymorth gan neb: er enghraifft, yn Tibet, roedd bugeiliaid iaciaid yn gallu cynnal safon byw dda.

a) Nodwch ac esboniwch **un** rheswm pam defnyddiodd yr ymchwilydd ymagwedd astudiaeth achos ar gyfer ei ymchwil.

b) Fel myfyriwr Cymdeithaseg Safon Uwch, rydych chi wedi cael cais i ddefnyddio ffynonellau eilaidd i ymchwilio i hanes datblygiad economaidd mewn gwlad o'ch dewis chi.

   i. Disgrifiwch bob cam o'ch cynllun ymchwil, gan gyfiawnhau'r rhesymau dros eich dewis ar bob cam.

   ii. Trafodwch broblemau a all godi ac effaith y problemau hyn ar ansawdd y data sy'n cael eu casglu.

Cwestiwn cymhwyso tystiolaeth

c) Ysgrifennwch baragraff gan ddefnyddio'r wybodaeth sy'n ymwneud â ffermio bugeiliol a'r amgylchedd i ystyried a yw damcaniaeth moderneiddio'n fodel defnyddiol ar gyfer datblygiad.

Gwiriwch eich dysgu eich hun

Rhowch y camau esblygol canlynol o fodel moderneiddio Rostow yn y drefn gywir, yna gwiriwch eich ateb yn erbyn tudalen 196.

a) Oes defnyddio torfol: Mae'r rhan fwyaf o bobl yn byw mewn dinasoedd. Maen nhw'n derbyn addysg dda a gofal iechyd o safon ac mae bywyd yn gyfforddus. Mae llawer o bobl yn gweithio ym meysydd cyllid, bancio neu ddarparu gwasanaethau yn hytrach na gweithgynhyrchu.

b) Rhagamodau ar gyfer cychwyn: Mae amaethyddiaeth yn dod i fod yn dechnolegol ac yn fecanyddol. Mae cyllid o ddiwylliannau'r Gorllewin yn galluogi rhai aelodau o'r boblogaeth i gynilo cyfalaf. Mae'n bosibl y bydd cymorth tramor.

c) Cyfnod cychwyn: Mae gweithgynhyrchu yn goddiweddyd amaethyddiaeth o ran cynhyrchu cyfoeth ar gyfer y wlad. Mae'n bosibl nad oes llawer o ddiwydiannau, ond maen nhw'n cynhyrchu incwm. Mae patrymau'r teulu a phatrymau diwylliannol traddodiadol yn chwalu ac mae poblogaethau'n mudo i ddinasoedd i gael gwaith.

ch) Yr ymgyrch i gyrraedd cyfnod aeddfedrwydd: Dyma pryd gall gweithgynhyrchion gael eu hallforio i'r Gorllewin. Mae diwydiant yn amrywiol ac mae cyfoeth yn lledu drwy'r wlad.

d) Cymdeithas draddodiadol: Mae'r economi'n seiliedig ar amaethyddiaeth ac mae'r diwylliant yn tueddu i fod yn llwythol neu ar ffurf claniau.

Pwnc 16: Damcaniaethau dibyniaeth

Gwneud i chi feddwl

Mae'r llun yn dangos cymorth rhyngwladol yn cael ei ddosbarthu yn dilyn trychineb naturiol. Er bod cymorth brys tymor byr yn hanfodol, beth yw problemau dibynnu ar gymorth o'r tu allan yn y tymor hir?

Damcaniaethau dibyniaeth

Mae angen defnyddiau crai ar wledydd cyfoethog i gynhyrchu nwyddau. Mae'r defnyddiau crai yn aml yn dod o'r gwledydd tlotaf, sy'n allforio'n rhad oherwydd pwysau'r farchnad. Yna mae GLIEDd yn cael eu gorfodi i brynu gweithgynhyrchion o GMEDd am brisoedd uchel. Felly, ni fyddai byth yn bosibl i wledydd tlawd ennill digon i dalu am eu mewnforion, ac maen nhw'n parhau'n ddibynnol ar y gwledydd mwyaf cyfoethog.

Mae gan ddamcaniaethau dibyniaeth nifer o nodweddion yn gyffredin:

- Mae dibyniaeth yn seiliedig ar barhad prosesau hanesyddol sy'n gysylltiedig â chreu a chynnal cyfalafiaeth.
- Mae rhai ardaloedd neu wledydd yn drechol oherwydd trefoli neu gyfoeth. Y GMEDd datblygedig yw'r rhain, fel UDA a gwledydd Ewrop. Mae rhai eraill yn ddibynnol (e.e. gwledydd Affrica, Asia neu Ladin-America) ac maen nhw'n GLIEDd gyda chyflogau isel ar gyfer mwyafrif y boblogaeth.
- Mae rhai grwpiau mewn GMEDd y tu hwnt i reolaeth gan lywodraethau, ac maen nhw'n rheoli gweithgarwch economaidd mewn GLIEDd. Mae'r rhain yn cynnwys asiantaethau cymorth, grwpiau technolegol a'r cyfryngau, a chwmnïau amlwladol a thrawswladol. Maen nhw'n cynrychioli buddiannau cymdeithas ddiwydiannol ddatblygedig neu gymdeithas ôl-ddiwydiannol.
- Maen nhw'n honni bod damcaniaethau moderneiddio'n gwneud cam â'r gwledydd tlotaf ac mai canlyniad moderneiddio yw dibyniaeth bellach.

Nodau

◉ Ystyried sut mae natur y cysylltiadau economaidd rhwng GLIEDd a GMEDd wrth wraidd y problemau y mae GLIEDd yn eu hwynebu

Wrth i ddamcaniaethau moderneiddio gyrraedd eu man mwyaf dylanwadol yng ngwledydd y Gorllewin, roedd damcaniaethwyr o GLIEDd yn herio'r safbwynt hwn â safbwynt gwahanol, un a oedd yn awgrymu mai gweithgareddau economaidd gwledydd y Gorllewin oedd achos materion datblygu mewn GLIEDd. Mae damcaniaethau dibyniaeth yn deillio o'r arsylwad syml a wnaeth Raul Prebisch (1901–1986), economegydd o Dde America, sef nad oedd twf economaidd mewn economïau datblygedig a'r Gorllewin yn arwain at fwy o gyfoeth na datblygiad yn y gwledydd tlotaf. Yn lle hynny, roedd wedi sylwi bod twf o ran cyfoeth mewn economïau datblygedig yn aml yn achosi problemau economaidd yn y gwledydd tlotaf. Esboniodd hyn yn nhermau'r angen am elw, sy'n gyrru cyfalafiaeth.

Mae damcaniaethau dibyniaeth yn awgrymu bod GLIEDd yn wynebu problemau oherwydd nad yw twf economaidd mewn gwledydd cyfoethog yn arwain at gyfoeth yn y gwledydd tlotaf. Mae tlodi'n digwydd o ganlyniad i ecsbloetio.

Damcaniaethau dibyniaeth

Mae damcaniaethau moderneiddio'n awgrymu ei bod yn bosibl dod o hyd i ateb i broblemau anghydraddoldeb mewn GLIEDd yn y gwledydd sy'n datblygu diwylliannau ac economïau sy'n adlewyrchu delfrydau a ffyrdd o ymddwyn y Gorllewin ac sy'n defnyddio cynhyrchion y Gorllewin.

Damcaniaethau moderneiddio

Dysgu gweithredol

Pa un o'r ddau safbwynt hyn sydd fwyaf defnyddiol i chi wrth geisio deall anghydraddoldeb yn y byd? Byddwch yn barod i gefnogi eich barn â thystiolaeth o'ch astudiaethau a thrwy ddangos dealltwriaeth ddamcaniaethol.

199

Credaf ... mai cyfalafiaeth, cyfalafiaeth y byd a chyfalafiaeth genedlaethol, a gynhyrchodd wledydd nad ydyn nhw wedi datblygu'n llawn yn y gorffennol ac sy'n dal i gynhyrchu gwledydd nad ydyn nhw'n datblygu'n llawn yn y presennol.

Andre Gunder Frank

Trefedigaethedd a neo-drefedigaethedd

Mae Harrison (1982) a neo-Farcswyr eraill wedi nodi mai ymerodraeth a threfedigaethedd sydd wrth wraidd yr anghydraddoldeb rhwng gwledydd y Gorllewin. Roedd effaith trefedigaethu'n wahanol yn ôl sut roedd y genedl a oedd yn trefedigaethu'n ymddwyn a diwylliant y wlad a oedd yn cael ei threfedigaethu. Er enghraifft, mae trefedigaethu Awstralia wedi arwain at golli'r boblogaeth gynhenid (wreiddiol), a oedd yn heddychlon ar y cyfan, o ardaloedd mawr iawn o dir. Mae cenhedloedd rhyfelgar y Maori yn Seland Newydd wedi gwneud ychydig yn well, ond eto i gyd, maen nhw wedi gweld colli diwylliant, ac mae llawer o Faorïaid cyfredol yn byw mewn tlodi ac amddifadedd.

O dan amodau'r ymerodraeth, roedd trefedigaethau'n ffynhonnell llafur, defnyddiau crai a bwyd. Ildiodd cnydau bwyd traddodiadol i blanhigfeydd helaeth o de, cansenni siwgr, ffrwythau a choffi ar gyfer marchnadoedd y Gorllewin. Wrth i nifer o gyn-drefedigaethau ennill eu hannibyniaeth wleidyddol gan y cenhedloedd a fu'n eu trefedigaethu drwy gydol y cyfnod yn dilyn diwedd yr Ail Ryfel Byd, roedd math newydd o drefedigaethedd yn digwydd. Gadawyd cenhedloedd bregus a oedd newydd ennill eu hannibyniaeth, a hynny'n aml yng nghanol tyndra mewnol oherwydd bod gelynion hanesyddol yn cael eu gorfodi i ffurfio llywodraethau gyda'i gilydd (e.e. Rwanda a Zimbabwe), heb lawer o adnoddau mewnol i ddatblygu cymdeithasau a fyddai'n gweithio. Trodd nifer ohonyn nhw at eu cyn-drefedigaethwr am gymorth, gan ffurfio'n aml lywodraethau gwan ac ansefydlog wrth wneud.

Honnodd Pierre Englebert (2009) fod arweinwyr llwgr ac annemocrataidd yn dibynnu ar gymorth y Gorllewin i gadw mewn grym a'u bod yn llwyddo i wneud hynny oherwydd y wleidyddiaeth grym rhwng pwerau mawr y byd, UDA a'r Undeb Sofietaidd, drwy gydol cyfnod y **Rhyfel Oer** o 1945 i 1989. Felly datblygodd anghydraddoldeb mewnol o ran cyfoeth a grym mewn GLIEDd lle daeth rhai pobl yn hynod o bwerus, o bosibl ar draul eu cenhedloedd tlawd eu hunain.

Teresa Hayter: damcaniaeth dibyniaeth a neo-drefedigaethedd

Dadleuodd Teresa Hayter (1971) fod rhaglenni cymorth a lles yn creu math newydd o imperialaeth, sef un a oedd yr un mor bwerus o ran rheolaeth â'r rheolaeth filwrol yr oedd y cenhedloedd ymerodrol blaenorol yn ei harfer. Dadleuodd Hayter fod y dyledion a oedd yn ddyledus gan GLIEDd wedi arwain at y canlynol:

- Dibyniaeth GLIEDd ar genhedloedd y Gorllewin, a hynny'n gysylltiedig weithiau â phwysau economaidd neu filwrol gan GMEDd
- Cyfoeth yn cael ei ddargyfeirio o brojectau datblygiad mewn GLIEDd a thuag at sefydliadau sydd eisoes yn bwerus fel corfforaethau amlwladol a banciau
- Rhoddion cymorth yn cefnogi'r wlad sy'n rhoi, gyda hyd at 70 y cant o gymorth tramor Prydain yn cael ei wario yn y DU neu'n cefnogi ymgyngoriaethau yn y DU.

Andre Gunder Frank: dibyniaeth a chyfalafiaeth fyd-eang

Roedd Andre Gunder Frank (1970au) yn Farcsydd a oedd yn credu'n bendant mai cyfalafiaeth oedd yn gyfrifol am broblemau'r byd. Awgrymodd ei bod yn bosibl, drwy ddeall hanes trefedigaethu, esbonio'r tlodi a'r anghydraddoldeb byd-eang cyfredol. Disgrifiodd broses lle roedd y GMEDd cyfoethog yn sicrhau eu cyfoeth drwy ecsbloetio adnoddau gwledydd sy'n datblygu a symudodd o dyfu cnydau i gynhyrchu bwyd at gnydau i'w hallforio. Roedd llawer o wledydd yn dlotach yn dilyn trefedigaethu nag oedden nhw cyn hynny.

Er nad oedden nhw wedi cael eu datblygu'n dda yn y gorffennol, roedd ef o'r farn bod y gwledydd cyfalafol craidd, sef y cenhedloedd diwydiannol a oedd yn adeiladu ymerodraethau, wedi cael eu datblygu drwy ecsbloetio'r hyn roedd e'n ei alw'n rhanbarthau 'ymylol' neu 'ddibynnol' y byd. Y rhain yw'r ardaloedd sydd i ffwrdd o fannau grym canolog cyfalafiaeth fyd-eang (y metropolis neu'r prifddinasoedd mwyaf). Roedd e'n credu mai'r gwledydd â'r rhwymau gwannaf wrth y craidd cyfalafol byd-eang oedd y rhai a sicrhaodd y datblygiad gorau.

Yn ôl Alvin So (1990), dyma rai o gryfderau dadleuon Frank:

- Nid yw damcaniaethau moderneiddio'n ystyried profiad trefedigaethedd wrth drafod neu esbonio tlodi byd.
- Newidiodd y profiad o gael eu trefedigaethu gyfeiriad diwylliannau'r trefedigaethau, neu fe ddarfod ar batrymau sefydlog diwylliant a oedd wedi bodoli ers cannoedd o flynyddoedd.
- Roedd nifer o wledydd, fel India a China, wedi bod yn fwy blaengar yn dechnolegol na gwledydd y Gorllewin a ddaeth i'w trefedigaethu.

Fodd bynnag, awgrymodd Frank mai'r ateb i broblemau anghydraddoldeb datblygiad byd-eang oedd hyrwyddo chwyldroadau sosialaidd, ac mae cwestiwn a yw hyn naill ai'n ymarferol neu'n realistig.

Fernando Cardoso: safbwynt Weberaidd am ddibyniaeth

Nid yw'r holl ddamcaniaethau dibyniaeth yn Farcsaidd nac yn neo-Farcsaidd. Gweithiodd Cardoso (1950au), cyn-arlywydd Brasil, o fewn safbwynt Weberaidd ac felly nid oedd ei ddamcaniaeth yn un economaidd yn unig. Er hynny, mae ei gasgliadau fwy neu lai yr un fath â rhai damcaniaethwyr dibyniaeth eraill. Mae ef hefyd yn ystyried bod y gwledydd craidd cyfalafol yn rheoli economïau byd-eang, a'u bod yn treiddio i GLIEDd canolig yn hytrach nag i'r GLIEDd tlotaf. Mae hyn yn arwain at anghydbwysedd o ran cyfoeth a datblygiad.

Wallerstein: datblygu damcaniaethau dibyniaeth

Mae Immanuel Wallerstein yn cael ei gysylltu â damcaniaeth system byd, datblygiad o ddamcaniaeth dibyniaeth sy'n awgrymu bod tair lefel neu dri statws o wlad. Mae'n disgrifio:

1. **Gwledydd craidd:** Gwledydd â lefelau uchel o drefoli a diwydiannu. Yn gyffredinol, maen nhw'n economïau uwch-dechnoleg, cyflog uchel. Mae gwledydd craidd yn rheoli gwledydd ymylol gwan drwy reoli marchnadoedd. Maen nhw'n gosod y prisoedd maen nhw'n fodlon eu talu am nwyddau a gwasanaethau, ac yn ecsbloetio gwendidau'r cenhedloedd ymylol a lled-ymylol.
2. **Gwledydd lled-ymylol:** Gwledydd sy'n llai datblygedig na chenhedloedd craidd, ond sydd ag economïau cryfach na'r economïau amaethyddol tlotaf. Mae'n bosibl y bydd cenhedloedd lled-ymylol wedi'u diwydiannu, ond byddan nhw'n economïau cyflog isel.
3. **Cenhedloedd ymylol:** Gwledydd â'r economïau amaethyddol tlotaf.

Beirniadu damcaniaethau dibyniaeth

- Maen nhw'n tybio bod gan yr holl GLIEDd nodweddion tebyg, ac mae hyn yn anwybyddu eu hadnoddau a'r gwahaniaethau diwylliannol rhyngddyn nhw.
- Cymerir yn ganiatâol bod cyfalafiaeth yn un system economaidd, ond mewn gwirionedd, mae cyfalafiaeth China a'i buddsoddiad mewn gwledydd yn Affrica yn dilyn patrwm gwahanol i gyfalafiaeth UDA, a bellach China yw un o bartneriaid masnachu mwyaf Affrica.
- Mae damcaniaethau dibyniaeth yn tybio bod buddiannau'r GLIEDd a'r GMEDd yn wahanol, ond mae Foster-Carter (1974) yn dweud nad yw hyn o bosibl yn hollol wir gan fod mwy o bobl yn gweld datblygiad a phroblemau'r byd o safbwynt byd-eang.
- Mae Goldthorpe (1996) wedi dangos nad oedd pob achos o drefedigaethu'n gwbl wael. Er enghraifft, mae syniadau'r Gorllewin yng nghyd-destun cydraddoldeb perthnasoedd rhywedd wedi gwella statws menywod mewn rhai diwylliannau.
- Mae awgrym bod diwylliannau gwan GLIEDd yn cael eu llywio gan awdurdodau trefedigaethol, ond nid yw hyn yn cymryd i ystyriaeth y ffyrdd y mae diwylliannau'n gallu gwrthsefyll dominyddiaeth y Gorllewin a chreu eu normau a'u harferion diwylliannol eu hunain.

Amddiffyn cyfalafiaeth

Yn wahanol i Farcswyr, sy'n ystyried bod cyfalafiaeth yn sylfaenol wallus ac yn ecsbloetio'r bobl gyffredin, mae cefnogwyr cyfalafiaeth yn dadlau bod ymgais entrepreneuriaid i sicrhau elw yn fuddiol. Bydd busnesau'n ffynnu os byddan nhw'n cynhyrchu nwyddau a gwasanaethau mae pobl eisiau eu prynu. Mae cystadleuaeth rhwng cyflenwyr yn annog effeithlonrwydd ac yn rhoi dewisiadau i bobl. Felly, mae'r cymhelliad i wneud elw yn rym sy'n hybu dyfeisgarwch ac yn arwain at safonau byw gwell ar y cyfan, hyd yn oed os nad yw'r manteision yn cael eu

Dysgu gweithredol

Yn India, cyn iddi gael ei threfedigaethu, roedd disgwyl i wraig weddw ei thaflu ei hun ar dân amlosgiad eu gŵr a gadael iddi ei hun losgi i farwolaeth. Cafodd yr arfer hwn ei wahardd gan y Prydeinwyr yn 1829. Yn Benin, yn Affrica, sicrhaodd y Prydeinwyr fod aberthau dynol crefyddol yn dod i ben yn dilyn gorchfygiad yr 1890au. Gan ddefnyddio'r enghreifftiau hyn ac enghreifftiau eraill o'ch gwybodaeth eich hun, trafodwch a oedd trefedigaethedd yn beth cwbl ddrwg i genhedloedd trefedigaethol a chenhedloedd a gafodd eu trefedigaethu.

Dysgu annibynnol

Mae modd dod o hyd i lawer o'r ddadl yn ymwneud â damcaniaeth dibyniaeth ar wefannau daearyddiaeth sy'n canolbwyntio ar elfennau economaidd daearyddol damcaniaeth dibyniaeth, ac felly mae'n bosibl y byddwch chi'n dod o hyd i ddeunydd datblygiad defnyddiol ar y gwefannau hynny.

Ysgrifennu estynedig

Gwerthuswch ddamcaniaethau dibyniaeth fel esboniad o broblem anghydraddoldeb byd-eang.

Arweiniad: Mae manylion damcaniaethau dibyniaeth yn amrywio ond mae ganddyn nhw rai elfennau yn gyffredin. Bydd angen i chi ddiffinio dibyniaeth ac yna amlinellu'r cefndir hanesyddol mae damcaniaethau'n eu defnyddio i esbonio dibyniaeth. Mae'r damcaniaethau'n beirniadu moderniaeth, yn aml o safbwynt GLIEDd sy'n teimlo eu bod yn dioddef yn sgil trefedigaethedd ac adeiladu ymerodraethau. Yna gallwch feirniadu neu gefnogi damcaniaethau dibyniaeth mewn dwy ffordd: un ffordd yw canolbwyntio ar gryfderau a gwendidau'r damcaniaethau gan ddefnyddio tystiolaeth gefnogol; y ffordd arall yw eu cymharu â damcaniaethau moderneiddio. Yn yr achos hwn, mae'n debyg mai cynnig cyferbyniad â moderneiddio a'i gefnogi â thystiolaeth yw'r opsiwn anoddaf gan fod damcaniaethau moderneiddio yn tueddu i fod wedi dyddio'n fwy yn nhermau cymdeithasol, er eu bod yn dal i fod yn boblogaidd gyda rhai economegwyr.

Ysgrifennwch tua 750 gair.

Dysgu gweithredol

Fel dosbarth, trafodwch y gosodiad canlynol:

'Mae addysg yn gyfrwng gormesu sy'n trosglwyddo ideoleg y Gorllewin yn hytrach nag yn gyfrwng rhyddhau'r tlawd.'

Rhannwch y dosbarth yn ddau grŵp, un 'o blaid' a'r llall 'yn erbyn'. Bwriwch bleidlais cyn ac ar ôl y drafodaeth.

dosbarthu'n gyfartal ar draws y gymdeithas.

Honnodd Milton Friedman (1970au), economegydd Americanaidd a oedd yn credu'n gryf mewn marchnad rydd gydag ychydig neu ddim ymyrraeth gan y llywodraeth, 'nad oes ffordd arall hyd yma o wella tynged y bobl gyffredin a all dystio i'r gweithgareddau cynhyrchiol sy'n cael eu rhyddhau drwy gyfrwng system rhyddfenter'.

Ymchwil

Yn 1976, edrychodd Barrington ar systemau addysg Seland Newydd. Ar y pryd, roedd y gyfundrefn addysg wedi'i chynllunio i droi poblogaeth Maoriaid wreiddiol Seland Newydd yn Ewropeaid diwylliannol. Awgrymwyd y dylai plant Maoriaid ddysgu gwybodaeth a sgiliau amaethyddol yn lle, er mwyn diogelu eu traddodiadau a'u crefftau diwylliannol. Fodd bynnag, wrth edrych ar gofnodion ysgolion, gwelodd Barrington fod rhieni Maoriaid yn ystyried yr addysg ddiwylliannol hon yn eilradd. Roedden nhw am i'w plant gyflawni o fewn y diffiniad Ewropeaidd o lwyddiant addysgol. Roedden nhw'n gwrthsefyll yn barhaus bob ymdrech i wneud y system addysg yn fwy Maoriaidd.

a) Nodwch ac esboniwch **un** rheswm pam defnyddiodd yr ymchwilydd gofnodion ysgol i nodi agweddau Maoriaid tuag at addysg.

b) Fel myfyriwr Cymdeithaseg Safon Uwch, rydych chi wedi cael cais i ddarganfod agweddau rhieni lleiafrifoedd ethnig yn eich ardal chi tuag at lwyddiant addysgol.
   i. Disgrifiwch bob cam o'ch cynllun ymchwil, gan gyfiawnhau'r rhesymau dros eich dewis ar bob cam.
   ii. Trafodwch broblemau a all godi ac effaith y problemau hyn ar ansawdd y data sy'n cael eu casglu.

Cwestiwn cymhwyso tystiolaeth

c) Ysgrifennwch baragraff gan ddefnyddio'r wybodaeth yn ymwneud ag agweddau Maoriaid tuag at addysg yn Seland Newydd i dderbyn ar y naill law, neu i wrthod ar y llaw arall, ddamcaniaethau dibyniaeth fel maen nhw'n cael eu cymhwyso at systemau addysg.

Gwiriwch eich dysgu eich hun

Cysylltwch y damcaniaethwr â'r syniad neu'r canfyddiad:

a) Hayter

Marcsydd a ddywedodd mai cyfalafiaeth a oedd yn gyfrifol am broblemau'r byd.

b) Foster-Carter

Mae damcaniaeth system byd yn ddatblygiad o ddamcaniaeth dibyniaeth sy'n awgrymu bod tair lefel neu dri statws o wlad, yn amrywio o'r craidd at yr ymylon.

c) Goldthorpe

Mae rhaglenni cymorth a lles yn creu math newydd o imperialaeth.

ch) Frank

Mae'r gwledydd craidd cyfalafol yn rheoli economïau byd-eang, ac yn treiddio i GLIEDd canolig yn hytrach nag i'r GLIEDd tlotaf. Mae hyn yn arwain at anghydbwysedd o ran cyfoeth a datblygiad.

d) Wallerstein

Mae arweinwyr llwgr ac annemocrataidd yn dibynnu ar gymorth y Gorllewin i gadw mewn grym, ond maen nhw'n llwyddo i wneud hynny oherwydd y wleidyddiaeth grym rhwng pwerau mawr y byd.

dd) Cardoso

Nid oedd pob achos o drefedigaethu'n gwbl wael. Roedd cymhelliad sawl agwedd arni'n dda a rhoddodd derfyn ar arferion diwylliannol creulon.

e) Englebert

Mae damcaniaeth dibyniaeth yn tybio bod buddiannau GLIEDd a GMEDd yn wahanol, ond efallai nad yw hyn yn wir gan fod mwy o bobl yn gweld datblygiad a phroblemau'r byd o safbwynt byd-eang.

Pwnc 17: Marcsaeth a chymdeithaseg fyd-eang

Gwneud i chi feddwl

Beth sydd gan weithwyr mewn gwahanol wledydd yn gyffredin? Rhestrwch y nodweddion sy'n debyg rhwng bywydau ac amodau gweithwyr ym Mhrydain a gweithwyr sy'n byw mewn GLIEDd.

Marcsaeth a chymdeithaseg fyd-eang

Mae Marcsaeth bob amser wedi cydnabod cyd-destun byd-eang yn ei dadansoddiad o economeg a chymdeithas. Roedd Marx ac Engels, a oedd yn ysgrifennu yn y bedwaredd ganrif ar bymtheg, yn gweld cyfalafiaeth fel mudiad byd-eang oherwydd bod cyfalafiaeth bob amser yn chwilio am farchnadoedd newydd ar gyfer cynhyrchion ac oherwydd bod rhaid i ddefnyddiau crai ddod o bob cwr o'r byd. Mae'n annhebygol y bydden nhw wedi gallu rhagweld i ba raddau mae cymdeithasau wedi dod yn fyd-eang nac wedi gallu rhagweld datblygiad TGCh, ond roedden nhw'n deall ac yn dangos bod perchenogion cyfalafol yn gallu ecsbloetio'r bobl dlotaf yn y byd. Felly, yn eu llyfr *Y Maniffesto Comiwnyddol*, maen nhw'n galw ar y gweithwyr: 'Weithwyr pob gwlad, ymunwch! Nid oes gennych ddim i'w golli ar wahân i'ch cadwynau!' Eu prif bryder, fodd bynnag, oedd problemau gweithwyr diwydiannol mewn gwledydd datblygedig, oherwydd eu bod yn credu y byddai chwyldro'r gweithwyr yn digwydd yn y gwledydd mwyaf technolegol ddatblygedig.

> Mae'r angen am farchnad sy'n ehangu'n barhaus ar gyfer ei chynhyrchion yn rhedeg ar ôl y bourgeoisie ar draws arwynebedd y byd i gyd; mae angen iddi nythu ym mhob man, setlo ym mhob man, ei sefydlu ei hun ym mhob man.
>
> **Karl Marx a Friedrich Engels**

Nodau

◉ Amlinellu sut mae syniadau Marx yn cael eu defnyddio i esbonio patrymau anghydraddoldeb byd-eang

Dywedodd Marx y byddai twf cyfalafiaeth fel system economaidd yn arwain at wrthdaro oherwydd yr ideoleg trachwant y mae'r dosbarth llai o unigolion cyfoethog (yr 'hegemoni bourgeois') yn ei hyrwyddo ac oherwydd tlodi cynyddol y trwch o bobl dlawd sy'n gweithio ledled y byd. Yn ôl Behbehanian a Burawoy (2012), bu gan nifer o GLIEDd safbwynt byd-eang am gymdeithas erioed, o bosibl hyd yn oed yn fwy felly na GMEDd, gan fod digwyddiadau mewn GMEDd yn cael effaith fawr ar GLIEDd. Mae Marcswyr yn dweud bod cyfalafiaeth fyd-eang wedi tarddu o brosesau trefedigaethu ac ecsbloetio adnoddau ardaloedd sydd erbyn hyn yn GLIEDd yn bennaf. Felly byddai'n hawdd cymhwyso model dau ddosbarth o gymdeithas Marx, sy'n seiliedig ar berchenogaeth ac ecsbloetio, i'r gymdeithas fyd-eang.

I ba raddau y mae'r ddelwedd hon o'r ffordd y mae cyfoeth ac adnoddau'r byd yn cael eu rhannu yn wir? Beth mae hyn yn ei ddweud wrthyn ni am y safbwynt Marcsaidd traddodiadol am gyfoeth a grym?

> Mae cronni cyfoeth ar un pegwn hefyd yn golygu cronni trallod, ing ymlafnio, caethwasiaeth, anwybodaeth, creulondeb, diraddiad meddyliol, ar y pegwn arall ...
>
> **Karl Marx**

YMESTYN a HERIO

Mae'r diwydiant tybaco yn astudiaeth achos ddiddorol; wrth i werthiant sigarennau ddisgyn yn y rhan fwyaf o GMEDd, mae'r diwydiant tybaco wedi ceisio datblygu ei farchnadoedd mewn GLIEDd. Cewch ragor o wybodaeth am hyn ar wefan Sefydliad Iechyd y Byd (http://www.who.int/en/). A ddylai gwledydd y Gorllewin annog gwerthiant tybaco mewn GLIEDd?

Dysgu gweithredol

Trafodwch y cwestiwn canlynol gyda'ch partner astudio.

'A oes system wleidyddol arall a allai gael ei defnyddio yn lle cyfalafiaeth?'

Safbwyntiau Marcsaidd am ledaeniad cyfalafiaeth ar draws y byd

Gwelodd Marx mai drwy imperialaeth y byddai pobl gyfoethog yn gallu datblygu a chadw eu cyfoeth. Gallai gwledydd anniwydiannol gael eu hecsploetio mewn dwy ffordd:

- Byddai adnoddau a defnyddiau crai yn cael eu harallgyfeirio o'r gwledydd tlotaf i wledydd mwy technolegol ddatblygedig er mwyn cadw sail ddiwydiannol y gwledydd datblygedig.
- Byddai technoleg yn helpu gwledydd mwy cyfoethog i wneud nwyddau'n rhatach na gwledydd yr ymerodraeth. Yna bydden nhw'n gallu allforio nwyddau wedi'u gweithgynhyrchu yn ôl i'r gwledydd tlotaf am bris is na phris gwneud y nwyddau yn y gwledydd eu hunain. Roedd hyn yn golygu y byddai cyfoeth yn cronni yn nwylo bourgeoisie'r gwledydd cyfoethog.

Roedd Marx yn ystyried bod gwledydd anniwydiannol yn wledydd nad oedden nhw wedi datblygu'n llawn nes i gyfalafiaeth allu dod â buddiannau diwydiant iddyn nhw. Roedd cyfalafiaeth yn gam hanfodol yr oedd yn rhaid i gymdeithasau fynd drwyddo cyn i gymdeithas gomiwnyddol ymddangos. Roedd llawer o bobl nad oedden nhw'n Farcswyr yn derbyn y farn hon ac yn defnyddio'r derminoleg o ddisgrifio'r gwledydd tlotaf fel gwledydd 'nad ydyn nhw wedi datblygu'n llawn' nes yn ddiweddar.

Rosa Luxemburg (1871–1919)

Meddyliwr, economegydd a chomiwnydd chwyldroadol o Wlad Pwyl oedd Luxemburg a ddaeth yn ddinesydd yr Almaen yn yr 1890au ac a gafodd ei llofruddio am ei hymdrechion i achosi chwyldro ar ôl diwedd y Rhyfel Byd Cyntaf. Awgrymodd fod cyfalafiaeth yn system economaidd ansefydlog oherwydd ei bod yn dibynnu ar dwf o ran cynhyrchu nwyddau newydd ac angenrheidiau newydd. Awgrymodd fod gwledydd y Gorllewin yn cynhyrchu nwyddau newydd yn gyflymach nag oedd yn bosibl dod o hyd i farchnadoedd ar eu cyfer, felly roedd angen i'r gwledydd mwyaf cyfoethog ddatblygu ymerodraethau i gael pobl i brynu'r nwyddau a oedd yn cael eu cynhyrchu. Cysylltodd weithgarwch milwrol yn y gwledydd tlotaf ac mewn ymerodraethau â'r galw gan gyfalafwyr yn y gwledydd mwyaf cyfoethog am farchnadoedd ac adnoddau newydd.

Leniniaeth a globaleiddio

Yn 1916, dywedodd arweinydd chwyldroadol Rwsia, Vladimir Lenin (1870–1924), y byddai cyfalafiaeth yn dod yn system gyllid fyd-eang. Roedd yn credu y byddai'r perchenogion cyfoethog a oedd yn rheoli cenhedloedd diwydiannol cyfoethog yn ecsbloetio gweithwyr tlawd yn eu trefedigaethau a'u hymerodraethau. Bydden nhw'n gwneud hyn i sicrhau bod gweithwyr yn eu cenhedloedd eu hunain yn elwa ar gynhyrchion rhad ac yn ymatal rhag uno â phobl dlawd y byd i greu chwyldro comiwnyddol. Roedd Lenin yn honni, am ei resymau gwleidyddol ei hun, y byddai chwyldro'n fwy tebygol o ddigwydd ymhlith gweithwyr cenedl dlawd ac mai Rwsia fyddai'r wlad honno, yn ôl pob tebyg. Ar y pryd, nid oedd Rwsia'n genedl gyfoethog, ac roedd y rhan fwyaf o'r boblogaeth yn gysylltiedig ag amaethyddiaeth.

Awgrymodd Lenin fod cyfalafwyr yn gallu rheoli systemau cyllid y byd drwy fod yn berchen ar fanciau. Oherwydd bod canolfannau cyllid yng nghanol dinasoedd, roedd cyfoeth a grym yn cael eu canoli mewn rhai rhannau o'r byd ac roedd tanddatblygiad mewn rhannau eraill.

Asesu syniadaeth Farcsaidd draddodiadol

- Nid oedd Marx, Engels, Lenin na Luxemburg yn ysgrifennu fel cymdeithasegwyr a oedd yn dadansoddi perthnasoedd y byd ac yn pryderu am anghydraddoldeb byd-eang; chwyldroadwyr oedden nhw a oedd yn ysgrifennu gyda'r bwriad amlwg o hybu cymdeithasau comiwnyddol. Mae hyn yn golygu bod a wnelo eu gwaith yn fwy â'u hamcanion eu hunain nag â chynnig dadansoddiad llawn o berthnasoedd economaidd byd-eang.
- Roedd y Marcswyr traddodiadol yn ysgrifennu mewn cyfnod pan oedd y byd yn wahanol iawn, yn wleidyddol ac yn gymdeithasol. Bydd rhai o'u dadansoddiadau'n adlewyrchu'r ffaith honno. Serch hynny, mae'n ymddangos eu bod wedi rhagweld datblygiad cyfalafiaeth fyd-eang a'r anghydraddoldeb a ddilynodd.
- Er gwaethaf yr amcanion a'r gwreiddiau gwahanol hyn, mae eu gwaith wedi bod yn sail i ddadansoddiadau neo-Farcsaidd, damcaniaeth dibyniaeth a damcaniaethau system byd sy'n cael eu defnyddio i esbonio anghydraddoldebau byd-eang.

Ysgrifennu estynedig

Gan ddefnyddio tystiolaeth ac enghreifftiau cymdeithasegol, esboniwch y safbwyntiau Marcsaidd traddodiadol am anghydraddoldeb yn y byd.

Arweiniad: Bydd y tri safbwynt sylfaenol yn y pwnc hwn yn rhoi'r sail ddamcaniaethol i chi ar gyfer eich ateb ac yn llunio sail i unrhyw esboniad y gallwch ei ddarparu. Cyfeiriwch yn ôl at eich nodiadau blaenorol ar Farcsaeth a datblygwch ddamcaniaeth Marx am y system gymdeithasol ddau ddosbarth o berchenogion a gweithwyr. Trafodwch Luxemburg a Lenin a'r hyn roedden nhw'n ei ystyried oedd achos anghydraddoldeb byd-eang. I ennill marciau am ddefnyddio tystiolaeth ac enghreifftiau cymdeithasegol, bydd angen i chi gyfeirio'n ôl at eich nodiadau ar y pwnc hwn a chrybwyll enghreifftiau sy'n cefnogi safbwyntiau Marcsaidd traddodiadol, er enghraifft corfforaethau trawswladol neu dwf economïau cyflog isel mewn GLIEDd. Nodwch nad yw'r cwestiwn hwn yn gofyn i chi feirniadu Marcsaeth draddodiadol, felly bydd beirniadaeth hir yn sgorio marciau isel ar y cyfan.

Ysgrifennwch tua 200 gair.

Ymchwil

Darllenwch y cyfieithiad o'r darn hwn o erthygl gan Stuart Jeffries ym mhapur newydd *The Guardian*, 4 Gorffennaf 2012:

> Mae Jaswinder Blackwell-Pal, myfyriwr 22 oed sy'n astudio Saesneg a Drama yng Ngholeg Goldsmiths, Llundain, ac sydd newydd orffen ei BA mewn Saesneg a Drama, yn esbonio pam mae hi'n dal i ystyried bod Marcsaeth yn berthnasol. 'Y pwynt yw nad oedd pobl ifanc [heddiw] yn bresennol pan oedd Thatcher mewn grym, nac ychwaith pan oedd Marcsaeth yn cael ei chysylltu â'r Undeb Sofietaidd,' meddai hi. 'Rydyn ni'n tueddu i'w ystyried yn ffordd o ddeall yr hyn rydyn ni'n ei brofi ar hyn o bryd. Ystyriwch beth sy'n digwydd yn yr Aifft. Pan gollodd Mubarak rym, roedd yn ddigwyddiad ysbrydoledig iawn. Cafodd cynifer o stereoteipiau eu chwalu – doedd democratiaeth ddim i fod yn rhywbeth y byddai pobl yn ymladd drosti yn y byd Mwslimaidd. Mae hyn yn cyfiawnhau mai proses yw chwyldro, nid digwyddiad. Felly roedd chwyldro yn yr Aifft, a gwrthchwyldro, a gwrthchwyldro yn erbyn y gwrthchwyldro. Yr hyn a ddysgon ni yn ei sgil oedd pa mor bwysig yw bod yn drefnus.'

a) Nodwch ac esboniwch broblemau defnyddio samplau bach wrth drafod agweddau gwleidyddol.

b) Fel myfyriwr Cymdeithaseg Safon Uwch, rydych wedi cael cais i ddefnyddio sampl bach i ganfod a yw pobl yn eich coleg yn teimlo bod Marcsaeth yn ddamcaniaeth ddefnyddiol.

    i. Disgrifiwch bob cam o'ch cynllun ymchwil, gan gyfiawnhau'r rhesymau dros eich dewis ar bob cam.

    ii. Trafodwch broblemau a all godi ac effaith y problemau hyn ar ansawdd y data sy'n cael eu casglu.

Cwestiwn cymhwyso tystiolaeth

c) Ysgrifennwch baragraff yn defnyddio'r wybodaeth a roddwyd i chi i drafod perthnasedd syniadaeth Farcsaidd draddodiadol i broblemau byd-eang modern.

Dysgu gweithredol

Mae'r llun yn dangos cartrefi yn Irac a gafodd eu dinistrio gan fom car. Pa ddadleuon sydd o blaid ac yn erbyn ymyrraeth o dramor yng ngwleidyddiaeth GLIEDd?

Gwiriwch eich dysgu eich hun

Cwblhewch y brawddegau canlynol:

a) Mae cyfalafiaeth yn gam hanfodol cyn…

b) Yn ôl Lenin, byddai'r meistri yn ecsbloetio gweithwyr mewn trefedigaethau…

c) Yn ôl Marx, y ddau brif ddosbarth mewn cymdeithas yw…

ch) Mae Marcswyr yn galw dominyddiaeth y dosbarth llywodraethol yn…

d) Mae cwmni sydd mor fawr nes bod ganddo ganolfannau rheoli mewn nifer o wledydd yn cael ei alw'n…

dd) Mae'n rhaid i gyfalafiaeth chwilio bob amser am…

e) Galwodd Marx ar weithwyr y byd i…

Nodau

- Amlinellu rhai o'r ymdrechion i fireinio a chymhwyso syniadau Marcsaidd mewn byd sy'n newid

Roedd Marx yn ysgrifennu yn y bedwaredd ganrif ar bymtheg; ers hynny, bu llawer o newidiadau yn y byd. Mae'r rheini sy'n derbyn ei ddadansoddiad wedi newid ac addasu Marcsaeth; mae newidiadau o'r fath yn cael eu galw'n neo-Farcsaeth.

Mae neo-Farcsaeth yn derm sy'n cael ei roi i ddamcaniaethau cymdeithasegol a gwaith ysgrifenedig sy'n seiliedig ar feddylfryd Marcsaidd ond sy'n ceisio ei newid mewn rhyw ffordd, gan ystyried awduron eraill neu edrych ar faterion nad oedd Marx nac Engels wedi'u hesbonio'n llawn yn eu gwaith ysgrifenedig. Mae nifer o ddamcaniaethau gwahanol y mae'n bosibl eu disgrifio'n rhai neo-Farcsaidd, fel damcaniaeth dibyniaeth a damcaniaeth system fyd-eang. Yr hyn sy'n gyffredin rhwng y damcaniaethau hyn yw'r safbwynt bod cyfalafwyr modern yn chwarae gyda'r economi'n fwriadol er eu budd eu hunain. Oherwydd hyn, byddai'n bosibl eu hystyried yn ddamcaniaethau cynllwynio. Bwriad rhai damcaniaethau neo-Farcsaidd yw bod yn chwyldroadol, ond datgan y dylai'r gymdeithas gael ei rhedeg ar delerau mwy cyfartal y mae eraill.

Y safbwynt Marcsaidd am globaleiddio

Gwneud i chi feddwl

Yn 1989, roedd cwymp Mur Berlin, a wahanodd sectorau'r Dwyrain a'r Gorllewin yn ninas Berlin, yn ddigwyddiad gwleidyddol mawr. Digwyddodd o ganlyniad i gwymp comiwnyddiaeth yn yr Undeb Sofietaidd, ac roedd nifer yn ystyried ei fod yn brawf terfynol nad oedd Marcsaeth yn berthnasol bellach. I ba raddau gallwch chi gytuno bod Marcsaeth yn amherthnasol i gymdeithaseg fodern?

Ydy Marcsaeth wedi marw?

Yn ystod yr ugeinfed ganrif, seiliodd nifer o wladwriaethau'r byd eu systemau gwleidyddol ar syniadau oedd, yn ôl eu honiad nhw, wedi'u seilio ar Farcsaeth, sosialaeth neu gomiwnyddiaeth. Daeth nifer o'r gwladwriaethau hyn yn unbenaethau (e.e. Cambodia), yn unbenaethau annymunol iawn weithiau (e.e. Gogledd Korea), ac mae llawer ohonyn nhw wedi troi'n ôl at ryw fath o gyfalafiaeth yn y blynyddoedd diweddar (e.e. hen wladwriaethau'r Undeb Sofietaidd, a China). Ar hyn o bryd (2017), mae China, Cuba, Laos a Viet Nam ymhlith y gwledydd sy'n datgan eu bod wedi'u seilio eu hunain ar egwyddorion comiwnyddol. Mae'r gwledydd hyn yn amrywio o ran faint o ryddid y maen nhw'n ei roi i'w poblogaethau: er enghraifft, mae Cuba yn cael ei chyhuddo o gamddefnyddio hawliau dynol, ac eto i gyd, o'i chymharu â gwledydd eraill yn y byd, mae safonau addysg ac iechyd yn y wlad yn uchel.

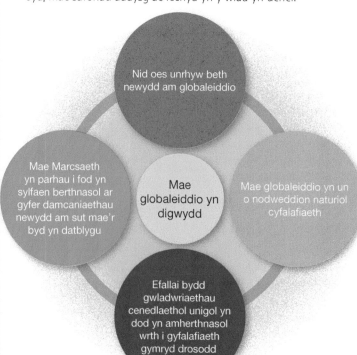

Nid oes unrhyw beth newydd am globaleiddio

Mae Marcsaeth yn parhau i fod yn sylfaen berthnasol ar gyfer damcaniaethau newydd am sut mae'r byd yn datblygu

Mae globaleiddio yn digwydd

Mae globaleiddio yn un o nodweddion naturiol cyfalafiaeth

Efallai bydd gwladwriaethau cenedlaethol unigol yn dod yn amherthnasol wrth i gyfalafiaeth gymryd drosodd

Mae Stephen Walt, economegydd a realydd, yn honni bod pobl wedi dod i amau Marcsaeth gan nad oedd sosialaeth a Marcsaeth wedi creu'r cymdeithasau cyfartal, heb ddosbarthiadau, yr oedd Marx yn honni a fyddai'n datblygu yn dilyn chwyldroadau'r gweithwyr. Mae Walt, felly, yn honni bod Marcsaeth wedi marw. Ar y llaw arall, mae neo-Farcswyr yn honni nad oedd y gwladwriaethau a ddatblygodd gan ddilyn egwyddorion comiwnyddol yn cael eu rhedeg yn dda, ac oherwydd hyn, roedd Marx wedi methu rhagweld yr hyn a fyddai'n digwydd o ganlyniad i chwyldro. Nid yw hyn yn profi bod ei ddadansoddiad sylfaenol o gyfalafiaeth fyd-eang yn hollol anghywir. Mae llawer o feddylwyr yn honni bod neo-Farcsaeth yn ddefnyddiol ac yn cynnig dadansoddiad defnyddiol o wleidyddiaeth y byd oherwydd, yn y bôn, mae trachwant y GMEDd a thlodi'r GLIEDd yn gwrthdaro.

Dyma'r hyn mae neo-Farcswyr yn ei dybio yng nghyd-destun anghydraddoldeb byd-eang:

- Yn fyd-eang, mae elitiau gwleidyddol ac economaidd GMEDd yn gallu dominyddu a rheoli masnach ryngwladol a chyllid, a thrwy hynny'n hybu eu buddiannau eu hunain ar draul y tlodion mewn GMEDd a GLIEDd.
- Mae'r rhesymau sylfaenol sy'n achosi rhyfeloedd a gwrthdaro rhwng gwladwriaethau yn seiliedig ar resymau economaidd, wrth i wladwriaethau geisio rheoli adnoddau prin, sydd ar gael yn aml mewn GLIEDd; er enghraifft, mae rheoli cronfeydd olew yn y Dwyrain Canol wedi sbarduno nifer o ryfeloedd.
- Mae gwladwriaethau cyfalafol yn rhoi pwysau mawr ar wladwriaethau sydd naill ai wedi ceisio rheoli eu hadnoddau eu hunain neu wedi gwrthod ymyrraeth gyfalafol gan y Gorllewin drwy ddefnyddio propaganda amdanyn nhw a gwrthod masnachu â nhw; er enghraifft, gwrthododd UDA fasnachu â Cuba hyd 2009 ac ar hyn o bryd, mae rhai cyfyngiadau ar fasnachu'n parhau.
- Mae nifer o wladwriaethau sydd wedi honni eu bod yn dilyn bwriad Marcsaidd wedi bod yn rhywbeth tra gwahanol mewn gwirionedd, ac felly nid yw'n bosibl eu defnyddio fel tystiolaeth bod Marcsaeth wedi methu fel system.

Neo-Farcswyr nodweddiadol

Paul Baran

Roedd Baran yn ysgrifennu yn yr 1950au ac mae'n gysylltiedig â damcaniaeth dibyniaeth. Roedd ef o'r farn nad oedd y gwahaniaethau mewn cyfoeth a bywyd mor amlwg pan gafodd rhannau helaeth o'r byd eu trefedigaethu gan genhedloedd Ewrop ag ydyn nhw heddiw o dan gyfalafiaeth fodern. Roedd y rhannau hyn o'r byd yn cynnwys llawer, os nad y rhan fwyaf, o'r gwledydd sy'n cael eu disgrifio'n GLIEDd. Heriodd Baran safbwynt safonol Rostow (gweler Pwnc 15), a oedd yn honni bod yn rhaid i bob gwlad fynd drwy wahanol gamau datblygu. Honnodd Baran fod imperialaeth y Gorllewin wedi niweidio proses ddatblygu'r gwledydd a oedd wedi dod yn drefedigaethau, gan greu sefyllfa lle roedden nhw'n ddibynnol ar y cenhedloedd a oedd wedi eu goresgyn nhw. O safbwynt y Gorllewin, nid oedd angen i'r gwledydd tlotaf ddatblygu, mewn gwirionedd, gan eu bod nhw'n darparu defnyddiau crai a llafur. Y pris am ddatblygiad economaidd y Gorllewin oedd tlodi yng ngweddill y byd.

Andre Gunder Frank

Datblygodd Frank waith ysgrifenedig Baran am ddamcaniaeth dibyniaeth gan honni bod cenhedloedd craidd, fel ardaloedd trefol mawr y DU ac UDA, yn gallu ecsbloetio eu rhanbarthau dibynnol, er enghraifft eu hardaloedd gwledig eu hunain ac ardaloedd gwledig GLIEDd (gweler Pwnc 16).

Akinsola Akiwowo

Mae cymdeithaseg Affricanaidd wedi cael ei dylanwadu gan ddadansoddiadau Marcsaidd am drefedigaethedd, ac mae math arbennig o gymdeithaseg Affricanaidd wedi datblygu mewn prifysgolion yn Affrica. Mae Akiwowo (1983) wedi honni bod Marcsaeth wedi bod yn ddylanwad rhyddfrydol a chritigol ar ddamcaniaeth gymdeithasol Affricanaidd.

Immanuel Wallerstein

Mae Wallerstein yn gysylltiedig â damcaniaeth system fyd-eang, safbwynt a gafodd ei gyflwyno ym Mhwnc 16 ac y byddwn yn ei archwilio ymhellach ym Mhwnc 19.

Naomi Klein

Mae Klein (1999) a gwrthgyfalafwyr eraill wedi cael eu dylanwadu'n fawr gan feddylfryd Marcsaidd.

Beirniaid neo-Farcsaeth

- Mae Marcswyr traddodiadol fel Brenner wedi honni bod edrych ar y byd yn ei gyfanrwydd yn rhy syml. Mae hyn yn golygu bod gwrthdaro rhwng dosbarthiadau *yn* y gwledydd eu hunain yn cael ei esgeuluso; mae anghydraddoldeb yn bodoli yn y gwledydd eu hunain ac nid ar raddfa fyd-eang yn unig.
- Mae Warren wedi dadlau bod angen rhagor o ddiwydiannu mewn GLIEDd oherwydd, wrth i nifer y proletariaid dosbarth gweithiol gynyddu o gwmpas y byd, bydd yr amodau sy'n angenrheidiol ar gyfer chwyldro gan y dosbarth gweithiol yn digwydd yn y pen draw.

Dysgu gweithredol

Trafodwch y safbwynt bod cyfalafiaeth wedi creu tlodi ac amddifadedd ledled y byd.

YMESTYN a HERIO

Un broblem y mae GLIEDd yn ei hwynebu wrth ddatblygu eu heconomïau yw bod GMEDd yn trin mewnforion defnyddiau crai a mewnforion cynhyrchion sydd wedi'u prosesu mewn ffordd wahanol; fel arfer, mae tariffau (trethi) yn cael eu gosod ar gynhyrchion sydd wedi'u prosesu, ond nid ar ddefnyddiau crai. O ganlyniad, mae gan GLIEDd lai o gymhelliad i ddatblygu diwydiannau gweithgynhyrchu oherwydd y costau ychwanegol cysylltiedig. Defnyddiwch y Rhyngrwyd i ddod o hyd i fwy o wybodaeth am effaith tariffau a rhwystrau eraill ar fasnach. Sut gall y wybodaeth gael ei defnyddio i gefnogi eich dadansoddiad o neo-Farcsaeth?

⊙ Mae Sender a Smith yn honni bod trin GLIEDd a GMEDd fel pe baen nhw ond yn ddau fath o system economaidd – yn cyfateb i'r proletariat a'r bourgeoisie – yn anwybyddu cymhlethdod perthnasoedd economaidd a chymdeithasol ar draws cenhedloedd y byd.

Ysgrifennu estynedig

Gan ddefnyddio tystiolaeth ac enghreifftiau cymdeithasegol, esboniwch safbwyntiau neo-Farcsaidd am anghydraddoldeb byd-eang.

Arweiniad: Bydd yn anodd iawn i chi esbonio neo-Farcsaeth heb ddangos elfen o ddealltwriaeth o Farcsaeth a'r materion sydd wedi golygu bod angen i syniadau Marcsaidd gael eu diweddaru. Serch hynny, yn y traddodiad neo-Farcsaidd, mae dau fath o ddamcaniaethu gwahanol wedi datblygu: damcaniaeth dibyniaeth a damcaniaeth system fyd-eang. Mae'r ddau fath yn rhannu nifer o elfennau ond maen nhw'n wahanol o ran eu manylder, gan fod damcaniaeth dibyniaeth yn honni bod trefedigaethedd wedi gohirio datblygiad mewn hen drefedigaethau, ac mae damcaniaeth systemau yn edrych ar y byd yn ei gyfanrwydd.

Ysgrifennwch tua 200 gair.

YMESTYN a HERIO

Mae'r gwledydd BRIC (Brasil, Rwsia, India a China) yn datblygu i fod yn rymoedd pwerus yn economi'r byd. Mae corfforaethau India hefyd yn cymryd rhan gynyddol yng ngwledydd y Gorllewin: er enghraifft, Tata Steel yw'r cynhyrchydd dur ail fwyaf yn Ewrop, ac mae'n gweithredu mewn nifer o wledydd, gan gynnwys y DU. Chwiliwch am enghreifftiau eraill o fusnesau a diwydiannau o India sy'n ehangu eu dylanwad ledled y byd. Ydy hyn yn arwydd bod cydberthynas drefedigaethol y gorffennol yn cael ei wrthdroi?

Ymchwil

Daeth Pretty a Hine (2001) i'r casgliad bod trefoli yn newid arferion bwyta pobl, felly wrth i fwy o boblogaeth y byd symud i'r dinasoedd, mae'r galw am gig yn cynyddu. Fodd bynnag, mae'r pwysau i gynhyrchu bwyd yn rhoi pwysau ar yr amgylchedd naturiol mewn nifer o GLIEDd. Mae hyn oherwydd bod llawer o'r tir sy'n cael ei ddefnyddio mewn GLIEDd yn cael ei ddefnyddio i gynhyrchu bwyd ar gyfer marchnadoedd GMEDd. Defnyddiodd yr ymchwilwyr holiaduron i ddysgu mwy am brojectau amaethyddol mewn 52 o wledydd, a sylwon nhw fod llawer o ffermwyr mewn GLIEDd bellach yn newid eu harferion ac yn canolbwyntio ar brojectau cynaliadwy lle maen nhw'n tyfu bwyd ar gyfer eu poblogaethau eu hunain.

a) Nodwch ac esboniwch **ddau** reswm pam defnyddiodd yr ymchwilwyr holiaduron ar gyfer eu hymchwil.

b) Fel myfyriwr Safon Uwch Cymdeithaseg, rydych chi wedi cael cais i ddefnyddio sampl bach i ddarganfod yr hyn mae myfyrwyr yn ei wybod am fasnach fyd-eang a materion datblygu.
   i. Disgrifiwch bob cam o'ch cynllun ymchwil, gan gyfiawnhau'r rhesymau dros eich dewis ar bob cam.
   ii. Trafodwch broblemau a all godi ac effaith y problemau hyn ar ansawdd y data sy'n cael eu casglu.

Cwestiwn cymhwyso tystiolaeth

c) Ysgrifennwch baragraff gan ddefnyddio'r wybodaeth sy'n ymwneud â datblygu ffermio cynaliadwy ar gyfer poblogaethau lleol er mwyn ystyried a yw cyfalafiaeth fyd-eang yn cefnogi'r broses o gynhyrchu bwyd ar draws y byd.

Gwiriwch eich dysgu eich hun

Cysylltwch yr awduron â'u syniadau:

a) Sender a Smith

> Mae cenhedloedd craidd yn gallu ecsbloetio eu rhanbarthau dibynnol, a dyna sut mae cenhedloedd diwydiannol yn creu anghydraddoldebau o ran datblygu.

b) Brenner

> Mae'n rhaid i bob gwlad fynd drwy wahanol gamau datblygu cyn dod yn ddiwydiannol.

c) Frank

> Mae Marcsaeth wedi marw; bu farw gyda chwymp comiwnyddiaeth yn Rwsia ac oherwydd diffyg parch at y gwladwriaethau heddlu a oedd yn bodoli.

ch) Baran

> Mae edrych ar y byd yn ei gyfanrwydd yn or-syml gan fod anghydraddoldeb yn bodoli yn y gwledydd, ac nid ar raddfa fyd-eang yn unig.

d) Rostow

> Mae damcaniaeth system fyd-eang yn awgrymu bod yr economïau cryfaf yn dod yn wladwriaethau craidd a'u bod yn creu elw o ardaloedd GLIEDd sydd ag economïau heb eu datblygu'n llawn.

dd) Wallerstein

> Mae trin GLIEDd a GMEDd fel pe baen nhw'n ddau fath o system economaidd yn unig yn anwybyddu cymhlethdod perthnasoedd economaidd a chymdeithasol ar draws cenhedloedd y byd.

e) Walt

> Cafodd proses datblygu trefedigaethau ei difrodi gan imperialaeth y Gorllewin ac fe gafodd sefyllfa ei chreu lle roedd y trefedigaethau'n dibynnu ar y cenhedloedd a oedd wedi'u goresgyn.

Pwnc 19: Damcaniaeth systemau byd-eang

Gwneud i chi feddwl

Roedd Wallerstein yn credu mai dyfeisio llongau a oedd yn gallu hwylio'r cefnfor yn yr unfed ganrif ar bymtheg a'r cynnydd technolegol a ddigwyddodd mewn mordwyo a thanio gynnau yr adeg honno a sbardunodd gyfalafiaeth fyd-eang gyfoes. Pa ddyfeisiadau modern sy'n newid y byd heddiw? Sut gallai economi'r byd newid yn y dyfodol?

Wallerstein a chyfalafiaeth fyd-eang

1. Datblygiad y gwladwriaethau craidd

Yn ôl Wallerstein, nid yw globaleiddio yn broses newydd ond yn rhywbeth a ddechreuodd yn yr unfed ganrif ar bymtheg wrth i gyfalafiaeth a diwydiannu gychwyn yng Ngorllewin Ewrop yn ystod y cyfnod sy'n cael ei ystyried yn ddiwedd yr Oesoedd Canol a dechrau'r oes fodern. Caniataodd y datblygiadau technolegol mewn llongau a mordwyo i Ewropeaid fynd ar fordeithiau darganfod, ac roedd eu harfau uwchraddol yn eu galluogi i ddechrau ar y broses o ddatblygu trefedigaethau ac ymerodraethau ledled y byd. Cronnodd y cyfoeth yn ninasoedd a gwladwriaethau Ewrop, ac fe gafodd hyn ei fuddsoddi mewn eiddo a gweithgynhyrchu. Dechreuodd hyn y broses o ddatblygu anghyfartal wrth i wladwriaethau Ewrop ddatblygu fel craidd economaidd ar draul y gwledydd ymylol (ar yr ochrau allanol). Cystadlodd y gwladwriaethau Ewropeaidd dros bŵer a rheolaeth, ond ni lwyddodd unrhyw wlad na chenedl unigol i ddominyddu'r byd. Yn ganlyniad i hyn, datblygodd gwladwriaethau Ewrop yn wladwriaethau cenedlaethol modern, â ffiniau, systemau cyfreithiol, grym milwrol a strwythurau gwleidyddol i reoli ymerodraethau. Y rhanbarthau craidd cyntaf oedd rhai yng ngogledd-orllewin Ewrop (Ffrainc, yr Iseldiroedd a Lloegr), a aeth drwy broses drefoli yn gymharol gynnar yn y cyfnod modern.

2. Datblygiad yr ymylon

Roedd y rhanbarthau ymylol wedi'u lleoli y tu allan i ffiniau daearyddol y gwladwriaethau cenedlaethol cyntaf ac felly nid oedd ganddyn nhw lywodraeth ganolog neu roedden nhw'n cael eu rheoli gan genhedloedd eraill. Er enghraifft, roedd yr ardaloedd yn America lle roedd Sbaeneg a Phortiwgaleg yn cael eu siarad yn cael eu rheoli gan bobl o dras Ewropeaidd a feddiannodd rannau helaeth o dir, gan wneud y poblogaethau lleol yn gaethweision a mewnforio caethweision o Affrica er mwyn cloddio am fetelau gwerthfawr neu weithio ar blanhigfeydd. Roedd y gweithwyr yn Ewrop yn cynhyrchu nwyddau ar gyfer Ewropeaid, ond dyma roedd y gweithwyr ar yr ymylon yn ei wneud hefyd.

3. Y lled ymylon

Dyma'r ardaloedd craidd sy'n dirywio'n economaidd – fel Sbaen a Phortiwgal, a oedd yn ymerodraethau pwerus ar un adeg, ond sydd bellach wedi colli eu dylanwad – neu economïau mwy newydd sy'n datblygu eu grym. Er enghraifft, mae China yn estyn ei dylanwad i Affrica, Awstralia a Seland Newydd; mae twristiaeth Tseiniaidd yn ffynhonnell incwm sylweddol i wledydd hemisffer y de; ac mae dinasyddion China yn yr ardaloedd hyn yn buddsoddi llawer o'u harian i brynu tir. Felly, mae'r rhanbarthau lled ymylol hyn sy'n dod yn amlwg yn ecsbloetio'r rhanbarthau ymylol, ond maen nhw hefyd yn elwa ar y ffaith bod ganddyn nhw fynediad at bŵer y craidd.

Nodau

◉ Ystyried pa mor ddefnyddiol yw gweld y byd yn un system wedi'i chydgysylltu yn hytrach na chanolbwyntio ar ymraniadau rhwng GMEDd a GLIEDd

Mae damcaniaeth system fyd-eang yn ddatblygiad o ddamcaniaeth dibyniaeth a gynigiwyd gan Immanuel Wallerstein (1974) ymhlith eraill. Mae'n ystyried sut mae'r byd wedi moderneiddio drwy gyfuniad o brosesau hanesyddol, daearyddol ac economaidd.

Cynigiodd Wallerstein safbwynt am gymdeithaseg fyd-eang a oedd yn pwysleisio y dylen ni edrych ar y byd cyfan fel un system. Mae'n edrych ar raniadau llafur a dosbarthiadau o safbwynt byd-eang ac yn ceisio esbonio perthnasoedd economaidd y byd. Mae'n cychwyn drwy edrych ar hanes byd-eang a datblygiad cyfalafiaeth. Ef oedd un o'r dadansoddwyr cyntaf i nodi a disgrifio prosesau globaleiddio a'u cysylltiad ag anghydraddoldebau byd-eang. Mae ei ddamcaniaeth yn rhannu economïau'r byd yn bedwar math gwahanol:

1. Y craidd
2. Y lled ymylon
3. Yr ymylon
4. Yr allanol.

Mae'r math o ddatblygiad economaidd sy'n digwydd mewn gwlad a'i marchnad lafur yn dibynnu ar y graddau y mae wedi'i hintegreiddio i mewn i system economaidd y byd.

I ba raddau y mae'r ddelwedd hon o'r ffordd y mae cyfoeth ac adnoddau'r byd yn cael eu rhannu yn wir? Pa mor effeithiol yw o ran disgrifio anghydraddoldebau'r byd? Beth mae'n ei ddweud wrthyn ni am achosion anghydraddoldebau yn y byd?

Mae llawer o ddeunydd gan Wallerstein ac am Wallerstein ar y Rhyngrwyd, ac mae llawer ohono'n hygyrch iawn os ydych chi'n penderfynu ei ddarllen. Defnyddiwch y deunydd i greu rhestr o gryfderau a gwendidau er mwyn i chi gael deunydd i greu cynllun ar gyfer traethawd estynedig am y pwnc hwn.

Dysgu annibynnol

Mae fideos ar gael ar y Rhyngrwyd sy'n esbonio systemau byd-eang. Gallai'r rhain fod yn ffordd ddefnyddiol o ddysgu mwy am ddamcaniaeth system fyd-eang.

O ystyried yr hyn rydych chi'n ei wybod am ddatblygiad llafur gweithdai cyflog isel mewn nifer o GLIEDd, pa mor berthnasol yw'r ddamcaniaeth hon i'r gymdeithas fodern? Meddyliwch am ddadleuon o blaid neu yn erbyn y model a gyflwynwyd gan Wallerstein

4. Ardaloedd allanol

Mae rhai ardaloedd wedi aros yn gymharol bell oddi wrth system economaidd y byd ac felly mae eu dylanwad a'u rheolaeth dros ardaloedd tramor yn gyfyngedig. Roedd Japan yn gallu gwneud hyn hyd at yr Ail Ryfel Byd, ac mae China ond wedi dechrau agor ei ffiniau i farchnadoedd tramor yn y blynyddoedd diwethaf, er y bu'n economi allforio am gyfnod hirach.

Nodweddion damcaniaeth system fyd-eang

- ◉ Mae Wallerstein yn tynnu sylw at y ffaith bod system economaidd y byd wedi newid dros amser. Felly, mae'r ardaloedd craidd wedi symud ac mae rhai ardaloedd a oedd yn graidd o'r blaen yn lled ymylol erbyn hyn.
- ◉ Nid oes un ganolfan wleidyddol unigol, felly mae system gyfalafol y byd yn hyblyg.
- ◉ Mae mathau gwahanol o waith (llafur) yn datblygu mewn rhanbarthau gwahanol, felly mae angen gweithwyr â sgiliau uchel ar wladwriaethau craidd, ac mae gwladwriaethau ymylol yn dibynnu ar weithwyr sydd â lefel isel o sgiliau sy'n gweithio am gyflog isel.
- ◉ Mae argyfyngau cylchol yn digwydd mewn cyfalafiaeth fyd-eang oherwydd pan fydd marchnadoedd newydd wedi cael eu defnyddio, a dim modd o werthu cynhyrchion bellach, mae economïau yn mynd i ddirwasgiad o ganlyniad i ddiffyg mewn twf economaidd, llai o waith, a'r ffaith bod llai o arian yn cylchredeg drwy'r system; dechreuodd y diweddaraf o'r rhain yn 2008. Rhagwelodd Wallerstein y byddai argyfyngau cyfalafiaeth yn digwydd yn amlach, ac yn dwysáu, wrth i adnoddau fynd yn brinnach.
- ◉ Gall pobl wrthwynebu cyfalafiaeth fyd-eang ac oherwydd hyn arweiniodd chwyldroadau sosialaidd a'r bygythiad o wrthryfel wladwriaethau cyfalafol i ailddyrannu'r cyfoeth a datblygu systemau lles ar gyfer eu poblogaethau.
- ◉ Mae datblygiad cyfalafiaeth fyd-eang yn golygu bod crynodiadau o gyfoeth mewn rhanbarthau craidd, ond bod y rhanbarthau ymylol wedi mynd yn dlotach.

Asesu damcaniaeth system fyd-eang

- ◉ Awgrymodd Peter Worsley (1979) mai un o gryfderau'r ddamcaniaeth oedd ei bod yn ystyried y byd yn ei gyfanrwydd, yn ogystal â'r perthnasoedd, felly mae'n cydnabod cymhlethdod symudiadau byd-eang.

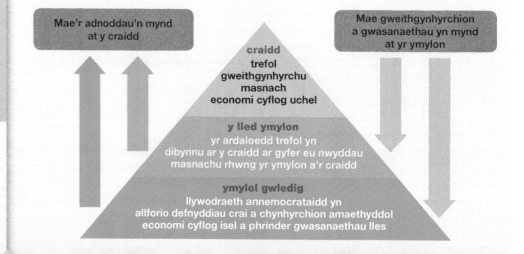

- Mae Petras (1981) yn tynnu sylw at y ffaith bod y ddamcaniaeth yn esbonio'r holl ffenomenau byd-eang yn nhermau economïau'r byd, felly dylai brwydrau gwleidyddol mewn gwledydd fel Zimbabwe gael eu hystyried o safbwynt ymdrechion i ennill safle yn nes at y craidd.
- Mae canfyddiadau gwaith ymchwil yn amrywiol gan ei bod hi'n anodd rheoli nifer y ffactorau y mae angen eu hystyried o ran economïau byd-eang.
- Mae'n tybio bod tlodi'r byd yn ganlyniad ecsbloetiaeth gyfalafol fyd-eang, ond mae llawer o GLIEDd hefyd yn ardaloedd sy'n wynebu her o ganlyniad i'w lleoliad daearyddol a bod yr adnoddau sydd ganddyn nhw'n brin ac yn anodd eu hecsbloetio.
- Mae damcaniaeth system fyd-eang fel pe bai'n disgrifio anghydraddoldeb byd-eang, ond o ran esbonio anghydraddoldeb, mae'n llai dibynadwy.

Nye a damcaniaeth system fyd-eang

Mae Nye yn cynnig safbwynt am systemau byd-eang sy'n gysylltiedig â dadansoddi mecanweithiau grym a sut mae gwledydd cyfoethog yn cadw eu grym a'u dylanwad. Mae'n seilio ei syniad ar ddamcaniaeth hegemoni'r awdur Marcsaidd Gramsci, ac yn awgrymu bod gwledydd cyfoethog yn cadw eu grym dros y rhai tlotaf drwy'r canlynol:

- Grym caled, wedi'i seilio ar rym milwrol
- Grym meddal, sydd wedi'i seilio ar ideoleg gyfalafol, lle mae diwylliant yn cael ei werthu i'r gwledydd tlotaf drwy reoli'r cyfryngau a marchnata credoau.

Caled: Rhyfela ac arfau — **Canol: Masnach a chymorth** — **Meddal: Rheoli diwylliant a'r cyfryngau**

Ffurfiau a mecanweithiau grym Nye

Ymchwil

Casglodd Almeida a Cordero (2015) wybodaeth ac erthyglau am weithgareddau symudiadau cymdeithasol mewn gwledydd America Ladin. Daethon nhw i'r casgliad bod diwylliant gwleidyddol y rhanbarth yn newid, sy'n golygu bod mwy o systemau llywodraeth democrataidd a bod mwy o bobl yn cymryd rhan mewn gwleidyddiaeth. Defnyddiodd y cyfranwyr, a oedd yn edrych ar wrthdaro cymdeithasol a phroblemau cymdeithasol, gynlluniau o astudiaethau achos. Un o'r problemau a welson nhw oedd bod y gwledydd tlotaf, yn enwedig ardaloedd gwledig, heb gael eu hastudio ddigon o'u cymharu ag ardaloedd eraill. Awgrymon nhw fod edrych ar nifer o feysydd ymchwil ac agweddau ar fywyd, fel mudiadau menywod a brwydrau amgylcheddol, yn cynnig trosolwg gwell o ddatblygiad byd-eang nag y mae edrych ar feysydd unigol.

a) Nodwch ac esboniwch **ddwy** broblem o ran defnyddio tystiolaeth astudiaeth achos gan nifer o wledydd wrth ystyried materion byd-eang.

b) Fel myfyriwr Cymdeithaseg Safon Uwch, rydych chi wedi cael cais i ddod o hyd i dystiolaeth ffeithiol am yr hyn y mae myfyrwyr yn teimlo eu bod nhw'n ei wybod am faterion byd-eang a'r hyn yr hoffen nhw ei ddysgu.
　i. Disgrifiwch bob cam o'ch cynllun ymchwil, gan gyfiawnhau'r rhesymau dros eich dewis ar bob cam.
　ii. Trafodwch broblemau a all godi ac effaith y problemau hyn ar ansawdd y data sy'n cael eu casglu.

Cwestiwn cymhwyso tystiolaeth

c) Ysgrifennwch baragraff gan ddefnyddio'r wybodaeth a roddwyd i chi er mwyn trafod safbwynt Wallerstein y dylen ni edrych ar economi'r byd o safbwynt byd-eang yn hytrach nag edrych ar wledydd unigol.

Gwiriwch eich dysgu eich hun

Ble byddech chi'n rhoi'r economïau canlynol ym model Wallerstein?:

Afganistan　Ariannin　Bangladesh　Botswana　Brasil
China　Ffrainc　Yr Almaen　India　Japan　Mali
Nicaragua　De Affrica　Y DU　UDA

Safle yn y system fyd-eang	Gwlad
Craidd	
Y lled ymylon	
Yr ymylon	

Ysgrifennu estynedig

Gan ddefnyddio tystiolaeth ac enghreifftiau cymdeithasegol, gwerthuswch y ddamcaniaeth systemau byd-eang fel esboniad o anghydraddoldebau byd-eang.

Arweiniad: Bydd angen i chi ddisgrifio damcaniaeth systemau byd-eang Wallerstein, ond gan ei bod yn gymhleth, peidiwch â threulio gormod o amser yn disgrifio'r manylion gan na fydd amser gennych chi i gwblhau eich ateb; mae cwestiynau gwerthuso'n gofyn eich bod yn canolbwyntio ar wneud dyfarniadau penodol yn hytrach na disgrifio'r damcaniaethau. Sylwch fod hon yn ddamcaniaeth hanesyddol a daearyddol sy'n ceisio ystyried safbwynt tymor hir yn ogystal â safbwynt eang am ddatblygiad dynol yn fyd-eang. Bydd angen i chi edrych ar ddamcaniaethau gwahanol a chefnogol. Yn yr achos hwn, yr un bwysicaf yw'r ddamcaniaeth dibyniaeth y mae'r ddamcaniaeth system fyd-eang wedi datblygu ohoni. Mae Wallerstein yn cynnig beirniadaeth eang o ddamcaniaeth moderneiddio. Mae hefyd yn cael ei gefnogi gan amrywiaeth o dystiolaeth arall gan awduron yn y traddodiad dibyniaeth. Efallai byddwch chi am gyfeirio at awduron eraill a darnau o dystiolaeth rydych wedi'u hastudio wrth ystyried a yw damcaniaeth systemau byd-eang yn esbonio anghydraddoldebau byd-eang yn foddhaol.

Ysgrifennwch tua 750 gair.

Nodau

◉ **Deall bod cymdeithasegwyr yn ymdrin â phroblem esbonio anghydraddoldeb cymdeithasol mewn sawl ffordd**

Ar gyfer papurau Safon Uwch Cymdeithaseg, bydd angen i chi edrych ar yr amrywiol ffyrdd y mae cymdeithasegwyr wedi esbonio anghydraddoldebau cymdeithasol drwy ddamcaniaethau.

◉ Bydd gan ymgeiswyr ddewis rhwng un o ddau gwestiwn, a bydd y ddau yn cynnwys cwestiwn tystiolaeth rhan (a), a chwestiwn damcaniaeth rhan (b).

◉ Mae rhan (b) o'r papur yn arbennig o bwysig gan ei bod yn dod â phob un o'r tri amcan asesu at ei gilydd.

O ran cymdeithaseg, mae amrywiaeth o ddamcaniaethau ac ymagweddau cymdeithasegol sy'n cyfeirio at faterion anghydraddoldeb, ond nid oes un ohonyn nhw'n esbonio'r holl fathau o anghydraddoldeb sy'n bodoli, ac nid oes un ohonyn nhw'n cynnig esboniad llawn, felly dylai'r pwynt hwn fod yn sail i'ch barn.

Gwella sgiliau

Mae nawr yn amser da iawn i fynd yn ôl at eich nodiadau a'ch trafodaethau gan gyfeirio at faterion anghydraddoldeb. Ystyriwch yr amrywiaeth o dystiolaeth sydd gennych i ddangos bod anghydraddoldebau yn bodoli yn ein cymdeithas. Cewch chi ddefnyddio eich tystiolaeth i gefnogi eich atebion i'r ysgrifennu estynedig yn yr adran hon.

212

Pwnc 1: Damcaniaethu ac anghydraddoldeb

Gwneud i chi feddwl

Pam rydych chi'n meddwl bod damcaniaeth gymdeithasol mor bwysig wrth astudio cymdeithaseg? Gwnewch restr o'r rhesymau pam mae damcaniaeth gymdeithasol yn cael ei hastudio.

Damcaniaethau cymdeithasol

Mae damcaniaethau'n ceisio esbonio sut mae'r gymdeithas yn gweithio, neu pam mae pobl yn gweithredu neu'n meddwl fel y maen nhw. Maen nhw'n ceisio adnabod damcaniaethau a phatrymau mewn bywyd cymdeithasol a threfnu ein syniadau. Pan fyddwch chi'n astudio damcaniaethau am anghydraddoldeb, byddwch chi'n deall nad oes un ddamcaniaeth yn cynnig ateb boddhaol i esbonio anghydraddoldeb. Fodd bynnag, mae'r holl ddamcaniaethau yn ein helpu i ddeall rhywbeth am y byd cymdeithasol. Y sgil y byddwch chi'n ei ddatblygu drwy'r adran hon yn yr astudiaeth yw cydnabod cryfderau a chyfyngiadau'r damcaniaethau, a gallu esbonio pa un sydd fwyaf defnyddiol yn eich barn chi.

Ymagweddau consensws at anghydraddoldeb

Mae Durkheim, swyddogaethwyr a'r Dde Newydd yn tueddu i weld y gymdeithas fel hierarchaeth neu system o haenau yn y gymdeithas. Mae'n bosibl esbonio gwahaniaethau mewn cyfoeth ac incwm drwy gyfrwng y gwahaniaethau yng ngalluoedd pobl, neu'r gwerth a ddaw i'r gymuned gyfan oherwydd eu gwaith. Mae'r bobl sy'n eu cael eu hunain ar frig y gymdeithas yno gan eu bod nhw'n fwy gwerthfawr i'r gymdeithas na'r rhai sy'n dlawd iawn ac ym mandiau isaf y gymdeithas. Mae'r Dde Newydd yn tueddu i ystyried bod pobl dlawd yn gyfrifol am eu safle isel eu hunain. Maen nhw o'r farn bod pobl dlawd yn llai moesol, yn gofalu llai am eu lles eu hunain, ac yn ddiog. Mae hwn yn safbwynt simplistig am anghydraddoldeb, gan ei fod yn beio'r rhai sy'n dlawd am eu hanlwc eu hunain.

Y gwendidau yn yr ymagwedd hon at ystyried anghydraddoldeb yw bod gwahaniaethau strwythurol yn y gymdeithas yn cael eu hanwybyddu. Mae ffeministiaid, er enghraifft, yn tynnu sylw at y ffaith bod gwahaniaethau rhywedd o ran cael mynediad at rym a chyfoeth yn golygu bod menywod yn wynebu anghydraddoldeb. Mae rhesymeg dulliau consenws yn awgrymu mai'r rheswm am hyn yw bod menywod rywsut yn llai teilwng na dynion. Yn amlwg, nid yw hyn yn safbwynt rhesymol i'w arddel. Yn yr un modd, mae'n bosibl defnyddio ymagweddau consensws i gyfiawnhau anghydraddoldeb ethnig, ond mae cymdeithasegwyr sy'n astudio hil yn dadlau bod hyn yn rhagdybiaeth afresymol hefyd.

Ymagweddau gwrthdaro at anghydraddoldeb cymdeithasol

Mae Marcswyr, ffeministiaid a damcaniaethwyr hil ym maes anghydraddoldeb yn honni bod cymdeithas yn cynnwys grwpiau sy'n cystadlu. Ym mhob achos, maen nhw'n nodi bod grwpiau gwahanol yn gwrthdaro â'i gilydd am rym a chyfoeth. Mae Marcswyr yn gweld anghydraddoldeb yn nhermau dosbarth cymdeithasol, neu'r berchenogaeth dros y dull o gynhyrchu. Fodd bynnag, mae ffeministiaid yn ei weld yn nhermau perthnasoedd rhywedd. Un o gryfderau penodol ymagweddau gwrthdaro yw eu bod yn cydnabod rôl arwyddocaol strwythurau cymdeithasol o ran creu anfanteision i grwpiau penodol o bobl. Maen nhw hefyd yn tynnu sylw at fecanweithiau cymdeithasol sy'n creu anghydraddoldebau, fel rheolaeth ideolegol, sy'n golygu bod pobl yn derbyn bod anghydraddoldeb yn normal.

Mae'n bosibl beirniadu ymagweddau gwrthdaro gan eu bod yn cyfyngu ystyriaethau anghydraddoldeb i un agwedd fel dosbarth, hil neu ryw. Mewn gwirionedd, mae anghydraddoldeb yn llawer mwy cymhleth, ac mae rhai anghydraddoldebau yn dod ynghyd: er enghraifft, gallai menyw ddu, hŷn, dosbarth gweithiol brofi nid yn unig un, ond nifer o ffactorau rhagduedd a fydd yn gwneud iddi brofi anghydraddoldeb. Beirniadaeth arall yw bod ymagweddau gwrthdaro yn tueddu i fod yn benderfyniaethol, gan dybio, er enghraifft, fod pobl y dosbarth isaf yn sicr o brofi anghydraddoldeb dosbarth. Mewn gwirionedd, nid yw mor syml â hynny, oherwydd mewn rhai cymdeithasau, mae rhai pobl yn symud i fyny ac i lawr drwy'r systemau dosbarth neu'n cyflawni'n uwch na'r disgwyl er gwaethaf rhyw anfantais benodol.

Dulliau rhyngweithiadol

⊙ Mae Weberiaid a neo-Weberiaid yn honni bod amrywiaeth o fathau gwahanol o anghydraddoldebau a'i bod yn fwy tebygol y bydd rhai pobl yn profi anghydraddoldeb nag eraill o ganlyniad i rai nodweddion cymdeithasol penodol fel bod yn gyfoethog, eu dosbarth, neu eu statws. Mae hwn yn safbwynt cymhleth am anghydraddoldeb ac oherwydd hyn mae'n anodd ei gymhwyso wrth gynllunio ymchwil i brofi'r ddamcaniaeth.

⊙ Mae rhyngweithiadwyr symbolaidd ac ôl-fodernwyr yn tueddu i wadu bod anghydraddoldebau strwythurol yn bodoli gan eu bod nhw o'r farn bod cymdeithas yn cael ei ffurfio drwy ryngweithio cymhleth lle mae pobl yn creu ystyr iddyn nhw eu hunain. Nid yw hyn yn realistig, yn enwedig o ystyried bod tystiolaeth gadarn mewn ymchwil ystadegol yn awgrymu bod gwahaniaethau clir yn bodoli rhwng grwpiau cymdeithasol amrywiol o ran eu cyfleoedd mewn bywyd, eu ffordd o fyw a'u profiadau bywyd.

Anghydraddoldebau penodol

Yn yr 1970au ac yn ddiweddarach, roedd pryderon am anghydraddoldeb cymdeithasol, a dechreuodd y grwpiau a oedd wedi cael eu hymyleiddio, fel menywod a lleiafrifoedd ethnig, fynnu hawliau cyfartal drostyn nhw eu hunain. Dylanwadodd hyn ar gymdeithaseg anghydraddoldeb oherwydd roedd damcaniaethwyr yn dewis anghydraddoldeb penodol ac yn datblygu damcaniaethau a oedd wedi'u seilio ar astudiaeth o'r mater penodol hwnnw. Un o'r grwpiau mwyaf llafar a ddaeth yn amlwg yn y cyfnod hwnnw oedd ffeministiaeth, ond mynnodd lleiafrifoedd eraill eu llais hefyd. Arweiniodd hynny at ddealltwriaeth ddamcaniaethol o anghydraddoldebau penodol. Mae'n debyg y cewch chi'ch holi am anghydraddoldebau oedran, rhyw, ethnigrwydd a dosbarth cymdeithasol, a gallwch gymhwyso eich dealltwriaeth o'r damcaniaeth i'r meysydd astudio penodol hyn. Nodwch, fodd bynnag, nad yw'r rhestr hon o anghydraddoldebau yn gynhwysfawr o bell ffordd, ac os ydyn nhw'n berthnasol, gallech chi sôn am rai eraill.

Gwella sgiliau

Un ffordd dda o adolygu yw dadlau achos o safbwynt damcaniaethol nad ydych chi'n cytuno ag ef. Mae'n ehangu eich dealltwriaeth.

Dysgu gweithredol

Mae'r pedwar prif safbwynt cymdeithasegol y byddwch chi'n eu hastudio wedi'u crynhoi yma. Yn eich barn chi, pa mor bwysig i gymdeithasegwyr sy'n gweithio ym mhob traddodiad fydd astudio anghydraddoldeb? Llenwch y tabl.

Defnyddio damcaniaethau i feirniadu damcaniaethau

Yr amcan asesu sy'n arbennig o bwysig yn yr adran hon o'r papur arholiad yw AA3, gwerthuso. Byddwch chi'n dangos y sgil o werthuso drwy wneud penderfyniadau sy'n seiliedig ar dystiolaeth neu ddamcaniaeth. Mae nifer o ffactorau a fydd yn eich cynorthwyo i werthuso pa mor ddefnyddiol yw'r damcaniaethau:

- Y peth cyntaf y byddwch chi'n sylwi arno wrth edrych ar y gwahanol ddamcaniaethau a pha mor dda y maen nhw'n esbonio anghydraddoldeb yw nad yw pob damcaniaeth hyd yn oed yn ceisio esbonio pob math o anghydraddoldeb. Mae ffeministiaid yn canolbwyntio ar rywedd, ac mae Marcswyr yn canolbwyntio ar ddosbarth, ac ychydig iawn o ymdrech y mae ôl-fodernwyr yn ei wneud bron i esbonio anghydraddoldeb yn ei gyfanrwydd, gan eu bod yn credu mai canfyddiad personol yw anghydraddoldeb.
- Nid yw pob damcaniaeth yn credu bod anghydraddoldeb yn beth gwael; nid yw swyddogaethwyr yn cynnig unrhyw feirniadaeth foesol o ran a yw'n dderbyniol i gael tlodi neu beidio. Mae ffeministiaid yn cael eu gwylltio gan anghydraddoldeb, yn enwedig anghydraddoldeb rhywedd, ac maen nhw o'r farn ei bod yn bwysig i fenywod ddod yn ymwybodol o'r modd y maen nhw'n cael eu gormesu, ac mae'r gred hon yn effeithio ar y ffordd y maen nhw'n cynnal eu hymchwil.
- Nid yw'r damcaniaethau'n cytuno'n llwyr o ran beth yw anghydraddoldeb. Mae Marcsaeth yn ei weld o safbwynt cyfoeth, tra bod Weberiaid yn nodi ystod lawn o ddimensiynau sy'n perthyn i anghydraddoldeb.

Os gofynnir i chi werthuso damcaniaeth benodol, mae'n ddefnyddiol cymharu a chyferbynnu'r ddamcaniaeth sy'n ffocws y cwestiwn â safbwyntiau damcaniaethol eraill. Cofiwch, fodd bynnag, oni bai eich bod yn cysylltu eich sylwadau â ffocws y cwestiwn, gan ddangos eich bod yn deall sut mae'r damcaniaethau'n cysylltu â'i gilydd a pha fewnwelediad maen nhw'n ei gynnig mewn perthynas â'i gilydd, ni fyddwch chi'n ennill llawer o farciau. Gallai fod yn fuddiol, wrth i chi fynd drwy'r gwahanol ddamcaniaethau yn yr adran nesaf, pe baech chi hefyd yn cymharu a chyferbynnu'r damcaniaethau â'i gilydd, gan ddangos sut maen nhw'n cefnogi neu'n gwrthddweud ei gilydd.

Damcaniaeth	Math o ddamcaniaeth	Syniad allweddol	Pa mor bwysig yw astudio anghydraddoldeb i'r damcaniaethwyr hyn yn eich barn chi?
Swyddogaetholdeb	consensws	Mae pobl yn rhannu normau a gwerthoedd, felly mae anghydraddoldeb yn naturiol	
Marcsaeth	gwrthdaro	Mae pobl gyfoethog yn ecsbloetio pobl dlawd, felly mae anghydraddoldeb yn rhan o strwythur y gymdeithas	
Ffeministiaeth	gwrthdaro	Mae dynion yn ecsbloetio menywod, felly mae anghydraddoldeb yn rhan o strwythur y gymdeithas	
Rhyngweithiadaeth	perthnasoedd ar raddfa fach	Nid oes unrhyw reolau, dim ond rhyngweithiadau ar raddfa fach	

Ysgrifennu estynedig

Trafodwch ddamcaniaethau am anghydraddoldeb.

Arweiniad: Mae'n annhebygol y byddai'r union gwestiwn hwn yn ymddangos mewn papur arholiad. Mae'n llawer mwy tebygol y gofynnir i chi asesu neu werthuso un ddamcaniaeth benodol. Fodd bynnag, mae ateb y cwestiwn hwn nawr yn ffordd ddefnyddiol o adolygu'r damcaniaethau gwahanol ac o ystyried ym mha ffyrdd y maen nhw'n wahanol, ac yn ffordd o esbonio pam maen nhw'n wahanol. Bydd yr ymarfer hwn yn eich helpu i ddeall a chael trosolwg o'r hyn sydd gan ddamcaniaethau i'w cynnig. Gwnewch restr o'r damcaniaethau y gallwch eu cofio ac yna nodwch yr hyn maen nhw'n ei ddweud am anghydraddoldeb. Nodwch gryfderau a gwendidau pob ymagwedd wrth i chi ddatblygu eich ateb. Gan mai cwestiwn trafod yw hwn, mae'n llai heriol nag asesiad neu werthusiad; y cwbl y mae angen i chi ei wneud yw ystyried y safbwyntiau gwahanol a gwneud sylwadau arnynt.

Ysgrifennwch tua 500 gair.

Ymchwil

Mae ystadegau swyddogol a gasglwyd gan amrywiaeth o ffynonellau yn dangos bod iechyd yn gwella a bod disgwyliad oes yn cynyddu yn y DU, a bod gostyngiad hefyd yn nifer y marwolaethau o afiechydon difrifol fel canser, clefyd y galon a strociau. Mae'r gwelliant hwn mewn iechyd yn gyffredinol yn cuddio rhai gwahaniaethau pwysig iawn o ran disgwyliad oes rhwng rhai grwpiau cymdeithasol. Mae iechyd a disgwyliad oes y bobl fwyaf cefnog yn yr ardaloedd mwyaf cyfoethog yn tueddu i fod yn well ac yn tueddu i wella. Ar y llaw arall, nid yw'r bobl dlotaf a'r rhai mwyaf difreintiedig yn elwa yn yr un modd. Mae gan Gymru, er enghraifft, ddisgwyliad oes sy'n gwella, ond o ran dynion a menywod mae'n dal i fod yn is na'r disgwyliad oes cyfartalog i rywun yn Lloegr. Mae gan rai o ardaloedd tlotaf Cymru ddisgwyliad oes cyfartalog sy'n debyg i rai o ardaloedd tlotaf Ewrop.

a) Nodwch ac esboniwch **un** rheswm pam nad yw disgwyliad oes ar gyfer y DU gyfan yn fesur da o iechyd pawb yng Nghymru a Lloegr.

Cwestiwn cymhwyso tystiolaeth

b) Defnyddiwch y dystiolaeth a roddwyd i chi ac ysgrifennwch baragraff ar gyfer pob un o'r damcaniaethau allweddol sy'n cael eu rhestru isod, gan awgrymu sut gall pob un esbonio'r gwahaniaethau mewn ystadegau iechyd ar gyfer pobl mewn grwpiau cymdeithasol gwahanol.

- ⊙ Swyddogaetholdeb
- ⊙ Marcsaeth a neo-Farcsaeth
- ⊙ Damcaniaeth Weberaidd
- ⊙ Ffeministiaeth
- ⊙ Ôl-foderniaeth
- ⊙ Y Dde Newydd.

Mae profiad yn mynnu mai'r bod dynol yw'r unig anifail sy'n difa ei fath ei hun, gan na allaf ddefnyddio geiriau llai cryf i ddisgrifio'r ffordd y mae pobl gyfoethog yn ysglyfaethu'r bobl dlawd

Thomas Jefferson

Gwiriwch eich dysgu eich hun

Nodwch pa ddamcaniaeth sy'n cyd-fynd â pha ddatganiad:

a) Marcsaeth

> Mae'r anghydraddoldeb mwyaf arwyddocaol yn seiliedig ar rywedd.

b) Ffeministiaeth

> Mae anghydraddoldeb yn dda i'r gymdeithas gan ei fod yn annog pobl i weithio'n galed.

c) Ôl-foderniaeth

> Mae'r anghydraddoldeb mwyaf arwyddocaol yn seiliedig ar ddosbarth cymdeithasol.

ch) Rhyngweithiadaeth

> Mae anghydraddoldeb yn gymhleth ac mae amrywiaeth o ffactorau sy'n creu anghydraddoldeb.

d) Weberiaid

> Mae'n fwy na thebyg bod y rhai nad ydyn nhw'n gydradd yn wannach yn gorfforol, yn foesol neu'n ddeallusol nag eraill o'u cwmpas.

dd) Swyddogaetholdeb

> Nid oes y fath beth â chymdeithas, dim ond rhyngweithio rhwng unigolion.

e) Y Dde Newydd

> Nid oes y fath beth ag anghydraddoldeb nes bod pobl yn datblygu ymdeimlad o fod â llai na phobl eraill.

Dysgu gweithredol

Fel dosbarth, trafodwch pa ddamcaniaethau sydd hawsaf i uniaethu â nhw. Pam?

Nodau

⊚ **Amlinellu'r esboniad swyddogaethol o anghydraddoldeb**

Mae cymdeithasegwyr swyddogaethol yn dadlau ei bod yn angenrheidiol bod anghydraddoldeb ym mhob cymdeithas i oroesi; maen nhw'n ystyried bod anghydraddoldeb yn gadarnhaol ac yn dda ar gyfer cymdeithas, bod iddo swyddogaeth.

Mae swyddogaethwyr yn ystyried bod cymdeithas yn debyg i organeb fyw, lle mae'r holl rannau yn cyfrannu at y cyfan. Mae pob rhan o gymdeithas yn cyflawni'r swyddogaethau sy'n cyfrannu at iechyd a lles y gymdeithas gyfan. Yr enw ar y syniad hwn yw cydweddiad organig. Mae'n awgrymu os yw anghydraddoldeb yn bodoli mewn cymdeithas, yna mae'n siŵr ei fod yn beth da gan ei fod yn cyfrannu at gymdeithas sy'n gweithio'n iach. Fel arall, ni fyddai anghydraddoldeb yn parhau. Mae swyddogaethwyr yn honni bod gan bobl dlawd ran i'w chwarae o ran sicrhau cydbwysedd iach yn y gymdeithas gyfan. Os yw unigolion yn dymuno osgoi tlodi, mae'n rhaid iddyn nhw weithio'n galed iawn i gystadlu am y swyddi gorau gyda'r cyflogau uchaf, felly mae anghydraddoldeb yn gymhelliant i weithio'n galed.

Gwella sgiliau

Dylech chi ddatblygu eich beirniadaeth ar swyddogaetholdeb gan gyfeirio at ddamcaniaethau eraill, ond cofiwch: defnyddiwch y damcaniaethau eraill i drafod cryfderau a gwendidau swyddogaetholdeb yn benodol mewn traethawd.

Pwnc 2: Damcaniaethau swyddogaethol am anghydraddoldeb

Gwneud i chi feddwl

Ydy hi'n anochel y bydd rhai pobl yn dlawd ond y bydd eraill yn gyfoethog iawn? Ystyriwch faterion fel pa lefelau o dlodi a chyfoeth a ddylai fod yn dderbyniol. Oes angen pobl dlawd arnon ni mewn gwirionedd i weithredu'n dda fel cymdeithas?

Pam mae anghydraddoldeb yn bodoli ym marn swyddogaethwyr?

Mae swyddogatholdeb yn dadlau bod y gwahaniaethau sydd yn y gymdeithas o ran cyfoeth, grym, statws a bri yn bodoli er mwyn ysgogi'r bobl fwyaf talentog i weithio'n galed am y swyddi sy'n cynnig y mwyaf o fudd. Yr enw ar y syniad hwn yw meritocratiaeth, a byddwch chi wedi'i astudio'n barod yn eich gwaith ar addysg. Mae swyddogaethwyr yn credu bod cymdeithas yn cael ei rhedeg gan y bobl fwyaf dawnus a brwd er lles pob un ohonon ni. Maen nhw'n awgrymu y bydd pobl yn cael eu hysgogi gan yr addewid o gyfoeth a statws uchel pan fyddan nhw'n anelu at safleoedd pwerus mewn cymdeithas. Mae hefyd yn awgrymu bod y rhai nad ydyn nhw'n llwyddo i gael y swyddi gorau yn ddiffygiol mewn rhyw ffordd, efallai o ran gallu, dawn neu nodweddion personol.

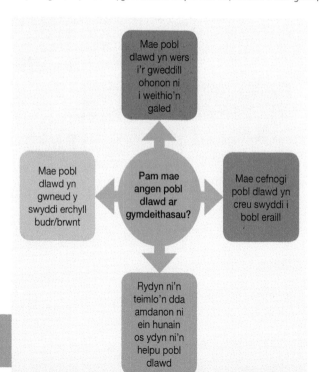

Pam mae angen pobl dlawd ar gymdeithasau?

- Mae pobl dlawd yn wers i'r gweddill ohonon ni i weithio'n galed
- Mae cefnogi pobl dlawd yn creu swyddi i bobl eraill
- Rydyn ni'n teimlo'n dda amdanon ni ein hunain os ydyn ni'n helpu pobl dlawd
- Mae pobl dlawd yn gwneud y swyddi erchyll budr/brwnt

Darwiniaeth gymdeithasol

Yn ystod rhan olaf y bedwaredd ganrif ar bymtheg a dechrau'r ugeinfed ganrif, daeth amrywiaeth o wahanol ddamcaniaethau cymdeithasol i'r golwg a oedd yn cael eu galw'n Ddarwiniaeth gymdeithasol. Disgrifiodd Darwin y syniad o oroesiad y cymhwysaf yn nheyrnas yr anifeiliaid, ac fe honnodd mai'r aelodau cryfaf o'r rhywogaeth oedd y rhai a fyddai'n goroesi i fridio. Cafodd cysyniadau Darwin eu cymhwyso gan rai athronwyr at gymdeithas hefyd. Yr hyn a oedd gan holl ddamcaniaethau Darwiniaeth gymdeithasol yn gyffredin

Swyddogaethau tlodi ar gyfer cymdeithas

oedd y gred y dylai pobl gryfaf y gymdeithas ddod yn gyfoethog ac yn bwerus, ond y dylai'r gwan gael eu cosbi a'u rheoli mewn rhyw ffordd. Roedd amrywiaeth o safbwyntiau tebyg i'r rhain, ac roedden nhw'n gyffredin ymhlith llawer o bobl gan mlynedd yn ôl. Maen nhw'n parhau i fod yn ddylanwadol yn rhannau o'r gymdeithas heddiw, ac mae'n bosibl dadlau bod rhai swyddogaethwyr yn cynnig math o Ddarwiniaeth gymdeithasol.

Damcaniaeth Davis–Moore

Yn 1945, ceisiodd Kingsley Davis a Wilbert Moore esbonio anghydraddoldeb cymdeithasol o safbwynt economaidd. Roedd y ddamcaniaeth yn un boblogaidd, yn enwedig ymhlith gwleidyddion, er bod cymdeithasegwyr wedi bod yn feirniadol ohoni. Dyma mae ef yn ei awgrymu:

- Mae anghydraddoldeb yn bodoli ym mhob cymdeithas, sy'n awgrymu bod angen anghydraddoldeb er mwyn i gymdeithasau weithredu a datblygu.
- Mae anghydraddoldeb yn dda i'r gymdeithas gan ei fod yn bodoli ym mhob cymdeithas.
- Nid yw pob safle yn y gymdeithas mor ddymunol nac mor bwysig â'i gilydd i lwyddiant y gymdeithas, felly mae angen gwobrau sy'n annog y bobl orau i wneud y swyddi pwysicaf.
- Y safleoedd pwysicaf yw'r rhai sy'n cael eu gwobrwyo orau, a'r safleoedd lleiaf pwysig yw'r rhai sy'n cael eu gwobrwyo leiaf. Cyflog a statws, felly, sy'n adlewyrchu gwerth unigolyn i'r gymdeithas.

Beirniadu damcaniaeth Davis-Moore

- Mae damcaniaeth Davis-Moore yn gylchol: mae'n dadlau bod anghydraddoldeb yn dda gan ei fod yn bodoli, yna mae'n edrych am dystiolaeth i ddangos ei fod yn bodoli gan ei fod yn dda.
- Mae'n anodd penderfynu ar bwysigrwydd swyddogaethol unrhyw swydd. Mae cerddorion poblogaidd yn ennill mwy na meddygon a nyrsys; ydy hyn oherwydd eu bod yn fwy gwerthfawr i'r gymdeithas?
- A allwn ni fod yn siŵr mewn gwirionedd fod y rhai ar frig y gymdeithas yn y safle y maen nhw ynddo oherwydd eu dawn? Mae hyn yn anwybyddu pwysigrwydd cefndir a chyfoeth o ran trefn y gymdeithas. Mae cymdeithasegwyr Weberaidd yn pwysleisio nad yw'r cyfleoedd yn gyfartal ar gyfer yr holl ddosbarthiadau/grwpiau cymdeithasol.

O safbwynt swyddogaethol, sut byddech chi'n esbonio i'r fenyw hon bod ei thlodi yn dderbyniol gan ei fod yn dda i'r gymdeithas? Ydych chi'n credu y byddai'n cael ei hargyhoeddi?

Dysgu gweithredol

Mae cymdeithasau agored yn gymdeithasau lle mae gan bobl nifer o gyfleoedd i symud i fyny ac i lawr y system gymdeithasol. Cymdeithasau caeedig yw'r rhai lle nad oes modd i bobl newid eu safle yn y gymdeithas. Pa mor agored yw'r gymdeithas ym Mhrydain? Trafodwch y cwestiwn hwn yn eich grwpiau gan gyfeirio at rywedd, ethnigrwydd, oedran a dosbarth cymdeithasol.

Gwerthuswch pa mor ddefnyddiol yw swyddogaetholdeb wrth esbonio anghydraddoldeb cymdeithasol.

Arweiniad: Mae'r cwestiwn yn benodol iawn. Mae angen i chi ystyried a yw swyddogaetholdeb yn ddefnyddiol o ran ein helpu i esbonio anghydraddoldeb. Mae'n debygol y bydd eich casgliad yn dadlau nad yw'n ddefnyddiol iawn ac eithrio fel man cychwyn i drafodaeth. Dylech chi esbonio'r safbwynt swyddogaethol, gan gyfeirio at Ddarwiniaeth gymdeithasol, ac yna disgrifio damcaniaeth Davis–Moore. Dylai eich beirniadaethau gael eu seilio ar y trafodaethau yn y pwnc hwn, ond dylech chi hefyd ychwanegu tystiolaeth sy'n deillio o'ch astudiaeth flaenorol hefyd. Er enghraifft, wrth ystyried materion yn ymwneud ag ethnigrwydd, edrychwch ar dystiolaeth o hiliaeth rydych wedi'i hastudio a defnyddiwch y dystiolaeth i esbonio nad yw Davis a Moore yn ystyried hiliaeth yn eu damcaniaeth o anghydraddoldeb cymdeithasol. **Ysgrifennwch tua 750 gair.**

⊙ Nid pawb sydd am gael cyfoeth a statws ac nid awydd am arian yw cymhelliad rhai i gyflawni, ond eu cymhellion personol eu hunain.

⊙ Mae Tumin (1953), un o brif feirniaid damcaniaeth Davis-Moore, yn dadlau bod Davis a Moore yn cynnig ideoleg i bobl gyfoethog sy'n cyfiawnhau eu trachwant a'u hunanoldeb. Maen nhw'n dechrau credu eu bod yn foesol gywir gan mai nhw sydd mewn grym.

⊙ Mae Marcswyr yn dadlau mai prin, os o gwbl, yw'r cyfleoedd, i'r bobl o rannau tlotaf y gymdeithas symud i fyny yn y gymdeithas, beth bynnag fo'u gallu.

⊙ Mae ffeministiaid yn dadlau bod anghydraddoldeb rhywedd wedi'i ymgorffori mewn strwythurau cymdeithasol i'r fath raddau nad yw llawer o bobl hyd yn oed yn sylweddoli ei fod yn digwydd.

⊙ Nid oes gan swyddogaetholdeb unrhyw ddamcaniaeth benodol am hil nac anghydraddoldeb. Mae hyn oherwydd ei bod yn ddamcaniaeth consensws. Hynny yw, gan fod swyddogaetholdeb yn edrych ar yr hyn sy'n dal cymdeithas ynghyd, mae'n esgeuluso'r elfennau yn y gymdeithas sy'n creu gwrthdaro, felly nid yw'n gallu esbonio hiliaeth, gwahaniaethu na rhagfarn yn dda.

Ymchwil

Mae ymchwil Americanaidd gan Sean Reardon (2011) sy'n defnyddio ystadegau swyddogol wedi awgrymu bod cydberthyniad cynyddol rhwng incwm rhieni a marciau profion yn UDA. Mae plant y rhieni mwyaf cyfoethog yn cyflawni llawer mwy na phlant y rhieni tlotaf.

a) Rhowch **un** rheswm i esbonio pam defnyddiodd yr ymchwilydd ystadegau swyddogol ar gyfer ei ymchwil.

Cwestiwn cymhwyso tystiolaeth

b) Ydy hi'n bosibl defnyddio'r darganfyddiad hwn i gefnogi damcaniaeth Davis–Moore? Awgrymwch **un** ffordd y mae'n cefnogi Davis a Moore ac **un** ffordd y mae'n bosibl ei ddefnyddio i herio Davis a Moore.

Gwiriwch eich dysgu eich hun

Nodwch pa derm sy'n cyd-fynd â pha ddatganiad:

a) Meritocratiaeth

b) Consenws

c) Swyddogaetholdeb

ch) Ideoleg

d) Cydweddiad organig

dd) Darwiniaeth gymdeithasol

- Y bobl gryfaf yn y gymdeithas a ddylai lwyddo a gwneud yn dda.
- Mae'r gymdeithas yn debyg i gorff, gyda darnau sy'n cydgloi.
- Dylai gwobrau'r gymdeithas fynd i'r bobl orau ac i'r rhai mwyaf talentog.
- Mae pobl yn rhannu normau a gwerthoedd yn y gymdeithas.
- Dylai cymdeithasegwyr edrych ar bwrpas sefydliadau cymdeithasol.
- System cred.

Damcaniaethau anghydraddoldeb cymdeithasol

Pwnc 3: Damcaniaethau Marcsaidd am anghydraddoldeb

Gwneud i chi feddwl

Pa mor wahanol fyddai eich ffordd o fyw pe baech chi mor gyfoethog fel na fyddai arian bellach yn bwysig ac y gallech chi wario'r union swm yr hoffech ar beth bynnag yr hoffech ei brynu? Sut byddech chi'n gwario eich arian? A fyddech chi'n ei wario arnoch chi eich hun neu ar bobl eraill? Gofynnwch i bobl eraill beth bydden nhw'n ei wneud.

Nodau

◉ Deall a gwerthuso nodweddion allweddol disgrifiadau Marcsaidd o anghydraddoldeb

Mae Marcsaeth yn safbwynt gwrthdaro am y gymdeithas. Mae'n ystyried bod y byd cymdeithasol wedi'i rannu rhwng y rhai sy'n gyfoethog iawn a'r gweddill ohonon ni, ond bod hynny er lles y bobl fwyaf cyfoethog.

Mae Marcswyr traddodiadol yn credu bod anghydraddoldeb wedi bod yn nodweddiadol o bob cymdeithas hyd heddiw. Un grŵp sydd wedi perchen ar a rheoli'r adnoddau y mae eu hangen i oroesi erioed; perchen ar ychydig neu ddim byd y mae'r grŵp arall ac felly mae gofyn iddyn nhw weithio ar gyfer pobl gyfoethog. Felly, mae Marcsaeth yn awgrymu bod anghydraddoldeb yn rhan o berthynas strwythurol pob cymdeithas. Mae Marx yn ystyried bod y berthynas bwysicaf rhwng grwpiau gwahanol o bobl yn un economaidd. Mae'r gallu i reoli cynhyrchu cyfoeth yn golygu bod y rhai sy'n gyfoethog hefyd yn meddu ar y grym i reoli'r gymdeithas er eu lles eu hunain.

Beth yw cyfalafiaeth?

Yn ôl Marx, mae cymdeithas y Gorllewin wedi mynd drwy amrywiaeth o gamau, neu 'gyfnodau'. Datblygodd pob cyfnod yn raddol i'r math nesaf o gymdeithas. Dyma'r cyfnodau:

1. **Comiwnyddiaeth gyntefig**, lle roedd pobl yn hela ac roedd y rhan fwyaf o bethau yn eiddo i bawb.
2. **Cymdeithas hynafol**, lle roedd caethweision a'r werin yn gwneud y gwaith.
3. **Cymdeithas ffiwdal**, lle roedd archrhyfelwyr yn berchen ar dir ond y werin yn gweithio arno ar ran eu meistri.
4. **Cyfalafiaeth**, sy'n seiliedig ar ddiwydiannu a'r angen i greu cyfoeth drwy gynhyrchu a gwerthu nwyddau.

Yn ôl Marx, dyma nodweddion allweddol cyfalafiaeth:

◉ I gynnal eu grym, mae angen i berchenogion greu 'gwerth dros ben' (h.y. elw) am y gwaith sy'n cael ei wneud gan bobl dlawd.
◉ Mae perchenogion ffatrïoedd a chwmnïau mewn perthynas ecsbloetiol â phobl dlawd.
◉ Nid yw pobl dlawd yn sylweddoli eu bod yn cael eu hecsbloetio gan bobl gyfoethog gan eu bod nhw'n cael eu haddysgu i dderbyn pethau fel y maen nhw, heb eu cwestiynu.

Y berthynas rhwng y cyfalafwr a'r gweithiwr

Yn y gymdeithas gyfalafol, y **bourgeoisie** sy'n berchen ar y dulliau cynhyrchu (ffatrïoedd, neu unrhyw fodd arall o greu elw a chyfoeth). Mae'r gweithwyr (y **proletariat**) yn gwerthu eu llafur neu eu gwaith i'r bourgeoisie, sy'n talu cyn lleied ag sy'n bosibl er mwyn gwneud yr elw mwyaf posibl. Gan y bourgeoisie y mae'r holl arian, grym a statws, felly eu syniadau nhw sy'n dod yn syniadau llywodraethol y gymdeithas. Nhw sy'n pennu'r gwerthoedd a'r normau ar gyfer pobl eraill, gan eu bod nhw'n rheoli sefydliadau pwerus fel y gyfraith a'r llywodraeth, crefydd, ac yn bwysicaf oll, y cyfryngau.

Dysgu annibynnol

Defnyddiwch eich llyfr UG i ddatblygu'r hyn rydych chi'n ei ddeall am Farcsaeth, yn enwedig y cysyniad o wrthwynebiad mewn diwylliant ieuenctid ac addysg.

Damcaniaethau anghydraddoldeb cymdeithasol

A yw tlodi yn debycach o fodoli mewn cymdeithas sy'n derbyn anghydraddoldeb heb gwestiynu pam mae'n bodoli?

Mae'r berthynas rhwng gweithwyr a chyfalafwyr, yn ôl Marx, yn un o **ymwybyddiaeth ffug**. Mae gweithwyr yn creu cyfoeth ar gyfer y bobl gyfoethog drwy greu nwyddau y mae modd eu gwerthu am elw. Maen nhw'n ennill digon i fforddio pethau sylfaenol fel bwyd a rhywle i fyw, felly maen nhw'n credu eu bod yn byw'n dda. Mae gweithwyr yn cael eu twyllo gan ideoleg i gredu bod eu lles yn bwysig i'r cyfalafwyr a dydyn nhw ddim yn sylweddoli eu bod nhw'n cael eu camddefnyddio. Mewn gwirionedd, mae Marcswyr yn dadlau y byddai mwy na digon o gyfoeth i alluogi pawb i gael safon byw dda iawn pe bai'r cyfoeth sy'n cael ei greu gan weithwyr yn cael ei rannu'n deg drwy'r gymdeithas. Pe bai'r gweithwyr wir yn deall hyn, fydden nhw ddim yn goddef cyfalafiaeth, a bydden nhw'n gweithio er eu lles eu hunain.

Y berthynas rhwng gweithwyr a chyfalafwyr yn y gymdeithas fodern

Mae angen llafur ar ffurf y dosbarth gweithiol ar gyfalafiaeth i greu cyfalaf ar gyfer y perchenogion

Mae angen cyfalafwyr ar weithwyr er mwyn iddyn nhw allu ennill arian i brynu'r nwyddau a'r gwasanaethau sydd eu hangen arnyn nhw i fyw

Achosion anghydraddoldeb

Mae Marcswyr yn glir bod achosion anghydraddoldeb yn ymwneud â strwythur y gymdeithas. Mae'r gymdeithas wedi'i threfnu er lles y bobl gyfoethog ac ar draul y gweithwyr tlawd. Mae is-strwythur cymdeithas, yn ôl Marx, yn cynnwys y defnyddiau a'r rheolaeth gymdeithasol sy'n cael eu defnyddio gan y gymdeithas i greu cynhyrchion a gwasanaethau. Mae hyn yn cynnwys: tir, adnoddau, peiriannau, egni, technoleg a gweithlu o weithwyr.

- Mae'r perchenogion yn rheoli'r sylfaen gan mai nhw sy'n berchen ar yr holl adnoddau sydd eu hangen ar bob un ohonon ni.
- Mae'n rhaid i weithwyr werthu eu sgiliau i oroesi, ac wrth wneud hynny, maen nhw'n rhoi'r grym i'r rheolwyr ddweud wrthyn nhw beth i'w wneud.

Mae perchenogion yr is-strwythur yn dod yn ddosbarth llywodraethol gan mai nhw fydd wedyn yn rheoli'r **uwchstrwythur**, sy'n cynnwys y llywodraeth a chredoau neu ideolegau'r gymdeithas. Maen nhw'n hyrwyddo credoau sy'n cyfiawnhau eu rheolaeth dros y gymdeithas drwy berchen ar y syniadau rydyn ni'n eu rhannu am y gymdeithas.

Felly, mae anghydraddoldeb yn ganlyniad perchenogaeth nifer bach o bobl ar adnoddau. Yr un grŵp hwn o bobl sy'n rheoli ein syniadau ac sy'n annog y gweddill ohonon ni i deimlo bod dau begwn cyfoeth a thlodi yn dderbyniol ac yn gywir. Oherwydd hyn, mae anghydraddoldeb yn parhau mewn dwy ffordd:

Yr hyn sy'n fuddiol i weithwyr a chyfalafwyr

Mae'n fuddiol i gyfalafwyr reoli'r gweithwyr er mwyn sicrhau nad ydyn nhw'n gorchfygu'r bobl gyfoethog a gweithio drostyn nhw eu hunain

Mae'n fuddiol i'r gweithwyr orchfygu'r cyfalafwyr a chreu cymdeithas ddi-ddosbarth lle y gall y dosbarthiadau gweithiol edrych ar eu hôl eu hunain

1. Mae'r gred ffug bod y gymdeithas wedi'i threfnu'n deg yn cael ei throsglwyddo i'r gweithwyr ac maen nhw'n derbyn hynny o'u gwirfodd gan fod y bourgeoisie yn rheoli eu ffordd o feddwl am y byd.
2. Os bydd y gweithwyr yn gwrthod cael eu dominyddu gan rymoedd cyfalafiaeth, maen nhw'n cael eu herlid gan y grymoedd sy'n rheoli'r gymdeithas, fel addysg, systemau cyfreithiol, y llywodraeth a'r fyddin.

Damcaniaeth y gweithlu wrth gefn

Mae Marcswyr yn honni bod cyfalafiaeth yn mynd drwy gyfnodau o ddirwasgiad a chynnydd. Yn ystod cyfnodau pan fydd yn ei hanterth, mae gwaith gan bawb, ond pan fydd dirwasgiad, bydd gweithwyr yn colli eu gwaith. Mae grwpiau yn y dosbarth gweithiol sy'n ffurfio gweithlu wrth gefn ('lumpenproletariat'): menywod, gweithwyr mudol a'r bobl dlawd iawn. Yn ystod cyfnodau o ddirwasgiad, mae'n hawdd iawn i'r bobl hyn gael eu diswyddo a'u gadael heb waith, ond pan fydd llawer o waith, maen nhw'n cael cynnig swyddi. Mae hyn yn golygu na all y gweithwyr rheolaidd fynnu cyflogau uchel, hyd yn oed pan fydd galw am eu gwaith, oherwydd y bydd rhywun tlawd yn barod bob amser i weithio am gyflog is, gan gadw cyflogau'n isel oherwydd hyn.

Asesu damcaniaeth Marx

- Mae Marcsaeth yn cael ei beirniadu'n aml am fod yn rhy syml. Mae'n ystyried anghydraddoldebau economaidd a chymdeithasol, ac yn esgeuluso mathau eraill o anghydraddoldeb fel y rhai sy'n seiliedig ar rywedd neu ethnigrwydd. Mae ffeministiaid yn dweud bod Marcswyr yn anwybyddu anghydraddoldeb rhywedd, ac mae damcaniaethwyr hil yn honni bod Marcsaeth yn ystyried hil yn fater sy'n ymwneud â dosbarth yn hytrach nag yn broblem wahaniaethu yn achos y rhai sydd o dras ethnig leiafrifol.
- Er bod symud eich dosbarth cymdeithasol yn anodd mewn cymdeithas gyfalafol, mae'n bosibl, ac mae llawer yn dadlau bod twf y dosbarth canol yn golygu nad yw gweithwyr yn teimlo eu bod nhw'n cael eu hecsbloetio.
- Mae Marcsaeth yn ei groes-ddweud ei hun. Mae'n honni y bydd cynnydd mewn ymwybyddiaeth o ddosbarth wrth i bobl ddod yn ymwybodol o'u safle dosbarth a dechrau gwrthsefyll cyfalafiaeth. Mae hefyd yn awgrymu nad yw pobl yn ymwybodol eu bod yn cael eu rheoli gan mai'r dosbarthiadau llywodraethol sy'n rheoli eu ffordd o feddwl. Mae'n amlwg bod y ddau syniad hyn yn mynd yn groes i'w gilydd.
- Er efallai fod cymdeithas yn annheg a heb fod yn gydradd, mae safonau byw wedi codi ar gyfer y rhan fwyaf o bobl, yn enwedig yng nghymdeithasau'r Gorllewin.
- Mae llawer o gymdeithasau comiwnyddol sy'n seiliedig ar ideolegau Marcsaidd wedi methu. Mae hyn yn awgrymu mai'r gwir yw bod pobl yn mwynhau byw mewn cymdeithas gyfalafol.
- Roedd Karl Popper yn honni bod Marcsaeth yn anwyddonol gan nad oes modd rhoi prawf priodol arni.
- Un o gryfderau Marcsaeth yw bod tystiolaeth gadarn i'w chefnogi. Mae anghydraddoldeb rhwng pobl gyfoethog a phobl dlawd yn tyfu, yn enwedig ar lefel fyd-eang, lle mae tlodi eithafol a chyfoeth eithafol yn cydfodoli.

Marx a'r methiant i ragweld newid dosbarth cymdeithasol

Mae Marcsaeth yn cael ei beirnadu'n aml am honni bod dau ddosbarth yn bodoli. Mae'n glir bod strwythur dosbarth y gymdeithas fodern yn fwy cymhleth na bourgeoisie a phroletariat yn unig.

- Mae nifer o grwpiau dosbarth gwahanol yn y dosbarth gweithiol, ac mae swyddi dosbarth gweithiol traddodiadol yn diflannu a'r diwydiant gweithgynhyrchu hefyd. Ar yr un pryd, mae

A fyddai'r byd yn lle gwell pe bai pawb yn derbyn yr un cyflog beth bynnag eu swydd?

> Weithwyr y byd, unwch! Nid oes gennych ddim byd i'w golli ar wahân i'ch cadwynau!
>
> **Marx ac Engels (1848)**

Ydy hi'n wir bod gwylio'r teledu yn ein hatal ni rhag meddwl o ddifrif am y byd?

cynnydd wedi bod mewn swyddi mewn canolfannau galwadau ac allfeydd adwerthu, felly mae'r dosbarth gweithiol yn newid.

⊙ Mae cynnydd enfawr wedi bod yn nifer y swyddi proffesiynol dosbarth canol ers i Marx farw. Mae llawer o bobl yn gallu byw bywydau cyffordddus a dydyn nhw ddim yn teimlo fel pe baen nhw'n cael eu hecsbloetio.

Methiant Marcsaeth fel damcaniaeth rhagfynegol

Roedd Marx yn chwyldroadwr. Mae hyn yn wahanol mewn nifer o ffyrdd i'w ddisgrifiad o strwythur y gymdeithas. Er hynny, mae'n bosibl rhoi prawf ar ddamcaniaeth dda drwy ofyn a yw'n bosibl ei defnyddio i ragfynegi ymddygiad, ac mae Marcsaeth yn methu'r prawf hwn.

1. Rhafgynegodd Marx y byddai'r gweithwyr (y proletariat) yn dod yn ymwybodol o'u safle dosbarth, ac y bydden nhw'n gorchfygu'r dosbarth cyfalafol (y bourgeoisie) mewn chwyldro treisgar.
2. Rhagfynegodd hefyd y byddai'r chwyldro hwn yn digwydd yn Lloegr, sef gwlad fwyaf diwydiannol ddatblygedig ei gyfnod.
3. Roedd yn credu y byddai'r chwyldro'n digwydd yn ystod ei oes ef neu'n fuan ar ôl iddo farw (bu farw yn 1883).

Methiant y tri rhagfynegiad hyn sydd wedi arwain at neo-Farcsaeth, lle mae'n rhaid i feddylwyr esbonio pam nad yw'r chwyldro wedi digwydd eto ac addasu syniadau Marcsaidd mewn ffyrdd newydd.

Ysgrifennu estynedig

Aseswch ddamcaniaethau Marcsaidd am anghydraddoldeb.

Arweiniad: Bydd angen i chi amlinellu'r safbwynt Marcsaidd am ddosbarth cymdeithasol fel rhaniad dwy ffordd rhwng perchenogion a gweithwyr. Ystyriwch y mecanweithiau sy'n cynnal y rhaniad hwn mewn cyfoeth, drwy reoli adnoddau, grym, y gweithlu wrth gefn a thrwy ideoleg. Gallwch chi naill ai feirniadu Marcsaeth drwy edrych ar Farcsaeth a chymhwyso tystiolaeth (e.e. gallech sôn am gynnydd y dosbarth canol) neu, fel arall, gallwch feirniadu Marcsaeth drwy edrych ar ddamcaniaethau eraill (e.e. mae Marcsaeth yn esgeuluso materion rhywedd a hil). Casgliad tebygol yw bod Marcsaeth yn ddamcaniaeth ddefnyddiol o ran deall anghydraddoldeb cymdeithasol, ond bod diffygion difrifol yn y dadansoddiad ac, oherwydd hyn, mae llawer o Farcswyr wedi addasu syniadau Marx ac mae neo-Farcsaeth wedi datblygu. **Ysgrifennwch tua 750 gair.**

Ymchwil

Cynhaliodd Curran (2003) ddadansoddiad manwl o ffynonellau eilaidd i edrych ar hanes y diwydiant papur newydd ym Mhrydain. Mae'n dadlau bod tystiolaeth gryf i awgrymu bod perchenogion y cyfryngau wedi cyfaddef yn agored eu bod nhw'n dylanwadu ar gynnwys y papurau newydd i adlewyrchu eu barn wleidyddol eu hunain a'u bod yn cefnogi cyfalafiaeth a'r Blaid Geidwadol yn agored. Nid yw'n cytuno â Marcswyr bod y perchenogion yn gweithio gyda'i gilydd i gefnogi cyfalafiaeth. Mae'n awgrymu mai poeni am eu helw a'u grym eu hunain yn unig y mae perchenogion y cyfryngau.

a) Nodwch ac esboniwch **un** rheswm pam defnyddiodd yr ymchwilydd ffynonellau eilaidd ar gyfer ei ymchwil.

Cwestiwn cymhwyso tystiolaeth

b) Ysgrifennwch baragraff gan ddefnyddio'r wybodaeth a roddwyd i chi am Curran a'ch dealltwriaeth eich hun i feirniadu neu gefnogi damcaniaethau Marcsaidd bod y cyfoethog yn gallu dylanwadu ar safbwyntiau'r dosbarth gweithiol drwy reoli'r cyfryngau.

Gwiriwch eich dysgu eich hun

Cysylltwch y termau â'r esboniadau:

a) Bourgeoisie

b) Proletariat

c) Lumpenproletariat

ch) Ideoleg

d) Cyfalafiaeth

dd) Gwerth dros ben

e) Is-strwythur

f) Uwchstrwythur

Casgliad o gredoau am y gymdeithas a sut mae'n gweithio.

Y llywodraeth a chredoau neu ideolegau'r gymdeithas.

Aelodau o'r dosbarth gweithiol sy'n gwerthu eu llafur.

Y defnyddiau a'r rheolaeth gymdeithasol sy'n cael eu defnyddio gan y gymdeithas i greu cynhyrchion a gwasanaethau.

Perchenogion y dulliau cynhyrchu.

Term Marcsaidd am elw.

Aelodau gwannaf a thlotaf y gymdeithas, sy'n cael eu defnyddio fel ffynhonnell o lafur rhad pan fydd angen gweithwyr.

System economaidd sydd wedi'i seilio ar gasglu cyfoeth ac elw.

Damcaniaethau anghydraddoldeb cymdeithasol

Pwnc 4: Damcaniaethau neo-Farcsaidd am anghydraddoldeb

Gwneud i chi feddwl

Mae'r llun yn dangos Rupert Murdoch, biliwnydd a pherchennog News Corps, un o gwmnïau cyfryngau y 'Chwe Mawr'. Mae'r chwe chwmni hyn yn dominyddu'r diwydiant papur newydd a theledu. Beth yw'r goblygiadau i gymdeithas Prydain os yw'r holl newyddion yn cael eu creu gan chwe chwmni cyfryngau yn unig?

Neo-Farcsaeth a damcaniaeth penderfyniaeth economaidd

Mae Marcsaeth draddodiadol yn esbonio anghydraddoldeb cymdeithasol drwy edrych ar berthnasoedd economaidd rhwng y cyfalafwyr a'r dosbarth gweithiol. Yr enw ar y syniad hwn yw penderfyniaeth economaidd, ond nid yw'n esbonio anghydraddoldebau strwythurol fel anghydraddoldeb rhywedd ac anghydraddoldeb hiliol yn dda. Mae neo-Farcswyr yn edrych ar syniadau fel ideoleg a mynediad at rym er mwyn esbonio anghydraddoldeb strwythurol, felly un gwahaniaeth mawr rhwng Marcsaeth draddodiadol a neo-Farcsaeth yw bod yr holl neo-Farcswyr yn gwrthod penderfyniaeth economaidd. Mae'r rhan fwyaf ohonyn nhw'n ystyried mai rheoli syniadau neu ideoleg sy'n achosi anghydraddoldeb ac, oherwydd hyn, mae nifer o neo-Farcswyr wedi canolbwyntio eu hymchwil ar berchenogaeth a rheolaeth y cyfryngau.

Meddylwyr neo-Farcsaidd pwysig

Er mwyn ceisio deall neo-Farcsaeth, mae angen edrych ar yr hyn y mae pobl allweddol wedi'i ddweud am y safbwynt, yn hytrach na cheisio edrych ar neo-Farcsaeth fel un ddamcaniaeth unigol.

Antonio Gramsci (1891–1937)

Roedd Gramsci yn dadlau bod y bourgeoisie yn gallu rheoli'r gymdeithas a gwneud anghydraddoldeb yn dderbyniol gan mai nhw oedd yn rheoli'r economi a'r broses o greu syniadau am y gymdeithas hefyd. Roedd Gramsci yn honni bod y dosbarth llywodraethol yn creu sefyllfa lle mae'r rhan fwyaf o bobl yn cytuno â'u syniadau yn ddi-gwestiwn. Er enghraifft, mae'r safbwynt bod pobl gyfoethog yn gallu rheoli'r gymdeithas gan eu bod nhw'n uwchraddol yn cael ei dderbyn gan bobl dlawd gan fod addysg a chrefydd yn eu haddysgu i gredu hyn. Galwodd yr amgylchiadau hyn yn y gymdeithas yn 'hegemoni bourgeois', sy'n golygu arweinyddiaeth y dosbarth llywodraethol.

Mae Strinati (2004) yn beirniadu'r safbwynt hwn gan ddweud ei fod yn rhy syml ac yn anwybyddu cymhlethdod y gymdeithas.

> Mae dweud y gwir yn chwyldroadol.
>
> *Antonio Gramsci*

Gwella sgiliau

Rydych chi wedi dod ar draws syniadau neo-Farcsaeth yn barod. Gallai hynny fod wrth drafod diwylliant ieuenctid, lle mae gwaith y Ganolfan ar gyfer Astudiaethau Diwylliannol Cyfoes yn ymgorffori Marcsaeth a rhyngweithiadaeth, wrth drafod addysg, lle cyfunodd Willis Farcsaeth ac ethnograffeg ac wrth drafod ffeministiaeth, pan addasodd ffeministiaid syniadau Marx i rywedd a chreu ffeministiaeth Farcsaidd. Ewch yn ôl at eich llyfr UG a'ch nodiadau eich hun i adolygu'r hyn rydych chi'n ei wybod am neo-Farcsaeth.

Mae Marcsaeth yn canolbwyntio ar yr economi yn unig

Nid yr economi sy'n gyfrifol am bob math o anghydraddoldeb

Er mwyn esbonio anghydraddoldeb, a pham mae pobl yn ei oddef, mae'n hanfodol bwysig edrych ar rym, rheolaeth ac ideoleg.

Mae damcaniaethwyr gwahanol yn datblygu esboniadau gwahanol

Mae hyn yn creu tensiynau a dadleuon o fewn Marcsaeth fel persbectif ar y gymdeithas

Ydy hi wir yn bosibl ystyried bod rhaglenni teledu fel *Strictly Come Dancing* yn bropaganda cyfalafol ac yn cael eu creu'n fwriadol i ddarostwng y dosbarthiadau gweithiol a'u hannog i dderbyn anghydraddoldeb, fel y byddai Ysgol Frankfurt yn ei honni?

Gwella sgiliau

Mae Pierre Bourdieu yn cael ei ddisgrifio'n aml yn neo-Farcsydd. Mae ei syniadau o ran y cwricwlwm cudd a chyfalaf diwylliannol yn cael eu disgrifio yn eich llyfr UG yn y pwnc ar addysg. Gallech chi gymhwyso ei syniadau i unrhyw gwestiwn a allai godi yn y rhan hon o'r papur arholiad.

Louis Althusser (1918–1990)

Cynigiodd Althusser y safbwynt bod y gymdeithas yn cynnwys dau fath o drefn gymdeithasol sy'n gormesu'r tlawd. Mae'r wladwriaeth yn beirianwaith gormesol y wladwriaeth (PGW), sy'n dominyddu'r dosbarth gweithiol drwy arfer grym a thrais. Mae ail fath o ormes yn sicrhau bod anghydraddoldeb yn bodoli yn y gymdeithas. Peirianwaith ideolegol y wladwriaeth yw hwn, sy'n cynnwys sefydliadau fel y teulu, y cyfryngau, addysg a chrefyddau. Mae'r sefydliadau hyn yn atgyfnerthu rheolaeth y dosbarth cyfalafol drwy greu a chynnal syniadau sy'n hyfforddi pobl i beidio â meddwl yn feirniadol am gyfalafiaeth.

Er gwaethaf poblogrwydd y syniadau hyn, nid oes llawer o dystiolaeth benodol i'w cefnogi. Awgrymodd Althusser ei hun nad oedd y syniadau yn cynnig esboniad digon llawn am anghydraddoldeb.

Ysgol Frankfurt

Grŵp o ddeallusion a heriodd dwf Natsïaeth yn yr Almaen rhwng yr 1920au a'r 1930au oedd Ysgol Frankfurt. Roedd ganddyn nhw ddiddordeb arbennig yn rôl allweddol y cyfryngau a phropaganda o ran eu dylanwad ar agweddau pobl. Awgrymon nhw fod y cyfryngau wedi troi diwylliant yn nwydd i'w brynu a'i werthu yn yr un ffordd ag unrhyw weithgynhyrchion. Roedd yn gweithio fel cyffur, gan addysgu'r bobl dlawd i dderbyn syniadau'r dosbarth llywodraethol heb eu beirniadu, a oedd yn golygu wedyn na fydden nhw'n protestio yn erbyn anghyfiawnder ac anghydraddoldeb ond hytrach yn derbyn syniadau'r dosbarth llywodraethol heb feirniadu.

Mae beirniaid yn dadlau bod syniadau Ysgol Frankfurt yn fath o ddamcaniaeth gynllwynio ac nad ydyn nhw'n ystyried pa mor gymhleth yw'r gymdeithas fodern o ran esbonio pam mae aelodau'r dosbarth gweithiol yn derbyn eu safle dosbarth.

Nicos Poulantzas (1936–1979)

Roedd Poulantzas yn dadlau nad oedd cyfalafiaeth yn ceisio rheoli'r gymdeithas yn fwriadol ond, yn hytrach, yn cael caniatâd gan rai grwpiau er mwyn eu rheoli a'u llywodraethu. Gan fod y cyfalafwyr yn ildio i ofynion y gweithwyr drwy gynnig isafswm cyflog neu amddiffyniad gan y gyfraith dros eu hiechyd a'u diogelwch yn y gwaith, roedd y gweithwyr yn credu bod y cyfalafwyr ar eu hochr nhw mewn gwirionedd, ac felly doedden nhw ddim yn datblygu ymwybyddiaeth o ddosbarth. Enillodd y mudiad llafur ddigon o gonsesiynau i wella anghydraddoldeb, ond nid oedd yn ddigon i newid y gymdeithas er lles pawb.

Mae rhai sy'n beirniadu Poulantzas wedi tynnu sylw at y ffaith mai prif ganolbwynt ei syniadau a'i waith ysgrifenedig oedd sut i gyflawni'r chwyldro cymdeithasol, felly mae ei syniadau'n berthnasol i'r cyfnod pan oedd yn ysgrifennu.

Ralph Miliband (1924–1994)

Roedd Miliband yn dadlau mai llywodraethau, neu'r wladwriaeth, oedd yn rheoli bywydau pobl o dan gyfalafiaeth. Roedd yn dadlau bod gwladwriaethau yn cynnwys grwpiau pwerus o bobl o un neu ddau o deuluoedd breintiedig iawn. Gan fod y wladwriaeth yn cael ei rhedeg gan gyfalafwyr, mae llywodraethau yn ystyried bod amddiffyn cyfalafiaeth yn hanfodol, felly offer y dosbarth llywodraethol yw'r wladwriaeth ac nid yw'n ddemocrataidd nac yn ymwneud â gwella bywydau'r gweithwyr. Mae anghydraddoldeb yn hanfodol os yw'r wladwriaeth i oroesi. Roedd yn dadlau nad oedd y rhan fwyaf o bobl dosbarth gweithiol yn deall pwysigrwydd sosialaeth mewn perthynas â gwella eu bywydau a'u sefyllfaoedd. Dywedodd mai myth oedd meritocratiaeth a chyfle cyfartal gan mai'r rhai o gefndiroedd hynod o gyfoethog sy'n rheoli cymdeithasau modern mewn gwirionedd. Roedd y wladwriaeth yn gormesu'r tlawd a'r gwan.

Byddai beirniaid yn dadlau nad yw'r dosbarth gweithiol yn anghywir wrth gefnogi cyfalafiaeth a bod ganddyn nhw hawl i wneud eu dewisiadau eu hunain mewn cymdeithas ddemocrataidd.

Harry Braverman (1920–1976)

Roedd Braverman yn dadlau bod gweithwyr diwydiannol wedi colli eu sgiliau wrth i ddiwydiant ddod yn un mecanyddol. Collon nhw eu grym yn y farchnad lafur oherwydd hyn hefyd. Roedd y profiad o weithio yn ddiflas ac yn dieithrio gweithwyr. Yr enw a oedd ganddo ar y broses hon oedd 'dadsgilio'r gymdeithas', a honnodd ei bod yn rhoi mwy o rym i'r perchenogion gyflogi a diswyddo pobl, gan gynyddu eu cyfoeth eu hunain ar draul y dosbarth gweithiol.

Erik Olin Wright (g. 1947)

Mae Olin Wright yn neo-Farcsydd Americanaidd. Ei brif ddiddordeb yw edrych ar ddosbarthiadau cymdeithasol er mwyn diweddaru damcaniaeth Farcsaidd. Mae'n tynnu sylw at y ffaith nad yw'r dosbarthiadau cymdeithasol yn polareiddio fel yr oedd Marx wedi honni y bydden nhw. Os rhywbeth, mae mwy ohonyn nhw ac maen nhw'n amrywio o ran eu ffurf. Mae'r dosbarth canol yn cael ei ecsbloetio gan gyfalafiaeth, ond maen nhw eu hunain yn ecsbloetio'r dosbarth gweithiol. Roedd yn dadlau bod safle dosbarth wedi'i seilio ar reoli'r canlynol:

- Y broses waith
- Gweithwyr eraill
- Cynhyrchu.

Fydd gan y rhai sy'n symud i fyny'r system fawr o ddiddordeb mewn newid strwythurau cymdeithasol, ac felly byddan nhw'n dod yn offer i'r perchenogion. Mae'n credu y bydd newid i sosialaeth yn digwydd drwy broses o ddiwygiadau a thrawsnewidiadau yn hytrach na chwyldro. Fodd bynnag, nid oes fawr o arwydd bod hyn yn digwydd; mewn gwirionedd, mae'r gymdeithas yn dod yn llai cyfartal.

Stuart Hall (1932–2014)

Roedd Stuart Hall yn aelod amlwg o'r Ganolfan ar gyfer Astudiaethau Diwylliannol Cyfoes (CCCS). Awgrymodd ei fod yn rhy syml honni bod problemau lleiafrifoedd ethnig yn y gymdeithas yn gysylltiedig â dosbarth a hiliaeth yn unig. Roedd angen cynnal dadansoddiad dyfnach o'r achosion strwythurol a diwylliannol a oedd wrth wraidd anfantais ymhlith pobl ddu. Roedd yn honni bod y sylw a gafodd mygwyr du ifanc yn yr 1970au wedi'i gynllunio'n fwriadol i dynnu sylw'r cyfryngau a'r cyhoedd oddi ar fethiannau'r llywodraeth ac anghydraddoldeb cynyddol.

Cymharu Marcsaeth a neo-Farcsaeth

	Marcsaeth	Neo-Farcsaeth
Damcaniaeth	Mae Marcsaeth wedi'i seilio ar un ddamcaniaeth, sef yr un a gynigiodd Karl Marx.	Mae amrywiaeth o ddamcaniaethau a thueddiadau. Mae llawer o ddamcaniaethwyr yn anghytuno â'i gilydd.
Achosion anghydraddoldeb	Penderfyniaeth economaidd, mynediad anghyfartal at berchenogaeth y dulliau o gynhyrchu.	Mynediad anghyfartal at ffynonellau grym fel y gyfraith a'r cyfryngau. Pwysigrwydd ideoleg fel dull o reoli'r gymdeithas.
Cadw grym	Mae cyfalafwyr yn cadw grym oherwydd gweithred ymwybodol gan y llywodraeth a chyfoeth.	Mae gwahanol brosesau cymdeithasol yn gweithredu ar y cyd i sicrhau bod y rhai sydd mewn grym yn aros mewn grym.
Rheoli'r meddwl a'r cyfryngau	Y dosbarth llywodraethol sy'n rheoli cynnwys y cyfryngau.	Mae'r cyfryngau'n cael eu defnyddio fel dull o reoli ffordd o feddwl pobl dlawd (Miliband, 1973). Mae perchenogion y cyfryngau yn rheoli'r cyfryngau er eu lles eu hunain (Chomsky, 1988).
Dosbarth cymdeithasol	Bydd dosbarthiadau'n polareiddio'n ddau grŵp, er ei bod yn bosibl y bydd gwahaniaethau bach o ran dosbarth.	Mae neo-Farcswyr yn ymwneud â thwf y dosbarth canol, ac maen nhw'n awyddus i esbonio sut mae'n datblygu a pham mae bodolaeth dosbarth canol yn rhwystro'r chwyldro, a ragfynegodd Marx, rhag digwydd.

YMESTYN a HERIO

Mae gan Erik Olin Wright ei dudalen we ei hun lle mae cyflwyniadau PowerPoint a chlipiau fideo ar gael ar https://www.ssc.wisc.edu/~wright/. Gwnewch nodiadau am ei waith ac ychwanegwch nhw at eich ffolder.

Dysgu annibynnol

Mae gan YouTube nifer o glipiau a rhaglenni defnyddiol am neo-Farcsaeth. Gallech chi chwilio am ddarlithoedd gan Mark Steel, sy'n cynnig disgrifiad doniol a bywiog o Farcsaeth ac yn cymhwyso ei syniadau i'r gymdeithas fodern.

Dysgu gweithredol

Trafodwch gyda'ch partner astudio pa mor ddefnyddiol yw neo-Farcsaeth o ran disgrifio cymdeithas fodern Prydain.

Ysgrifennu estynedig

Aseswch ddamcaniaethau neo-Farcsaidd am anghydraddoldeb.

Arweiniad: Bydd angen i chi amlinellu'r rhesymau pam mae'r safbwynt Marcsaidd am anghydraddoldeb wedi methu ar gyfer nifer o ddamcaniaethwyr ac yna amlinellwch y rhesymau pam mae neo-Farcsaeth wedi datblygu. Crynhowch nodweddion allweddol neo-Farcsaeth, gan amlinellu'r gwahaniaethau rhwng yr ymagwedd hon at astudio a Marcsaeth (glasurol) draddodiadol. Efallai byddwch chi am amlinellu ac asesu ychydig o waith rhai o'r neo-Farcswyr enwog, ond ychwanegwch syniadau o'ch gwaith darllen ac adolygu eich hun am y pwnc. Er enghraifft, efallai hoffech chi ychwanegu syniadau o'ch opsiynau Blwyddyn 1; mae gwybodaeth ar gael yn adrannau diwylliant ieuenctid ac addysg sy'n berthnasol iawn. Dylai eich sylwadau crynodol fod yn feirniadol, felly nodwch rai o gryfderau a gwendidau neo-Farcsaeth.

Ysgrifennwch tua 750 gair.

Asesu damcaniaeth neo-Farcsaidd

◉ I raddau helaeth, mae neo-Farcsaeth yn ddamcaniaethol ac nid oes llawer neu ddim tystiolaeth i gefnogi'r syniadau. Mae neo-Farcswyr wedi bod yn ddylanwadol iawn wrth annog pobl i feddwl mewn ffordd feirniadol am y gymdeithas ond nid yw'n bosibl profi eu gwaith yn empirig.

◉ Mae nifer o syniadau neo-Farcswyr yn dadlau bod llywodraethau a'r dosbarth llywodraethol yn cynllwynio'n fwriadol i gadw'r gweithwyr ar waelod y gymdeithas (damcaniaeth gynllwyno). Mae hyn yn simplistig.

◉ Mae Marcswyr a neo-Farcswyr yn tueddu i ystyried mai rhywbeth anochel yw'r syniad o chwyldro gan y gweithwyr, ac mae cymaint o'u gwaith ysgrifenedig a'u damcaniaeth yn ymwneud â sut i gyrraedd y nod hwnnw.

◉ Mae Marcsaeth a neo-Farcsaeth yn gweld pob perthynas gymdeithasol yn nhermau gwrthdaro rhwng grwpiau gwahanol; fodd bynnag, mae'n bosibl i grwpiau cymdeithasol gwahanol rannu nodau a gwerthoedd.

◉ Mae ffeministiaid yn dadlau bod Marcsaeth a neo-Farcsaeth yn esgeuluso pwysigrwydd rhywedd gan fod y damcaniaethau yn tueddu i ganolbwyntio ar waith a'r economi, sy'n gylchoedd bywyd gwrywaidd.

◉ Mae'r neo-Farcswyr Solomos a Back (1995) yn dadlau er bod Marcsaeth draddodiadol yn ein helpu i ddeall anghydraddoldeb, nid yw'n ddigon da edrych ar hiliaeth o safbwynt dosbarth yn unig. Mae anghydraddoldebau hiliol yn fwy cymhleth ac yn fwy trafferthus nag y mae nifer o Farcswyr a neo-Farcswyr yn ei gydnabod.

Ymchwil

Mae economegydd o Ffrainc, Thomas Piketty (2014), wedi defnyddio ystadegau swyddogol a data economaidd i ddadlau y bydd anghydraddoldeb cyfoeth yn cynyddu yn y dyfodol, fel y rhagfynegodd Marx. Mae'n dadlau bod anghydraddoldeb yn nodwedd o gyfalafiaeth ac os nad ydyn ni'n mynd i'r afael ag anghydraddoldeb, mae democratiaeth dan fygythiad. Mae'n dadlau dros gynyddu trethi byd-eang ar bobl gyfoethog er mwyn atal byd sy'n cael ei redeg gan bobl gyfoethog iawn er eu lles eu hunain rhag datblygu, a rhwystro ansefydlogrwydd cymdeithasol.

a) Nodwch ac esboniwch un rheswm pam defnyddiodd yr ymchwilydd ddata economaidd y llywodraeth ar gyfer ei ymchwil.

Cwestiwn cymhwyso tystiolaeth

b) Ysgrifennwch baragraff gan ddefnyddio'r wybodaeth a roddwyd i chi am Piketty, a'ch dealltwriaeth eich hun, i wneud penderfyniad ynglŷn â gwerth neo-Farcsaeth fel ymagwedd at ddeall y gymdeithas.

Gwiriwch eich dysgu eich hun

Cysylltwch yr enw â'r ddamcaniaeth.

a) Hall

b) Braverman

c) Gramsci

ch) Miliband

d) Ysgol Frankfurt

dd) Poulantzas

e) Althusser

f) Ffeministiaeth

Mae anghydraddoldeb cymdeithasol yn ganlyniad gweithredu dau fath o orthrwm gan y wladwriaeth, sef gorthrwm ideolegol a gorthrwm gormesol.

Fyddai cyfalafwyr ddim yn gallu rheoli'r gymdeithas heb gydsyniad y gweithwyr.

Mae'r dosbarth gweithiol yn colli sgiliau ac mae hyn yn rhoi'r grym i'r cyflogwyr.

Mae Marcsaeth a neo-Farcsaeth yn anwybyddu gorthrymu menywod yn eu dadansoddiadau o'r gymdeithas.

Mae'r cyfryngau'n cael eu defnyddio i suo pobl dosbarth gweithiol i ymwybyddiaeth ffug o'u safle cymdeithasol eu hunain.

Mae pobl gyfoethog yn rheoli sut mae syniadau'n cael eu cynhyrchu drwy hegemoni'r bourgeoisie.

Mae Marcsaeth draddodiadol yn anwybyddu cymhlethdod problemau hiliaeth yn y gymdeithas.

Mae cyfle cyfartal a meritocratiaeth yn fyth oherwydd cael eu rhedeg gan nifer bach o bobl, er eu lles eu hunain, y mae llywodraethau.

Damcaniaethau anghydraddoldeb cymdeithasol

Pwnc 5: Damcaniaethau Weberaidd am anghydraddoldeb

Gwneud i chi feddwl

Pe baech chi am i bobl o'ch cwmpas eich parchu a bod yn genfigennus ohonoch chi, pa fath o bethau y byddech chi'n eu prynu? Pa fath o eitemau y byddech chi'n eu casglu o'ch cwmpas? Beth sy'n gwneud rhai eitemau neu nodweddion yn ddymunol yn gymdeithasol? Sut gallai syniadau o'r hyn sy'n ddymunol i'r gymdeithas newid dros amser?

Weber a grym

Roedd Weber yn diffinio grym fel y gallu i orfodi eich dymuniad ar eraill, heb ystyried eu safbwyntiau neu eu teimladau. Dywedodd fod y gymdeithas wedi'i threfnu mewn system hierarchaidd, lle mae rhai unigolion mwy pwerus ac unigolion eraill nad ydyn nhw'n gallu dominyddu neu wrthsefyll yn yr un ffordd.

- **Grym dosbarth:** Mae hwn yn debyg i syniad Marx am gyfalaf. Mae'n ymwneud â mynediad anghyfartal gan unrhyw unigolyn neu grŵp o bobl at eiddo neu arian. Er enghraifft, mae perchennog busnes yn gallu rheoli'r gweithwyr.
- **Statws:** Parch yw hwn. Efallai ein bod ni'n parchu ac yn talu sylw arbennig i unigolion gan ein bod ni'n ystyried eu bod nhw'n uwchraddol i ni yn gymdeithasol. Er enghraifft, nid yr arweinydd crefyddol fydd y person mwyaf cyfoethog mewn unrhyw grŵp addoli, ond mae ganddo statws gan ei fod yn arweinydd cred.
- **Plaid:** Grym gwleidyddol yw hwn, nid yn unig yn yr ystyr o fod yn rhan o lywodraeth, ond drwy'r gallu i ddylanwadu ar eraill mewn perthynas â rheoli a chreu deddfau: er enghraifft, gallai aelodau blaenllaw rhai grwpiau fel Greenpeace ddylanwadu ar bolisi llywodraeth gan eu bod nhw'n cynrychioli grwpiau mawr o bobl.

Weber a phlwraliaeth

Mae'n bosibl ystyried Weber yn blwralydd. Mae hyn yn golygu bod grym yn cael ei rannu rhwng amrywiaeth o grwpiau gwahanol y gymdeithas i raddau gwahanol. Mae gan rai grwpiau lawer iawn o rym o bob math, ond ychydig iawn o rym o unrhyw fath sydd gan eraill. Mae mwy o un math o rym nag o rym arall gan grwpiau eraill. Mae Weber yn disgrifio cymdeithas sy'n cael ei dal ynghyd gan draddodiad ac arfer, nid drwy gael ei

Nodau

- Deall a gwerthuso sut ymdriniodd Weber â mater anghydraddoldeb

Roedd Max Weber yn ymwneud â llawer o'r un materion cymdeithasol â Karl Marx, ond daeth i gasgliadau gwahanol iawn am achosion anghydraddoldeb yn y gymdeithas. Roedd Weber yn cytuno â Marx, a oedd yn ystyried mai trefn yr economi a oedd yn achosi anghydraddoldeb, ond awgrymodd nad perthnasoedd economaidd oedd yr unig ffactor a oedd yn cyfrannu at anghydraddoldeb. Roedd yn dadlau bod damcaniaeth Marx yn rhy syml a bod pethau'n llawer mwy cymhleth na hynny. Roedd Weber o'r farn bod rheoli grym cymdeithasol yn allweddol o ran y ffordd y mae'r gymdeithas wedi'i threfnu, ac roedd yn credu bod grym yn cynnwys y gallu i reoli adnoddau cymdeithasol fel cyfoeth, harddwch, parch, gwybodaeth ac eiddo. Felly adnoddau cymdeithasol yw'r pethau hynny y mae diwylliant yn eu hystyried yn ddymunol ac sy'n brin yn yr ystyr mai rhai pobl yn unig sy'n gallu cael y pethau hyn. Felly, ychwanegodd ddimensiynau eraill at ei ddadansoddiad o anghydraddoldeb, a galwodd y rhain yn 'statws' a 'plaid'.

Dysgu annibynnol

Edrychwch ar wefannau sefydliadau fel Change.org neu 38 degrees i weld sut gallen nhw ddylanwadu ar lywodraethau. Beth mae eich ymchwil yn ei ddweud wrthych chi am bwysigrwydd plaid o ran effeithio ar benderfyniadau sy'n cael eu gwneud gan y llywodraeth?

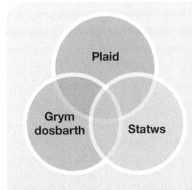

Y syniad Weberaidd am berthnasoedd grym yn y gymdeithas.

227

Damcaniaethau anghydraddoldeb cymdeithasol

rheoli'n gymdeithasol fwriadol, fel yr oedd Marx yn ei gredu. Er bod Marx yn tybio mai dim ond dau ddosbarth cymdeithasol oedd yn bodoli, roedd Weber yn gallu disgrifio pedwar dosbarth, ac yn honni bod rhaniadau hyd yn oed yn y pedwar dosbarth hwn.

Mae Marx yn dweud y bydd y dosbarthiadau cymdeithasol yn polareiddio yn ddau grŵp, sef y bobl gyfoethog iawn a'r tlawd	Mae Weber yn honni y bydd nifer y dosbarthiadau cymdeithasol, a darnio cymdeithasol, yn cynyddu
Mae Marx yn dweud mai'r deinameg sylfaenol sy'n llywodraethu'r gymdeithas yw'r economi	Mae Weber yn dweud bod grym yn bwysig a'i fod yn cynnwys dosbarth, plaid a statws
Mae Marx yn dweud bod anghydraddoldeb yn rhan o strwythur y gymdeithas	Mae Weber yn dweud bod anghydraddoldeb yn rhan o ddiwylliant cymdeithas
Mae Marx wedi sbarduno amrywiaeth o ddamcaniaethau gwleidyddol ac mae nifer mawr o bobl yn astudio ei waith	Mae Weber wedi bod yn fwy dylanwadol ym maes astudio cymdeithaseg a dulliau ymchwil
Mae Marx yn benderfyniaethol gan ei fod yn dweud bod bywydau pobl yn cael eu ffurfio gan eu dosbarth cymdeithasol	Roedd Weber yn credu bod pobl yn gallu ffurfio eu bywydau eu hunain, er enghraifft drwy symud i fyny'r system ddosbarth drwy addysg ac ymdrech

Gwahaniaethau rhwng damcaniaeth Farcsaidd a damcaniaeth Weberaidd am anghydraddoldeb

Yn ôl Weber, mae'r ddwy fenyw hyn yn rhannu grŵp statws gan eu bod nhw'n fenywod. A oes ganddyn nhw lawer o bethau eraill yn gyffredin? Rhestrwch y pethau tebyg a'r gwahaniaethau.

1. Mae gan y dosbarth sydd ag eiddo arian, statws a grym gwleidyddol (yn debyg i bourgeoisie Marx).
2. Mae gan y dosbarth proffesiynol statws ac ychydig o arian a grym gwleidyddol.
3. Mae gan y *petty bourgeoisie*, neu berchenogion busnesau bach, lai o statws, arian a grym, ond maen nhw'n bwysig yn eu cymunedau eu hunain.
4. Ychydig o statws, dosbarth na grym gwleidyddol, os o gwbl, sydd gan y dosbarth gweithiol, er bod rhai grwpiau yn y dosbarth gweithiol yn gallu ennill mwy o arian gan fod ganddyn nhw sgiliau y mae mwy o alw amdanyn nhw nag sydd gan eraill. Mae eraill nad oes ganddyn nhw unrhyw adnoddau cymdeithasol oherwydd nad oes ganddyn nhw unrhyw sgiliau i'w gwerthu, neu oherwydd eu bod nhw'n wan mewn ffyrdd eraill: er enghraifft, yr henoed, pobl ifanc iawn, gweithwyr heb sgiliau, a phobl anabl a sâl.

Mae Weber yn disgrifio cymdeithas sy'n rhanedig ac wedi'i rhannu rhwng nifer o grwpiau cymdeithasol sy'n cystadlu am fathau gwahanol o adnoddau cymdeithasol, grym a chyfoeth. Mae'r term darnio wedi cael ei ddefnyddio gan feddylwyr sy'n perthyn i safbwyntiau eraill fel ôl-foderniaeth, ac mae hwnnw'n tynnu ar ddamcaniaethau Weberaidd.

Neo-Weberiaeth

Mae syniadau Weber yn anodd eu cymhwyso at ddadansoddiad cymdeithasol o anghydraddoldeb gan eu bod nhw'n pwysleisio pa mor gymhleth yw'r byd cymdeithasol. Er bod nifer o'i syniadau wedi bod yn ddylanwadol iawn o ran effeithio ar y ffordd y mae pobl yn meddwl am ddulliau ymchwilio ac am ddosbarth a chyfalafiaeth, mae llai o awduron wedi dilyn yn ei draddodiad ef, gan gymhwyso ei ddamcaniaethau, nag sydd wedi cymhwyso gwaith sylfaenwyr cymdeithaseg. Yn yr un modd ag y ceisiodd neo-Farcswyr gywiro camgymeriadau neu hepgoriadau mewn dadansoddiad Marcsaidd, mae'r term neo-Weberaidd yn cael ei ddefnyddio'n gyffredinol i ddisgrifio cymdeithasegwyr sydd wedi ceisio addasu syniadau Weber a'u cymhwyso at y gymdeithas fodern.

Goldthorpe

Yn yr 1970au ac yn hwyrach, defnyddiodd John Goldthorpe a phobl eraill syniadau Weber i greu ffyrdd o fesur dosbarth cymdeithasol. Yn lle canolbwyntio'n unig ar incwm a natur gwaith, cyflwynodd Goldthorpe ffactorau amrywiol fel perthnasoedd cyflogaeth, amodau gwaith a chyfleoedd bywyd yn rhan o'i ddosbarthiad o ddosbarth. Er bod hyn mewn sawl ffordd yn safbwynt realistig o'r berthynas rhwng dosbarthiadau cymdeithasol yn y DU, mae'n gymhleth, ac mae lle i drafod perthynas mathau gwahanol o waith â'r cynllun cyfan. Ar un adeg, roedd cymdeithasegwyr wedi adnabod 11 dosbarth cymdeithasol gwahanol. Er hynny, saith dosbarth cymdeithasol sy'n cael eu nodi gan y rhan fwyaf o ddosbarthiadau modern sy'n edrych ar wahaniaeth dosbarth. Mae ffeministiaid wedi dadlau yn erbyn y dosbarthiadau a ddisgrifiwyd gan Goldthorpe a'i gydweithwyr am eu bod yn anwybyddu potensial menywod i ennill cyflog ar wahân a'u sefyllfa addysgol yn y farchnad lafur. Maen nhw'n dadlau bod y system ddosbarth hyd yn oed yn fwy cymhleth nag y mae Goldthorpe yn ei honni.

Barron a Norris

Mae Barron a Norris (1976) yn disgrifio'r cysyniad o'r farchnad lafur ddeuol ac yn awgrymu bod dau fath o lafur. Mae pobl dosbarth canol a'r dosbarth llywodraethol yn y brif farchnad lle mae amodau'n dda yn gyffredinol a graddau cyflogau yn uchel. Dyma'r mathau o swyddi sydd â strwythur gyrfa ac sy'n dibynnu ar gymwysterau, fel y gyfraith neu waith cymdeithasol. Mae ail farchnad lafur sy'n cynnwys swyddi isel eu statws, heb lawer o rym, fel manwerthu neu weithio ar gontract dim oriau. Mae menywod a lleiafrifoedd ethnig yn tueddu i fod yn yr ail farchnad, ond mae dynion gwyn yn dominyddu'r brif farchnad waith. Mae'r dynion gwyn yn gallu cadw menywod a lleiafrifoedd ethnig rhag cael mynediad at y brif farchnad gan eu bod nhw'n arddel credoau ystrydebol a hiliol, ac mae ganddyn nhw'r grym i ddal cyfrifoldeb a dyrchafiad yn ôl. Felly ychydig iawn o fenywod sy'n cael eu dyrchafu, neu sy'n gweithio mewn swyddi uwch o fewn cwmnïau, ac mae hyn yn cyfrannu at eu hanghydraddoldeb mewn cymdeithas.

Giddens

Mae Anthony Giddens (2012) yn datblygu'r pwynt hwn gan ddadlau bod gan y dosbarth canol sgiliau cydnabyddedig yn seiliedig ar gymwysterau addysgol, proffesiynol a chymdeithasol a bod y rheini o fantais iddyn nhw yn y gweithlu. Ar y llaw arall, gwerthu eu llafur yn unig y gall aelodau'r dosbarth gweithiol ei

wneud. Maen nhw'n sensitif i newidiadau technolegol, sy'n golygu nad yw rhai sgiliau dosbarth gweithiol yn cael eu gwerthfawrogi a bod eu rhagolygon am swyddi yn ansicr.

Rex a Tomlinson

Cymhwysodd Rex a Tomlinson (1979) syniadau Weberaidd wrth ystyried cysylltiadau hiliol ym Mhrydain. Nid yw Marcsaeth yn llwyddo i esbonio anghydraddoldeb hil, ond mae disgrifiadau Weberaidd am anghydraddoldeb yn hwyluso'r broses o ddatblygu dadansoddiadau am anfantais hil. Maen nhw'n dadlau bod safle dosbarth a statws lleiafrifoedd ethnig yng nghymdeithas Prydain yn isel. Ar ben perthyn i ddosbarth isel a bod â statws isel, maen nhw'n wynebu hiliaeth, felly mae diffyg plaid (neu rym) gan leiafrifoedd ethnig hefyd. Mae isddosbarth du wedi datblygu yn nifer o ddinasoedd Prydain o ganlyniad i hyn, ac mae ei aelodau'n teimlo'n rhwystredig ac wedi'u dieithrio oddi wrth gymdeithas. Mae Rex a Tomlinson yn cysylltu'r dadansoddiad hwn â phroblemau hiliaeth gan yr heddlu a thrais torfol yng nghanol dinasoedd.

Asesu damcaniaeth Weber

- ◉ Un o anawsterau'r ddamcaniaeth Weberaidd yw ei bod hi'n anodd iawn mesur rhai mathau o rym, fel statws. Mae statws yn oddrychol. Er enghraifft, gallai un grŵp cymdeithasol deimlo bod statws uchel gan rywun sy'n berchen ar lawer o geir, ond byddai grwpiau eraill efallai'n gwerthfawrogi addysg a deallusrwydd. Mae hyn yn ei gwneud hi'n anodd cymhwyso syniadau Weberaidd at ddadansoddiad o anghydraddoldeb statws.
- ◉ Mae cysyniad Weber o ddosbarthiadau lluosog yn ei gwneud hi'n anodd trefnu unrhyw system ddosbarthu penodol. Yn ogystal, efallai fod modd dadlau bod rhai grwpiau ethnig mewn grŵp statws penodol, fel pobl ddu a lleiafrifoedd ethnig (BME). Fodd bynnag, yn ymarferol, gallai fod yn anodd gweld beth yn union sy'n gyffredin rhwng meddyg Affricanaidd Caribïaidd a pherchennog busnes o Fangladesh sydd â statws tebyg, ar wahân i'r posibilrwydd bod y ddau ohonyn nhw wedi dioddef hiliaeth.
- ◉ Mae nifer o bobl yn uniaethu â grwpiau cymdeithasol eang fel bod yn Gymro neu'n Gymraes neu'n aelod o'r dosbarth gweithiol, ac maen nhw'n ymfalchïo yn y grwpiau statws hyn sy'n cynnig hunaniaeth iddyn nhw, felly dydyn nhw ddim yn ddarniog.

Dysgu gweithredol

A oes gan y menywod hyn gyfleoedd cyfartal yn y system gyflogaeth? Os nad oes, pam nad oes? Defnyddiwch syniadau Barron a Norris wrth ystyried eich ateb.

Dysgu gweithredol

Mae gan YouTube rai rhaglenni defnyddiol am Weber. Edrychwch am ddisgrifiad sianel The School of Life o syniadau Weber. Gwnewch nodiadau ychwanegol am yr hyn a welsoch chi.

Ysgrifennu estynedig

Aseswch ddamcaniaethau Weberaidd am anghydraddoldeb.

Arweiniad: Bydd angen i draethawd am Weber ddechrau gyda nodyn i esbonio bod Weber wedi cael ei ddylanwadu gan ac wedi addasu syniadau Marcsaidd. Ysgrifennwch ddisgrifiad cryno am y gwendidau mewn syniadau Marcsaidd yr oedd Weber yn ceisio eu cywiro. Gall eich asesiad drafod i ba raddau roedd Weber wedi nodi gwendidau mewn damcaniaethau Marcsaidd yn gywir. Bydd angen i chi esbonio damcaniaethau Weberaidd am anghydraddoldeb a gallech chi eu hesbonio drwy gymhwyso'r syniadau at feysydd anghydraddoldeb fel dosbarth neu rywedd: er enghraifft, efallai fod Weber yn cynnig esboniad da am anghydraddoldeb dosbarth, ond a fyddai'r un mor rhwydd cymhwyso ei syniadau at anghydraddoldeb rhywedd? Yn sicr, gallech chi ddefnyddio'r hyn rydych chi'n ei wybod am neo-Weberiaeth i ddangos eich bod yn deall syniadau Weber. Mae'n bosibl y bydd damcaniaethau eraill am anghydraddoldeb yn gallu esbonio'r materion yn well na Weber, felly os ydych chi am gymharu Weber â swyddogaetholdeb, cyn belled ag eich bod yn dod i gasgliad dilys, fe fyddwch chi'n ennill marciau.

Ysgrifennwch tua 750 gair.

- Mae rhai pobl mor gyfoethog, mor bwerus ac mor bell i ffwrdd oddi wrth brofiadau'r rhan fwyaf o'r gymdeithas fel nad yw'r syniad o gystadleuaeth gymdeithasol yn ddefnyddiol mewn gwirionedd. A allai gweithwyr papur newydd mewn gwirionedd gystadlu i ennill grym yn erbyn mogwl cyfryngau fel Rupert Murdoch?
- Mae pobl yn gallu perthyn i nifer o grwpiau statws gwahanol ar yr un pryd, ar sail eu swyddi, eu rhywedd, eu hoedran a'u hethnigrwydd. Gan ba grŵp statws y mae'r dylanwad mwyaf ar rym?
- Mae rhai'n dadlau mai cryfder Weberiaeth yw ei bod yn cynnig safbwynt mwy realistig am gymhlethdod y system ddosbarth mewn cymdeithasau modern o'i chymharu â Marcsaeth.

Ymchwil

Honnodd ymchwil a gafodd ei gynnal gan Devine a Savage (2013) am strwythur dosbarth Prydain fod strwythur dosbarth y DU wedi cael ei rannu yn sgil colli swyddi diwydiannol, patrymau mudo, diweithdra torfol a newidiadau yn y ffordd y mae dinasoedd yn cael eu cynllunio. Defnyddiodd yr ymchwilwyr ddulliau meintiol, gan ofyn cwestiynau am incymau ac eiddo, yn ogystal â gwerthoedd diwylliannol, i sampl o 161 000 o bobl. Nododd yr astudiaeth saith dosbarth cymdeithasol.

a) Nodwch ac esboniwch **ddau** reswm pam penderfynodd yr ymchwilwyr ddefnyddio dulliau meintiol ar gyfer yr ymchwil hwn.

Cwestiwn cymhwyso tystiolaeth

b) Ysgrifennwch baragraff gan ddefnyddio'r wybodaeth a roddwyd i chi am ymchwil gan Devine a Savage, a'ch dealltwriaeth chi, i benderfynu pa mor dda y mae'r ymchwil hwn yn cefnogi neu'n mynd yn erbyn syniadau Weberaidd am y strwythur dosbarth.

Gwiriwch eich dysgu eich hun

A yw'r syniadau canlynol yn rhai Marcsaidd neu'n rhai Weberaidd?

a)	Mae dau fath o ddosbarth cymdeithasol a byddan nhw'n polareiddio.	
b)	Bydd cymdeithas yn cael ei dymchwel mewn chwyldro pan fydd y dosbarthiadau gweithiol yn sylweddoli eu bod nhw'n cael eu hecsbloetio.	
c)	Un agwedd yn unig ar y ddeinameg gymdeithasol sy'n cyfrannu at anghydraddoldeb mewn cymdeithas yw dosbarth.	
ch)	Bydd systemau dosbarth yn rhannu a bydd nifer cynyddol o ddosbarthiadau cymdeithasol gwahanol yn datblygu.	
d)	Mae rhywedd ac ethnigrwydd yn grwpiau statws mewn cymdeithas.	
dd)	Mae perthnasoedd sylfaenol cymdeithas yn cael eu rheoli gan economeg.	
e)	Roedd y rhesymau dros ddatblygiad cyfalafiaeth yn rhai diwylliannol.	
f)	Mae'r dosbarth gweithiol yn cael ei ecsbloetio'n fwriadol.	
ff)	Mae safle cymdeithasol isel y dosbarth gweithiol yn ganlyniad eu hanallu i gael mynediad at adnoddau cymdeithasol.	

Damcaniaethau anghydraddoldeb cymdeithasol

Pwnc 6: Damcaniaethau ffeministaidd ac anghydraddoldeb rhywedd

Gwneud i chi feddwl

Ydych chi'n credu bod cydraddoldeb rhywedd ar gyfer dynion, a menywod, erbyn hyn? Ym mha ffyrdd mae pob rhyw yn debygol o brofi anfantais gymdeithasol ac anghydraddoldeb? Beth yw natur y grym sy'n cael ei arfer gan y ddau ryw? Meddyliwch am y prosesau cymdeithasol a allai rhoi grym rhywedd i'r naill neu'r llall.

Rheolaeth gymdeithasol

Ar nifer bach o bethau'n unig y mae ffeministiaid yn cytuno, ar wahân i'r ffaith bod menywod yn cael eu rheoli'n gymdeithasol a'u dominyddu gan fod cymdeithas yn gweithio er lles dynion. Mae'n wir dweud nad yw menywod yn cael yr un rhyddid â dynion mewn sawl maes o fywyd cyhoeddus a bywyd preifat. Mae menywod yn cael eu rheoli yn y byd cyhoeddus oherwydd nad oes ganddyn nhw fynediad cyfartal at strwythurau a sefydliadau'r gymdeithas sy'n rheoli deddfau a gwleidyddiaeth. Mae menywod yn cael eu rheoli yn eu bywydau preifat gan eu bod nhw'n agored i drais a chasineb dynion.

1870au–1920au
Mae diffyg hawliau gwleidyddol a hawliau pleidleisio yn sbarduno mudiad y bleidlais i fenywod

1960au–1970au
Mae ffeministiaeth ryddfrydol yn mynnu cael mynediad at ddulliau atal cenhedlu, erthyliad, cyflogaeth a chydraddoldeb addysgol

1970au–1980au
Mae ffeministiaeth radical a ffeministiaeth ddu yn mynd i'r afael â materion trosedd rywiol a materion hiliaeth

1980au
Ffeministiaeth rhyw-bositif yn camu'n ôl o radicaliaeth yr 1980au ac yn gweld bod mynegi dymunoldeb rhywiol yn grymuso menywod

2010au
Mae mudiadau ton newydd ffeministaidd yn mynd i'r afael â materion rhywedd fel absenoldeb tadolaeth, cywilyddio corff, anghydraddoldeb economaidd, trais

Llinell amser mudiadau ffeministaidd

◉ **Deall pam mae ffeministiaid yn canolbwyntio ar anghydraddoldeb rhywedd**

Mae damcaniaethau ffeministaidd am anghydraddoldeb yn canolbwyntio'n benodol ar faterion rhywedd. Nid un ddamcaniaeth yw ffeministiaeth ond amrywiaeth o ddamcaniaethau ac ymagweddau sy'n defnyddio damcaniaethau cyfredol ac yn datblygu damcaniaethau newydd i esbonio anghydraddoldebau rhywedd mewn cymdeithas. Mae awduron ffeministaidd wedi edrych ar bwysigrwydd ideoleg wrth gynnal patriarchaeth a dominyddiaeth y gwryw. Mae dadl ynghylch i ba raddau mae rhai menywod fel pe baen nhw'n hapus i gael eu dominyddu gan ddynion. Er enghraifft, mae llawer o fenywod sydd fel pe baen nhw'n gwrthod y term ffeministiaeth. Mae eraill yn brwydro yn erbyn rhai o'r hawliau, fel cyfreithloni erthyliad, sy'n hawl a enillodd ffeministiaid ar ran menywod yn y blynyddoedd diweddar.

Gwella sgiliau

Rydych chi wedi astudio ffeministiaeth yn eithaf manwl yn barod a dylech chi fynd yn ôl at eich nodiadau UG ar y pwnc hwn lle byddwch wedi'i hastudio fel damcaniaeth, ac yn eich opsiynau, lle byddwch wedi dysgu sut i gymhwyso'r ddamcaniaeth. Mae angen i chi fod yn gwbl glir o ran y ffurfiau gwahanol o ffeministiaeth sy'n bodoli.

Damcaniaethau biolegol am ddominyddiaeth dynion

Tarddiad biolegol sydd i esboniadau traddodiadol (*malestream*) am ddominyddiaeth dynion. Er enghraifft, mae'r esboniadau'n honni mai menywod yw'r rhyw 'gwannaf' a bod eu swyddogaethau atgenhedlol a'u gallu i gael plant yn golygu nad ydyn nhw'n gallu nac yn gymwys i gael bywyd y tu allan i'r cartref. Mae nifer o ddamcaniaethau sy'n awgrymu bod dynion a menywod yn wahanol yn seicolegol ac yn emosiynol. Maen nhw fel arfer yn awgrymu bod menywod, oherwydd eu bod yn *gallu* cael plant, wedi'u haddasu'n fiolegol i *ddymuno* eu cael ac yn fwy addas i ofalu amdanyn nhw. Mae ffeministiaeth wedi datblygu fel her uniongyrchol i'r math hwn o feddwl.

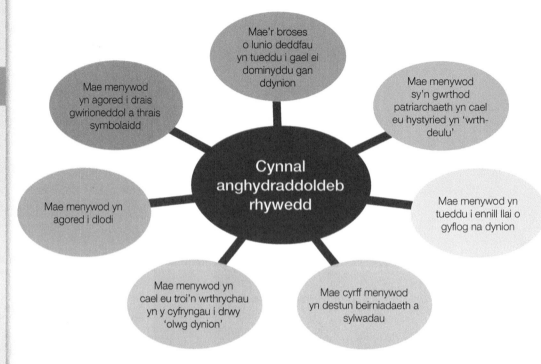

Beirniadaethau ffeministaidd o ddamcaniaethau biolegol

- Ar gyfartaledd, mae gwahaniaethau rhwng unigolion o'r un rhyw yn aml yn llawer mwy na'r gwahaniaethau rhwng y rhywiau.
- Mae gwahaniaethau rhwng gwrywod a benywod yn cael eu ffurfio'n ddiwylliannol o gyfnod babandod, felly efallai ei bod yn wir bod menywod yn llai cryf yn gorfforol, ond maen nhw hefyd yn cael eu haddysgu i fod yn llonydd ac i osgoi gweithgaredd corfforol.
- Mae i nodweddion benywaidd traddodiadol werthoedd gwahanol ac felly mae dangos gofal yn cael ei werthfawrogi'n llai na bod yn gorfforol. Pe bai dangos gofal yn cael ei werthfawrogi'n fwy, wedyn byddai dynion yn gallu rhannu gofal plant yn gyfartal â menywod.
- Mae'r anghydraddoldeb cymdeithasol rhwng dynion a menywod yn ffaith nad yw'n bosibl ei esbonio drwy gyfrwng bioleg. Mae strwythurau cymdeithasol eu hunain yn creu anghydraddoldeb rhywedd.

Prosesau cymdeithasol sy'n cyfrannu at anghydraddoldeb benywaidd

Strwythurau cyfreithiol a chymdeithasol

Mae ffeministiaid rhyddfrydol yn dadlau bod dynion a menywod yn cael eu cymdeithasoli i'w rolau rhywedd o'u geni, felly nid yw menywod yn cael eu hannog i ddatblygu hunanddelwedd gryf a chadarnhaol, ac maen nhw'n cael eu hannog i fod yn israddol i ddynion. Wrth iddyn nhw ddatblygu i fod yn oedolion, mae menywod, er gwaethaf llwyddiant merched yn y system addysg, yn colli eu statws yn raddol, sy'n golygu bod y bwlch cyflogau rhwng dynion a menywod yn ffafrio dynion yn gryf. Mae menywod yn llai tebygol o gyrraedd y swyddi uchaf mewn meysydd proffesiynol, ac maen nhw'n cael eu tangynrychioli yn y llywodraeth. Mae ffeministiaid rhyddfrydol yn dadlau bod angen addysgu dynion a menywod y bydd y frwydr dros hawliau cyfartal yn arwain at gydraddoldeb rhywedd. Byddai'r rhan fwyaf o ffeministiaid eraill yn barnu bod y safbwynt hwn yn broses rhy araf i sicrhau cydraddoldeb oherwydd natur bwerus syniadau am rywedd. Yn bwysicach, mae cymaint o anghydraddoldeb mewn cymdeithas ei bod hi'n anodd dadlau dros gydraddoldeb rhywedd yn unig gan fod anghydraddoldebau dosbarth, anabledd a hil mor sylfaenol hefyd i berthnasoedd cymdeithasol.

Athrawiaethau rhywedd a theulu

Mae ideoleg bywyd teuluol yn dominyddu yn niwylliant y Gorllewin. Mae'n cael ei bortreadu gan y cyfryngau ac mewn bywyd gwleidyddol fel delfryd gymdeithasol. Mae'r Dde Newydd, er enghraifft, yn honni mai'r ffordd fwyaf boddhaol o fagu plant yw mewn teuluoedd cnewyllol traddodiadol. Mae'n bosibl gweld grym yr ideoleg hon yn y ffordd y mae bywyd teuluol yn cael ei ddominyddu gan brosesau cyfreithiol. Mae'r llywodraeth yn rheoli pwy sy'n cael priodi, faint o bobl sy'n cael priodi, pwy sy'n cael etifeddu eiddo teulu, ac a yw'n bosibl dod â phriodas i ben. Mae deddfau i reoli hawliau menywod dros eu cyrff eu hunain hyd yn oed, er enghraifft deddfau sy'n rheoli hawliau menywod i gael erthyliad.

Mae ffeministiaid radical a rhyddfrydol wedi tueddu i ganolbwyntio ar fynd i'r afael â materion yn ymwneud â rheolaeth ddomestig menywod yn y teulu, gan dynnu sylw at y ffaith bod bywyd teuluol, i lawer o fenywod, yn lle tywyll a pheryglus. Mae Hearn (1998) a Stanko (2002) yn tynnu sylw at y ffaith bod ystod eang o ymddygiad gormesol yn digwydd yn y cartref a bod hwnnw'n cael ei gyfiawnhau gan y syniad mai dynion a ddylai reoli bywyd teuluol. Tynnodd Sefydliad Iechyd y Byd (2002) hyd yn oed sylw at y ffaith y gall dynion, mewn rhai diwylliannau, deimlo bod ganddyn nhw hawl i ymddwyn yn dreisgar at eraill, sy'n golygu bod menywod a phlant yn teimlo cywilydd eu bod yn cael eu herlid ac felly'n cuddio eu hanafiadau.

Yn y teulu ei hun, mae'n fwy tebygol ar y cyfan y bydd menywod yn treulio mwy o amser yn gwneud gwaith domestig. Mae'n anodd dod o hyd i ystadegau cywir, ond amcangyfrifodd Durrant (2009) fod menywod cyflogedig yn gwneud dwy ran o dair o'r holl waith domestig ar gyfartaledd pan fyddan nhw mewn perthynas. Mae hyn yn cyfyngu ar eu rhyddid i weithio am ddyrchafiad a mwynhau gweithgareddau hamdden, sef yr hyn y mae dynion yn ei dybio'n hawl.

Rheolaeth economaidd

Hyd at yr 1970au yng nghymdeithas Prydain, roedd pobl yn tybio bod cyflogau dynion a gweithgarwch economaidd yn fwy gwerthfawr na hawliau menywod i gyflog cyfartal. Gallai menywod ddisgwyl ennill llai na dynion am waith tebyg, beth bynnag oedd eu sgiliau a'u profiad, ac fe gawson nhw eu gwahardd rhag cynnig am swyddi a oedd yn talu'n well. Cyflwynwyd y Ddeddf Cyflog Cydradd gyntaf yn 1970, ond ni chafodd ei rhoi ar waith tan ganol yr 1970au, ac erbyn hynny roedd cyflogwyr yn gallu ailraddio gwaith yn waith 'benywaidd' er mwyn parhau i dalu llai, neu dalu cyflogau isel ar gyfer gwaith a oedd yn cael ei ddominyddu gan fenywod. Yn ôl ffeministiaid Marcsaidd a mudiad yr undebau llafur, mae dau beth sy'n achosi anghydraddoldeb menywod yn y farchnad lafur:

1. Y ffaith bod sgiliau gweithiwr benywaidd yn cael eu diraddio'n rheolaidd, a bod hynny felly'n sefyll yn ffordd dyrchafiad a dilyniant
2. Neilltuo gwaith yn benodol ar gyfer menywod, sef coginio, glanhau, gofalu a gweithio ar ddil, sydd ymhlith y swyddi â'r cyflogau isaf yn y DU.

Mae sefydliadau ffeministaidd fel y Fawcett Society (2010) wedi darganfod bod menywod yn parhau i gael eu heithrio o lefelau uchaf sefydliadau masnachol a chyhoeddus ac, ar y lefelau is, bod menywod â swyddi amser llawn ar gyfartaledd yn ennill 17 y cant yn llai na dynion. Mae ffeministiaid yn honni bod hyn yn peri y bydd menywod yn agored i fygythiad tlodi oherwydd nad oes ganddyn nhw fynediad cydradd at swyddi sy'n talu cyflogau uchel, a'u bod nhw'n derbyn pensiynau is wrth ymddeol.

Trais symbolaidd ac aralleiddio

Cyflwynodd Pierre Bourdieu (1982) y cysyniad o **rym symbolaidd** i awgrymu, mewn nifer o achosion, fod tybiaeth o fod yn uwchraddol yn bodoli yn y gymdeithas, a bod honno'n gwanhau'r dioddefwyr. Bydd dynion yn eu diffinio eu hunain fel dynion gan nad oes ganddyn nhw nodweddion benywaidd. Yr enw ar y broses hon yw 'aralleiddio'; mae dynion yn 'aralleiddio' menywod, neu'n eu diffinio eu hunain fel dynion gan fod menywod yn 'arall' ac yn wahanol. Yn yr achos hwn, mae gan fenywod statws is hefyd.

Cyfeiriodd Bourdieu at rywiaeth a hiliaeth fel enghreifftiau o rym symbolaidd. Honnodd fod y bobl ddominyddol yn defnyddio grym symbolaidd, ond bod y dioddefwyr yn ei dderbyn heb ei herio na'i gwestiynu ryw lawer. Mae'n cael ei dderbyn yn ganiataol: er enghraifft, mewn ysgol, fyddai athrawon ddim yn gallu defnyddio eu hawdurdod pe na bai plant yn derbyn eu safle is. Mae trais symbolaidd mewn perthnasoedd rhywedd yn cyfeirio at orfodi syniadau a gwerthoedd dynion ar fenywod, heb unrhyw wir ymwybyddiaeth o'r hyn sy'n digwydd o ran y dynion na'r menywod. Mae dynion yn dominyddu drwy ddefnyddio iaith, syniadau ac arferion pob dydd i reoli ymddygiad menywod. Mae Sue Lees (1996) yn cynnig enghraifft o'r ffordd y mae dioddefwyr trais

> Mae pob un ohonon ni'n brwydro dros yr hyn y mae 'ffeministiaeth' yn ei olygu ond, yn fy marn i, mae'n ymwneud ag ymrymuso. Nid yw'n ymwneud â bod yn gryfach na dynion – mae'n ymwneud â chael hawliau cyfartal gyda diogelwch, cymorth, cyfiawnder. Mae'n ymwneud â phethau sylfaenol iawn. Nid yw'n fathodyn fel eitem ffasiwn.
>
> **Annie Lennox**

Dysgu gweithredol

Trafodwch y canlynol:

- I ba raddau mae rhai dynion yn teimlo dan fygythiad oherwydd gofynion menywod a'u hawydd am gydraddoldeb cymdeithasol a gwleidyddol?

- Ydy hi'n wir, fel mae Germaine Greer yn ei honni, fod llawer o ddynion yn ofni ac yn casáu menywod?

- Pa dystiolaeth y byddech chi'n ei defnyddio i gefnogi neu wrthod y syniad bod ffeministiaeth yn fygythiad i rym gwrywaidd?

Damcaniaethau anghydraddoldeb cymdeithasol

Dysgu gweithredol

A oedd y Spice Girls, sêr pop yr 1990au, yn ddioddefwyr ecsbloetiaeth rywiol gan ddynion, neu a oedden nhw'n fenywod a oedd wedi'u grymuso'n rhywiol yn mwynhau bod yn gydradd â dynion fel roedden nhw'n ei honni? Trafodwch hyn yn eich dosbarth.

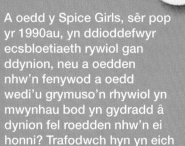

YMESTYN a HERIO

Mae Catherine Hakim wedi bod yn feirniadol iawn o ffeministiaeth a'r hyn mae hi'n ei ddisgrifio'n 'fythau ffeministaidd'. Mae ei gwaith ar gael ar y Rhyngrwyd. Gwnewch fwy o ymchwil a chrynhowch rai o'i syniadau allweddol.

Ydy gwaith domestig yn fath o hunanfynegiant i fenywod fel mae Hakim yn ei honni, neu ydy e'n fath o ddominyddiaeth gan ddynion fel y mae nifer o ffeministiaid yn ei fynnu?

yn aml yn cael eu beio am gael eu treisio oherwydd bod rhai'n dadlau bod y trais wedi digwydd o ganlyniad i fod yn feddw neu wisgo'n bryfoclyd. Nid yw'r rhain yn ddadleuon y byddai'n bosibl eu cymhwyso lawn cystal at ddynion sydd wedi dioddef trais.

'Ddigwyddodd dim byd'

Nododd Kelly a Radford (1996) fod trais gan ddynion yn erbyn menywod yn aml yn cynnwys elfen o rym rhywiol, felly hyd yn oed pan nad yw'r trais yn amlwg, mae'r bygythiad o drais yn cyfyngu ar fywydau menywod. Mae ffeministiaid radical yn tynnu sylw at y ffaith bod gan bob dyn y grym i dreisio. Oherwydd hyn, mae menywod yn cael eu rhybuddio i beidio â cherdded heb gwmni yn ystod y nos, ond gall dynion symud yn rhydd. Mae sawl ymddygiad sy'n poeni menywod nad yw'r heddlu'n eu hystyried yn ddifrifol, felly mae cam-drin, brawychu (*intimidation*) a sylwadau rhywiaethol yn dod yn rhan o brofiad menywod o ddydd i ddydd. Mae'n rhaid i fenywod oddef yr ymddygiad hwn, hyd yn oed pan fyddan nhw'n ei ofni a'i ffieiddio. Mae menywod yn aml yn adrodd am aflonyddu rhywiol ond yn cael bod dynion yn eu hamddiffyn eu hunain gan ddweud mai 'jôc yn unig ydoedd'. Mae hyn yn cyfyngu ar ryddid menywod i gael addysg ac i ddilyn gyrfaoedd, neu i fod yn rhydd i fyw yn gydradd ochr yn ochr â dynion.

Sylwadau crynhoi

Felly, y ddadl ffeministaidd yw bod dominyddiaeth dynion dros fenywod wedi treiddio i'r fath raddau i strwythurau cymdeithasol nes bod anghydraddoldeb yn anochel ym mhob agwedd ar fywyd a bod merched weithiau yn derbyn ei fod yn anochel. Pwynt ffeministiaid o bob safbwynt yw bod gan ddynion y grym i bennu'r rheolau cymdeithasol, ond bod menywod yn cael eu gorfodi i fyw mewn byd cymdeithasol lle nad yw eu safbwyntiau'n haeddu cael eu clywed.

Asesu damcaniaethau ffeministaidd

- Un o anawsterau esboniadau ffeministaidd o anghydraddoldeb yw bod mesur rhai mathau o rym, neu pa mor wir yw'r profiadau sy'n cael eu disgrifio, yn anodd iawn. Mae ymchwil ffeministaidd yn aml yn defnyddio dulliau ansoddol. Gallai hyn wella dilysrwydd o ran esbonio sut mae pobl yn teimlo, ond nid yw'n ddibynadwy o ran cynnig tystiolaeth ystadegol.
- Mae adlach (*backlash*) yn erbyn ffeministiaeth wedi bod erioed, hyd yn oed ymhlith menywod; er enghraifft, gwrthwynebodd nifer o bobl yr ymgyrch dros hawliau pleidleisio i fenywod. Nid yw menywod yn un grŵp cymdeithasol, ac nid yw pob un ohonyn nhw'n gwrthwynebu'r system gymdeithasol bresennol. Mae dadlau, fel y gwna ffeministiaid Marcsaidd, mai ymwybyddiaeth ffug yw hyn yn sarhau'r menywod â safbwyntiau croes.

⊙ Mae ffeministiaeth rhyw-bositif, a ddatblygodd yn yr 1980au, yn dadlau nad oes dim byd o'i le ar bornograffi ac ymddygiadau wedi'u rhywioli. Dylai menywod gael yr hawl i fynegi eu rhywioldeb yn yr un ffyrdd â dynion.

⊙ Mae Catherine Hakim yn dadlau bod ffeministiaeth yn gor-ddweud yr achos a bod anghydraddoldeb yn dod o ganlyniad i ddewisiadau economaidd menywod. Erbyn hyn, mae ganddyn nhw rym economaidd nad oedd ar gael iddyn nhw yn y gorffennol ond, yn ymarferol, mae llawer yn dewis blaenoriaethu bywyd teuluol yn hytrach na byd gwaith. Felly, nid ffaith yw anghydraddoldeb ond canlyniad menywod unigol yn dewis swyddi penodol.

Ymchwil

Yn 2015, cyhoeddodd Sefydliad Young adroddiad a oedd yn honni bod anghydraddoldebau systematig a dwfn rhwng dynion a menywod ym Mhrydain a bod y sefyllfa yn gwaethygu. Defnyddion nhw ystod o **ddata eilaidd** a gawson nhw gan amrywiaeth o sefydliadau, a chanfod bod 27 y cant o fenywod yn cael eu talu'n llai na'r cyflog byw a bod cyflog tadolaeth gwael yn golygu bod dynion yn cael eu heithrio o fywydau eu plant. Mae o leiaf saith o fenywod yn cael eu lladd bob mis gan eu partneriaid. Mae menywod yn cael eu tangynrychioli ym maes diwylliant, chwaraeon, busnes, a phob math arall o fywyd cyhoeddus.

a) Nodwch ac esboniwch **ddau reswm** pam penderfynodd yr ymchwilwyr ddefnyddio **data eilaidd** ar gyfer yr ymchwil hwn.

Cwestiwn cymhwyso tystiolaeth

b) Defnyddiwch **un** o'r syniadau i esbonio anghydraddoldeb menywod yn y gymdeithas yn y pwnc hwn i awgrymu rhesymau pam mae menywod yn cael eu tangynrychioli mewn **un** maes o fywyd cyhoeddus.

Gwiriwch eich dysgu eich hun

Cysylltwch y cysyniad â'r gred am rôl a statws menywod mewn cymdeithas.

a) Yr unig ffordd o ddatrys anghydraddoldeb rhywedd yw drwy gael gwared ar y cysyniad o rywedd o fywyd pob dydd gan fod cymdeithas mor rhywiaethol.

b) Mae'n bosibl datrys anghydraddoldeb rhywedd drwy roi terfyn ar gyfalafiaeth gan mai dynion sy'n rheoli grym a chyfoeth yn ein cymdeithas.

c) Mae'r ateb i broblem anghydraddoldeb menywod i'w gael mewn addysg, a thrwy annog menywod i weithio mewn swyddi â grym ac yn y llywodraeth.

oh) Mae menywod sydd o dras ethnig leiafrifol yn wynebu problem ddeuol rhywiaeth a hiliaeth.

d) Mae rheolaeth dynion dros fenywod wedi'i seilio ar ideoleg am rôl menywod mewn cymdeithas. Mae menywod yn cael eu cymdeithasoli i rolau israddol.

dd) Mae dynion a menywod yn naturiol yn wahanol, a dylai hyn gael ei gydnabod a'i ddathlu, felly mae menywod yn perthyn i'r cartref.

e) Mae cymdeithas yn batriarchaidd ac mae gwybodaeth yn dod o syniadau *malestream*.

f) Mae rhyddid rhywiol yn rhan hanfodol o ryddid menywod, felly ni ddylai fod unrhyw reolaethau gan y llywodraeth ar ymddygiadau rhyweddol na rhywiol.

Ffeministiaeth ryddfrydol

Damcaniaethau biolegol

Ffeministiaeth radical

Pob math o ffeministiaeth

Ffeministiaeth rhyw-bositif

Ffeministiaeth Farcsaidd

Ffeministiaeth neo-Farcsaidd neu sosialaidd

Ffeministiaeth ddu

Ysgrifennu estynedig

Gwerthuswch ddamcaniaethau ffeministaidd am anghydraddoldeb rhywedd.

Arweiniad: Bydd angen i chi ddangos eich bod yn deall y gwahanol fathau o ffeministiaeth, felly cyfeiriwch yn ôl at eich nodiadau o'r llynedd ac yn y llyfr hwn i ddangos eich bod yn deall bod amrywiaeth o ddamcaniaethau. Wedyn bydd angen i chi esbonio bod ffeministiaid yn rhannu'r safbwynt bod menywod yn cael eu trin yn anghyfartal, ac edrych ar y gwahanol ffyrdd maen nhw'n esbonio'r anghydraddoldeb hwnnw. Mae'r materion yn ymwneud â strwythurau cymdeithasol, ac mae gennych dystiolaeth o'r rheini yn eich astudiaeth ar anghydraddoldeb a rhywedd (gweler Pwnc 3 yn Adran 3 a Phwnc 10 yn Adran 5); maen nhw hefyd yn ymwneud ag ag ideoleg a byddwch wedi'u hystyried yn y pwnc hwn. Bydd angen i chi wneud penderfyniadau penodol o ran gallu ffeministiaeth i esbonio anghydraddoldeb rhywedd.

Ysgrifennwch tua 750 gair.

Nodau

⊚ **Deall a gwerthuso sut mae ôl-fodernwyr yn ymdrin ag anghydraddoldeb**

Mae ôl-fodernwyr yn gwrthod Marcsaeth a swyddogaetholdeb, gan ei bod yn well ganddyn nhw ddefnyddio syniadau Weberaidd i esbonio anghydraddoldeb. Fodd bynnag, nid yw damcaniaethu ôl-fodernaidd yn ymagwedd ddefnyddiol wrth esbonio anghydraddoldeb oherwydd byddai ôl-fodernwyr yn gwrthod y syniad bod y fath beth ag anghydraddoldeb. Maen nhw'n dweud bod pobl ond yn datblygu ymdeimlad o hil neu ddosbarth pan fydd y mater yn un pwysig iddyn nhw. Mae'r un peth yn berthnasol yn achos anghydraddoldeb: pan fydd pawb yn dlawd, does neb yn teimlo bod angen pethau arnyn nhw. Dim ond pan fyddan nhw'n dod yn ymwybodol bod gan bobl eraill bethau materol llawer gwell y daw'n amlwg bod tlodi ac anghydraddoldeb yn bodoli. Felly mae ôl-fodernwyr yn gweld y broblem yn un i'r unigolyn yn hytrach nag yn un strwythurol i'r gymdeithas. Fodd bynnag, pan fydd y ddamcaniaeth yn cael ei chymhwyso i ddisgrifiad o sut mae'r gymdeithas ôl-fodern (gyfoes) yn gweithio, mae nifer o bwyntiau'n codi sy'n helpu i esbonio pam mae anghydraddoldeb ym Mhrydain gyfoes.

Gwella sgiliau

Efallai eich bod chi wedi astudio globaleiddio fel rhan o gymdeithaseg fyd-eang neu ddiwylliannau ieuenctid. Os na, gallai fod yn fuddiol i chi gyfeirio at y pynciau hyn yn eich llyfr gwaith UG ac yn y llyfr hwn.

Pwnc 7: Damcaniaethau ôl-fodernaidd am anghydraddoldeb

Gwneud i chi feddwl

Dyma Zwlw o Dde Affrica y tu allan i'w gartref. Ydy e'n dlawd? A fyddai'n dlawd pe bai'n byw mewn cwt o'r fath ac yn gwisgo dillad o'r fath yn y DU?

Ôl-foderniaeth ac anghydraddoldeb

Mae esboniadau cymdeithasegol o anghydraddoldeb gan swyddogaethwyr a Marcswyr yn seiliedig ar eu safbwyntiau cyffredinol am strwythur cymdeithas. Maen nhw'n honni bod anghydraddoldeb yn bodoli oherwydd y ffordd y mae'r gymdeithas yn cael ei threfnu. Mae ôl-fodernwyr yn gwrthod ymagweddau o'r fath; maen nhw'n feirniadol o '**metanaratifau**', sef syniadau sy'n ceisio esbonio popeth. Yn hytrach, maen nhw'n dadlau bod y gymdeithas ôl-fodern yn rhanedig a bod gan anghydraddoldeb ystyr i'r unigolyn. Mae ôl-fodernwyr yn disgrifio'r amodau sy'n creu cymdeithas ddarniog a rhanedig lle mae'r amodau yn gweithio law yn llaw i greu tlodi a diweithdra, er gwaethaf eu cred mai ym meddyliau pobl yn unig y mae anghydraddoldeb yn bodoli.

Damcaniaethau ôl-fodernaidd ac anghydraddoldeb

Mae disgrifiadau cymdeithasegol modernaidd traddodiadol o anghydraddoldeb wedi tueddu i edrych ar grwpiau penodol yn y gymdeithas, gan ddisgrifio eu hamodau byw a chynnig esboniadau am eu diffyg cyfoeth neu statws cymharol. Er enghraifft, fel mae David Cheal (2002) yn ei nodi, mae'r cyfoeth neu'r anghydraddoldeb y mae teuluoedd yn ei brofi yn aml wedi bod yn gysylltiedig â rolau galwedigaethol gwrywaidd; er enghraifft, roedd dosbarth cymdeithasol yn cael ei bennu gan swydd y dyn a oedd yn ennill cyflog. Fodd bynnag, nid yw'r ymagwedd hon at asesu anghydraddoldeb yn arbennig o briodol erbyn hyn mewn cymdeithas ôl-fodern (gyfoes). Mae nifer cynyddol o fenywod yn ennill cyflog ar ran y teulu, neu deuluoedd sydd ag un rhiant. Hefyd, mae nifer mawr o deuluoedd yn ennill arian ar y cyd, felly mae'n dod yn anodd cyffredinoli am incwm dosbarth a thlodi ar sail edrych ar effaith enillion dynion ar fywyd teuluol. Mae teuluoedd wedi amrywiaethu, fel yr awgrymodd Weber y bydden nhw, ac nid oes un patrwm penodol o ddadansoddi yn gweddu i bob un. Mae cymhwyso'r syniadau hyn at astudio anghydraddoldeb o safbwynt ôl-fodernaidd yn golygu bod ceisio dod o hyd i reswm dros anghydraddoldeb ac yna ceisio datrys y broblem efallai'n wastraff amser. Mae anghydraddoldeb yn broblem unigol, nid yn broblem gymdeithasol.

Ôl-foderniaeth yn achosi anghydraddoldeb

Mae Lyotard (1979) yn dweud bod dosbarth cymdeithasol, anghydraddoldeb, rhywedd a chategorïau cymdeithasol eraill yn bethau sy'n perthyn i'r cyfnod modern ac i ddamcaniaethu traddodiadol. Mae'n honni nad yw'r termau hyn yn ystyrlon gan na fydd unrhyw grwpiau nac unrhyw gymdeithasau yn rhannu gwerthoedd neu normau cyffredin, fel y mae Durkheim a'r swyddogaethwyr yn ei gredu. Mae'n mynd ymlaen i awgrymu bod cymdeithas yn dryledol ac yn rhanedig. Mae'n defnyddio'r term ôl-fodernaidd i ddisgrifio cyflwr y gymdeithas gyfoes

Disgrifio'r gymdeithas	Cymdeithas ddiwydiannol/ fodernaidd	Cymdeithas ôl-fodernaidd
Cyflwr y gymdeithas	Mae'n tueddu i fod yn sefydlog; mae pobl yn gwybod lle maen nhw'n perthyn	Mae newid ac ansicrwydd yn nodweddion trefniadaeth y gymdeithas
Gwerthoedd diwylliannol	Mae pobl yn tueddu i rannu gwerthoedd diwylliannol	Mae pobl yn cael eu dylanwadu gan ffasiwn a phrynwriaeth
Dosbarth	Mae pobl yn uniaethu ac yn eu grwpio eu hunain ar sail dosbarth	Mae dosbarth yn cael ei ystyried yn hunaniaeth, yn hytrach nag yn ffaith wrthrychol; mae'r rhan fwyaf o bobl yn dadlau nad yw'n bodoli bellach
Diwylliant	Mae cynnyrch diwylliannol, yn ôl y sôn, yn adlewyrchu pryderon cymdeithasol	Mae diwylliant y cyfryngau bellach wedi 'dod' yn gymdeithas gan ei fod mor ddylanwadol
Perthynas â'r economi	Mae pobl yn cynhyrchu drwy weithgynhyrchu	Mae pobl yn prynu nwyddau
Teuluoedd	Mae pobl yn rhan o deuluoedd cnewyllol traddodiadol neu estynedig, a'r dynion yw'r enillwyr cyflog	Mae teuluoedd yn opsiwn, ac mae llawer o bobl yn creu 'teuluoedd o'u dewis'
Rheolaeth gymdeithasol	Mae rheolaeth yn bodoli ar ffurf rheolaeth amlwg gan awdurdod canolog fel yr heddlu	Mae rheolaeth i raddau'n anffurfiol, drwy'r cyfryngau cymdeithasol, neu'n gudd, drwy deledu cylch cyfyng, ac felly mae pobl yn llai ymwybodol ohoni
Addysg	Gallai addysg gael ei hystyried yn basbort uniongyrchol at lwyddiant yn y gymdeithas, ond mae'n cael ei gwerthfawrogi am yr hyn ydyw	Nid oes i addysg lawer o werth o ran incwm, ac mae pobl yn ei gweld yn nhermau casglu tystysgrifau

YMESTYN a HERIO

Gan ddefnyddio'r tabl, awgrymwch resymau pam gallai anghydraddoldeb ddatblygu'n haws mewn cymdeithas ôl-fodernaidd nag mewn cymdeithas ddiwydiannol fodern.

Gwahaniaethau rhwng cymdeithasau modern ac ôl-fodernaidd

gan fod y term yn disgrifio'r newidiadau sydd wedi digwydd mewn cyfalafiaeth ers yr 1970au. Mae'n trafod y ffordd y mae cymdeithas o ddefnyddwyr a'r dewis o nwyddau materol sy'n cael eu hysbysebu yn y cyfryngau yn gwneud i unigolion deimlo'n anghyfartal gan nad ydyn nhw'n berchen ar bethau mae'n ymddangos sydd gan bobl eraill (**prynwriaeth**).

Nodweddion cymdeithas ôl-fodernaidd

Mae rhai wedi dadlau bod cymdeithas ôl-fodern wedi ymddangos o ganlyniad i newidiadau a ddigwyddodd yn ystod hanner cyntaf yr ugeinfed ganrif. Yn ystod y cyfnod o 31 mlynedd rhwng 1914 a 1945, roedd y byd wedi cael ei rwygo'n gareiau ddwywaith gan ryfeloedd dinistriol, cwymp economaidd ac epidemigau a oedd wedi lladd miliynau o bobl. Nid oedd pobl bellach o'r farn bod y byd yn symud ymlaen at rywbeth gwell a mwy diogel i bawb. Cyfeiriodd Ulrich Beck ac Anthony Giddens (1980au) hefyd at y term 'cymdeithas risg', gan awgrymu nad oedd pobl bellach yn teimlo'n ddiogel yn wyneb newid economaidd, amgylcheddol a chymdeithasol. Mae ôl-fodernwyr yn dadlau bod newid cymdeithasol wedi creu cymdeithas ôl-fodern. Maen nhw'n honni'r canlynol am newid cymdeithasol:

1. Mae'n anochel.
2. Nid yw'n cael ei gynllunio fel arfer.
3. Mae'n gwneud i bobl boeni, ac yn codi ofn arnyn nhw.
4. Mae rhai newidiadau cymdeithasol yn fwy arwyddocaol na newidiadau eraill.

Felly, er mwyn deall y gymdeithas ôl-fodern, mae angen nodi effaith newid cymdeithasol dramatig a disgrifio natur y gymdeithas gyfoes. Pan fydd hynny wedi'i wneud, mae'n amlwg bod amodau y gymdeithas ôl-fodern wedi cyfrannu at wahaniaethau cynyddol yng nghyfoeth a grym grwpiau cymdeithasol penodol.

- Dywed Baudrillard (2001) fod y gymdeithas yn rhanedig. Nid yw pobl yn rhannu syniadau na gwerthoedd, ac felly nid ydyn nhw'n derbyn y syniad o hunaniaeth na normau grŵp. Nid yw bod yn hunanol yn broblem.
- Mae Pakulski (1996) yn dweud nad yw dosbarth bellach yn bodoli, felly rydyn ni'n cael ein rheoli gan wahaniaeth statws, nid gwahaniaeth dosbarth. Mae hyn yn adlewyrchu dylanwad Weber ar ôl-foderniaeth.
- Mae dirywiad y diwydiant gweithgynhyrchu a'r diweithdra sy'n deillio ohono wedi arwain at dlodi, salwch a straen i lawer o bobl, a chynnydd yn nifer y bobl sy'n dibynnu ar fudd-daliadau diweithdra mewn ardaloedd ôl-ddiwydiannol.

Mae hysbysebu'n gwneud i ni fynd ar ôl ceir a dillad a gweithio mewn swyddi rydyn ni'n eu casáu er mwyn i ni allu prynu rwtsh nad oes ei angen arnon ni.

Dyfyniad o'r ffilm 'Fight Club', a gyfarwyddwyd gan David Fincher

Mae ein heconomi hynod gynhyrchiol yn golygu ein bod ni'n gwneud siopa yn ganolbwynt ein ffordd o fyw, ein bod ni'n troi'r weithred o brynu a gwerthu nwyddau yn ddefodau, ein bod ni'n chwilio am foddhad ysbrydol a boddhad i'n hego drwy brynu. Mae angen defnyddio, llosgi, treulio, disodli a thaflu pethau ar gyfradd sy'n cynyddu'n fwy ac yn fwy.

Victor Lebow, economegydd (1955)

Damcaniaethau anghydraddoldeb cymdeithasol

YMESTYN a HERIO

Defnyddiwch y Rhyngrwyd i ymchwilio i waith yr Uned Allgáu Cymdeithasol. Roedd hon yn adran o'r llywodraeth a oedd yn bodoli rhwng 1997 a 2010. Pa broblemau roedd hi'n ceisio mynd i'r afael â nhw?

⊙ Mae colli swydd fel statws hunaniaeth yn golygu nad oes gan ddynion yn benodol bellach ymdeimlad o'r hyn y mae'n ei olygu i fod yn ddyn, sy'n creu argyfwng gwrywdod.

⊙ Mae newidiadau yn natur gwaith, a'r cynnydd mewn gwaith sgiliau isel y sector gwasanaethau, wedi arwain at lafur sydd wedi'i ffemineiddio a newidiadau mewn perthnasau rhywedd.

⊙ Mae Jameson (2010) yn dadlau nad oes gan bobl ymdeimlad bellach o'u diwylliant eu hunain, felly mae profiadau yn ddiflanedig ac yn cael eu creu gan y cyfryngau. Oherwydd hyn, mae pobl yn teimlo'n llai hyderus am y dyfodol.

⊙ Mae globaleiddio yn golygu bod gweithgynhyrchu wedi symud i ardaloedd llai economaidd ddatblygedig, ond mae nwyddau yn gymharol rad yn y Gorllewin. Mae Neil Waters (1994) yn dweud bod pobl yn cael eu hannog gan hysbysebu i brynu dillad ffasiynol a chynhyrchion cyflym.

⊙ Mae unigolyddiaeth yn golygu bod pobl, yn enwedig y rhai sy'n gyfoethog, yn cael eu hannog i fod yn hunanol ac i boeni am eu hanghenion a'u dymuniadau eu hunain, yn hytrach na bod â chydwybod gymdeithasol.

Mae'r llun yn dangos marchnad yn Nhwrci. Ym mha ffyrdd y mae'r farchnad hon yn adlewyrchu cymdeithas ôl-fodernaidd? Sut byddech chi'n teimlo mewn lle o'r fath pe na bai gennych chi arian?

Allgáu cymdeithasol

O ran polisïau, mae llywodraethau wedi dechrau symud i ffwrdd oddi wrth ddisgrifiadau traddodiadol o anghydraddoldeb incwm, ac wedi bod yn cymhwyso syniadau ôl-fodernaidd am allgáu cymdeithasol a chymdeithas ranedig. Mae'n debyg bod pobl yn cael eu hallgáu'n gymdeithasol, nid pan fyddan nhw'n dlawd, ond pan fyddan nhw'n methu ymgysylltu â'r gymdeithas ac yn cael eu hamddifadu o fwy nag un peth, fel addysg wael, cyfraddau troseddu uchel, chwalu teuluol a gwahaniaethu. Eu nodweddion personol sy'n golygu eu bod nhw'n anghyflogadwy.

Asesu damcaniaeth ôl-fodernaidd

⊙ Un o anawsterau'r ddamcaniaeth hon yw nad yw'n cynnig unrhyw esboniad uniongyrchol o anghydraddoldeb, ac mae'n gwadu ei fod yn bodoli.

⊙ Mae tystiolaeth ystadegol yn dangos bod rhaniadau rhwng y cyfoethog a'r tlawd yn fwy llydan nag y maen nhw wedi bod ers blynyddoedd lawer ac, yn wir, mae'n ymddangos fel pe baen nhw'n cynyddu.

Dysgu gweithredol

Trafodaeth: Ai dewis ffordd o fyw yw bod yn ddigartref neu bod yn dlawd, fel y byddai ôl-fodernwyr, efallai, yn ei ddweud?

- Mae'r syniad o allgáu cymdeithasol yn galluogi llywodraethau i ddiystyru ystadegau sy'n dangos bod anghydraddoldeb incwm yn cynyddu a bod nifer mawr iawn o grwpiau cymdeithasol penodol yng nghymdeithas Prydain wir yn dioddef o dlodi, a heb angenrheidiau sylfaenol.
- Mae'n bosibl defnyddio dadleuon ôl-fodernaidd i gyfiawnhau anghydraddoldeb a thlodi. Mae'n bosibl y bydd lywodraethau sy'n dymuno ystyried bod y broblem yn perthyn i'r unigolyn yn hytrach nag i'r gymdeithas yn awyddus i'w hybu.
- Mae rhai hunaniaethau nad ydyn nhw'n ddewisiadau ffordd o fyw, ac nid yw'n bosibl eu newid: mae rhywedd, oedran a chefndir hiliol yn effeithio ar gyfleoedd ond dydyn nhw ddim yn ddewisiadau ffordd o fyw.

Ymchwil

Mae ymchwil ansoddol i brofiad plant o dlodi yn dangos ei fod yn effeithio ar bob agwedd ar eu bywydau. Cynhaliodd Tess Ridge (2009), o Brifysgol Caerfaddon, adolygiad o'r ymchwil a gafodd ei wneud dros y 10 mlynedd cyn hynny i'r profiad o dlodi. Daeth i'r casgliad bod tlodi ac anghydraddoldeb yn cael effaith ddinistriol o negyddol ar iechyd seicolegol a lles ymarferol pobl. Mae'r profiad o fod yn dlawd pan fydd eraill o'u cwmpas yn gyfoethog yn gwneud i bobl deimlo'n ynysig, yn agored i niwed ac yn unig.

a) Nodwch ac esboniwch **ddau** fater moesegol yn ymwneud ag ymchwil ansoddol i brofiadau pobl o dlodi.

Cwestiwn cymhwyso tystiolaeth

b) Ysgrifennwch baragraff gan ddefnyddio'r wybodaeth a roddwyd i chi am ganfyddiadau Ridge naill ai i gefnogi neu i wrthod y safbwynt mai problem yr unigolyn yw anghydraddoldeb ac nad yw'n broblem gymdeithasol.

Gwiriwch eich dysgu eich hun

Cysylltwch y term â'r datganiad.

a) Darnio

b) Allgáu cymdeithasol

c) Unigolyddiaeth

ch) Globaleiddio

d) Cymdeithas risg

dd) Prynwriaeth

e) Moderniaeth

f) Ôl-foderniaeth

Mae busnesau a chysylltiadau masnachol yn cael eu trefnu'n gynyddol ar raddfa fyd-eang, gan gynyddu cyd-ddibyniaeth gwledydd.

Newid yw cyflwr naturiol cymdeithas, ond nid yw cymdeithas yn symud ymlaen.

Bydd y cynnydd mewn prynu a defnyddio nwyddau'n gwneud pobl yn hapusach.

Mae cymdeithas yn dechrau ymddatod ac nid yw pobl yn teimlo bellach eu bod yn rhan o grŵp mwy.

Mae cymdeithas yn gwella ac yn newid er gwell yn barhaus.

Dylai pob person edrych ar ôl ei fuddiannau ei hun yn hytrach na dibynnu ar y wladwriaeth am gymorth.

Mae cymdeithas yn fwyfwy ansicr ac yn ofni newid cymdeithasol.

Nid yw pobl yn rhan o'r system gymdeithasol oherwydd tlodi neu ffactorau unigol.

Ysgrifennu estynedig

Aseswch pa mor ddefnyddiol yw cyfraniadau ôl-fodernaidd o ran deall anghydraddoldeb.

Arweiniad: Bydd angen i chi gynnig diffiniad o ôl-foderniaeth cyn symud ymlaen i asesu pa mor ddefnyddiol ydyw o ran deall anghydraddoldeb. Mae'r diffiniad gorau o ôl-foderniaeth yn disgrifio'r gwahaniaethau rhyngddi a moderniaeth. Fel damcaniaeth annibynnol, nid yw ôl-foderniaeth yn ddefnyddiol gan ei bod hi'n anwybyddu gwahaniaethau cymdeithasol mawr o ran cyfoeth a grym, ac mae'n well ganddi ystyried mai problem i'r unigolyn yw anghydraddoldeb. Fel disgrifiad o berthnasoedd cymdeithasol a newid cymdeithasol, mae ôl-foderniaeth yn cynnig cipolwg ar sut mae'r gymdeithas gyfoes wedi newid, ac mae'n dangos y ffyrdd y mae darnio yn golygu bod rhai grwpiau o bobl yn llai grymus na'i gilydd, syniad a gafodd ei awgrymu a'i esbonio gan Weber hefyd Felly, gallech chi ystyried ôl-foderniaeth mewn perthynas â damcaniaethau eraill am anghydraddoldeb. Efallai bydd angen i chi ddatblygu eich pwyntiau gyda thystiolaeth benodol o'ch dysgu blaenorol am anghydraddoldeb. Bydd eich casgliad yn cyfeirio at ddyfarniad penodol am ddefnyddioldeb, neu beidio, ôl-foderniaeth.

Ysgrifennwch tua 750 gair.

Nodau

- Deall a gwerthuso damcaniaethau'r Dde Newydd am anghydraddoldeb

Nid yw'r Dde Newydd o'r farn bod anghydraddoldeb yn broblem i'r gymdeithas. Mae eu safbwyntiau wedi bod yn bwysig yn wleidyddol yn y Gorllewin ers yr 1980au. Mae eu safbwyntiau yn debyg i swyddogaetholdeb oherwydd eu bod nhw'n credu bod anghydraddoldeb yn anochel ac yn ddefnyddiol i'r gymdeithas. Syniad sylfaenol y Dde Newydd yw y dylai unigolion fod yn gyfrifol cyhyd ag y bo modd am eu bywydau eu hunain a dylai llywodraethau chwarae cyn lleied o ran â phosibl wrth redeg y gymdeithas. Y 'farchnad rydd' a ddylai yrru'r gymdeithas; mae cystadleuaeth rhwng cwmnïau yn sicrhau bod dewis ar gael ar gyfer y cyhoedd a bod nwyddau a gwasanaethau'n cael eu darparu'n effeithiol. Mae unrhyw beth sy'n cyfyngu ar ryddid i ddewis yn annymunol: er enghraifft, mae trethiant uniongyrchol (e.e. y dreth incwm) yn cyfyngu ar ddewisiadau pobl ynglŷn â sut i wario eu harian oherwydd bod rhywfaint ohono eisoes wedi ei gymryd oddi arnyn nhw. Yn wahanol i Farcsaeth, sydd ag ymagwedd gyfunol at y gymdeithas, mae'r Dde Newydd yn canolbwyntio ar yr unigolyn.

Dysgu annibynnol

Mae archif enfawr o lythyrau, areithiau a chyfweliadau ar wefan The Margaret Thatcher Foundation http://www.margaretthatcher.org/. Mae deunydd fideo ar gael hefyd. Dysgwch fwy ar y we.

Pwnc 8: Damcaniaethau'r Dde Newydd am anghydraddoldeb

Gwneud i chi feddwl

Mae'r stamp yn dangos llun o Brif Weinidog benywaidd cyntaf y DU (1979–90), Margaret Thatcher, a oedd yn arweinydd y Blaid Geidwadol. Roedd hi'n ffigur a oedd yn creu ymraniadau yng ngwleidyddiaeth Prydain. Trafodwch â phobl sy'n ddigon hen i gofio ei chyfnod mewn grym; beth yw eu safbwynt amdani?

Esboniadau'r Dde Newydd o anghydraddoldeb

Mae safbwyntiau'r Dde Newydd yn debyg i rai swyddogaetholdeb oherwydd eu bod nhw'n credu bod anghydraddoldeb yn anochel ac yn ddefnyddiol i'r gymdeithas. Roedd y Dde Newydd yn safbwynt economaidd a gwleidyddol a ddatblygodd yn yr 1970au hwyr yn UDA a'r DU. Daeth yn arbennig o ddylanwadol yn ystod yr 1980au a'r 1990au. Mae'r safbwynt yn dal wrth wraidd syniadau ceidwadol yn y 2010au ac mae wedi bod yn allweddol o ran dylanwadu ar bolisi'r llywodraeth dros y 30 mlynedd diwethaf. Y prif feddylwyr gwleidyddol oedd Friedman a Bauer, a oedd yn dadlau y dylai'r gymdeithas gael ei rheoli yn ôl anghenion busnesau a masnach gan mai grymoedd y farchnad fydd yn sicrhau'r effeithlonrwydd mwyaf wrth reoli'r gymdeithas. Mae'r Dde Newydd yn awgrymu na ddylai llywodraethau ymyrryd yn y gymdeithas gan nad yw cynllunio gan y llywodraeth yn codi safonau byw.

Mae safbwynt y Dde Newydd wedi bod yn fwy amlwg ym maes economeg a gwleidyddiaeth nag ym maes cymdeithaseg; mae wedi cael effaith fawr ar bolisi cymdeithasol a syniadau'r llywodraeth mewn nifer o wledydd. Mae'r Dde Newydd yn credu yn y 'farchnad rydd', sef term economaidd sy'n disgrifio'r gred bod cystadleuaeth a'r rhyddid i ddewis yn creu cymdeithas iach. Dylai pobl fod yn rhydd i wneud eu dewisiadau eu hunain, ac yn eu tro mae'n rhaid iddyn nhw dderbyn cyfrifoldeb am eu gweithredoedd. Mae dewis yn cael ei ystyried yn rhywbeth da gan ei fod yn golygu cystadlu, sy'n codi safonau yn eu barn nhw. Mae unrhyw beth sy'n cyfyngu ar ddewis a chystadlu, neu gyfrifoldeb personol, yn cael ei ystyried yn wael i'r gymdeithas. Felly, mae treth incwm yn cael ei hystyried yn rhywbeth gwael gan ei fod hi'n cyfyngu ar ddewis: mae rhywun arall (y llywodraeth) wedi penderfynu sut i wario'r arian hwnnw. Mae modd ystyried bod budd-daliadau lles yn wael gan eu bod nhw'n caniatáu i bobl oroesi heb weithio. Yn ôl y Dde Newydd, mae'r wladwriaeth les wedi tanseilio cyfrifoldeb personol ac wedi caniatáu i rai pobl, neu'n hwyrach wedi'u hannog, i ddod yn ddibynnol ar fudd-daliadau lles. O safbwynt y Dde Newydd, mae'r rhan fwyaf o bobl sy'n hawlio budd-daliadau wedi dewis gwneud hynny; ar wahân i'r rhai sy'n amlwg yn methu gweithio, mae'n ddewis ffordd o fyw sy'n bosibl oherwydd haelioni'r wladwriaeth les.

Damcaniaeth diferu i lawr: anghydraddoldeb a phobl gyfoethog

Mae damcaniaeth diferu i lawr yn syniad economaidd rydyn ni'n ei gysylltu â gwleidyddion y Dde Newydd. Y gred yw os bydd pobl gyfoethog yn talu llai o dreth ac yn gwneud mwy o elw, bydd yr arian y maen nhw'n ei wario'n ysgogi'r economi, yn creu mwy o swyddi a bydd pawb ar eu hennill. Roedd polisïau economaidd yr Arlywydd Ronald Reagan yn UDA a Margaret Thatcher yn y DU yn seiliedig ar y syniad y dylai pobl gyfoethog dalu llai o dreth. Torrodd Margaret Thatcher y gyfradd dreth uchaf o 83 y cant i 60 y cant yn 1979. Erbyn 1988, roedd y gyfradd dreth uchaf yn 40 y cant. Felly roedd pobl gyfoethog yn gallu cadw mwy o'u hincwm personol. Cafodd diwydiannau a oedd yn eiddo i'r llywodraeth eu preifateiddio (eu gwerthu), yn rhannol i helpu i dalu am y trethi is ond hefyd i adlewyrchu safbwynt y Dde Newydd y dylai'r sector cyhoeddus fod cyn lleied â phosibl. Ym mis Gorffennaf 2015, galwodd 160 o Aelodau Seneddol Ceidwadol am doriadau mewn trethi o 45 y cant i 40 y cant i'r bobl fwyaf cyfoethog. Achosodd cyllideb mis Mawrth 2016 helynt gwleidyddol wrth i fudd-daliadau lles gael eu torri er mwyn lleihau treth gorfforaethol i gwmnïau cyfoethog.

Damcaniaeth isddosbarth: anghydraddoldeb a'r sectorau tlotaf yn y gymdeithas

Tra bod Marcsaeth, damcaniaethau hil a ffeministiaeth yn esbonio anghydraddoldeb yn nhermau strwythur cymdeithas, mae swyddogaethwyr, ôl-fodernwyr a'r Dde Newydd yn tueddu i weld anghydraddoldeb fel nodwedd sy'n perthyn i bobl dlawd. Mae hanes hir o'r math hwn o feddwl: er enghraifft, dywedodd Herbert Spencer (1864) fod tlodi'n dda i'r gymdeithas am ei fod yn annog pobl dlawd i weithio'n galetach; roedden nhw'n haeddu eu tlodi oherwydd nad oedd ganddyn nhw unrhyw foesoldeb.

Mae mathau o ddamcaniaethau sy'n esbonio mai bai'r bobl dlawd eu hunain yw tlodi ac anghydraddoldeb yn cynnwys:

- **Damcaniaethau amddifadedd diwylliannol**, sy'n dadlau bod gan bobl dlawd ddiwylliant sy'n eu cadw rhag llwyddo. Â Lewis (1950au) a Sugarman (1970) y byddwn ni'n cysylltu'r syniadau hyn.
- **Damcaniaethau cylch amddifadedd**, sy'n awgrymu bod pobl dlawd yn trosglwyddo tlodi i'w plant oherwydd cymdeithasoli gwael.
- **Damcaniaeth isddosbarth**, sy'n cyfuno'r ddwy ymagwedd hyn at ddeall anghydraddoldeb ac sy'n seiliedig ar swyddogaetholdeb a meddwl gwleidyddol ceidwadol.

Dywed O'Brian (1997) fod meddylwyr y Dde Newydd wedi defnyddio cysyniadau a oedd yn gyffredin yn oes Fictoria i ddeall tlodi ac anghydraddoldeb:

- Pobl dlawd haeddiannol (yn haeddu cymorth), sy'n dlawd am resymau y tu hwnt i'w rheolaeth ac sy'n brwydro i weithio eu ffordd allan o dlodi.
- Pobl dlawd anhaeddiannol, sy'n byw drwy droseddu a dwyn ar y slei. Maen nhw'n gwario eu harian ar ddiod a chyffuriau.

Dywed Jencks (1989) fod y Dde Newydd yn tueddu i weld y rhai sy'n byw ar fudd-daliadau lles fel pobl dlawd anhaeddiannol am y rhesymau hyn:

- Maen nhw'n troseddu'n fwy nag eraill.
- Maen nhw'n gwrthod gwneud yn dda yn yr ysgol a dydyn nhw ddim wedi derbyn addysg.
- Maen nhw'n amharod i weithio, ac yn mynnu byw oddi ar fudd-daliadau.

Mae'n siŵr mai'r cymdeithasegydd Americanaidd Charles Murray yw'r damcaniaethwr sy'n cael ei gysylltu fwyaf â damcaniaeth isddosbarth. Yn dilyn ymweliad â Phrydain, honnodd fod diwylliant o ddibynnu ar les wedi datblygu yn y DU. Roedd yn credu bod rhai mathau o bobl yr oedd yn eu diffinio'n isddosbarth yn anfodlon gweithio oherwydd eu bod wedi dod yn ddibynnol ar fudd-daliadau gan y wladwriaeth i'w cynnal. Mae cylch dieflig yn bodoli: roedd plant anghyfreithlon, heb fodelau rôl gwrywaidd, yn byw ar fudd-daliadau lles ac wedi'u cymdeithasoli'n wael gan famau sengl ifanc heb addysg, yn creu cenedlaethau o blant fel nhw eu hunain. Roedd hyn yn arwain at fwy o droseddu a thrais mewn cymdeithas. Roedd e'n honni bod dosbarth cyfan o bobl yn ddibynnol ar fudd-daliadau lles ac wedi'u cau allan o swyddi, cyfleoedd a bywyd gwleidyddol.

Damcaniaethau anghydraddoldeb cymdeithasol

Diwylliant dibyniaeth

Mae Saunders, ymhlith eraill, wedi awgrymu nad oes dwywaith fod bodolaeth y wladwriaeth les a budd-daliadau'n cefnogi'r bobl dlotaf. Fodd bynnag, mae hefyd yn creu anghydraddoldeb drwy rwydo'r bobl hyn yn yr hyn sydd wedi cael ei alw'n 'ddiwylliant dibyniaeth'. Dyma'r hyn mae Saunders yn ei honni:

⦿ Gan fod budd-daliadau mor uchel ac mor hael, nid yw pobl yn teimlo unrhyw angen i weithio gan eu bod nhw'n byw'n gyfforddus heb orfod gweithio.

⦿ Oherwydd nad oes angen i bobl dlawd weithio, mae budd-daliadau'n golygu y gallan nhw wneud gwaith am arian parod heb dalu treth, a chyflawni troseddau fel delio mewn cyffuriau a dwyn o siopau i ychwanegu at eu hincwm.

⦿ Mae aelodau'r isddosbarth, drwy ddiffiniad, wedi cael eu haddysgu'n wael ac yn meddu ar ychydig iawn o sgiliau, felly os cân nhw waith, mae'n talu cyn lleied nad yw'n talu ffordd iddyn nhw weithio.

Mae'r damcaniaethu hwn yn awgrymu bod yr isddosbarth yn datblygu diwylliant sy'n golygu eu bod nhw'n gwbl ddibynnol ar y wladwriaeth ac nad ydyn nhw'n rhan o'r gymdeithas brif ffrwd bellach.

Asesu damcaniaethau'r Dde Newydd

⦿ Mae dadl gryf sy'n awgrymu bod y Dde Newydd yn beio dioddefwyr amddifadedd cymdeithasol ac anghydraddoldeb am eu hanlwc eu hunain. Nid lefelau uchel o fudd-daliadau yw'r broblem wirioneddol, ond lefelau gwael iawn o fudd-daliadau, ychydig o gyfleoedd am gyflogaeth sicr ar gyflog byw, a gwahaniaethu yn erbyn pobl o'r ystadau tlotaf.

⦿ Ychydig iawn o dystiolaeth, os oes tystiolaeth o gwbl, sydd bod damcaniaethau diferu i lawr yn adlewyrchu'r hyn sy'n digwydd. Mae bylchau mewn incwm a chyfoeth yn cynyddu'n raddol.

⦿ Mae'r Dde Newydd yn honni mai'r ffordd orau o fagu plant yw yn y teulu cnewyllol traddodiadol. Maen nhw'n anwybyddu'r dystiolaeth gryf iawn i'r gwrthwyneb sydd wedi cael ei chyflwyno gan ffeministiaid sy'n dangos y gall strwythurau teuluol traddodiadol fod yn llym ac yn beryglus iawn i fenywod a phlant.

⦿ Nid yw polisïau'r Dde Newydd dros y 30 mlynedd diwethaf wedi gwella bywydau'r bobl dlotaf mewn cymdeithas. Mewn gwirionedd, mae'r awyrgylch o elyniaeth tuag at y rhai ar fudd-daliadau wedi arwain at gosbi pobl sâl ac anabl ac achosi iddyn nhw gael eu herlid yn gynyddol gan bobl eraill yn y gymdeithas a gan y system fudd-daliadau.

⦿ Mae damcaniaethau'r Dde Newydd yn boblogaidd gyda llywodraethau: os gall llywodraethau feio'r isddosbarth ac unigolion am eu tlodi eu hunain, nid oes angen iddyn nhw bellach gymryd cyfrifoldeb dros dlodi ac amddifadedd mewn cymdeithas.

⦿ Mae polisïau lles sy'n gwneud pobl yn gyfrifol am edrych ar eu hôl eu hunain ac sy'n torri budd-daliadau a gwasanaethau i bobl sâl ac anabl wedi creu anghydraddoldeb oherwydd bod rhaid i bobl gael mwy o ofal. Allan nhw ddibynnu ar gymorth gan y wladwriaeth bellach. Yn ôl Wallace, mae'r baich, yn anorfod, yn cael ei osod ar fenywod sy'n gorfod gofalu am bobl sâl a'r henoed ac felly'n wynebu tlodi eu hunain.

⦿ Mae'r Dde Newydd yn aml yn tynnu sylw at achosion o bobl sy'n camddefnyddio'r system les drwy hawlio'n dwyllodrus, ond does ganddyn nhw ddim llawer i'w ddweud am bobl gyfoethog sy'n osgoi talu trethi.

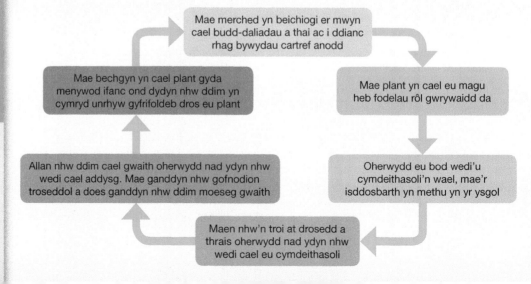

Ysgrifennu estynedig

Gwerthuswch safbwyntiau'r Dde Newydd am anghydraddoldeb.

Arweiniad: Mae'r cwestiwn yn gofyn i chi lunio barn am gryfderau a gwendidau damcaniaethau'r Dde Newydd am anghydraddoldeb. Bydd angen i chi esbonio beth yw'r Dde Newydd a chynnig rhesymau pam mae mor boblogaidd gyda'r rhai sy'n llunio deddfau er gwaethaf y diffyg tystiolaeth i gefnogi'r damcaniaethau. Mae dau linyn i ddamcaniaethau'r Dde Newydd: damcaniaeth diferu i lawr yw'r gyntaf, sy'n awgrymu y dylai pobl gyfoethog gael eu gwerthfawrogi a'u gwobrwyo i'w hannog nhw i weithio; yr ail yw damcaniaeth isddosbarth, sy'n awgrymu y dylai pobl dlawd gael eu cosbi er mwyn gwneud iddyn nhw weithio. Bydd angen i chi feirniadu'r ddau safbwynt, ac ystyried rhesymau'n seiliedig ar strwythur cymdeithas i esbonio pam mae anghydraddoldeb yn bod, er mwyn tynnu sylw at y gwendidau yn syniadaeth y Dde Newydd.

Ysgrifennwch tua 750 gair.

Ymchwil

Yn 2002, daeth Ming Zhang i'r casgliad bod cysylltiad rhwng presenoldeb yn yr ysgol a thlodi. Gan ddefnyddio ystadegau a chofrestri ysgol bwrdeistrefi Llundain, gwelodd ei bod yn fwy tebygol y byddai plant o'r teuluoedd tlotaf yn absennol o'r ysgol ac yn chwarae triwant. Yn 2006, gan ddefnyddio'r un dulliau, daeth i'r casgliad bod plant tlawd yn fwy tebygol o golli ysgol oherwydd afiechyd a achosir gan ddai gwael a ffyrdd afiach o fyw. Daeth i'r casgliad bod salwch cyson plant o gartrefi difreintiedig yn arwain at gyrhaeddiad addysgol gwael.

a) Nodwch ac esboniwch **ddau** fater ymarferol sy'n gysylltiedig ag ymchwil Ming Zhang i resymau plant dros fod yn absennol o'r ysgol.

Cwestiwn cymhwyso tystiolaeth

b) Ysgrifennwch baragraff yn defnyddio canlyniadau ymchwil Ming Zhang naill ai i gefnogi neu i wrthod safbwynt Murray fod yr isddosbarth yn methu yn yr ysgol oherwydd cymdeithasoli gwael a diffyg modelau rôl da gan rieni.

Gwiriwch eich dysgu eich hun

Nodwch pa rai o'r safbwyntiau hyn y gallai meddyliwr y Dde Newydd eu mynegi.

a) Y ffordd o ddatrys tlodi yw cynyddu cyfoeth y cyfoethog.

b) Mae pobl sy'n dlawd yn gyffredinol yn dewis tlodi fel ffordd o fyw.

c) Mae strwythurau cymdeithas yn ei gwneud yn fwy tebygol y bydd rhai pobl yn wynebu anghydraddoldeb.

ch) Mae darparu budd-daliadau a thaliadau lles i'r bobl dlotaf yn ddrwg i'r gymdeithas gyfan.

d) Plant yn cael eu geni i famau sengl yw un o brif achosion problemau cymdeithasol y DU.

dd) Mae dioddefwyr tlodi ac anghydraddoldeb i'w beio am eu sefyllfaoedd eu hunain.

e) Mae rhai anghydraddoldebau'n rhan annatod o gymdeithas ac ni ddylai'r bobl sy'n eu profi nhw gael eu beio.

f) Y rheswm dros anghydraddoldeb yw gwaith cyflog isel ac ecsbloetio gan reolwyr.

Pwnc 9: Damcaniaethau i esbonio anghydraddoldebau oedran

Mae pobl iau a phlant yn y DU gyfoes yn tueddu i fod yn agored i niwed mewn sawl ffordd. Dydyn nhw ddim yn gyfartal o ran hawliau a gofynion cyfreithiol, ac mae'n bosibl talu cyflog is iddyn nhw nag i bobl hŷn. Dydyn nhw ddim chwaith yn gymwys i dderbyn rhai budd-daliadau a hawliau. Mae llawer o bobl hŷn yn hawlio eu bod wedi profi oedraniaeth yn y gwaith neu yn y gymdeithas ehangach. Mae'n ymddangos bod menywod yn fwy agored i wahaniaethu ar sail oedran na dynion, yn aml oherwydd eu bod yn cael eu barnu yn ôl meini prawf gwahanol, fel prydferthwch. Plant a'r henoed sydd fwyaf agored i broblemau iechyd a chyflyrau sy'n anablu, yn ôl pob golwg. Mae damcaniaethau cymdeithasegol yn cynnig esboniadau gwahanol am yr anghydraddoldeb sy'n gysylltiedig ag oedran.

Dysgu annibynnol

Edrychwch ar broject ar-lein a gynhaliwyd gan Sefydliad Joseph Rowntree sy'n archwilio profiadau o henaint: http://betterlife.jrf.org.uk/ Gwnewch nodiadau ar y prif bwyntiau.

Gwella sgiliau

Gallwch weld tystiolaeth o anghydraddoldeb oedran i gefnogi'r pwyntiau hyn yn yr adran ar dystiolaeth o anghydraddoldeb. Dylech chi ddefnyddio'r deunydd hwnnw i gefnogi eich pwyntiau.

Gwneud i chi feddwl

Allwn ni ddweud faint yw oedran rhywun oddi wrth eu golwg? Mae Ozzy Osbourne, prif ganwr Black Sabbath a seren roc sy'n briod â Sharon Osbourne, yn ei chwedegau hwyr. Mae Helen Mirren dros 70 ac mae ganddi yrfa fel actores a seren ffilmiau. Ym mha ffyrdd mae pobl fel Mirren ac Osbourne yn herio barn draddodiadol am yr henoed yn ein cymdeithas?

Esboniadau damcaniaethol o anghydraddoldeb oedran

Swyddogaetholdeb

Agwedd gadarnhaol sydd gan swyddogaethwyr tuag at anghydraddoldeb. Maen nhw'n defnyddio cysyniadau consensws a chytundebau cymdeithasol i esbonio statws is yr henoed yn ein cymdeithas. Cyfeiriodd Elaine Cumming a William Earl Henry (1961) at y syniad o 'ymbellhau'. Roedden nhw'n gweld ymbellhau'n broses raddol lle roedd aelodau'r genhedlaeth hŷn yn cilio rhag y gymdeithas ac yn trosglwyddo eu swyddogaethau cymdeithasol i bobl iau a thrwy hynny'n paratoi at golli eu gallu meddyliol ac at eu marwolaeth. Ar ben hynny, maen nhw'n awgrymu bod y broses o ymbellhau'n yn wahanol i ddynion a menywod, oherwydd bod eu rolau cymdeithasol yn wahanol yn gyffredinol. Mae dynion yn gweithio y tu allan i'r cartref mewn rolau dylanwadol, ac felly mae'n rhaid iddyn nhw ymddeol a thynnu yn ôl o fywyd cyhoeddus. Dadleuodd Eisenstadt (1956) fod grwpiau o genedlaethau gwahanol yn caniatáu i unigolion ddysgu rolau cymdeithasol wrth iddyn nhw fynd yn hŷn a bod hyn yn cyfrannu at gonsensws barn a chydlyniad. Rôl pobl hŷn yw cymdeithasoli pobl ifanc i'w paratoi ar gyfer eu dyfodol eu hunain.

Mae'n bosibl beirniadu'r safbwynt hwn am fod yn optimistaidd ar y cyfan, fel y mae tuedd i swyddogaetholdeb fod.

⊚ Mae'n tybio bod pawb yn rhannu profiadau o dyfu'n hŷn mewn ffordd debyg; fodd bynnag, mae'r profiad o heneiddio'n amrywio'n fawr. I rai, mae'n gyfnod o dlodi ac iechyd gwael, ac i eraill mae'n gyfnod o ymlacio a mwynhau.

⊚ Mae swyddogaetholdeb yn tueddu i anwybyddu materion ethnigrwydd, dosbarth cymdeithasol a rhywedd fel ffynonellau anghydraddoldeb, a bydd y rhain hefyd yn effeithio ar brofiadau pobl o heneiddio.

⊚ Ychydig o dystiolaeth sydd ar gael i gefnogi damcaniaethu o'r math hwn oherwydd ei fod yn anodd ei brofi.

Marcsaeth a neo-Farcsaeth

Y dybiaeth sy'n sail i syniadaeth Farcsaidd o bob math yw bod grwpiau cyfalafol trechol yn rheoli cyfoeth a grym mewn cymdeithas. Maen nhw'n gormesu ac yn ecsbloetio llafur gweithwyr. Un o'r dulliau pwysicaf o gyfyngu ar gyflogau gweithwyr yw'r gweithlu wrth gefn. Pobl yw'r rhain na fyddai'n gweithio fel arfer, efallai oherwydd eu bod yn hen, yn ifanc, o leiafrifoedd ethnig neu'n fenywod. Os byddan nhw'n gweithio, maen nhw'n gweithio yn sectorau isaf y dosbarth gweithiol. Ar adegau o dwf economaidd, gall y gweithlu wrth gefn ymgymryd â swyddi. Pan fydd dirywiad economaidd, dyma'r bobl a fydd yn cael eu diswyddo gyntaf. Mae pobl hŷn a phobl ifanc yn rhan bwysig o'r gweithlu wrth gefn.

Mae'n ddefnyddiol ystyried damcaniaeth y farchnad lafur ddeuol mewn perthynas â phobl ifanc yn benodol. Mae'r ddamcaniaeth yn dadlau bod sector eilaidd yn y farchnad lafur, sef pobl sy'n cymryd gwaith tymor byr, sgiliau isel heb ddisgwyl cael dyrchafiad nac hyfforddiant. Mae'r math hwn o waith yn tueddu i gael ei gynnig i bobl ifanc. Gall olygu derbyn contractau dim oriau efallai neu gyflogau is nag y bydden nhw'n eu hennill pe baen nhw'n hŷn.

Roedd Althusser (1971) yn feirniadol iawn o daliadau lles i'r henoed ac i bobl ifanc. Honnodd fod pensiynau'r wladwriaeth a budd-daliadau plant yn rhwystro'r bobl fwyaf agored i niwed rhag teimlo effeithiau llawn eu safle yn y gymdeithas. Roedd y budd-daliadau hyn yn cael eu gweld yn ffordd o gyfreithloni grym y dosbarth llywodraethol ac felly roedden nhw'n rhan o offer ideolegol y wladwriaeth. Ar y llaw arall, awgrymodd Phillipson (2010) fod pensiynau'r wladwriaeth yn annigonol a bod yr henoed yn ddibynnol ar les ychwanegol gan y wladwriaeth oni bai bod ganddyn nhw bensiwn galwedigaethol. Mae hyn yn tynnu sylw at eu statws isel fel pobl sy'n dibynnu ar gyfraniad gan y wladwriaeth, ac yn ddiangen o safbwynt llwyddiant cyfalafiaeth.

Mae modd beirniadu Marcsaeth am fod yn negyddol, ond mae'n safbwynt gwrthdaro am gymdeithas.

- Mae'n tybio nad yw'r henoed o werth i'r economi, ond mae hyn yn anwybyddu faint o lafur di-dâl y mae llawer o bobl hŷn yn cyfrannu tuag ato. Mae llawer o bobl hŷn yn cefnogi aelodau eraill o'u teulu: er enghraifft, gofalu am bartneriaid, hyd yn oed rhieni hŷn neu eu hwyrion eu hunain. Mae gan bobl werth y tu hwnt i'r cyflogau maen nhw'n eu hennill.
- Mae'r pwyslais llethol ar ddosbarth cymdeithasol fel ffynhonnell anghydraddoldeb yn golygu nad oes fawr ddim trafodaeth ar ffynonellau anghydraddoldeb eraill. Yn wir, roedd llai o bobl yn byw i fod yn hen iawn pan oedd Marx yn ysgrifennu ac roedd plant yn rhan o'r farchnad lafur.
- Ychydig o dystiolaeth sydd ar gael i gefnogi Marcsaeth oherwydd ei bod yn anodd ei phrofi'n wyddonol.

Safbwyntiau Weberaidd a neo-Weberaidd am oedran

Mae'r rhan fwyaf o waith Weber yn seiliedig ar ddadansoddiad damcaniaethol o bobl oedran gweithio, felly nid yw ei ddadansoddiad o anghydraddoldeb oedran wedi'i ddatblygu. Fodd bynnag, yn niwylliannau'r Gorllewin, statws negyddol sydd i henaint. Mae llawer o gymdeithasegwyr Weberaidd yn honni bod statws yr henoed, yn arbennig, yn isel oherwydd nad oes ganddyn nhw incwm uchel a bod ganddyn nhw lai o fynediad at ddosbarth (cyfoeth) a phlaid (grym). Mae pobl yn ofni henaint ac, wrth iddyn nhw ddod yn oedolion, mae llawer o bobl yn y Gorllewin yn awyddus i ymddangos yn llawer iau na'u hoedran cronolegol. Fodd bynnag, mewn diwylliannau eraill, mae henaint yn cael ei groesawu ac mae hen bobl yn cael eu parchu'n fawr.

Gallech chi gynnwys y pwyntiau canlynol wrth feirniadu Weber:

- Nid yw'n hollol wir nad oes gan yr henoed statws. Y duedd yw bod gan ddynion hŷn fwy o statws na menywod hŷn.
- Yn aml, mae gan bobl hŷn fynediad at gyfoeth maen nhw wedi'i gronni wrth weithio yn ystod eu hoes, felly mae marchnad benodol sy'n targedu'r henoed. Mae gwyliau, cartrefi a nwyddau eraill yn cael eu cynllunio i apelio at yr henoed. Wrth i'r ddarpariaeth les ar gyfer yr henoed ddirywio, mae pobl oedrannus iawn yn aml yn talu am eu gofal eu hunain mewn llety preswyl.

Ffeministiaeth

Fel y byddech yn ei ddisgwyl, mae ffeministiaid yn awgrymu bod profiadau dynion a menywod o henaint yn wahanol a'i bod yn fwy tebygol y bydd menywod yn wynebu tlodi oherwydd cyflogau isel a dibyniaeth ar ddynion drwy gydol eu bywyd gwaith fel oedolyn. Maen nhw'n debygol o fyw yn hirach na dynion ond hefyd o brofi iechyd gwael. Maen nhw'n cymryd cyfrifoldeb dros ofal di-dâl ac felly'n agored i ddiweithdra a thlodi. Bydd ffeministiaid yn tueddu i feio natur batriarchaidd cymdeithas. Daeth Bardasi (2002) i'r casgliad ei bod yn debygol y byddai menywod a oedd yn sengl o ddewis neu oherwydd ysgariad yn dlawd yn eu henaint. Awgrymodd Ortner (1974) ei bod yn fwy tebygol y byddai menywod yn profi anghydraddoldeb oherwydd y ffordd y mae diwylliant yn ystyried bod angen rheoli menywod. Mae oedraniaeth yn rhan annatod o gymdeithas, fel y mae hiliaeth a rhywiaeth, felly mae Crenshaw (1991) yn nodi bod menywod yn profi sawl math o wahaniaethu, sef yr hyn a alwodd hi yn groestoriadedd. Mae'r gwahanol fathau o anghydraddoldeb yn cyfuno i greu gormes systematig y mae menywod yn agored iddo. Awgrymodd Gannon (2008) fod y menopos yn cael ei weld yn broblem feddygol, ac felly fod menywod hŷn yn brwydro i ddod o hyd i waith neu ddyrchafiad. Awgrymodd Wolf

Dysgu gweithredol

Trafodwch: Yn refferendwm annibyniaeth yr Alban yn 2014, roedd pobl ifanc 16–18 yn cael pleidleisio. Yn y rhan fwyaf o etholaethau'r DU, 18 yw'r oed pleidleisio o hyd. Ydych chi'n credu bod hyn yn deg?

Mae'r actores yn cyrraedd ei pharti pen-blwydd yn 40. Ydy hi'n hen? Ydy hi'n ifanc? Ydy hi'n ganol oed? Gofynnwch y cwestiwn i amrywiaeth o bobl. Beth rydych chi'n ei ddysgu am ganfyddiadau pobl o oedran?

Dysgu gweithredol

Trafodwch: Sut mae'r genhedlaeth hŷn yn cael ei chynrychioli yn y cyfryngau? Rhestrwch stereoteipiau cadarnhaol a negyddol. Ystyriwch effaith y ffordd hon o gynrychioli pobl hŷn ar ganfyddiadau pobl ohonyn nhw. Meddyliwch sut gallen nhw gael eu stereoteipio a'u labelu.

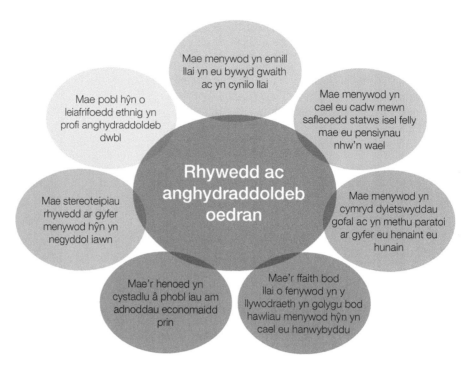

(2011) fod yn rhaid i fenywod hŷn geisio cadw'n ddeniadol yn rhywiol drwy gadw'n ifanc er mwyn cael eu trin yn gyfartal â dynion.

Mae hanesion gan ffeministiaid o anghydraddoldeb oedran yn cynnig nifer o bwyntiau ac ambell feirniadaeth, fel y byddech chi'n ei ddisgwyl mewn persbectif mor eang. Mae'r safbwynt hwn yn cael ei feirniadu am y rhesymau hyn:

◉ Mae Pilcher (1998) yn awgrymu bod gwahaniaethau rhwng grwpiau oedran yn pylu a bod gwahaniaethau rhwng cenhedlaeth a chenhedlaeth yn llai caeth, gyda phobl hŷn yn ymddwyn mewn modd y byddai pobl ifanc yn unig wedi ymddwyn ar un adeg.

◉ Mae Featherstone a Hepworth (1982) yn dadlau nad oes unrhyw gamau penodol mewn bywyd, gan fod pobl hŷn yn eu cadw eu hunain yn ifanc a bod y cyfryngau'n annog plant i ymddwyn fel pobl hŷn.

Ôl-foderniaeth

Wrth i lai o bobl gael eu geni, mae'r boblogaeth ei hun yn gynyddol hŷn. Y term am hyn yw 'britho'r boblogaeth', felly mae'r oedran pan fydd pobl yn eu hystyried eu hunain i fod yn hen yn codi. Mae ôl-fodernwyr yn gweld oedran yn rhywbeth i'r unigolyn, sy'n golygu y bydd pobl hŷn o bosibl yn ceisio ymddwyn fel roedden nhw pan oedden nhw'n ifanc ac yn anwybyddu cyfyngiadau traddodiadol oedran. Felly maen nhw'n awgrymu nad yw gwahaniaethu ar sail oedran yn broblem i bobl hŷn ac nad yw'n ffynhonnell arbennig o anghydraddoldeb. Mae Andrew Blaikie (1999) wedi siarad am 'heneiddio'n gadarnhaol'. Mae'n dadlau bod diwylliant traul yn gyfrifol am newid stereoteipiau. Bu cydnabyddiaeth gyhoeddus i rym prynu pobl sydd wedi ymddeol ac sydd â chyfoeth o ganlyniad i incwm uchel a buddsoddiadau mewn eiddo a wnaethon nhw pan oedden nhw'n ifanc. Mae enwogion hŷn yn cael eu defnyddio i gymeradwyo cynnyrch gwrth-heneiddio ac i werthu nwyddau traul. Mae marchnad ar gyfer cynnyrch y cyfryngau a chynnyrch traul sy'n annog pobl hŷn i fwynhau bywyd. Mae ymddeol yn cael ei weld yn ddewis bywyd cadarnhaol. Yn yr un modd, awgryma Blaikie hefyd fod y rhai sydd yng nghyfnod cynnar henaint yn gwadu realiti henaint eithafol a phroblemau diwedd oes i ryw raddau.

Ymhlith gwerthusiadau o safbwyntiau ôl-fodernaidd am anghydraddoldeb y mae'r canlynol:

◉ Dydyn nhw ddim yn cynnig esboniadau arbennig o gryf o sut mae anghydraddoldeb yn digwydd oherwydd nad ydyn nhw'n cydnabod mai proses gymdeithasol yw hi. Felly maen nhw'n ddall i'r anghydraddoldeb gwirioneddol sy'n bodoli yn niwylliant Prydain.

◉ Er nad yw'n bosibl newid oedran biolegol, mae ôl-fodernwyr yn awgrymu y gall unigolion ddewis sut maen nhw'n gadael i oedran effeithio arnyn nhw. Felly gall dewisiadau ffordd o fyw beri bod anghydraddoldeb oedran yn llai llym nag ydoedd yn y gorffennol.

◉ Mae ôl-fodernwyr yn canolbwyntio ar newidiadau cymdeithasol ac yn ystyried yr hyn sy'n digwydd ym Mhrydain gyfoes, felly gall yr ymagwedd fod yn fwy perthnasol na damcaniaethau hŷn.

Y Dde Newydd

Mae'r Dde Newydd yn dadlau bod cymdeithas gyfartal yn amhosibl oherwydd ein bod ni i gyd yn wahanol yn naturiol. Felly gallwn esbonio anghydraddoldeb oedran yn nhermau colli iechyd a gallu. Nid yw pobl yn paratoi ar gyfer eu henaint eu hunain oherwydd bod y wladwriaeth wedi'u hannog nhw i gredu y bydd yn darparu ar eu cyfer drwy ddarparu pensiynau a gwasanaeth iechyd. I gefnogi'r safbwynt hwn, gwnaeth Mynegai Pensiwn Scottish Widows (2007) arolwg o dros 5000 o bobl a chanfod mai ychydig dan hanner ohonyn nhw oedd yn cynilo digon ar gyfer eu henaint. Dangosodd eu canlyniadau hefyd nad oedd gan bron chwarter o'r 51 y cant o bobl sy'n dibynnu ar bensiwn sylfaenol y wladwriaeth unrhyw gynilion o gwbl.

Mae beirniadaethau o'r safbwynt hwn yn debyg i feirniadaethau o ôl-foderniaeth:

◉ Nid yw'r Dde Newydd yn derbyn y gall prosesau cymdeithasol fod yn gyfrifol am anghydraddoldeb oedran, ac mae'n anwybyddu bod gwahaniaethu a rhagfarn yn bod.

◉ Mae'r Dde Newydd yn tueddu i feio unigolion am eu tlodi eu hunain yn eu henaint. Mewn gwirionedd, ychydig o bobl sy'n ennill digon i gynilo symiau sylweddol ar gyfer eu henaint ac, ar ben hynny, mae llog isel ar gynilion yn golygu y gall arian sydd wedi'i gynilo golli gwerth dros amser oherwydd newidiadau mewn costau byw.

Ymchwil

Yn 2003, cynhaliwyd astudiaeth fawr gan y Cyngor Ymchwil Economaidd a Chymdeithasol (ESRC: Economic and Social Research Council) o'r enw *Growing Older in the 21st Century*. Roedd yn edrych ar yr henoed mewn tair ardal canol dinas lle roedd cyfraddau tlodi'n uchel. Roedd y rhain yn Llundain, Lerpwl a Manceinion. Parhaodd yr astudiaeth am dros dair blynedd a gwelodd broblemau anghydraddoldeb sylweddol. Roedd dros 50 y cant o'r bobl yn yr astudiaeth yn dlawd, nid oedd llawer ohonyn nhw wedi prynu dillad yn ystod y flwyddyn flaenorol ac roedd rhai wedi mynd heb fwyd. Roedd llawer ohonyn nhw wedi colli cysylltiad â theulu, ffrindiau a pherthnasau. Roedd 70 y cant o'r bobl hŷn yn byw yn yr ardaloedd canol dinas hyn yn profi allgáu cymdeithasol.

a) Nodwch ac esboniwch **un** rheswm pam roedd y sampl a gafodd ei ddewis ar gyfer astudio'r henoed yn canolbwyntio ar dair ardal ddinas fewnol yn y DU.

b) Cynlluniwch astudiaeth i ganfod cysyniadau am oedran a henaint ymysg pobl ifanc yn eich ardal leol.
   i. Disgrifiwch bob cam o'ch cynllun ymchwil, gan gyfiawnhau'r rhesymau dros eich dewis ar bob cam.
   ii. Trafodwch broblemau a all godi ac effaith y problemau hyn ar ansawdd y data sy'n cael eu casglu.

Cwestiwn cymhwyso tystiolaeth

c) Ysgrifennwch baragraff gan ddefnyddio canlyniadau'r astudiaeth a gynhaliwyd gan ESRC naill ai i gefnogi neu i wrthod **un** o'r damcaniaethau y mae'n bosibl eu defnyddio i esbonio anghydraddoldeb oedran yn y DU.

Ysgrifennu estynedig

Gwerthuswch safbwyntiau'r Dde Newydd am anghydraddoldeb oedran.

Arweiniad: Mae'r cwestiwn yn gofyn i chi lunio barn am gryfderau a gwendidau damcaniaethau'r Dde Newydd am anghydraddoldeb yng nghyd-destun problem benodol anghydraddoldeb oedran. Oni bai eich bod yn hyderus iawn, fyddwch chi ddim yn gallu dibynnu ar wybodaeth am y Dde Newydd yn unig, ond bydd angen i chi allu gwneud sylwadau ar y Dde Newydd drwy gyfeirio at ddamcaniaethau eraill a thystiolaeth arall. Bydd angen i chi feirniadu pob safbwynt ac ystyried a yw'r Dde Newydd neu safbwyntiau eraill yn cynnig esboniadau gwell o anghydraddoldeb oedran. Cyfeiriwch yn uniongyrchol at y Dde Newydd ym mhob paragraff a nodwch yn benodol a yw'n esbonio anghydraddoldeb oedran yn dda neu'n wael.

Ysgrifennwch tua 750 gair.

Gwiriwch eich dysgu eich hun

Cysylltwch ddechrau a diwedd y brawddegau canlynol:

Dechrau	Diwedd
a) Yn y DU, mae data poblogaeth yn awgrymu bod	yn tueddu i gael eu heffeithio'n anghymesur gan anghydraddoldeb yn eu henaint oherwydd perthnasoedd grym rhywedd.
b) Mae'r ymagwedd swyddogaethol at gymdeithaseg yn edrych ar henaint	berthnasoedd grym mewn cymdeithas a sut maen nhw'n effeithio ar yr henoed.
c) Mae damcaniaeth ymbellhau yn awgrymu bod yr henoed	grwpiau oedran yn pylu a bod gwahaniaethau rhwng cenhedlaeth a chenhedlaeth yn llai caeth.
ch) Mae Marcswyr yn tueddu i ganolbwyntio ar	positif ac mae'n dadlau bod diwylliant traul yn gyfrifol am newid stereoteipiau.
d) Mae ffeministiaid yn dadlau bod menywod	sengl o ddewis neu oherwydd ysgariad yn dlawd yn eu henaint.
dd) Mae Blaikie (1999) wedi siarad am heneiddio	yn cilio o'r gymdeithas yn barod am eu marwolaeth eu hunain.
e) Mae Pilcher (1998) yn awgrymu bod gwahaniaethau rhwng	y boblogaeth yn gynyddol hŷn; y term am hyn yw 'britho'r boblogaeth'.
f) Daeth Bardasi (2002) i'r casgliad ei bod yn debygol y byddai menywod	yn nhermau sut mae cymdeithas yn gyffredinol yn gweithio.

Nodau

◉ Trafod pwysigrwydd dosbarth cymdeithasol fel sail i anghydraddoldeb cymdeithasol

Mae ystadegau swyddogol yn awgrymu mai statws economaidd gymdeithasol unigolyn yw'r ffactor bwysicaf sy'n effeithio ar ei gyfleoedd bywyd ar draws ystod o feysydd mewn bywyd. Nid yw cymdeithasegwyr yn gwbl gytûn ar gategorïau dosbarth na sut i esbonio'r gwahaniaethau hyn. Pan ddechreuodd llawer o'r damcaniaethwyr ddisgrifio a dadansoddi dosbarth, roedd pobl yn deall gwahaniaethau dosbarth yn llawer cliriach nag y maen nhw yn y gymdeithas fodern. Roedd gwahaniaethau clir yn y gymdeithas, felly roedd y rhai a oedd yn gweithio â'u dwylo'n cael eu hystyried yn ddosbarth gweithiol, a'r rhai a oedd wedi derbyn addysg ond heb lawer o eiddo'n cael eu hystyried yn ddosbarth canol. Y dosbarth uchaf oedd y rhai a oedd yn berchen ar lawer o dir a heb fod yn gweithio. Mae'r categorïau'n dal i fod yn sail i lawer o syniadaeth ar ddosbarth cymdeithasol, er gwaetha'r ffaith bod newid cymdeithasol wedi arwain at wneud categorïau o'r fath yn ddiystyr bron yn y gymdeithas fodern.

Termau allweddol

Haenu: Mae'r term hwn yn cael ei ddefnyddio i ddisgrifio unrhyw system lle mae pobl yn cael eu graddio neu eu haenu yn ôl statws, cyfoeth a grym.

Symudedd cymdeithasol: Mae hyn yn cyfeirio at y graddau y gall unigolyn neu grŵp symud drwy haenau cymdeithas. Mewn cymdeithas agored, gall pobl symud yn rhydd i fyny ac i lawr y strwythur dosbarth.

Pwnc 10: Damcaniaethau i esbonio anghydraddoldebau dosbarth cymdeithasol

Gwneud i chi feddwl

Er bod pob cymdeithasegwr bron, a'r rhan fwyaf o bobl, yn cydnabod bod dosbarth cymdeithasol yn bodoli, ac nad yw'n gwestiwn o arian yn unig, mae'n anodd ei ddiffinio neu ei fesur. Yn eich barn chi, beth yw'r prif ddangosyddion bod unigolyn yn ddosbarth uchaf neu'n ddosbarth canol neu ei fod yn ddosbarth gweithiol neu'n isddosbarth?

Esboniadau damcaniaethol o anghydraddoldeb dosbarth

Swyddogaetholdeb

Sut mae swyddogaethwyr yn esbonio dosbarth?

Mae swyddogaethwyr yn gweld cymdeithasau fel organebau cymhleth lle mae pob rhan yn cyfrannu at iechyd a lles y cyfan. Fodd bynnag, mae'n ymddangos mai prin yw'r swyddogaethwyr sydd wedi ceisio adnabod dosbarthiadau penodol ac mae eu gwaith ar y mater ychydig yn annelwig. Mae swyddogaethwyr yn tueddu i weld y system haenu cymdeithasol yn un agored, felly maen nhw'n dweud bod digonedd o symudedd cymdeithasol i'r rhai sy'n dewis eu gwella eu hunain. Mae hyn yn awgrymu bod y rhai sy'n dlawd yn haeddu bod yn dlawd oherwydd eu bod wedi methu eu gwella eu hunain neu wedi methu gweithio. Mae hyn wedi dylanwadu ar syniadaeth damcaniaethau'r Dde Newydd ac mae'n sail i lawer o bolisi cymdeithasol ar les a budd-daliadau.

Thesis Davis–Moore

Cafodd y safbwynt hwn am haenu a dosbarth ei ddisgrifio gyntaf yn 1945; efallai eich bod yn ei chofio o'r drafodaeth ym Mhwnc 2. Roedd Davis a Moore yn tybio mai'r swyddi sy'n talu uchaf yw'r rhai pwysicaf hefyd. Mae anghydraddoldeb yn swyddogaeth i'r gymdeithas am ei fod yn sicrhau bod y safleoedd pwysicaf yn cael eu llenwi gan y bobl fwyaf abl. Mae pobl yn cael eu denu at swyddi sy'n talu'n dda ac yn cystadlu amdanyn nhw; heb y cyflog da, pam byddai pobl yn gwneud yr ymdrech ac yn cymryd y cyfrifoldeb? Maen nhw'n ennill mwy o arian oherwydd eu bod nhw'n haeddu hynny.

Beirniadu'r safbwynt hwn

◉ Yn aml, y bobl sy'n cael eu talu fwyaf mewn cymdeithas yw'r rhai sydd â'r gwerth lleiaf i'r gymdeithas. Mae sêr roc, enwogion a sêr y byd chwaraeon yn ennill llawer mwy na meddygon, athrawon, gwyddonwyr, gweithwyr cymdeithasol a nyrsys, sydd i gyd, mae modd dadlau, yn werth mwy i'r gymdeithas.

Mae safleoedd cymdeithasol yn amrywio o ran eu gwerth i fywyd cymdeithasol → Mae prinder pobl sydd wedi derbyn addysg oherwydd bod ennill sgiliau yn anodd → Mae anghydraddoldeb cyflog a statws yn sicrhau y bydd pobl dalentog yn gwneud y rolau cymdeithasol pwysicaf

- Efallai nad oes rhaid i bobl â chyfoeth sydd wedi'i etifeddu weithio, ond maen nhw'n dal i gael eu gwobrwyo'n dda yn y gymdeithas.
- Mae'n anodd pennu pa mor ddefnyddiol, neu fel arall, y mae unrhyw swydd i gymdeithas mewn gwirionedd.
- Y dybiaeth yw bod y rhai sy'n cyrraedd y brig yn dalentog, felly mae'n anwybyddu anghydraddoldebau strwythurol rhywedd, hil a gallu corfforol a all ddal pobl yn ôl.
- Mae'n cyfiawnhau anghydraddoldeb drwy awgrymu ei fod yn dderbyniol mai ychydig iawn o bobl sydd â'r mwyaf o fynediad at gyfoeth a grym, a'u bod nhw'n ei haeddu rywsut.

Marcsaeth a neo-Farcsaeth

Sut mae Marcswyr a neo-Farcswyr yn diffinio dosbarth?

Mae damcaniaethau Marcsaidd yn seiliedig bron yn gyfan gwbl ar ddosbarth cymdeithasol, yn arbennig perthynas grŵp dosbarth â dulliau cynhyrchu cyfoeth. Dyma sut mae Marx yn gweld y ddau grŵp cymdeithasol:

1. Pobl gyfoethog iawn, y bourgeoisie, sy'n berchen ar dir, cyfoeth, ffatrïoedd a thir
2. Y rhai y mae'n eu galw'n broletariat, neu'n 'gaethweision cyflog', sy'n gweithio i'r perchenogion.

Cyfalafwyr — Yn gorthrymu ac yn ecsbloetio gweithwyr

Gweithwyr — Yn cael eu rheoli drwy ideoleg a defnyddio grym a rheolaeth

Disgrifiadau o anghydraddoldeb dosbarth

Mae'r rhan fwyaf o adroddiadau Marcsaidd am anghydraddoldeb yn nodi y bydd gwrthdaro rhwng dosbarthiadau'n digwydd. Mae mecanweithiau yn y gymdeithas sy'n atal y proletariat rhag sylweddoli eu safle dosbarth a rhag dymchwel y bourgeoisie. Mae'r mecanweithiau hyn yn cyfrannu at orthrymu ac ecsbloetio'r dosbarth gweithiol yn barhaus. Maen nhw'n cynnwys:

- Y wladwriaeth, sy'n cael ei rheoli gan y bourgeoisie. Mae hyn yn cynnwys bywyd gwleidyddol lle mae deddfau'n cael eu llunio i ffafrio pobl gyfoethog, ond hefyd dulliau gormesu'r wladwriaeth fel rheoli'r heddlu a'r fyddin.
- Ideoleg, sy'n cyfeirio at greu a rheoli syniadau am sut mae cymdeithas yn gweithio. Y bourgeoisie sy'n rheoli ideoleg hefyd, sy'n dominyddu asiantaethau rheolaeth gymdeithasol: y cyfryngau, crefydd, addysg a'r gwerthoedd sy'n sail i'r system gyfreithiol.

Beirniadu'r safbwynt hwn

- Mae'r safbwynt Marcsaidd am ddosbarth yn golygu bod bron pawb yn y dosbarth gweithiol. Er bod Marx yn cydnabod ac yn ymwybodol o raddoli dosbarth, nid yw'n hawdd cymhwyso ei ddadansoddiad i'r gymdeithas gyfoes, lle mae grwpiau mawr o bobl nad ydyn nhw'n profi tlodi ac sy'n gallu gweithio'r system i'w hanghenion eu hunain. Dyma'r dosbarthiadau canol (neu broffesiynol).

Weberaidd a neo-Weberaidd

Sut mae Weberiaid yn diffinio dosbarth?

Diffiniodd Weber ddosbarth fel categori o'r rhai a oedd yn rhannu buddiannau penodol cyffredin o ran:

- Buddiannau economaidd
- Cyfleoedd bywyd
- Safle yn y farchnad lafur.

Damcaniaethau anghydraddoldeb cymdeithasol

Gwella sgiliau

Mae dwy ffordd o edrych ar anghydraddoldeb dosbarth.

⊙ Mae **disgrifiadau strwythurol** fel Marcsaeth a ffeministiaeth yn honni bod strwythurau dosbarth yn achosi anghydraddoldeb.

⊙ Mae **disgrifiadau unigolyddol** o anghydraddoldeb yn beio pobl dlawd a difreintiedig am eu problemau eu hunain.

Honnodd fod cymdeithas yn cynnwys pedwar categori sylfaenol o ddosbarth gyda rhaniadau:

1. Dosbarth masnachol trechol sy'n berchen ar eiddo
2. Pobl broffesiynol o'r dosbarth canol, a oedd yn gwerthu addysg a sgiliau
3. Perchenogion busnesau a chwmnïau bach
4. Y dosbarth gweithiol, a oedd yn gweithio â'u dwylo.

Disgrifiadau o anghydraddoldeb dosbarth

Roedd Weber yn cytuno â Marx yn yr ystyr ei fod yn teimlo bod yr economi'n bwysig wrth bennu dosbarth unigolyn. Roedd hynny'n golygu bod y bobl dlotaf yn gorfod dibynnu ar eu sgiliau, gyda rhai sgiliau'n cael eu gwerthfawrogi'n fwy na'i gilydd. Roedd gan y bobl â'r cymwysterau gorau well safle yn y farchnad na phobl dlawd. Mae rhaniadau dosbarth yn seiliedig ar safle pobl yn y farchnad waith. Cyflwynodd Weber hefyd y syniad o 'gyfleoedd bywyd', lle mae rhai grwpiau o bobl yn cael mwy o gyfleoedd o ganlyniad i statws a chysylltiadau teuluol. Mae hyn yn esbonio sefyllfaoedd lle mae pobl mewn safle isel yn y farchnad waith oherwydd ethnigrwydd neu rywedd er bod ganddyn nhw sgiliau. Mae anghydraddoldeb yn codi yn sgil brwydr gan grwpiau o bobl am rym cymdeithasol, nid yn unig er mwyn eu gwella eu hunain ond oherwydd eu bod eisiau statws a braint.

Asesu'r safbwynt hwn

⊙ Mae Weber yn esbonio bod anghydraddoldeb yn gysylltiedig ag amrywiaeth o achosion. Mae'n debyg bod hyn yn adlewyrchu realiti a chymhlethdod bywyd. Mae hefyd yn ei gwneud hi'n anodd defnyddio damcaniaeth Weberaidd i ddeall rhaniadau dosbarth.

⊙ Mae damcaniaeth Weberaidd wedi arwain at y syniad o blwraliaeth. Cefnogod Dahl (1967) y ddamcaniaeth hon. Dywedodd y gall pawb ddylanwadu rywfaint ar benderfyniadau mewn cymdeithas os gallan nhw sicrhau bod eu llais yn cael ei glywed. Fodd bynnag, y grŵp sy'n ennill y dadleuon yw'r un sy'n dal grym.

⊙ Mae'r syniad o statws yn un defnyddiol wrth edrych ar raniadau rhyweddol ac ethnig ac ar ddosbarth hefyd, oherwydd gall rhai grwpiau wrthod mynediad at rym i eraill. Defnyddiodd Parkin (1974) y term 'cyfyngu cymdeithasol' i ddisgrifio proses lle gall y bobl sydd â grym rwystro pobl o grwpiau amgen rhag gallu ennill arian neu gymryd swyddi. Gall hyn fod yn berthnasol yn achos materion dosbarth, oherwydd mewn llawer o gymdeithasau, mae gan y rhai sydd wedi'u geni i deuluoedd cyfoethog statws a bennwyd uwch na phobl dlawd.

Ffeministiaeth

Prif ystyriaeth ffeministiaeth o bob math yw rhywedd a materion rhywedd. Felly, nid yw dosbarth yn cael sylw llawn gan ffeministiaeth o unrhyw fath mewn gwirionedd. Fodd bynnag:

⊙ Mae ffeministiaid rhyddfrydol yn edrych ar ddosbarth yn nhermau ecsbloetio economaidd ac yn gweld bod cyfle'n cael ei wrthod i fenywod, yn yr un modd â dynion.

⊙ Mae ffeministiaid radical fel Dworkin (yr 1970au a'r 1980au) ac eraill wedi awgrymu bod menywod yn ffurfio dosbarth rhywedd. Mae'n bosibl beirniadu hyn yn hawdd drwy ddangos bod profiadau a chyfleoedd menywod o gefndiroedd dosbarth gwahanol mor wahanol nes gwneud y cysyniad yn ddiystyr.

⊙ Mae ffeministiaid Marcsaidd yn defnyddio syniadau Marcsaidd am ddosbarth cymdeithasol ac, oherwydd y pwyslais Marcsaidd ar yr economi, maen nhw'n dadlau o blaid mwy o gyfleoedd gwaith a chyflog da y tu allan i'r cartref. Mae hyn yn diystyru ecsbloetio menywod yn y cartref.

... mae pobl ddiffygiol yn tueddu i fod yn rhieni diffygiol ac ... mae rhieni diffygiol yn tueddu i fagu plant diffygiol.

Keith Joseph, meddyliwr y Dde Newydd a gwleidydd

Mae hanes yn cael ei ysgrifennu gan bobl gyfoethog, ac felly mae pobl dlawd yn cael eu beio am bopeth.

Jeffrey D. Sachs, economegydd

Asesu syniadaeth ffeministaidd

◉ Cafodd llawer o waith ffeministiaeth gynnar a'r ail don ei ysgrifennu a'i gynhyrchu gan fenywod a oedd yn ddosbarth canol cyfforddus ac yn ennill cyflog uchel, o bosibl. Dydyn nhw ddim yn edrych ar safleoedd dosbarth menywod dosbarth gweithiol.

◉ Mae ffeministiaid wedi datblygu'r term 'croestoriadedd' i edrych ar sut mae anfantais o fathau gwahanol, fel anfantais dosbarth, rhywedd ac oedran yn gorgyffwrdd.

◉ Erbyn hyn, mae ffeministiaid cyfoes yn galw am amgylchiadau economaidd a fydd o fudd i fenywod o bob dosbarth, gan gynnwys gofal plant rhatach a gwyliau â thâl i rieni.

◉ Mae ffeministiaid yn nodi bod anghydraddoldebau'n rhan o strwythur cymdeithas ac yn effeithio ar y ddau rywedd, er bod menywod yn profi mwy o anawsterau na dynion. Felly, bydd ymgyrchoedd dros gyflog byw o fudd i fenywod gan fod menywod yn fwy tebygol o fod mewn gwaith ansicr am gyflog isel.

Ôl-foderniaeth

Sut mae ôl-fodernwyr yn diffinio dosbarth?

Mae dosbarth yn gysyniad modernaidd ac felly bydd ôl-fodernwyr yn siarad yn nhermau grwpiau cymdeithasol yn hytrach na dosbarthiadau. Felly, bydd dinas ôl-fodernaidd yn cynnwys unigolion sy'n cael eu disgrifio'n rhan o boblogaeth ddiwrieddiau, ddarniog ac amrywiol sy'n cael eu gweld mewn 'cyflwr o fodolaeth'. Mae Jan Pakulski wedi dweud bod dosbarth cymdeithasol yn gysyniad marw; rhaniadau statws yw'r unig raniadau cymdeithasol. Felly mae Pakulski a Waters (1996) yn credu nad oes diben trafod dosbarth. Maen nhw'n cydnabod anghydraddoldeb, ond ei fod yn cael ei rannu gan fynediad at adnoddau economaidd, grym a statws. Mae hwn yn ddadansoddiad sy'n tynnu ar ddamcaniaeth Weberaidd.

Beirniadu syniadaeth ôl-fodernaidd am anghydraddoldeb dosbarth

◉ Nid yw ôl-foderniaeth yn ffordd ddefnyddiol o ddeall y rhaniadau real iawn rhwng pobl o wahanol gefndiroedd dosbarth cymdeithasol yn y DU. Mae'n gweld bod rhaniadau o ran hil, ethnigrwydd, rhywedd a rhywioldeb yn fwy perthnasol wrth geisio deall y gymdeithas fodern.

◉ Mae tystiolaeth ystadegol yn dangos bod dosbarth yn bwysig iawn yn nhermau cyflogaeth, diwylliant, problemau isddosbarth, addysg, carcharu a chyfleoedd bywyd.

Y Dde Newydd

Mae'r Dde Newydd yn tynnu ar ddadansoddiadau swyddogaethol o gymdeithas. Maen nhw'n credu bod rhaniad dosbarth yn naturiol i gymdeithas. Mae'r strwythur dosbarth ac anghydraddoldeb yn bodoli oherwydd bod pobl yn cystadlu am y swyddi gorau, y ffyrdd o fyw gorau ac adnoddau cymdeithasol da.

Mae Peter Saunders (1984) yn siarad yn nhermau 'ymraniad defnyddio' (*consumption cleavage*) lle mae'n honni bod safle dosbarth yn dibynnu ar faint y mae unrhyw unigolyn yn dibynnu ar y wladwriaeth am gymorth. Bydd y rhai sydd â mynediad at incymau da'n talu am ofal iechyd ac addysg breifat, ond mae'r dosbarth gweithiol a'r isddosbarth yn dibynnu ar y wladwriaeth am gymorth. Dywed Saunders (2010) fod symudedd cymdeithasol da ym Mhrydain ac nad oes gan y rhai sy'n parhau'n dlawd ddigon o ysgogiad a chymeriad personol.

Charles Murray (1996) a enwodd yr isddosbarth ym Mhrydain. Honnodd fod y dosbarth hwn wedi'i seilio ar ddibyniaeth ar les. Mae gan bobl o'r fath werthoedd sy'n wahanol i rai gweddill y gymdeithas. Tra bo eraill yn gwerthfawrogi bywyd teuluol, gwaith caled a byw'n gyfrifol, mae'r isddosbarth yn droseddol ac yn ddiog oherwydd eu bod yn gallu, ond yn dewis peidio, eu helpu eu hunain.

Beirniadu syniadaeth y Dde Newydd am anghydraddoldeb dosbarth

◉ Mae'n anodd iawn gweld beth yw'r gwahaniaethau rhwng ymraniad defnyddio a dosbarth mewn gwirionedd. Pan fydd safle dosbarth yn dibynnu ar rym ennill, yna mae'n amlwg y gall y dosbarth canol wario mwy ar nwyddau traul a safon byw ddymunol.

◉ Mae'n anodd dod o hyd i dystiolaeth ystadegol am isddiwylliant â gwerthoedd gwahanol i weddill y gymdeithas, yn arbennig y dosbarth gweithiol parchus.

◉ Mae'r Dde Newydd yn dadlau bod anghydraddoldeb yn ganlyniad beichiogrwydd arddegwyr a rhianta gwael; fodd bynnag, nid yw'r dystiolaeth o blaid hyn yn dda.

◉ Mae syniadaeth y Dde Newydd yn sail i lawer o bolisïau cyhoeddus cosbol lle mae cymorth lles i'r tlawd yn cael ei dorri: er enghraifft, y gostyngiad mewn budd-daliadau tai yn 2012, a chyflwyno 'treth ystafell wely' ar bobl yr ystyrir bod ganddyn nhw le dros ben yn eu cartrefi. Fel y cyfryw, mae cymhwyso syniadaeth y Dde Newydd wedi cael effaith negyddol ar y bobl dlotaf yn ein cymdeithas.

YMESTYN a HERIO

Yn 2015, cyhoeddodd y London School of Economics (LSE) ganlyniadau astudiaeth fawr o ddosbarth cymdeithasol. Defnyddiwch y Rhyngrwyd i ddysgu am ganfyddiadau'r astudiaeth a'r hyn roedd yn ei ddweud am ddosbarth ym Mhrydain yr unfed ganrif ar hugain. Gallech chi hefyd chwilio am 'BBC LAB UK Great British Class Survey' ar y we. Cymharwch y canlyniadau hyn â rhai o astudiaeth yr LSE. Gwnewch nodiadau a defnyddiwch y wybodaeth hon yn eich atebion ar y pwnc hwn.

Dysgu gweithredol

Trafodwch: Pa swyddi rydych chi'n credu yw'r rhai pwysicaf mewn cymdeithas? Beth fyddai'n cael yr effaith fwyaf ar fywyd pob dydd y rhan fwyaf o bobl: streic gan chwaraewyr yn yr Uwch-gynghrair neu streic gan beirianwyr mewn gwaith carthffosiaeth?

251

●●●●●●●●●●●●●●●●●●●●

Ysgrifennu estynedig

Amlinellwch ac aseswch esboniadau cymdeithasegol am anghydraddoldeb dosbarth cymdeithasol.

Arweiniad: Mae'r cwestiwn yn gofyn i chi lunio barn am gryfderau a gwendidau gwahanol ddamcaniaethau am anghydraddoldeb yng nghyddestun problem benodol anghydraddoldeb dosbarth cymdeithasol. Bydd angen i chi ddangos gwybodaeth a dealltwriaeth o'r gwahanol safbwyntiau damcaniaethol a nodi cryfderau a gwendidau pob un, gan gyfeirio efallai at ddamcaniaethau a thystiolaeth arall o anghydraddoldeb dosbarth. Bydd angen i chi fod yn feirniadol o bob safbwynt ac ystyried a oes unrhyw ddamcaniaeth unigol yn cynnig esboniad gwell na'r lleill. Cyfeiriwch yn uniongyrchol at y cwestiwn ym mhob paragraff a gwnewch sylw penodol yn nodi a yw pob damcaniaeth yn esbonio anghydraddoldeb dosbarth yn dda neu'n wael.
Ysgrifennwch tua 750 gair.

○ Mae'r newyddiadurwr Will Hutton wedi bod yn feirniadol iawn o'r Dde Newydd ac mae'n dweud nad yw anghydraddoldeb yn ddefnyddiol i'r wlad ond ei fod wedi cael ei gefnogi'n fwriadol gan y Dde Newydd. Mae Wilkinson a Pickett yn defnyddio'r un ddadl i raddau helaeth yn eu llyfr *The Spirit Level* (2009).

Ymchwil

Yn 2011, daeth Owen Jones, newyddiadurwr, o hyd i'r hyn a alwodd yn gasineb dosbarth cynyddol ym Mhrydain gyfoes. Mae ei lyfr *Chavs* yn dadlau bod y llywodraeth a'r cyfryngau'n gweld y dosbarth gweithiol fel torf beryglus sy'n ofni gwaith. Astudiodd erthyglau papur newydd a datganiadau gwleidyddol cyhoeddus, ac awgrymodd fod y ffordd mae'r dosbarth gweithiol yn cael ei drin yn ddyddiol yn gasineb peryglus a dim llai. Er enghraifft, mae cadwyn o gampfeydd yn cynnig dosbarthiadau 'ymladd chav'. Teithiodd Jones o gwmpas y wlad hefyd yn cynnal cyfweliadau ac yn edrych ar y ffyrdd y mae pobl wedi colli balchder yn eu hunaniaeth dosbarth gweithiol yn sgil colli'r diwydiant gweithgynhyrchu a pholisïau llywodraethau.

a) Nodwch ac esboniwch **un** rheswm pam dewisodd yr ymchwilydd deithio o gwmpas y wlad i siarad â phobl.

b) Gan gyfeirio at yr eitem ac at astudiaethau eraill, trafodwch pam mae mathau gwahanol o gyfweld yn cael eu defnyddio mewn ymchwil cymdeithasegol.

Cwestiwn cymhwyso tystiolaeth

c) Ysgrifennwch baragraff gan ddefnyddio astudiaeth Owen Jones i feirniadu esboniadau'r Dde Newydd o anghydraddoldeb dosbarth.

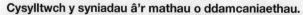

Gwiriwch eich dysgu eich hun

Cysylltwch y syniadau â'r mathau o ddamcaniaethau.

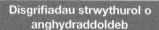

Disgrifiadau strwythurol o anghydraddoldeb	Disgrifiadau unigol o anghydraddoldeb
Mae pobl dlawd yn dibynnu ar fudd-daliadau i ddatrys eu problemau.	Mae anghydraddoldeb dosbarth yn codi o ganlyniad i dalu cyflogau isel i'r bobl dlotaf yn y gymdeithas.
Gall pobl ddianc rhag anghydraddoldeb os ydyn nhw'n benderfynol ac yn gweithio'n galed.	Mae pobl yn ddioddefwyr system ddosbarth sy'n cadw'r bobl dlotaf yn dlawd.
Gall pobl fod yn ddioddefwyr amrywiaeth o anghydraddoldebau.	Mae anghydraddoldeb yn hybu uchelgais a chyflawniad.
Nid oes y fath beth â dosbarth; yr hyn a brynwn ni sy'n ein gwneud ni'r hyn ydyn ni.	Gall safle unigolyn yn y strwythur dosbarth gyfyngu ar ei ddewisiadau neu wella ei ddewisiadau.

Damcaniaethau anghydraddoldeb cymdeithasol

Pwnc 11: Damcaniaethau i esbonio anghydraddoldebau rhywedd

Gwneud i chi feddwl

Roedd rôl menywod fel morynion domestig i'r teulu yn rhan o drefn hanesyddol cymdeithas. I ba raddau mae'r rôl ddomestig yn rhwystr i gydraddoldeb menywod yn y gymdeithas gyfoes?

Nodau

◉ Gwerthuso damcaniaethau am batrymau anghydraddoldeb ar sail rhywedd

Mae anghydraddoldebau rhywedd yn effeithio ar wrywod a benywod, er bod y ddadl wedi tueddu i ganolbwyntio ar fenywod gan mai nhw yw'r rhyw sydd wedi cael eu hallgáu rhag grym ac sy'n agored i dlodi ac ecsbloetio. I raddau helaeth, doedd cymdeithaseg gynnar ddim yn cwestiynu'r dybiaeth mai'r hyn a oedd yn addas i fenywod oedd gwaith domestig a magu plant. Fe sylwch mai dynion oedd y ffigurau allweddol yn natblygiad cynnar y ddisgyblaeth ac mai fel 'tadau'r ddisgyblaeth' y byddwn yn cyfeirio atyn nhw'n gyffredinol. Hyd yn oed mor hwyr â'r 1950au, roedd cymdeithaseg yn 'malestream', yn canolbwyntio ar ddynion a materion dosbarth cymdeithasol. Ni ddaeth ffeministiaeth yn safbwynt prif ffrwd yr oedd menywod, a dynion, yn ei ddal nes i ffeministiaid ddarganfod a thrafod gwaith Marcswyr yn yr 1970au. Mae gan gymdeithasegwyr modern fwy o ddiddordeb mewn materion rhywedd, ac maen nhw'n edrych ar rolau rhywedd gwrywaidd a benywaidd. Wrth i ddealltwriaeth o rywedd newid, mae mwy o sylw'n cael ei roi nawr i sut gall dynion brofi anghydraddoldeb, er enghraifft mewn cyfraith teulu.

Gwella sgiliau

Cofiwch y gallwch ddefnyddio tystiolaeth o'ch gwaith paratoi ar gyfer y cwestiynau tystiolaeth o anghydraddoldeb i gefnogi dadleuon yn yr adran hon.

Esboniadau damcaniaethol o anghydraddoldeb rhywedd

Swyddogaetholdeb

Mae gan swyddogaethwyr ddau safbwynt sylfaenol mewn perthynas â gwahaniaethau rhywedd, ac mae'r ddau ohonyn nhw'n awgrymu bod gwahaniaethau rhywedd yn swyddogaethol er mwyn i'r gymdeithas weithio'n dda.

1. Mae gwahaniaethau rhywedd yn bodoli fel ffordd o gyflawni rolau gwahanol mewn cymdeithas, felly mae menywod yn fynegiannol wrth ddarparu gofal ac mae dynion yn gyfryngol wrth wneud penderfyniadau a chyfeirio tasgau.

2. Mae rhywedd yn ffordd o sicrhau bod rhannau penodol o'r system gymdeithasol yn dod yn gyfrifol am dasgau gwahanol, gyda menywod yn cyflawni rolau domestig a dynion yn arfer grym y tu allan i'r cartref.

Felly, i swyddogaethwyr, mae gwahaniaethau rhywedd yn ffordd effeithlon o sicrhau bod holl anghenion sylfaenol cymdeithas yn cael eu diwallu a bod cymdeithas yn parhau i fod yn sefydlog ac yn hawdd ei ragweld.

Mae'r safbwynt hwn wedi cael ei feirniadu'n bennaf ond nid yn gyfan gwbl gan ffeministiaid:

◉ Oherwydd bod swyddogaetholdeb yn gweld gwahaniaethau rhywedd yn rhywbeth sy'n dda i gymdeithas, mae ffeministiaid yn dadlau bod yr anghydraddoldeb gwirioneddol sy'n effeithio ar fenywod yn cael ei weld fel rhywbeth 'naturiol'. Felly mae gwahaniaethau rhywedd yn dod yn real ac yn dod yn rhan o'r sefydliad.

◉ Mae ffeministiaid rhyddfrydol a Marcsaidd yn dadlau bod y safbwynt swyddogaethol yn rhwystro menywod rhag cymryd rhan weithredol mewn cymdeithas y tu allan i'r cartref, sy'n golygu ei fod yn derbyn yr arfer o wahaniaethu mewn gwleidyddiaeth ac yn y gwaith.

Dysgu gweithredol

Trafodwch: I ba raddau y mae statws isel menywod mewn cymdeithas yn gysylltiedig â'r sefydliad o briodas a'u rolau fel gwragedd?

Mae achosion anghydraddoldeb benywaidd yn niferus ac yn amrywiol

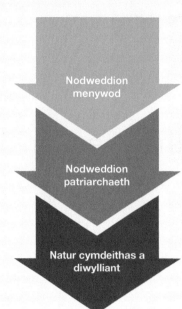

- Mae'n bosibl mai ychydig o adnoddau cymdeithasol sydd gan fenywod i'w galluogi nhw i herio patriarchaeth
- Mae'n bosibl bod menywod yn derbyn eu safle israddol oherwydd bod gwrthwynebu'n achosi anawsterau cymdeithasol iddyn nhw

Nodweddion menywod

- Mae ail-greu patriarchaeth a'u safle dominyddol eu hunain mewn cymdeithas o fudd mawr i ddynion
- Dynion sy'n rheoli adnoddau cymdeithasol ac felly nhw sy'n rheoli mynediad at gydraddoldeb

Nodweddion patriarchaeth

- Mae gwerthoedd diwylliannol ac ideolegau crefyddol yn dylanwadu ar bob grŵp cymdeithasol
- Bydd natur cyfryngau rheolaeth gymdeithasol a chymdeithasoli'n effeithio ar hunaniaeth pobl

Natur cymdeithas a diwylliant

- Mae ffeministiaid radical fel Dworkin (1974) yn dadlau bod yr arfer o atal menywod yn y teulu'n cael ei anwybyddu, sy'n golygu nad yw trais gwrywaidd yn erbyn menywod yn cael ei herio ond yn cael ei weld fel rhywbeth y mae'n bosibl ei gyfiawnhau rywsut.
- Mae sylwebyddion eraill ar faterion rhywedd, fel Raewyn Connell (1985), yn awgrymu bod safbwyntiau swyddogaethol bod dynion yn weithredol, yn ymosodol ac yn wleidyddol yn golygu bod dynion yn teimlo bod rhaid mygu eu hochr fwy mynegiannol, gan arwain at broblemau emosiynol.

Marcsaeth a neo-Farcsaeth

Roedd syniadaeth Farcsaidd draddodiadol am rywedd yn rhyddfrydol ac o flaen ei hamser. Ym 1844, dadleuodd Marx ei bod yn bosibl defnyddio safle menywod mewn cymdeithas fel mesur o ddatblygiad y gymdeithas gyfan. Mae damcaniaeth Farcsaidd yn ymwneud yn bennaf â materion dosbarth ac mae'n dadlau bod problemau cymdeithasol yn codi o ormes un grŵp trechol dros un arall. Ar y cyfan, mae Marcswyr yn siarad yn nhermau dosbarth cymdeithasol, ond ar ôl i Karl Marx farw, ysgrifennodd ei gydweithiwr a'i ffrind Engels am rôl y teulu'n cefnogi cyfalafiaeth a dadleuodd yn gryf dros ryddhau menywod o'r cartref ym 1884. Roedd yn credu bod menywod wedi dod yn garcharorion i lafur domestig pan oedd dynion yn berchen ar eiddo ar y cychwyn ac eisiau sicrhau eu bod yn trosglwyddo eu cyfoeth i'w plant eu hunain. Cafodd rheolau priodas eu creu i reoli rhywioldeb benywaidd ac i fod o fudd i ddynion.

Roedd Zaretsky (1976) o'r farn bod y teulu'n cefnogi cyfalafiaeth, oherwydd bod y cartref yn noddfa i ddynion a oedd wedi profi gofid yn y gwaith. Nododd nad oedd teuluoedd yn gallu gwneud hyn bob amser ac y gallen nhw fod yn llefydd anodd. Roedd rôl menywod yn y cartref yn golygu bod menywod yn cefnogi cyfalafiaeth:

- Drwy feichiogi a chynhyrchu cenhedlaeth newydd o weithwyr
- Drwy lafur domestig di-dâl i gefnogi gweithwyr
- Drwy ymddwyn fel uned ddefnyddio
- Fel cyfrwng cymdeithasoli a rheolaeth.

I nifer o awduron, gan gynnwys Oakley (1972), cryfder safbwyntiau Marcsaidd am rywedd oedd effaith syniadaeth Marx ar ddatblygiad mathau o ffeministiaeth. Serch hynny, mae ffeministiaid radical wedi nodi nad yw'n mynd yn ddigon pell mewn gwirionedd i gydnabod yr ormes mae menywod yn ei phrofi.

- Roedd gan Marx fwy o ddiddordeb mewn dosbarth nag mewn rhywedd, felly mae ei ddadansoddiadau o rywedd heb eu datblygu'n llawn.
- Yn bwysicach, mae dadansoddiadau Marcsaidd am rywedd yn canolbwyntio ar economeg ac felly'n tueddu i anwybyddu achosion eraill o anghydraddoldeb rhywedd.
- Roedd Marx yn ysgrifennu yng nghyd-destun amser a chymdeithas pan oedd safbwyntiau am rywedd a menywod yn wahanol iawn i'n rhai ni, ac o ganlyniad, mae rhai o'i safbwyntiau'n ymddangos yn hen ffasiwn.

Safbwyntiau Weberaidd a neo-Weberaidd am rywedd

Nid yw Weber yn dweud fawr ddim defnyddiol am anghydraddoldeb rhywedd, yn bennaf oherwydd bod ei syniadau'n nodweddiadol o'i gyfnod ac roedd yn ystyried nad oedd hi'n bosibl dadlau ag israddoldeb menywod. Yn ei waith, roedd Weber yn dadlau bod rheolaeth dynion dros fenywod yn ffurf draddodiadol ar rym. Awgrymodd fod awdurdod gwrywaidd yn cael ei dderbyn yn gyffredinol mewn diwylliannau oherwydd bod dynion yn naturiol yn well yn fiolegol ac yn feddyliol. Yn ei farn ef, eiddo'r gwryw, a oedd â hawliau rhywiol unigryw drostyn nhw, oedd menywod. Roedd y rôl fiolegol o eni plant yn golygu bod gan fenywod ddyletswydd naturiol (yn hytrach na chymdeithasol) i'w magu, felly nid oedd ganddo fawr o ddiddordeb ym mhrosesau cymdeithasoli.

Mae sylwadau am Weber yn cynnwys y canlynol:

Dysgu gweithredol

Trafodaeth: Edrychwch ar y diagram. Defnyddiwch ef i drafod a yw nodweddion grŵp israddol yn wir am fenywod ai peidio.

Triniaeth anghyfartal gan grŵp trechol	Nodweddion corfforol neu ddiwylliannol sy'n eu gwneud nhw'n wahanol
Ymdeimlad o fod yn aelod o grŵp a safle cyffredin	Dim dewis dros fod yn aelod o'r grŵp israddol

Nodweddion grŵp israddol

⦿ Mae tybiaeth Weber bod y rhaniad llafur gwryw–benyw yn naturiol yn golygu nad yw mewn gwirionedd yn trafod nac ychwaith yn cwestiynu'r syniad efallai ei fod yn rhaniad cymdeithasol yn ei hanfod.

⦿ Roedd ei ddylanwad ar ffeministiaeth yn cael ei gysylltu'n fwy â datblygiad dulliau ymchwil ffeministaidd penodol yn seiliedig ar ei gysyniad o 'verstehen' nag â dadansoddiad o faterion rhywedd.

⦿ Mae ei safbwyntiau am amrywiaeth a darniad cymdeithas yn ddefnyddiol i esbonio safle menywod yn y gymdeithas gyfoes, lle nad yw'n bosibl mewn gwirionedd gweld menywod yn un grŵp ag un diddordeb yn unig.

Ffeministiaeth

Mae pob ffurf ar ffeministiaeth yn cynnig awgrym ychydig yn wahanol ar gyfer anghydraddoldeb menywod, ond mae pob un ohonyn nhw'n cytuno mai patriarchaeth yw'r brif broblem, a'r ffordd mae menywod yn cael eu rheoli gan ddynion.

⦿ Mae **ffeministiaeth ryddfrydol** yn edrych ar draddodiadau hanesyddol a'r ffordd mae dynion yn rheoli'r gyfraith a gwleidyddiaeth.

⦿ Mae **ffeministiaid sosialaidd** yn honni bod y mater yn un economaidd, a bod menywod yn ffynhonnell llafur rhad neu ddi-dâl yn unig.

⦿ Mae **ffeministiaid du** yn honni bod ffeministiaid gwyn yn anwybyddu materion yn ymwneud â hiliaeth am eu bod yn tueddu i fod yn fenywod gwyn dosbarth canol a geisiodd eu rhyddid eu hunain drwy ecsbloetio llafur menywod du dosbarth gweithiol.

⦿ Mae **ffeministiaeth radical** o'r farn bod menywod yn cael eu gormesu gan ddominyddiaeth gorfforol a rhywiol a'r posibilrwydd y gall pob dyn eu treisio.

⦿ Mae **eco–ffeministiaid** yn dadlau bod ecsbloetio a dinistrio'r blaned gan ddynion yn adlewyrchu dominyddiaeth gymdeithasol menywod gan ddynion. Felly mae pob menyw dan fygythiad dinistr systematig amgylcheddau.

⦿ Mae **ffeministiaid Marcsaidd** yn honni bod cyfalafiaeth yn arwain at ecsbloetio menywod.

Yn yr un modd ag y mae'n bosibl beirniadu Marcsaeth am fod yn lleihaol oherwydd mai ar ddosbarth yn unig y mae'n edrych, mae pwyslais ffeministiaeth ar weld menywod fel dioddefwyr rhywedd hefyd yn or-syml. Mae ffurfiau gwahanol ar anghydraddoldeb yn gysylltiedig â'i gilydd, ac mae eu gwahanu'n anwybyddu cymhlethdod perthnasoedd cymdeithasol.

Dyma rai beirniadaethau eraill o ddisgrifiadau ffeministaidd o anghydraddoldeb:

⦿ Mae ymchwil ffeministaidd yn gwrthod dulliau gwyddonol, sy'n golygu bod y dystiolaeth i gefnogi ffeministiaeth yn tueddu i fod yn ansoddol ac yn oddrychol.

⦿ Gan fod ffurfiau ar ffeministiaeth mor niferus, nid oes cysondeb na chonsensws yn perthyn iddi.

⦿ Efallai fod materion fel delwedd y corff a ffasiwn yn blino menywod y Gorllewin; ond problemau mwy difrifol fel iechyd sy'n blino llawer o fenywod mewn gwledydd sy'n datblygu. Mae'r anghydraddoldeb maen nhw'n ei brofi'n gwbl wahanol.

Dysgu annibynnol

Ymchwiliwch i wahaniaethau cyflog a rhywedd rhwng enillion dynion a menywod. Ydych chi'n cytuno â Hakim fod polisïau cyflog cyfartal wedi bod yn llwyddiannus?

> Mae menywod sy'n teimlo wedi'u grymuso, ac sy'n gallu gwireddu eu potensial llawn, yn rym anhygoel wrth fynd â chenhedloedd cyfan yn eu blaen ac wrth gyfrannu at eu lles.
>
> **Pekka Haavisto**

Mae safbwyntiau biolegol, Marcsaidd, ffeministaidd a swyddogaethol am rywedd i gyd yn dangos dynion a menywod mewn cyferbyniad â'i gilydd.

Mae ôl-foderniaeth yn gweld rhywedd yn nhermau continwwm a gall pobl eu gosod eu hunain fel y mynnan nhw, beth bynnag yw eu bioleg.

Ôl-foderniaeth

Un broblem benodol gydag ôl-foderniaeth o ran sut mae'n esbonio anghydraddoldeb rhywedd yw ei bod yn amharod iawn hyd yn oed i gyfaddef bod rhywedd yn bodoli. Mae'n gweld rhywedd fel continwwm gwrywaidd i fenywaidd yn hytrach nag mewn termau cyferbyniol (h.y. gwryw yn erbyn benyw) fel y gwna damcaniaethau eraill. Mae'n fwy tebygol o ymwneud â materion rhywioldeb pobl lesbiaidd, hoyw, deurywiol a thrawsrywiol (LGBT), ac yn tueddu i edrych ar faterion ar raddfa fach fel y rhywiaeth gynhenid mewn iaith.

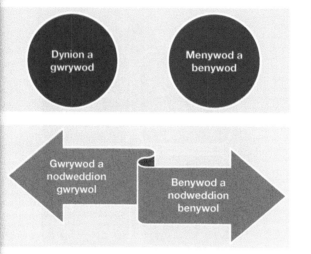

- Mewn beirniadaeth, dywed Walby (1990) fod yr ymagwedd hon yn lleihau realiti anghydraddoldeb rhywedd a gormes i lawer o fenywod.
- Realiti anghydraddoldeb rhywedd yw bod menywod yn dioddef trais gan ddynion, cyflogau isel a statws isel.

Y Dde Newydd

Mae'r Dde Newydd yn negyddol iawn am fenywod: er enghraifft, mae Murray (1989) a Saunders (1990) yn tueddu i weld bod llawer o broblemau cymdeithas yn codi o ganlyniad i fenywod ifanc sengl yn beichiogi er mwyn byw ar fudd-daliadau cymdeithasol. Felly os yw menywod yn anghyfartal neu'n dlawd, yna eu bai nhw yw hynny. Mewn beirniadaeth, ychydig o dystiolaeth sydd i gefnogi'r safbwynt bod merched yn dewis beichiogi'n gynnar. Mae'r rhan fwyaf o ymchwil yn awgrymu rhywbeth tra gwahanol, sef mai menywod yng nghanol eu tridegau sydd wedi bod mewn perthynas a fethodd sydd fwyaf tebygol o fod yn rhieni sengl.

Mae Catherine Hakim (2004) wedi bod yn feirniadol iawn o ffeministiaeth o safbwynt y Dde Newydd, gan ddatblygu'r hyn mae hi'n ei alw'n 'ddamcaniaeth hoff ddewis'. Mae Hakim yn awgrymu bod ffeministiaid yn cyflwyno darlun camarweiniol o berthnasoedd rhywedd a gwaith. Mae'n dadlau bod menywod yn gwneud dewisiadau rhesymegol am waith a bod hyn yn esbonio anghydraddoldebau economaidd. Ar ben hynny, mae'n credu:

- bod polisïau cyflog cyfartal wedi bod yn gymharol effeithiol a bod ffeministiaid yn gorbwysleisio'r achos dros dlodi menywod.
- bod menywod yn dewis cwrs bywyd gwahanol i ddynion, felly bod menywod sy'n cymryd gwaith sy'n talu'n dda hefyd yn dewis bod yn ddi-blant neu'n dewis bywyd teuluol un plentyn.
- bod llawer o fenywod yn hapus i roi blaenoriaeth i'r teulu dros waith.
- bod polisïau sy'n cefnogi teuluoedd yn costio llawer o arian i gwmnïau a'r cwmnïau mwyaf yn unig a all eu fforddio.
- bod dynion a menywod ar frig proffesiynau'n tueddu i ymddwyn yn debyg.

Mae beirniadaethau o waith Hakim yn cynnwys y safbwynt y gall menywod fod yn ddioddefwyr ideolegau am y teulu a bod anghydraddoldebau strwythurol mewn gweithleoedd sy'n rhwystro menywod rhag datblygu gyrfaoedd.

Mathau o wrywdod a dominyddiaeth y gwryw o'r byd cymdeithasol

Mae sefyllfa drechol dynion yn y byd gwleidyddol a chymdeithasol yn dal i fod yn faes nad yw wedi cael ei astudio'n llawn. Mae llawer o waith wedi canolbwyntio ar fenywod, o bosibl oherwydd bod y dadleuon mwyaf heriol wedi dod gan ffeministiaid.

- Mae swyddogaethwyr yn esbonio dominyddiaeth y gwryw fel rhywbeth 'naturiol' oherwydd eu rôl allweddol yn y gymdeithas.
- Mae ffeministiaid yn esbonio statws cymdeithasol uwchraddol dynion fel rhywbeth sy'n gysylltiedig â thrais rhywiol neu ddominyddiaeth wleidyddol ac economaidd.
- Mae'r Dde Newydd yn gweld dominyddiaeth y gwryw yn ganlyniad dewisiadau ffordd o fyw menywod sy'n golygu mai dynion sy'n rheoli'r gymdeithas ehangach.

Mae gan ôl-fodernwyr ddiddordeb mewn perthnasoedd rhywedd ac maen nhw'n canolbwyntio ar sut maen nhw'n newid, felly maen nhw'n ymwneud yn llai ag anghydraddoldeb economaidd ac yn fwy â materion rhywedd. Serch hynny, wrth i fenywod ennill hyder mewn sawl maes o fywyd, mae hyn yn cael effaith ar ddynion a gwrywdod. Un o'r awduron mwyaf adnabyddus yn y maes hwn yw Raewyn Connell, menyw drawsrywiol sy'n cael ei chydnabod yn gyffredinol fel yr un a ddiffiniodd y term 'gwrywdod hegemonaidd'. Mae hwn yn disgrifio'r safbwynt diwylliannol trechol am wrywdod fel rhywbeth trechol, ymosodol o heterorywiol a chystadleuol. Mae'n cynnig esboniad o anghydraddoldeb sy'n ymwneud â chysyniadau cyffredin am sut 'dylai' dyn fod.

Yn ystod yr 1980au, roedd rhywfaint o adlach yn erbyn twf ffeministiaeth, a oedd yn dadlau bod dynion a gwrywdod yn cael eu niweidio gan ffeministiaeth. Hyd yn oed heddiw, mae llawer o fenywod sydd wedi gwneud pwynt cyhoeddus am safle cymdeithasol menywod wedi cael ymatebion negyddol gan rai dynion. Yn 2013, ymgyrchodd Caroline Criado-Perez i gael Jane Austen, nofelydd benywaidd, ar arian papur Prydeinig oherwydd nad oedd yr un fenyw ar wahân i'r Frenhines yn cael ei chynrychioli ar yr arian. Arweiniodd hyn at fygythiadau o drais rhywiol a marwolaeth, yn arbennig ar Twitter. Dyma dystiolaeth i gefnogi safbwynt rhai ffeministiaid fod gwrywod yn defnyddio dominyddiaeth i fygwth benywod; fodd bynnag, mae angen nodi mai cyfeirio at nifer bach o ddynion y mae hyn, nid at bob dyn.

Ymchwil

Yn ôl adroddiad yn 2013 gan Sandhu, Stephenson a Harrison ar effaith toriadau gwariant gan y llywodraeth ar fenywod du, Asiaidd a lleiafrifoedd ethnig yn Coventry, roedd hi'n llawer mwy tebygol y byddai'r toriadau'n cael effaith negyddol arnyn nhw nag ar nifer o grwpiau poblogaeth eraill. Cafodd grwpiau ffocws a chyfweliadau lled-strwythuredig eu defnyddio i gasglu data gan sampl o dros 180 o fenywod o gefndiroedd ethnig gwahanol. Cafodd y data hyn eu cefnogi gan ystadegau'r llywodraeth. Y rheswm pam roedd menywod du, Asiaidd a lleiafrifoedd ethnig yn fwy tebygol o brofi tlodi oedd eu bod yn tueddu i weithio yn y sector cyhoeddus ac roedd llawer ohonyn nhw'n ennill llai na'r cyflog byw.

a) Nodwch ac esboniwch **ddau** reswm pam penderfynodd yr ymchwilwyr ddefnyddio cyfweliadau lled-strwythuredig.

b) Cynlluniwch astudiaeth i ddarganfod a yw menywod ifanc yn dewis beichiogi er mwyn cael budd-daliadau yn eich ardal leol.

   i. Disgrifiwch bob cam o'ch cynllun ymchwil, gan gyfiawnhau'r rhesymau dros eich dewis ar bob cam.

   ii. Trafodwch broblemau a all godi ac effaith y problemau hyn ar ansawdd y data sy'n cael eu casglu.

Cwestiwn cymhwyso tystiolaeth

c) Ysgrifennwch baragraff gan ddefnyddio canlyniadau'r astudiaeth a gafodd ei chynnal yn Coventry naill ai i gefnogi neu i wrthod un o'r damcaniaethau y mae'n bosibl eu defnyddio i esbonio anghydraddoldeb rhywedd yn y DU.

Ysgrifennu estynedig

Aseswch arwyddocâd disgrifiadau ffeministaidd o anghydraddoldeb rhywedd.

Arweiniad: Mae'r cwestiwn yn gofyn i chi lunio barn am bwysigrwydd damcaniaethau ffeministaidd am anghydraddoldeb fel y maen nhw'n cael eu cymhwyso at broblem benodol anghydraddoldeb rhywedd. Bydd angen i chi ddangos gwybodaeth a dealltwriaeth o'r gwahanol ffurfiau ar ffeministiaeth a gallu gwneud sylwadau ar fathau o ffeministiaeth gan gyfeirio at ddamcaniaethau eraill a thystiolaeth arall. Bydd angen i chi fod yn feirniadol o'r holl safbwyntiau ac ystyried a yw ffeministiaeth neu safbwyntiau eraill yn cynnig esboniadau gwell o anghydraddoldeb rhywedd. Cyfeiriwch yn uniongyrchol at fath gwahanol o ffeministiaeth ym mhob paragraff a gwnewch sylw i nodi a yw'n gyfraniad arwyddocaol neu ddefnyddiol i'r ddadl am anghydraddoldeb rhywedd.

Ysgrifennwch tua 750 gair.

Gwiriwch eich dysgu eich hun

Cysylltwch y syniadau â'r damcaniaethau.

a) Mae gwahaniaethau rhywedd yn cynnal cymdeithas iach.

b) Mae bechgyn o ran natur yn gystadleuol, ond mae'n well gan ferched ofalu, ac mae hyn yn effeithio ar eu rolau cymdeithasol.

c) Mae cyfalafiaeth yn annog dominyddiaeth y gwryw o fenywod fel ffordd o gadw cyfoeth mewn teuluoedd.

ch) Mae menywod yn gwneud dewisiadau rhesymegol am waith a bywyd teuluol, ac mae llawer yn rhoi blaenoriaeth i'r teulu.

d) Mae merched ifanc yn beichiogi er mwyn cael budd-daliadau.

dd) Nid yw rhywedd yn bodoli fel y cyfryw; mae'n hunaniaeth o ddewis.

e) Dylai menywod a dynion gael yr un dewisiadau mewn bywyd teuluol ac yn y gwaith.

f) O ran natur, mae dynion yn well yn gorfforol ac yn feddyliol na menywod.

Ffeministiaeth

Ôl-foderniaeth

Y Dde Newydd

Swyddogaetholdeb

Marcsaeth

Weberiaeth

Swyddogaetholdeb

Y Dde Newydd

Nodau

- Ymchwilio i effaith hil ar anghydraddoldeb cymdeithasol

- Deall a gwerthuso damcaniaethau am anghydraddoldeb hiliol

Mae hiliaeth ac anghydraddoldeb hiliol yn rhan ganolog o nifer o systemau cymdeithasol er gwaethaf ymdrechion gweithredol i gael gwared arnyn nhw.

Mae'r dybiaeth bod rhai diwylliannau a chefndiroedd ethnig yn well na'i gilydd wedi bod yn nodwedd ganolog mewn llawer o ddiwylliannau. Roedd awduron cynnar yn meddwl yn nhermau hil, felly roedden nhw'n categoreiddio pobl yn nhermau nodwededion corfforol, fel lliw croen. Mae geneteg yn dangos bod y ffordd hon yn ffordd anghywir o feddwl. Mae cymdeithasegwyr modern yn defnyddio'r syniad o ethnigrwydd, sy'n gysylltiedig â diwylliant. Mae hiliaeth yn gysylltiedig nid yn unig â gwahanaiethau corfforol, ond â gwahaniaethau cymdeithasol hefyd, felly gall hiliaeth fod yn amlwg rhwng grwpiau fel y Cymry a'r Saeson ac mae'n seiliedig ar ganfyddiadau hanesyddol a diweddar o anghyfiawnder. Mae pob safbwynt damcaniaethol wedi ceisio esbonio'r mater gan gyfeirio at ei fframwaith ei hun o syniadau am gymdeithas.

Gwella sgiliau

Defnyddiwch dystiolaeth o'ch ymchwil ar anghydraddoldeb hiliol ac anghydraddoldeb ethnig i gefnogi eich atebion yn yr adran hon.

Ffurfiau y gall gwahaniaethu hiliol eu cymryd yn ein cymdeithas

Pwnc 12: Damcaniaethau i esbonio hiliaeth ac anghydraddoldebau hiliol

Gwneud i chi feddwl

Pa mor bwysig yw gwahaniaethau hiliol a diwylliannol ym mywydau cyffredin pobl ym Mhrydain gyfoes?

Esboniadau damcaniaethol o anghydraddoldeb hiliol

Damcaniaethau biolegol a chrefyddol am hil

Ceisiodd damcaniaethwyr gwyddonol cynnar ddosbarthu bodau dynol ar sail golwg gorfforol, gan dybio bod gwahaniaeth corfforol hefyd yn awgrymu gwahaniaethau deallusol a moesol. Roedd yr ymdrechion hyn yn fras iawn ac maen nhw wedi cael eu disodli gan astudiaeth geneteg. Fodd bynnag, mae'r gymdeithas gyfoes wedi etifeddu'r arfer hon o stereoteipio hiliau. Mae'r stereoteipiau hyn yn dal i'w gweld yn y cyfryngau ac mewn bywyd pob dydd. Yn aml, mae cyfiawnhad crefyddol yn cael ei ddefnyddio dros ymddygiad y byddai rhai yn ei ystyried yn hiliol.

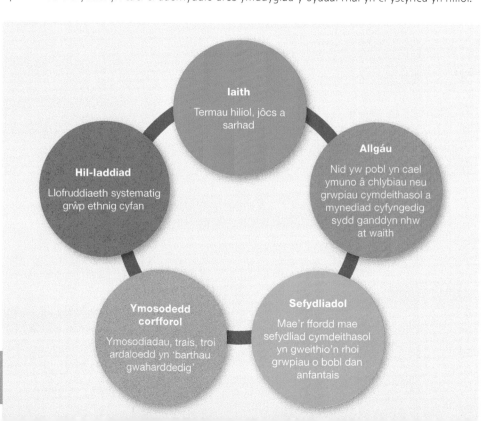

Iaith
Termau hiliol, jôcs a sarhad

Allgáu
Nid yw pobl yn cael ymuno â chlybiau neu grwpiau cymdeithasol a mynediad cyfyngedig sydd ganddyn nhw at waith

Sefydliadol
Mae'r ffordd mae sefydliad cymdeithasol yn gweithio'n rhoi grwpiau o bobl dan anfantais

Ymosodedd corfforol
Ymosodiadau, trais, troi ardaloedd yn 'barthau gwaharddedig'

Hil-laddiad
Llofruddiaeth systematig grŵp ethnig cyfan

Roedd Iddewon yn dioddef oherwydd y gred mai nhw 'laddodd Crist'. Roedd Affricaniaid a gafodd eu cymryd yn gaethweision yn aml yn cael eu gorfodi i ddod yn Gristnogion er lles eu henaid. Weithiau, gall Mwslimiaid crefyddol iawn sydd am osgoi amhurdeb defodol ystyried rhai nad ydyn nhw'n Fwslimiaid yn 'amhur'. Mae damcaniaethau biolegol yn cael eu diystyru'n gyffredinol gan y rhan fwyaf o academyddion, ond mae'n fwy anodd herio cred grefyddol gan nad oes angen tystiolaeth wyddonol. Yr un mor bwysig, mae anghydraddoldeb hiliol a hiliaeth wedi bod yn dderbyniol yn gyfreithiol mewn sawl gwlad (ac yn dal i fod mewn rhai) nes yn ddiweddar iawn: er enghraifft, dim ond yn 1965 y dechreuodd deddfau cydraddoldeb hil yn y DU, ac mae dadlau'n parhau hyd heddiw ynglŷn â pha mor effeithiol yw deddfwriaeth.

Swyddogaetholdeb

Damcaniaeth cydweddiad

Mae damcaniaeth swyddogaethol yn awgrymu bod pob diwylliant yn rhannu normau a gwerthoedd, felly er mwyn i gymdeithas weithio, dylai grwpiau a hiliau lleiafrifoedd ethnig gael eu hymgorffori yn niwylliant prif ffrwd Prydain, drwy waith a thrwy ryngweithio'n gymdeithasol â phobl. Ym Mhrydain, mae hyn wedi troi'n bolisi o amlddiwylliannaeth, lle mae grwpiau o gefndiroedd ethnig gwahanol yn cael eu hannog i ddeall ei gilydd. Y gobaith yw y bydd grwpiau du a lleiafrifoedd ethnig yn dod i'w gweld eu hunain fel Prydeinwyr ond yn cadw eu diwylliannau nodweddiadol eu hunain.

Mae grwpiau cymdeithasol gwahanol yn ymdoddi i'r diwylliant yn gynt na'i gilydd. Gall y rhesymau fod yn rhai unigol (e.e. y gallu i feistroli Saesneg), neu'n rhai diwylliannol (oherwydd systemau addysg gwahanol). Mae'r Gwyddelod wedi dod yn rhan o ddiwylliant Prydain yn gyflym, o bosibl oherwydd nad ydyn nhw'n wahanol iawn yn gorfforol. Nid dyna'r sefyllfa yn achos grwpiau amlwg iawn o ymfudwyr eraill. Gall y rhain fod yn Brydeinwyr ers cenedlaethau, ond maen nhw'n parhau i ddioddef hiliaeth ar sail lliw eu croen neu steil eu dillad traddodiadol. Yn 2016, achosodd y Prif Weinidog, David Cameron, gythrwfl drwy gyhoeddi cynllun £20 miliwn i ddysgu Saesneg i fenywod Mwslimaidd a rhybuddio y byddai partneriaid ymfudwyr nad oedden nhw'n dysgu Saesneg yn cael eu halltudio pe baen nhw'n methu profion iaith. Honnodd y byddai'r cynllun yn rhwystro eithafiaeth ac yn annog pobl i ymdoddi i ddiwylliant Prydain.

Beirniadu'r safbwynt hwn

- Mae'n diystyru'r graddau y gall grwpiau lleiafrifoedd ethnig ddioddef gwahaniaethu a hiliaeth sefydliadol.
- Mae'n feirniadol o'r ffordd mae llawer o grwpiau ymfudwyr yn byw'n agos at ei gilydd, yn aml er mwyn cefnogi'i gilydd neu am resymau economaidd.
- Mae'n tybio mai gwerthoedd diwylliannol y grŵp trechol yw'r gwerthoedd diwylliannol gorau mewn ffordd.
- Mae rhai grwpiau'n ei chael yn hawdd ymdoddi i'r gymdeithas oherwydd nad ydyn nhw'n amlwg yn wahanol yn weledol i'r diwylliant trechol. Yng Nghymru, ymfudodd niferoedd enfawr o Eidalwyr yn gynnar yn yr ugeinfed ganrif ac erbyn hyn maen nhw'n rhan fawr o ddiwylliant de Cymru. Mae'r bocsiwr Joe Calzaghe a'r chwaraewr rygbi rhyngwladol Robert Sidoli o gefndiroedd Eidalaidd Cymreig. Nid yw pobl o Somalia yn nwyrain Affrica, a gyrhaeddodd ar yr un pryd, wedi ymdoddi mor hawdd.

Gwella sgiliau

Cofiwch mai ychydig o dystiolaeth fiolegol sydd i gefnogi hil, ond mae llawer o bobl yn ymddwyn fel pe bai'n wir. Er mai ethnigrwydd yw'r cysyniad sy'n cael ei ddefnyddio amlaf erbyn hyn, mae hiliaeth yn realiti cymdeithasol y mae'n bosibl ei astudio.

Dysgu gweithredol

Edrychwch ar y llun o Garnifal Notting Hill yn Llundain, traddodiad o India'r Gorllewin. Beth rydyn ni'n ei golli o ddiwylliant Prydain os ydyn ni'n annog grwpiau lleiafrifoedd ethnig i ymdoddi i'r diwylliant?

Dysgu annibynnol

I ddysgu mwy am y ffordd mae grwpiau ethnig wedi dod yn rhan o gymdeithas Prydain, edrychwch ar adroddiad gan Nandi a Platt (2013) https://www.understandingsociety.ac.uk/research/publications/working-paper/understanding-society/2013-08

Ydy pob grŵp yn rhannu profiadau tebyg? Pa mor bwysig yw 'Prydeindod' i aelodau o leiafrifoedd ethnig?

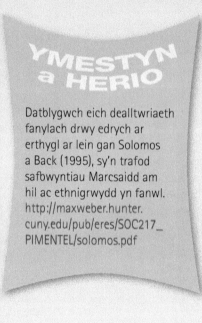

Marcsaeth a neo-Farcsaeth

Mae'r safbwynt dau ddosbarth y mae Marcsaeth yn ei ddefnyddio i drafod gwahaniaethau economaidd yn trosglwyddo'n dda iawn pan fydd yn cael ei gymhwyso at faterion rhywedd neu hil. Er nad ysgrifennodd Marx ei hun lawer iawn am hil yn nhermau grwpiau biolegol, canolbwyntiodd ar fater Iwerddon a'r Gwyddelod. Yn ystod bywyd Marx, roedd y Gwyddelod yn cael eu hystyried gan lawer yn fodau isddynol. Roedden nhw'n byw ar strata isaf cymdeithas. Cawson nhw eu gyrru o Iwerddon gan newyn a thlodi i gymryd y gwaith a oedd yn talu leiaf, gan mai dyna'r unig waith roedden nhw'n gallu ei gael yn ardaloedd diwydiannol Prydain. Roedd hyn yn achosi gwrthdaro rhyngddyn nhw a gweithwyr o Brydain oedd yn cael eu talu'n wael ac roedd gelyniaeth rhwng y ddau grŵp yn gyffredin, yn arbennig gan fod y Gwyddelod yn cymryd gwaith am gyflog isel iawn ac yn cymryd cyflogau is na gweithwyr o Brydain. Defnyddiodd Marx y sefyllfa hon i esbonio sut roedd hiliaeth yn cefnogi cyfalafiaeth oherwydd bod grwpiau yn y dosbarth gweithiol ei hun ymladd ei gilydd ac yn methu gweld mai'r bourgeoisie oedd eu gelyn go iawn. Roedd Marx yn honni bod y dosbarthiadau a oedd yn rheoli yn ymwybodol o hyn, ond eu bod nhw'n defnyddio'r sefyllfa er eu lles eu hunain, felly roedden nhw'n annog anghytgord rhwng ymfudwyr a rhai nad oedden nhw'n ymfudwyr.

Cafodd y syniad hwn ei ddatblygu ymhellach yn yr 1970au gan Stuart Hall ac eraill, a awgrymodd fod pobl dosbarth gweithiol yn cael eu hannog i beidio â hoffi ymfudwyr o India'r Gorllewin ac i'w gweld nhw'n droseddwyr. Nododd Hall y byddai papurau newydd yn ysgrifennu am drosedd 'ddu' er mwyn anwybyddu problemau economaidd a gwleidyddol gwirioneddol ddifrifol. Teimlai Hall y dylai dosbarth a hil gael eu gweld yn rhan o'r un broblem. Roedd Gabriel a Ben-Tovim (1978) yn feirniadol o hyn gan ddweud bod hil a dosbarth yn broblemau cymdeithasol gwahanol. Mae neo-Farcswyr eraill wedi awgrmu bod hil yn gysyniad diwerth oherwydd bod y broblem yn seiliedig ar ddosbarth.

Neo-Farcsaeth a phellhau cymdeithasol

Mae grwpiau trechol yn aml yn datblygu agwedd 'ni a nhw', sy'n cael ei hadnabod fel 'gwneud yn arall', cysyniad y mae ffeministiaeth wedi'i ddefnyddio i ddisgrifio perthnasoedd rhywedd. Y goblygiad gyda 'gwneud yn arall' yw bod y rhai sy'n 'arall' yn israddol. Mae'r broses 'gwneud yn arall' yn haws os oes modd adnabod y grŵp gwan yn gorfforol.

Beirniadu'r safbwynt hwn

- Mae'r safbwynt Marcsaidd am ddosbarth yn golygu, hyd yn oed wrth drafod materion hil, fod y prif bwyslais yn aml ar wrthdaro rhwng y dosbarthiadau, neu ar wrthsafiad, yn hytrach nag ar hil fel realiti.
- Mae'r graddau y mae grwpiau dosbarth gweithiol yn hiliol wedi cael eu hanwybyddu'n aml gan Farcswyr wrth astudio diwylliannau ieuenctid a throsedd. Y rheswm dros hynny yw eu bod yn gweld aelodau'r dosbarth gweithiol yn ddioddefwyr gormes, a'r rhai sy'n gwrthryfela yn rhai sy'n dangos ymwybyddiaeth o ddosbarth.
- Mae'n sarhaus dethol aelodau o rai grwpiau pobl ddu a lleiafrifoedd ethnig yn unig fel pobl ddifreintiedig gan fod hynny'n stereoteipio negyddol. Gall canolbwyntio ar grŵp ethnig cyfan olygu bod gwahaniaethau pwysig mewn profiadau yn y grŵp yn cael eu hanwybyddu.

Safbwyntiau Weberaidd a neo-Weberaidd am hil

Mewn sawl ffordd, gall Weberiaid ddisgrifio gwahaniaethau ethnig a hil yn hawdd, oherwydd eu bod yn gweld y broses yn nhermau casgliad o ryngweithiadau cymhleth:

- **Statws:** Statws isel yn y gymdeithas sydd gan aelod o leiafrif amlwg. Gall hynny arwain at wahaniaethu a hiliaeth amlwg. Mae hefyd yn rhwystro cymathu rhag digwydd oherwydd nad yw pobl eisiau cael eu cysylltu â grwpiau statws is.
- **Dosbarth:** Mae lleiafrifoedd ethnig yn cymryd gwaith am gyflog isel, yn aml oherwydd mai dyma'r unig waith sydd ar gael neu oherwydd bod eu sgiliau iaith yn wael.
- **Plaid:** Nid yw grwpiau ethnig yn rhan o'r broses pleidiau gwleidyddol a dydyn nhw ddim yn creu eu pleidiau gwleidyddol eu hunain. Felly, dydyn nhw ddim yn cael eu cynrychioli'n iawn mewn gwleidyddiaeth prif ffrwd.

Mae Banton a Rex (1970au) yn awgymu bod anghydraddoldeb hiliol yn cael ei achosi gan ryngweithiad cymhleth o ddigwyddiadau cymdeithasol gwahanol. Datblygodd Rex a Tomlinson (1979) y syniad o'r isddosbarth i ddisgrifio safle aelodau pobl ddu a lleiafrifoedd ethnig mewn cymdeithas, ond mae eu safbwynt am yr isddosbarth yn wahanol i safbwynt y Dde Newydd. Maen nhw'n awgrymu na all pobl ddu a lleiafrifoedd ethnig ddianc o'u safle.

Beirniadu'r safbwynt hwn

◉ Mae hyn yn anwybyddu'r realiti bod llawer o bobl ddu a lleiafrifoedd ethnig mewn swyddi statws uchel fel meddygaeth neu yn y byd academaidd. Nid oes gan bob un ohonyn nhw statws isel.

◉ Nid yw pobl ddu a lleiafrifoedd ethnig yn grŵp diwylliannol unigol.

Ffeministiaeth

Bu llawer o ddiddordeb mewn ffeministiaeth ddu. Mae'r ffeministiaid hyn yn honni bod traddodiad hir o ddominyddiaeth y gwryw dros fenywod, yn arbennig menywod du. Un safbwynt yw bod hil, i lawer o fenywod du, wedi cael y blaen ar faterion rhywedd oherwydd bod menywod du'n wynebu dominyddiaeth yn y cartref a hiliaeth y tu allan i'r cartref. Mae ffeministiaid du wedi disgrifio'r prosesau lle gall diwylliant trechol fygu diwylliant gwan a'i adael heb rym:

◉ **Dileu:** Gall y diwylliant trechol geisio cael gwared ar y diwylliant lleiafrifol, felly mae'n bosibl ystyried ymdoddi yn ffurf ar ddileu. Yng Nghymru, newidiwyd llawer o enwau lleoedd dros amser i'w gwneud yn hawdd i Saeson eu hynganu.

◉ **Gwadu:** Mae pobl yn anwybyddu neu'n gwrthod cydnabod gwahaniaeth diwylliannol, ac yn tybio mai eu credoau nhw yw'r unig gredoau.

◉ **Bod yn anweledig:** Mae pobl yn cael eu hanwybyddu: er enghraifft, mae'n dal yn beth prin i weld pobl Tsieineaidd neu Asiaidd ar y teledu, ac eithrio mewn rolau ystrydebol.

◉ **Tocynistiaeth:** Dyma lle mae unigolyn o liw neu rywedd penodol yn cael ei dderbyn i sefydliad neu grŵp diwylliannol mewn ymgais gan y grŵp hwnnw i ddangos cydraddoldeb, ond nid yw hyn yn bwysig mewn gwirionedd oherwydd mae'n bosibl anwybyddu'r unigolyn hwnnw.

Asesu syniadau ffeministiaeth ddu

◉ Mae'n trin pob grŵp pobl ddu a lleiafrifoedd ethnig fel un grŵp; mae normau diwylliannol yn amrywio ac felly nid yw'r problemau a all effeithio ar un grŵp yn bwysig i eraill.

◉ Mae'n annog menywod nad ydyn nhw'n wyn i wrthsefyll cael eu labelu ac i ganfod delweddau cadarnhaol ar eu cyfer eu hunain; er enghraifft, mae Collins (1998) yn nodi bod menywod du yn America wedi datblygu traddodiad o gelfyddyd, cerddoriaeth ac ysgrifennu nad yw eto'n gyfarwydd yn gyffredinol.

Ôl-foderniaeth

Sut mae ôl-fodernwyr yn diffinio hil?

Mae ôl-foderniaeth yn ffordd ddefnyddiol o ddadansoddi hil gan ei bod yn dangos bod hil ac ethnigrwydd yn lluniadau cymdeithasol ac nad oes ganddyn nhw sail mewn realiti gwyddonol. Mae'r awdur a'r sylwebydd bell hooks [sic] (2000) yn nodi sut mae credoau wedi cael eu defnyddio i ddominyddu rhai dosbarthiadau cymdeithasol drwy gydol hanes. Mae hooks hefyd yn ffeminydd ac mae wedi nodi croestoriadedd rhywedd a hil i fenywod du.

Mae Malik (2015) yn awgrymu bod y model cymathu cysylltiadau hiliol yn beryglus iawn. Ei safbwynt ef yw bod unrhyw ymdrech i orbwysleisio gwahaniaethau diwylliannol a balchder cenedlaethol yn siŵr o fethu, oherwydd

Dysgu gweithredol

Mae'r actor a'r digrifwr Lenny Henry wedi bod yn feirniadol o'r diwydiant adloniant am y ffordd y mae'n portreadu pobl ddu. Yn ystod ei yrfa gynnar, roedd angen iddo gydymffurfio â safbwynt ystrydebol am bobl ddu a chydweithio ochr yn ochr ag actorion gwyn oedd wedi gwisgo colur i'w gwneud yn ddu (y Black and White Minstrels). Defnyddiwch y Rhyngrwyd i ganfod mwy am yrfa gynnar Henry a'r hyn sydd ganddo i'w ddweud am gyfleoedd ar gyfer pobl ddu a lleiafrifoedd ethnig eraill yn y byd teledu.

bydd pobl yn teimlo'n wahanol ac ar wahân. Os yw gwerthoedd pawb yn gyfartal ond yn wahanol, mae gorfodi fframweithiau moesol ar bobl yn anfoesol ac yn gwadu eu gwirionedd nhw eu hunain.

Mae llawer o ôl-fodernwyr wedi edrych ar sut mae stereoteipiau hil yn cael eu cynrychioli yn

Damcaniaethau anghydraddoldeb cymdeithasol

Dysgu gweithredol

Mae cyflwynydd teledu, Jeremy Clarkson, yn aml wedi gwneud sylwadau hiliol mewn ffordd ysgafn. Ydy hyn yn ymddygiad derbyniol yn eich barn chi? Trafodwch mewn grŵp bach.

Dysgu gweithredol

Dysgwch fwy am hiliaeth ac anghydraddoldebau eraill yn y DU drwy edrych ar wefan y Comisiwn Cydraddoldeb a Hawliau Dynol http://www.equalityhumanrights.com/. Mae gan Gymru a'r Alban eu cangen eu hunain o'r Comisiwn ac mae gwefan Gymraeg ar gael: http://www.equalityhumanrights.com/cy/amdanom-ni/awdurdodau-datganoledig/y-comisiwn-yng-nghymru

y cyfryngau i ddangos sut maen nhw'n cyfrannu at stereoteipiau ac at anghydraddoldeb. Mae Alvarado (1987) yn nodi'r ffyrdd y mae'r cyfryngau'n portreadu hiliau fel pe baen nhw'n wahanol:

- Yn beryglus (hunaniaeth wrywaidd ddu)
- Yn ecsotig (cynrychioliadau o fenywod nad ydyn nhw'n wyn mewn hysbysebion)
- Yn ddoniol (testun hwyl a jôcs)
- Yn destunau tosturi ac erledigaeth.

> Mae'n gwbl annheg bod rhai pobl yn cael eu geni'n dew neu'n hyll neu'n ddyslecsig neu'n anabl neu â gwallt coch neu'n Gymry. Mae bywyd, mae arna i ofn, yn drasig.
>
> Jeremy Clarkson

Beirniadu syniadaeth ôl-fodernaidd am anghydraddoldeb hil

- Mae canolbwyntio ar hil fel lluniad cymdeithasol yn anwybyddu'r problemau gwirioneddol mae llawer o bobl o leiafrifoedd ethnig yn eu hwynebu o ran anghydraddoldeb strwythurol.

Y Dde Newydd

Y Dde Newydd yw'r gwrthwyneb i Farcsaeth, ac maen nhw'n tueddu i fabwysiadu syniadau swyddogaethol, felly yn nhermau hil, maen nhw'n ystyried mai dyletswydd grwpiau pobl ddu a lleiafrifoedd ethnig yw ymdoddi mor gyflym â phosibl i ddiwylliant Prydain. Mae Charles Murray (1989) yn gweld grwpiau Affricanaidd Caribïaidd yn broblem arbennig oherwydd eu bod yn llunio rhan sylweddol o'r isddosbarth. Mae gan deuluoedd Affricanaidd Caribïaidd gyfraddau cymharol uchel o rieni sengl a safbwynt y Dde Newydd yw bod hyn yn arwain at drosedd, dibyniaeth ar les a diogi. Y grŵp ymfudol sy'n cael ei weld yn broblem, nid y gymdeithas.

Mae Saunders (1990) yn dadlau:

- Bod ymfudwyr yn methu addasu i ddiwylliant Prydain.
- Bod ganddyn nhw, neu eu bod yn datblygu, agweddau diwylliannol sy'n arwain at dlodi.
- Unwaith maen nhw'n dlawd, maen nhw'n derbyn hyn a dydyn nhw ddim yn ceisio gwella eu sefyllfa, felly mae eu hagweddau eu hunain yn eu caethiwo.

Beirniadu syniadaeth y Dde Newydd am anghydraddoldeb hil

- Mae hon yn ymgais glir i feio dioddefwyr gwahaniaethu a hiliaeth am eu problemau eu hunain. Maen nhw'n ddioddefwyr hiliaeth oherwydd eu bod wedi 'methu' eu gwella eu hunain ac ymdoddi i ddiwylliant Prydain.
- Mae'r safbwynt hwn yn awgrymu bod y fath beth â diwylliant Prydain yn bod. Mae hyn ynddo'i hun yn ddadleuol.
- Ychydig o dystiolaeth sydd i gefnogi'r syniad bod diwylliannau sy'n dibynnu ar les yn datblygu ymhlith grwpiau ymfudol. Mewn gwirionedd, mae llawer o ddiwylliannau ymfudol yn wahanol iawn, fel mae Modood (2011) yn ei nodi. Nid yw grwpio pawb sy'n cael eu hadnabod fel pobl ddu a lleiafrifoedd ethnig gyda'i gilydd yn gwneud cyfiawnder â'r amrywiaeth gyfoethog o ddiwylliannau sydd gan bobl.

Ysgrifennu estynedig

Amlinellwch ac aseswch esboniadau cymdeithasol o anghydraddoldeb hiliol ac anghydraddoldeb ethnig.

Arweiniad: Mae'r cwestiwn yn gofyn i chi lunio barn am gryfderau a gwendidau gwahanol ddamcaniaethau am anghydraddoldeb fel y maen nhw'n cael eu cymhwyso at broblem benodol anghydraddoldeb hiliol ac anghydraddoldeb ethnig. Bydd angen i chi ddangos gwybodaeth a dealltwriaeth o'r gwahanol safbwyntiau damcaniaethol a nodi cryfderau a gwendidau pob un, gan gyfeirio efallai at ddamcaniaethau eraill a thystiolaeth arall o anghydraddoldeb hiliol. Bydd angen i chi fod yn feirniadol o bob safbwynt ac ystyried a oes un ddamcaniaeth benodol yn cynnig esboniad gwell na'i gilydd. Cyfeiriwch yn uniongyrchol at y cwestiwn ym mhob paragraff a nodwch a yw pob un o'r damcaniaethau'n cynnig esboniad da neu wael o anghydraddoldeb hiliol. **Ysgrifennwch tua 750 gair.**

Ymchwil

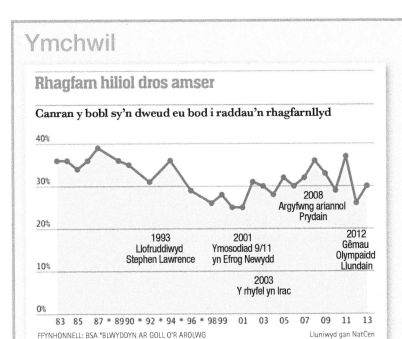

Rhagfarn hiliol dros amser

Canran y bobl sy'n dweud eu bod i raddau'n rhagfarnllyd

2008
Argyfwng ariannol
Prydain

1993
Llofruddiwyd
Stephen Lawrence

2001
Ymosodiad 9/11
yn Efrog Newydd

2012
Gêmau
Olympaidd
Llundain

2003
Y rhyfel yn Irac

FFYNHONNELL: BSA *BLWYDDYN AR GOLL O'R AROLWG   Lluniwyd gan NatCen

Mae arolwg blynyddol NatCen i Agweddau Cymdeithasol ym Mhrydain (*BSA: British Social Attitudes*) yn defnyddio sampl o 3000 o bobl drwy ddull **hapsamplu**. Yna bydd ymatebwyr yn cael eu cyfweld yn eu cartrefi eu hunain.

a) Nodwch ac esboniwch **un** rheswm pam defnyddiodd yr ymchwilydd ddull hapsampl.

b) Gan gyfeirio at yr eitem ac astudiaethau eraill, nodwch ac esboniwch **ddau** o gryfderau **hapsamplu**.

Cwestiwn cymhwyso tystiolaeth

c) Gan ddefnyddio'r data o'r arolwg NatCen ar hiliaeth, awgrymwch resymau cymdeithasol pam mae maint yr hiliaeth sydd yn y gymdeithas ym Mhrydain yn amrywio dros amser.

Gwiriwch eich dysgu eich hun

Cysylltwch y geiriau â'u hystyron.

a) Ymdoddi

Mae gwahanol fathau o ormes yn gorgyffwrdd ac yn cydweithio.

b) Amlddiwylliannaeth

Cydnabod grŵp lleiafrifol drwy dderbyn unigolyn o'r grŵp hwnnw i grŵp neu sefydliad diwylliannol, ond heb newid dim byd mewn gwirionedd.

c) Pobl ddu a lleiafrifoedd ethnig

Dylai grwpiau diwylliannol lleiafrifol fabwysiadu arferion diwylliannol y mwyafrif.

ch) Croestoriadedd

Datblygu agwedd 'ni neu nhw' tuag at bobl sy'n cael eu hystyried yn israddol.

d) Tocynistiaeth

Eich diffinio eich hun fel rhywun sydd 'ddim' yn aelod o grŵp israddol.

dd) Gwneud yn arall

Y safbwynt bod pob diwylliant ar wahân ond yn gyfartal ac yn haeddu parch.

e) Pellhau cymdeithasol

Grwpiau pobl ddu a grwpiau lleiafrifoedd ethnig.

Beth mae arholwyr Cymdeithaseg Safon Uwch eisiau ei weld?

Mae pwyslais mawr ar sgiliau ysgrifennu estynedig mewn Cymdeithaseg Safon Uwch. Mae'r amcanion asesu wedi'u pwysoli'n fwy tuag at AA2 (cymhwyso) ac AA3 (dadansoddi a gwerthuso). Y broblem i ymgeiswyr yw y gall y cwestiynau deimlo'n fwy heriol na rhai arholiadau UG gan eu bod yn canolbwyntio ar ddamcaniaethu ac esbonio. Bydd llawer o'r gwaith a wnaethoch chi ar gyfer UG yn dal i fod yn berthnasol, yn arbennig ar gyfer Dulliau o Ymholi Cymdeithasegol (dulliau ymchwil), felly dylech chi adolygu'n rheolaidd ac yn drwyadl. Yn ogystal, dylech chi fod yn adeiladu ar eich gwybodaeth drwy ddarllen mwy a thrwy wneud eich ymchwil eich hun. Gallwch dynnu ar hyn pan fydd angen enghreifftiau a thystiolaeth yn eich ymatebion i gwestiynau. Diben cymdeithaseg yw eich annog i feddwl drosoch chi'ch hun, i ddatblygu sgiliau cymdeithasegol, ac i ddefnyddio tystiolaeth yn sail i'ch barn. Bydd angen i chi eich hyfforddi eich hun mewn dwy set o sgiliau:

1. Y sgil o gael gwybodaeth a dealltwriaeth gymdeithasegol drwy ddarllen ac astudio.
2. Y sgil o gyfathrebu eich gwybodaeth a'ch dealltwriaeth mewn ffordd feirniadol, ddadansoddol a gwerthusol fel y gall arholwyr weld eich bod yn gallu bodloni pob un o'r tri amcan asesu ar gyfer yr arholiad.

Byddwch chi'n deall yn barod na allwch chi adael un o'r sgiliau hyn tan y funud olaf. Dylech chi fod yn eich hyfforddi eich hun yn gyson, gan edrych am ffyrdd o ddatblygu a dysgu.

Adeiladu ar eich sgiliau UG

Byddwch chi wedi dod i ddeall ychydig am y system arholiadau. Eich cyfrifoldeb chi yw adeiladu ar eich gwybodaeth a mynd i wefan CBAC i weld pa adnoddau sydd ar gael. Er enghraifft, mae tudalen Adolygu Arholiad Ar-lein ar wefan CBAC (http://oer.wjec.co.uk/), sy'n caniatáu i chi weld cyn-bapurau ar gyfer y fanyleb flaenorol. Gallwch chi edrych ar y sylwadau y mae arholwyr wedi'u gwneud am yr ymatebion yn y cyn-bapurau i weld am beth maen nhw wedi edrych yn y gorffennol. Gan fod y manylebau newydd yn debyg mewn sawl ffordd i gyfresi hŷn o bapurau, ar y cyfan bydd y sylwadau yn dal yn berthnasol. Hefyd, byddwch ar eich ennill o edrych ar adroddiadau arholwyr, sy'n rhoi cyngor penodol iawn i athrawon a myfyrwyr am yr hyn y maen nhw'n ei ystyried yn ymateb cryf neu'n ymateb gwan, ac sy'n tynnu sylw at gamgymeriadau neu wendidau cyffredin o ran dealltwriaeth.

Mae'r holl enghreifftiau yn yr adran hon wedi dod o'r cwestiynau enghreifftiol y mae bwrdd arholi CBAC wedi'u cynhyrchu ac sy'n ymddangos yn y Deunyddiau Asesu Enghreifftiol. Dylech chi wneud yn siŵr eich bod yn gyfarwydd â'r Deunyddiau Asesu Enghreifftiol.

Yn ogystal â'r enghreifftiau o gwestiynau, mae'r cynlluniau marcio sy'n rhan o'r Deunyddiau Asesu Enghreifftiol hefyd yn rhoi arweiniad defnyddiol. Mae'n bosibl eu gweld ar wefan CBAC.

> **Yn syml:**
>
> **AA1:** Gwybodaeth a dealltwriaeth am gymdeithaseg (gwneud pwyntiau clir a defnyddio tystiolaeth yn yr ymatebion)
>
> **AA2:** Cymhwyso gwybodaeth gymdeithasegol (dangos sut mae modd defnyddio'r wybodaeth mewn sefyllfa neu senario newydd)
>
> **AA3:** Dadansoddi a gwerthuso gwybodaeth gymdeithasegol (llunio barn am werth tystiolaeth neu ddamcaniaeth)

Sgiliau ysgrifennu estynedig

Mae llawer o brifysgolion yn cynnig defnyddiau manwl iawn am sgiliau ysgrifennu traethodau. Cafodd y rhain eu llunio'n aml ar gyfer ymgeiswyr y mae angen cymorth ychwanegol arnyn nhw gan fod ganddyn nhw angen dysgu penodol fel dyslecsia. Defnyddiwch y Rhyngrwyd i ddod o hyd i rai o'r rhain ac edrychwch arnyn nhw'n ofalus a defnyddiwch nhw i ddatblygu eich sgiliau eich hun. Mae cyflwyniadau ar YouTube hefyd sydd wedi cael eu llunio'n benodol ar gyfer hen fanyleb CBAC; mae'r rhain yn esbonio gwahanol dechnegau ysgrifennu traethawd a byddan nhw'n ddefnyddiol iawn i chi.

Mae cyngor penodol o'r adroddiadau arholwyr sydd ar gael ar lein yn dangos bod yr ymgeiswyr gorau'n gwneud y canlynol:

◉ Yn cynllunio eu hamser ac yn ysgrifennu atebion o hyd priodol
◉ Yn defnyddio llawysgrifen sy'n ddarllenadwy

- Yn ysgrifennu Cymraeg clir gan wneud defnydd da o ramadeg
- Yn diffinio termau a chysyniadau allweddol yn eu cyflwyniad ysgrifenedig
- Yn cynllunio eu hatebion yn ofalus
- Yn darllen y gorchmynion ac yn ymateb iddyn nhw'n uniongyrchol (gweler isod)
- Yn cynnig manylion, tystiolaeth, ymchwil a damcaniaeth benodol
- Yn defnyddio'r eitem a'i rhoi yn ei chyd-destun mewn atebion, lle mae hynny'n berthnasol
- Yn dadansoddi ac yn gwerthuso drwyddi draw.

Yn yr adran hon, byddwn ni'n edrych ar bob un o'r nodweddion hyn yng ngwaith yr ymgeiswyr da ac yn ystyried sut gallwch chi fynd ati i gael yr un sgiliau.

Geiriau gorchymyn posibl

Bydd geiriau gorchymyn yn amrywio, ond efallai bydd y tabl hwn yn help i ddeall union ystyr pob gorchymyn.

Geiriau gorchymyn	Ystyr
Gan gyfeirio at yr eitem, esboniwch…	Rhowch gyfrif manwl o rywbeth, gan gynnig gwybodaeth a syniadau.
Disgrifiwch…	Rhowch brif nodweddion rhywbeth.
Rhowch grynodeb…	Rhowch y prif ffeithiau neu'r rhai pwysicaf.
Trafodwch…	Rhowch fwy nag un ochr i ddadl, neu rhowch gryfderau a gwendidau.
Aseswch…	Ceisiwch bwyso a mesur y dystiolaeth i lunio barn am gryfderau a gwendidau rhywbeth.
Gwerthuswch…	Rhowch farn benodol am werth rhywbeth, gan ddefnyddio tystiolaeth yn sail i hyn.

Cynlluniwch eich amser ac ysgrifennwch atebion o hyd priodol

Mae arholwyr yn deall mai amser cyfyngedig iawn sydd ar gael i feddwl am ateb a'i gynllunio. Os ceisiwch ysgrifennu popeth rydych chi'n ei wybod, fyddwch chi ddim yn gallu dadansoddi a gwerthuso'n ddigon da i gael marciau am yr amcan asesu AA3. Mae'n siŵr ei bod yn well eich bod yn ysgrifennu tair i bedair tudalen o ddeunydd wedi'i ddadlau'n glir na deg tudalen o ddeunydd annisgybledig lle mae'n bosibl y byddwch chi'n eich ailadrodd eich hun. Treuliwch fwy o amser ar gwestiynau estynedig neu gwestiynau marciau uchel a byddwch yn gryno wrth ateb cwestiynau marciau is. Dylech chi ganiatáu amser i ddychwelyd at unrhyw ateb os ydych chi'n teimlo bod angen ychwanegu mwy. Un o'r ffyrdd gorau o ymarfer y sgil hwn yw drwy ysgrifennu traethodau mewn amser cyfyngedig ar eich pen eich hun. Efallai gallwch ofyn i ffrind feirniadu eich ateb o ran ei gryfderau a'i wendidau.

Defnyddiwch lawysgrifen sy'n ddarllenadwy

Diben cymhwyster Safon Uwch yw penderfynu a ydych chi'n addas ar gyfer addysg neu hyfforddiant pellach yn y dyfodol. Y disgwyl yw y byddwch chi'n symud ymlaen at waith proffesiynol, lle mae'r sgiliau hyn yn hanfodol. Os oes gennych broblemau yn unrhyw un o'r meysydd hyn, eich cyfrifoldeb chi yw sylweddoli hynny a gofyn am help os oes ei angen arnoch. Sylwch ei bod yn well i chi gadw eich llawysgrifen yn daclus a pheidio ag arbrofi ag unrhyw beth rhy ffansi (e.e. llythrennau siapiau anghyffredin) oherwydd gall arholwyr gael trafferth darllen llawysgrifen o'r fath yn gyflym pan fydd ganddyn nhw lawer o bapurau i'w marcio. Mae gwaith lle mae'r geiriau'n agos iawn at ei gilydd hefyd yn anodd ei ddarllen, felly rhowch ddigon o le rhwng y geiriau neu ysgrifennwch ar bob yn ail linell. Cofiwch nad oes rhaid i arholwyr farcio llawysgrifen nad ydyn nhw'n gallu ei darllen, felly gofynnwch i un o'ch athrawon am strategaethau os oes angen help arnoch gyda hyn.

Ysgrifennwch Gymraeg clir a defnyddiwch ramadeg da

Mae llawer o'r pwyntiau a gafodd eu gwneud am eich dewisiadau gyrfa yn y dyfodol yn berthnasol yma hefyd. Mae disgwyl i chi allu eich mynegi eich hun yn glir. Cadwch eich brawddegau'n fyr, eich atalnodi'n gywir a'r ystyr yn gwbl glir i'r darllenydd. Bydd paragraffu cywir yn gwneud eich llawysgrifen yn llawer haws ei deall a bydd rhesymeg eich dadleuon yn amlwg. Os ydych chi'n ansicr ynglŷn ag unrhyw bwyntiau gramadegol, darllenwch eich gwaith yn uchel. Byddwch chi'n sylwi ar gamgymeriadau'n haws a gallwch eich cywiro eich hun.

Diffiniwch y termau a'r cysyniadau allweddol yn eich cyflwyniad ysgrifenedig

Mae cymdeithaseg yn bwnc sy'n defnyddio iaith benodol yn ymwneud â syniadau, damcaniaethau a chysyniadau. Mae rhai o'r cysyniadau hyn yn cael eu herio, sy'n golygu bod dadlau am union ystyr rhai termau. Er enghraifft, mae diffiniad swyddogaethwyr o 'ddosbarth cymdeithasol' yn wahanol i ddiffiniad Marcswyr. Felly dylech chi fod yn ymwybodol o ystyr y termau allweddol, sut maen nhw'n cael eu diffinio a pham mae'n nhw'n berthnasol i'r cwestiwn mae gofyn i chi ei ateb. Os edrychwch chi ar y cynlluniau marcio enghreifftiol, fe welwch fod disgwyl i chi gynnwys esboniad o'r term allweddol yn y cynnwys dangosol. Mae llawer o bobl yn cael trafferth dechrau traethodau, felly mae nodi ac yna diffinio'r term allweddol yn y cwestiwn yn lle da iawn i ddechrau.

Gwerthuswch pa mor ddefnyddiol yw esboniadau swyddogaethol o anghydraddoldeb.

Cyflwyniad gwan

Yn y traethawd hwn, rwy'n bwriadu ysgrifennu am sut mae swyddogaethwyr yn esbonio anghydraddoldeb. Byddaf yn ysgrifennu am ddosbarth cymdeithasol a sut mae'r dosbarthiadau cymdeithasol yn anghyfartal. Mae swyddogaethwyr hefyd wedi ysgrifennu am anghydraddoldeb mewn meysydd eraill o fywyd fel cymdeithaseg fyd-eang, addysg a'r cyfryngau, felly byddaf yn esbonio beth mae swyddogaethwyr wedi'i ddweud am hynny a phrofi ei bod yn ddamcaniaeth dda.

Sylwadau

Er bod llawer wedi cael ei ysgrifennu, y broblem yn achos y cyflwyniad hwn yw nad yw'n dangos gwybodaeth am swyddogaetholdeb nac yn cynnig gwerthusiad y tu hwnt i ddweud ei fod yn dda. Mae angen ymateb mwy pwyllog ar gyfer AA2.

Cyflwyniad cryf

Mae swyddogaethwyr yn ddamcaniaethwyr consenws. Maen nhw'n gweld anghydraddoldeb yn nhermau pa mor ddefnyddiol ydyw i gymdeithas a dydyn nhw ddim yn credu o anghenraid ei fod yn beth drwg. Maen nhw'n teimlo bod anghydraddoldeb yn ysgogi'r bobl fwyaf abl mewn cymdeithas i gyflawni. Mae anghydraddoldeb yn ddull o sbarduno llwyddiant. Mae'r rhai sy'n methu yn methu oherwydd diffyg ymdrech, talent neu ewyllys. Mae'r safbwynt hwn am anghydraddoldeb yn cael ei alw'n feritocratiaeth ac mae'n cael ei dderbyn yn gyffredinol ym maes gwleidyddiaeth. Nid yw cymdeithasegwyr yn teimlo ei fod yn rhoi digon o sylw i anghydraddoldeb strwythurol mewn cymdeithas, fel hiliaeth neu rywiaeth.

Sylwebaeth

Mae'r cyflwyniad hwn yn diffinio safbwyntiau swyddogaethol am anghydraddoldeb, ond mae hefyd yn cyfeirio at yr hyn mae'r ymgeisydd yn bwriadu ysgrifennu amdano yng ngweddill y traethawd. Bydd swyddogaetholdeb yn cael ei feirniadu yng ngoleuni'r ffaith ei fod yn methu cyfrif am wahanol fathau o anghydraddoldeb. Mae'n amlwg bod yr ymgeisydd yn deall y dadleuon.

Cynlluniwch eich atebion yn ofalus

Ychydig iawn o atebion cywir sydd i unrhyw gwestiwn a gewch chi ym maes cymdeithaseg. Mae cynlluniau marcio'n cydnabod hyn drwy ddweud bod y cynnwys yn ddangosol; ystyr hyn yw ei fod ond yn awgrymu pethau y gall arholwyr ddisgwyl eu gweld.

Gall traethawd ymateb estynedig fod yn eithaf penagored o ran yr hyn sydd ei angen. Dyma enghraifft: *Gwerthuswch ddefnyddioldeb esboniadau swyddogaethol o anghydraddoldeb.* Mae nifer o ffyrdd posibl o ateb y cwestiwn hwn ac efallai mai'r hyn y byddwch am ei ddweud yw nad yw swyddogaetholdeb yn ddefnyddiol wrth esbonio anghydraddoldeb neu fel arall ei fod wir yn ddefnyddiol. Chi sy'n dewis a byddwch chi'n cael eich marcio ar sail pa mor dda rydych chi'n cyfiawnhau eich casgliad. Beth bynnag yw eich casgliad, bydd arholwr yn disgwyl gweld y canlynol:

- Cyflwyniad yn amlinellu esboniadau swyddogaethol o anghydraddoldeb: beth yw eu safbwynt cyffredinol am gymdeithas a sut maen nhw'n diffinio ac yn esbonio anghydraddoldeb.
- Cyfeiriad at ddamcaniaethau allweddol swyddogaethwyr am anghydraddoldeb: Durkheim, Parsons, Davis a Moore, a thrafodaeth ar ba mor ddefnyddiol yw'r esboniadau hyn.
- Cyfeiriad at ddatblygiadau diweddar swyddogaetholdeb, fel gwaith y Dde Newydd, gan gyfeirio at ba mor ddefnyddiol ydyn nhw wrth esbonio anghydraddoldeb.
- Sylwadau sy'n beirniadu defnyddioldeb safbwyntiau swyddogaethol am anghydraddoldeb o safbwyntiau eraill fel Marcsaeth, ffeministiaeth ac ôl-foderniaeth. Mae pob damcaniaeth yn haeddu paragraff.
- Cyfeiriad at awduron, tystiolaeth, cysyniadau a damcaniaethau ym mhob paragraff.
- Casgliad clir sy'n gwneud sylw gwerthusol uniongyrchol am ddefnyddioldeb swyddogaetholdeb wrth esbonio anghydraddoldeb.

Dysgu traethodau ar y cof

Peidiwch â chael eich temtio i ddysgu traethodau ar eich cof gan mai'n anaml iawn y bydd cwestiynau'n eu hailadrodd eu hunain gan ddefnyddio'r union un geiriau. Yn hytrach, paratowch bum neu chwe phwynt y byddech chi am eu gwneud am unrhyw ddamcaniaeth neu gwestiynau posibl, a pharatowch ychydig o dystiolaeth neu ddamcaniaethu y byddech chi am eu defnyddio yn eich ymatebion.

Darllenwch y gorchmynion ac atebwch nhw'n uniongyrchol

Gall gorchmynion cwestiynau ar y papurau arholiad fod yn un o ddau fath:

- **Gorchmynion disgrifiadol**, sy'n nodweddiadol o gwestiynau marciau is. Bydd y rhain yn dechrau gyda geiriau fel 'esboniwch', 'nodwch' neu 'rhowch grynodeb'. O ran sgiliau, bydd y cwestiynau hyn yn canolbwyntio ar eich gwybodaeth a'ch gallu i gymhwyso'r wybodaeth honno at y pwnc rydych chi'n ei drafod. Gan amlaf, nid yw'r cynlluniau marcio'n dyrannu marciau am sgiliau AA3 yn y cwestiynau hyn.
- **Gorchmynion dadansoddol**, sy'n nodweddiadol o'r cwestiynau marciau estynedig. Bydd y rhain yn dechrau gyda gorchmynion sy'n cynnwys 'gwerthuswch' neu 'aseswch'. Mae sgiliau uwch barnu a beirniadu ar sail tystiolaeth neu ddamcaniaeth gefnogol yn cael eu profi. Bydd angen i chi archwilio'r cwestiwn o fwy nag un safbwynt, gan nodi cryfderau a gwendidau. Gan amlaf, mae mwy o farciau ar gael ar gyfer AA2 ac AA3 nag ar gyfer AA1 yn y cynlluniau marcio, er bod disgwyl i chi ddangos tystiolaeth fanwl o AA1 ar gyfer y bandiau marciau uchaf.

Canolbwyntiwch ar y cwestiwn

Oherwydd y pwysau amser sydd arnoch chi dan amodau arholiad, mae'n bwysig eich bod yn gwneud yn siŵr bod pob gair rydych chi'n ei ysgrifennu yn ddefnyddiol ac yn berthnasol. Mae hyn yn golygu bod rhaid i chi osgoi disgrifio yn eich atebion oni bai bod y cwestiwn yn gofyn yn benodol amdano. Er enghraifft, mae Uned 4 yn gofyn i chi nodi tystiolaeth o ryw ffurf ar anghydraddoldeb mewn dau faes o fywyd cyfoes.

- Pa feysydd bywyd bynnag y byddwch chi'n eu dewis, dim ond am ddau faes y bydd arholwr yn cael rhoi marciau ac felly dylech chi nodi'r rhain yn glir.
- Ar gyfer y bandiau marciau uchaf, mae angen mwy nag un darn o dystiolaeth o anghydraddoldeb ar gyfer pob maes o fywyd. Dylech chi hefyd enwi ffynhonnell y dystiolaeth: er enghraifft, Arolwg Troseddu Cymru a Lloegr, Sefydliad Joseph Rowntree neu'r Swyddfa Ystadegau Gwladol.
- I ennill y marciau AA2 sydd ar gael, bydd angen i chi esbonio beth mae'r darn o dystiolaeth yn ei ddweud wrthyn ni am anghydraddoldeb yng Nghymru a Lloegr.

Mae hyn yn eithaf heriol ac yn disgwyl llawer gennych. Mae angen o leiaf pedwar darn o dystiolaeth wedi'u cymhwyso at y cwestiwn i gael 20 marc ar gyfer Uned 4; fodd bynnag, mae'r rhan fwyaf o'r marciau ar y papur hwn ar gyfer cwestiynau traethawd ymateb agored lle bydd angen meddwl a chynllunio. Byddwch chi dan gryn bwysau i gyflawni yn yr amser prin. Dangos sgiliau AA1 yn unig y mae disgrifiadau hir o astudiaethau neu ddamcaniaethau a byddan nhw'n defnyddio'r amser sydd ar gael i chi ysgrifennu.

Byddwch chi'n cofio o'ch gwaith paratoi ar gyfer Cymdeithaseg UG hefyd mai dim ond am ddeunydd sy'n berthnasol i'r cwestiwn y gall arholwyr roi marciau. Felly, mae'n hollbwysig eich bod yn canolbwyntio'n llwyr ar y gorchymyn. Er enghraifft, ystyriwch y cwestiwn, *Gwerthuswch ddefnyddioldeb esboniadau Weberaidd o anghydraddoldeb.*

Mae gennych chi ddau brif ddewis ar gyfer eich ymateb:

- Gallwch ateb y cwestiwn drwy gyfeirio at Weber a damcaniaeth Weberaidd yn unig.
- Gallwch drafod damcaniaeth Weber drwy ei chymharu â damcaniaethau eraill am anghydraddoldeb.

Mae'r ail ddewis yn rhoi mwy o ryddid i chi ddangos bod gennych wybodaeth eang a manwl; fodd bynnag, os ydych chi'n sôn am ddamcaniaethau eraill yn unig, heb gyfeirio'n ôl at ddamcaniaeth Weberaidd, fyddwch chi ddim yn ateb y cwestiwn yn llawn.

Edrychwch ar y paragraff canlynol a cheisiwch adnabod AA1 ac AA2.

> Roedd gwaith Marx yn ddylanwad mawr ar Weber ond roedd yn teimlo bod Marcsaeth yn rhy syml gan fod Marx yn gweld dosbarth yn ganlyniad economeg yn unig. Roedd Weber yn ystyried bod dosbarth wedi'i seilio ar berthnasoedd cymdeithasol mwy cymhleth a nododd dair elfen o haenau cymdeithasol, sef dosbarth cymdeithasol, statws cymdeithasol a grym. Mae dosbarth yn cyfeirio at safle economaidd, mae statws yn debyg i barch, ac mae grym yn cyfeirio at y gallu i ddylanwadu ar eraill. Felly mae ei ddadansoddiad o ddosbarth yn fwy manwl na dadansoddiad Marx.

Mae gorchymyn y cwestiwn yn gofyn i chi ystyried pa mor **ddefnyddiol** yw damcaniaeth Weberaidd. Mae'r paragraff uchod yn disgrifio damcaniaeth Weberaidd ac yn ei chymharu â Marcsaeth, ond hyd nes bod datganiad am ddefnyddioldeb damcaniaeth Weberaidd, nid yw'r cwestiwn wedi'i ateb. Felly, o ychwanegu brawddeg, mae'r paragraff bellach yn canolbwyntio ar y cwestiwn:

> Mae damcaniaeth Weberaidd yn fwy defnyddiol na damcaniaeth Marcsaidd ar gyfer dadansoddi dosbarth oherwydd ei bod yn dangos cymhlethdod perthnasoedd dosbarth. Fodd bynnag, mae'n dal yn anodd mesur dylanwad dosbarth, statws a grym, felly nid yw mor ddefnyddiol â hynny ar gyfer ymchwil empirig.

Cynigwch fanylion penodol, tystiolaeth, ymchwil a damcaniaeth

Er bod y cynlluniau marcio'n ffafrio tystiolaeth o sgiliau uwch mewn Cymdeithaseg Safon Uwch, nid yw hyn yn golygu nad oes angen i chi wybod neu ddyfynnu pethau. Rhaid tybio eich bod eisoes wedi meistroli'r sgìl hwn, felly mae angen i chi adolygu eich gwaith, dysgu rhai astudiaethau a chyfeirio at dystiolaeth o hyd. Mae eitemau byr ym mhob un o'r pynciau y gallwch eu defnyddio i ymarfer sgiliau, ac mae cyfeiriadau at awduron ac ymchwil y gallwch eu dyfynnu. Defnyddiwch y cyfeiriadau hyn fel tystiolaeth. Bydd cyn-bapurau ac adran cynnwys dangosol y cynlluniau marcio enghreifftiol yn awgrymu pa astudiaethau y gallech chi eu defnyddio. Bydd marciau'n cael eu dyrannu am wybodaeth fanwl (AA1) a'r gallu i ddewis a chymhwyso gwybodaeth (AA2). Edrychwch ar yr enghreifftiau isod.

> Gan ddefnyddio tystiolaeth ac enghreifftiau cymdeithasegol, esboniwch pam mae'n ymddangos bod menywod yn troseddu'n llai na dynion.
>
> (20 marc)

Ymateb gwan

Mae llai na phump y cant o'r bobl yn y carchar yn fenywod. Mae menywod yn fwy tebygol o gael eu heuogfarnu am droseddau llai difrifol. Mae cymdeithasegwyr yn honni bod hyn oherwydd bod gwahaniaethau biolegol rhwng dynion a menywod sy'n golygu nad yw menywod mor dreisgar. Mae astudiaethau wedi dangos bod menywod yn fwy ystyriol ac felly nad ydyn nhw'n cyflawni troseddau. (57 gair)

Sylwadau

Mae'r ateb yn dechrau'n dda gyda ffaith, ond byddai nodi ffynhonnell y data wedi bod yn syniad da. Nid yw cymdeithasegwyr yn edrych am wahaniaethau biolegol. Drwy addasu ychydig iawn o eiriau, gallai'r ymateb fod wedi bod yn llawer cryfach.

Ymateb cryf

Mae ystadegau gan y Swyddfa Gartref a ffynonellau eraill o ddata swyddogol yn dangos bod menywod yn llai tebygol o gael eu dedfrydu i garchar. Dim ond pump y cant o boblogaeth carchardai sy'n fenywod. Mae seicolegwyr biolegol fel Eysenck yn honni bod menywod yn llai treisgar. Mae cymdeithasegwyr fel Heidensohn yn honni bod menywod yn cael eu cymdeithasoli i fod â rôl ofalu. Mae hefyd yn nodi nad yw'r mwyafrif o droseddau'n rhai treisgar. (65 gair)

Defnyddiwch yr eitem a'i rhoi yn ei chyd-destun mewn atebion, lle mae hynny'n berthnasol

Byddwch chi'n cael eitem i'w darllen mewn cwestiynau am ddulliau ymholi cymdeithasegol. Mae cynlluniau marcio'n nodi'n glir nad yw'n bosibl cyrraedd y bandiau marciau uchaf os na fyddwch chi'n defnyddio'r eitem yn y cwestiynau sy'n dweud, 'Gan ddefnyddio deunydd o'r eitem...'. Dylech chi ddarllen y deunydd ysgogi'n ofalus iawn oherwydd yn aml bydd yn cynnig awgrym i chi o'r ateb a ddisgwylir neu'n rhoi arweiniad i chi o ran yr hyn y gallai fod angen i chi ei ystyried.

> **1** Darllenwch yr eitem isod ac atebwch y cwestiynau canlynol.
>
> **Ymchwil i ofal plant yng Nghymru**
>
> Cynhaliodd tîm gofal plant un o gynghorau Cymru ymchwil i wahanol agweddau ar ofal plant yng Nghymru. Cafodd rhieni eu holi am eu rhesymau dros ddefnyddio neu beidio â defnyddio mathau gwahanol o ofal plant, fel gofal gan deulu a ffrindiau a meithrinfeydd dydd. Cafodd y rhieni eu holi hefyd i weld a oedden nhw'n fodlon ar y ddarpariaeth gofal plant. Cafodd pum grŵp ffocws eu defnyddio a oedd yn cynnwys 22 o rieni a gofalwyr. Roedd y grwpiau ffocws hyn yn targedu grwpiau penodol o rieni/gofalwyr fel:
>
> • rhieni/gofalwyr unigol
> • rhieni/gofalwyr plant ifanc iawn/babanod
> • rhieni/gofalwyr plentyn ag anabledd.
>
> Ffynhonnell: Asesiad o Ddigonolrwydd Gofal Plant 2011; Cyngor Bwrdeistref Sirol Torfaen
>
> **a)** Nodwch ac esboniwch **ddau** reswm pam penderfynodd yr ymchwilwyr ddefnyddio grwpiau ffocws yn eu hymchwil.
>
> (10 marc)

Sylwch fod y cwestiwn mewn cyd-destun, sy'n golygu bod angen cyfeirio at yr eitem yn yr ateb. Defnyddiwch y termau allweddol a chyfeiriwch at yr eitem yn hytrach na chopïo ohoni.

Ymateb cryf

Un rheswm pam penderfynodd yr ymchwilwyr ddefnyddio grwpiau ffocws oedd bod yr ymchwil yn ymwneud â dod o hyd i resymau personol dros ofal plant. Gofynnwyd i ymatebwyr hefyd a oedden nhw'n fodlon ar y trefniadau gofal plant. Mae grwpiau ffocws yn dod â nifer o bobl at ei gilydd sy'n gallu trafod eu hymatebion mewn ffordd drefnus. Maen nhw'n dibynnu ar ryngweithio da rhwng ymatebwyr, sy'n gallu datgelu mwy drwy drafod na thrwy gyfweliad uniongyrchol neu holiadur. Mae'r ymatebion yn fwy dilys o ganlyniad.

Dadansoddwch a gwerthuswch drwy'r gwaith

Os yw gwerthusiad yn cael ei adael tan ddiwedd traethawd, fydd dim digon o amser i sicrhau bod marciau ar gael. Defnyddiwch iaith gwerthuso yn eich ymatebion.

Er enghraifft, gall ansoddeiriau ddisgrifio astudiaethau mewn ffyrdd sydd hefyd yn gwerthuso eu gwerth:

> Mewn astudiaeth sydd **wedi dyddio bellach**, canfu Rosenthal a Jacobson fod disgwyliadau athrawon...

> Daeth astudiaeth **foesegol ddadleuol** gan Laud Humphreys i'r casgliad bod...

Dylech chi ddefnyddio arwyddion mewn brawddegau hefyd i ddangos eich bod yn gallu cymharu a chyferbynnu syniadau:

> Honnodd Pollak mai sifalri gwrywaidd oedd yn gyfrifol am y cyfraddau euogfarnu isel ymhlith menywod; **fodd bynnag**, mae ffeministiaid yn anghytuno â hyn.

Rhowch farn uniongyrchol ar y damcaniaethau:

> **Gwendid** damcaniaethau traddodiadol am anghydraddoldeb yw eu bod yn anwybyddu materion rhywedd, hil ac oedran...

Edrychwch ar sut byddai'n bosibl cymhwyso hyn i sylw sy'n cael ei wneud mewn traethodau ar gyfer y cwestiwn ymateb estynedig:

> Gwerthuswch esboniadau cymdeithasegol o anghydraddoldeb rhywedd.

Ateb gwan

Yn fy marn i, mae esboniadau cymdeithasegol o anghydraddoldeb rhywedd mewn cymdeithas yn dda oherwydd eu bod yn dangos nad yw menywod yn llwyddo cystal ag y gallen nhw.

Sylwadau

Er bod iaith gwerthuso wedi'i defnyddio, sylwch nad oes pwynt go iawn wedi'i wneud, ac nad oes unrhyw dystiolaeth. Nid yw iaith gwerthuso'n ddigon heb ddefnyddio gwybodaeth a thystiolaeth.

Gwerthusiad gwan

Un **achos pwysig posibl** o anghydraddoldeb rhywedd mewn cymdeithas yw gwahaniaethu. Dywed ffeministiaid fod cymdeithas yn batriarchaidd ac felly fod dynion yn rhagfarnllyd yn erbyn merched.

Sylwadau

Mae gwerthusiad yma, ond er bod cysyniadau ac iaith, nid yw'r awdur wedi esbonio pam mae gwahaniaethu a rhagfarn yn achosi anghydraddoldeb, felly nid yw'r cysylltiadau'n glir.

Gwerthusiad cryf

Un *o gryfderau damcaniaethau cymdeithasol ffeministaidd fel esboniad* o anghydraddoldeb menywod yw eu bod yn cyfeirio at batriarchaeth fel achos anghydraddoldeb. Mae stereoteipio rhywedd traddodiadol yn rhoi statws is i fenywod nag i ddynion, ac felly mae menywod dan anfantais yn y gwaith ac mewn bywyd cyhoeddus. Maen nhw'n ennill yn llai ar gyfartaledd ac yn llai tebygol o gael dyrchafiad oherwydd agweddau cyflogwyr gwrywaidd.

Mathau o iaith gwerthuso

Cymariaethau: 'mae tystiolaeth dda i gefnogi'r ddamcaniaeth hon yn dod o astudiaeth gan xxx'

Cyferbyniadau: 'yn gwrth-ddweud hyn mae canfyddiadau o xxx sy'n dangos bod xxx'

Beirniadu: 'gwendid y ddamcaniaeth hon yw bod xxx' neu 'cryfder y safbwynt hwn yw xxx'

Ymadroddion cysylltu: 'ar y llaw arall' neu 'Er ei bod wedi dyddio, mae tystiolaeth o astudiaeth xxx yn awgrymu bod…'

Ceisiwch osgoi sairad yn nhermau tystiolaeth yn 'profi' rhywbeth. Mae hyn yn dderbyniol mewn pynciau gwyddonol, ond nid fel arfer ym maes cymdeithaseg lle mae awduron yn sôn am dystiolaeth ategol.

Sylwadau

Mae'r gwerthusiad yn glir yma ac yn cael ei gymhwyso at gyd-destun y cwestiwn; fodd bynnag, nid oes digon o fanylder yn y datblygiad er bod cysyniadau'n cael eu defnyddio. Mae cyfeiriad at fath penodol o ddamcaniaeth.

Fformat yr arholiad

Sylwch na chafodd yr enghreifftiau canlynol eu hysgrifennu gan ymgeiswyr mewn sesiynau blaenorol. Cawson nhw eu hysgrifennu'n arbennig ar gyfer y llyfr hwn.

Papurau arholiad **Cymdeithaseg**

Fel myfyriwr CBAC, roedd eich papur UG yn gam tuag at eich cwrs U2. Bydd eich marciau ar gyfer UG yn cyfrannu at eich gradd arholiad gyffredinol. Bydd angen i'r sgiliau y byddwch chi'n eu harddangos fod ar lefel uwch ar gyfer U2. Efallai bydd cyfeiriadau at enghreifftiau o Gymru yn y papurau arholiad a bydd angen i chi ddangos peth dealltwriaeth benodol o gymdeithas Cymru ar gyfer y bandiau marciau uchaf, lle mae data neu dystiolaeth ar gael i'w hastudio.

U2 Uned 3: Grym a Rheolaeth Arholiad ysgrifenedig: 2 awr 25% o'r cymhwyster	70 marc

Mae'r cwestiynau yn yr adran hon ar thema grym. Mae dewis o bedwar opsiwn:
- trosedd a gwyredd
- iechyd ac anabledd
- gwleidyddiaeth
- cymdeithaseg fyd-eang.

Mae pob opsiwn yn cynnwys cwestiynau gorfodol a dewis un o ddau gwestiwn traethawd.

U2 Uned 4: Anghydraddoldeb Cymdeithasol a Dulliau Cymhwysol o Ymchwilio Cymdeithasegol Arholiad ysgrifenedig: 2 awr 15 munud 35% o'r cymhwyster	100 marc

Adran A Dulliau Cymhwysol o Ymchwilio Cymdeithasegol (40 marc)
Un cwestiwn gorfodol a fydd yn gofyn i ddysgwyr gynllunio, cyfiawnhau a gwerthuso darn o ymchwil cymdeithasegol

Adran B Anghydraddoldeb Cymdeithasol (60 marc)
Bydd cwestiynau yn yr adran hon ar thema gwahaniaethu cymdeithasol a haenau cymdeithasol. Bydd y rhain yn cynnwys cwestiwn gorfodol a dewis un o ddau gwestiwn traethawd.

Unedau ar gyfer Cymdeithaseg U2

Uned 3: Grym a Rheolaeth

Mae'r uned hon yn gofyn i chi astudio themâu sy'n gysylltiedig â chysyniadau a phrosesau grym, gwahaniaethu a haenau cymdeithasol, gan gyfeirio at drefn a rheolaeth gymdeithasol. Bydd gennych 2 awr i ateb un o bedwar opsiwn. Dim ond opsiynau poblogaidd Trosedd a Gwyredd a Chymdeithaseg Fyd-eang sy'n cael eu cynnwys yn y llyfr hwn.

Byddwch chi'n ateb cwestiwn gorfodol sy'n werth 30 marc yn yr opsiwn rydych wedi'i ddewis, ac yna gallwch ddewis un o ddau draethawd estynedig posibl sy'n werth 40 marc. Bydd pwyslais y cwestiwn gorfodol ar AA1 ac AA2, ond bydd pwyslais y traethodau estynedig AA1, AA2 ac AA3 mewn cyfrannau cyfartal yn fras.

Bydd y cwestiwn gorfodol mewn dwy ran, gyda lefelau o her sydd fymryn yn wahanol. Efallai byddwch chi am neilltuo tua 50 munud i ystyried ac ysgrifennu eich ateb i'r cwestiwn gorfodol, ac 1 awr 10 munud i ystyried ac ysgrifennu eich traethawd estynedig.

Uned 4: Anghydraddoldeb Cymdeithasol a Dulliau Cymhwysol o Ymchwilio Cymdeithasegol

Mae'r uned hon yn gofyn i chi astudio themâu sy'n ymwneud â chysyniadau a phrosesau grym, gwahaniaethu a haenau cymdeithasol. Bydd angen i chi hefyd gymhwyso gwybodaeth a dealltwriaeth o ddulliau o ymholi cymdeithasegol (dulliau ymchwil).

Bydd gennych 2 awr ac 15 munud i ateb dau gwestiwn ar ffurf wahanol iawn i'w gilydd. Bydd rhan gyntaf papur Uned 4 yn ymwneud â dulliau cymhwysol o ymholi cymdeithasegol ac fe gewch chi un cwestiwn gorfodol wedi'i rannu'n ddwy ran.

- Bydd rhan gyntaf y cwestiwn yn gofyn i chi gymhwyso eich gwybodaeth i ddealltwriaeth o ryw agwedd ar y project sy'n cael ei ddisgrifio yn y deunydd ysgogi. Bydd y pwyslais ar AA1 ac AA2.
- Bydd ail ran y cwestiwn yn gofyn i chi gynllunio darn o ymchwil, ac yna disgrifio a nodi problemau gyda'ch cynllun ymchwil. AA1, AA2 ac AA3 fydd yn cael eu hasesu a hynny'n gyfartal, fwy neu lai.

Anelwch at dreulio tua 45 munud yn ystyried ac yn ysgrifennu ar y rhan hon o'r papur. Bydd arholwyr yn chwilio am dystiolaeth eich bod wedi cysylltu eich gwybodaeth a'ch dealltwriaeth o'r dulliau ymchwil yn uniongyrchol â'r pwnc ymchwil dan sylw. Ni fydd rhestri cyffredinol o fanteision ac anfanteision dulliau, er enghraifft, yn ennill marciau uchel.

Bydd ail ran papur Uned 4 yn rhoi dewis o ddau gwestiwn i chi yn rhan o'r pwnc Anghydraddoldeb Cymdeithasol. Bydd angen i chi ddarparu tystiolaeth o anghydraddoldeb yng Nghymru a Lloegr. Bydd y pwyslais ar AA1 ac AA2. Yna byddwch chi'n ysgrifennu traethawd estynedig yn ymateb i gwestiwn a fydd yn gofyn i chi roi sylw i ddamcaniaeth, mae'n debyg. Er y bydd AA1 ac AA2 yn cael eu hasesu, bydd pwysoliad y marciau tuag at AA3. Anelwch at dreulio tuag 1 awr 30 munud yn ystyried ac yn ysgrifennu ar y rhan hon o'r papur. Defnyddiwch dystiolaeth o anghydraddoldeb i gefnogi eich atebion ac i werthuso'r damcaniaethau sydd dan sylw. Bydd hyn yn dangos tystiolaeth o AA2 ac AA3.

Dulliau (cymhwysol) o ymholi cymdeithasegol

Defnyddir yr un geiriad neu eiriad tebyg iawn ar gyfer y cwestiwn a'r cynllun marcio. Byddai o fudd i'r holl ymgeiswyr ddarllen yr adran gyfan hon yn ofalus, gan gofio y bydd yr hyn y bydd gofyn iddyn nhw ei wneud ychydig yn wahanol o ran fformat.

---

1 Darllenwch yr eitem ganlynol ac atebwch bob cwestiwn.

Ymchwil i ofal plant yng Nghymru

Cynhaliodd tîm gofal plant un o gynghorau Cymru ymchwil i wahanol agweddau ar ofal plant yng Nghymru. Cafodd rhieni eu holi am eu rhesymau dros ddefnyddio neu beidio â defnyddio mathau gwahanol o ofal plant, fel gofal gan deulu a ffrindiau a meithrinfeydd dydd. Cafodd y rhieni eu holi hefyd i weld a oedden nhw'n fodlon ar y ddarpariaeth gofal plant. Cafodd pum grŵp ffocws eu defnyddio a oedd yn cynnwys 22 o rieni a gofalwyr. Roedd y grwpiau ffocws hyn yn targedu grwpiau penodol o rieni/gofalwyr fel:

- rhieni/gofalwyr unigol
- rhieni/gofalwyr plant ifanc iawn/babanod
- rhieni/gofalwyr plentyn ag anabledd.

Ffynhonnell: Asesiad o Ddigonolrwydd Gofal Plant 2011; Cyngor Bwrdeistref Sirol Torfaen

a) Nodwch ac esboniwch **ddau** reswm pam mae'r ymchwilwyr wedi penderfynu defnyddio grwpiau ffocws yn eu hymchwil. *(10 marc)*

b) Fel myfyriwr Safon Uwch, rydych chi wedi cael cais i lunio project ymchwil i gasglu data ar agweddau tuag at rianta ymhlith sampl o rieni plant ifanc yng Nghymru. *(30 marc)*

  i. Disgrifiwch bob cam o'ch cynllun ymchwil, gan gyfiawnhau'r rhesymau dros eich dewis ar bob cam.

  ii. Trafodwch broblemau a all godi ac effaith y problemau hyn ar ansawdd y data sy'n cael eu casglu.

Cymerwyd o CBAC Deunyddiau Asesu Enghreifftiol Cymdeithaseg A2, Adran A – Dulliau cymhwysol o ymchwilio cymdeithasegol, tudalen 20.

Cwestiwn 1 a)

---

1 a) Nodwch ac esboniwch **ddau** reswm pam mae ymchwilwyr yn penderfynu defnyddio grwpiau ffocws yn eu hymchwil. *(10 marc)*

I gyrraedd y bandiau marciau uchaf, bydd angen i ymgeiswyr gynnig dau reswm penodol a dylai'r marciwr allu gweld y rhain yn glir. Dylech chi gyfeirio at yr eitem a defnyddio termau allweddol i ddangos AA1 gwybodaeth a dealltwriaeth. Gallwch chi ddangos eich bod wedi cyflawni gofynion y cwestiwn drwy ysgrifennu dau baragraff y mae'n hawdd eu hadnabod sy'n nodi rheswm dros ddefnyddio grwpiau ffocws.

Os edrychwch yn ofalus ar yr eitem, fe welwch fod digon o wybodaeth i awgrymu pam y cafodd y dull hwn ei ddewis. Roedd yr ymchwil yn chwilio am resymau dros y dewis o ofal plant – mae hyn yn awgrymu bod dulliau ansoddol yn briodol. Roedd yr ymchwil am blant. Mae unrhyw ymchwil sy'n seiliedig ar blant yn sensitif, felly mae hynny hefyd yn awgrymu pam cafodd y dull ansoddol ei ddefnyddio. Mantais dulliau ansoddol yw eu bod yn hyblyg ac maen nhw'n ddilys iawn ar y cyfan. Dylai ymgeisydd da allu defnyddio'r wybodaeth hon i ddatblygu ateb.

Ymateb cryf i 1 a)

Mae grwpiau ffocws yn ddull ansoddol o ymchwilio sy'n dwyn grwpiau o bobl at ei gilydd ac yn caniatáu iddyn nhw drafod y pwnc ymchwil gyda rhywfaint o arweiniad gan ymchwilydd. Yn astudiaeth Torfaen, defnyddiwyd pum grŵp ffocws ac roedd y sampl cyflawn yn cynnwys 22 o rieni a gofalwyr. Mae'n debygol bod yr ymchwilwyr wedi dewis grwpiau ffocws am eu bod yn cynnal ymchwil ansoddol ac am fod angen gwybodaeth fanwl arnyn nhw. Roedd nifer o gwestiynau ymchwil, ac mae grwpiau ffocws yn rhoi hyblygrwydd i'r ymchwilwyr i gasglu gwybodaeth fanwl. Pan fydd pobl yn dod at ei gilydd mewn grwpiau ffocws, gall ymatebwyr gynnig manylion ychwanegol am eu profiadau mewn ymateb i gyfranogwyr eraill yn y grwpiau. Felly, bydd defnyddio grŵp ffocws wedi galluogi'r ymchwilwyr i gasglu gwybodaeth ansoddol fanwl am ystod o faterion yn ymwneud â gofal plant.

Efallai mai rheswm arall dros ddefnyddio grwpiau ffocws yw bod pobl wedi ymlacio mewn grwpiau o'r fath. Mae gofal plant yn bwnc sensitif ac roedd rhai o'r cyfranogwyr hefyd yn gofalu am blant ag anableddau. Bydd cyfranogwyr yn teimlo eu bod yn gallu siarad yn fwy agored am faterion ac mae hyn yn ychwanegu manylder ac yn ychwanegu at ddilysrwydd yr astudiaeth. Bydd cael ymchwilydd yn bresennol yn ystod y sgwrs yn golygu y bydd hi'n bosibl annog pobl i gymryd rhan a lleisio barn. Gallen nhw gael braw mewn sefyllfa un i un, neu efallai na fydden nhw wedi meddwl am y materion sy'n codi. Os yw pobl yn ymlacio mwy fel yn achos astudiaeth Torfaen, byddan nhw'n gallu lleisio safbwyntiau efallai na fyddai'n bosibl eu codi mewn holiadur, ac mae deinameg grŵp yn annog meddwl mwy manwl.

Un o anfanteision grwpiau ffocws yw y gall unigolyn cryf ei farn rwystro pobl eraill rhag siarad, ac mae hyn yn broblem.

Cwestiwn cynllun ymchwil 1 b)

b) Fel myfyriwr Safon Uwch, rydych chi wedi cael cais i lunio project ymchwil i gasglu data ar agweddau tuag at rianta ymhlith sampl o rieni plant ifanc yng Nghymru.
(30 marc)

i. Disgrifiwch bob cam o'ch cynllun ymchwil, gan gyfiawnhau'r rhesymau dros eich dewis ar bob cam.
ii. Trafodwch broblemau a all godi ac effaith y problemau hyn ar ansawdd y data sy'n cael eu casglu.

Ymateb cryf i 1 b)

Cynllunio

Mae hwn yn broject ymchwil heriol i fyfyriwr Safon Uwch am ei fod yn ymdrin â phwnc sensitif a hefyd yn gofyn i mi ystyried Cymru. Mae Cymru'n cynnwys ardal fawr ac felly byddai'n anodd cael sampl cynrychiadol o holl rieni Cymru. Mae hyn yn golygu y byddai angen i mi ddefnyddio dulliau ansoddol. Yn ogystal, mae'r ymchwil yn gofyn am agweddau, sy'n golygu na fyddai dulliau meintiol mor ddefnyddiol â rhai ansoddol, o bosibl. Gan y bydd fy ymchwil ar raddfa fach, byddaf yn gweithredoli'r term teuluoedd plant ifanc i olygu rhai sydd â phlant dan bum oed. Bydd hyn yn ei gwneud yn hawdd cael sampl gan gylch chwarae neu feithrinfa. Dim ond un gymuned fach yng Nghymru fydd yn cael ei chynrychioli yn yr ymchwil felly efallai na fydd yn cyffredinoli i Gymru gyfan.

Gan fod gofyn i mi ddarganfod agweddau pobl, gallwn i ddefnyddio dulliau ansoddol. Mae hyn yn golygu naill ai y bydd gen i grwpiau ffocws, arsylwadau neu gyfweliadau anstrwythuredig. Oherwydd bod grwpiau ffocws ac arsylwadau'n peri problemau moesegol i fyfyrwyr Safon Uwch, byddaf yn defnyddio cyfweliadau anstrwythuredig er mwyn i bobl allu dweud wrthyf os byddan nhw'n anghyfforddus gyda fy nghwestiynau neu am i mi ddirwyn y cyfweliad i ben.

Moeseg

Mae hwn yn bwnc sensitif iawn, felly bydd angen i mi wneud yn siŵr bod gen i ganiatâd ysgrifenedig gan bobl sy'n cymryd rhan, am resymau moesegol. Bydd angen i mi hefyd wneud yn siŵr eu bod nhw'n gwybod nad oes rhaid iddyn nhw ateb fy nghwestiynau. Byddaf yn gwneud yn siŵr bod fy nghwestiynau wedi cael eu gwirio gan athro i sicrhau eu bod yn foesegol.

Samplu

Byddaf yn cymryd fy sampl o gylch chwarae neu feithrinfa. Byddaf yn gofyn i bobl a ydyn nhw am gymryd rhan. Mae'r math hwn o sampl yn cael ei adnabod fel sampl cyfleus. Ei anfantais yw nad yw'n gynrychiadol, ond gan fy mod yn ymchwilio i agweddau, nid yw hyn mor ddifrifol â phe bawn i am gyffredinoli fy nghanlyniadau i boblogaeth ehangach. Dim ond tua deg o bobl y byddaf yn eu holi gan fy mod eisiau manylder yn hytrach na dibynadwyedd.

Proses

Byddwn i'n creu amserlen cyfweliadau i wneud yn siŵr fy mod yn gofyn cwestiynau tebyg i bawb ac i gynnwys fy mhrif bwyntiau. Fodd bynnag, gan mai cyfweliad anstrwythuredig yw fy null dewisol, bydd angen i mi godi ymatebion pobl ar dâp. Gallwn wneud hyn ar fy ffôn, ond byddai angen i mi ofyn am eu caniatâd am resymau moesegol.

Byddwn i'n trefnu ystafell neu le cyfforddus preifat ac yn siarad â phobl yno. Byddai hyn yn eu helpu nhw i ymlacio. Efallai na fydd yn ymarferol i drefnu rhywle sy'n ddigon preifat, felly gallwn i drefnu i gwrdd â phobl mewn caffi yn lle, ond byddai hynny'n ddrud gan y byddwn i'n prynu coffi i bobl.

Byddwn i'n treulio llawer o amser yn mynd drwy'r cyfweliadau i geisio dod o hyd i batrymau. Efallai na fydd rhai o'r atebion yn ddilys gan na fydd pobl am ddweud wrthyf beth maen nhw wir yn ei feddwl am rianta os oes ganddyn nhw brofiadau negyddol neu os ydyn nhw'n cael amser gwael.

Gwerthusiad

Yn ôl pob tebyg, byddwn i'n ennill data sy'n gyfoethog o ran manylder, os nad yn gwbl ddilys, o'r cynllun ymchwil hwn. Fodd bynnag, ni fyddai'n ddibynadwy ac ni fyddai modd ei gyffredinoli oherwydd bod fy sampl yn rhy fach a gallai pobl deimlo'n wahanol ar ddiwrnodau gwahanol. Mae i'r cynllun broblemau moesegol gan fod y pwnc yn un sensitif a phe bawn i'n dod ar draws problem, efallai byddai angen i mi gysylltu â'r gwasanaethau cymdeithasol. Byddai hyn yn anodd. Mae materion ymarferol yn cynnwys lle gallwn i drefnu cynnal cyfweliad.

Dyma fydd Adran B Uned 4. Bydd gennych chi ddewis o ddau gwestiwn. Ym mhob cwestiwn, bydd gofyn i chi ddarparu tystiolaeth o anghydraddoldeb ac yna byddwch chi'n ysgrifennu traethawd. Cofiwch y gall geiriad y cwestiynau newid. Rhan o'ch cyfrifoldeb chi yw sicrhau eich bod yn deall gofynion cyfredol CBAC.

Tystiolaeth o anghydraddoldeb

Mae'r cwestiwn tystiolaeth yn gofyn i chi *nodi **dau** faes o fywyd yng Nghymru a Lloegr gyfoes lle mae tystiolaeth o ... anghydraddoldeb. Esboniwch eich ateb drwy gyfeirio at dystiolaeth ar gyfer pob maes sy'n cael ei nodi*.

Efallai bydd yr anghydraddoldebau y bydd gofyn i chi eu hystyried yn cynnwys tystiolaeth ac enghreifftiau o feysydd o anghydraddoldeb yn ymwneud â dosbarth cymdeithasol, rhywedd, ethnigrwydd ac oedran. Efallai bydd gofyn i chi hefyd ystyried anghydraddoldeb fel cysyniad cyffredinol, ac mae hyn yn rhoi'r rhyddid i chi ddethol a dewis eich tystiolaeth. Gall y meysydd o fywyd y gallech chi eu hystyried gynnwys unrhyw faes yn y fanyleb fel:

- Teulu ac aelwydydd
- Diwylliant ieuenctid
- Addysg
- Crefydd
- Y cyfryngau
- Trosedd a gwyredd
- Iechyd ac anabledd
- Grym a gwleidyddiaeth
- Cymdeithaseg fyd-eang
- Gwaith a chyflog
- Dosbarthiad cyfoeth ac incwm.

Mae hyn yn rhoi rhyddid i'r ymgeisydd i ddewis ei dystiolaeth. Er mwyn ennill y bandiau marciau uchaf, bydd y gwaith yn dangos dealltwriaeth glir ac amlwg o sut mae'r dystiolaeth sy'n cael ei dewis yn darparu tystiolaeth o anghydraddoldeb. Er enghraifft, nid yw nifer y dynion a'r menywod sy'n mynd i mewn i'r Senedd yn gyfartal. Gallai hyn adlewyrchu eu dewisiadau unigol, sef disgrifiad yn hytrach na thystiolaeth awtomatig o anghydraddoldeb. Fodd bynnag, mae'n effeithio ar faint o gynrychiolaeth sydd gan bob rhywedd yn y pwyllgorau sy'n rhan o'r Senedd, ac felly mae hyn yn dystiolaeth o anghydraddoldeb. Mae menywod yn cael eu cynrychioli'n llai na dynion. I fod yn sicr o'r marciau, dylai ffynhonnell data gael ei henwi a dylai'r pwynt gael ei ddatblygu i esbonio pam mae'n dystiolaeth o anghydraddoldeb.

Adolygwch yr adran hon yn dda, ac edrychwch ar Bwnc 1 eto lle mae hyn yn cael ei esbonio'n fanwl i chi a lle mae strategaethau adolygu'n cael eu cynnig.

Nodwch **ddau** faes o fywyd yng Nghymru a Lloegr gyfoes lle mae tystiolaeth o anghydraddoldeb dosbarth cymdeithasol. Esboniwch eich ateb drwy gyfeirio at dystiolaeth ar gyfer pob maes sy'n cael ei nodi.

Cymerwyd o CBAC Deunyddiau Asesu Enghreifftiol Cymdeithaseg A2, Adran B – Anghydraddoldeb Cymdeithasol, tudalen 21.

Ymateb gwan

Mae anghydraddoldeb dosbarth yng Nghymru a Lloegr gyfoes oherwydd nad yw aelodau'r dosbarth gweithiol yn cael eu trin cystal â phobl eraill a bod gwahaniaethu yn eu herbyn oherwydd eu tlodi. Mae aelodau'r dosbarth gweithiol yn cael eu stereoteipio fel pobl sy'n anfodlon gweithio ac felly'n fwy tebygol o fod yn ddi-waith ac mae'r ystadegau swyddogol yn dangos bod hyn yn wir. Mae'r rhan fwyaf o bobl sy'n ddi-waith yn perthyn i'r dosbarth gweithiol felly mae hynny'n dangos nad ydyn nhw'n gyfartal yn y DU. Tystiolaeth arall yw eu bod yn cael eu stereoteipio yn y cyfryngau, felly mae'n bosibl gweld storïau am bobl dosbarth gweithiol mewn rhaglenni fel 'Benefits Britain'. Dywed Murray fod hyn oherwydd y wladwriaeth les a bod pobl yn dod yn droseddwyr os ydyn nhw'n perthyn i'r dosbarth gweithiol.

Sylwadau

Mae'r ymateb hwn yn wan iawn. Nid yw'n glir pa ddau faes o fywyd sy'n cael eu trafod. Roedd y cwestiwn yn gofyn yn benodol am gyfeirio at o leiaf dau ddarn o dystiolaeth ac nid yw hyn wedi cael ei gyflawni chwaith.

Ymateb cryf

Un maes lle mae anghydraddoldeb dosbarth ym Mhrydain gyfoes yw iechyd. Mae pobl dosbarth gweithiol ar incwm is na phobl o'r dosbarthiadau cymdeithasol uwch felly mae tlodi'n effeithio arnyn nhw. Mae tlodi'n gysylltiedig ag iechyd gwael. Dangosodd Adroddiad Black yn 1980 ac Adroddiad Acheson yn 1997 fod disgwyliad oes pobl sy'n byw mewn ardaloedd difreintiedig yn fyrrach a'u hiechyd cyn marw yn waeth. Ar y llaw arall, roedd pobl a oedd yn byw mewn ardaloedd cyfoethog yn byw'n hirach ac yn mwynhau iechyd da.

Mae data'r Swyddfa Ystadegau Gwladol wedi dangos bod deiet pobl sy'n byw mewn ardaloedd difreintiedig yn waeth, bod eu tai mewn cyflwr gwael, ac nad oedden nhw'n gallu fforddio dillad da ar gyfer y gaeaf. Roedd hyn yn golygu bod eu hiechyd yn wael. Datblygodd Tudor-Hart y ddeddf gofal gwrthgyfartal, sy'n nodi bod llai o feddygon yn yr ardaloedd lle mae'r salwch mwyaf a gwaeth gwasanaethau iechyd ar gael yno nag sydd mewn ardaloedd mwy cyfoethog, felly mae tystiolaeth bod y dosbarth gweithiol yn profi iechyd gwael a gwaeth gwasanaethau iechyd na phobl fwy cyfoethog.

Mae strwythur dosbarth Prydain fodern wedi newid wrth i weithgynhyrchu ddirywio, felly mae hyn yn golygu bod arferion y gweithle wedi newid. Mae pobl mewn swyddi sgiliau isel yn debygol o weithio ar isafswm cyflog neu o gael contractau dim oriau. Mae llawer llai o bobl yn gwneud gwaith llaw medrus, felly mae pobl dosbarth gweithiol yn tueddu i fod mewn gwaith ansicr am gyflog isel. Daeth Denny i'r casgliad bod pobl a oedd yn byw ac yn gweithio mewn ardaloedd lle roedd diwydiannau traddodiadol ffyniannus ar un adeg, fel iardiau llongau a meysydd glo, bellach yn byw mewn ardaloedd difreintiedig a heb allu dod o hyd i waith. Roedd y rhai a oedd yn gweithio'n ennill llai nag oedden nhw o'r blaen.

Mae pobl broffesiynol a phobl o'r dosbarth uchaf yn tueddu i weithio dan amodau llawer gwell. Mae cyflogau wedi codi i'r rhai ar frig eu proffesiwn, felly mae bancwyr a swyddogion gweithredol yn cael taliadau bonws hael am eu gwaith. Mae rhestr The Sunday Times o'r bobl fwyaf cyfoethog yn dangos bod pobl gyfoethog yn dod yn fwy cyfoethog. Daeth Wilkinson a Pickett i'r casgliad bod anghydraddoldeb yn ddrwg i bawb.

Sylwadau

Mae dau faes o fywyd: iechyd a gwaith. Mae dwy drafodaeth am bob maes o fywyd. Mae o leiaf dau ddarn o dystiolaeth yn cael eu nodi'n glir ac mae gwybodaeth benodol a manwl yma. Nid oes llawer o fanylion wrth drafod anghydraddoldeb oed a chyflog, ond mae AA1 yno ac mae'n gyfredol.

Cwestiynau ymatebion estynedig

Mae'r gorchmynion hyn yn gofyn am ysgrifennu sy'n seiliedig ar draethawd wedi'i gynllunio'n glir. Gallen nhw ofyn i chi *werthuso* neu *asesu* damcaniaeth.

◉ Os bydd gofyn i chi asesu damcaniaeth, byddwch chi'n pwyso a mesur y dystiolaeth i lunio barn am ei chryfderau a'i gwendidau.

◉ Mae gwerthusiad yn debyg iawn, a byddwch chi'n rhoi barn benodol am werth rhywbeth yn seiliedig ar y defnydd o dystiolaeth, gan awgrymu ei bod yn ddamcaniaeth dda neu wael oherwydd ...

Dyma reolau sylfaenol ar gyfer ysgrifennu traethawd yn glir ac yn rhwydd:

◉ Cynlluniwch eich atebion

◉ Defnyddiwch frawddegau byr

◉ Defnyddiwch baragraffau'n aml ac yn gywir

◉ Gwnewch bwynt, cyfeiriwch at dystiolaeth, gwnewch y dystiolaeth yn berthnasol i'r cwestiwn, a symudwch ymlaen heb ailadrodd na dychwelyd at ddadleuon.

Mae pedwar pwnc dewisol, ond os ydych chi wedi defnyddio'r llyfr hwn i astudio, mae'n siwr y byddwch chi wedi astudio naill ai Trosedd a Gwyredd neu Cymdeithaseg Fyd-eang. Bydd yr adran gyntaf yn rhoi sylw i gwestiynau Trosedd a Gwyredd. Bydd ail gyfres o ymatebion ar gyfer enghreifftiau Cymdeithaseg Fyd-eang. Darllenwch y cyngor ar gyfer pob ymateb, ond canolbwyntiwch ar yr opsiwn rydych wedi'i astudio.

Trosedd a Gwyredd

Byddwch chi'n ysgrifennu am eich pwnc dewisol yn arholiad Uned 3. Byddwch chi'n ateb un cwestiwn sydd wedi'i rannu'n dair rhan. Mae dau gwestiwn adrannau byr gorfodol ac mae'n fwy na thebyg y bydd y rheini'n gofyn i chi:

a) Esbonio neu ddisgrifio rhywbeth, er enghraifft cysyniad neu ffenomen.
b) Defnyddio tystiolaeth ac enghreifftiau cymdeithasegol i esbonio ffenomen.

Yna bydd gennych chi ddewis o ddau draethawd sydd naill ai'n seiliedig ar ddadl neu ar ddamcaniaeth. Mae'n debyg y bydd gofyn i chi werthuso neu asesu damcaniaeth, safbwynt neu ddadl.

> Esboniwch ystyr y cysyniad ymhelaethiad o wyredd.
> Cymerwyd o CBAC Deunyddiau Asesu Enghreifftiol Cymdeithaseg U2, Uned 3 – Grym a Rheolaeth, tudalen 16.

Ymateb cryf

Mae ymhelaethiad o wyredd yn gysyniad sy'n gysylltiedig â rhyngweithiadaeth a damcaniaeth labelu. Yn ôl rhai, mae ymddygiadau gwyrdroëdig mewn cymdeithas yn cael eu gorbwysleisio'n aml gan y wasg er mwyn gwerthu papurau newydd neu newyddion. Mae hyn yn arwain at fwy o wyredd ac felly mae proffwydoliaeth hunangyflawnol yn digwydd. Edrychodd awduron fel Becker yn UDA a Jock Young yn y DU ar grwpiau a oedd yn cymryd rhan mewn gweithgareddau gwyrdroëdig, fel cymryd cyffuriau. Roedd adroddiadau am y bobl hyn dros ben llestri er mwyn sicrhau bod y deddfau yn fwy llym ac fe gafodd y bobl hyn eu pardduo. Nododd Cohen y patrwm hwn yn ei waith *Folk Devils and Moral Panics* pan awgrymodd fod adroddiadau dros ben llestri wedi achosi terfysgoedd mewn cyrchfannau glan môr ym Mhrydain yn ystod yr 1960au. Cafodd entrepreneuriaid moesol eu canmol am ymdrin â'r broblem yn llym, felly roedd cosbau i bobl wyrdroëdig yn eithafol ac yn galed. Daeth gwyrdroëdigion yn ddiawliaid y werin. Cafodd pobl ifanc eu denu gan y gwyredd ac fe gynyddodd. Felly, mae gwyredd ar raddfa gymharol fach yn dod yn bwysicach mewn cymdeithas oherwydd ei fod wedi'i helaethu.

Sylwadau

Mae hwn yn gyfrif manwl o broses ymhelaethiad o wyredd. Mae'n eang ac yn fanwl oherwydd ei fod yn enwi awduron penodol ac yn defnyddio termau allweddol. Gallai fod yn gliriach wrth esbonio'r broses ymhelaethiad o wyredd ond mae'n amlwg bod gan yr ymgeisydd ddealltwriaeth resymol o'r term.

Cymdeithaseg fyd-eang

> Esboniwch ystyr corfforaeth drawswladol. (10 marc)
> Cymerwyd o CBAC Deunyddiau Asesu Enghreifftiol Cymdeithaseg U2, Uned 3 – Grym a Rheolaeth, tudalen 17.

Ymateb cryf

Mae corfforaethau trawswladol hefyd yn cael eu hadnabod fel corfforaethau amlwladol. Cwmnïau yw'r rhain fel Disney, Starbucks neu Coca-Cola sy'n gweithredu ar lefel fyd-eang gydag allfeyedd a mannau gweinyddu mewn nifer o wledydd o gwmpas y byd. Mae perchenogion llawer o'r cwmnïau hyn, ond nid pob un ohonyn nhw, mewn GMEDd fel UDA neu Ewrop. Mae Tata Steel, er enghraifft, wedi'ii leoli yn India ac mae nifer cynyddol o gorfforaethau trawswladol yn datblygu yn China a Japan. Byddan nhw'n gwneud nwyddau mewn mwy nag un wlad, felly mae gan Ford nifer o ganolfannau gweithgynhyrchu ar gyfandiroedd gwahanol. Yn aml, maen nhw'n buddsoddi'n drwm mewn gwledydd â chysylltiadau da, mynediad at ddefnyddwyr, masnach a llywodraethau sy'n cynnig amodau treth ffafriol a llafur rhad. Mae llawer o wledydd yn croesawu buddsoddiadau corfforaethau trawswladol oherwydd eu bod yn darparu swyddi ac yn buddsoddi mewn sgiliau yn y gweithluoedd lleol.

Sylwadau

Mae hwn yn ymateb byr ond mae'n esbonio'r pwynt yn dda oherwydd ei fod yn rhestru nodweddion, ac yn cynnig enghreifftiau o gwmnïau trawswladol. Mae esboniadau amlwg a thystiolaeth fanwl yma.

Gan ddefnyddio tystiolaeth ac enghreifftiau cymdeithasegol, esboniwch pam mae anghydraddoldebau rhywedd mewn llawer o wledydd sy'n datblygu.

(20 marc)

Cymerwyd o CBAC Deunyddiau Asesu Enghreifftiol Cymdeithaseg U2, Uned 3 – Grym a Rheolaeth, tudalen 17.

Ymateb gwan

Mae anghydraddoldeb rhywedd yn broblem mewn llawer o wledydd oherwydd patriarchaeth. Yn draddodiadol, mae menywod mewn rolau statws isel. Nid yw addysg menywod cystal. Dydyn nhw ddim yn ymwneud â gwleidyddiaeth, ac mae eu gwaith nhw yn y cartref. Yn aml, hyd yn oed pan fyddan nhw'n dal yn blant, mae priodas yn cael ei threfnu ar eu cyfer, felly maen nhw'n dioddef iechyd gwael yn sgil sawl beichiogrwydd a gofal iechyd gwael. Dydyn nhw ddim yn berchen ar bethau'n aml, felly does ganddyn nhw ddim arian i reoli eu bywyd nac i edrych ar ôl eu plant. Mewn rhai gwledydd, mae trefoli wedi golygu bod menywod yn byw mewn ardaloedd gwledig gan weithio ar y tir neu i gyflogwyr cyfoethog i ffwrdd oddi wrth plant. Mae hyn yn golygu eu bod nhw'n cael eu hymylu.

Sylwadau

Mae rhai syniadau yma, ond mae manylion penodol yn brin. Yn bwysicach, mae'n ddisgrifiadol iawn. Mae nifer o bwyntiau'n cael eu gwneud y byddai wedi bod yn bosibl eu datblygu, felly mae patriarchaeth yn cael ei grybwyll, ac ymylu hefyd, ond does dim esboniad o'r naill na'r llall. Does dim enghreifftiau na thystiolaeth yma. Pan fydd cwestiwn yn gofyn am dystiolaeth, os nad yw'r ymateb yn ei chynnwys, mae'n annhebygol y bydd yr ymateb yn cyrraedd y band marciau uchaf.

Ymateb cryf

Mae anghydraddoldeb rhywedd yn broblem mewn nifer o wledydd. Y rheswm am hyn yw bod menywod yn cael eu hymylu ac nad ydyn nhw'n cael yr un cyfleoedd y mae dynion yn eu cael. Mae UNESCO wedi awgrymu bod gwledydd lle nad oes gan fenywod hawliau cyfartal ymhlith y tlotaf yn aml, gan nad yw talent a gallu menywod yn cael eu cydnabod na'u defnyddio yn yr economi.

Mae nifer o resymau dros anghydraddoldeb rhywedd ac mae'r rhain yn cynnwys grym a phatriarchaeth. Awgryma damcaniaethau moderneiddio fod gan fenywod lai o ryddid a bod y wlad gyfan yn dioddef yn y mannau lle mae dynion yn rheoli'r economi a hawliau menywod. Lle mae menywod yn rheoli incwm y cartref, mae astudiaethau rhyngwladol wedi dangos bod arian yn fwy tebygol o gael ei wario ar y cartref ac ar blant. Mae Rostow wedi dadlau y byddai rhoi mwy o fynediad at yr economi i fenywod yn golygu bod mwy o arian ar gael ar gyfer gwasanaethau. Fodd bynnag, mewn cymdeithasau llwythol patriarchaidd traddodiadol, mae menywod yn cael eu gweld yn aml yn eiddo'r dynion ac mae eu hawliau'n cael eu gwrthod.

Mae ffeministiaid hefyd yn cyfeirio at etifeddiaeth trefedigaethu fel rheswm dros anghydraddoldeb rhywedd. Maen nhw'n dweud bod gwerthoedd gwrywdod y Gorllewin wedi cael eu gorfodi ar gymdeithasau traddodiadol. Maen nhw'n honni bod corfforaethau trawswladol yn aml yn ecsbloetio llafur menywod mewn gweithdai cyflog isel a ffatrïoedd oherwydd eu bod yn barod i dderbyn cyflogau is a statws is. Mae Leonard wedi awgrymu bod cymorth o'r Gorllewin yn aml yn canolbwyntio ar ddynion ac y dylai mwy o arian gael ei wario ar fenywod.

Mewn GLlEDd, does gan fenywod ddim hawliau atgenhedlol, ac efallai nad oes ganddyn nhw fynediad at garthffosiaeth sylfaenol. Felly, maen nhw'n cael eu dal mewn patrwm o gael plant yn ifanc, o ddioddef iechyd atgenhedlol gwael ac o ofalu am blant. Mewn llawer o wledydd, does ganddyn nhw ddim mynediad at addysg ac maen nhw'n cael eu gorfodi i ddibynnu ar berthnasau gwrywaidd. Maen nhw'n cael eu hymylu o ffynonellau grym fel addysg, statws a chyflog.

Sylwadau

Mae tri rheswm clir dros anghydraddoldeb rhywedd yn cael eu cynnig yma ac mae dau ohonyn nhw'n nodi damcaniaethau penodol: moderniaeth a ffeministiaeth. Mae'n bosibl bod gormod o fanylion am effaith anghydraddoldeb rhywedd yn hytrach nag esboniadau ohono. Mae gwybodaeth fanwl o ddamcaniaeth yn cael ei chymhwyso i'r cwestiwn gan fod awduron a damcaniaethau penodol yn cael eu henwi. Byddai nodi enghreifftiau o safle menywod mewn gwledydd penodol wedi dangos dealltwriaeth dda.

Aseswch y safbwynt nad yw cymorth yn gallu datrys problemau'r byd sy'n datblygu.
Cymerwyd o CBAC Deunyddiau Asesu Enghreifftiol Cymdeithaseg U2, Uned 3 – Grym a Rheolaeth, tudalen 17.

Ymateb yr ystod canol at yr ystod uchaf

Mae amrywiaeth o wahanol fathau o gymorth sy'n cael eu hanfon i GLIEDd. Er enghraifft, efallai fod cymorth elusennol ynghlwm wrth sefydliadau crefyddol penodol, cymorth brys yn dilyn trychineb naturiol, neu gefnogaeth feddygol neu addysgol barhaus gan elusennau. Mae rhai sefydliadau'n canolbwyntio ar fater penodol fel newyn neu gymorth dŵr. Mae rhywfaint o gymorth yn cael ei ddarparu gan lywodraethau GMEDd ac yn gysylltiedig â chytundebau masnach neu arfau ac mae rhai mathau o gymorth ar ffurf buddsoddiad o'r tu allan. Mae cymorth amodol (cymorth dwyochrog) yn digwydd pan fydd un wlad yn rhoi arian ond bod amodau penodol ynghlwm wrtho. Mae cymorth amlochrog yn cael ei roi drwy asiantaethau fel UNESCO neu Fanc y Byd fel nad yw'n dod o un wlad yn unig ond o sawl gwlad. Weithiau mae rhoddwyr cyfoethog fel Bill a Melinda Gates yn rhoi symiau anferth o'u cyfoeth personol.

Mae cryn ddadlau ynghylch a yw cymorth yn cefnogi gwledydd sy'n datblygu ai peidio. Er enghraifft, y pwyntiau o blaid cymorth yw y gall helpu i wella safonau byw pobl dlawd a darparu swyddi (damcaniaeth foderneiddio). Yn erbyn y syniad o gymorth y mae'r posibilrwydd y gall y gwledydd sy'n rhoi cymorth (gwledydd rhoi) ddefnyddio'r cymorth i sicrhau rheolaeth wleidyddol ac economaidd ar y gwledydd gwannaf (damcaniaeth dibyniaeth). Nid yw'r bobl dlotaf yn elwa, oherwydd llygru. Y gred yw bod rhai gwledydd yn llwgr iawn a bod yr arian sy'n cael ei gasglu ar gyfer pobl dlawd yn cael ei ddefnyddio gan swyddogion y llywodraeth. Felly allwn ni ddim bod yn sicr y gall cymorth ddatrys problemau'r byd sy'n datblygu.

Mae damcaniaethau moderneiddio yn honni bod cymorth yn ddefnyddiol am ei fod yn helpu gwledydd i ddatblygu eu canolfannau diwydiannol eu hunain. Roedd Rostow yn frwd o blaid cymorth o'r fath gan ei fod yn credu y byddai'n helpu gwledydd sy'n datblygu i hyrwyddo diwydiant ac addysg. Felly mae damcaniaethau moderneiddio yn gweld cymorth yn ateb i broblemau pobl dlawd. Roedd yn credu y byddai cefnogi pobl fwy cyfoethog i ddatblygu diwydiant o fudd i wledydd cyfan. Roedd y strategaeth hon yn cael ei hystyried yn un llwyddiannus mewn rhai gwledydd yn ôl pob tebyg, felly roedd yn ymddangos bod projectau cymorth mawr fel argaeau a ffyrdd yn hybu twf yn y tymor byr. Fodd bynnag, nid yw problemau yn y gwledydd hyn wedi cael eu dileu ac mewn rhai gwledydd mae nifer y bobl dlotaf wedi cynyddu.

Mae Marcswyr wedi beirniadu cymorth, felly dywedodd Hayter mai ffurf ar drefedigaethedd yw cymorth llywodraeth, a bod y gwledydd mwyaf cyfoethog yn gwneud y gwledydd tlotaf yn ddibynnol ar gymorth. Gwledydd y Gorllewin, sy'n cyflenwi'r gweithlu a'r defnyddiau, sy'n elwa o'r projectau mawr y mae cronfeydd UNESCO a Banc y Byd yn talu amdanyn nhw. Mae gan nifer o wledydd sy'n datblygu projectau trydan dŵr mawr ac mae'r rhain yn aml yn sensitif yn wleidyddol ac yn amgylcheddol. Yn ogystal, benthyciadau y mae'n rhaid eu had-dalu sy'n talu amdanyn nhw. Mae llawer o GLIEDd yn mynd i ddyled oherwydd benthyciadau sy'n golygu eu bod nhw'n mynd yn dlawd oherwydd bod angen ad-dalu'r ddyled.

Mae neo-Farcswyr wedi honni mai ffordd o ddatblygu economïau cyfalafol yn unig yw cymorth, felly er bod llywodraeth y DU yn rhoi cymorth, mae'n rhaid i lawer o'r arian gael ei wario yn y DU. Felly nid yw'r llywodraeth yn ceisio datrys problemau'r byd sy'n datblygu ond, yn hytrach, mae'n targedu ei phroblemau diweithdra domestig ei hun. Mae Bauer wedi dweud bod cymorth yn creu dibyniaeth, oherwydd mai ar gyfer cefnogi llywodraethau llwgr y mae'n cael ei ddefnyddio yn hytrach nag ar gyfer helpu pobl dlawd.

Mae Marcswyr wedi beirniadu cymorth am nifer o resymau, ac un o'r pwysicaf ohonyn nhw yw bod cymorth yn cynyddu dibyniaeth GLIEDd ar GMEDd. Mae Jeffrey Sachs yn honni bod angen cymorth ac y gall fod yn llwyddiannus. Mae'n honni y gall gefnogi'r bobl dlotaf. Dywed mai ansawdd y cymorth sy'n cael ei roi yw'r broblem. Un o brif achosion marwolaeth mewn GLIEDd yw malaria, yn arbennig yn Affrica is-Sahara. Dangosodd Sefydliad Iechyd y Byd sut i leihau'r clefyd drwy ddefnyddio rhwydi cysgu. Mae'r weithred unigol hon wedi lleihau marwolaeth yn sgil malaria yn Kenya, felly mae cymorth wedi datrys problem gwledydd sy'n datblygu.

Sylwadau

Mae'r traethawd hwn yn disgrifio pob math o gymorth. Ceir rhywfaint o ailadrodd a diffyg trefn. Mae syniadau'n cael eu crybwyll ac yna'n cael eu gollwng. Ar ôl esbonio bod mwy nag un math o gymorth ar gael ac enwi rhai o'r mathau gwahanol, efallai byddai wedi bod yn well symud ymlaen yn gyflymach at y ddadl gymdeithasegol. Mae'r cynllun marcio ar gyfer AA3 yn gofyn bod atebion yn dangos dadleuon rhesymegol, wedi'u trefnu'n dda, ond nid yw hynny wedi cael ei wneud yn dda yn yr enghraifft hon.

Atebion

Dulliau ymchwil

P1

a) Dibynadwyedd: Nid yw'n bosibl ailadrodd yr astudiaeth am resymau moesegol.

b) Dilysrwydd: Ni all babanod diwrnod oed ddal eu pen i fyny eu hunain a dewis lle i edrych.

c) Dilysrwydd: Roedd ei brawf yn seiliedig ar sgoriau deallusrwydd ac nid ar y defnydd o iaith.

ch) Dibynadwyedd: Nid yw'n bosibl ailadrodd yr ymchwil oherwydd iddo ddigwydd cymaint o amser yn ôl.

P2

a) Â thuedd
b) Y positifwyr
c) Empirig
ch) Cwestiwn ymchwil
d) Sampl tebygolrwydd
dd) Hapsampl

P3

a) Ansoddol
b) Bwriadus
c) Empirig
ch) Mynediad
d) Porthor
dd) Troi yn frodor

P4

a) Shane Blackman
b) Laud Humphreys
c) Valerie Hey
ch) Maurice Punch
d) Sasha Roseneil
dd) Paul Willis

P5

a) Ar hap
b) Haenedig
c) Cwota
ch) Systematig
d) Samplu pelen eira
dd) Gwirfoddolwr
e) Bwriadus
f) Cyfle

P6

a) mantais
b) anfantais
c) anfantais
ch) mantais
d) mantais
dd) anfantais
e) anfantais
f) mantais

P7

a) Mantais: nod ymchwil ansoddol yw casglu ystyr.

b) Mantais: mae dulliau meintiol yn canolbwyntio ar fesur ac felly dydyn nhw ddim yn ddefnyddiol ar gyfer ystyr.

c) Anfantais: mae'n agored iawn i duedd o ran dehongliad.

ch) Mantais: os dyma nod yr ymchwil.

d) Mantais: er enghraifft, efallai na fydd pobl ag anabledd dysgu'n gallu ymateb i holiaduron meintiol.

dd) Anfantais: mae'n fater ymarferol.

e) Anfantais: nid yw'n bosibl ei ailadrodd.

f) Mantais: nid yw'r sgiliau i ddehongli data meintiol gan lawer o bobl ond maen nhw'n gallu deall ystyr a storïau.

P8

c) Cwestiwn ymchwil
e) Data ansoddol neu feintiol?
a) Gweithredoli cysyniadau
f) Materion moesegol a materion ymarferol
b) Gweithdrefnau samplu
d) Dewis dull
ch) Casglu'r data
dd) Prosesu data

Damcaniaethu

P2

a) Swyddogaeth
b) Cydwybod ar y cyd
c) Anomi
ch) Consenws
d) Ffeithiau cymdeithasol
dd) Moderniaeth
e) Gwrth-Semitiaeth
f) Cydwybod ar y cyd

P3

a) Swyddogaethol
b) Marcsaidd
c) Swyddogaethol
ch) Marcsaidd
d) Swyddogaethol
dd) Marcsaidd
e) Marcsaidd
f) Swyddogaethol

P4

a) Marcsaidd
b) Weberaidd
c) Weberaidd
ch) Marcsaidd
d) Weberaidd
dd) Marcsaidd

P5

a) Fi gweithredol
b) Fi myfyriol
c) Yr hunan
ch) Yr arall cyffredinoledig
d) Actor
dd) Pragmatiaeth
e) Byd cymdeithasol

P6

a) patriarchaeth
b) gwahaniaethau; rhyweddol
c) arall; gymdeithas
ch) 1960au; yr ail don; ffeministiaeth;
d) De Beauvoir; priodas; dynion; domestig; plant

Anghydraddoldeb cymdeithasol

P2

a) Anghywir. Pobl fusnes a bancwyr sy'n ennill yr incymau uchaf.

b) Anghywir. Mae'r Almaen yn gymdeithas fwy cyfartal na Phrydain ac mae pobl sy'n ennill cyflogau uchel iawn yn ennill hanner y cyflogau uchaf sy'n cael eu talu yn y DU.

c) Cywir. Mae plant yn gostus iawn a gall costau gofal plant, a chyflogau isel hefyd, gadw pobl yn dlawd.

ch) Cywir. *Forbes* yn amcangyfrif bod tua 66 o bobl mor gyfoethog fel eu bod nhw'n berchen ar fwy na rhai gwledydd.

d) Anghywir. Mae pobl mewn dosbarthiadau cymdeithasol uwch yn tueddu i etifeddu neu gael rhodd o arian.

dd) Cywir. Gall pobl fod yn berchen ar gwmnïau o gwmpas y byd ac mae'n anodd gwybod pwy sy'n rheoli cyfoeth mewn gwirionedd.

P3

a) Anghywir. O'r achosion hynny, roedd bron 80% yn fenywod.

b) Anghywir. Roedd y ffigur yn nes at 36% o bobl.

c) Cywir. Mae menywod hŷn yn ennill yn sylweddol is na dynion hŷn.

ch) Anghywir. Mae'n nes at 17% o fenywod yn y safleoedd busnes uchaf.

d) Cywir. Mae ffigurau'n amrywio bob blwyddyn, ond fel egwyddor, mae rhwng traean a hanner o Aelodau Cynulliad Cenedlaethol Cymru (ACau) bron yn fenywod.

dd) Cywir. Dawn Neesom o'r *Daily Star* oedd hon ac roedd yn dod o gefndir dosbarth gweithiol.

P4

a) Anghywir. Mae'r ffigur yn llawer uwch; mae data'r Swyddfa Ystadegau Cenedlaethol yn awgrymu bod hanner yr holl deuluoedd incwm isel yn rhai lleiafrifoedd ethnig.

b) Cywir. Mae data cyfrifiad 2001 yn dangos bod 29% yn eu gweld eu hunain yn bobl o leiafrifoedd ethnig.

c) Cywir. Mae lleiafrifoedd ethnig yn cael eu gorgynrychioli ychydig yn ystadegol ar gyrsiau addysg uwch.

ch) Cywir. Fodd bynnag, mae'r ffigurau'n amrywio rhwng lluoedd yr heddlu.

d) Anghywir. Mae nifer cynyddol o bobl yn eu gweld eu hunain yn bobl o hil gymysg, 1.3% yn 2001 a 2.2% yn 2011.

dd) Anghywir, mae data cyfrifiad 2011 yn dangos bod pawb yn siarad Saesneg mewn **91%** o gartrefi. Mewn 4% o gartrefi, doedd neb yn siarad Saesneg fel y brif iaith.

P5

a) 16, ond gall rhai dan 17 oed ddisgwyl mewnbwn gan y gwasanaethau cymdeithasol.

b) 16

c) 17

ch) 21, a gyda thair blynedd o brofiad.

d) 16, ond mae hyn am ddwy flynedd yn unig oni bai bod y drosedd yn un ddifrifol.

dd) 18

e) 16, ond â chydsyniad rhieni.

f) 18

P6

a) Cywir. Mae'r Adroddiad Catalydd yn honni bod pobl hŷn yn costio mwy i'r gwasanaeth iechyd yn ôl eu cyfran na phobl ifanc.

b) Cywir. Mae Senior Agency International yn honni eu bod yn prynu mwy o geir, cynhyrchion gofal croen a mordeithiau o'r ansawdd uchaf na grwpiau oedran eraill. Mae cwmnïau fel Saga yn targedu'r grwpiau oedran hŷn.

c) Cywir. Mae data cyfrifiad 2001 a 2011 yn cadarnhau hyn.

ch) Cywir. Ym mis Chwefror 2015, daeth Arolwg Tracio TNS ar gyfer Age UK o oedolion 50+ oed yn y Deyrnas Unedig, i'r casgliad bod 37% o bobl hŷn yn bwyta pum cyfran y dydd a hynny o'i gymharu â 30% o'r rhai dan 65 oed.

d) Cywir. Mae data llywodraeth yn dangos bod iechyd gwael a chyfraddau marwolaethau ymhlith yr henoed yn cynyddu'n sylweddol yn y gaeaf, ond bod cyfraddau marwolaethau mewn llawer o wledydd eraill yn Ewrop yn safonol drwy'r flwyddyn.

dd) Cywir. Mae data cyfrifiad 2011 yn dangos bod tuedd mewn pobl hŷn i gael problemau iechyd, yn arbennig y tu hwnt i 75 oed.

Trosedd a gwyredd

P2

a) Anghywir. Mae'r ffigur yn nes at dros 90% yn wrywod, gyda llai na 10% yn fenywod.

b) Anghywir. Mae'r Swyddfa'r Archwilydd Cenedlaethol yn awgrymu bod twyll budd-daliadau bwriadol wedi costio tua £1.2 biliwn yn y DU yn 2015, ond bod osgoi treth wedi costio tua £34 biliwn.

c) Anghywir. Maen nhw'n amrywio. Yn gyffredinol maen nhw ychydig yn is yng Nghymru, ond yn rhannol oherwydd bod cyfraddau trosedd yn isel mewn ardaloedd gwledig fel gogledd a chanolbarth Cymru.

ch) Anghywir. Mae llai na 2% o oedolion yn rhoi gwybod am ymosodiad, er y gallai nifer y digwyddiadau go iawn fod yn uwch. Mae mwy o bobl yn rhoi gwybod am ddigwyddiadau oherwydd bod agweddau'r heddlu yn newid.

d) Anghywir. Y tebygrwydd yw mai dynion yw dioddefwyr llofruddiaeth. Mae dwy ran o dair o ddioddefwyr yn wrywod, ond mae menywod yn fwy tebygol o gael eu lladd gan bartner neu gyn-bartner. Y grŵp sydd mewn mwyaf o berygl yw babanod dan 12 mis oed.

dd) Anghywir. Dynion ifanc dosbarth gweithiol yw prif ddioddefwyr llofruddiaeth. Maen nhw'n cael eu lladd wrth ymladd. Mae menywod yn cael eu llofruddio o ganlyniad i drais yn y cartref. Y grŵp sydd mewn mwyaf o berygl yw babanod o dan 12 mis oed.

e) Anghywir. Mae dros hanner troseddau llofruddiaeth yn digwydd oherwydd ffraeo, colli tymer neu maen nhw'n ymosodiadau talu'r pwyth yn ôl.

f) Anghywir. Roedd 53% o droseddau treisgar yn ymwneud ag alcohol yn 2013/14, ac roedd gwrywod yn fwy tebygol na benywod o ddioddef troseddau'n ymwneud ag alcohol. Er bod alcohol yn gyffur, nid yw'n anghyfreithlon.

P3

a) Data sy'n cael eu cynhyrchu gan asiantaeth swyddogol neu gorff llywodraethol.

b) Arolwg o ddioddefwyr trosedd i sefydlu bod erledigaeth wedi digwydd.

c) Mae ymatebwyr yn cael eu holi am eu patrymau troseddu.

ch) Trosedd nad yw pobl yn gwybod fawr ddim neu ddim o gwbl amdani.

d) Arolwg blynyddol o sampl fawr iawn o gartrefi i ddarganfod a yw pobl wedi dioddef trosedd.

dd) Mae'r un sy'n cyflawni'r drosedd a'r dioddefwr ill dau am i'r drosedd ddigwydd (e.e. puteindra).

e) Ymchwil sy'n cael ei ystyried yn ddilys ac yn ddibynadwy ac felly'n un y mae modd ymddiried ynddo.

f) Mae asiantaethau swyddogol yn cyflwyno data ffug er mwyn gwneud iddyn nhw eu hunain ymddangos yn well nag ydyn nhw o ran targedau'r llywodraeth.

P5

a) Cywir. Yn 2010, cafodd tua 17 000 o blant eu heffeithio gan garcharu eu mam.

b) Cywir, ond mae mwy o garcharorion benywaidd yn droseddwyr cyffuriau na charcharorion gwrywaidd.

c) Cywir, yn arbennig ar gyfer puteindra neu droseddau eraill fel smyglo gynnau neu gyffuriau.

ch) Cywir. Yn 2014, treuliodd 58% o garcharorion benywaidd dymor o lai na chwe mis yn y carchar.

d) Anghywir. Mae bron hanner yr holl garcharorion yn aildroseddu o fewn blwyddyn.

dd) Anghywir. Cynyddodd poblogaeth y carchardai 91% yn ystod y cyfnod hwnnw.

e) Cywir, ac mae canran y gwrywod yn parhau i fod yn gymharol gyson.

P6

a) Cywir. Maen nhw'n cyfrif am dros 20% o'r rhai sy'n dioddef ymosodiad ag arf.

b) Cywir. Rydyn ni'n fwyaf tebygol o gael ein llofruddio gan bobl rydyn ni'n eu hadnabod.

c) Anghywir. Mae dros 80% o'r rhai sy'n cael eu carcharu am ladrad yn wyn.

ch) Cywir. Mae dros hanner y boblogaeth ddu (54%) yn byw yn Llundain.

d) Cywir. Yn ôl Arolwg Troseddu Cymru a Lloegr, mae achosion wedi bod o droseddau casineb hiliol wedi'u cyfeirio at bobl wyn.

dd) Cywir. Maen nhw'n fwy tebygol o gael eu carcharu, sy'n cyfrif am 26% o garcharorion o gefndir pobl ddu a lleiafrifoedd ethnig.

e) Anghywir. Mae pobl o gefndiroedd ethnig cymysg yn fwy tebygol o ddioddef troseddau'n gyson.

f) Cywir. Rhwng 2007 a 2010, roedd 12% o ddioddefwyr yn ddu ac roedd 8% yn Asiaid.

P7

a) Cywir. Maen nhw'n cyfrif am lai na 12% o'r boblogaeth, o'i gymharu ag 16% yn 1911.

b) Cywir. Mae lefelau arbennig o uchel yng Nghymru a Lloegr. Yng Ngwlad Belg, 18 yw oedran cyfrifoldeb troseddol, felly nid oes euogfarnau ieuenctid na dalfeydd yno.

c) Cywir. Mae aildroseddu gan ieuenctid ar ôl bod yn y ddalfa yn broblem ddifrifol.

ch) Anghywir. Mae llawer o oedolion nad ydyn nhw'n ailymddangos yn y system, ond mae pobl iau'n datblygu gyrfaoedd troseddol.

d) Cywir. Mae llai nag 1% o blant mewn gofal, ond mae plant sydd wedi derbyn gofal yn cyfrif am 33% o fechgyn, a 61% o ferched, yn y ddalfa.

dd) Anghywir. Mae'r ffigur yn nes at chwarter o'r holl droseddau, ond mae'n dal yn uchel.

e) Anghywir. Maen nhw'n fwy tebygol o ladrata eitemau fel ffonau oddi ar bobl ifanc eraill mewn trosedd feddiangar.

f) Anghywir. Mae'n nes at £4 biliwn y flwyddyn.

P8

a) Mae'r polisïau hyn wedi'u cynllunio i atal pobl ifanc rhag dod yn rhan o'r system cyfiawnder troseddol.

b) Mae cyfryngwyr yn dod â dioddefwyr a throseddwyr at ei gilydd er mwyn iddyn nhw allu trafod achosion ac effeithiau ymddygiad troseddol.

c) Pobl â nifer o euogfarnau.

ch) Pobl sydd wedi gwneud penderfyniad i barhau i fod yn droseddwyr.

d) Ymagwedd polisi sy'n annog ymagweddau at droseddwyr sy'n seiliedig ar ddial (dial a chosb).

dd) Carchar ym Mhrydain ar gyfer troseddwyr 18–20 oed. Mae rhai'n derbyn carcharorion ychydig yn hŷn a rhai'n derbyn troseddwyr ychydig yn iau.

P9

a) Rhwystredigaeth statws

b) Y Freuddwyd Americanaidd

c) Anomi

ch) Arloesi

d) Pobl wyrdroëdig o ganlyniad i gymdeithas annheg neu anghyfartal

dd) Falf ddiogelu

P10

a) Y ddau

b) Marcsaidd

c) Marcsaidd

ch) Y ddau

d) Y ddau (am wahanol resymau)

dd) Swyddogaethol

e) Marcsaidd

f) Y ddau (am resymau gwahanol)

P11

a) Cywir
b) Cywir
c) Anghywir
ch) Anghywir
d) Anghywir
dd) Cywir
e) Cywir
f) Cywir

P12

a) Gweithred gychwynnol sy'n groes i normau a gwerthoedd cymdeithas.

b) Arwydd o gywilydd neu wahaniaeth sy'n rhoi statws isel i rywun.

c) Canlyniadau cymdeithasol adnabod unigolyn fel rhywun gwyrdroëdig.

ch) Nodwedd bwysig o hunaniaeth gymdeithasol unigolyn.

d) Mae'r cyfryngau'n gorliwio effaith ffurf ar wyredd ac o ganlyniad yn creu mwy o'r gwyredd y maen nhw'n ei gondemnio.

dd) Y broses lle mae unigolyn yn datblygu hunaniaeth wyrdroëdig.

e) Y syniad y gall pobl gael eu stigmateiddio ac yna eu labelu gan bobl eraill o'u cwmpas.

P13

a) Cywir. Mae dros 33 000 o swyddogion heddlu.

b) Cywir. Cafodd y syniad ei ysbrydoli gan bolisïau ysgol lle mae athrawon yn gwobrwyo ymddygiad da.

c) Cywir. Mae'r data ar gael yn ystadegau'r Swyddfa Gartref.

ch) Cywir. Fodd bynnag, mae agweddau'n dechrau newid ac mae atal trosedd rhywiol yn cael mwy o sylw.

d) Anghywir. Mae Arolwg Troseddu Cymru a Lloegr yn awgrymu ei fod yn nes at 1 filiwn.

dd) Anghywir. Dim ond 24 427 Gorchymyn Ymddygiad Gwrthgymdeithasol (ASBO) a gafodd eu cyflwyno am yr holl gyfnod 1999–2013. 1349 oedd y nifer ar gyfer 2013.

P14

Realaeth y dde	Realaeth y chwith
Mae trosedd yn cael ei hachosi gan ffactorau diwylliannol.	Mae ystod o ffactorau cymdeithasol ac economaidd yn arwain at ymddygiad troseddol.
Dylai troseddwyr gael eu cosbi'n llym.	Mae'n bosibl mynd i'r afael â rhai troseddau drwy newid yr amgylchedd ffisegol neu drwy greu newid cymdeithasol.
Yn gysylltiedig â pholisïau trosedd Thatcheriaeth.	Yn gysylltiedig â pholisïau trosedd Llafur Newydd.
Pobl dlawd a diddim sy'n troseddu.	Mae pobl dlawd a phobl agored i niwed yn ddioddefwyr troseddau yn eu cymunedau.
Mae taliadau lles rhy hael i famau sengl yn un o achosion trosedd.	Mae anfodlonrwydd yn y gymdeithas yn achosi trosedd.
Dewis bod yn droseddwyr y mae pobl.	Gall pobl grwydro i mewn ac allan o ymddygiadau troseddol.
Mae cymunedau'n galw am blismona llym.	Gall plismona llym achosi i bobl beidio ag ymddiried yn yr heddlu.

P15

a) Mae pobl mewn cymdeithas yn fwy ac yn fwy ofnus ac mae'r cyfryngau'n bwydo'r ofnau hyn ac yn creu trosedd.

b) Mae dioddefwyr a throseddwyr yn cwrdd i drafod gweithredoedd y troseddwr ac ymateb y dioddefwyr.

c) Nid yw pobl yn rhannu credoau ac agweddau moesol erbyn hyn.

ch) Safbwynt safonol am y byd a realiti sydd wedi'i dderbyn ond sy'n newid.

d) Safbwynt ei bod yn bosibl gwella'r byd drwy wyddoniaeth a thechnoleg.

dd) Mae rhyddid pobl yn gyfyngedig oherwydd gweithredoedd pobl eraill.

e) Mae pobl yn cael eu niweidio'n gorfforol, yn emosiynol neu'n ariannol gan bobl eraill.

f) Safbwynt sy'n dweud mai newid yw'r norm a bod y syniad bod cymdeithas yn 'datblygu' wedi dod i ben.

ff) Mae pobl yn cael gwefr a chyffro drwy ddefnyddio sgiliau mewn ffordd beryglus (e.e. cyflawni trosedd).

g) Rydyn ni'n byw mewn cymdeithas lle rydyn ni'n cael ein gwylio a'n rheoli'n gyson er nad ydyn ni'n gwbl ymwybodol o hyn.

P16

a) Mae menywod yn troseddu'n fwy oherwydd eu bod yn mynnu cydraddoldeb â dynion.

b) Mae menywod yn gallu cuddio eu troseddau oherwydd eu bod wedi arfer dweud celwydd, ac mae'r ffactor sifalri'n golygu eu bod yn gallu cael eu hesgusodi am ddefnyddio'r strategaeth hon.

c) Mae menywod yn ymddwyn yn fwy fel dynion ifanc ac yn cymryd rhan mewn yfed a chael rhyw heb ei reoli, felly maen nhw'n fwy tebygol o gael eu harestio.

ch) Mae gan fenywod lai o gyfleoedd i droseddu.

d) Mae nifer o fenywod sy'n troseddu wedi dioddef camdriniaeth a thrais eu hunain a dewis ymddwyn yn droseddol maen nhw.

dd) Mae cael eu herlid yn ifanc yn arwain merched at ddefnyddio cyffuriau, at buteindra, diweithdra a digartrefedd.

e) Mae merched yn cael eu rheoli gan eu hemosiynau, ond mae bechgyn yn cael eu rheoli'n fwy uniongyrchol gan eu rhieni.

f) Mewn achosion o drais rhywiol, mae dioddefwyr yn aml yn gorfod eu hamddiffyn eu hunain rhag y safbwynt eu bod yn 'haeddu' cael eu treisio neu eu bod yn gofyn amdani.

P17

a) Mae pobl ifanc yn ceisio datrys eu problemau cymdeithasol sy'n cael eu hachosi gan gyfalafiaeth drwy ffurfio isddiwylliannau.

b) Mae mamau sengl ifanc wedi cynhyrchu isddiwylliant o bobl ifanc sy'n ddibynnol ar fudd-daliadau.

c) Mae gan y rhan fwyaf o bobl werthoedd sy'n groes i rai'r gymdeithas brif ffrwd. Efallai byddan nhw'n gweithredu arnyn nhw neu efallai ddim.

ch) Mae'r rhan fwyaf o bobl ifanc yn ymddwyn yn wrthgymdeithasol, ond nid yw hynny'n golygu eu bod yn anghytuno â'r gymdeithas; maen nhw'n ymddwyn yn wrthgymdeithasol yn ysbeidiol.

d) Awgryma Miller fod gan ddynion ifanc werthoedd sy'n rhoi pwyslais ar hwyl a gwrywdod ar draul ymddygiadau cymdeithasol eraill.

dd) Mae ymddygiadau troseddol yn ymddygiadau sy'n cael eu dysgu, felly os yw pobl yn cymysgu gyda throseddwyr, byddan nhw'n datblygu agweddau troseddol.

e) Nid yw pobl ifanc yn gallu llwyddo drwy ddulliau sy'n cael eu cymeradwyo gan y gymdeithas, felly maen nhw'n datblygu ffyrdd eraill o ennill statws a chymeradwyaeth.

f) Er mwyn llwyddo, mae troseddwyr ifanc yn dysgu llwybrau eraill ac os byddan nhw'n cymysgu gyda throseddwyr, byddan nhw'n dysgu sut i lwyddo fel troseddwyr.

Cymdeithaseg fyd-eang

P2

Gwlad	Disgwyliad oes (blynyddoedd)
Japan	84
Awstralia	83
Cyprus	82
Y Deyrnas Unedig	81
Portiwgal	81
Libanus	80
Unol Daleithiau America	79
Cuba	78
Gweriniaeth Tsiec	78
Gwlad Pwyl	77
México	76
Yr Aifft	73
Gogledd Korea	70
India	68
Pakistan	67
Rwanda	59
Uganda	54
Lesotho	53
Afghanistan	50
Chad	49

Ffynhonnell: Gwefan 'The World Factbook', 2015, https://www.cia.gov/library/publications/the-world-factbook/

P3

Gallai atebion gynnwys:
- Darparu addysg am ddim i bob plentyn
- Lleihau cost addysg i rieni (gwisgoedd, llyfrau, cludiant, etc.)
- Darparu mwy o ysgolion
- Annog addysgu merched
- Gwella'r adnoddau i ysgolion ac athrawon
- Hyfforddi athrawon o'r cymunedau y mae pobl yn byw ynddyn nhw.

P4

a) Ffatri lle mae pobl yn cael eu cyflogi am oriau hir mewn amodau gwael.

b) Cymdeithasau cyfundrefnol o weithwyr mewn swydd neu ffatri sy'n brwydro i amddiffyn eu buddiannau a'u hawliau.

c) Mater o ddiddordeb neu bryder sy'n effeithio ar bawb ar y blaned.

ch) Mae oedran cyfartalog y boblogaeth yn codi oherwydd bod pobl yn byw'n hirach ac mae mwy o bobl oedrannus.

d) Symud o un ardal o'r byd i un arall, yn aml o fewn dinasoedd, ond weithiau rhwng gwledydd.

dd) Cyfnod o anhawster economaidd byd-eang pan nad yw pobl yn gallu buddsoddi mewn busnesau na chynilo arian.

e) Mae hyn pan nad oes contract gan weithiwr a phan fydd yn cael cynnig gwaith yn ôl yr angen. Mae modd diswyddo'r gweithiwr ac nid oes ganddo hawliau cyflogaeth.

f) Gweithio mewn swydd nad yw'n defnyddio eich holl sgiliau/cymwysterau.

P5

a) Diffyg angenrheidiau sylfaenol bywyd.

b) Y swm lleiaf o arian sydd ei angen ar rywun i fyw.

c) Bod â llai o angenrheidiau bywyd na'r rhai o'ch cwmpas yn eich diwylliant.

ch) Sefydliad yn UDA sy'n ceisio cefnogi GLIEDd drwy gynnig benthyciadau a grantiau i gynnal rhaglenni lles.

d) Syniad y mae pawb yn tybio eu bod yn ei ddeall a'i rannu, ond sy'n ddyfais gymdeithasol, mewn gwirionedd.

dd) Gwledydd sy'n cael eu rheoli gan unigolyn pwerus.

e) Rheolaeth wleidyddol ac economaidd gan genedl arall.

P6

Dinas	Poblogaeth mewn miliynau (2012)
Tokyo (Japan)	37.2
Djakarta (Indonesia)	26.7
Seoul (De Korea)	22.8
Delhi (India)	22.8
Shanghai (China)	21.7
Manila (Ynysoedd y Pilipinas)	21.2
Karachi (Pakistan)	20.8
Efrog Newydd (UDA)	20.6
São Paulo (Brasil)	20.5
Ciudad de México (México)	20.0

P7

Mae ymyleiddio'n bodoli ac mae'n broblem.	Nid yw ymyleiddio'n broblem ac nid yw'n bodoli.
Mae gan bobl dlawd lai o rym gan nad oes ganddyn nhw fynediad at y sefydliadau byd-eang fel Banc y Byd sydd mewn gwledydd yn y Gorllewin.	Nid yw'r gwahaniaethau rhwng y cyfoethog a'r tlawd mor wael ag yr oedden nhw gan fod cyfoeth a grym yn cael eu dosbarthu mewn gwledydd a oedd yn cael eu hystyried yn wledydd tlawd ar un adeg.
Mae bylchau cymdeithasol rhwng gwledydd, ac mewn gwledydd, yn mynd yn fwy ac mae pobl gyfoethog yn gallu defnyddio pobl dlawd fel llafur rhad.	Mae'r gwledydd tlotaf yn gallu marchnata eu nwyddau'n fwy rhydd ar draws y byd o ganlyniad i gyfathrebu byd-eang gwell.
Mae cwmnïau pwerus yn symud i wledydd tlawd gan fod llai o ddeddfau'n ymwneud ag iechyd, diogelwch a'r amgylchedd yno.	Mae'r gwledydd sydd wedi cael buddsoddiad tramor yn llawer tlotach na'r rhai na chawson nhw fuddsoddiad tramor.
Erbyn hyn, o'r tu allan i'w diwylliant eu hunain y daw rheolaeth y gwledydd tlotaf – rheolaeth sy'n cael ei gorfodi arnyn nhw gan ddiwylliant y Gorllewin, yn enwedig gan sefydliadau fel Banc y Byd.	Mae asiantaethau fel Banc y Byd wedi gallu ailstrwythuro economïau gwledydd a sicrhau bod ganddyn nhw reolaeth ariannol dda.

P8

a) ...gorfodi'r rhai sy'n rhoi a'r rhai sy'n derbyn i fynd i'r afael â mater effeithiolrwydd darparu cymorth.
b) ...fel cymorth i gynnal gwrthderfysgaeth ac amddiffyn llywodraeth wan.
c) ...fod dros 10 y cant o boblogaeth y byd yn mynd i'r gwely'n llwglyd.
ch) ...i ddwylo'r rhai cyfoethog a phwerus yn hytrach nag i gynnal y bobl yr oedd wedi'i fwriadu ar eu cyfer.
d) ...hyrwyddo neu orfodi arferion llywodraethol ac economaidd y Gorllewin ar wladwriaethau.

P9

a) Cywir
b) Anghywir
c) Cywir
ch) Anghywir
d) Cywir
dd) Anghywir
e) Cywir
f) Cywir

P10

a) Adroddiad Menywod y Cenhedloedd Unedig (2012)
b) Hawkesworth (2006)
c) Johanna Schalkwyk (2000)
ch) Gita Sahgal (2015)
d) Leonard (1992)
dd) Wichterich (2012)
e) Deere (1979) a Van Allen (1972)
f) Aidan Foster-Carter (1980au)

P11

a) Globaleiddio
b) Masnach Deg
c) Neo-drefedigaethedd
ch) Cwmnïau trawswladol
d) Dad-diriogaethu
dd) Mudiad amgylcheddol byd-eang

P12

Effeithiau cadarnhaol dylanwad tramor a chorfforaethau trawswladol mewn GLIEDd	Effeithiau negyddol dylanwad tramor a chorfforaethau trawswladol mewn GLIEDd
Yn gallu darparu gwaith a hyfforddiant i boblogaethau a fyddai'n dlawd fel arall.	Gall ecsbloetio pobl sydd eisoes yn cael cyflog isel mewn swyddi cyflog isel, oriau hir.
Yn gallu cefnogi heddwch drwy gynnig help milwrol yn achos problemau sy'n cael eu hachosi gan wrthdaro neu ryfel. Mae nifer o gwmnïau amlwladol wedi hurio cwmnïau diogelwch preifat i ymladd gwrthryfelwyr yn Affrica is-Sahara.	Gall wneud gwledydd tlawd yn dlotach drwy werthu arfogaethau ac arfau yn hytrach na chynnig addysg.
Efallai bydd yn gallu cefnogi gwledydd tlawd i edrych ar ôl amgylcheddau bregus.	Gall ddinistrio amgylcheddau bregus i ddarparu cnydau a nwyddau ar gyfer cenhedloedd cyfoethog.
Mae rhoddion a chymorth gan gwmnïau a gwledydd yn cefnogi datblygiad GLIEDd.	Mae rhoddion a chymorth yn aml yn dod gydag 'amodau' sy'n cefnogi amcanion gwleidyddol y wlad sy'n rhoi.
Mae llawer o gwmnïau lleol yn cynyddu eu hincwm drwy gefnogi'r gorfforaeth drawswladol.	Gall y gorfforaeth drawswladol gystadlu â busnesau lleol, sy'n colli masnach ac yn cau.

P13

Gallech fod wedi nodi:
a) Y Groes Goch, Y Gilgant Goch, MSF
b) Oxfam, Action Against Hunger
c) WaterAid, Just a Drop
ch) Discover Adventure
d) CAFOD (Pabyddion), Cymorth Cristnogol, Church Mission Society, Islamic Relief
dd) Cyfeillion y Ddaear, Greenpeace
e) Achub y Plant, Operation Orphan, EveryChild

P14

Gallech fod wedi nodi:
a) GMEDd
- Creu llygredd a chynhyrchion gwastraff yn eu gwledydd eu hunain ac mewn GLIEDd.
- Annog y boblogaeth i orddefnyddio nwyddau.
- Ecsbloetio adnoddau GLIEDd.
b) GLIEDd
- Difrodi ecosystemau bregus a thorri coedwigoedd.
- Bod â chyfraddau genedigaethau uchel, gan roi pwysau ar adnoddau prin.
- Rheolaeth wan gan y llywodraeth ar lygredd ac ecsbloetio adnoddau.

P16

a) Mae rhaglenni cymorth a lles yn creu math newydd o imperialaeth.

b) Mae damcaniaeth dibyniaeth yn tybio bod buddiannau'r GLIEDd a'r GMEDd yn wahanol, ond efallai nad yw hyn yn wir gan fod mwy o bobl yn gweld datblygiad a phroblemau'r byd o safbwynt byd-eang.

c) Nid oedd pob achos o drefedigaethu'n gwbl wael. Roedd cymhelliad sawl agwedd arni'n dda a rhoddodd derfyn ar arferion diwylliannol creulon.

ch) Marcsydd a ddywedodd mai cyfalafiaeth a oedd yn gyfrifol am broblemau'r byd.

d) Mae damcaniaeth system byd yn ddatblygiad o ddamcaniaeth dibyniaeth sy'n awgrymu bod tair lefel neu dri statws o wlad, yn amrywio o'r craidd at yr ymylon.

dd) Mae'r gwledydd craidd cyfalafol yn rheoli economïau byd-eang, ac yn treiddio i GLIEDd canolig yn hytrach nag i'r GLIEDd tlotaf. Mae hyn yn arwain at anghydbwysedd o ran cyfoeth a datblygiad.

e) Mae arweinwyr llwgr ac annemocrataidd yn dibynnu ar gymorth y Gorllewin i gadw mewn grym, ond maen nhw'n llwyddo i wneud hynny oherwydd y wleidyddiaeth grym rhwng pwerau mawr y byd.

P17

a) ...comiwnyddiaeth.

b) ...i wella safonau byw gweithwyr mewn GMEDd a gohirio chwyldro.

c) ...y proletariat a'r bourgeoisie.

ch) ...goruchafiaeth y bourgeoisie.

d) ...corfforaeth drawswladol.

dd) ...defnyddiau crai rhad a marchnadoedd newydd.

e) ...i uno.

P18

a) Mae trin GLIEDd a GMEDd fel pe baen nhw'n ddau fath o system economaidd yn unig yn anwybyddu cymhlethdod perthnasoedd economaidd a chymdeithasol ar draws cenhedloedd y byd.

b) Mae edrych ar y byd yn ei gyfanrwydd yn or-syml gan fod anghydraddoldeb yn bodoli yn y gwledydd, ac nid ar raddfa fyd-eang yn unig.

c) Mae cenhedloedd craidd yn gallu ecsbloetio eu rhanbarthau dibynnol, a dyna sut mae cenhedloedd diwydiannol yn creu anghydraddoldebau o ran datblygu.

ch) Cafodd proses datblygu trefedigaethau ei difrodi gan imperialaeth y Gorllewin ac fe gafodd sefyllfa ei chreu lle roedd y trefedigaethau'n dibynnu ar y cenhedloedd a oedd wedi'u goresgyn.

d) Mae'n rhaid i bob gwlad fynd drwy wahanol gamau datblygu cyn dod yn ddiwydiannol.

dd) Mae damcaniaeth system fyd-eang yn awgrymu bod yr economïau cryfaf yn dod yn wladwriaethau craidd a'u bod yn creu elw o ardaloedd GLIEDd sydd ag economïau heb eu datblygu'n llawn.

e) Mae Marcsaeth wedi marw; bu farw gyda chwymp comiwnyddiaeth yn Rwsia ac oherwydd diffyg parch at y gwladwriaethau heddlu a oedd yn bodoli.

P19

Safle yn y byd	Gwlad
Craidd	Ffrainc, Yr Almaen, Japan, Y DU, UDA
Y lled ymylon	Ariannin, Brasil, China, India, De Affrica
Yr ymylon	Afghanistan, Bangladesh, Botswana, Mali, Nicaragua

Damcaniaethau am anghydraddoldeb cymdeithasol

P1

a) Mae'r anghydraddoldeb mwyaf arwyddocaol yn seiliedig ar ddosbarth cymdeithasol.

b) Mae'r anghydraddoldeb mwyaf arwyddocaol yn seiliedig ar rywedd.

c) Nid oes y fath beth ag anghydraddoldeb nes bod pobl yn datblygu ymdeimlad o fod â llai na phobl eraill.

ch) Nid oes y fath beth â chymdeithas, dim ond rhyngweithio rhwng unigolion.

d) Mae anghydraddoldeb yn gymhleth ac mae amrywiaeth o ffactorau sy'n creu anghydraddoldeb.

dd) Mae anghydraddoldeb yn dda i'r gymdeithas gan ei fod yn annog pobl i weithio'n galed.

e) Mae'n fwy na thebyg bod y rhai nad ydyn nhw'n gydradd yn wannach yn gorfforol, yn foesol neu'n ddeallusol nag eraill o'u cwmpas.

P2

a) Dylai gwobrau'r gymdeithas fynd i'r bobl orau a'r rhai mwyaf talentog.

b) Mae pobl yn rhannu normau a gwerthoedd yn y gymdeithas.

c) Dylai cymdeithasegwyr edrych ar bwrpas sefydliadau cymdeithasol.

ch) System cred.

d) Mae'r gymdeithas yn debyg i gorff, gyda darnau sy'n cydgloi.

dd) Y bobl gryfaf yn y gymdeithas a ddylai lwyddo a gwneud yn dda.

P3

a) Perchenogion y dulliau cynhyrchu.

b) Aelodau o'r dosbarth gweithiol sy'n gwerthu eu llafur.

c) Aelodau gwannaf a thlotaf y gymdeithas, sy'n cael eu defnyddio fel ffynhonnell o lafur rhad pan fydd angen gweithwyr.

ch) Casgliad o gredoau am y gymdeithas a sut mae'n gweithio.

d) System economaidd sydd wedi'i seilio ar gasglu cyfoeth ac elw.

dd) Term Marcsaidd am elw.

e) Y defnyddiau a'r rheolaeth gymdeithasol sy'n cael eu defnyddio gan y gymdeithas i greu cynhyrchion a gwasanaethau.

f) Y llywodraeth a chredoau neu ideolegau'r gymdeithas.

P4

a) Mae Marcsaeth draddodiadol yn anwybyddu cymhlethdod problemau hiliaeth yn y gymdeithas.

b) Mae'r dosbarth gweithiol yn colli sgiliau ac mae hyn yn rhoi'r grym i'r cyflogwyr.

c) Mae pobl gyfoethog yn rheoli sut mae syniadau'n cael eu cynhyrchu drwy hegemoni'r bourgeoisie.

ch) Mae cyfle cyfartal a meritocratiaeth yn fyth oherwydd cael eu rhedeg gan nifer bach o bobl, er eu lles eu hunain, y mae llywodraethau.

d) Mae'r cyfryngau'n cael eu defnyddio i suo pobl dosbarth gweithiol i ymwybyddiaeth ffug o'u safle cymdeithasol eu hunain.

dd) Fyddai cyfalafwyr ddim yn gallu rheoli'r gymdeithas heb gydsyniad y gweithwyr.

e) Mae anghydraddoldeb cymdeithasol yn ganlyniad gweithredu dau fath o orthrwm gan y wladwriaeth, sef gorthrwm ideolegol a gorthrwm gormesol.

f) Mae Marcsaeth a neo-Farcsaeth yn anwybyddu gorthrymu menywod yn eu dadansoddiadau o'r gymdeithas.

P5

a) Marcsaidd
b) Marcsaidd
c) Weberaidd
ch) Weberaidd
d) Weberaidd
dd) Marcsaidd
e) Weberaidd
f) Marcsaidd
ff) Weberaidd

P6

a) Ffeministiaeth radical
b) Ffeministiaeth Farcsaidd
c) Ffeministiaeth ryddfrydol
ch) Ffeministiaeth ddu
d) Ffeministiaeth neo-Farcsaidd neu sosialaidd
dd) Damcaniaethau biolegol
e) Pob math o ffeministiaeth
h) Ffeministiaeth rhyw-bositif

P7

a) Mae cymdeithas yn dechrau ymddatod ac nid yw pobl yn teimlo bellach eu bod yn rhan o grŵp mwy.

b) Nid yw pobl yn rhan o'r system gymdeithasol oherwydd tlodi neu ffactorau unigol.

c) Dylai pob person edrych ar ôl ei fuddiannau ei hun yn hytrach na dibynnu ar y wladwriaeth am gymorth.

ch) Mae busnesau a chysylltiadau masnachol yn cael eu trefnu'n gynyddol ar raddfa fyd-eang, gan gynyddu cyd-ddibyniaeth gwledydd.

d) Mae cymdeithas yn fwyfwy ansicr ac yn ofni newid cymdeithasol.

dd) Bydd y cynnydd mewn prynu a defnyddio nwyddau'n gwneud pobl yn hapusach.

e) Mae cymdeithas yn gwella ac yn newid er gwell yn barhaus.

f) Newid yw cyflwr naturiol cymdeithas, ond nid yw cymdeithas yn symud ymlaen.

P8

a) Y Dde Newydd
b) Y Dde Newydd
c) Nid y Dde Newydd
ch) Y Dde Newydd
d) Y Dde Newydd
dd) Y Dde Newydd
e) Nid y Dde Newydd
f) Nid y Dde Newydd

P9

a) ...y boblogaeth yn gynyddol hŷn; y term am hyn yw 'britho'r boblogaeth'.

b) ...yn nhermau sut mae cymdeithas yn gyffredinol yn gweithio.

c) ...yn cilio o'r gymdeithas yn barod am eu marwolaeth eu hunain.

ch) ...berthnasoedd grym mewn cymdeithas a sut maen nhw'n effeithio ar yr henoed.

d) ...yn tueddu i gael eu heffeithio'n anghymesur gan anghydraddoldeb yn eu henaint oherwydd perthnasoedd grym rhywedd.

dd) ...positif ac mae'n dadlau bod diwylliant traul yn gyfrifol am newid stereoteipiau.

e) ...grwpiau oedran yn pylu a bod gwahaniaethau rhwng cenhedlaeth a chenhedlaeth yn llai caeth.

f) ...sengl o ddewis neu oherwydd ysgariad yn dlawd yn eu henaint.

P11

a) Swyddogaetholdeb
b) Swyddogaetholdeb
c) Marcsaeth
ch) Y Dde Newydd
d) Y Dde Newydd
dd) Ôl-foderniaeth
e) Ffeministiaeth
f) Weberiaeth

P12

a) Dylai grwpiau diwylliannol lleiafrifol fabwysiadu arferion diwylliannol y mwyafrif.

b) Y safbwynt bod pob diwylliant ar wahân ond yn gyfartal ac yn haeddu parch.

c) Grwpiau pobl ddu a grwpiau lleiafrifoedd ethnig.

ch) Mae gwahanol fathau o ormes yn gorgyffwrdd ac yn cydweithio.

d) Cydnabod grŵp lleiafrifol drwy dderbyn unigolyn o'r grŵp hwnnw i grŵp neu sefydliad diwylliannol, ond heb newid dim byd mewn gwirionedd.

dd) Eich diffinio eich hun fel rhywun sydd 'ddim' yn aelod o grŵp israddol.

e) Datblygu agwedd 'ni neu nhw' tuag at bobl sy'n cael eu hystyried yn israddol.

P10

Disgrifiadau strwythurol o anghydraddoldeb	Disgrifiadau unigol o anghydraddoldeb
Mae anghydraddoldeb dosbarth yn codi o ganlyniad i dalu cyflogau isel i'r bobl dlotaf yn y gymdeithas.	Mae pobl dlawd yn dibynnu ar fudd-daliadau i ddatrys eu problemau.
Mae pobl yn ddioddefwyr system ddosbarth sy'n cadw'r bobl dlotaf yn dlawd.	Gall pobl ddianc rhag anghydraddoldeb os ydyn nhw'n benderfynol ac yn gweithio'n galed.
Gall pobl fod yn ddioddefwyr amrywiaeth o anghydraddoldebau.	Mae anghydraddoldeb yn hybu uchelgais a chyflawniad.
Gall safle unigolyn yn y strwythur dosbarth gyfyngu ar ei ddewisiadau neu wella ei ddewisiadau.	Nid oes y fath beth â dosbarth; yr hyn a brynwn ni sy'n ein gwneud ni'r hyn ydyn ni.

Geirfa

ALLGÁU CYMDEITHASOL

Mae'r term hwn yn gysylltiedig ag ymyleiddio. Mae allgáu cymdeithasol yn digwydd pan nad yw grwpiau'n rhan o'r gymdeithas brif ffrwd, yn aml oherwydd tlodi neu wahaniaethu yn erbyn grwpiau lleiafrifol.

ANNODWEDDIADOL

Mae hyn yn golygu rhywbeth nad yw'n nodweddiadol nac yn gynrychiadol.

ANOMI

Yr ystyr llythrennol yw 'heb normau'; mae Durkheim a swyddogaethwyr eraill yn defnyddio'r term ar gyfer rhywun nad yw wedi'i integreiddio i'r gymdeithas ac felly nad yw'n rhannu'r un normau â'r gymdeithas honno.

ANSODDOL

Mae hwn yn cyfeirio at ddata sy'n cael eu mynegi mewn geiriau yn hytrach na rhifau.

AROLWG

Astudiaeth ar raddfa fawr, yn defnyddio dulliau meintiol fel arfer.

AROLWG TROSEDDU CYMRU A LLOEGR

Astudiaeth flynyddol yw hon sydd wedi disodli Arolwg Troseddau Prydain. Mae'n astudiaeth dioddefwyr sy'n cael ei chynnal gan sefydliad ymchwil y farchnad ar ran y Swyddfa Gartref.

AROLWG TROSEDDU PRYDAIN

Astudiaeth dioddefwyr; cafodd ei disodli gan Arolwg Troseddau Cymru a Lloegr.

ARSYLWI ANGHYFRANOGOL

Ymchwil cymdeithasegol sy'n cynnwys casglu data drwy wylio ymddygiad; mae arsylwi anghyfrangol yn golygu gwylio heb gymryd rhan.

ARSYLWI CYFRANOGOL

Wrth gasglu data yn y dull hwn, mae'r ymchwilydd yn ymuno yng ngweithgareddau'r grŵp sy'n cael ei astudio, gan ddod yn aelod o'r grŵp o dan sylw.

ASTUDIAETH BEILOT

Prawf neu ymarfer ar raddfa fach cyn y brif astudiaeth. Mae'n cael ei defnyddio i nodi a chywiro unrhyw broblemau gyda'r dull.

ASTUDIAETH DIODDEFWYR

Mae'r dull hwn o gasglu data am drosedd yn disgwyl i ymatebwyr roi gwybod am unrhyw droseddau maen nhw wedi'u dioddef. Yn nodweddiadol, mae'r dull hwn yn mesur mwy o droseddau nag sydd wedi'u cofnodi gan yr heddlu.

ASTUDIAETH DYBLYGU

Weithiau bydd ymchwilwyr yn dewis ailadrodd astudiaeth, gan ddefnyddio'r un dulliau i ymchwilio mater. Mae hyn yn caniatáu cymharu, er enghraifft i weld a yw treigl amser wedi arwain at newid neu i gymharu gwahanol leoliadau.

ASTUDIAETH HUNANADRODD

Mae'r dull hwn o gasglu data am droseddu yn disgwyl i'r ymatebwyr roi gwybod am unrhyw droseddau maen nhw wedi'u cyflawni. Fel arfer, mae'r dull hwn yn mesur mwy o droseddau nag y mae'r heddlu wedi'u cofnodi.

ASTUDIAETH HYDREDOL

Mae hwn yn cyfeirio at ymchwil lle mae angen dychwelyd at yr un sampl dros gyfnod o amser.

ASTUDIAETHAU ACHOS

Ymchwil yn seiliedig ar grŵp neu enghraifft unigol yn hytrach nag ar sampl mawr, er enghraifft astudiaeth o ysgol neu weithle unigol.

AWDURDOD

Mae awdurdod, sy'n cael ei gysylltu â grym, yn cael ei ystyried fel yr hawl i arfer grym. Er enghraifft, mae gan ddyfarnwr mewn gornest chwaraeon yr awdurdod i wneud penderfyniadau, hyd yn oed os yw'r chwaraewyr yn anghytuno â'r penderfyniadau hynny. Mae awdurdod rhesymegol yn seiliedig ar dderbyn y rheolau a'r strwythurau sydd ar waith. Mae awdurdod carismataidd yn dibynnu ar apêl bersonol yr unigolyn sy'n arfer grym.

BOD YN RHYDD O WERTHOEDD

Dyma'r safbwynt y dylai ymchwil fod yn niwtral neu'n wrthrychol, ac y dylai casgliadau fod yn seiliedig ar dystiolaeth, nid ar farn.

Mae'n gysylltiedig â phositifiaeth, y syniad y dylai cymdeithas gael ei hastudio'n wyddonol.

BOURGEOISIE

Dyma'r term a ddefnyddiodd Marx ar gyfer y dosbarth cymdeithasol sy'n berchen ar y dulliau cynhyrchu mewn cymdeithas gyfalafol.

CNYDAU PLANHIGFEYDD

Cnydau yw'r rhain syn cael eu tyfu i ymelwa'n fasnachol yn hytrach nag i fwydo'r rhai sy'n rhan o'u cynhyrchu. Mae cnydau planhigfeydd yn aml yn un cnwd sy'n cael ei dyfu ar dir nad yw'n eiddo i'r gweithwyr. Mewn GLIEDd, mae enghreifftiau'n cynnwys blodau sy'n cael eu tyfu yn Kenya i'w hallforio i farchnadoedd yn Ewrop.

COFRESTRYDD CYFFREDINOL, Y

Dyma'r gwas sifil sy'n gyfrifol am gasglu data demograffig. Mae llawer o'r data sy'n cael eu casglu yn cael eu dadansoddi gan gyfeirio at ddosbarth cymdeithasol. Mae hynny'n seiliedig ar grwpio swyddi gwahanol, y cyfeirir ato fel graddfa'r Cofrestrydd Cyffredinol fel arfer.

COMIWNYDDIAETH

Ffordd o drefnu cymdeithas a'r economi wedi'i seilio ar gydberchenogaeth ar y dulliau cynhyrchu.

CONSENSWS/DAMCANIAETH CONSENSWS

Term arall am gytundeb yw hwn. Mae swyddogaethwyr yn credu bod cymdeithas wedi'i seilio ar gonsensws am normau a gwerthoedd: hynny yw, bod aelodau'r gymdeithas yn cytuno ar syniadau allweddol a rheolau ymddygiad.

CORFFORAETH DRAWSWLADOL

Busnes sy'n gweithredu mewn nifer o wledydd ar yr un pryd yw corfforaeth drawswladol. Er ei bod wedi dechrau mewn un wlad, nid oes gan gorfforaeth drawswladol ymrwymiad neu gysylltiad penodol ag unrhyw wlad arbennig a bydd yn symud ei hadnoddau a'i phencadlys ariannol o amgylch y byd er mwyn manteisio i'r eithaf ar fuddion economaidd.

CORFFORAETH RYNGWLADOL

Mae corfforaeth ryngwladol yn gweithredu mewn nifer o wledydd ar yr un pryd, fel arfer drwy gyfrwng is-gwmnïau'r cwmni gwreiddiol, sy'n cadw ei bencadlys yn y wlad lle y dechreuodd y cwmni.

CROESTORIADEDD

Mae'r term yn disgrifio sut mae gwahanol fathau o anghydraddoldeb a gormes yn gorgyffwrdd yn aml.

CYDWEDDIAD ORGANIG

Mae swyddogaethwyr yn cymharu cymdeithas ag organeb byw fel ffordd o esbonio sut mae'r elfennau gwahanol yn cydgysylltu.

CYDWYBOD AR Y CYD

Defnyddiodd Durkheim y term hwn i ddisgrifio ffyrdd o feddwl sy'n cael eu rhannu gan aelodau o gymdeithas.

CYFALAFIAETH

Ffordd o drefnu'r economi yn seiliedig ar berchenogaeth breifat ar y dulliau cynhyrchu.

CYFIAWNDER ADFEROL

Ffordd o ymdrin â throsedd sy'n dod â'r troseddwr a'r dioddefwr at ei gilydd. Mae'r troseddwr yn dod yn ymwybodol o effaith ei ymddygiad ac yn cael ei annog i dderbyn cyfrifoldeb am ei weithredoedd.

CYFIAWNDER COSBI

Mae hwn yn canolbwyntio ar gosbi'r troseddwr.

CYFOETH

Eich cyfoeth yw'r asedau rydych chi'n berchen arnyn nhw. Gall hyn gynnwys eiddo, tai a cheir. Mewn cymdeithasau sy'n seiliedig ar amaethyddiaeth, mae da byw a thir yn ffurfiau pwysig ar gyfoeth. Mewn economïau diwydiannol, mae bod yn berchen ar ffatrïoedd a pheiriannau'n bwysicach.

CYFWELIAD ANSTRWYTHUREDIG

Dull ymchwilio ansoddol sy'n seiliedig ar dechnegau cyfweliad sydd wedi'u trefnu a'u cynllunio'n ofalus iawn ac sy'n debyg i sgyrsiau bob dydd cyffredin. Mae'n bosibl eu defnyddio'n hyblyg er mwyn sicrhau dealltwriaeth fanwl.

CYFWELIADAU STRWYTHUREDIG

Mae'r rhain yn digwydd pan fydd y sawl sy'n cyfweld yn gofyn yr un cwestiynau yn yr un drefn i bob ymatebydd. Dylai'r rhain gynhyrchu data dibynadwy.

CYFFREDINOLADWYEDD

Er mwyn i ymchwil fynd y tu hwnt i roi gwybod i ni am y sampl penodol sy'n cael ei astudio, rhaid gallu ei gyffredinoli. Mae hyn yn golygu bod y canfyddiadau'n berthnasol i'r gymdeithas ehangach.

CYNALIADWYEDD

Wrth drafod economeg a datblygiad, mae cynaliadwyedd yn cyfeirio at allu systemau economaidd i barhau heb achosi difrod llethol i'r amgylchedd.

CYNRYCHIOLDEB

Y graddau y mae grŵp sampl yn rhannu nodweddion â'r boblogaeth gyfan sy'n cael ei hastudio.

DAD-DIRIOGAETHU

O ganlyniad i globaleiddio, nid yw bywydau pobl yn cael eu diffinio bellach yn ôl eu lleoliad daearyddol yn unig, neu'n seiliedig arno; hynny yw, dydyn ni ddim mor glwm ag y buon ni wrth ein tiriogaeth.

DAMCANIAETH

Casgliad o syniadau sy'n ceisio esbonio pam mae pethau fel y maen nhw yw damcaniaeth. Mae damcaniaethau'n cynnwys set o gysyniadau cysylltiedig, ac er mwyn iddyn nhw gael eu hystyried o ddifrif, dylen nhw gael eu cefnogi â thystiolaeth.

DAMCANIAETH DIBYNIAETH

Y safbwynt bod dibyniaeth GLIEDd ar GMEDd yn cyfyngu ar eu datblygiad economaidd.

DAMCANIAETH DIFERU I LAWR

Cred economaidd y mae'r Dde Newydd yn ei chynnig sy'n awgrymu y bydd gwneud y rhai sy'n gyfoethog iawn yn fwy cyfoethog yn gwneud pawb yn gyfoethog.

DAMCANIAETH LABELU

Cysyniad rhyngweithiadol. Rhoddir labeli i ni, gan y rhai mewn grym yn aml, sy'n dylanwadu ar sut cawn ni ein gweld gan eraill. Gall y label ddylanwadu ar y ffordd rydyn ni'n ymddwyn.

DAMCANIAETH MODERNEIDDIO

Y farn bod cymdeithasau'n symud ymlaen o'r traddodiadol i'r modern drwy broses o newid cymdeithasol ac economaidd.

DAMCANIAETH SYSTEMAU BYD-EANG

Damcaniaeth neo-Farcsaidd sy'n awgrymu bydd yr economïau cryfaf yn dod yn wladwriaethau craidd ac yn cynhyrchu elw o ardaloedd GLIEDd sydd ag economïau heb eu datblygu oherwydd eu bod yn seiliedig ar amaethyddiaeth neu weithgynhyrchu am gyflog isel.

DAMCANIAETHAU GWEITHREDU CYMDEITHASOL

Cysyniad Weberaidd sy'n tybio bod pobl yn gweithredu fel y maen nhw oherwydd bod y gweithredu hwnnw'n ystyrlon iddyn nhw, hyd yn oed os nad yw pobl eraill efallai yn ei ddeall.

DARNIO

Mae hwn yn cyfeirio at y syniad bod nifer o wahanol raniadau cymdeithasol yn nodweddu cymdeithas, gan gynnwys dosbarth cymdeithasol, ethnigrwydd a rhywedd.

DEHONGLIADAETH

Mae'r ymagwedd gymdeithasegol hon yn tanlinellu pwysigrwydd darganfod a deall sut mae pobl yn dehongli eu gweithredoedd.

DEMOGRAFFEG

Astudio'r boblogaeth. Yn ogystal â chyfrif faint o bobl sydd, mae ystadegau'n cael eu casglu hefyd am batrymau twf, mudo a'r strwythur oedran.

DIBYNADWYEDD

Mae modd dibynnu ar ganlyniadau astudiaeth oherwydd os bydd y dull yn cael ei ailadrodd, yna bydd y canlyniadau'n debyg.

DILYSRWYDD

Mae data'n ddilys os yw'n dweud y gwir ac yn mesur yr hyn y mae'n honni ei fesur. Er enghraifft, mae ystadegau troseddau y cafodd yr heddlu wybod amdanyn nhw'n mesur hynny yn unig, sef faint o droseddau mae'r heddlu wedi cael gwybod amdanyn nhw; dydyn nhw ddim yn fesur dilys o faint o droseddu sy'n digwydd go iawn.

DIRIAETHU

Diriaethu yw awgrymu bod gan gysyniad neu syniad haniaethol ei fodolaeth ei hun, yn annibynnol ar unrhyw luniad neu ddiffiniad cymdeithasol, neu bobl. Er enghraifft, awgrymu bod 'cymdeithas' yn dylanwadu ar ymddygiad, yn hytrach na bod pobl o'n cwmpas yn dylanwadu ar ein hymddygiad.

DISGWRS

Mae'r term hwn yn cyfeirio at y ffordd rydyn ni'n meddwl am gymdeithas ac yn trafod cymdeithas. Fel arfer, mae casgliad amlwg o syniadau sy'n esbonio perthnasoedd cymdeithasol a threfn cymdeithas. Mae mathau newydd o ddisgwrs yn datblygu wrth i heriau i'r esboniad amlwg ddatblygu.

DISGWYLIAD OES

Mae hwn yn cyfeirio at yr oedran cyfartalog y gall unigolyn ddisgwyl ei gyrraedd cyn marw. Mae disgwyliad oes wedi cynyddu'n raddol yn y rhan fwyaf o wledydd yn yr hanner can mlynedd diwethaf, sy'n golygu y gall y rhan fwyaf o bobl ddisgwyl byw'n hirach na'u rhieni, eu neiniau a'u teidiau.

DIWYDIANNU

Y broses o newid economaidd a chymdeithasol o fod yn gymdeithas sy'n seiliedig ar amaethyddiaeth i un sy'n seiliedig ar y diwydiant gweithgynhyrchu.

DOSBARTH CYMDEITHASOL

Mae sawl ystyr i'r term hwn, yn ôl pwy sy'n ei ddefnyddio a'r cyd-destun. I Farcswyr, mae dosbarth yn ymwneud â'ch perthynas â'r dulliau cynhyrchu: ydych chi'n berchennog (yn aelod o'r bourgeoisie) neu'n weithiwr (yn rhan o'r proletariat)? I Weber, mae pedwar prif ddosbarth, oherwydd ei fod yn isrannu'r perchenogion a gweithwyr yn ddau ddosbarth pellach, gan adlewyrchu gwahaniaethau rhwng y rhai a oedd yn berchen ar lawer a'r rhai nad oedden nhw'n berchen ar lawer, a rhwng gweithwyr proffesiynol ar gyflogau da a gweithwyr llaw. Mewn defnydd mwy cyffredinol, mae dosbarth canol a dosbarth gweithiol yn cael eu defnyddio fel llaw-fer ar gyfer gweithwyr dwylo glân a gweithwyr llaw. Mae'r Cofrestrydd Cyffredinol yn trefnu galwedigaethau yn ôl chwe dosbarth cymdeithasol.

Y DDE NEWYDD

Safbwynt gwleidyddol ceidwadol sydd wedi dylanwadu ar gymdeithaseg. Ymhlith y prif nodweddion y mae'r safbwynt mai'r teulu niwclear traddodiadol yw'r ffurf orau ar deulu ar gyfer cymdeithas a hefyd yr ymrwymiad i leihau maint y wladwriaeth les.

EMPIRIG

Nid oes gan y term hwn unrhyw beth i'w wneud ag ymerodraeth nac ymerodraethau. Os yw ymchwil a damcaniaethau'n seiliedig ar dystiolaeth, dywedir eu bod yn empirig.

EPISTEMOLEG

Mae hyn yn golygu 'astudiaeth o wybodaeth', ac mae'n ymwneud â'r hyn sy'n cael ei ystyried yn wybodaeth yn hytrach nag yn gred neu'n farn.

EPOC

Term arall ar gyfer 'oes' neu gyfnod o amser. Mae Marcswyr yn cyfeirio at epocau hanesyddol a fydd yn arwain at gomiwnyddiaeth.

ETHNOGRAFFEG/ ETHNOGRAFFYDD

Termau sy'n perthyn i faes cymdeithaseg ddehongliadol yw'r rhain. Mae astudiaethau ethnograffig yn golygu arsylwi'n uniongyrchol ar grŵp, gyda'r ethnograffydd weithiau'n cymryd rhan yng ngweithgareddau'r grŵp. Mae'n bosibl cael adroddiadau manwl am ymddygiad cymdeithasol drwy ymchwil o'r fath; fodd bynnag, mae'r graddau y mae'n bosibl cyffredinoli'r data yn gyfyngedig fel arfer.

FARCHNAD LAFUR DDEUOL, Y

Mae'r ddamcaniaeth hon yn awgrymu bod dwy farchnad lafur: mae'r gyntaf, neu'r 'brif' farchnad, yn cynnwys swyddi diogel gyda chyflog da fel arfer; gweithwyr sydd wedi cael addysg ac sy'n gymwys sy'n llenwi'r swyddi hyn. Mae'r farchnad 'eilaidd' yn cynnwys swyddi sy'n gofyn am lai o sgiliau ac sy'n talu llai, yn aml heb fawr ddim sicrwydd.

FARNWRIAETH, Y

Y system llysoedd – yng Nghymru a Lloegr, Llysoedd yr Ynadon a Llys y Goron sy'n ymdrin â throsedd.

FFEITHIAU CYMDEITHASOL

Mae'r term hwn yn cael ei gysylltu â Durkheim. Mae'r rhain yn agweddau ar gymdeithas ac ymddygiad cymdeithasol sy'n dylanwadu ar unigolion a'u hymddygiad. Mae'r normau a'r gwerthoedd sy'n ganllaw i fywyd cymdeithasol yn enghreifftiau.

FFEMINISTAIDD/FFEMINISTIAETH

Dyma'r persbectif cymdeithasegol a'r safbwynt gwleidyddol sy'n honni mai'r rhaniad pwysicaf mewn cymdeithas yw'r rhaniad rhywedd. Y brif ddadl yw bod menywod wedi'u gormesu gan ddynion yn y gymdeithas fodern.

GLOBALEIDDIO

Mae globaleiddio'n cyfeirio at y syniad bod y byd yn dod yn fwyfwy cysylltiedig a bod digwyddiadau mewn un gymdeithas yn anochel yn effeithio ar rywle arall. Nid yw dylanwadau gwleidyddol, economaidd a chymdeithasol wedi'u cyfyngu i un gymdeithas yn unig; yn hytrach maen nhw'n gweithredu ar draws y byd.

GLIEDd

Mae hwn yn dalfyriad o 'gwledydd llai economaidd ddatblygedig'. Mae wedi disodli'r term 'gwledydd sy'n datblygu', a oedd yn cael ei ddefnyddio yn y gorffennol ar y cyd â 'gwledydd datblygedig'. Digwyddodd y newid pan sylweddolwyd bod hyd yn oed y gwledydd mwyaf cyfoethog yn parhau i newid neu ddatblygu.

GMEDd

Byrfodd ar gyfer 'gwledydd mwy economaidd ddatblygedig' sydd wedi disodli'r defnydd o 'gwledydd datblygedig'. Gweler hefyd GLIEDd.

GODDRYCHEDD

Mae goddrychedd yn cael ei gyferbynnu â gwrthrychedd yn aml; mae safbwynt goddrychol yn bersonol ac mae'n bosibl na fydd pobl eraill yn ei rannu. Mae'n bwysig deall safbwynt goddrychol pobl am y byd gan ei fod yn ddylanwad pwysig ar eu hymddygiad.

GORCHYMYN YMDDYGIAD GWRTHGYMDEITHASOL

Gorchymyn Ymddygiad Gwrthgymdeithasol: sancsiwn cyfreithiol a fyddai'n cael ei roi am ymddygiad gwrthgymdeithasol rhwng 1998 a 2015. Roedd Gorchymyn Ymddygiad Gwrthgymdeithasol yn cyfyngu ar y bobl y byddai troseddwr yn gallu cymysgu â nhw ac ar y mannau lle gallai fynd. Cafodd ei ddisodli yn 2015 gan waharddeb S1, sy'n gweithio mewn ffordd debyg.

GRYM

Mae grym yn cael ei weld fel y gallu i gyflawni eich ewyllys hyd yn oed os yw pobl eraill yn gwrthwynebu. Mae hefyd yn cael ei weld fel y gallu i wneud i bobl eraill wneud yr hyn a fynnwch chi, hyd yn oed os nad ydyn nhw'n elwa nac yn cytuno â chi.

GRYM SYMBOLAIDD

Term gan Bourdieu i gyfeirio at gredoau a meddyliau diarwybod sy'n cadw rhai grwpiau'n drechol dros eraill.

GWRTHRYCHEDD

Ym maes ymchwil, mae hyn yn golygu bod yn niwtral neu'n ddiduedd, gan gadw meddwl agored wrth ymchwilio. Dylai casgliadau fod yn seiliedig ar dystiolaeth, a ddylen nhw ddim dibynnu ar farn bersonol.

GWYREDD/GWYRDROËDIG

Mae gwyredd yn cyfeirio at ymddygiad sy'n torri rheolau. Mae'n cynnwys torri rheolau a normau anffurfiol yn ogystal â thorri rheolau ffurfiol fel deddfau. Mae rhywun gwyrdroëdig yn torri rheolau cymdeithasol.

GYRFA WYRDROËDIG

Yn yr un modd ag y mae'n bosibl datblygu gyrfa yn y gwaith, ac ennill profiad a statws, mae hefyd yn bosibl defnyddio'r syniad ar gyfer bywyd gwyrdroëdig neu droseddol. Gall hyn gynnwys gwybod pa gyfleoedd sydd ar gael ar gyfer gwyredd a throsedd, defnyddio cysylltiadau personol addas ar gyfer ffordd wyrdroëdig o fyw, a chymdeithasoli i'r ffordd wyrdroëdig o fyw.

HAPSAMPLU

Mae gan bob aelod o'r boblogaeth gyfan gyfle cyfartal i ddod yn rhan o'r sampl.

HILIAETH SEFYDLIADOL

Mae hiliaeth sefydliadol yn digwydd pan fydd sefydliad yn gweithredu mewn ffordd sy'n gwahaniaethu rhwng aelodau o grwpiau hiliol neu ethnig gwahanol. Efallai nad yw'n fwriadol, ond mae o ganlyniad i ragdybiaethau ac arferion.

HOLIADUR

Rhestr o gwestiynau, wedi'i pharatoi ymlaen llaw gan yr ymchwilydd. Mae pob ymatebwr yn ateb yr un cwestiynau yn yr un drefn. Os yw'r ymchwilydd yn bresennol ac yn darllen y cwestiynau'n uchel, yna mae wedi dod yn gyfweliad strwythuredig.

IMPERIALAETH

Mae'r term yn gysylltiedig â'r syniad o ymerodraeth; imperialaeth yw estyn rheolaeth gan y genedl drechol. Mae cysylltiadau amlwg â threfedigaethedd.

ISDDOSBARTH

Cysyniad sy'n cyfeirio at y rhai ar waelod cymdeithas. Mae'r Dde Newydd yn credu bod aelodau'r isddosbarth wedi llunio diwylliant sy'n groes i'r gymdeithas brif ffrwd, sef diwylliant sy'n seiliedig ar oroesi ar fudd-daliadau lles ac ar drosedd. Byddai neo-Farcswyr yn gweld y rhai tlotaf fel dioddefwyr anghydraddoldeb cymdeithasol.

LGBT

Byrfodd Saesneg am 'bobl lesbiaidd, hoyw, deurywiol a thrawsrywiol'.

LLEIHADOL

Mae popeth yn cael ei dynnu i lawr i'w lefel symlaf ac mae popeth cymhleth yn cael ei anwybyddu. Mae Marcsaeth yn cael ei ystyried yn lleihadol, gan fod popeth yn cael ei weld yn ganlyniad dosbarth ac mae dynameg gymdeithasol arall yn cael ei hanwybyddu.

MALESTREAM

Cyflwynodd ffeministiaid y gair hwn i ddisgrifio'r ffordd yr oedd cymdeithaseg naill ai'n anwybyddu menywod neu'n methu eu trin yn wahanol i ddynion.

MARCSAETH

Safbwynt cymdeithasegol (a damcaniaeth wleidyddol) yn seiliedig ar weithiau Karl Marx.

MATERION FFOCAL

Yn ôl Miller, yn aml mae gan ddynion ifanc y dosbarth gweithiol ddiddordeb mewn chwilio am gyffro a dangos pa mor galed ydyn nhw. Yr enw ar y diddordebau hyn yw 'materion ffocal'.

MEINTIOL

Mae hwn yn cyfeirio at ddata rhifadol.

MERITOCRATIAETH

Pan fydd anghydraddoldeb yn seiliedig ar allu a chystadleuaeth, dywedir ei fod yn feritocrataidd.

METANARATIF

Dyma'r damcaniaethau sy'n ceisio rhoi esboniad llawn o gymdeithas ac ymddygiad cymdeithasol. Mae Marcsaeth a swyddogaetholdeb yn enghreifftiau; mae modd ystyried crefydd yn fetanaratif hefyd. Mae ôl-fodernwyr yn honni nad yw metanaratifau'n cael eu derbyn bellach a bod pobl yn dewis a dethol syniadau gwahanol o ystod o esboniadau a systemau cred.

MICRO-GYMDEITHASEG

Yn wahanol i ymagweddau macro, mae ymagweddau micro'n canolbwyntio ar ryngweithio rhwng pobl mewn sefydliadau yn hytrach na dechrau gyda'r gymdeithas yn gyffredinol.

MODERNIAETH

Ymagwedd at ddeall cymdeithas a oedd yn ei anterth yn y bedwaredd ganrif ar bymtheg. Mae moderniaeth yn seiliedig ar ddealltwriaeth wyddonol yn disodli traddodiad a chrefydd fel y rhesymau dros wneud pethau.

NEO-FARCSAETH

Ystyr 'neo' yw 'newydd'. Mae neo-Farcsaeth yn cyfeirio at ailddehongli a chymhwyso syniadau Marcsaidd, yng ngoleuni newidiadau cymdeithasol ac economaidd.

NODWEDDION AWGRYMU YMATEB

Gall y rhain ddigwydd pan fydd pobl sy'n cymryd rhan mewn ymchwil yn newid eu hymddygiad mewn ymateb i'w canfyddiad o nod yr ymchwil.

ÔL-FODERNIAETH

Safbwynt sy'n awgrymu bod damcaniaethau modernaidd yn annigonol ar gyfer deall y gymdeithas gyfoes. Mae ymagweddau modernaidd yn pwysleisio sicrwydd a'r gallu i ragweld. Mae ôl-fodernwyr yn dadlau bod newid ac ansicrwydd yn nodweddion cymdeithas.

PANIG MOESOL

Cafodd y term hwn ei fathu gan Stan Cohen i ddisgrifio ymateb i ddigwyddiadau cymdeithasol sy'n peri i'r sefyllfa gael ei gorliwio.

PARADEIM

Mae hyn yn golygu ffordd arbennig o feddwl am bethau a'u hesbonio. Er enghraifft, disodlodd y model Copernicaidd o'r planedau'n troi o amgylch yr haul, gyda'r ddaear yn un blaned grwn yng nghysawd yr haul, fodelau blaenorol o ddaear wastad yng nghanol y bydysawd. Mae rhai epistemolegwyr yn dadlau bod gwyddoniaeth yn datblygu pan fydd paradeim sy'n bodoli'n barod yn cael ei herio gan esboniad newydd, sy'n creu cystadleuaeth rhyngddyn nhw. Mae'r esboniadau sy'n cystadlu â'i gilydd yn tueddu i gydfodoli mewn cymdeithaseg.

PATRIARCHAETH

Mae ffeministiaid yn defnyddio'r term hwn i gyfeirio at gymdeithasau lle mae dynion yn dominyddu a lle nad oes gan fenywod lawer o rym.

PENDERFYNIAETHOL

Mae damcaniaethau sy'n awgrymu bod cymdeithas a newid cymdeithasol yn dilyn rhyw batrwm penodol yn cael eu galw'n rhai 'penderfyniaethol' gan eu bod yn awgrymu nad oes patrwm arall; mae'r patrwm yn anochel.

PENTREF BYD-EANG

Mae'r term hwn yn awgrymu bod y byd wedi mynd yn llai o ganlyniad i newid technolegol a bod pob un ohonon ni'n llawer nes at ein gilydd nag oedden ni yn y gorffennol.

PLWRALAIDD/PLWRALIAETH

Mae hwn yn disgrifio damcaniaethau sy'n gweld grym yn cael ei wasgaru yn y gymdeithas.

PLWRALIAETH FETHODOLEGOL

Er mwyn ychwanegu dyfnder dealltwriaeth at yr ymchwil, bydd darn o ymchwil yn defnyddio amrywiaeth o ddulliau gwahanol, er enghraifft dulliau ansoddol neu ddulliau meintiol. (Gweler hefyd triongli.)

POBLOGAETH SY'N HENEIDDIO

Mae'r term hwn o faes demograffeg yn cyfeirio at gyfran uwch o bobl hŷn yn y boblogaeth; mae hyn yn digwydd pan fydd disgwyliad oes yn cynyddu a'r gyfradd genedigaethau'n gostwng.

PORTHOR

Mewn ymchwil, y porthor yw'r unigolyn sy'n rheoli mynediad at y rhai sy'n cymryd rhan mewn ymchwil. Gall fod yn swydd ffurfiol, fel pennaeth yn rheoli mynediad at ysgol, neu'n fwy anffurfiol, er enghraifft aelod dylanwadol o gang yn cyflwyno ac yn tystio o blaid yr ymchwilydd.

POSITIFIAETH

Ym maes cymdeithaseg, yr ymagwedd sy'n ceisio defnyddio dulliau gwyddonol cyhyd ag y bo'n bosibl.

PRAGMATIAETH

Ymagwedd tuag at gymdeithaseg neu wyddoniaeth sy'n canolbwyntio ar yr ymarferol yn hytrach nag ar ddamcaniaeth. Mae'n cydnabod bod gan y rhan fwyaf o ymagweddau gryfderau a gwendidau.

PREIFATEIDDIO

Yn yr 1980au, gwerthodd llywodraeth Prydain nifer o gyrff cyhoeddus, fel y diwydiannau cyflenwi dŵr a phŵer. Yna daeth y diwydiannau hyn yn eiddo preifat.

PROLETARIAT

Term Marcsaidd. Mewn cymdeithas gyfalafol y proletariat yw'r dosbarth gweithiol, sy'n gorfod gwerthu eu llafur i'r bourgeoisie.

PRYNWRIAETH

Mae hwn yn cyfeirio at awydd i brynu nwyddau a gwasanaethau sy'n ychwanegol at y rhai sydd eu hangen arnon ni. Mae neo-Farcswyr ac ôl-fodernwyr yn cyfeirio ato'n aml.

PWYSAU POBLOGAETH

Mae hwn yn cyfeirio at bwysau ar adnoddau o ganlyniad i dwf poblogaeth.

REALAETH (REALWYR)

Mae realwyr yn credu mewn tystiolaeth wyddonol a hefyd yn tybio bod strwythurau cymdeithasol yn cael effaith ar bobl. Ymgais yw realaeth i fod yn onest a gwrthrychol am effaith eu cymdeithas a'u profiadau ar bobl.

RHAGDYBIAETH

Gosodiad, neu ragfynegiant, y mae modd ei brofi yw rhagdybiaeth; mae gwahanol ddamcaniaethau'n gwneud gwahanol ragfynegiannau. Os yw ymchwil yn cadarnhau rhagdybiaeth, mae'n cefnogi'r ddamcaniaeth hefyd.

RHEOLAETH GYMDEITHASOL

I swyddogaethwyr, dyma'r syniad bod y broses o gymdeithasoli'n golygu bod pobl yn datblygu ymdeimlad o hunanreolaeth ac nad ydyn nhw'n cyflawni trosedd. I Farcswyr, caiff rheolaeth gymdeithasol ei gorfodi ar bobl gan y dosbarthiadau sy'n rheoli, sy'n creu deddfau ac ideolegau sy'n eu galluogi i aros mewn grym.

RHWYSTREDIGAETH STATWS

Mae'r term hwn yn cael ei ddefnyddio i ddisgrifio sefyllfa pan na all unigolion (neu grwpiau) ennill statws uchel yn ôl safonau cymdeithas; mewn ymateb maen nhw'n chwilio am statws drwy herio normau a gwerthoedd cymdeithas.

RHYFEL OER, Y

Yn ystod y cyfnod ar ôl yr Ail Ryfel Byd hyd at ganol yr 1980au, datblygodd UDA a'r Undeb Sofietaidd yn archbwerau gyda systemau economaidd ideolegol cystadleuol. Ni fu'r ddwy wlad mewn gwrthdaro arfog uniongyrchol â'i gilydd, ond yn aml roedd y berthynas rhyngddyn nhw'n elyniaethus, sy'n esbonio'r term 'rhyfel oer'.

RHYNGDESTUNIAETH

Mae hyn yn golygu y gallwn ymdrin ag un testun, neu gasgliad o syniadau, a'i ddeall drwy un arall.

RHYNGWEITHIADAETH

Yr ymagwedd gymdeithasegol sy'n canolbwyntio ar y rhyngweithio rhwng pobl mewn sefydliadau cymdeithasol.

SAFBWYNT MACRO

Mae rhai damcaniaethau cymdeithasegol yn archwilio cymdeithas yn gyffredinol ac yn ystyried sut mae'r gwahanol sefydliadau'n cydgysylltu. Ymagweddau macro-gymdeithasegol yw'r rhain.

SAMPL CYFLE

Mae sampl cyfle hefyd yn cael ei adnabod fel sampl cyfleus. Mae'r ymchwilydd yn defnyddio pwy bynnag sy'n fodlon ac ar gael i gymryd rhan yn yr astudiaeth. Mae'r dull hwn yn annhebygol o gynhyrchu sampl cynrychiadol; mae'r rhan fwyaf o'r ymchwil y mae myfyrwyr yn ei wneud yn defnyddio sampl cyfle.

SAMPL GWIRFODDOL

Mae hyn yn golygu bod ymatebwyr yn cynnig cymryd rhan mewn ymchwil, e.e. arolygon ar y Rhyngrwyd. Mae'n annhebygol y bydd y data'n gynrychiadol.

SAMPL PELEN EIRA

Mae cyfranogwyr yn cyfeirio cyfranogwyr eraill â diddordeb at yr ymchwilydd.

SAMPLU BWRIADUS/DI-DEBYGOLRWYDD

Dyma'r gwrthwyneb i hapsampl, gan fod y cyfranogwyr yn cael eu dewis yn benodol oherwydd bod yr ymchwilydd yn gwybod eu bod yn berthnasol i'r ymchwil. Nid yw data o sampl o'r fath fel arfer yn gynrychiadol o'r boblogaeth gyffredinol.

SAMPLU CWOTA

Mae'r ymchwilydd yn dethol ymatebwyr ar sail nodweddion allweddol; er enghraifft, os oes angen sampl o 50 gwryw a 50 benyw 25-40 oed, mae'r ymchwilydd yn dewis ymatebwyr sy'n cyfateb i'r meini prawf.

SAMPLU HAENEDIG

Mae ffrâm samplu'n cael ei rhannu'n grwpiau llai ac yna mae hapsampl o bob grŵp yn cael ei ddewis.

SAMPLU SYSTEMATIG

Unrhyw ddull samplu tebygolrwydd sy'n ceisio creu hapsampl sy'n gynrychiadol o grŵp mawr o bobl.

SANCSIYNAU

Ymatebion i ymddygiad yw sancsiynau. Fel arfer, mae'r term yn cyfeirio at gosbau neu sancsiynau negyddol.

SEFYDLIADAU CYMDEITHASOL

Mae sefydliadau cymdeithasol yn gasgliadau cymhleth, integredig o normau cymdeithasol sydd wedi'u trefnu â'r nod o gynnal gwerthoedd sylfaenol y gymdeithas. Mae cymdeithasegwyr yn gyffredinol yn defnyddio'r term 'sefydliad' i ddisgrifio systemau normadol sy'n gweithredu ym mhum maes sylfaenol bywyd, (y mae'n bosibl eu galw'n sefydliadau cymdeithasol sylfaenol), ac sy'n:

1. pennu carennydd (y teulu);

2. darparu ar gyfer y defnydd cyfreithlon o rym (llywodraeth);

3. rheoleiddio dosbarthiad nwyddau a gwasanaethau (yr economi);

4. trosglwyddo gwybodaeth o un genhedlaeth i'r nesaf (system addysg); ac sy'n

5. rheoleiddio ein perthynas â'r goruwchnaturiol (crefydd).

STATWS

Mae hwn yn cyfeirio at safleoedd pobl (unigolion neu grwpiau) mewn cymdeithas a sut mae pobl eraill yn eu gweld. I Weber, mae statws yn agwedd bwysig ar anghydraddoldeb.

STATWS MEISTR

Er bod gan bob un ohonon ni sawl swyddogaeth a statws gwahanol, ar adegau arbennig mae'n bosibl adnabod un ohonyn nhw fel y rhan fwyaf arwyddocaol o'n hunaniaeth. Mae ethnigrwydd a rhywedd yn enghreifftiau.

STIGMA CYMDEITHASOL

Nid yw labeli mewn cymdeithas fel arfer yn niwtral; mae elfen o feirniadaeth ynghlwm wrthyn nhw. Ystyrir bod stigma cymdeithasol yn gysylltiedig â labeli negyddol; mae statws neu werth rhai pobl yn cael ei weld yn is.

SWYDDFA GARTREF, Y

Adran o'r llywodraeth sy'n gyfrifol am yr heddlu ac agweddau eraill ar y system cyfiawnder troseddol yng Nghymru a Lloegr. Mae gan y Weinyddiaeth Amddiffyn ran yn hyn hefyd.

SWYDDOGAETH

Ym maes cymdeithaseg, mae swyddogaeth yn cyfeirio at bwrpas neu ganlyniad trefniant cymdeithasol. Er enghraifft, swyddogaethau addysg yw trosglwyddo gwybodaeth a chymdeithasoli pobl ifanc.

SWYDDOGAETHOLDEB

Y ddamcaniaeth gymdeithasegol bod cymdeithas wedi'i chreu o rannau sy'n cydgysylltu a bod pob un ohonyn nhw'n cyfrannu at les cymdeithas. Mae gwerthoedd sy'n gyffredin yn elfen bwysig o'r ddamcaniaeth hon.

SYNNWYR CYFFREDIN

Ffyrdd o feddwl am ymddygiad ac o'i esbonio nad ydyn nhw'n cael llawer o sylw fel arfer; yn aml maen nhw'n anghywir ac yn/neu'n hen ffasiwn.

SYSTEM CYFIAWNDER TROSEDDOL

Mae'r term hwn yn cynnwys y gwahanol asiantaethau sy'n rhan o'r gwaith o ymdrin â throsedd, gan gynnwys yr heddlu, y llysoedd, y Swyddfa Gartref, y Weinyddiaeth Gyfiawnder ac asiantaethau eraill fel carchardai a'r gwasanaeth prawf.

TLODI

Mae hwn yn derm cymhleth. Mae'n ymwneud â diffyg adnoddau a safonau byw gwael. Mae tlodi llwyr yn cyfeirio at adnoddau annigonol ar gyfer bwydo, gwisgo a rhoi lloches i chi eich hun neu i'ch teulu. Mae tlodi cymharol yn golygu eich bod yn dlawd o'ch cymharu â'r rhan fwyaf o bobl eraill yn eich cymdeithas, heb fynediad at y nwyddau a'r ffordd o fyw sydd gan y rhan fwyaf o bobl eraill.

TRAMGWYDDAETH

Mae'r term hwn fel arfer yn cyfeirio at fân weithredoedd troseddol neu wrthgymdeithasol y mae pobl yn eu harddegau yn eu cyflawni.

TREFEDIGAETH

Gwlad sydd wedi dod o dan reolaeth allanol.

TREFEDIGAETHEDD

Y broses lle mae cenedl rymus yn estyn ei rheolaeth economaidd a gwleidyddol dros wledydd eraill. O'r bymthegfed ganrif ymlaen, estynnodd cenhedloedd Ewrop, gan gynnwys Prydain, Ffrainc, Sbaen a Phortiwgal, eu rheolaeth dros rannau helaeth o Affrica, Asia, Oceania a Chyfandiroedd America. Roedd hyn yn golygu bod pobl yn symud o Ewrop i fyw yno. Yn aml, bydden nhw'n disodli'r boblogaeth frodorol, yn echdynnu defnyddiau crai, ac yn mynnu creu sefydliadau gwleidyddol a chymdeithasol newydd.

TREFOLI

Mae'r term hwn yn cael ei ddefnyddio i ddisgrifio'r broses lle mae cyfran uwch o boblogaeth gwlad yn byw mewn ardaloedd trefol – mewn trefi a dinasoedd mewn geiriau eraill. Weithiau mae rhai'n cyfeirio ato fel twf dinasoedd.

TRIONGLI

Mae'n bosibl defnyddio dau ddull gwahanol o fesur wrth ymchwilio mater, er enghraifft holiaduron a chyfweliadau strwythuredig.

Weithiau, bydd dulliau ansoddol a meintiol yn cael eu cyfuno i ddarparu casgliadau o ddata gwahanol y mae'n bosibl eu cymharu.

TROSEDD

Mae trosedd yn digwydd pan fydd cyfraith yn cael ei thorri.

TROSEDD COLER WEN

Trosedd sy'n cael ei chyflawni fel arfer gan bobl dosbarth canol wrth wneud eu gwaith, er enghraifft twyllo wrth hawlio treuliau.

TROSEDD GASINEB

Mae'r term hwn yn cael ei ddefnyddio i ddisgrifio trosedd lle mae'r dioddefwr yn cael ei ddewis am y rheswm ei fod yn perthyn i grŵp arbennig. Cysylltir y term â throsedd sy'n cael ei ysgogi gan hiliaeth, ymosodiadau homoffobig, a throseddau sy'n targedu grwpiau agored i niwed.

TROSEDD GORFFORAETHOL

Mae'r term hwn yn cyfeirio at droseddau sy'n cael eu cyflawni er budd cwmni neu sefydliad yn hytrach nag er budd unigolyn.

TRYDYDD BYD, Y

Mae llai o ddefnydd ar y term hwn yn ddiweddar ond cafodd ei ddefnyddio yn yr 1950au a'r 1960au i gyfeirio at y gwledydd nad oedden nhw'n rhan o'r byd cyntaf 'datblygedig' (Gorllewin Ewrop a Gogledd America yn y bôn) na'r ail fyd, sef y bloc o wledydd comiwnyddol. Mae'r gwledydd hyn yn cael eu galw'n GLIEDd erbyn hyn.

TUEDD

Bod yn anghytbwys neu'n unochrog yw bod â thuedd. Gall tuedd ddigwydd os yw credoau personol yn dylanwadu ar sut mae ymchwil yn cael ei gynnal. Nid yw ymchwil sy'n dangos tuedd yn wrthrychol.

TWYLLRESYMIAD

Cred anghywir.

UNIGOLYDDIAETH

Mae'r safbwynt hwn am gymdeithas yn pledio achos unigolion i gael rhyddid i weithredu yn hytrach na'u bod nhw dan reolaeth gwladwriaeth neu reolaeth dorfol.

VERSTEHEN

Defnyddiodd Weber y term hwn i ddisgrifio dealltwriaeth o weithredoedd pobl. Dyma yw sail cymdeithaseg ddehongliadol.

WEBERIAETH (NEO-WEBERIAETH)

Mae hwn yn safbwynt allweddol mewn cymdeithaseg ac wedi'i seilio ar y syniad bod y ffordd y mae pobl a diwylliannau'n meddwl am y byd yn effeithio ar sut maen nhw'n trefnu eu cymdeithas. Felly, yn ôl Weberiaid, mae angen deall cred, ystyr a diwylliant er mwyn deall cymdeithas.

YMCHWIL ARCHWILIADOL

Mae hwn yn gam cynnar yn y broses ymchwil. Mae'n gam sy'n helpu ymchwilwyr i lunio cynllun eu hymchwil ac i ddatblygu rhagdybiaethau.

YMCHWIL DISGRIFIADOL

Mae'r math hwn o ymchwil yn amlinellu nodweddion yr hyn sy'n cael ei astudio ond nid yw'n ceisio esbonio'r hyn sy'n cael ei ddarganfod.

YMCHWIL EILAIDD (DATA)

Ymchwil wedi'i seilio ar ddeunydd sydd wedi cael ei gasglu gan ymchwilydd arall neu sydd ar gael i'r cyhoedd, fel data'r Swyddfa Ystadegau Gwladol.

YMCHWIL ESBONIADOL

Astudiaethau sy'n ceisio sefydlu perthnasoedd achosol sy'n esbonio ymddygiad cymdeithasol.

YMCHWIL GWEITHREDOL

Weithiau mae ymchwil yn mynd y tu hwnt i geisio darganfod beth sy'n digwydd mewn cymdeithas; mae hefyd yn awyddus i greu newid. Er enghraifft, mae ymchwil ffeministaidd yn awyddus i godi ymwybyddiaeth menywod.

YMCHWIL SENSITIF

Mae hyn yn cyfeirio at ymchwil y mae'n beryglus, yn foesegol neu'n foesol, ei gyflawni oherwydd bod iddo oblygiadau ar gyfer grwpiau o bobl agored i niwed, neu y gallai'r ymchwil eu niweidio. Er enghraifft, mae ymchwil i ymddygiad preifat fel rhywioldeb, i hil neu i grwpiau fel pobl ag anabledd dysgu yn gymdeithasol sensitif.

YMDDIEITHRIO

Mae'r term Marcsaidd hwn yn crynhoi profiad gweithwyr mewn cymdeithas gyfalafol. Ystyr ymddieithrio yw 'gwahaniad', oddi wrth eu gwaith ac oddi wrthyn nhw eu hunain. Dydyn nhw ddim yn berchen ar gynnyrch eu llafur (y cyflogwr sy'n berchen arno); dydyn nhw ddim yn gweithio iddyn nhw eu hunain nac er eu budd eu hunain (ond er budd y cyflogwr). Ar lefel symlach, mae ymddieithrio'n cael ei ddefnyddio i olygu diffyg boddhad mewn swydd.

YMERODRAETH

Grŵp o wledydd a reolir gan un o wledydd y grŵp yw ymerodraeth. Er enghraifft, 2000 o flynyddoedd yn ôl, roedd ardaloedd helaeth o Ewrop yn rhan o'r Ymerodraeth Rufeinig: yn Rhufain yr oedd y rheoli gwleidyddol yn digwydd, a'r fyddin Rufeinig a oedd yn ei orfodi. Yn y bedwaredd ganrif ar bymtheg, Ymerodraeth Prydain oedd y grym economaidd a gwleidyddol trechol.

YMWYBYDDIAETH FFUG

Pan nad yw aelodau'r dosbarth gweithiol yn sylweddoli eu bod yn rhannu diddordebau cyffredin â gweithwyr eraill, ac yn credu bod y system gyfalafol yn deg, mae Marcswyr yn dweud bod ganddyn nhw 'ymwybyddiaeth ffug'; mewn geiriau eraill, dydyn nhw ddim yn cydnabod realiti eu sefyllfa.

YMWYBYDDIAETH O DDOSBARTH

Pan fydd aelodau o ddosbarth cymdeithasol yn sylweddoli bod ganddyn nhw ddiddordebau tebyg i aelodau eraill y dosbarth hwnnw, rydyn ni'n dweud bod ganddyn nhw ymwybyddiaeth o ddosbarth. Mae'n golygu ymwybyddiaeth o ddiddordebau cyffredin.

YMYLEIDDIO

Mae'r rhai sydd wedi'u hymyleiddio'n byw ar ymylon cymdeithas, yn aml mewn tlodi. Maen nhw'n cael eu cau allan heb rym na dylanwad. Gall y rhai sydd wedi'u hymyleiddio gynnwys rhai grwpiau ethnig, yr henoed neu bobl anabl. Nid yw buddiannau grwpiau ymylol fel arfer yn flaenoriaeth i'r rhai sy'n gwneud penderfyniadau.

YR ARALL

Y broses o'ch adnabod eich hun fel yr hyn nad ydych – felly gallai menywod eu hadnabod eu hunain fel rhai sydd 'heb fod yn wrywaidd'.

YR ARALL CYFFREDINOLEDIG

Mae'r term hwn yn gysylltiedig â G H Mead a rhyngweithio symbolaidd. Mae'r arall cyffredinoledig yn cyfeirio at ddisgwyliadau ac ymddygiad cymdeithas yn gyffredinol. Gall unigolion ragweld yr ymddygiad a meddwl amdano cyn gweithredu. Er enghraifft, rydyn ni'n gwybod beth byddai pobl eraill yn ei feddwl pe baen ni'n mynd i siop leol yn gwisgo het yn unig; gallwn ni bwyso a mesur hynny cyn penderfynu beth i'w wisgo cyn gadael y tŷ.

YSTADEGAU SWYDDOGOL

Data sy'n cael eu casglu gan gyrff swyddogol fel yr heddlu, y Swyddfa Gartref neu'r Swyddfa Ystadegau Gwladol.

Darllen pellach

Beauvoir, S. de 1989 [1952]. *The Second Sex*, cyfieithwyd gan H. M. Parshley, Llundain, Vintage Books (Penguin Random House)

Cohen, S. 1973. *Folk Devils and Moral Panics.* St Albans, Paladin

Collins, A.B. a Rigley, J. 2014. Can a neighbourhood approach to loneliness contribute to people's wellbeing? *Research Report.* Efrog, Joseph Rowntree Foundation.

Durkheim, E. 1897 [1951]. *Suicide: a study in sociology.* Efrog Newydd, The Free Press (Simon and Schuster)

Felson, M. 1994. *Crime and Everyday Life.* California, Pine Forge Press (SAGE Publications)

Griffin, J. 1962. *Black Like Me.* Llundain, Collins

Hall, S.; Critcher, C.; Jefferson, T.; Clarke, J.; Roberts, B. 1978. *Policing the Crisis: Mugging, the State and Law and Order.* Llundain, Macmillan Press

Humphreys, L. 1970. *Tearoom trade: impersonal sex in public places.* Llundain, Duckworth

Jones, O. 2012. *Chavs: The Demonization of the Working Class* (updated ed.). Llundain: Verso

Klein, N. 2000. *No Logo.* Canada, Vintage Books Canada (Penguin Random House)

Lea, J.; Young, J. 1984. *What is to be Done About Law and Order?* Llundain, Penguin

Marx K., Engels F. 2004 [1848]. *Manifesto of the Communist Party.* Marxists Internet Archive

Ritzer, G. 2008. *The McDonaldization of Society.* Los Angeles, Pine Forge Press

Rosenthal, R.; Jacobson, L. 1968. *Pygmalion in the Classroom.* Efrog Newydd: Holt, Rinehart & Winston

Sewell, T. 1997. *Black Masculinities and Schooling: How Black Boys Survive Modern Schooling.* Stoke-on-Trent, Trentham Books

Taylor, I., Walton, P.; Young, J. 1973. *The New Criminology: For a Social Theory of Deviance* (International Library of Sociology), Llundain, Routledge

Venkatesh, S. 2008. *Gang Leader for a Day: A Rogue Sociologist Takes to the Streets.* Llundain, Penguin Press

Mynegai

adnoddau 48, 150–152, 156, 160–162, 165, 168–169, 175, 184–186, 192, 194, 200–201, 203–204, 207, 210–211, 219–220, 227–228, 245, 251, 254

Affrica, effaith yr ymerodraeth ar 147

anghydraddoldeb
    addysgol 62–63, 66–67, 154–156
    cymdeithasol 49–50, 58–79, 154–156, 212–262
    gwleidyddol 75–76
    iechyd 63–64, 67–68, 72, 78, 150–153
    incwm 62, 64, 72–73, 75, 77–78
    oedran 74–79, 244–247
        henoed, yr 77–79, 244–247
        pobl ifanc 74–76
    yn y gweithle 68, 72–73, 78–79, 233, 245

anghyflogadwy 130, 175, 238

AIDS 152, 156, 176, 189

allgáu cymdeithasol 78, 92, 162, 168, 238–239, 242

amgylchedd, yr 75, 93, 114, 150, 169, 171, 179, 183–187, 189, 192–194, 237, 255

anhysbysrwydd 21, 34, 89

annodweddiadol 53

anomi 44, 110

arall arwyddocaol, yr 54

arall cyffredinoledig, yr 52–54

ardaloedd gwledig 46, 64, 155, 162, 164–169, 172, 196, 207, 210

arolwg 19, 29–30, 88–89, 126

arolwg dioddefwyr 88–89, 126

Arolwg Troseddu Cymru a Lloegr 13, 17, 25, 71, 85, 88–89, 92, 96

Arolwg Troseddu Prydain 88, 93

arsylwi 12, 16, 21, 25, 31, 33, 38, 137
    anghyfranogol 16, 31, 38
    cyfranogol 21, 25, 38

astudiaeth
    atgynhyrchu 29
    beilot 11, 30–31
    hunanadrodd 89, 92–93

astudiaeth/ymchwil hydredol 17, 29, 87, 89

astudiaethau achos 21, 168–169, 204

awdurdod 47, 49–50, 106, 123, 126, 130, 233, 237, 255

Blaid Geidwadol, y 75, 105, 125, 130, 240–241

Blaid Lafur, y 106, 117, 127–128

bod yn rhydd o werthoedd 50

bourgeoisie 47, 203–204, 207, 219, 221–223, 228, 249, 260

byd cymdeithasol, y 54

camddefnyddio sylweddau 107

cnydau planhigfeydd 148–149

Cohen, Albert 111, 143–144

Comisiwn Brundtland 193–194

comiwnyddol/comiwnyddiaeth 46–48, 195, 206, 219, 221

corfforaethau
    amlwladol 157, 186–187
    trawswladol 182–183, 186–187

croestoriadedd 246

cydsyniad gwybodus 21, 34, 38

cydweddiad organig 216

cydwybod ar y cyd 43–44, 81, 109

cyfalafiaeth/cyfalafol 47–49, 93, 113–117, 126, 183–184, 192, 194–195, 199–201, 203–204, 206–207, 209–210, 219–226, 244
    diffiniad o 219

cyfalafiaeth wedi'i globaleiddio/cyfalafiaeth fyd-eang 183, 200, 207, 209–210

cyffredinoladwyedd 13, 29–30, 37

cyfiawnder adferol 102, 106

cyfoeth 30, 47, 59–60, 62–64, 111, 113, 117–118, 155, 158, 165, 171, 175, 217, 219–220, 228, 241, 245–246

cyfryngau, y 74–75, 83–85, 130, 135–136, 189, 219, 224–225, 236, 262
    cymdeithasol 237

cyfweliad 16–17, 21, 23, 25, 30–31, 33, 37–38
    anstrwythuredig 21, 25, 33, 38
    strwythuredig 16, 30–31, 37

cymdeithaseg
    ddiwylliannol 116
    fyd-eang 203, 209
    diffiniad o 40

cymdeithasoli 8, 52, 56, 66, 84, 93, 131, 241

cymorth tramor 171–174

cynaliadwyedd 184, 192–194

cynrychioldeb 13, 29–30, 37, 86–87, 89

Chwith Newydd, y 53, 124

chwyldroadol 46–47, 49, 115, 118, 120, 125, 200, 203–204, 206–207, 210, 222–226

dadansoddiad ystadegol 11, 13

dad-diriogaethu 182

damcaniaeth
    amddifadiad diwylliannol 241
    consensws 9, 44, 212, 218
    cydgysylltiad gwahaniaethol 142–143
    cylch amddifadedd 241
    cymathu 259–261
    cynllwyn 206, 224, 226
    Davis-Moore 217–218
    diferu i lawr 240–242
    'drifft' 143–144
    isddiwylliannol 111, 142–145

labelu 53, 110, 122–123, 144

moderneiddio 195–199

penderfyniaeth economaidd 223–226

rheolaeth 81, 109

straen cymdeithasol 110–111

system fyd-eang 201, 207, 209–211

un lle global 184–185

damcaniaethau
    biolegol 55–56, 109, 139, 232, 256, 258–259
    crefyddol (am hil) 258–259
    cymdeithasol 41, 212–262
    cymharu a chyferbynnu 214
    gweithredu 50
    gwrthdaro 9, 46–48, 212–213
    profi 11

darnio 50, 228, 255

Darwiniaeth gymdeithasol 216–217

data
    ansoddol 11, 13, 18–23, 25, 27, 33–36
    empirig 16
    ffeithiol 16
    gwerthuso 11
    meintiol 11, 13, 15–18, 20, 25, 27, 29–33, 123
    prosesu 11
    troseddu 86–90

datblygiad cynaliadwy 172, 179, 193

datblygiad economaidd 157, 162, 169, 175, 207, 209

datgoedwigo 192

de Beauvoir, Simone 55–57

dehongliadaeth 41

demograffeg 88, 150–151, 164

dibynadwyedd 10–11, 18, 21–23, 25, 30–31, 37, 86–87, 234

dibyniaeth
    damcaniaethau 176, 199–202, 207
    diwylliant 242

dilysrwydd 10–11, 18–19, 22–23, 25, 29–31, 37–38, 86–88, 93, 234

disgwrs 136

disgwyliad oes 63–64, 67, 72, 77, 95

disgwyliadau cymdeithasol 8

diweithdra 75, 77, 92–93, 126, 128, 130, 135, 140, 143, 157–158, 175, 183, 187, 221, 236, 238, 246
    ymhlith pobl ifanc 75, 158

diwydiannol 40, 43, 47, 49, 157, 165–166, 171–172, 179, 192–193, 199–200, 203–204, 222, 225, 237, 260

diwydiannu 16, 147, 157, 164–165, 193, 201, 204, 207, 209, 219

diwylliant 8, 24, 34, 44, 49, 70, 139, 183–184, 195–196, 236, 254, 259–261 dominyddiaeth y gwryw 180, 231–234, 254–257

dosbarth canol, y 16, 64, 92–93, 111, 118, 128, 132, 139, 144, 221–222, 225, 229, 248, 250–251, 255

dosbarth cymdeithasol 30, 48–50, 59, 62–65, 91–94, 128, 132, 139–140, 143–145, 206, 212–214, 218, 221–228, 236–237, 244–245, 248–252, 254, 260–262

dosbarth gweithiol, y 16, 46, 59, 83, 91–93, 111, 113, 115–118, 120, 123, 125–126, 140, 142–145, 207, 213, 220–225, 228–230, 244, 248–251, 255, 260

Durkheim, Emile 15, 43–45, 47, 53, 81, 109–110, 212

dyled 175–177

Dde Newydd, y 43, 53, 92, 144, 212, 233, 240–243, 246–247, 256, 262

economi cyflog isel 158–159
  grym 233
  rhyngweithiadol 213
  symbolaidd
  trais 232–233
egni adnewyddadwy 184
empiriaeth 20, 62, 91, 128, 138
epistemoleg 41
epoc 47, 219
erledigaeth 67, 71, 81, 86–88, 93, 95–96, 99, 101, 103, 126, 128, 138–141, 199, 221, 233, 242, 262
ethnigrwydd
  a throsedd 98–100
  ac anghydraddoldeb 59, 70–73, 225, 229–230, 244
  gweler hefyd hiliaeth / anghydraddoldeb hiliol
ethnograffeg/ethnograffwyr 12–13, 24–25, 140

farchnad lafur ddeuol, y 229
farnwriaeth, y 99
Freud, Sigmund 55

ffeithiau cymdeithasol 43
ffeministiaidd/ffeministiaeth 9, 12, 15, 47, 55–58, 83, 125, 138–141, 178–179, 212– 214, 218, 221, 228, 231–235, 245–246, 253–257, 261
  ail don 55–56, 231
  amserlen symudiadau 231

Giddens, Anthony 229
GLIEDd (gwledydd llai economaidd ddatblygedig) 150–167, 169, 171–173, 175–181, 183–205, 207–208, 210–211
globaleiddio 134, 182–188
globaleiddio diwylliant 183

GMEDd (gwledydd mwy economaidd ddatblygedig) 150–165, 167–168, 171–173, 175, 178, 180, 183, 186–187, 189–190, 193–195, 198–204, 207
goddrychedd 20
Goldthorpe, John 228
gorchymyn ymddygiad gwrthgymdeithasol 102, 127
grŵp cymdeithasol 8–9, 22, 120, 226, 254
grym cymdeithasol 9, 50, 59, 62, 118, 219, 227
gwahaniaethu 59, 68, 71, 75, 77–79, 118, 122, 132, 148, 156, 158, 180, 218, 221, 238, 242, 244, 246, 253, 258–260, 262
gwahaniaethu cymdeithasol 9
gwaith ymchwil eilaidd 30
gweithredoli 11–12, 16, 20, 37–38, 62, 66, 70, 74, 77
gweithredu cymdeithasol 8
gwerthoedd cymdeithasol 8–9, 84, 111, 134
gwladwriaeth genedlaethol 183
gwledydd llai economaidd ddatblygedig (GLIEDd) 150–167, 169, 171–173, 175–181, 183–205, 207–208, 210–211
gwledydd mwy economaidd ddatblygedig (GMEDd) 150–165, 167–168, 171–173, 175, 178, 180, 183, 186–187, 189–190, 193–195, 198–204, 207
gwrthdaro byd-eang 151–152
gwrthrychedd 15–16, 19–21
gwrywdod hegemonaidd 257
gwyredd 34, 53, 74, 80–81, 84, 109–111, 113, 117, 120–124, 139, 143
  anfwriadol 121
  eilaidd 121–123
  sylfaenol 121, 123
  yn ddwbl 139
gyrfa wyrdroëdig 122

haenu cymdeithasol 9
hierarchaeth cymdeithas 227
hiliaeth/anghydraddoldeb hiliol 71, 87, 117, 127, 229–230, 246, 258–262
Hirschi, Travis 81, 123, 130
HIV 152, 156, 176, 189
holiadur 12, 17, 25, 30–31, 37–38
hunaniaeth gymdeithasol 9, 239
hunanymwybyddiaeth (ymdeimlad o'r hunan) 52–54

ideoleg 54, 114, 179, 187, 203, 211, 218, 220, 223–224, 231, 233, 249
  teulu 233, 242
imperialaeth 200
isddosbarth 20, 130–131, 241–242
isgyfandir India, effaith yr ymerodraeth ar 147, 197
is-strwythur cymdeithas 220

Leniniaeth 204

Luxemburg, Rosa 204

lleihadol 255
lles 49, 69, 92–93, 130, 150, 152, 157, 160–162, 171–172, 175–176, 193, 200, 240–242, 245, 248, 251, 262
lluniad cymdeithasol 70, 80, 83, 123, 160, 261–262
llygredd 193

malestream 19, 139, 232
Marcsaeth/Marcsaidd 9, 46–49, 53, 55, 58, 62, 91, 93, 113–119, 124–125, 140, 144, 176, 195, 200, 203–208, 212, 214, 218–226, 236, 241, 244–245, 253–254, 260
  neo-Farcsaeth, cymhariaeth â 224
marchnad rydd 202, 240
marwoldeb 150–152
Marx, Karl 46–49, 53, 222–223, 225, 227–228, 254
masnach fyd-eang 186
materion ffocal 143
materion LGBT 256
materion moesegol 11–12, 17–18, 21–22, 31, 34, 37–38
Mead, George Herbert 52–54, 120
meritocratiaeth 62, 216, 224
Merton, Robert K 44, 110–111, 142
metanaratif 236
microgymdeithaseg 53
model rôl 178, 241–242
modernaidd/moderniaeth 43
mudo 146, 157–158, 166, 179, 180, 259

neo-drefedigaethedd 180, 184, 200
neo-Farcsaidd/neo-Farcsaeth 116–119, 124–126, 176, 200, 204, 206–208, 223–226, 244–245, 254, 260
  meddylwyr 224–226
neo-imperialaeth 184
neo-Weberiaeth 228–229, 245, 255, 260
newid cymdeithasol 9, 48, 110, 136, 221
niwed cymdeithasol 135–136
nodweddion awgrymu ymateb 34, 38
Nye, Joseph 89, 92, 211

oedran a throsedd 101–104
offer gormesol y wladwriaeth 224
offer ideolegol y wladwriaeth 224
ôl-fodernaidd/ôl-foderniaeth 47, 56, 62, 70, 115, 134–137, 213–214, 236–239, 241, 246, 256–257, 261–262

panig moesol 83–84, 117, 123
paradeim 41
patriarchaeth 138–141, 178–179, 231–232, 246, 254–255
patrymau/tueddiadau cyflogaeth 157–159
penderfyniaethol 115, 213, 223–225

pensiynau 71, 77–78, 233, 245–246
pentref byd-eang 146
plwralaidd 227
plwraliaeth fethodolegol 24–25
poblogaeth
    dosbarthiad 164–165
    pwysau 151, 194
    twf 165–166
poblogaeth darged 13, 22, 27–29, 173
poblogaeth sy'n heneiddio 157–158
polisi cymdeithasol 9, 47, 240
porthor 22, 28
positifiaeth/positifwyr, y 12, 15–16
pragmatiaeth 53–54
preifateiddio 107, 240–241
proletariat 47, 207, 219, 221–222, 249
prynwriaeth 136, 187, 192, 236–237
pwysau cymdeithasol 8

realaeth y chwith 124–130
realaeth y dde 125, 130–133
realaidd/realaeth 24, 124–133
rolau cymdeithasol 43–44, 52, 54, 66, 143,
    179–180, 196, 232, 236, 244–245, 249,
    253–256
Rostow, Bill 196–197, 207

rhagdybiaeth 16
rheolaeth
    economaidd 233
    gymdeithasol 8, 43, 49, 80–81, 109, 219,
    221, 231–234, 237
rhoddion elusennol 171–172, 189–190
rhwystredigaeth statws 111, 142
Rhyfel Oer, y 200
rhyngdestuniaeth 136
rhyngweithiadol/rhyngweithiadaeth 40,
    52–54, 91, 93, 120–125, 143–144
rhywedd
    a datblygiad 178–181
    a throsedd 95–97
    anghydraddoldeb 59, 66–69, 155–156,
    158, 178–181, 212, 229, 231–235,
    244–245, 253–257, 261
    damcaniaethau 55–56, 232

safbwynt macro 109
sampl cyfle 22
samplu 11, 13, 17, 22, 27–29, 38
    bwriadus/didebygolrwydd 22, 38
    cwota 17
    cyfle 22, 28
    gwirfoddol 22, 28
    haenedig 17
    hapsamplu 17
    pelen eira 22, 28
    systematig 17
sancsiynau 80–81, 109

sbiral ymhelaethiad gwyredd 123
Sefydliad Joseph Rowntree (JRF) /
    Astudiaeth Rowntree o dlodi 12, 59,
    64, 71, 75, 161, 244
sefydliadau anllywodraethol 189–191
statws meistr 122
stereoteipiau 55, 74–75, 79, 83, 91, 99,
    117–118, 139, 144, 229, 245–246,
    259–262
stigma cymdeithasol 120
strwythur cymdeithasol 8
Swyddfa Gartref, y 80, 86–87, 92, 95–96,
    98, 102–103, 140
Swyddfa Ystadegau Gwladol 60, 62–64, 68,
    72, 75, 77–78, 86, 88, 101, 105
swyddogaethol/swyddogaetholdeb 9, 40,
    43–44, 47, 58, 93, 109–113, 115–116,
    140, 142–143, 196, 212, 214, 216–218,
    236, 240–241, 244, 253–254, 256,
    259–260
synnwyr cyffredin (mewn ymchwil) 15
system cyfiawnder troseddol 62, 70–71,
    89, 95–96, 98–99, 102, 106–107, 113,
    138–140

tlodi 12, 20, 62, 64, 71–72, 75, 77–78,
    91–92, 126, 140, 148, 150, 155–157,
    160–163, 165, 168, 189, 193, 203, 220,
    236, 238, 241–242, 246, 260
    cymharol 160–162
    diffiniadau o 160–161
    llwyr 161–162
    patrymau a thueddiadau 161–162
tramgwyddaeth 92, 101, 111, 123, 140,
    142–144
trefedigaethau 146–149, 162, 179, 180,
    184, 186, 200–201, 204, 207
trefedigaethedd 176, 184, 197, 200–201,
    203, 207, 209
trefn gymdeithasol 8
trefoli 164–167, 179, 196–197, 210
triongli 25, 88
trosedd 20, 22, 33, 44, 59, 70–71, 80–145,
    197, 241
    a dosbarth cymdeithasol 91–94, 128,
    132, 139–140, 143–145
    a ffeministiaeth 125, 138–141
    a pholisi cyhoeddus 105–108
    a rhywedd 95–97
    a thystiolaeth ystadegol 86–90
    ac ethnigrwydd 98–100
    ac oedran 101–104
    ac ôl-foderniaeth 134–137
    adrodd 87
    a'r cyfryngau 83–85, 130, 135–136
    damcaniaethau isddiwylliannol am
    142–145
    damcaniaethau Marcsaidd am 113–119,
    124–125, 140, 144

damcaniaethau neo-Farcsaidd am
    116–119, 124–125, 140, 144
damcaniaethau realaeth y chwith am
    124–130
damcaniaethau realaeth y dde am
    130–133
damcaniaethau rhyngweithiadol am
    120–125, 143–144
damcaniaethau swyddogaethol am
    109–113, 140, 142–143
dosbarth canol 92–93, 128, 132, 139
trosedd gasineb 87, 99–100, 121, 128, 135
trosedd gorfforaethol 93, 132, 145
Troseddeg Newydd 116–118, 126
trychineb naturiol 152
tuedd 10, 15–17, 21, 33, 37
tuedd y cyfwelydd 16
twyllresymeg 83

thesis sifalri 139–140, 141

unbennaeth 195, 206
unigolyddiaeth 53, 116, 134
uwchstrwythur cymdeithas 220

verstehen 18, 49–50

Wallerstein, Immanuel 201, 207, 209–210
Weber, Max/Weberiaeth 47, 49–51, 201,
    213, 217, 227–230, 245, 255, 260

ymbellhau 21, 244
ymchwil
    adroddiad 11
    cwestiwn 11
    cynllunio 37–39
    dulliau 12, 21, 23, 37–38
    nodau, ysgrifennu 11, 37
    proses 10–13, 20–21, 33
ymchwil
    archwiliadol 12
    cudd 38
    disgrifiadol 12
    esboniadol 12
    gweithredol 19
ymchwil/data ansoddol 11, 13, 18–23, 25,
    27, 33–36
ymchwil/data meintiol 11, 13, 15–18, 20,
    25, 27, 29–33, 123
ymddieithrio 123
ymerodraeth 146–149
ymwybyddiaeth ffug 220, 234
ymwybyddiaeth o ddosbarth 115
ymyleiddio 126, 168–170, 213
    mewn GLIEDd 169
    mewn GMEDd 168–169
ystadegau swyddogol 25, 62, 64, 70, 72,
    86–88, 91–92, 95, 98, 101, 115, 123,
    125, 132, 248